威县赋

◎宋春生

崔巍太行以东兮，浩渺滏漳之右；自古千里沃衍兮，而今万顷平畴；虽云天设地造兮，实亦劳动整修。星分毕昴之宿兮，地介冀兖二州。建置或沿或革兮，因朝代更替之由。汉广宗，隋宗城，唐宗州，元威州。洪武定名威县兮，已历六百馀秋。洺水表涸兮，潜流永在；大河南移兮，馀脉长留。歆引黄入威兮，喜绿野之油油。沃土得其滋润兮，优质粮棉无匹；人物承其惠泽兮，世代才俊寡俦。

峨峨鲧堤，曲折绵延，庙祀不已，四千馀年。

威土膏腴，毓秀钟灵。北齐陈元康，神武称其能。草檄风雪夜，暗书倚马成，洋洋洒洒写，笔墨未及凝；更将身障主，血溅衮袍红。宋有范质，《刑统》纂成，折狱循之，讼得其平。元人刘肃，位高德纯，秉烛拟表，拯救平民，勋昭简册，庆流子孙。王公伯大，古之遗爱，治河筑城，惠及百代。明臣董威，贾公诗问，不附阉势，辛劳忠勤。止戈从来以武，维和必要军强。英明领袖任命，刘杰二机部长，原子弹爆，国威益彰。核潜艇，卫海疆，测深海，探远洋。改革开放，邓老高瞻，任老仲夷，勇闯前沿，羊城深圳，经贸领先。

威县传统，御侮反封。黄巾起义，县民影从，戮力固守，广宗古城。抵御外侮，义和团兴，三举义旗，八国震惊；其事未成，其魂不瞑。逮至抗日，子弟皆兵，眼望宝塔山，脚踏刘邓踪。冀南党委行署驻威红旗高擎，党政军民鱼水，对敌周旋始终。我能持久战，倭贼树降旗。雄师南下，蒋军潜踪，五星旗展天下亮，九州高唱东方红！

印象威县

古代威县/地处黄河文明的摇篮/威县历史与中华民族文明史同步

近代威县/义和团运动发源地

现代威县/革命老区/冀南首府

当代威县/全县人民依靠勤劳、智慧与担当/知名度、美誉度不断提升

中国承接产业转移投资环境十佳县/中国最具特色经济发展潜力县/中国绿色名县/中国民间特色艺术（书画）之乡/中国三白西瓜之乡/中国毛白杨繁育基地/全国生态文明先进县/全国十大优质棉生产基地/全国棉花百强县

『自强 包容 诚信 担当』是威县精神的集中体现

威县志

（1979—2009）

上卷

威县地方志编纂委员会 编

方志出版社

人民公园（局部）/ 2011 年摄

人民广场 / 王云 2014 年摄

威县历史博物馆 / 李金鹏 2017 年摄

威县文化艺术中心 / 2014 年摄

滨河公园 / 王云 2014 年摄

县城夜景 / 范林锁 2014 年摄

八路军一二九师司令部旧址（七级镇张庄）/ 潘明辉供图

冀南书店旧址（方家营乡南方家营）/ 2009 年摄

威县党史展览馆 / 2011 年摄

1989 年 10 月 14 日，中央顾问委员会副主任宋任穷回威县老区探望，亲切接见县委负责同志，左二为县委书记张洪义，左一为县委副书记黄成俊 / 黄成俊供图

威县名人馆内景 / 潘明辉 2009 年摄

1987年秋，北京市人民对外友好协会会长、原副市长王笑一（中）回家乡探望，在燕南宾馆与县长李希顺（右二）等合影／黄成俊供图

1983年5月23日，湖南省人大常委会副主任郭森（左二）、司法部副部长王悦尘（左三）回家乡参加党史座谈会，与邢台地委书记宋书亭（右一）、县委书记赵培仁（后排左一）、县人大常委会主任刘润生（后排右一）、县长杨其海（左一）合影／黄成俊供图

2004 年 10 月 4 日，原中共广东省委书记任仲夷（右二）回家看望亲人 / 县文体局供图

2012 年 9 月 16 日，原中顾委委员、中共河南省委第一书记刘杰（中）回到家乡，在华威宾馆与家人合影 / 申寿潭摄

義和团
义和团纪念馆开馆仪式

2003 年 10 月 26 日，义和团纪念馆开馆仪式暨河北威县经贸文化交流洽谈会现场 / 县文体局供图

大广高速县城出入口 / 2011 年摄

开放路街景 / 2012 年摄

国道106线威县段／2017年摄

1986年建成的邢台地区第一座高144米电视转播铁塔／2019年摄

城乡班车开通／2001年10月摄

贺钊220千伏变电站奠基／2006年5月摄

人民广场奠基 / 2009 年 10 月 17 日摄

王浚公园一景 / 2012 年摄

义和文化街 / 2007 年摄

中华大街／2006年摄

中厦御园生活小区／2010年10月摄

洺州镇李庄新村／2009年9月摄

第什营乡圣佛堂村养鸡场／ 李银鹏 2014 摄

华威豪达牧业／ 2009 年摄

瓜王／ 2009 年摄

苗圃厂局部／ 2004 年摄

威县巨峰葡萄 / 2009 年摄

威旺育种基地培育的辣椒新品种 / 2009 年摄

固献乡棉农采摘棉花现场 / 王超 2014 年摄

第什营乡南郭庄枣园 / 2009 年摄

鸿典家具有限公司生产的仿古家具 / 2017 年摄

馨帛纺织集团车间 / 2008 年摄

龙腾制衣车间 / 2006 年摄

经济开发区鸟瞰 / 2016 年 5 月摄

三高集团外景 / 2006 年摄

河北华威内饰有限公司车间 / 2009 年摄

邢台橡胶有限公司 / 2005 年摄

国能威县生物发电有限公司 / 2009 年摄

燕南宾馆／耿尚斌 2015 年摄

四季春市场／耿尚斌 2009 年摄

曹连武烧鸡／耿尚斌摄

新月斋糕点

威县火烧

威县家电下乡电脑销售启动仪式／2008年9月5日摄

威县瓜菜批发市场（高公庄乡）／2007年摄

百易购物中心内景／ 耿尚斌 2015年摄

朝阳路小学 / 2014 年摄

县第一中学 / 2009 年摄

县二中教学楼 / 2008 年摄 / 县二中提供图片

县医院门诊楼 / 耿尚斌 2016 年摄

赵庄人才学校 / 2009 年摄

国学经典诵读大赛 / 2010 年摄

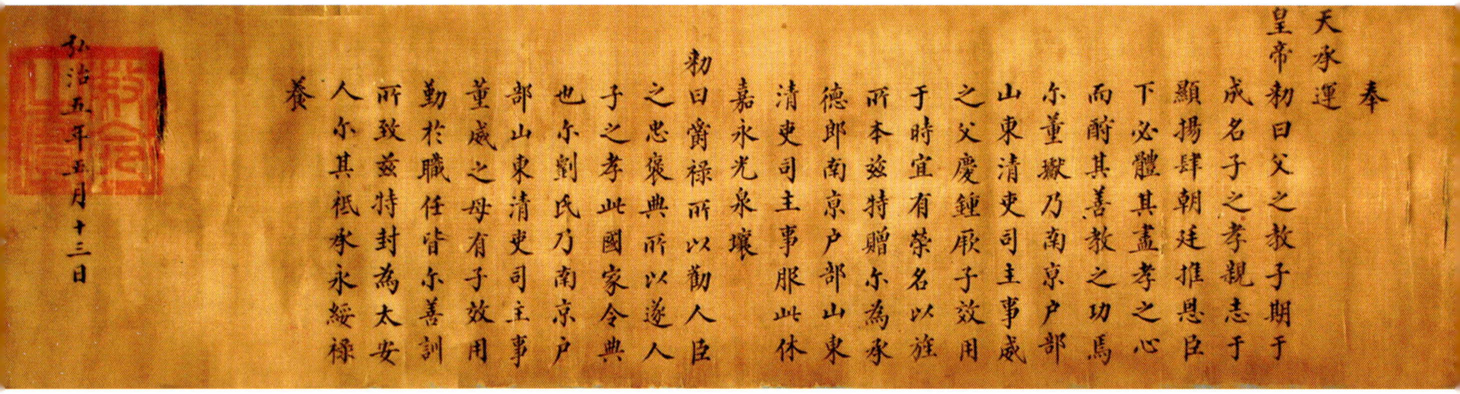

奉
天承運
皇帝勅曰父之教子期于
成名子之孝親志于
顯揚肆朝廷推恩臣
下必體其盡孝之心
而酧其善教之功焉
尔董撖乃南京户部
山東清吏司主事威
之父慶鍾厥子效用
于時宜有榮名以旌
所本兹特贈尔為承
德郎南京户部山東
清吏司主事服此休
嘉永光泉壤
勅曰賞禄所以勸人臣
之忠褒典所以遂人
子之孝此國家令典
也尔劉氏乃南京户
部山東清吏司主事
董威之母有子效用
勤於職任皆尔善訓
所致兹特封為太安
人尔其祇承永綏禄
養
弘治五年五月十三日

明代圣旨 / 李金鹏 2008 年摄

清·五彩仕女将军罐 / 杨立群 2000 年摄

郭固古墓出土唐代陶牛车和立式戴高山巾波斯男俑。牛身长 24 厘米、高 12 厘米，车高 25 厘米，男佣身高 23.7 厘米 / 王晓辉 2007 年 5 月摄

2008 年，石瑞杰（前排中）在全国“康龙”武林大会荣获梅花桩拳冠军 / 县文化体育局供图

孙金枝在第四次全国文代会上发言 / 1979 年摄

乱弹《满江红》剧照 / 李金鹏供图

冯英杰 《富贵吉祥》/ 93cm × 93cm(绢心)

李智纲 《一品冠群芳》/ 68cm × 68cm

陈从容 《凤凰山》/ 90cm × 180cm

张成宝 书法作品 / 50cm × 236cm

杨作文 《迎春图》/ 144cm × 101.5cm

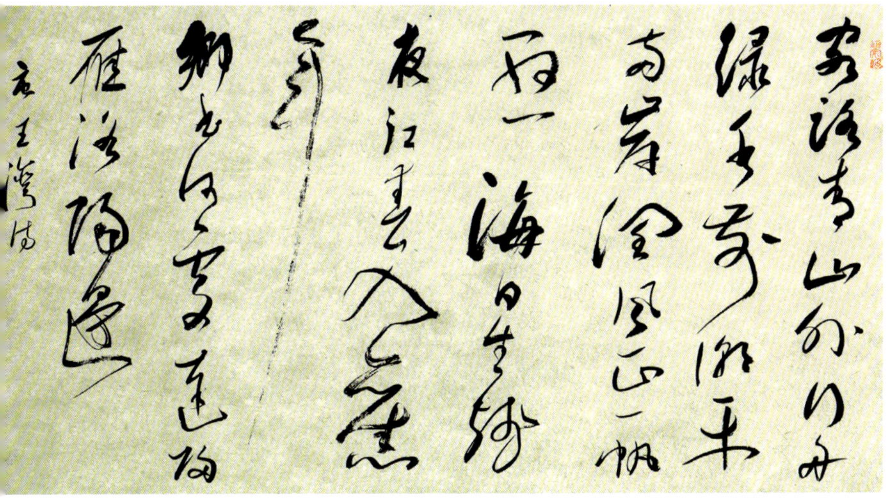

刘兴华　书法作品 / 136cm × 68cm

马恒建　书法作品 / 68cm × 68cm

王九鹏　书法作品 / 30cm × 137cm × 2

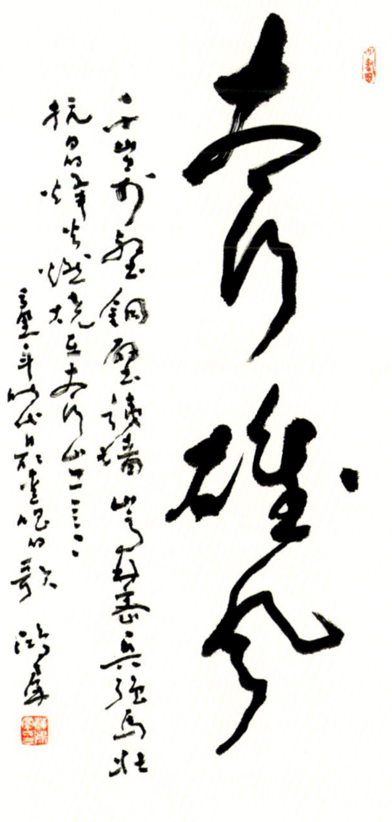

薛鸿群　书法作品 / 100cm × 50cm

周秉恭　《丝竹轻声》/ 136cm × 68cm

付宏伟给老人洗脚 / 2012 年 12 月摄

方家营乡孙家寨孝道大餐 / 2015 年摄

“永远跟党走”歌咏比赛 / 史亚光指挥 / 2012 年摄

威风锣鼓 / 李德广 2014 摄

《威县志（1979-2009）》稿市级评审会议合影 / 2010 年 8 月 20 日
前排左起：于茹红、滑春改、武丽珍、孟朋文、安庆杰、张西服、魏亚静、孙小林、耿增华、王韶峰
中排左起：贾雪芬、李玉钊、宋帅民、谷华池、杨军放、尤春兴、董景园、陈振斌、张国江
后排左起：徐雁、张增丽、焦东起、李靖、耿尚斌、戴旺学、刘庚武

《威县志（1979-2009）》稿全国专家评审会合影 / 2014 年 11 月 4 日
前排左起：翁乃侠、张成宝、刘建洲、孙进柱、商黎英、邢文全、杨洪进、安庆杰、任丽英、武铁良、常海成、孟朋文、赵立强
后排左起：耿尚斌、张倩、李光普、郑小明、谷树谦、姜瑞臣、杨立群、侯洪波、王韶峰、刘庚武、刘万中

编辑人员合影 / 2018 年 4 月
前排左起：侯保焱、刘庚武、潘儒栋、李金鹏、邢振生、耿尚斌
后排左起：焦东起、时建磊、潘明辉、张增丽、徐雁

序 一

在举国上下欢庆新中国成立七十周年的大喜日子里，中共威县县委和威县人民政府组织力量精心编纂的《威县志（1979—2009）》就要问世了。我翻阅后，倍感亲切，深受教益和鼓舞。

新中国的诞生，标志着中国共产党领导的人民革命的伟大胜利！标志着马克思主义、毛泽东思想的伟大胜利！毛主席向世界庄严宣告：中国人民站起来了！从此，新中国像一轮红日冉冉升起，光芒四射，把东方照亮！

新中国成立七十年来，在中国共产党领导下，全国各族人民走上社会主义的光明大道，团结奋进，战胜种种艰难险阻，取得举世瞩目的光辉成就。尤其是改革开放以来，威县人民和全国人民一样，积极响应党的十一届三中全会的号召，解放思想，实事求是，团结奋斗，改革创新，经济社会建设大步向前推进，工农业生产不断提升；农村脱贫工作不断取得新进展；中小学教育发展迅速，教育质量逐步提高，培养出不少优秀人才；科学技术和文化旅游事业日趋活跃，不断取得新的成果；医疗、卫生、体育事业和环境绿化、文化遗产保护等方面的工作，都有发展和进步；人民的物质生活和文化生活不断改善；城乡面貌和人们的精神面貌发生巨大而深刻的变化。现在，威县人民正满怀信心地向着更高的目标前进。历史证明：“没有中国共产党，就没有新中国！”“只有坚持共产党领导，坚持走社会主义道路，坚持改革开放，才能建设好中国，快步走向繁荣富强，人民才会过上越来越好的日子！”这是历史的选择，人民的选择，是全国人民的共同心声！是建设中国特色社会主义的根本保证！

新中国的诞生和七十年建设、改革与发展繁荣，都是奋斗出来的。为了民族解放、人民解放，从根本上改变我国贫穷落后、被压迫被欺侮的地位，中国人民进行了长期的坚苦卓绝的斗争。以抗日战争为例，日本侵略者入侵中国后，烧杀奸淫，无恶不作，犯下灭绝人性的滔天罪行，给中国人民造成空前的大灾难，抗日根据地的威县人民蒙受的伤亡和财产损失更为严重。在中国共产党领导下，威县人民和八路军及地方抗日武装一起，奋勇抗争，流血牺牲，不少英雄儿女献出宝贵的生命。战争持续时间之久，战争之惨烈，我抗日军民战斗之英勇，真是惊天地而泣鬼神，莫不给人们留下刻骨铭心的记忆。日本投降后，人们还没有过上几天和平安稳日子，以蒋介石为代表的国民党反动派又发起反人民、反革命的内战，向解放区大举进攻。威县人民立即响应党的号召，踊跃参军、参战，进行土地改革，努力增加生产，积极支援前线，并抽调大批干部随军南下，参与开辟新解放区的工作。经过三年的艰苦奋斗，为人民解放战争的最后胜利，迎接新中国的诞生，做出重要贡献。新中国成立七十年，也是历经坎坎坷坷和风风雨雨，在攻坚克难中走过来的。胜利来之不易，我们务必加倍珍惜。

这部《威县志（1979—2009）》，是严格按照志书编纂方针、原则和要求，在前些年编纂出版的《威县志》的基础上，进行了深入细致的调查研究之后编纂出来的，在内容方面增加了许多记述威县改革开放后的新情况新成就，在其他方面也都做了若干充实、调整、修订和润色，使之能更全面、翔实、准确地反映威县的历史和现状，可以说是一部集“资政、存史、教化”等功能于一体的好志书，是进行爱国主义教育、社会主义教育、革命传统教育、历史文化传统教育以及传播威县风土人情和有关知识的重要教材和参考书，一定会帮助人们更全面更深入地认识威县，鼓舞、激励人们更加热爱新中国和自己的家乡，为把新中国和威县建设得更美好而尽心尽力；也一定会吸引更多的境外和国外的朋友来威县旅游观光，进行经济文化交流、投资创业。总之，这部志书的重要意义和深远影响，将会随着时间的推移而更加显现出来。

我们的国家现正处在伟大的新时代，全国人民在党中央坚强领导下，以习近平新时代中国特色社会主义思想为指引，不忘初心，牢记使命，继续艰苦奋斗，我国的改革开放和建设事业一定会更加全面、迅速而又更有质量地稳步向前推进，我们的家乡威县一定会变得越来越美好！中华民族伟大复兴的中国梦一定会实现！

《威县志（1979—2009）》即将问世之际，嘱我写篇序言，不好推辞，就写了以上一些感想，聊以表示祝贺之意。疏漏不当之处，敬请指正。

中国文联原副主席
中国曲艺家协会名誉主席
2019 年 7 月，时年九十于北京

序 二

在全县上下深入贯彻习近平新时代中国特色社会主义思想和中华人民共和国成立 70 年之际，《威县志（1979—2009）》终于成书，可喜可贺！

国有史，邑有志。威县富有悠久的修志历史和传统。明嘉靖七年（1528），时任威县知县的钱术把县志编修视作地方官之主责，列入全县行政要务，首次编修《威县志》。嘉靖二十九年（1550）出版的《威县志》是我们现有最早的志书，迄今已有近六百年。在历尽沧桑的历史长河中，先贤们明代四修县志，清代两修，民国一修。中华人民共和国成立后，威县地方志事业方兴未艾，硕果累累。1998 年出版的《威县志》是邢台市唯一一部荣获河北省首届地方志优秀成果奖——特等奖的志书。这些志书为我们保存了大量珍贵、可靠的历史资料，是承载我县深厚文化底蕴无可替代的精神财富。

盛世修志，志载盛世。中共十一届三中全会确立以经济建设为中心的政策，开启了改革开放历史新时期。“忽如一夜春风来，千树万树梨花开。”威县人民在党的富民政策的指引下，在历届县委、县政府的正确领导下，弘扬“自强、包容、诚信、担当”的威县精神，迸发创业激情，施展创业智慧，不断解放思想，开拓创新，通过推行家庭联产责任制、实施农业发展“三亿”工程、创建工业园区、制定招商引资发展战略等行之有效的施政方略，全县经济社会实现历史性突破和跨越。30 年间，城乡居民收入水平大幅增长，衣、食、住、行、用等方面都得到较大改善；城乡面貌焕然一新，县城基础设施日渐完备，已具小城市雏形，农村实现村村通公路、通自来水；市场活跃，商品供应充足；文化繁荣，社会稳定和谐。威县先后被命名为全国十大优质棉生产基地县、全国棉花生产百强县、中国民间特色艺术（书画）之乡、中国无公害蔬菜示范县、中国毛白杨繁育基地、中国承接产业转移投资环境十佳县、中国最具有特色经济发展潜力县等，威县的知名度和美誉度不断提升。为将 1979 年以来威县各项事业所取得的巨大成就载入史册，县委、县政府作出编修县志之决定，调有志之士，集全县之智，数易其稿，终成新志。

本志以党的路线、方针、政策为指导，力求以辩证唯物主义和历史唯物主义的观点和方法，客观反映威县的历史和现状。全志从改革开放初的 1979 年记起，止于 2009 年，可以说这是一部改革开放志。全志兼收并蓄，内容丰富：不仅记改革开放以来威县经济发展和社会事业所取得的巨大成就，也记存在的不足和问题；除有史实纵述，也有横向比较；既有“面”

的勾勒，又有“点”的质感。这是一部“熔百科为一炉，集万卷一册”的资料性工具书，是帮助我们立足县情、科学决策的资政之书；是一部对全县人民进行社会主义和爱国主义教育的无可替代乡土教材，必将进一步激发全县人民热爱威县、建设家乡的热情；是一部可供旅居外地的威县籍人士了解故土的“百科全书”，必将激励在外游子更加热爱桑梓，关注家乡。总之，《威县志（1979—2009）》的编就，是全县人民共有的宝贵精神财富，具有重要的现实意义和深远的历史意义。

我们深知，志书编纂工作是一项系统、宏大、艰巨的文化工程。期间所遇之困难无以估量，所负之辛劳无以言表。值此志书出版之际，特向为编修志书付出辛勤劳动、作出贡献的各级领导、各位专家、全体编纂人员及县内外各界人士表示衷心的感谢！

修志为用，知往鉴今。回顾历史，威县人民已在社会改革和实践中创造了不凡的业绩，书写了辉煌的篇章；展望前路，我们已站在一个前无古人的新时代前沿，艰巨繁重的发展任务等待我们来完成，实现增比进位、撤县设市、全面建成小康社会的目标需要我们去践行。我们深信，在新时代中国特色社会主义建设的历史洪流中，全县人民必将进一步弘扬威县精神，以志为鉴，从历史中汲取经验与智慧，戮力同心，拼搏进取，不断战胜前进道路上的一个个艰难险阻，共同谱写威县更加辉煌绚丽的明天！

是为序。

中共邢台市委常委
中共威县县委书记

中共威县县委副书记
威县人民政府县长

2019年11月

凡　例

一、指导思想　该志坚持以马克思列宁主义、毛泽东思想、邓小平理论、“三个代表”重要思想、科学发展观、习近平新时代中国特色社会主义思想为指导，力求全面、准确、翔实、系统地记述威县30年来的发展状况，突出记述改革开放中的新成就、新事物、新矛盾、新趋势，力求思想性、科学性、资料性的统一。

二、记述范围　该志为1998年版《威县志》（简称前志）的续志，按照河北省人民政府、邢台市人民政府颁布的关于第二轮地方志书编修工作有关文件要求启动修志工作。为保证对改革开放记述的完整性，以2009年政区范围记述为地域范围，以1979年至2009年为时限范围，重大事项延至搁笔。因此，该志的上限与前志的下限形成11年的“交叉”。

三、结构层次　该志纵叙史实，横分门类，采用中小编体体例。全志依次设政区建置、自然环境、居民、基础设施、城乡建设环境保护、经济体制改革、经济总览、农业、工业、商贸服务业、金融业、财政税务、综合经济管理、中国共产党、人民代表大会、人民政府、人民政协、群众团体、综合政务、法治、军事、科学技术、教育、文化艺术、艺文、非物质文化遗产、文物古迹、体育、卫生、人物，共计30编，各编根据内容酌情设立章、节、目、子目等层次。志首设总述、大事记，志末为附录、编后记。

四、体裁形式　采用述、记、志、传、图（含照片）、表、录、注、索引9种体裁，以志为主。图与表随文插入相关部类。

五、语言文体　除引用文字和附录文献资料外，均采用规范的现代语体文。总述以叙为主，叙议结合；大事记以编年体为主，依时纵贯，其余为记述文体。力求言简文丰，文字通畅。

六、专项规范

称谓，以第三人称记述。组织、机构、会议、官职等名称，按当时称谓，一般用全称。简称使用，对称谓过长者，一般在第一次使用时用全称，同时括注简称，之后视需要兼用简称。

纪年，1912年中华民国成立之前采用历史纪年，后面括注公元纪年；1912年之后采用公元纪年。该志中出现的“80年代”“90年代”等时间表述，均指20世纪有关年代。

数字，按《出版物上数字用法》（GB/T/15835－2011）有关规定执行。

标点，按《标点符号用法》（GB/T15834－2011）执行。

文字，按《中华人民共和国通用语言文字法》《简化汉字总表》有关规定执行。

计量单位，使用法定计量单位，引文和个别叙事中采用市制。

人名，直书其姓名，必要时冠以职务。

地名，以现行标准地名为准，涉及古地名时，括注现标准地名。

七、入志人物 坚持生不立传，仅为对社会发展有重大建树的威县籍名人和在威县县域有突出贡献的客籍人士立传，入传人物以卒年先后排序；对域内业绩卓著的在世人物，采用“以事系人”方法散记于有关部类或列入相关名表。

八、资料来源 志所用数据，以统计部门为准；统计部门未有的，以业务部门为准；统计部门和业务部门不一致的以业务部门为准；业务部门未有的，以调查核实结果为准。所用资料，大多来源于各承编部门或各级档案馆、图书馆、摄影协会以及有关史志书刊，辅以经过考订的口碑资料。选用时一般不注明出处。

《威县志(1979—2009)》要目

上　卷

下　卷

目　录

第一编　政区建置

第二编　自然环境

第三编　居　民

第四编 基础设施

第五编 城乡建设 环境保护

第六编 经济体制改革

第七编　经济总览

第八编 农 业

第九编 工 业

第十编　商贸服务业

第十一编 金融业

第十二编 财政税务

第十三编 综合经济管理

总 述

运道东开，鲧堤北障；

地势坦夷，环顾平旷；

壤连八邑，衢通四方。

威县位于河北省南部，在北纬 36°52′至 37°18′，东经 115°13′至 115°34′之间。南北长 48.2 千米，东西宽 32 千米，总面积 1012 平方千米。东邻清河县，西界广宗县，北与南宫市毗连，南与临西县及邯郸市邱县相接。县人民政府驻地洺州镇，西距邢台市中兴大街高速口 70 千米，西北距省会石家庄市河北省政府驻地 176 千米，北距首都北京 106 国道起点 377 千米。

威县历史悠久，源远流长。威县属古黄河、古漳河长期泛滥淤积而成的冲积平原，土壤以潮土为主，适于农作物生长。夏禹之前，境内已有人群渔猎稼穑，繁衍生息。其建置历代多变。并以“北经南宗”为主线，县城北部西汉起置经县；南部西汉元始二年（2），平帝封代孝王玄孙之子刘如意为广宗王，在域内置广宗国。东汉永元五年（93），和帝封皇弟刘万岁为广宗王，广宗县再次升为广宗国。隋起改广宗为宗城。宋代南北合并，金置洺水县，元置威州，明洪武二年（1369）撤州设县，始有威县之称。1958 年威县并入南宫县，1961 年复置威县，沿袭至今。至 2009 年底，全县辖 5 个镇 11 个乡，463 个自然村，522 个村民委员会，总人口 57.66 万人。

威县地处燕赵，东接齐鲁，是中华民族的重要发祥地之一。人文始祖黄帝曾至此播种文明。战国时代赵武灵王的胡服骑射、秦朝末年的巨鹿之战、东汉末年的黄巾军起义均在县域一带发生。县域先民既有“衣冠礼仪为郡邑首称”之誉，又有燕赵慷慨悲歌之风。

威县人杰地灵，名贤俊彦，史不绝书。宋代有开国名相范质，明代有封疆大吏贾待问、人称“李铁面”的工部侍郎李春、敢言直谏的董威，清代有儒学家和音乐家刘调赞、义和团领袖赵三多，民国时期有革命先驱黄镇磐、模范县长范若一、抗日名将李侍曾、延安街头诗派发起人史轮、开国将军王启明。新中国成立后，有改革开放先锋任仲夷、核工业奠基人刘杰、现代诗人王亚平、梨花大鼓演唱艺术家孙金枝、“中国好人”张现增等。他们都是威县人民的骄傲！

30 年间，县委、县政府全面贯彻落实中共中央把党和国家的工作重点转移到社会主义现代化建设上来和改革开放的战略决策，殚精竭虑、励精图治，紧紧围绕“发展经济，富民强县，全面建设小康社会”总目标，进行以经济改革为重点的各项改革，社会主义市场经济体制逐步建立和不断完善，党的执政能力，民主政治建设，党风建设，社会综合治理工作得到加强，全县政治局面、经济发展水平、综合实力和人民生活水平不断提高。历届县政府实施发展县域经济、改善投资环境、提高人民群众生活质量的重点建设项目和利民工程。

基础设施进一步完善 威县是华北南部重要公路交通枢纽，是河北省高速公路枢纽县。大（庆）广（州）高速、青（岛）银（川）高速、106国道、武（邑）馆（陶）公路纵贯南北，邢（台）临（清）高速、邢（台）临（清）公路、邢（台）清（河）公路及大王线（大葛寨至清河王官庄邢临高速连接线）、杨（南宫市垂杨镇）官（内丘县官庄镇）公路横贯东西。形成四纵五横交通格局。同时，铁路、空运、水运极为方便：县城西距京广铁路70千米，东距京九铁路38千米；北距北京机场370千米，东距济南机场170千米；东北距天津港、黄骅港各300多千米。威县处于华北电网主供线路之中，电力供应充足。境内有邮政、电信、移动、联通四家通信运营机构，通信方便。这些设施为全县经济发展创造了极为便利的条件。

县城是全县政治、经济、文化、交通中心，由旧城区、新区、工业园区组成。随着县域经济的快速发展和城市化进程的加快，县城面貌日新月异，县城建设得到迅猛发展。至2009年基本形成以顺城路、洺水路、开放路、北外大街、交通大街、中华大街、世纪大街为框架的格局，形成十纵十横城区路网。新区内建有现代化园区——洺州苑，为县城一大明珠。苑内建有大型建筑——威县文化中心，以及各类亭、台、轩、榭，彰显威县深厚的文化底蕴。

综合实力增强，经济发展迅猛 1980年，全县实现生产总值5331万元，财政收入402万元；2009年两项指标分别达297685万元和9316万元。与1980年相比，地区生产总值增长54.8倍，财政收入增长22.17倍，年平均增长速度分别是19.1%和11.4%。尽管各年度经济发展不太均衡，但反映经济总量的地区生产总值除个别年度外，基本呈现持续增长状态。全县城乡居民收入水平明显增长，富裕程度不断提高，居民生活发生巨大变化，在衣食住行等各方面都有较大改善，生活质量明显提高。

农业基础地位持续稳固 随着家庭联产承包责任制的实施和不断完善，威县农业取得长足发展。农业新优品种的大面积推广，对全县农产品产量提高起到决定性作用；配方施肥、地膜覆盖等旱作农业技术，为全县农业发展做出了积极贡献。设施农业技术推广，实现了农业高效化种植。蔬菜、葡萄、西瓜等特色农业应运而生，并为威县农产品商品化和农业经济可持续发展奠定了坚实的基础。林牧业发展迅速，威县林木良种基地被定为国家级林木良种基地，畜牧业成为农民增收、拉动经济发展的重要产业。

工业发展前景广阔 1979年以来，威县在全县工业企业中先后实行两轮承包经营，之后又采取股份制和股份合作制、兼并重组、租赁、拍卖转让、出售、破产等形式的产权制度改革，县属工业企业顺利实现企业改制，绝大部分转为民营企业。进入21世纪，县工业园区的建立，为威县工业发展搭建了良好的发展平台。招商引资的强力推进为工业发展注入了活力。到2009年底，全县有工业企业305家，其中规模以上工业企业23家。全部工业企业完成增加值5.95亿元。

商品市场空前繁荣 1979—2009年，随着市场经济的发展，威县商品市场空前繁荣，消费需求日趋高涨，从而刺激了商业发展与改革。经营体制由过去单一的国营、集体模式，发展为国家、集体、个人多种模式，且民营经济逐步成为经营主体。商品供应充足，全县商贸业实现由卖方市场向买方市场转变。2009 年，全县社会消费品零售总额达 159631.1 万元，是 1979 年的 62.75 倍。

教育事业在改革中前进 全县义务教育从 1985 年的小学普及教育通过省、地验收，到 1997 年普及九年义务教育达标通过省级验收，再到 2007 年实现免费义务教育，九年义务教育实现跨越式发展。全县教育结构不断调整，学前教育、高中教育、职业教育、成人教育、民办教育等方面都取得可喜进步。教师队伍结构发生根本变化，2000 年，公办教育实现教师队伍全部为公办教师。中小学布局加速调整，办学条件大幅度提升。自 2002 年起至 2009 年全县共撤并中小学 220 所，新建、改建、扩建中小学 164 所，教学设备配备齐全，计算机教室、多媒体教室、远程教育等现代化设施覆盖率 85%。

医疗环境大为改观 1979—2009 年，威县卫生事业实现长足发展。2009 年，县人民医院占地 12 公顷，已建成门诊楼、病房楼、儿科病房楼、医技楼、传染病房楼、职工住宅楼，建筑面积达 48000 平方米。中医院占地 0.7 公顷，业务用房建筑面积 2386 平方米。投资 270 万元兴建疾病控制中心综合大楼，加强对传染病和突发公共卫生事件的监督管理；投资 110 万元对县妇幼保健院进行扩建；累计投资 1644 万元，新建、改建 16 所乡镇卫生院。空调病房、单人病房、重症监护室应运而生，威县医疗环境发生翻天覆地的变化。医疗设备实现更新。到 2009 年，县人民医院有大中型设备 800 余台（件），总价值达 3600 万元，中医院先后购置大型医疗设备 76 台（件），总价值 500 万元。2009 年，引进中央资金 287 万元，对 16 所乡镇卫生院设备进行更新，全县大型医疗设备数量明显增加。医疗队伍相应扩大，全县拥有各类医务人员 1198 人，其中中级以上职称人员 113 人；医疗技术水平明显提高，可以实施冠脉造影及冠心病介入治疗、颅内血肿微创穿刺粉碎清除术等高难度手术，过去一些县内无法治疗的病症可以在县内根治。

文化事业进一步繁荣 随着经济快速发展，文化设施不断完善。书画队伍迅速壮大，创作水平逐年提高。文学创作成果丰硕，传统文化焕发生机，广场文化逐渐兴起，群众性文化活动丰富多彩，文化交流活动日益活跃，文化产业初露端倪，文化市场管理逐步走上制度化、规范化、法治化轨道。2002 年、2003 年先后被河北省文化厅、文化部命名为河北省民间特色艺术之乡、中国民间特色艺术之乡。2004 年，县文化体育局被省人事厅、省文物局评为河北省文博系统先进单位。2009 年，威县被省文化厅评为河北省文化工作先进县。

30 年的发展，留下了坚实的脚印；30 年的业绩，彪炳史册。至少有以下三点可资借鉴：

借鉴一：改革开放为县域经济发展提供了千载难逢的珍贵机遇。过去 30 年，是威县改革开放不断深化的 30 年，是威县经济和社会大发展的 30 年，也是威县人民得到实惠最多的 30 年。其间，威县人民在中国共产党的正确领导下，牢牢把握“抢抓机遇，深化改革，扩大开放，保持稳定”的基本方针，较好地处理了改革、发展、稳定三者关系，坚定地向改革要活力，靠改革找出路，依改革谋发展。正因为改革开放，以解放生产力为突破口，威县才走出物质严重匮乏的困境，才有了经济发展、社会进步共赢的大好局面。

借鉴二：科学技术是第一生产力。30 年间，威县在科学技术方面所取得的进步有目共睹。仅在农业方面，正是因为有鲁棉一号棉花新品种的引进，才有棉花的大幅度增产；正是有小麦和玉米新品种的推广，才提高了粮食产量；正是引进抗虫棉新品种，才大大减轻了农民劳动强度，使农民进城务工、进城经商成为现实。30 年的实践结果以无可辩驳的事实验证了“科学技术是第一生产力”这一真理。

借鉴三：人民群众是创造历史不竭之动力和源泉。抗日战争时期，徐向前元帅为在平原地区更好地开展游击战争，在威县一带工作和生活期间提出“人山”思想①。徐向前元帅所说的“人山”，就是人民群众。威县，“四不靠，两没有”（不靠山、不靠海、不靠铁路、不靠大城市，地下没有矿藏、地上没有资源），是典型的传统农业县、工业小县、财政穷县。正因为中国共产党顺应时代要求，制定了改革开放的好政策，才极大地调动了全县人民积极性和劳动热情。威县无论经济发展还是社会进步，每一项成果的取得都离不开全县人民的热情参与和大力支持。

在看到成绩的同时，我们也应发现存在的问题与不足。政治方面，党和政府的公信力有待进一步提升，日益凸显的贫富两极分化、从严治党、党风廉政建设和反腐败斗争正在考验着党和政府的智慧和勇气。经济方面，30 年间，尽管威县经济发展取得了长足进步，但是，威县在省、市的经济排位还很靠后。这说明威县的经济发展速度与其他县市相比太慢了。主要表现在经济总体实力弱，结构不合理，农业大而不强，农民增收渠道不多；工业经济规模小、层次低，缺乏应有的带动力、支撑力。环境方面，生态环境污染治理任务依然很艰巨，等等。存在这些问题与不足的主要原因一是一些干部和群众的思想不够解放，视野不宽，闯劲不足；二是经济体制改革和政治体制改革有待进一步深化；三是招商引资成果转化不快，招商成果还没能迅速转化成为现实的经济增长点。

“凡事过去，皆为序章。”

威县，发展平台已搭建，攀登正未有穷期。以往的岁月，威县人民团结奋进，不甘落后，自我加压，励精图治，创造了丰硕成果，改革开放取得的成就永载史册。时值 21 世纪，机遇与挑战激发着新的追求，竞争与繁荣召唤着新的飞跃，勤劳智慧的威县人民将继续高举中国特色社会主义伟大旗帜，坚持经济建设这一中心，全面落实新时代中国特色社会主义思想，以“富民强县、跨越升位”为目标，强化农业基础地位，全面加快工业化和城镇化进程，强力推进小康社会建设和社会主义新农村建设，一个经济繁荣、文化昌盛、环境优美、社会和谐的新威县呼之欲出。

① “人山”思想：“人山”思想是中华人民共和国元帅徐向前抗日战争时期在威县一带工作和战斗期间提出的重要思想。他认为，尽管冀南地区为平原，不像在太行山便于与日军打游击，但是，只要放手发动群众，以人民群众做靠山，照样可以打败日军。这里的“人山”指的是人民群众。

大事记

1979 年

1 月，县广播事业管理局建 10 瓦电视差转台。

2 月 11 日，中共威县县委、威县革命委员会分开办公。

2 月 23 日，威县工农教育委员会成立。

4 月 7 日，县革命委员会印发《关于计划生育工作的几项试行规定》的通知。

4 月 12 日，赵信良任县革命委员会主任。

5 月 15 日 15 时，常屯、常庄、柳疃 3 个公社发生雹灾，冰雹降落历时 23 分钟，平均厚度 3.3 厘米，40 公顷棉花、14 公顷红薯全部被砸光，小麦也受到严重损失。

6 月 8 日，中国人民建设银行威县支行成立。

10 月 3 日，贺钊农校成立，举行开学典礼。

10 月 13 日，县化肥厂发生枪杀案。打死 3 人，打伤 2 人，犯罪嫌疑人闻某作案后畏罪自杀。

10 月，中华人民共和国司法部威县籍高级干部王悦尘到威县人民法院考察，听取法院汇报，并就今后司法行政工作重点和任务作出指示。

11 月，威县梨花大鼓演唱艺术家孙金枝出席第四次中国文学艺术工作者代表大会（简称“文代会”），当选为全国曲艺家协会理事。

12 月 21 至 30 日，县委召开有 5000 人参加的四级（县、公社、大队、生产队）干部会议。会议开展真理标准问题的讨论，决定冲破“左”的束缚，解放思想，推行农业生产责任制。

同年，威县籍李春英、王春贵、王守刚、李朝珍、孟庆玉、李保海、刘建国、刘献云等 10 名解放军指战员在对越南自卫反击战中，荣立三等功。

1980 年

1 月 1 日，县革命委员会印发《关于进一步开展殡葬改革工作的通知》。

1 月 21 日，威县乱弹剧团赴河北电视台录制大型古装历史剧《王怀女》。

3 月，县工商局、税务局分设。

5 月 1 日，威县人民影院竣工。影院位于县城北街路东，占地 1300 平方米，可容 1267 人。

6 月 9 日，美国俄勒冈大学历史系副教授埃谢里克（中文名周锡瑞），由山东大学历史系于家福陪同到威县进行义和团运动考察。

同日，中央电视台播出威县乱弹剧团创作表演的大型古装历史剧《王怀女》。此前，河北电视台曾播放三次。

7 月 16 日，威县代表队刘学锋在河北省青少年游泳赛上获儿童组男子仰泳第一名，王同贵获少年乙组男子自由泳第二名。

7 月 29 日，威县王庄（现属洺州镇）青年苏林阁为抢救落井回族妇女黄兰芝而牺牲。河北省民政厅追认他为革命烈士，邢台军分区授予他模范民兵称号，并追记二等功，威县团委追认他为中国共产主义青年团团员。

8 月 16 日，中共威县县委召开落实政策会议，平反冤、假、错案，落实干部政策。

8 月，重修威县烈士陵园。

11 月，中共威县县委组织 25 人分成 7 个组到第什营公社 7 个大队开展贯彻中央文件精神，落实农业生产责任制试点。

12 月 31 日，县财政决算：全年总收入 402 万元，总支出 753 万元。

12 月，建立威县法律顾问处和威县公证处，开展律师和公证业务。

同年，全年长期干旱无雨。秋季粮食产量锐减。成灾地区涉及 17 个公社、205 个大队。邢台地区行署拨给统销粮 16500 吨、救灾款 29 万元、煤 5000 吨、黑面粉 10.8 万吨、棉布 5000 米、絮棉 1.75 吨。

同年，威县棉花亩产 24.2 千克，创历史最高水平。

1981 年

1 月 1 日，威县开始执行新《中华人民共和国婚姻法》。

1 月 22 日，中共威县县委从县直机关抽调 120 余名干部下乡，帮助社、队干部贯彻落实和完善农业生产责任制。

3 月 27 日，中共河北省委第二书记兼省人大常委会主任江一真到威县枣园公社张庄大队调查实行生产责任制的情况，提出指导性意见。

3 月，根据上级精神，在全县开展第一个“文明礼貌月”活动，以“学雷锋、树新风”和“五讲四美”为主要内容的文明礼貌活动迅速在全县开展起来。

同月，全县召开第一次落实林业政策三级干部大会，在全县开展林木确权发证工作，初步解决多年遗留的林木权属问题。

7 月 10 日，中共威县县委决定建立中共威县县委政法委员会。

7 月，威县书法家李清顺和王九鹏的书法作品在河南省旅游公司、郑州友谊商店等单位展销，后经河南省选送到广州交易会，并通过交易会出售到日本。

11 月 20 日，威县遭受严重旱灾，联合国援助威县救灾小麦 2203.36 吨、油脂 60 吨。

12 月 17 日，中共威县县委召开万人广播大会，进一步部署彻底否定“文化大革命”的工作，并为在运动中造成的344起冤、假、错案及受迫害、受株连的干部、群众彻底平反。

同年，威县断线钳厂研制生产的空腹钢纱窗纳入国家计划。国家物资总局基建局辛久普、李芳到威县进行考察。

同年，干集西北街从干集西街析出，另立行政村。

同年，全县开展第一次预备役登记。

1982年

1月1日，威县画家冯英杰创作的年画《四季花香》在河北省中堂画评选中获一等奖，送北京美术馆展出。

1月，全县将原来被错划的150名“右派分子”全部予以改正，有61人安置工作，10人作退休安排。

2月23日至27日，威县召开第六届人民代表大会第一次会议。根据第五届全国人民代表大会第二次会议精神，大会决定取消威县革命委员会，恢复威县人民政府。杨其海当选为威县人民政府县长。

2月28日，威县第六届人大常委会召开第一次会议，决定常委会内设办公室。

3月1日，启用威县人民代表大会常务委员会印章，此印章由河北省人大常委会颁发。

3月5日至9日，中共威县第三次代表大会召开。大会听取和审议县委所做的《加强党的建设，改善党的领导，为进一步提高党的战斗力，加快经济建设步伐而奋斗》的工作报告和纪律检查委员会所做的《关于党的纪律检查工作》的报告，选举产生中共威县第三届委员会，赵培仁当选为县委书记。

3月9日至12日，河北省委、省农业区划办公室在威县召开农业区划现场会。参加会议的有全省10个地区、两个直辖市的区划办主任、省直农口有关单位负责人及技术人员120余人。威县副县长顾自忠作工作汇报，威县农业区划办主任李朝堂作技术报告。

3月24日，威县人民政府对全县地名普查中查出的18个同名大队进行更名，并对县城2条新街道命名。

4月1日至2日，政协威县第五届委员会第一次会议召开。

4月，威县农业区划细线条资源普查开始。

5月2日，张营公社曹家营遭受罕见风灾。沙地小麦被土掩埋三四厘米，刚出土的棉花苗80%至90%被刮掉了头。

7月1日，全县进行第三次人口普查。全县总户数97602户，总人口428713人。

9月5日，白果树公社同林业部科技司签订毛白杨丰产示范样板林合同。

10月15日，县人民政府办公大楼竣工。大楼建筑面积3134.26平方米，高3层，投资40万元。

10月19日至20日，中共河北省委第一书记高扬到威县考察工作。

12月29日，高公庄公社河岔股大队宋某某搓鞭炮配药时引起爆炸，炸毁房屋5间，死亡3人。

同年，县文化馆董凤鼎创作的反映冀南暴动的中篇评书《惊蛰雷》在《北方文艺》上发表。

年底，全县农村普遍实行家庭联产承包责任制。

同年，县文化馆杨作文创作的年画《穆桂英》四条屏由河北美术出版社出版。

1983 年

1 月 1 日，威县开始实行利改税制。

4 月 26 日，教育部副部长张文松到威县考察工作。

4 月，河北省人民政府顾问、原副省长王克东到威县考察工作。

5 月 23 日至 30 日，威县召开党史座谈会，威县籍在外地工作的老干部郭森、王东宁、王悦尘、米光等 48 人应邀参加。

5 月，梨园屯 3. 5 万伏变电站投入使用。

6 月 4 日，枣园公社东张庄支书、省劳动模范刘炳才当选为中华人民共和国第六届全国人大代表，并于 6 月 6—21 日出席了第六届全国人民代表大会第一次会议。

7 月，威县开始试行教师聘任制。

8 月始，全县开展历时三年的严厉打击刑事犯罪战役。

8 月 31 日，河北省政协副主席马卓洲到威县考察工作。

8 月，威县“洺水”牌白酒被评为省优质产品，获奖金 3000 元。

9 月，由县地名办公室编纂的《威县地名志》辑印成册。

11 月，县个体劳动者协会成立，挂靠在工商局。

12 月，经中共邢台地委批准，中共威县县委纪律检查委员会改为中共威县纪律检查委员会，升格为县级领导机构。

同年，棉布取消计划供应制。

同年，县农机修造厂生产的“A6B”把斧在北京“全国出口商品生产基地成果展览会”上展出，获荣誉证书。

1984 年

1 月，根据中共中央、国务院《关于实行政社分开，建立乡政府的通知》要求，全县将 32 个人民公社改为乡，519 个大队改为村。

同月，中共威县县委、县政府做出《关于对工商企业松绑放权的暂行规定》。主要内容：企业要全面实行承包责任制，厂长（经理）负责制，经营、服务有偿制等。

5 月 6 日，威县人民政府做出《关于减轻农民负担的若干试行规定》。

7 月 26 日至 27 日，以中国棉花协会理事、省农业厅生产处处长、农艺师席富森为团长的棉花生产示范考察团，到威县棉花高产示范区部分棉田进行考察。

9 月 22 日至 27 日，河北省棉花办公室在威县召开全省第四次棉花办公室主任会议，重点研究棉花生产以数量为主转变为以质量为主的战略转移问题。

9 月 25 日，威县人民政府公布第一批县级重点文物保护单位。

10月3日至8日，政协威县第六届委员会第一次会议召开，贾明善当选为政协威县第六届委员会主席。

10月5日至8日，县第七届人民代表大会第一次会议召开。大会通过《威县人民政府工作报告》《威县人民代表大会常委会工作报告》《关于1981年至1983年财政决算和1984年财政预算执行情况的报告》，以及县人民法院和人民检察院工作报告。会议选举李岚锁为威县人民政府县长。

11月25日，威县成立地方志编纂委员会和地名委员会。

同年，全县棉花单产和总产均创历史新高，出现卖棉难现象。

1985年

1月18日，河北省人民政府授予城关镇南街小学教师张乃芳"园丁奖"，并奖励700元。

2月4日，威县文学艺术界联合会成立。

2月6日，《人民日报》第一版介绍威县在棉花生产需要大幅度压缩情况下，调整产业结构，订出增收规划，广开生产门路，增加人均收入的做法。

3月2日，方家营乡办油毡厂开工。该厂投资90万元，日产原纸5吨、油毡900捆，年产值200万元。

5月15日，威县开始在县直党政机关、企事业单位和党员关系在威县的邢台地区直属单位内进行整党工作。参加整党的党员2017人。

5月，城关、七级、章台、梨园屯、侯贯5个乡改为镇。

7月4日，县统计局按照恩格尔系数，结合现行价格体系和生活方式、消费习惯，对全县农村百户家庭收支情况调查分析得出：全县贫困户占21%，温饱户占69%，富裕户占10%。

8月25日，南街农民李玉锁等3人在县城南500米处渠道下挖土时，挖出北宋淳化二年(991)《观弥勒菩萨上生兜率天经》石幢。经幢质地为青豆砂石，通高3.28米，为八棱形。幢身上镌《观弥勒菩萨上生兜率天经》一卷。经幢造型及浮雕精致美观，别具一格。

9月3日，中共威县县委、县政府召开"纪念抗日战争、世界反法西斯战争胜利四十周年大会"。县直机关干部及中学师生共1400人参加。会上，老党员、老干部介绍威县抗战史及一一四烈士英雄事迹。会后参观威县抗战斗争史图片展览，瞻仰一一四烈士墓。

9月8日至17日，威县连续淫雨10天，降雨110.3毫米。棉花、粮食作物发生霉烂。

9月10日，全县庆祝第一个教师节。

10月28日，中共威县县委、县政府组织召开"老山战斗英雄报告会"。威县籍二等功臣、战斗英雄龙朝频作英雄事迹报告。

11月22日，威县举行县城第一家综合市场——洺水市场（位于现洺水中路）开业仪式。河北省政府副省长洪毅、邢台行政公署专员徐金在、副专员贾长锁出席会议。洺水市场全长494米，路宽46米，占地22724平方米，建筑面积15800平方米，可容纳各行业商家114户和400余个摊位。

12月24日，县机械厂门市部售货员用电热褥通电取暖，下班时忘记关闭电源，引起火灾。烧毁黑白电视机37台、收录机5台、布80米、电热褥25个等物品，经济损失17426元。

12月31日，威县财政决算：全年总收入709万元，总支出936.6万元。

12月，中共河北省委、省人民政府授予枣园乡张庄村“文明村”称号。

同月，由威县档案馆编写的《威县大事记（1949—1983）》印刷成册。

同年，县酿酒厂酿造的38°洺水特曲，获轻工业部白酒品评大会铜杯奖。

同年，全县国有工业企业正式实行利改税。

1986年

1月8日，国家统计局农村司司长兼农调总队队长于民到威县考察。

1月18日，国家统计局农业司司长、农调总队队长于民到威县实地考察统计工作。

1月29日至2月1日，中共威县第四次代表大会召开。出席代表358人，列席代表26人。大会听取和审议县委所做的《团结奋斗、扎实奋斗、坚韧奋斗，进一步开创我县社会主义现代化建设新局面》的报告和纪律检查委员会所做的《坚决、持久、从严治党，为实现我县党风根本好转而奋斗》的工作报告，并通过《关于实现党风根本好转的决议》，选举产生第四届中共威县委员会。马德俊当选为县委书记。

3月30日，日本长野县日中友好访华代表团到威县进行友好访问。

5月，威县人民武装部由部队建制改为地方建制。

6月，由中共威县县委党史资料征集办公室编写的威县革命斗争史资料丛书第一辑《峥嵘岁月》编印成册。

8月17日，第什营乡南草厂民兵连27名民兵在106国道旁修垄沟时，发现北京至濮阳东风663大型客车车顶失火。他们奋不顾身拦车灭火，连续奋战1.5小时，扑灭大火，保护了65名乘客的生命安全，抢救10万余元的国家财产。

10月21日，威县人民政府发出通知，确定赵三多纪念碑和义和拳议事厅为县级重点文物保护单位。

12月29日，在固献乡沙柳寨村举行义和拳议事厅重修落成典礼。

12月，省建10千瓦电视转播台在威县试机开播。有效覆盖半径为50千米，受益人口300万人。

同年，县公安局干警奋战160天，调查涉及3个市6个县38个村庄，行程11200余千米，侦破以刘某某为首的特大抢劫轮奸案。

同年，经农牧渔业部批准，威县被列为国家第二批优质棉基地县。另外，威县还是河北省对外商品棉出口基地县。

同年，根据国务院《关于改革劳动制度的规定》精神，全县用工单位招工均改为劳动合同制。

同年，县科委投资3万元购买一台“苹果”牌电脑。此为已知威县最早的电脑。

1987年

1月9日，北京林业大学与威县政府签订建立协作关系协议书。根据协议，北京林业大学协助威县发展林业，为威县提供多学科技术资源服务，帮助威县向林业部等有关部门联系开发性项目。

4月14日至17日，县第八届人民代表大会第一次会议召开。会议选举李希顺为县长。

6月29日，常屯、王村、邵梁庄、柳疃、贺钊5个乡32个村遭受风雹袭击。冰雹大的如核桃，一般如枣，持续降落半小时。受灾面积2890公顷，其中成灾面积415公顷。

7月8日，县地方志编纂委员会办公室、县地名委员会办公室成立。

7月，河北威县师范学校（隶属于邢台地区教委）开始由赵庄搬迁至威县县城。至1988年9月全部搬迁完毕。

8月17日，威县遭受大风、暴雨、冰雹袭击。大风风速13米/秒，历时1小时，冰雹直径2厘米至3厘米，全县农作物成灾面积3.12万公顷。

8月26日，邵固乡辛台林村遭受罕见龙卷风袭击。伤亡53人，倒塌损坏房屋1640间，刮断电杆75根、高压电线15800米，摧毁粮、棉田80公顷，全部经济损失折合人民币186万余元。

10月19日，侯贯镇35千伏变电站建成投入运行。供电范围：侯贯、桑园、常庄、柳疃等乡镇。

10月，威县农业调查队被国家统计局评为全国农村抽样调查先进单位。

12月13日，全县召开第二次落实果园承包责任制三级干部大会，安排部署以“果园承包合同（协议）完善、签订”为主要内容的果园承包责任制工作，基本解决集体果树、个人管理，收益归己，其他群众犯“红眼病”上访等主要问题。

12月15日，河北省人大常委会主任孙国治到威县视察工作，视察县棉织厂、方家营乡油毡厂等，听取县人大常委会和县政府工作汇报。

12月20日，潘固乡掌史村鞭炮生产专业户刘仲兰一家在搓制鞭炮时，不慎将15千克黑色火药引爆，造成3人死亡，1人重伤。

秋季，北京市人民对外友好协会会长、原副市长王笑一回家乡探望，在燕南宾馆与县长李希顺座谈。

同年，威县与浙江省诸暨县结为友好县。

同年，梨园屯镇翟家庄从东王曲析出，另立行政村。

同年，县政府制定《关于严禁在耕地挖土、打坯制砖的紧急通知》，针对在自留地、承包地里打坯、挖土、烧砖的违法现象，制定处理措施。

1988年

1月14日，县政府公布全县第二批文物保护单位。分别是赵三多墓、戚霍寨墓（元代墓群）、王浚墓、范质墓、刘含锷墓、梁母碑、黄街清真寺、鸭窝烽火台遗址、陀罗尼经幢、重修张家庄保善寨碑，共十项。

1月29日，经河北省政府批准，城关镇更名为洺州镇，镇政府驻地和辖区未变。

3月，七级钢窗厂生产的空腹钢纱窗被城乡建设环境保护部命名为优质产品。

同月，设立威县监察局。

5月11日至14日，全国人民代表大会常务委员会教科文卫委员会副主任、中国计划生育协会副会长王伟到威县了解道德评议会和计划生育工作情况。

5月24日，全国政协副主席王任重到威县视察，在县政府招待所观看冯英杰画作《百鸡图》。

5月，县统计局被国家统计局评为统计系统先进集体。

6月1日，《中华人民共和国村民委员会组织法（试行）》开始试行。同年，村民委员会进行首次换届选举。

6月15日，枣园乡张庄村麦场失火，5.9公顷小麦全部化为灰烬。保险公司勘查现场后，赔偿经济损失8727元。

9月14日至16日，美国威斯康星州大学教授爱恩斯泼夫妇在北京林业大学朱之悌教授陪同下到第什营、大宁苗圃场实地考察。

10月，威县烟草专卖局（公司）成立，负责全县的卷烟市场管理。

11月14日，全县长34千米、宽6米的环乡公路全部竣工通车。

12月3日，七级（镇）35千伏变电站建成投入运行。供电范围：七级、张庄、高公庄等乡镇。

同年，全县为16周岁以上居民颁发第一代身份证。

同年，方家营乡徐固寨分为东徐固寨和西徐固寨两个行政村。

同年，市场出现“抢购风”和“上涨风”，物价上涨幅度较大，发生通货膨胀，全年零售物价指数达118%。

同年，中共河北省委副书记、省政协主席李文山到因献乡刘河北寨考察道德评议工作。

1989年

2月，为增强政府工作透明度，接受群众监督，搞好廉政建设，中共威县县委、县政府在街头设立威县政务公开栏。

4月21日，邢台地区行政公署、地区教委为捐资助教模范朱小立立碑。洺州镇东街村民朱小立捐资6.4万元，修建东街小学。省政府为其颁发捐资助教模范证书。中共威县县委、县政府赠匾予以表彰。

5月9日，县民族事务委员会成立。

7月20日至21日，邵梁庄、张营、七级、雪塔、千集等十几个乡镇降雨200毫米至400毫米。34个村庄被沥水围困，14万人受灾，倒房1900间，霉烂粮食350吨，冲毁公路300平方米、桥2座，淹没土地1.3万公顷，直接经济损失2743.2万元。

7月，威县一小型客车在县城北10千米处106国道上与一大货车相撞，翻入沟内，死亡1人，重伤1人，直接经济损失10万余元。

9月，侯贯镇中心派出所一举将邢台市公安局通缉在逃的重大拐卖妇女嫌疑人陈某某抓获。

10月1日，威县海河流域平原农业综合开发第一期工程被批准实施。

10月3日，河北省政府省长岳岐峰带领农业、供销等省直部门负责人，由邢台行署专员徐金在，副专员杨湘荣陪同到威县考察棉花生产。

10月14日，中央顾问委员会副主任宋任穷由河北省顾问委员会副主任王东宁陪同到威县考察，向一一四烈士墓敬献花圈。

12月19日至20日，中共威县第五次代表大会召开。参加会议的代表159人。大会听取、审议中共威县县委和纪律检查委员会工作报告，并通过县委《关于加强党的建设的决定》，选举产生中共第五届威县委员会，马德俊当选为县委书记。

12月，县残疾人联合会成立。

1990年

3月20日至22日，政协威县第八届委员会第一次会议在燕南宾馆召开。

3月21日至24日，县第九届人民代表大会第一次会议在燕南宾馆召开。顾自忠当选为威县人民政府县长。

5月6日，北京林业大学教授朱之悌率北京农科院、西北林业大学、山东省林业厅、宁夏林科所等9个单位的22名专家教授到威县，对县苗圃场林木良繁基地进行测定和考察。

5月12日，邵梁庄、贺营、常屯、常庄一线的18个乡镇降雹。农作物受灾面积达34667公顷。

7月1日，全国进行第四次人口普查。威县总人口495175人，其中男250183人，女244992人。

8月10日，河北省威县师范学校原校长、中国书法家协会会员、河北省书法教育研究会常务理事、邢台地区书协副主席、威县籍书法家薛鸿群书法作品在《人民日报（海外版）》发表。

9月9日，县教育促进会成立。中国成人教育协会会长臧伯平、中国社会科学院语言研究所党委书记胡青坡、中国曲艺家协会常务副主席罗扬等领导人为促进会题词。

10月9日，参加中国近代史暨义和团运动研讨会的美国、日本、加拿大、德国、韩国、澳大利亚、匈牙利等国家60余位中外专家、学者到威县考察义和团运动。参观义和拳议事厅和县举办的纪念义和团运动书画展。

同年，县苗圃场被林业部评为“全国国营苗圃先进单位”。

同年，威县被联合国粮农组织和国家统计局确定为全国唯一农业普查试点县。

同年，县土地管理局在李寨乡辛庄村搞的宅基地有偿使用试点，取得成功。

同年，所有商品全部取消票证，敞开供应，商品流通计划管理体制解体。

1991年

1月24日，国家统计局在威县进行首次全国农业普查试点工作。

1月至4月，国家统计局在威县进行第一次全国农业普查试点，取得成功，开创了中国农业普查的先河。

3月13日至15日，联合国粮农组织经社司官员夏洛伊（法）、计算机专家贝克（美）到威县考察农业普查试点工作。

3月18日至21日，国家统计局副局长邵宗明、国家统计局农调总队副总队长朱向东深入威县了解全国农业普查试点的开展情况。

3月21日，联合国粮农组织声像专家罗伯特李·沃克尔（美国）和中国粮农统计中心负责人一行7人分别到方家营乡、洺州镇对农业普查全过程录像。

3月21日至22日，县第九届人民代表大会第二次会议在燕南宾馆召开。会议审查和批准《威县国民经济十年规划和第八个五年计划》。

3月，全县共筹集绿化费229万元，植树267.13万株，达到国家绿化达标标准。

同月，县政府印发《关于严格执行农村宅基地审批制度的若干规定》，明确对农村宅基地用地标准、申请条件及违法用地行为处理意见。

8月1日，国家统计局发布，威县以23447吨的棉花产量，在全国百名产棉大县中位列第30位。

8月，全县进行规模最大的公路两侧违章建筑无偿拆迁，长达150千米。河北省政府在威县召开现场会，对威县做法予以肯定。

10月5日，联合国粮农组织在北京召开威县农业普查试点研讨会，有美、意、法等16个国家的专家与会。

10月20日，威县举办首届金秋艺术节，中国书法家协会名誉主席启功为金秋艺术节题名，国内部分书画家应邀参加，举办大型书画展和民间艺术表演活动。

11月15日，威县统计委员会被省统计局评为农村统计工作先进单位，方家营乡统计所被评为农村基层统计工作先进单位。

同年，最高人民检察院检察长杨易臣到威县考察工作。

1992年

1月11日，威县被国家林业局评为“全国平原绿化先进单位”。

3月20日至21日，县第九届人民代表大会第三次会议在燕南宾馆召开。会议审查批准县人民政府关于“亿棉工程”的议案，并做出相关决定。

春季，全县春旱严重，从1991年秋天到1992年3月间，累计降雨仅是常年同期的五分之一，其干旱程度和持续时间之久，均超过1943年大旱。全县成灾面积5.8万公顷，绝收2.7万公顷。

6月19日，经国务院批准，威县等45个市、县列入对外国人开放地区。

7月1日，全县放开粮油销售价格，实行随行就市。国家粮食定购任务不变，食油退出国家定购，放开经营。

8月15日，县政府与香港哈斯特国际贸易公司签署第一项向外资企业出让国有土地使用权的出让合同，出让面积6899.31平方米，收取土地出让金20.5万元，出让年限为50年。

10月19日，县九届人大常委会第18次会议，决定任命田庆彬为威县人民政府副县长、代理县长。

10月，威县文化馆李双旭创作的大型现代戏《柿子沟》相继荣获邢台地区第三届文艺振兴奖和河北省第三届戏剧节编剧奖。

11 月 27 日，意大利中央统计局抽样专家马索里·布鲁诺及其夫人、法国农业部统计分析专家安特里·西安劳瑞（女），由中国粮农中心统计分析处处长毛峰陪同，到威县考察农业普查和农村基层统计工作。

11 月，威县邮电综合大楼竣工，投入使用。

12 月 24 日至 25 日，中国共产党威县第六次代表大会在县委礼堂召开。大会听取和审议《中共威县第五届委员会工作报告》和《中共威县纪律检查委员会工作报告》，选举产生中共威县第六届委员会和中共威县纪律检查委员会。在第六届第一次会议上，张洪义当选为县委书记。

12 月，历时 18 个月建成的方家营乡 110 千伏变电站投入运行。

同年，长 2500 米、宽 40 米的顺城路大街投入使用，并完成绿化、美化、亮化等配套工程。

1993 年

1 月 7 日至 10 日，县第十届人民代表大会第一次会议暨政协第九届委员会第一次会议在燕南宾馆召开。会议审议通过县政府关于“亿果工程”和“亿牧工程”的报告。田庆彬当选为威县人民政府县长。

3 月 19 日，威县第一家有限责任公司——金龙茶叶有限公司在县工商局登记注册，注册资本 68 万元；从业人数：18 人；法定代表人：管玉俊；经营范围：茶叶销售；经营地址：洺水东路。

6 月，县虫情观测站第二代（即棉田一代）棉铃虫的观测结果为：一组杨枝把一代成虫诱蛾量达 1942 头，百株累计落卵量高达 7677 粒，创威县棉田一代棉铃虫发生量之最。

7 月，河北省人民政府将威县宋刻陀罗尼经幢公布为河北省重点文物保护单位。

同月，邢台地区与邢台市合并为邢台市，威县属于邢台市管辖。

8 月 4 日，威县遭受特大暴雨袭击，降雨持续 14 个小时，降雨量为 388.5 毫米。暴雨中心贺营、大宁达 430 毫米。全县成灾面积 1.6 万公顷，绝收面积 5133 公顷，房屋倒塌 21873 间，造成直接经济损失 1362.2 万元。

10 月 1 日，县电视台建成开播。

10 月 8 日，县政府公布威县第三批文物保护单位，包括马国瑞故居等十项。

11 月，冯英杰创作的工笔长卷《百鸡图》应全国政协邀请，在北京举办画展。中国书法家协会名誉主席启功题签，全国政协副主席王任重作序，中央电视台等多家媒体刊登报道画展实况。

同年，枣园乡东张庄村在全县第一个安装了路灯。

1994 年

1 月，县邮电局在县城建第一座模拟通信基站。

3 月，位于县城交通北大街西侧振威市场破土动工。

5 月 21 日零时，威县引进的加拿大北方电信公司生产的“DMS—100/200”数字程控交换机割接开通，威县直接并入国内国际通讯网，程控电话装置能力达 3 万门。

6 月，王中山任中共威县县委书记。

7 月 12 日，河北省人民政府省长叶连松、省计生委副主任柏玉兰及有关部门负责人到威县检查指导计生工作。

8 月，县税务局分设为国家税务局、地方税务局。

11 月 3 日，威县首次发行福利彩票。

同年始，按照《中华人民共和国公司法》要求，县酿酒厂、机械厂等企业作为股份制试点单位，在全县实行股份制改造，取得成功经验。

同年，全县共植棉 2.68 万公顷，其中春播棉 1.81 万公顷（含地膜棉 1 万公顷），夏播棉 8667 公顷，单产皮棉 491 千克，总产 13166 吨。

同年，烈士陵园由县政府大院搬迁至朝阳路东段路北。

同年，县农业局园艺师吴凤华、高公庄乡东赵庄支部书记王双杰引进微拱琴弦式高效节能日光室，探索种植大棚蔬菜获得成功。

1995 年

1 月，县广播电视局购进美国进口先进设备，开办威县有线电视台，可高质量转播中央电视台一套、二套，云南电视台等 12 套节目。

3 月 1 日，河北威县机械冶金有限责任公司成立，该公司是原县修造厂改制而成。

3 月 18 日，威县与河北轮胎厂合资共建的邢台橡胶有限公司内胎生产线举行奠基仪式。

3 月 21 日至 27 日，县棉纺厂、化肥厂两个破产清算小组，在县法院举行破产还债拍卖竞标会议。竞标结果：县社棉麻公司中标。

4 月，县政府筹集资金 12 万元，从邯郸购买地表水 1500 万立方米，扩大浇地面积 5330 公顷。

5 月 9 日上午 10 时 20 分，威县第什营乡南部 8 个村庄遭受强冰雹袭击。

5 月，举行大型反腐倡廉警示报告会，邀请西安政治学院教授马玉卿做反腐倡廉报告。

6 月 10 日，威县举行职教中心综合大楼奠基仪式。

7 月 5 日，河北省政府副省长杨迁和省卫生厅副厅长胡景然等一行，对威县乡镇卫生院建设进行检查指导。

8 月，县文化馆剧作家李双旭参与创作的大型历史剧《包公卖铡》获河北省第四届戏剧节编剧一等奖，河北省第二届戏剧百花奖剧本奖。

12 月 15 日，县佛教协会成立，并召开威县佛教第一次代表大会，选举梁汝斌为佛教协会会长。

12 月 17 日，全县电话号码由六位升为七位，在原电话号码首位与第二位中间插“1”。

12 月 28 日，威县隆重举行振威市场开业典礼仪式。

12 月，威县被评为河北省农业开发红旗单位，总名次位居全省第二。

年底，全县实现乡乡通公路。全县共拥有电话机8073部，全县邮路总长达147千米。

同年，威达机械冶金有限公司新上双层不锈钢真空保温杯生产线，并开发出干式变压器专利产品，填补省内空白。

同年，全县放开粮油价格，取消粮票流通。

同年，高公庄乡东赵庄村栽培越冬茬西红柿获得成功，填补县内无日光温室及无冬季生产蔬菜的空白。

同年，北京军区司令员李来柱上将到威县考察。

1996年

1月，县委、县政府通过初试、复试、面试，从全县在职人员中招录20名公务员充实到县委、县政府机关。

1月28日，全县在电影院召开扩镇并乡工作会议，全县由32个乡镇扩并为5个镇、11个乡。

2月28日，贺营乡与韩国贸易株式会社共同组建的贺大（邢台）农副产品有限公司正式成立。该公司是韩方独立投资的农业开发项目，将利用韩国的资金和技术在威县贺营乡发展670公顷的蔬菜、苹果种植基地，并进行深加工，合作期为50年，计划投资5000万元。

3月18日，邢台橡胶有限公司举行正式投产典礼仪式。

3月22日至23日，县第十届人民代表大会第五次会议在燕南宾馆召开。会议审议通过《威县国民经济和社会发展“九五”计划和2010年远景目标纲要的报告》。

3月26日凌晨，梨园屯镇王世公村发生一起严重杀人焚尸案，于某某及其子女一家四人被害。

3月28日，依照中共中央、国务院、中央军委《关于县（市、区）人民武装部收归军队建制的通知》，河北省威县人民武装部改名为中国人民解放军河北省威县人民武装部。

6月，中国人民保险公司威县支公司分为中国人民财产保险公司威县支公司和中国人寿保险威县支公司。

8月，县物资局改为物资总公司，由政府职能管理部门改为企业实体。

10月8日，县成立伊斯兰教协会并召开伊斯兰教第一次代表会，选举艾守真为协会会长。

11月14日，县道教协会成立，并召开道教第一次代表会，选举杨树林为协会会长。

同年，威县文化馆表演的河南坠子《劝婆婆》在河北省小康建设文艺汇演中获优秀奖。

同年，按照国务院统一部署，全县开展第一次全国农业普查。农业普查结果：全县人口477695人，男241229人，女236466人。农村住户107136户。全部播种面积96415.5公顷，粮食67027.2公顷，棉花19288.2公顷。农用机械中，大中型拖拉机53台，配套农具177部，小型拖拉机8269台，配套农具6388部，机井11436眼。

1997年

3月10日，贺钊大型皮毛专业市场破土动工。该市场位于贺钊乡郭牛村南部，占地

89100 平方米，预计总投资 1400 万元，设门店 150 户，可容纳摊位 2400 个。

3 月，县棉麻公司被中华全国供销合作总社评为全国供销合作社科技兴棉先进单位。

4 月 8 日，威县被农业部确定为国家秸秆养牛示范县。此项目实施期为 3 年，总投资 200 万元。

4 月 28 日下午 6 时许，七级镇、赵村乡、高公庄乡、张营乡遭受冰雹袭击。据统计，共有受灾村 103 个，重灾村 33 个，受灾面积约 12000 公顷，其中棉花 5000 公顷，小麦 6000 公顷，果树 800 公顷。

6 月 1 日，天主教信众 1000 余人在赵庄主教府隆重举行“洗雪百年国耻、喜迎香港回归”祈福大会。副县长陆秀珍，政协副主席、统战部部长赵忠强和宗教局的负责同志出席会议。

6 月 18 日，邢台市庆祝香港回归火炬接力万人长跑活动点火仪式在威县举行。四套班子领导、离退休县级老干部及各界干部群众、在校师生 1 万多人参加点火仪式。

6 月 19 日 18 时 5 分，章台、赵村、侯贯 3 个乡镇 21 个村遭受风暴袭击。受灾面积达 2670 公顷，成灾面积 930 公顷。

6 月，威县开通数字移动通信业务。

7 月，画家冯英杰应台湾新竹市金驼奖艺术基金会的邀请，携《百鸡图》《四季吉祥》及其他作品 58 幅赴台举办个人画展。

9 月 19 日至 20 日，河北省电台、河北电视台、河北日报社、河北经济日报社 4 家新闻单位的记者、编辑在省水利厅负责同志陪同下，对威县实施全国节水增产重点县项目进行采访。

10 月 24 日，县法院驻县农业银行金融法庭成立。

12 月 28 日，中央电视台晚间《新闻联播》节目，播出威县节水经验，对威县加强农田水利建设，发展节水灌溉的做法给予高度评价。

年底，威县财政收入 6580 万元，被省、市定为财政自立县。

同年，威县引入美国 33B 转基因抗虫棉。固献乡后凌头村棉农冯志成种植的 0.2 公顷“33B”抗虫棉，以单产 2553.3 千克皮棉的收成创下河北省棉花单产历史最高纪录。

1998 年

1 月 2 日至 5 日，省政府“普九”验收组通过对威县 25 所中学、21 所小学的实地检查，确定威县基本实现普及九年义务教育。

2 月 17 日至 19 日，政协威县第十届委员会第一次会议在燕南宾馆召开。

2 月 17 日至 20 日，县十一届人民代表大会第一次会议在燕南宾馆召开，会议选举窦孟朔为威县人民政府县长。

5 月 20 日，河北省创建卫生城现场会在威县召开。

6 月 3 日，县委、县政府印发《关于县属工商企业改制的实施意见》，威县全面推进县属工商企业改制。

6 月 10 日，县成立赵三多研究会。县政府原县长、中国义和团研究理事顾自忠任会长，黄成俊、李金鹏、潘炳章、李德广任副会长。

6 月 21 日晚 8 时许，威县遭受强风雹袭击，七级、高公庄、张营、洺州、第什营等 6 个乡镇受灾严重。

7 月 24 日，威县召开县属企业改制及下岗职工社会保障再就业工作会议。

7 月 25 日，威县开通 110 报警服务台暨社会联动服务。

8 月 17 日，威县召开赈灾募捐动员大会。当场捐集救灾款 30450 元。

8 月，威县开始执行国有企业下岗职工基本生活保障制度，保障金筹集采取“三三制。”

8 月，社会主义时期编纂的第一部新志书《威县志》由方志出版社出版。县地方志编纂委员会编，主编张桂菊。16 开本，1548 千字，印 3000 册。上限溯至事物发端，下限 1990 年，个别事物延至搁笔。开篇置图照 84 幅。全书由概述、大事记、专志、志补、附录组成，共设 24 编。

9 月 22 日，威县冀中南春播棉高产示范区项目顺利通过省验收。

10 月 16 日，威县河北枣花佳酿酒有限公司挂牌成立。

10 月 21 日，威县首期国家公务员、专业技术人员计算机应用能力等级培训班在县人事劳动局培训中心举行开班典礼。

10 月 21 日至 22 日，威县利用世行贷款发展农业项目顺利通过世界银行项目验收团验收。

10 月 24 日，威县在电影院举行义和团起义百年纪念会。

10 月，县政府举办纪念赵三多起义一百周年学术报告会，中共河北省委宣传部副部长冯思德出席会议。

11 月 19 日，威县教师进修学校通过省、市教委评估验收。

11 月 24 日，县橡胶厂并入河北鲸鱼集团，共同组建华威橡胶厂。

11 月，由省、市、县联合调查形成的《关于威县选拔任用干部实行公示的调查》在《河北组工通讯》刊出，引起中央、省、市有关领导的重视，中共中央书记处书记胡锦涛、中共中央组织部部长张全景、河北省委组织部部长赵世居分别做出批示。

12 月 8 日，县水务局成立。抗旱防汛调度中心大楼落成。

同年，威县在县政府大院东侧，建成全县第一个面向社会出售的住宅小区——开元小区。

1999 年

1 月，国务院研究室主任杨雍哲到威县考察三倍体毛白杨。

同月，县成立基督教“三自”（自治、自传、自养）爱国会。

4 月 6 日，威县籍北京军区炮兵某部副师级离休干部翟宝锷，向家乡学校捐款仪式在贺钊乡西雪塔小学举行。

4 月 17 日，中共邢台市委书记臧胜业在市委常委、秘书长石玉春陪同下到威县调研。

4 月 30 日，县公安局消防队举行成立揭牌仪式。

5 月 5 日，全县在政府招待所多功能厅召开东街拓宽改造动员会。

5 月 28 日，县人民医院门诊大楼举行奠基仪式。县委书记王中山、县长窦孟朔等领导参加奠基仪式。

5 月，“148”（谐音“要司法”）法律服务专线在全县开通，专用电话号码是 0319—

6160418。为方便群众法律咨询，安排律师所、公证处等人员在值班室轮流值班，以提高法律咨询质量。

6月10日下午，全县在联席会议室召开平坟工作联席会议。

7月1日，《人民日报》以《威县大力推行干部任前公示制》为题，介绍了威县在干部选拔任用工作中实行“公示”制度，接受群众监督的做法。

7月26日下午7时，洺州镇、贺营乡50多个村遭受风雹袭击。此次风雹灾害呈西北东南方向，风力8级，阵风在10级以上，冰雹持续时间20分。

8月30日，威县两次遭受风雹袭击。下午2时40分，枣园、梨园屯、常屯3个乡镇受灾；下午4时35分，又有枣园、梨园屯、常屯、常庄、固献、贺钊、贺营、洺州镇等乡镇受灾。此次风雹风力达10级以上，冰雹大如鸡蛋，小如豆粒，持续时间较长，给大秋作物造成惨重损失。据统计，受灾人口22.15万人，直接经济损失8314.1万元。

8月31日，中共邢台市委书记臧胜业和市委常委、秘书长石玉春到威县查看灾情。

9月，威县义和团发源地旧址被中共河北省委、省政府命名为第二批爱国主义教育基地。

9月，县京剧协会成立。

同年，根据国家粮食局文件精神，城镇居民粮油定量供应取消。

同年，县城东街拓宽改造。县政府正门由西向改为北向，直通东街。

2000年

1月1日，县洺阳书画院成立。

2月12日，威县义和团纪念馆开工建设。

2月23日始，对全县522个村委会普遍进行第五届换届选举。村民委员会候选人不再由组织提名，改由本村全体村民无记名投票选举产生。

春，贺钊乡将东风渠段10千米绿化权一次性承包给干部群众，明确合同签订程序，不搞分成，收益全归承包户，一季完成河渠植树6.5万株。

4月，河北省在邢台市开展农村税费改革试点工作，威县作为6个试点县（市）之一先期进行。

5月9日，赵庄天主教神甫张士江向张营乡前花疃村捐款10万元，以解决该村村民吃水难问题。

5月26日，威县天主教爱国会成立，选举李立杰为会长。

7月5日凌晨4时，大雨。张营乡中学男生宿舍屋顶突然塌落，造成1死1伤恶性事故。事故发生后，县委、县政府立即组织人员赶赴事故现场处理善后事宜，并以此为戒，在全县进行拉网式危旧房屋大检查。

7月10日下午5时许，高公庄、侯贯、常屯、常庄、梨园屯、方家营6个乡镇突遭强风雹袭击。此次风雹风力7级，阵风达8级以上，冰雹直径约10～15毫米，密度为每平方米500粒。受灾村45个，农作物成灾面积1979公顷，直接经济损失约2484万元。

7月14日，威县全国节水重点县项目通过省检查验收。

8月，全县县直行政事业单位人员工资由工商银行代发。

10月9日至13日，由中国史学会，中国义和团研究会、山东大学、山东师范大学、威县人民政府等单位联合举办的义和团运动一百周年国际学术讨论会在济南召开。其间，中国史学会会长金冲及、中国义和团运动研究会会长路遥等中外专家学者到威县参观义和团运动发源地旧址。电视专题片《义和团发源地——威县》，由河北省电视中心国际部摄制完成。

10月12日，中国史学会、中国义和团研究会在威县举行“义和团运动一百周年纪念碑”揭碑仪式。邢台市纪念义和团运动一百周年大会在威县电影院举行，邢台市委书记臧胜业出席并讲话。《义和团运动发源地——中国河北威县》纪念邮资明信片举行首发式。威县举行纪念义和团运动一百周年百米长卷万人签名活动，纪念义和团运动一百周年全国书画邀请展同时举办。

10月25日，河北威县师范学校隆重举行建校50周年庆祝大会。

同月，来自河南、山东、湖北、江苏等8个产棉省的棉花专家、教授30余人，在威县现场参观考察石家庄市农科院以“标杂棉为主体的麦、棉、杂带状种植，立体栽培，多种多收，机械作业，简捷方便”的棉田栽培模式示范区。

同月，中央电视台《百年中国》栏目到威县录制义和团运动专题。

同月，取消农村教育费附加的征收。

11月1日，中共威县县委、威县人民政府和河北电影电视剧制作中心联合拍摄的《义和风云——赵三多传奇》在河北省鹿泉市举行开机仪式。

11月21日，《光明日报》专版刊载《义和团运动的发源地——威县》，分“赵三多与义和团运动”“梨园屯——义和团运动的导火索”“沙柳寨——义和团起义的策划地”“义和团发源地——中外史学家的聚集点”“义和团纪念地——爱国主义教育基地”5个板块，介绍威县义和团发源地的有关情况。

12月5日，县公安局税警大队成立。

12月25日，日本学者施玉森为威县义和团纪念馆建设捐资140万日元。

同年，高公庄乡东赵庄村东科农工贸有限公司在全县第一个注册农产品商标——“春咏”西红柿商标，开创了蔬菜注册商标的先河。

2001年

1月1日，按照上级有关部门要求，全县执行集中结婚登记，16个乡镇不再办理结婚登记，全县522个行政村统一到县民政局办理结婚登记，违法婚姻由县民政局直接查处。

3月12日，威县发现首例艾滋病病毒感染者。

3月23日，河北威县师范学校举行升格为邢台师范高等专科学校小教专科部挂牌仪式。

3月，县环保局从建设环保土地局划出，称环境保护局。

5月，县纪委下发《关于认真组织收看〈一代廉吏于成龙〉开展党风廉政建设教育的通知》，结合胡长清、成克杰等典型案例剖析，以及《生死抉择》《大雪无痕》等反腐败题材的影视片，组织开展警示教育。

6月14日晚6时至次日凌晨3时左右，威县连续三次遭受风雹灾害。赵村、贺营、章台、常屯、常庄、张营、方家营7个乡镇受灾。

6月18日凌晨3时左右，梨园屯镇王世公、东王曲等7个村遭受风雹灾害。

6月29日，威县召开首次“科教兴县奖”评审会议。

7月18日，县法院计划生育法庭在计生局挂牌成立。

8月10日，全县召开中小学危旧校舍改造会议。

9月5日，河北省政府省长钮茂生带领省直有关部门负责同志在市领导柳宝全、张洪义等陪同下到威县实地考察国企改革与发展、结构调整、环境保护、职业教育等方面情况。

11月22日，由山东省陵县华利公司客运服务中心独资成立的威县城区公共交通汽车有限公司开始运营。

同年，按照国务院统一部署，开展第二次基本单位普查。普查结果：2001年底，全县有各类法人单位1493个。其中企业法人287个；事业法人569个；社会团体法人10个；机关法人104个，其他法人523个。全县共有产业活动单位1617个。多产业法人所属产业活动单位160个。

2002年

2月28日至3月2日，县第十一届人民代表大会第五次会议在燕南宾馆召开。大会补选举冀东书为威县人民政府县长。

3月22日，威县土地储备中心揭牌仪式在县政府招待所举行。

3月28日至29日，中央电视台第七频道《文化与生活》栏目记者，对威县群众书画事业和义和团爱国主义教育基地建设进行专题采访。

3月，河北省扶贫领导小组正式批文确定威县为省级扶贫开发工作重点县。

4月8日，威县在北关街路东，燕南宾馆对过建第一家超市——汇通超市，建筑面积600平方米。

5月27日，县供销合作社联合社召开改制动员会。

5月29日下午6时许，侯贯、常屯、常庄、贺钊、贺营、方家营6个乡镇遭受不同程度的冰雹袭击。据统计，6个乡镇受灾面积达5685公顷，其中棉花受灾面积4415公顷，小麦受灾面积1270公顷，重灾面积1895公顷。

6月25日下午5时10分至40分，梨园屯、枣园、侯贯、常屯、常庄等乡镇遭受罕见暴风雨和冰雹袭击。数万亩棉花被砸成光杆，道路两旁的大树，电话通信杆被大风拦腰折断。全县受灾面积7100公顷，其中棉花6300公顷，同时房屋、高压线路、树木等均遭到不同程度损坏，造成直接经济损失1.02亿元。

8月16日，威县第一家全银首饰店——鑫鑫金店开业，地址在县城北街口路西。

8月25日凌晨5时50分至6时20分左右，第什营乡良善庄、南林庄等12个村遭受历史罕见的冰雹袭击。冰雹大如鸡蛋、小如核桃，冰雹密度300粒/平方米，农作物受灾面积2300公顷，其中棉花1470公顷。

8月28日，河北省军区原副政委、退休老将军赵渭忠一行到张营乡前小辛村考察希望小学建校位置。赵渭忠将军经过多方努力，争取扶贫助教资金20万元为张营乡建设一所希望小学。

8月31日，威县在燕南宾馆举行公开选拔建设局长演讲答辩会。共有4人参加答辩。

9月，威县被河北省文化厅命名为河北省民间特色艺术之乡。

10月，中央电视台第七频道到威县录制《威县书画之乡》栏目并播出。

11月5日，威县在政府招待所召开实施城镇职工基本医疗保险工作会议。

11月30日，县供销合作社联合社改制完成。

11月，组建义和团纪念馆，属文化体育局股级事业单位。

同年，威县开通网络宽带业务。

同年，投资2万元购置一门人工增雨发射系统，在全县流动作业。

2003年

3月，威县被文化部命名为中国民间特色艺术之乡。

同月，威县投资800万元，在县城开通小灵通业务。

4月22日，全县在燕南宾馆召开开展春季爱国卫生动员大会暨防治非典型肺炎动员大会。

4月26日至27日，县第十二届人民代表大会第一次会议在燕南宾馆召开。会议选举冀东书为威县人民政府县长。

4月，投资120万元、占地8万平方米的国家级大型瓜菜批发市场——威县瓜菜批发市场正式投入运营。市场内设蔬菜交易厅、瓜果交易厅等，设施完备，功能齐全。该市场是冀南最大的蔬菜批发零售集散地。

5月17日，全县移动通信网升级为2.5G－GPRS网络。

6月24日，非典型肺炎疫情解除。

7月5日，侯贯镇后郭固村出土汉唐至金元文物200余件。

10月26日，全国规模最大、内容最系统的义和团纪念馆建成，举行开馆仪式。同时举办首届书画展销会。

同日，河北省心连心艺术团应邀到威县举办《民族魂》大型演出。

10月27日，威县义和文化研究会成立并在义和团纪念馆举行揭牌仪式。

11月1日，县国土资源局成功挂牌出让第一宗国有土地使用权。

同年，威县义和团纪念馆被河北省政府、河北省军区命名为河北省国防教育基地。

同年，威县被河北省命名为棉花特产之乡。

同年，威县综合性园林式住宅区——洺州苑建成。

2004年

3月18日，中国电信集团公司邢台市分公司威县营业厅举行开业庆典仪式。

3月25日，县十二届人大常委会第十次会议，决定任命卢建华为威县人民政府副县长、代理县长。

4月1日，中共河北省委副书记、省人大常委会副主任赵世居到义和团纪念馆参观调研。

5月10日，中国银行业监督管理委员会邢台监管分局威县办事处正式挂牌。

5月25日，全县第一家规模停车场举行开业仪式。该停车场位于县城顺城路东段路北，占地10000平方米，建筑面积3000多平方米，场内可停放大小车辆210余辆。

6月24日，境内出现一次强降雹过程。县城内冰雹最大直径65毫米，最大重量31克，共涉及8个乡镇，167个行政村，受灾面积1.59万公顷，绝收2100公顷，伤21人。

7月4日，西班牙瓦伦西亚旅游协会会长沙白和白力来亚诺等一行4人参观义和团纪念馆并对义和文化旅游产业进行实地考察。

7月17日，邢台医学高等专科学校附属医院挂牌仪式暨县医院磁共振开机典礼仪式在威县人民医院举行。

7月23日，省政府废止《河北省婚姻登记管理实施办法》和《河北省治理早私婚管理办法》，县民政局及各乡镇不再有查处违法婚姻的权力和责任。

8月18日，威县教师进修学校附属实验中学成立并举行揭牌仪式。

8月，威县第二中学整体搬迁至县城西关原河北省威县师范学校处。

秋季，全县开始实施义务教育阶段贫困生“两免一补”优惠政策，当学期发放资金89万元，12879名小学生享受到此优惠政策。

10月4日，中共广东省委原第一书记任仲夷携家人参观义和团纪念馆并题词：“切莫忘记落后就要挨打！”

10月15日，威县义和书画院在义和团纪念馆举行成立仪式。

10月23日，中国人民银行发行金、银纪念币一套。该套纪念币共12枚，金币、银币各6枚，其中一枚金币与一枚银币的背面图案采用威县画家冯英杰的绘画作品《雄鸡图》。

同年，威县乱弹被列为河北省民族民间文化保护工程试点项目。

同年，义和团纪念馆被共青团河北省委定为河北省青少年爱国主义教育示范基地。

同年，全县棉花总产5561万千克（1.11亿斤），“亿棉工程”目标实现。

同年，按照国务院统一安排，进行全国第一次经济普查。普查结果：2004年末，全县有全部法人单位973个，其中企业法人243个、事业法人106个，机关法人71个、社团法人14个、其他法人539个。产业活动单位1245个，全县共普查登记个体工商户20162个。

2005年

1月21日，孔祥友任中共威县县委书记。

1月31日，威县第二中学编写的校本教材《古诗文读本》由河北教育出版社出版发行。校本教材的编撰与发行在邢台市尚属首例。

2月4日，威县召开第十二届人民代表大会第三次会议。会议选举卢建华为威县人民政府县长。

2月25日，威县在燕南宾馆二楼会议室召开保持共产党员先进性教育活动动员大会。市委督导组成员、县四大班子全体领导成员、县直各单位党政一把手、各乡镇党委书记等有关人员参加会议。县委副书记、县先进性教育活动小组副组长贺连双宣读《中共威县县委关于深入开展保持先进性教育活动的总体方案》。县委书记、县先进性教育活动领导小组组长孔祥友作动员讲话。

3月21日，威县在燕南宾馆召开“村村通”工程建设工作会议。政府县长卢建华，县委常委、常务副县长李俊申等有关领导出席会议。各乡镇党委书记、乡镇长，工程施工队及未通公路村负责同志参加会议。

4月5日，全国老区建设促进会会长宋红雷到义和团纪念馆参观并题词。

6月1日，中华大街主路面开始油面铺设。

6月14日，全球基金会艾滋病项目国家督导组一行7人对威县艾滋病项目工作进行督导检查。

6月，义和团纪念馆改建为威县文化中心。位于威县文化中心的威县名人馆竣工开馆。

7月3日，全县在梨园屯镇召开武馆线（衡水武邑县至邯郸馆陶县）公路建设用地、拆迁动员会。

7月28日，经中国银行业监督委员会邢台监管局分局批准，成立威县邮政局洺水东路邮政储蓄所。

8月1日，全县第一家会计业务咨询服务机构——诚信会计业务咨询服务有限公司成立。

8月10日，威县邀请中国农业大学教授陈福勇、宁中华，在第什营乡、梨园屯镇分别召开养鸡技术培训会，会场所在地及周边12个乡镇1000多名养殖人员参加培训。

8月31日，县召开义和路（开放路）西延工程拆迁动员会。

8月，威县医疗保险计算机联网管理系统正式启动。

9月7日，省农科院观摩考察团一行6人在院长王慧军带领下，到威县就中长绒棉花新品种生长情况进行观摩考察。

9月10日，全县落实农业人口独生子女奖励扶助政策。固献乡、第什营乡举办奖励扶助金首发仪式。

10月24日，县妇幼保健院举行搬迁剪彩暨第三人民医院挂牌仪式。

10月，县举办纪念抗日战争胜利60周年大型书画展。

11月，全县开展土地利用现状调查工作。调查数据显示，全县总土地面积为101151.0公顷，约为1012平方千米。

同月，第一条高速公路——青银高速公路，全长11.7千米，2003年4月份开工建设，2005年11月建成通车。

年底，外贸总公司撤销，外贸职能划归商务局。

2006年

1月1日，国家废止《中华人民共和国农业税条例》，全县取消农业税征收，种地纳粮成为历史。

2月，威县乱弹《康庄晨练》在“希望之歌——河北省创建文明生态村”文艺调演中荣获优秀奖。

同月，威县成立新区管理委员会，为正科级行政机构，系县委、县政府的派出单位。

同月，威县成立城市管理局。

3月1日，威县征地区片综合地价和统一年产值标准测算结果听证会在县国土资源局四楼会议室举行。此为威县历史上举行的首次听证会。

4月18日，县食品药品监督管理局举行揭牌仪式。同日，义和路（今开放路）西延工程完工。

5月9日，城内普济寺为弘川法师举办舍利灵骨塔落成开光典礼。

5月，威县乱弹、梨花大鼓被列为河北省非物质文化遗产保护名录。

6月19日，全省扶贫办主任会议在威县召开，省扶贫办主任扈双龙、副主任赵风楼等，全省各市扶贫办主任和张北、巨鹿、广宗等15个贫困县扶贫办主任参加会议。邢台市市长姜德果参加会议。

6月23日，乌兹别克斯坦国家棉花研究所所长奥利舍一行在省农科院棉花技术专家林永增陪同下，到威县参观棉花间作种植技术。

6月30日，威县高考取得佳绩：本科一批上线49人，比上年增加27人，本科二批上线173人，比上年增加103人，是历年高考本科上线人数最多的一年。

6月，义和拳议事厅被国务院公布为全国重点文物保护单位。

7月1日，河北电视台农民频道在威县开通。

7月8日，威县画家杨作文在河北省艺术家活动中心举办个人首次画展。

7月21日，县国土资源局举行政务大厅开业暨电子政务开通典礼。

8月，文化资源信息共享工程威县支中心成立。

同月，县摄影艺术学会成立并举办首届摄影展。

9月，义和团纪念馆被邢台市委组织部确定为邢台市中青年干部培训基地。

10月11日，威县召开第二轮修志工作会议，启动《威县志》编修工作。

11月3日，农业部全国技术推广服务中心与威县三高农业开发集团在北京农业部举行农业新技术推广研发基地项目签约仪式。农业部全国农业技术推广服务中心副主任谢建华、科技开发中心主任周泽宇，威县县委书记孔祥友、政府县长卢建华等领导，有关单位负责人及河北三高农业开发集团董事长陈安增参加签约仪式。

11月10日，威县乱弹协会举行成立仪式。

11月18日，振威市场举行整修改造开业典礼仪式。

11月，按照省、市安排在县城安装两台电声式警报器，按规定每年10月15日定时警报试鸣。

2007年

1月1日，全县启动新型农村合作医疗试点工作。

春季开始，全县公办学校全部免除农村义务教育阶段学杂费，继续对贫困家庭学生免费提供教科书并补助寄宿学生生活费。

4月18日至19日，政协威县第十二届委员会第一次会议在燕南宾馆召开。李俊申当选为政协威县第十二届委员会主席。

4月18日至20日，县十三届人民代表大会第一次会议在燕南宾馆召开。会议选举卢建华为威县人民政府县长。

5月，威县项目建设服务中心成立。

5月27日，威县人民医院第一次采用宫腔镜、腹腔镜，成功为两位患者分别进行微创手术。

7月13日，中共邢台市委书记陪同河北省省长郭庚茂到威县国能生物发电厂考察。

7月，河北电视台《激情九九》栏目在威县举办大型文艺演出。

10月11日，威县城乡规划管理局举行揭牌仪式。

同年，威县被国家确定为棉花良种推广补贴县，每公顷补贴225元。

同年，全县实现村村通公路。

2008年

2月，县实验小学学生表演的舞蹈《西域风情》在河北少儿科教频道2008年春节晚会上演出。

3月15日，威县第一家快递公司——申通快递公司威县分公司成立，经理马子峰，公司位于洺水中路路南冀南商贸中心院内。

3月，邢台新农村数字电影院线责任有限公司威县工作站成立，组建26个数字电影放映队。

4月，威县豫剧协会成立。

5月12日，四川省汶川县发生8.0及强烈地震。全县各级干部、职工及社会各界人士纷纷伸出援助之手，共筹集赈灾款180余万元，衣物700余件。

5月20日，威县举行书画义捐活动，义卖6万余元，全部捐献四川地震灾区。

5月24日，威县赴四川灾区第一支援建队伍60人由建设局局长黄清宇带队奔赴灾区，为受灾群众建造过度安置房。

6月7日，威县乱弹、梨花大鼓被列为国家级非物质文化遗产保护名录。

6月14日，邢台市公布第一批市级文物保护单位名单，威县宋代范质墓、一一四烈士陵园在名单之列。

6月20日，县十三届人大常委会第九次会议，决定任命刘果芳为威县人民政府副县长、代理县长。

6月，县民政局争取资金500万元在方家营乡南里村开建星级敬老院。

7月10日，威县土布纺织技艺、威县梅花拳被列为河北省非物质文化遗产保护名录。

7月14日，中共威县县委、县人民政府印发《关于在全县开展城镇面貌三年大变样活动的实施意见》。决定利用三年时间在全县深入开展“城镇面貌三年大变样”活动，进一步加快城镇建设步伐，提高城镇化水平。

8月2日，日本东京外国语大学综合国际研究院教授佐藤公彦和厦门华侨大学副教授胡连成到义和团纪念馆参观考察义和团运动。

9月1日起，全县停止征收个体工商户管理费和集贸市场管理费。

9月2日，孟凡真（威县乱弹）、赵和增（威县乱弹）、张君丽（威县梨花大鼓）入选河北省文化厅公布的第一批省级非物质文化遗产项目代表人传承名单。

10月，河北省人民政府将定陵、王浚墓、王伯大墓公布为省级重点文物保护单位。

11月，威县举办改革开放30周年大型书画展。

同月，威县老干部黄成俊主编的《回族杰出人物》，荣获中国回族学会颁发首届回族学优秀成果奖文献辞书类三等奖。该书1999年9月由陕西人民教育出版社出版发行。

2009年

1月12日，贺钊乡南小城村村民自发向四川省绵阳市平武县南坝镇地震受灾群众捐助大衣、棉鞋、袜子等价值12000元的过冬物资。

1月，威县首部县志——明代嘉靖版《威县志》完成整理，《威县志校注》由中国文联出版社出版。

3月3日，威县“家电下乡”正式启动，对购买属于家电下乡产品，国家按照产品销售价格13%补贴给消费者。

3月4日，段小勇任中共威县县委书记。

3月17日，县召开第十三届人民代表大会第三次会议。会议补选刘果芳为威县人民政府县长。

3月，开展全国第三次文物普查，威县共发现文物遗存点195处。

4月2日，北京汇金谷资产管理公司为第什营乡董庄完全小学捐赠价值10余万元图书。

4月5日，中央扩大内需促进经济增长政策落实检查组一行6人，在省发改委和市政府等有关领导的陪同下到威县检查中央投资项目建设情况。

4月7日，县委、县政府出台《关于进一步扩大对外开放加快招商引资步伐的若干规定》。

4月8日，威县第一次“百日招商”活动动员大会在燕南宾馆召开。县委书记段小勇出席会议并讲话。参会人员：县四大班子领导、乡镇及县直各单位主要领导、招商小分队队长。

4月15日4时30分至8时，威县遭受罕见的大风天气，平均风速6级，最高风速8级，致使106国道威县段1000多棵树木折断，交通受阻。

4月17日，大广高速（北起黑龙江省大庆市南至广东省广州市）威县段征地拆迁正式启动。大广高速是国家重点工程，威县段是河北省所有通过县市路程最长的一段，全长37.3千米，涉及全县6个乡镇，46个村。

5月11日，市委副书记、市长刘大群就项目建设、开放招商、中小企业发展、“城镇面貌三年大变样”等重点工作开展情况到威县进行调研。

5月19日，威县被河北省文化厅评为文化先进县。

6月8日，县委、县政府印发《关于成立威县城乡规划委员会的通知》，威县成立规划委员会（简称规委会）。规委会主任由县委书记兼任。

6月，全县首次开展非物质文化遗产普查，威县乱弹、梨花大鼓等十项列入县级非物质文化遗产保护名录。

7月17日，威县第一次“百日招商”总结表彰大会在燕南宾馆召开。本次“百日招商”，共签约项目60个，总投资34.18亿元，外方固定资产投资31.57亿元，其中，亿元项目6个，

3000万元以上项目12个。

7月22日，域内出现日偏食。

8月19日，威县第二次“百日招商”活动动员会在燕南宾馆召开。县委书记段小勇出席会议并讲话。

8月28日，威县党政门户网站正式开通。

9月4日，宁夏宁东至山东660千伏直流输电线路示范工程（威县段）正式开工。全县共建设电杆铁塔68基，涉及5个乡，25个行政村。

9月17日，县行政服务中心正式揭牌运行。

9月19日，威县在广州举办《新中国60年与威县》大型图片展。

10月17日，人民广场（原称人民公园）开工奠基。人民广场占地8.7公顷，是一个集休闲、娱乐、集会于一体的敞开式公园，由广州美术学院设计。

同日，政协广州市委员会原主席、中国扶贫基金会副会长陈开枝率领广东考察团，到改革开放先驱任仲夷故里威县梨园屯镇，为仲夷中学、仲夷务实小学捐赠70万元现金和10000册图书。

10月22日，全国政协常委、民族和宗教委员会主任、河北省原省长钮茂生到威县检查指导城镇建设和工业园区建设工作。

10月23日，邢台市人民政府批准实施《威县县城总体规划（2009—2020）》。

10月27日，威县大学生就业“被捐款”一事被中央电视台《焦点访谈》栏目曝光。

11月11日至12日，全县普降暴雪，为40年最大降雪量，给全县农业生产和人民生活带来严重影响。

11月18日，威县城镇居民基本医疗保险启动。

2010年

1月8日，县政府印发《关于公布第一批县级非物质文化遗产名录的通知》。威县乱弹、梨花大鼓、威县梅花拳、威县火烧等十个项目入选第一批县级非物质文化遗产名录。

1月15日，河北省人口和计生委主任赵新到定点帮扶联系村威县常屯乡南辛店村进行节前慰问，为威县捐赠总价值115万余元的物品。

2月6日，河北电视台农民频道“电视观众新春威县行”大型活动在威县文化中心举行。来自威县、临西、邯郸、沧州等地的近万名热心观众参加活动。

2月24日，千名农民工进京务工欢送仪式在县文化广场举行。

3月16日至17日，政协威县第十二届委员会第四次会议和县第十三届人民代表大会第四次会议在燕南宾馆召开。

3月20日，威县突遭大风袭击，最大风力瞬间达7～8级，致使部分蔬菜、水果大棚棚膜被毁。

3月31日，中共威县县委办公室、威县人民政府办公室印发《关于认真做好续修〈威县志〉资料充实完善工作的通知》。

同日，威县第三次“百日招商”活动动员会在燕南宾馆召开。县委书记段小勇出席会议并讲话。

4月20日，县政府发出《关于印发〈威县开展新型农村社会养老保险试点工作实施办法〉的通知》。

4月26日，威县出现沙尘暴天气，瞬时风力高达8级。

4月28日，中央电视台《朝闻天下》栏目播出《今年我国棉花播种面积稳中有增》，内容重点介绍威县植棉新技术、新模式，确保棉花种植质量。

4月30日，威县在2010中国产业发展大会上被授予“中国承接产业转移投资环境十佳县”称号。

5月10日，威县深入开展“创优争先”暨“双教双帮双评改”活动动员大会在燕南宾馆召开。会议要求全县各级干部群众要以认真负责的态度、改革创新的精神、求真务实的作风，切实把“三双”活动抓实、抓好、抓出成效，为推动全县跨越发展、升位崛起提供强大动力和坚强保证。

6月1日，威县举行人民广场落成典礼仪式，县四大班子部分领导、县级离退休老干部代表、县直单位干部职工及各界人士1000余人参加典礼仪式。

6月11日，县举行影剧院奠基仪式。

6月16日至21日，县政协率团赴京参加由农业部、文化部、中国文联联合举办的“首届中国农民艺术节”。威县“老纺车纺织土布织造技艺”被评为“全国优秀农业非物质文化遗产”。

7月2日，消夏之夜暨庆祝建党89周年晚会在威县文化广场隆重举行。

8月8日至9日，常屯乡、常庄乡、贺钊乡发生强降雨，局部出现灾情。

8月17日，文化部社会文化司副司长李建军就省级非物质文化遗产名录保护项目——威县土布纺织技艺到威县调研。

9月3日，抗日战争胜利暨威县解放65周年纪念大会在威县“一一四”烈士陵园举行。

9月26日至28日，县委常委、副县长赵中强率团参加第十四届中国（廊坊）农产品交易会。威县“老纺车”粗布、三白西瓜、小磨香油、百名粥等20多种农副产品参展。

同月，威县被确立为河北省中小学创新教育学会实验县。

10月25日至27日，县委常委、副县长赵中强率队赴海南省海口市参加第八届中国果菜产业发展论坛暨果菜产业发展经济交流大会。威县荣获“国家级无公害果菜十强县”“国家级无公害西瓜科技创新示范县”称号。

同月，威县万亩棉花高产创建项目通过国家验收。

11月4日，团县委在朝阳路小学举行《可爱的家乡——威县》一书发行仪式。《可爱的家乡——威县》是全省唯一一个正式出版发行的家乡文化教材。

同月，威县组织乱弹协会整理部分传统剧本，完成《返潼关》《卖线子》《小盘山》《换凤》四个传统剧目和乱弹曲牌录制。

12月24日，大广（大庆—广州）高速公路威县段建成通车。

同年，全县完成财政收入1.32亿元，首次突破亿元大关。

2011 年

1 月 5 日，中共邢台市委书记姜德果、市长刘大群等市四大班子领导带领各县（市、区）委书记、县（市、区）长 80 余人，就全市重点项目建设情况到威县观摩。

2 月 20 日，全县三级干部大会在县电影院召开。大会要求全面落实县委九届四次全会精神，立足新起点，抢抓新机遇，实施新举措，实现新突破，为推进威县科学发展、赶先进位而努力奋斗。

3 月 21 日至 23 日，政协威县第十二届委员会第五次全体会议和县第十三届人民代表大会第五次会议在华威大酒店召开。

3 月 28 日，省政府顾问张和，省水利厅副厅长、南水北调办公室主任袁福，市委常委、常务副市长戴占银一行 19 人，对威县南水北调配套工程进行调研。

4 月 13 日，威县经济开发区、宁晋盐化工园区、隆尧经济开发区、平乡自行车工业园区 4 个新升格省级经济开发区（园区）集中在威县人民广场揭牌。

4 月 15 日，中央电视台财经频道播出《河北威县：提高产业附加值，打造纺织服装基地》，着重介绍了威县经济开发区升格为省级经济开发区及从种棉大县向国家重点纺织服装基地转变等内容。

5 月 9 日，威县与邢台银行就建设邢台银行威县支行、威县图书馆、威县档案馆综合大楼项目在邢台银行总部举行签约仪式。

6 月 1 日，威县举行人民公园开园仪式。

7 月 1 日，威县举行庆祝建党 90 周年“光耀冀南，红动威县”系列活动。活动包括冀南党史纪念馆开馆仪式、中共威县历史图片展首展仪式和《红色的土地，英雄的人民》、《中共威县历史》第一卷首发仪式等。

8 月 1 日，召开新型农村和城镇居民社会养老保险试点工作动员会。

8 月 18 日，四星级大酒店——华威大酒店举行开业典礼。

8 月，吕志成任中共威县县委副书记、代理县长。

10 月 8 日，威县首批新型农村社会养老保险金发放仪式在邮储银行举行。

10 月 29 日，威县成功破获“8·14”抢夺儿童并拐卖案件。8 月 14 日，2 名男子骑摩托车抢走贺营乡许管营村男童胡某，并通过介绍人以 5 万元人民币的价格将其卖掉。案发后，县公安局成立专案组，对有拐卖妇女儿童前科的重点人员、具备结伙条件有摩托车的人员逐一排查。在巨大的外部压力下，10 月 29 日，涉嫌拐卖儿童的中间介绍人刘某某投案自首，警方根据其供述，分别抓获其他 3 名嫌犯，男童被成功解救。

11 月 15 日，县城集中供热工程完工，准时供暖。集中供热工程于 2011 年 6 月正式全面启动，10 月 30 日热电厂竣工，工程总投资 3 亿元。

12 月 19 日，邢台银行威县支行举行开业庆典仪式。

12 月 29 日，县东联养护中心荣获“全国百家模范道班”荣誉称号。

2012 年

1月9日至11日，政协威县第十三届委员会第一次会议和县第十四届人民代表大会第一次会议在华威大酒店召开。吕志成当选为威县人民政府县长。

1月20日，河北省人民政府办公厅按照国家对扶贫开发工作重点县进行调整的有关要求，将威县确定为国家扶贫开发工作重点县。

2月2日至5日，“威县农民文化艺术节”在县人民广场举行。农民文化艺术节历时4天，分为开幕式、民间艺术展演、传统文化手工艺产品展示、书画展、文艺演出等5个环节。

2月9日，全县三级干部大会在电影院召开。大会要求全县上下认真贯彻中央和省市县一系列会议精神要求，提升素质能力，提高工作水平，奋力开创“科学发展、赶先进位”的新局面。

2月10日，河北省“春风行动”启动仪式暨威县“万人百企”对接洽谈会在县人民广场举行。

3月7日，全市春季造林现场观摩暨农业重点工作推进会议在威县召开。

4月1日，团县委组织县二中、朝阳路小学1000多名中小学生到“一一四”烈士墓，举行悼念革命先烈祭扫活动。

4月21日，县首届农民运动会在县人民广场举行。

5月8日，威县退耕还林匹配造林工程代表河北省接受国家林业局督导检查。

5月11日，县在华威大酒店召开扶贫开发工作会议。会议要求实施好“六大工程”：产业扶贫工程，增强扶贫开发内生动力；创业扶贫工程，加快群众向二三产业转移步伐；基础扶贫工程，改善农村生产生活条件；智力扶贫工程，提升群众自我发展能力；社会扶贫工程，凝聚扶贫攻坚强大合力；党建扶贫工程，夯实稳固脱贫的组织基础。

6月4日，邢台慈善总会与北京慈弘慈善基金会在常屯中学举行捐赠仪式，为学校捐赠价值3万余元的图书和书柜。

6月26日，县举行“永远跟党走”大型歌咏比赛，20个基层代表队1000余名党员参加。

6月30日，威县在电影院隆重召开庆祝建党91周年暨创先争优表彰大会。

9月10日，威县召开庆祝第28个教师节暨振兴高中教育总结表彰大会。会议把教育强县作为威县教育的发展目标，树立“抓教育就是抓经济、抓教育就是抓发展、抓教育就是抓长远、抓教育就是抓战略、抓教育就是抓大局”理念，将发展教育与建设经济强县紧密结合起来。

9月16日，威县籍高级干部、原中顾委委员、河南省委第一书记刘杰，在河南省及河北省、邢台市有关领导陪同下，到威县考察调研。

11月21日，县举行影剧院落成典礼暨河北省乱弹艺术之乡河北省书画创作基地授课仪式。中国文联、省直有关部门、市四大班子有关领导以及社会各界人士1000余人参加典礼。

12月20日，高公庄乡草楼村小学举行竣工典礼。草楼小学总投资150万元，其中省政协港澳委员捐资40万元。

12月27日，中国银行威县支行举行开业庆典仪式。

12月28日，全省县级国家档案馆建设现场经验交流总结会议在华威大酒店召开。国家档案局副局长李和平与省档案局局长冯世斌出席。威县国家档案馆宏伟、壮观、大气，堪称冀南第一馆。

同年，威县通过“威县精神”大讨论及举办由省委党校、省文联、省社科联、河北师大等部门专家学者参加的研讨会等活动，提炼形成“威县精神”为：自强、包容、诚信、担当。

同年，威县投资1.1亿元组织实施“引黄入威”“引江入威”工程，成功引入黄河水，打造长10余千米的金水河（原东风四分干渠四支渠）生态景观带，结束了县城30年河道干枯、缺绿少水的历史。

2013年

1月14日，由京剧表演艺术家、中国戏剧家协会主席尚长荣领衔主演的大型新编历史京剧《廉吏于成龙》在县影剧院演出。

1月17日，县公安局举行警务指挥大楼启动仪式，市公安局有关领导及县四大班子领导出席。

2月23日，贺营乡魏村小学六年级学生陈仓与3个同伴儿在村边坑塘冰面上玩耍，其中两个同伴儿突然落入冰窟。陈仓急忙伸手相救，不幸也落入其中。陈仓的爷爷陈文海获悉后从家中赶来，勇跳冰窟，以一己之力将3人救起。县文明办授予陈文海、陈仓“学雷锋标兵”荣誉称号。

3月22日，由省水利厅、河北经贸大学主办，河北经贸大学财贸地税学院和威县县委、县政府协办的纪念第二十个“世界水日”暨第二十六届“中国水周”活动志愿者在行动启动仪式在县影剧院举行。

3月29日，威县残疾人联合会第六次代表大会召开。

4月23日，由威县年鉴编纂委员会编纂的《威县年鉴》（2010、2011、2012、2013四卷）首发仪式在华威大酒店东三楼会议室举行。

4月，吕志成任中共威县县委书记。

5月28日，受大风暴雨强对流天气影响，枣园乡2000公顷小麦出现不同程度倒伏。

5月，在第三届全国生态文明建设发展论坛暨全国生态文明先进县（镇）成果发布会上，威县被评为“全国生态文明先进县”。

同月，安庆杰任中共县委副书记、代理县长。

6月3日，邢台市民兵应急力量考核比武在威县人武部民兵基地举行。

6月14日至15日，威县第十四届人民代表大会第三次会议在华威大酒店召开，会议选举安庆杰为威县人民政府县长。

同月，贺营乡撤乡建镇。

7月12日，国家林业局经济林协会调研员易哲（女）一行5人，就威县冠名“中国葡萄之乡”到威县考察指导。

7月22日，由中共河北省委对外宣传局、河北日报报业集团主办的“河北骄傲——代表河北的100张名片”大型征集活动正式揭晓，威县经济开发区榜上有名。

8月20日，非洲乍得国家农业部官员一行20人到威县枣园乡张庄现场考察观摩棉花种植生产情况。

8月27日，县举行2013年“金秋助学”助学金发放仪式，对计划生育贫困学生进行资助。

9月6日，县政府对县本级行政审批事项进行清理，衔接落实上级取消下放的行政审批项目，进一步压缩办理时限，县本级暂停行政审批项目186项，取消行政事业性收费项目6项。

9月21日，以色列、荷兰及台湾、山东客商到威县考察投资环境。

9月24日，国家级课题“冲关作文”实验学校揭牌仪式在县实验中学举行。

10月13日，由县文广新体局、老干部局主办，老年体育协会承办的重阳节大型文化会演在县人民广场上演。

10月15日，省“心连心”艺术团到省直帮扶村洺州镇戚霍寨慰问演出。

10月18日，威县举行百人书写“威县梦”百米书法长卷活动暨冀南书画城揭牌仪式。

11月13日，中华慈善总会、美国LDS慈善协会资助常屯中学旱厕改水厕工程竣工仪式在常屯中学举行。中华慈善总会、美国LDS慈善协会捐助旱厕改水厕工程资金20万元人民币。

11月15日，威县被科学技术部评为“2013年全国县（市）科技进步考核科技进步先进县”。

11月25日，古玩集市由县城北外街迁至冀南书画城。

12月6日，威县长三角地区商会成立仪式在上海举行。

12月28日下午，贺营镇红龙集村6名儿童在坑塘冰面上玩耍时，其中3名儿童掉进冰窟，村民胡合奎闻声赶到，跃入刺骨的冰水中施救，在村民的帮助下，3名落水儿童全部获救。

12月，威县被河北省委、省政府评为“2013年经济发展先进县”，全省共有11个县市获此荣誉。

同年，老沙河观光道、武馆线北延竣工通车。

同年，威县被中国经济林协会命名为“中国葡萄之乡”。

同年，威县科技示范园成为全省唯一的国家级农业综合开发现代农业园区试点。

同年，威县被评为“全国中小企业发展环境百佳县”。

2014年

1月，县举行残疾人“轮椅全覆盖”活动启动仪式，免费为残疾人配发轮椅660多套。活动以乡镇为单位，由县残联组织实施。

同月，省政府将威县定为全省唯一“黑龙港流域综合改革试点”。

2月11日，由县委宣传部、县文广新体局联合主办的威县非物质文化展演暨威县知名书画家作品展活动在人民广场举行。

2月20日至22日，政协威县第十三届委员会第三次会议和县第十四届人民代表大会第四次会议在县影剧院召开。

3月9日上午9时许，高公庄乡草楼村一名男童掉进村东深10余米，直径30厘米的枯井中，县公安局民警和消防官兵经过6个多小时连续奋战，成功救出男童。

3月20日，方家营乡举行撤乡建镇揭牌仪式。

4月9日，全县召开农村土地承包经营权确权登记发证工作会议。

4月28日，邢台市2014年中学生运动会在威县第二中学开幕。此次运动会由市教育局、市体育局主办，县教育局承办，来自全市42所中学的800余名运动员参加。

5月7日，常庄乡举行重庆长安汽车河北分公司年产20万套行车电脑项目及后店村新民居项目集中开工奠基仪式。

5月18日，威县食品安全委员会办公室正式重组揭牌。

5月23日，中共中央政治局党委、书记处书记刘云山在辽宁沈阳友谊宾馆接见威县县委书记吕志成。

5月26日，县食品药品监督管理局集中销毁价值18.6万元的假劣药品。

6月1日，县图书馆新馆向社会开放，新馆位于人民广场东侧，总建筑面积9200平方米，藏书10万余册，实行“全开架、零门槛”免费服务。

6月11日凌晨，县部分乡镇遭受雹灾，部分棉田被砸成光杆，县城南洺州镇葡萄种植区损失严重。

同月，县农业科技园区被省科技厅认定为省级农业科技园区。

7月10日至11日，省中学生田径锦标赛分别在威县一中、二中举行。来自全省各市的150余所中学的1500余名运动员参加比赛。

7月26日，河北根力多生物科技股份有限公司在中小企业“新三板”正式挂牌上市，实现威县上市公司零的突破。

同月，在县第一中学建环境空气自动检测站。

9月3日，由中央文明办主办、中国文明网承办的“中国好人榜”名单揭晓。威县孙家寨村青年付宏伟荣膺“助人为乐中国好人”称号。

9月10日，全县召开庆祝第30个教师节暨教育表彰大会。

10月5日至6日，中央电视台“社会与法”频道《热线》栏目分两集播出威县第一中学毕业生刘云锐带妈妈上学的感人故事。

10月14日，威县组织举办全国梅花拳邀请赛。邀请赛设置梅花拳拳术、器械、对练、散手、功力大赛等比赛项目，来自全国35个县市的130名武术健儿在各个项目上展开角逐。

11月3日至5日，《威县志（1979—2009）》稿全国专家评审会在华威大酒店举行。

11月6日，《威县综合改革试点总体方案》获得省政府批复，威县综合改革全面铺开。

11月17日，县行政审批局正式成立并运行，这是全国首家县级行政审批局。

12月19日，邢台市南水北调工程通水仪式在威县地表水厂举行，威县水厂也成为南水北调中线河北段第一个正式通水的水厂。

同月，威县县城被评为2012—2013年度省级文明县城；县财政局、地方税务局办税服务厅、国网河北威县供电有限责任公司、义和团纪念馆被评为省级文明单位；七级镇、梨园屯镇被评为省级文明乡镇；方家营镇孙家寨村被评为省级文明村；贺营镇袁庄村入选全省美丽乡村。

同年，威县常庄乡被中国汽车配件企业协会命名为中国汽车零部件生产基地。

2015 年

1 月 6 日，威县被省政府授予“2013—2014 年度河北省人居环境奖”称号。

1 月，国务院公布第四批国家级非物质文化遗产代表性项目名录和“非遗”扩展项目名录，“威县土布纺织技艺”入选传统技艺类扩展项目名录。

2 月 25 日，邢台市地方音乐考察团一行 30 余人到威县观看乱弹和梨花大鼓专场演出，考察团成员是分别来自香港、台湾等地和中央音乐学院、中国戏曲学院的专家、学者和教授。

3 月 3 日，全县三级干部大会在影剧院召开。大会要求全县上下继续深化改革、比学赶超，打造威县经济社会发展“升级版”，推动各项事业再上新台阶。

3 月 6 日至 8 日，政协威县第十三届委员会第四次会议和县第十四届人民代表大会第五次会议在影剧院召开。

3 月 19 日，威县市场监督管理局举行揭牌仪式。原工商行政管理局、食品药品管理局、质量技术监督局“三局合一”，设立市场监督管理局，以提高综合管理水平。

3 月 20 日，威县举行常庄乡撤乡改镇挂牌仪式。

3 月 28 日，长江水通过地下管网输送到县城区部分居民家中。

4 月 27 日，威县首批孝道示范村确定暨 2015 年第一季度“威县好人”颁奖仪式在县影剧院举行。

5 月 18 日，由县委宣传部、文广新体局主办、文化馆协办、河北海丰集团承办的“舞动洺阳，活力威县”全县广场舞比赛在县人民广场举行。千人共跳一支舞，场面宏大、震撼。

5 月 27 日，威县城市管理行政执法局更名为城乡管理综合执法局，城乡一体化格局正式确立。

6 月 2 日，全县农产品标准化生产动员会在影剧院召开。会议对全县农产品标准化生产工作进行安排部署，动员全县上下迅速行动起来，在推进现代农业“区域化布局、规模化种养、产业化经营”同时，强力推进标准化生产、促进农产品质量安全，助推现代农业晋档升级、提质增效。

6 月 14 日，“威县三白西瓜”成功注册为地理标志证明商标。

6 月 30 日，全国优秀县委书记表彰会议在北京人民大会堂举行。威县县委书记吕志成被授予“全国优秀县委书记”荣誉称号，并受到中共中央总书记习近平亲切会见。

7 月 7 日，河北省首家行政审批“中介超市”在威县正式运行，126 家中介机构入驻，在同一平台公平竞争。

7 月 7 日，智慧威县建设开工仪式在县规划展馆举行。该项目由北京数立通公司承办。

7 月 24 日，财政部、水利部、农业部、国土资源部四部组成的考核组到威县就地下水超采综合治理情况进行考核。

8月10日，2015年全国青少年“未来之星”阳光体育大会暨京津冀蒙晋青少年“未来之星”阳光体育大会在县人民广场举行开幕式。来自北京、天津、山西、内蒙古自治区和河北共18支代表队400多名运动员参加了此次体育大会。

8月25日，安庆杰任中共威县县委书记。

8月28日至29日，副县长董占坤代表威县，把威县最好的绿色A级梨献给参加纪念抗战胜利70周年的阅兵将士。

同月，县住建局和规划局合并，设立“威县城乡规划建设局”，行政职能实现整合统一。

同月，威县被河北省文化厅、河北省财政厅命名为河北省公共文化服务示范县。

9月8日，县十四届人民代表大会第六次会议举行第三次全体会议，商黎英当选为威县人民政府县长。

9月18日，县民政局与民族宗教局合并，成立“威县民政社会事务局”。

9月20日，威县·顺义产业园开园仪式在县经济开发区举行。中共邢台市委书记张古江、市人大常委会主任周国江；北京顺义区区委常委、副区长朱家亮，顺义区政协副主席、工商联主席、北京嘉寓门窗幕墙股份有限公司董事长田家玉等参加相关活动。

同月，县卫生局与人口和计生局合并，组建“威县卫生和计划生育局”。

10月23日，经河北省编办批准，威县成立“威县省级农业科技园区”，并核定党、政行政编制。

10月26日，河北省确定威县为“多规合一”试点县，开展市、县空间规划改革试点，推动国民经济和社会发展规划、城市（乡）总体规划、土地利用总体规划、生态环境保护规划等多规合一。

同月，县粮食局与商务局合并，成立“威县商务和粮食局”，为县政府常设工作部门。

12月24日，威县在北京顺义区顺义宾馆举行威县（北京）投资环境推介会及项目签约仪式。

同月，威县被列为第二批国家新型城镇化综合试点区，成为全国59个城市（镇）试点之一。

2016年

1月6日，《河北新闻联播》头条播出河北省举全省之力打赢脱贫攻坚战，重点报道了威县脱贫攻坚的典型事例。

1月15日，君乐宝威县第二牧场项目签约仪式在华威大酒店举行。

同月，威县农业科技园区被国家科技部认定为第七批国家农业科技园区，成为邢台市首个国家农业科技园区。

2月3日，威县2015年度“十大新闻”“十大新闻人物”“十大道德模范”颁奖典礼暨2016年春节联欢会在影剧院举办。

2月23日，2016年元宵节文艺演出在威县人民广场上演，此次演出共三天，主要演出威县非物质文化遗产乱弹及地方戏曲。

2 月 26 日，威县人民政府与苏宁云商集团在政府会议室正式签署战略合作协议，计划共同在威县传统企业触网、智能绿色物流、农村电商、互联网人才培养与引进等领域进行深入合作。

2 月，威县通过老沙河从邯郸调引黄河水 500 万立方米，以缓解农业灌溉缺水及地下水超采状况。

同月，威县被全国绿化委员会授予“全国绿化模范单位”。

3 月 1 日至 3 日，政协威县第十三届委员会第五次会议和县第十四届人民代表大会第七次会议在影剧院召开。

3 月 14 日，县城乡管理综合执法局环卫处工人姜玉祥在县中医院门口捡到一红色手提袋，内装有 11 万元现金，他不为金钱所动，将手提袋交到城乡管理综合执法局环卫处。后经环卫处多方寻找，终于联系到失主。失主当场拿出 1 万元感谢姜玉祥，但被姜玉祥婉言谢绝。

3 月 17 日，威县与中国第十九冶建设集团签署战略合作框架协议，与北汽集团就北汽（威县）汽车基地建设项目签约。

4 月 2 日，以“春约威县去看梨花雨·牵手共跑迷你马拉松”为主题的首届梨花节暨奔向“梨”想迷你马拉松赛活动在章台镇鱼堤村举行。

4 月 22 日，威县人民政府与河北农大、冀中能源、天宝基金、财达证券、兴业银行战略合作协议签约仪式在影剧院举行。

4 月 28 日，威县市民服务中心揭牌暨农村土地承包经营权抵押首笔贷款发放仪式在县市民服务中心举行。

5 月 18 日，威县人民广场千人共跳广场舞，拉开了“舞动洺阳、美丽威县”七里新城杯第三届广场舞大赛的帷幕。此届广场舞大赛吸引了来自全县乡镇区约 3000 余名广场舞爱好者参加。

6 月 6 日，被誉为“拼命三郎”的威县传奇功夫明星李奇龙在北京人民大会堂举行“飞跃巴拿马海峡之威县金水河试飞电影《超级武神三》”新闻发布会。

6 月 16 日，威县德青源“金鸡产业扶贫项目”第一批种鸡进栏，标志着威县“金鸡产业扶贫项目”顺利投产。

6 月 22 日，县城中华大街临街门市和记永和豆浆的电表箱处突然发生电路打火，引发火灾。造成石家庄和记永和餐饮管理有限公司威县分公司、威县翟威快餐店、优谷稻快餐店三家门市不同程度过火烧损，造成 4 人死亡，直接经济损失 709087 元。

7 月 2 日，威县第二届葡萄采摘节在固献乡晟熙葡萄园开幕。

7 月 30 日，县长商黎英代表威县人民政府与阿里巴巴集团农村淘宝河北区经理李森就农村淘宝项目进行签约，实现“网货下乡”和“农产品进城”。

8 月 8 日，威县诗词学会成立，名誉会长董凤鼎，会长赵荣军。

8 月 14 日，第什营镇举行撤乡设镇揭牌仪式。

8 月 16 日，威县经济开发区在 2015 年全省开发区综合评价中，被评为 A 级开发区，全省排 15 名，被河北省政府转为省级高新技术产业开发区。

8 月 24 日，威县在全省率先启动“五证合一、一照一码”登记制度，企业只需进一个门、到一个窗口、提交一次材料，就能拿到相当于过去五个证照的营业执照。

9月26日，国务院扶贫办开发指导司司长海波率全国产业精准扶贫现场观摩会观摩团，到威县观摩，威县产业精准扶贫经验获充分肯定。

10月13日，由威县、临西、鸡泽、广平、肥乡、永年六县联合举办的“六县书画联展”在威县书画展览馆举行。

10月31日，威县在国家会议中心专门举办“威梨”推介会，“威梨”亮相2016中国（北京）国际果蔬展览会。

10月，网上购物平台为尔商城威县实体店开业。

同月，依据文化部公布的《关于命名一、二、三级馆的决定》，威县文化馆被命名为“国家一级文化馆”。

同月，人民网采访团到威县调研采访，采访团一行实地考察了梨产业带、君乐宝乳业、德青源金鸡项目、金鸡小镇、多彩农牧小镇、孙家寨孝道村等地，详细了解威县“扶贫开发、现代农业、美丽乡村、乡村旅游、生态保护”五位一体建设情况。

11月3日，县召开“冀金宝—金优选—威县化建设”金融理财产品发行动员会，“冀金宝—金优选—威县化建设”理财产品是河北金交所与威州城投集团联合推出的非公开定向投资产品方式募集资金，资金专项用于威县城镇化建设。

12月9日，阿里巴巴农村淘宝威县服务中心举行开业仪式，威县阿里巴巴农村淘宝项目正式开始运营。

同月，章台镇东柏悦农村淘宝服务站正式开业，成为威县第一个农村淘宝服务站。

同月，威县被河北省出入境检验检疫局授予“省级出口鲜梨质量安全示范区”。

同月，洺州镇东夏官（葡萄小镇）、固献乡沙河王庄（金鸡小镇）、梨园屯镇西河口（多彩农牧小镇）三个村被河北省委、省政府评为省级美丽乡村精品村。

2017年

1月6日，威县梨产业园区被河北省农业厅、河北省委省政府农村工作办公室认定为“2016年河北省现代农业园区”。

1月22日，威县在影剧院举办“金鸡报晓小康年”2016年度“威县十大新闻”“威县十大新闻人物”“威县十大道德模范”发布颁奖暨2017年春节联欢会。

2月22日至23日，中国共产党威县第十一次代表大会在县影剧院召开。县委书记安庆杰代表第十届威县委员会向大会作《跃上新高度，登上新高峰，为实现增比进位撤县设市而努力奋斗》的报告。会议选举安庆杰为县委书记，商黎英、王建华为县委副书记。

2月25日至27日，政协威县第十四届委员会第一次会议在县影剧院召开。会议选举孟祥义为政协威县第十四届委员会主席。

2月26日至27日，威县第十五届人民代表大会第一次会议在县影剧院召开。县长商黎英代表县政府向大会作政府工作报告。大会选举董占坤为威县第十五届人民代表大会常务委员会主任，商黎英为威县人民政府县长。

3月1日，集综治中心、网格化管理中心和“12345”市民服务中心于一体的智慧威县指挥调度中心正式启动。

4月2日，第二届梨花节暨奔向“梨”想“君乐宝”杯马拉松赛在高公庄乡草楼村举行。来自北京、山东、山西等地近1000名运动员参加比赛。

4月7日，广东顺德清远经济合作区党工委书记潘东生率领广东长鹿集团、广东伊之密精密机械股份、广东洪昊集团、广东宏汇金融集团等企业总裁和爱心人士到威县参观考察并举行捐款仪式。爱心团捐款230万元用于威县教育发展和西小庄村建设。

5月10日，邢台市学习推广威县“金鸡帮扶”项目经验现场观摩会在威县召开。

5月18日，威县在2017中国·廊坊国际经济贸易洽谈会上成功签约新媒体影视娱乐基地项目和环保科技产业园及农业嘉年华两个亿元项目。

6月23日，威县县委、县政府发布关于公开竞聘威县第一中学校长公告，面向全邢台市公开竞聘威县第一中学校长。工资待遇实行底薪加绩效制，年底薪20万元，绩效工资20万元（根据任务目标完成情况确定）。

6月24日至25日，中国经济体制改革杂志社主办的“县级综合体制改革暨威县创新实践高层研讨会”在威县召开，来自国家发展和改革委员会、农业部等部门领导，国家行政学院、中国社会科学院等研究机构的专家、学者，河北、湖南、贵州、陕西等17个省（市、自治区）、市、县改革部门负责人，国内部分县级综合体制改革先进单位，新华社、经济日报社、中新社等国内主流媒体共计200余人参加。

7月1日，威县县委组织部联合县人民医院对全县65周岁以上老党员进行免费体检活动，活动为期一个月，对全县5900余名老党员进行体检全覆盖。

同月，威县在第26届北京国际燕京啤酒文化节主会场——顺义奥林匹克水上公园举办“威县之夜·天使之行”演出活动。

同月，河北省城镇化工作领导小组办公室公布2016年度全省县城建设考核结果，威县以全省排名第一的成绩被确定为河北省2017年度县城建设示范标杆县。

8月9日，县政府在政府西三楼会议室举行“智慧威县”手机App上线启动仪式。

同月，威县顺利通过省级卫生县城验收。

9月8日，威县旅游产业发展大会开幕式暨首届“王亚平杯”海内外现代诗歌征文比赛颁奖晚会在影剧院举行。大会以“生态净土·人文威县·‘梨’想家园”为主题，旨在探索创新推进旅游产业和文化产业融合与发展的新路子，做大做强文化和旅游产业。

9月22日，威县君乐宝乳品加工项目奠基开工仪式在赵村乡举行。

9月26日，河北梆子现代戏《大孝村官》首场演出在邢台市冶金俱乐部举行。《大孝村官》讲述中国好人——威县孙家寨村党支部书记付宏伟由孝敬自己的父母，到孝敬全村老人、周边村镇老人的感人事迹。

9月27日，河北省“千企帮千村”精准扶贫行动现场会在威县举行。全国工商联副主席、中国光彩会副会长谢经荣，省委常委、统战部部长高志立出席会议并讲话。

同月，河北省旅游工作领导小组印发通知，公布首批省级全域旅游示范区创建单位名单，威县入选。

10月16日，威县改革案例——《“三个导向”强力引领“八面改革”——威县探索实践综合配套改革》专题调研文章，入选河北省政协《中流击楫、浪遏飞舟——河北全面深化改革典型集锦》。

10月17日，全省畜禽养殖废弃物资源化利用现场会在威县召开。

10月18日至19日，教育部党组成员、副部长孙尧带领教育部调研团及人民教育出版社副社长谭刚、北京市教育委员会副主任黄侃、天津市教育委员会高职高专处处长杨荣敏等一行20余人就定点扶贫工作到威县调研。

11月14日，威县、藁城、高邑三县（区）乱弹戏曲会演在威县人民广场举行。

同月，经河北省农业厅、发改委、科技厅、财政厅、国土厅、环保厅、水利厅、林业厅八个部门评审考核，威县被列入河北省第一批“省级农业可持续发展试验示范区”。

第一编　政区建置

威县历史悠久，源远流长。夏禹之前，境内已有先民渔猎稼穑，繁衍生息。其建置历代多变。西汉，析巨鹿郡堂阳县置经县。元始二年（2）置广宗国。唐置宗州，金置洺水县，元置威州。明洪武二年（1369）撤州设县，始有“威县”之称。1958年威县并入南宫县，1961年复置威县，沿袭至今。

元代，威县分为4个乡，明嘉靖年间（1522—1566）分4个乡10个社，137个村。清沿明制。民国时期，全县分为东、南、西、北4路，335村。1949年10月，全县划为10个区，438个村，后缩减为5个区，有村庄443个。1953年4月，全县划分为5个管理区、75个乡镇。1956年7月，撤销5个管理区，设立2个办事处，原75个乡镇合并为31个乡，443个村。1958年3月，全县31个乡、2个办事处合并划为2个管理区、21个乡。8月，全县2个区、21个乡划为政社合一的5个人民公社，下设32个管理区。11月，威县并入南宫县，原威县分为5个人民公社，下设50个管理区。1961年5月，恢复威县建置，全县划为5个工作委员会、32个人民公社，共计463个自然村，518个大队。1968年1月，威县成立革命委员会，下设32个公社革命委员会。

1979—2009年，域内区划只有一次较大调整，即1996年1月全县扩乡并镇。由原来32个乡镇合并为5个镇11个乡。至2009年底，全县辖5个镇11个乡，463自然村，522个村民委员会，户籍人口57.66万人。

第一章　位置　沿革

第一节　地理位置

威县位于河北省南部，邢台市东部，在北纬36°52′至37°18′，东经115°13′至115°34′之间，南北长48.2千米，东西宽32千米，总面积1012平方千米。东邻清河县，西界广宗县，北与南宫市毗连，南与临西县及邯郸市邱县接壤。县人民政府驻地洺州镇，西距邢台市中兴大街高速口70千米，西北距河北省政府驻地176千米，北距国道106起点377千米。

第二节　建置沿革

夏初，威县地为冀州、兖州交界之域。

商、周之际属邢国。

春秋时期，为晋国之东阳地。

战国时期，韩、赵、魏三家分晋，威县地属赵国。

秦始皇统一六国，分天下为三十六郡，威县地属巨鹿郡。

西汉，尝分巨鹿郡堂阳县置经县，治所在今经镇西北二十里古城村①。元始二年（2）四月丁酉，置广宗国，平帝封代孝王玄孙之子刘如意为广宗王，治所在今威县城东二十里方家营。新莽元年（9），广宗王贬为广宗公。明年，公废，国除②。

东汉，县域为经县，属安平国。永元五年（93），封弟刘万岁为广宗王，复分巨鹿郡置广宗国。期年，王薨，葬于京师。广宗王无子，国除，还并巨鹿郡③。不久，复分巨鹿郡地置广宗县，属巨鹿郡④。

三国时，今威县为魏之经县、广宗县地，均属安平郡。

西晋，经县、广宗县均属安平国。

东晋后赵建武十二年（346），置建兴郡，治广宗城内，领建始、兴德、广宗等五县⑤。

北魏太平真君二年（441），经县废，并入南宫县。太和十年（486），复置经县，移治于经镇；太和二十一年（497）于广宗城内置广宗郡，辖广宗、武强、经县。不久，罢广宗郡。孝昌二年（526），复置广宗郡，领广宗、武强、经县三县。永安二年（529），分经县置西经县。

北齐天保七年（556），废广宗郡、西经县、经县，移武强县治于经县。

北周建德七年（578），于武强县治（今经镇）复置广宗郡，属贝州，领广宗、武强二县。

隋开皇三年（583），罢广宗郡，属贝州。开皇六年（586），武强县徙离，复于旧经县城置经城县。开皇十六年（596），分经城县置府城县。仁寿元年（601），避太子杨广之名讳，改广宗县为宗城县。时威县地为经城、府城、宗城三县之部分地。大业三年（607），改贝州为清河郡，复省府城县入经城县。经城、宗城均隶属于清河郡。

唐武德四年（621），于宗城县置宗州，领宗城、经城、南宫、武强四县，又析经城县置府城县。武德九年（626），废宗州，复省府城县入经城县，隶于贝州。天宝元年（742），贝州改为清河郡。乾元元年（758），复改清河郡为贝州。天祐三年（906），避朱温父朱诚之名

---

① 见《汉书·地理志》《资治通鉴》。

② 见《汉书·文三王传》《汉书·诸侯王表》。

③ 见《后汉书·章帝八王列传》。

④ 见《后汉书·郡国志》。

⑤ 见《水经注》《资治通鉴》。

讳，复改宗城县为广宗县。是岁，改隶于魏州，经城县仍隶属于贝州。

五代后唐，改广宗县为宗城县，宗城县、经城县属清河郡。

宋庆历八年（1048）始置大名府，宗城县属之。熙宁五年（1072），省临清县为镇入宗城县。当年复旧。熙宁六年（1073），省经城县为镇，入宗城县。元祐元年（1086），因河决，宗城县治迁至今威县城[①]。崇宁四年（1105），为避水患，宗城县治迁至今枣园乡邵固。金正隆元年（1156），县治由邵固迁至今威县城。

金泰和元年（1201），于废经城县置洺水县，与宗城县同属洺州。

元太宗六年（1234）省宗城县入洺水县[②]。定宗二年（1247），洺水县遥隶于远在数百里外的威州（今石家庄市井陉县威州镇）。宪宗二年（1252），移威州治于洺水县，领洺水、井陉二县；又分洺水县民户之半于武道镇置司总管。宪宗五年（1255），于武道镇置新广宗县，沿袭古广宗之名。至元初（1264），洺水县治随州治由今经镇徙至今威县城。至正十年（1350），省洺水县入威州，改属中书省广平路。

明洪武二年（1369）四月，撤州设县，改隶于京师广平府，始有威县之名。

清，威县属直隶省大顺广道广平府。

1913年2月，属直隶省冀南道。1914年5月23日，属直隶省大名道。1928年6月28日，直隶省改称河北省，始直属于河北省。1937年4月13日，属河北省第十四行政督察区。

1938年5月5日，威县抗日民主政府成立，属冀南行署四专区。

1939年3月，日军二次侵占威县后，成立伪“威县公署”。时威县抗日民主政府、国民党政府并存。

1940年4月4日，划威县南部、东南部部分村庄与曲周县五区，建立企之县。7月7日在县域东北部，以临冠邱特区为基础，包括清河县西北部三个区，建立清江县。1942年10月10日，于威县东南部，划清河、临清部分村庄，建立宏毅县。时威县、企之、清江、宏毅四县均属晋冀鲁豫边区冀南区十三专区。

1945年11月2日，企之、清江、宏毅三县撤销，地归原属。临清、冠县、邱县、南宫、曲周、鸡泽等县在威境的“插花地”，全部划归威县。属冀南行署四专区。

1949年8月1日，河北省人民政府和邢台地区专员公署成立，威县属邢台专区。

1958年11月，邢台专区撤销，并入邯郸专区，威县并入南宫县，属邯郸专区。1960年5月3日邯郸专区撤销，合并为邯郸市，南宫县又隶属邯郸市。1961年5月11日，邯郸市分设邯郸专区和邢台专区，5月18日恢复威县建置，属河北省邢台专区。1967年12月，邢台专区改为邢台地区行政公署，威县属之。1993年7月，邢台地区行政公署与邢台市人民政府合并为邢台市人民政府，威县属之，至今。

---

① 见《新宗城县三清殿记》。

② 见《新元史》。

威县建置沿革表

表1－1

时间	县地		治所	隶属
	名称	废置分合		
西汉	经县	分巨鹿郡堂阳县地置经县	经县治所在经镇西北二十里今七级镇古城	
	广宗国	元始二年（2）四月丁酉，置广宗国，立代孝王玄孙之子刘如意为广宗王，王莽时废	广宗国治所在今县城东二十里方家营	
东汉	经县		今七级镇古城	安平国
	广宗国 广宗县	永元二年（93），封弟刘万岁为广宗王，复分巨鹿置广宗国，其年薨，葬于京师。国除，还并巨鹿郡。不久，复分巨鹿郡地置广宗县	今方家营	巨鹿郡
魏	经县 广宗县		七级镇古城 方家营乡方家营	安平郡
晋	经县 广宗县		七级镇古城 方家营乡方家营	安平国
后赵	建兴郡 广宗县 经县	建武十二年（346）置建兴郡，领建始、兴德、经县、广宗、临清五县	郡治、广宗县治为今方家营，经县治为今七级镇古城	冀州刺史部
北魏	广宗郡 广宗县 经县	太平真君二年（441）经县并入南宫县。太和十年（486）复置，移治经镇。于广宗城内立广宗郡，辖广宗、武强、经县，不久，罢广宗郡。孝昌二年（526），复立广宗郡，领广宗、武强、经县三县。永安二年（529），分经县置西经县	郡治、广宗县治今方家营，经县治今经镇	冀州
北齐	武强县[①] 广宗县	天保七年（556），废广宗郡、西经县、经县，移武强县治于经县	武强县治今经镇，广宗县治今方家营	贝州
北周	广宗郡 广宗县	建德七年（578），复置广宗郡，领广宗、武强二县	今方家营	贝州
隋	经城县 府城县 广宗县	开皇三年（583），罢广宗郡，属贝州。开皇六年（586），武强县徙离，复于旧经县城置经城县。十六年（596），分经城县置府城县	经城治今经镇，广宗治今方家营	贝州
	宗城县	仁寿元年（601），避太子杨广讳，改广宗县为宗城县	今方家营	贝州
	经城县 宗城县	大业三年（607），改贝州为清河郡，复省府城县入经城县。经城、宗城均隶属于清河郡	经城治今经镇，宗城治今方家营	清河郡

续表 1－1

时间	县地 名称	县地 废置分合	治所	隶属
唐	宗州 宗城县 经城县 广宗县 府城县	武德四年（621），于宗城县置宗州，领宗城、经城、南宫、武强四县，以析经城县置府城县。武德九年（626），废宗州，复省府城县入经城县，隶于贝州。天宝元年（742），贝州改为清河郡。乾元元年（758），复改清河郡为贝州。天祐三年（906），避朱温父朱诚之名讳，复改宗城县为广宗县。是岁，宗城县改隶于魏州②，经城县仍隶于贝州	经城治今经镇，宗州、宗城、广宗治今方家营	贝州
五代后唐	宗城县	改广宗县为宗城县，属清河郡	今方家营	清河郡
宋	经城县 宗城县	庆历八年（1048）置大名府，辖宗城县。熙宁五年（1072），省临清县为镇入宗城县，当年复旧。熙宁六年（1073），省经城县为镇入宗城县。元祐元年（1086），因河决，宗城县治迁今县城。崇宁四年（1105），为避水患，宗城县治迁至今枣园乡邵固	宗城县治先后屡有变化：今方家营、今威县城、今邵固	大名府
金	洺水县 宗城县	正隆元年（1156），宗城县治由邵固迁至今县城。泰和元年（1201），于废经城县置洺水县，与宗城县同属洺州	洺水治今经镇，宗城治今县城	洺州
元	洺水县 威州	元定宗二年（1247），洺水县遥隶于远在数百里外驻在今井陉的威州。宪宗二年（1252），移威州治于洺水县，领洺水、井陉二县。又分洺水县民户之半于武道镇置司总管。宪宗五年（1255），以武道镇置广宗县，即沿袭其东不远的古广宗之名。至正十年（1350），省洺水县入威州，改属中书省广平路	威州、洺水治原在今经镇，至元初（1264）移至今县城	邢洺路威州、洺滋路威州、广平路威州
明	威县	洪武二年（1369）四月，降威州为威县，隶京师广平府，始有威县之名	今县城	广平府
清	威县	清沿明制	今县城	直隶省大顺广道广平府
中华民国	威县	1913 年属直隶省冀南道，1914 年 5 月 23 日，属直隶大名道。1928 年 6 月 28 日，直隶省改称河北省，始直属河北省。1937 年 4 月 13 日，属河北省第十四行政督察区（南宫）	今县城	直隶省冀南道、大名道、河北省、河北省第十四行政督察区
中华民国	威县 企之县 清江县 宏毅县	1940 年 4 月 4 日，划威县南部、东南部 95 个村庄，和曲周县五区，建立企之县。7 月 7 日，以临冠邱特区为基础，包括清河县西北部三个区，威县 75 村，建立清江县。1942 年 10 月 10 日，划威县东南部 26 村，清河、临清部分村庄，建立宏毅县。时威县、企之县、清江县、宏毅县并存	治无定所	晋冀鲁豫边区冀南区十三专区

续表 1－1

时间	县地		治所	隶属
	名称	废置分合		
中华民国	威县	1945 年 11 月，撤销企之、清江、宏毅三县。临清、冠县、邱县、南宫、曲周、鸡泽等县在威境之“插花地”划归威县	潘村	冀南行署四专区
中华人民共和国	威县	1949 年 8 月 1 日，河北省人民政府和邢台专署成立	今县城	邢台地区专员公署
	威镇	1958 年 11 月，威县降为镇并入南宫县	今县城	邯郸专署
	威县	1961 年 5 月，恢复威县建置	今县城	邢台专署，1967 年属邢台地区行政公署
	威县	1993 年 7 月，邢台地区行政公署撤销并入邢台市	今县城	邢台市

说明：①《魏书·地形志》有二武强县。属广宗郡者，不详所在。《太平寰宇记》有移武强县于经县之说。据此，武强县距经县不远，当在今威县界内。

②《太平寰宇记·魏州（下）》云：天祐三年，割贝州之夏津、临清、永济、宗城、经城，相州之内黄、成安、洹水，博州之清平来属，从魏府之所请也。然《文献通考·魏州（下）》云：汉为大名府，周罢郡，复为天雄军，又以贝州之永济、宗城、经城，相州之内黄、成安、洹水，博州之清平七县来属。则周以前，宗城曾隶于贝州，唯年代无考。

第三节　县四大班子机关驻址

县四大班子，指中国共产党威县委员会（简称县委）、威县人民代表大会常务委员会（简称县人大常委会）、威县人民政府（简称县政府）和中国人民政治协商会议威县委员会（简称县政协）。其驻址均位于县城东街路南。

县委、县政府

县委、县政府同址办公，称县委大院或县政府大院，位于县城东街南侧，火神庙街东侧，占地约 3.7 万平方米，驻地位置自 1979 年至 2009 年无变化。

1982 年以前，县委、县政府办公房屋以旧式瓦房为主。1982 年，为缓解办公场所拥挤的压力，拆除北面两排瓦房，新建三层办公楼一座，为县委、县政府机关办公用房，县领导仍在南面的旧式瓦房办公。

图 1－1　县委、县政府外景/耿尚斌 2015 年 10 月摄

20 世纪 80 年代初，县委大院大致分布为：大院西侧为篮球场，篮球场的北侧，现老干部局所在位置矗立着十六七米高（全县最高）的

图 1-2 县政府内景/陈金生 2017 年 10 月摄

主席台一座，这里曾一度成为县举办大型活动的场所。球场的南侧为一水塔，曾一度成为县城地标性建筑。水塔的南面为县武装部办公及生活的场所。大院的东北部为县人大常委会机关，机关内曾有县委礼堂一座。办公楼北侧偏东为烈士陵园（一一四烈士墓），墓前有亭，亭中有碑。陵园东侧为一水坑。政府大院东侧为县领导的生活区。陵园南侧为县委、县政府办公楼。办公楼以南的瓦房为县领导办公场所。县领导出入只能在办公楼西侧通过。

1994 年，烈士陵园迁至朝阳路与 106 国道交叉口西北角。

1999 年以前，机关院落正门为西向，通往火神庙街。东侧另有一小出口，通向交通大街。1999 年冬，出于安全考虑，将东偏门封闭。1999 年，利用县城东街拓宽改造之机，将正门改为北向，直通东街。大门由邢台橡胶有限公司捐建。

2001 年，翻盖办公楼南面的三排瓦房，并对办公楼进行装修与改造，外墙贴有瓷砖，楼檐扣上琉璃瓦，楼内粉刷墙壁，铺设地板瓷砖。是年 8 月，在办公楼西侧新建一座三层办公楼，为县纪律检查委员会和宣传部办公用房。

图 1-3 县政府内景/陈金生 2017 年 10 月摄

1997 年，时逢创建省级卫生城，对县政府大院进行系统规划和改造整治，拆除一些有碍观瞻的低矮房屋、车库等，并进行硬化、绿化。2009 年，对机关大院进行较大规模的绿化、亮化和美化，安装轮廓灯、射灯、景观灯，重新设计了草坪，并配备浇灌设施。

自 1982 年起，新办公楼和楼南三排瓦房就陆续安装了水暖，配置了吊扇和电扇。自 2001 年起，空调机开始普及。

2010 年，县政府水房由政府办公楼的东南隅迁至县纪委办公楼南侧。县政府办公楼东侧的通道开通。

县人大常委会

威县人民代表大会常务委员会成立于 1982 年 2 月，位于县政府大院东北部，大门朝西。有砖木结构平房 3 排，瓦房 1 排，占地面积 1000 平方

图 1-4 县人大常委会机关外景/耿尚斌 2017 年 10 月摄

米，建筑面积400平方米。1998年2月，搬迁至县政府西侧现址，为一单独院落。机关主体建筑为二层砖混楼房一栋。

县政协

县政协成立于1956年12月，机关驻址在东街路南，火神庙街以西，机关大门朝东。占地面积900平方米，院内有东屋3间、南屋8间、西屋5间、北屋10间，其中瓦房3间，其余均为平房，全部为砖木结构。2002年12月搬迁至县政府东侧现址。有三层楼房一栋，砖混结构。

图1-5　县政协机关外景/耿尚斌2017年10月摄

第二章　境域　区划

1997年4月至1999年11月，威县县政府与周边县市政府联合开展勘界工作，共勘定交界线5条，244.7千米，与6县市边界交会点5处。2009年，全县辖5个镇11个乡，463个自然村，522个村民委员会。

第一节　境　域

1997年3月，按照国务院《关于开展勘定省、县两级行政区域界线工作有关问题的通知》和《河北省县级行政区域界线勘定办法》《河北省县级行政区域界线测绘技术规定》，威县政府与周边县市政府联合开展勘界工作，至1999年11月结束，共勘定威县与南宫市、临西县、清河县、广宗县、邯郸市邱县交界线（依次简称威南边界线、威临边界线、威清边界线、威广边界线、威邱边界线）5条和6县、市边界线交会点5处。5条边界线总长244.7千米，边界线、点明确，标示清楚，分别报经省政府批准。

威南边界线

威县、南宫市联合勘界工作始于1999年4月，至12月完成界桩埋设、测绘资料汇总及协议书签订等程序。

界线涉及威县七级镇、赵村乡和南宫市王道寨、薛吴村2乡。东起威县、清河县、南宫市边界线交会点（1999年6月1日，经三方联席会议商定），西至威县、广宗县、南宫市边界线交会点（1999年6月9日经三方联席会议商定），共长68.5千米，实地埋设界桩5个，均为交会点界桩。

交会点1号界桩，设于威县七级镇后尹村与南宫市王道寨乡西唐苏村交界处的田地上；交会点2号界桩，设于威县七级镇北高庄村与南宫市王道寨乡小石柏村交界处的田地上；交会点 3 号界桩，设于威县赵村乡大张山村与南宫市王道寨乡王道寨村交界处的田地上；交会点 4 号界桩，设于威县赵村乡北寺庄村与南宫市薛吴村乡林庄村交界处的田地上；交会点 5 号界桩，设于威县赵村乡东寺庄村与南宫市薛吴村乡薛吴村村交界处的田地上。

威临边界线

威县与临西县联合勘界工作始于 1998 年 6 月，至 1999 年 4 月完成各项程序。

界线涉及威县枣园、固献 2 乡和临西县吕寨、下堡寺 2 乡镇。东起威县、清河县、临西县边界线交会点，西至威县、临西县、邯郸市邱县边界线交会点（1997 年 9 月 5 日，经三方联席会议商定），全长 36. 3 千米，实地埋设界桩 2 个，均是交会点界桩。

交会点 1 号界桩，设于威县枣园乡司庄与临西县吕寨乡司寨交界处的田地上；交会点 2 号界桩，设于威县固献乡黑刘村与临西县下堡寺镇万户庄交界处的田地上。

威清边界线

威县与清河县联合勘界工作始于 1998 年 6 月，至 8 月完成各项程序。

界线涉及威县常庄、枣园 2 乡和清河县王官庄镇。南起威县、临西县、清河县边界线交会点，北至威县、清河县、南宫市边界线交会点（1997 年 7 月 20 日，经 3 方联席会议商定），全长 31. 3 千米，实地埋设界桩 4 个，均为交会点界桩。

交会点 1 号界桩，设于常庄乡豆坊屯与清河县王官庄镇茶店村交界处的田地上；交会点 2 号界桩，设于常庄乡牛家寨与清河县王官庄镇马屯交界处的田地上；交会点 3 号界桩，设于常庄乡鸭窝与清河县王官庄镇小屯村交界处的田地上；交会点 4 号界桩，设于枣园乡刘家洼与清河县王官庄镇孙洼交界处的田地上。

威广边界线

威县与广宗县联合勘界工作始于 1997 年 4 月，至 12 月完成各项程序。

界线涉及威县洺州镇、第什营乡和广宗县北塘疃乡。南起威县、广宗县、邯郸市邱县边界线交会点，北至威县、广宗县、南宫市边界线交会点（1996 年 9 月 5 日，经三方联席会议商定），全长 95. 2 千米，实地埋设界桩 4 个，均是交会点界桩。

交会点 1 号界桩，设于威县第什营乡第什营村西北与广宗县北塘疃乡油坊村东交界处的田地上；交会点 2 号界桩，设于威县洺州镇西夏官村西北与广宗县北塘疃乡油堡村村东交界处的田地上；交会点 3 号界桩，设于威县洺州镇王庄西南与广宗县北塘疃乡刁营村东南交界处的田地上；交会点 4 号界桩，设于威县洺州镇北街地西头与广宗县北塘疃乡公村东北交界处的田地上。

威邱边界线

威县与邯郸市邱县联合勘界工作始于 1997 年 6 月，至 8 月完成各项程序。

界线涉及威县第什营乡和邯郸市邱县。东起威县、临西县、邯郸市邱县边界线交会点，西至威县、广宗县、邯郸市邱县边界线交会点（1996 年 7 月 20 日，经三方联席会议商定），全长 13. 4 千米，实地埋设界桩 1 个，为交会点三面界桩。

交会点 1 号界桩，设于威县第什营乡苏庄与广宗县、邯郸市邱县南刘村交界处的田地上，为三面界桩。

第二节 区划变更

1979 年，全县下设 32 个公社革命委员会。

1982 年 2 月，县召开第六届人民代表大会第一次会议，决定将县革命委员会改为县人民政府，32 个公社革命委员会改为 32 个公社管理委员会。是年，部分村庄变更称谓。

1984 年 1 月，根据中共中央、国务院《关于实行政社分开、建立乡政府的通知》精神，撤销人民公社和大队，全县 32 个人民公社改为 32 个乡人民政府，下设 520 个村民委员会。1985 年 5 月，城关、梨园屯、侯贯、章台、七级 5 个乡改为建制镇。全县划为 5 个镇、27 个乡，辖 520 个行政村，463 个自然村，驻地和辖区不变。

1988 年改城关镇为洺州镇，镇政府驻地和辖区未变。

1989 年，全县辖 522 个行政村。

1996 年 1 月，扩乡并镇，全县设 5 个镇、11 个乡。

2009 年末，全县辖 5 个镇、11 个乡、463 个自然村，522 个村民委员会，576578 人。

1996 年威县并乡扩镇后行政区划表

表 1－2　　单位：平方千米、个

乡镇名称	面积	所辖村数	扩乡并镇前	所辖村名
洺州镇	68.4	50	洺州镇	东街、西街、南街、北街、黄街、东关、南关、北关、星光、李庄、围紫园、霍冉庄、皇神庙、香花营、小高庙、大高庙、马庄、桑家庄、北郭庄、贾庄、王庄、肖侯庄、渭上营、西河洼、东河洼、后麻固、前麻固、东夏官、西夏官、莫尔寨
			李寨乡	李寨、罗安陵、马安陵、郭安陵、管安陵、辛庄、时家庄、五里台、十里村、张家庄、白伏、东郭庄、胡家庄、戚霍寨、张霍寨、赵霍寨、邱霍寨、姜霍寨、八里庄、乔家庄
梨园屯镇	55.4	23	梨园屯镇	梨园屯、陈固、王世公、小王曲、祝家屯、红桃园、小里固、赵家营、东赵村、西王曲、南王曲、东王曲、翟家庄
			干集乡	干集东街、干集西街、干集朱街、干集孙街、干集西北街、干集东北街、西河口、西小庄、杏园屯、南梁庄
章台镇	62.6	30	章台镇	郝家屯、鱼堤、王撞、北章台、中章台、南章台、大章台、三益庄、南胡帐、北胡帐、中胡帐、南镇村、朱庄、逯家庄、北杨庄、白小河、西小河
			潘固乡	潘固、西柏悦、东柏悦、西里村、东里村、掌史、章刘村、章华堡、翟庄、宋庄、东章华、西章华、南章华

续表 1－2

乡镇名称	面积	所辖村数	扩乡并镇前	所辖村名
侯贯镇	70.8	36	侯贯镇	南侯贯、西侯贯、北侯贯、杨长屯、刘家庄、北侯伶仕、南侯伶仕、小潘庄、大潘庄、中潘庄、西潘庄、梁庄、宫家庄、北中侯、南中侯、南狼窝、北狼窝
			王村乡	前王村、后王村、西王村、大里庄、崔里庄、焦里庄、东董吕庄、西董吕庄、义和营、杨宋村、魏宋村、李宋村、赵宋村、孙家庄、马桥、东郭固、后郭固、前郭固、秦郭固
七级镇	61.5	31	七级镇	东七级、西七级、中七级、前七级、七级堡、北双庙、高亮、北高庄、三元井、士通、太平庄、飞乌、前魏疃、后魏疃、西魏疃
			张庄乡	张庄、大里罕、小里罕、前尹村、后尹村、阎家庄、马军寨、前古城、中古城、后古城、代家庄、银边庄、西范庄、西现庄、大刘庄、韩家庄
方家营乡	53.1	26	方家营乡	东徐固寨、西徐固寨、马塘寨、孙家寨、四马坊、五马坊、油坊、宋庄、东方家营、西方家营、南方家营、北方家营
			南里村乡	南里村、赵里村、后里村、庞苏庄、第三口、翟家庄、张官寨、王高寨、薛高寨、西堂村、东堂村、王家陵、孙家陵、张家陵
第什营乡	82.4	42	第什营乡	第什营、谭家庄、西梨园、东梨园、芦头、高家、南韩庄、南林庄、西盖村、东盖村、西古城、东古城、南古城、管王街、胡杨街、良善庄、苏庄、北刘村、司家庄、圣佛堂、康家洼、北草厂、南草厂
			成志庄乡	成志庄、杨家庄、王王目、九马坊、张王目、吴王目、马厂、苏留寨、吴家庄、第四营、佃尚营、牙水寨、董家庄、秦李庄、井王庄、头百户、南郭庄、麦子乌营、戚家庄
枣园乡	55.5	36	枣园乡	枣园、王里固、西里固、罗庄、东张庄、后辛庄、西台吉、东台吉、东庄、潘店、井湖寨、鸡泽屯、魏家寨、南辛庄、李店、后洼、前洼、司庄、于化、大芦
			邵固乡	邵固、辛台林、阎里固、董里固、官地、丁家寨、寺前、全礼村、刘家洼、刘家屯、王家屯、翁屯、东李庄、东孙庄、牛寨、太阳庙
固献乡	66.5	36	固献乡	固献一、固献二、固献三、陈家庄、蒋家庄、朱家庄、赵家庄、后葛寨、西孙家庄、前葛寨一、前葛寨二、侯家村、魏家村、沙柳寨
			白果树乡	白果树一、白果树二、白果树三、白果树四、沙河王庄、马河北寨、孙河北寨、刘河北寨、韩庄、富兴庄、郭村、沙河辛庄、大寨、后凌头、中凌头、前凌头、蔡寨、冯庄、南赵庄、黑刘村、杏园、张村

续表 1－2

乡镇名称	面积	所辖村数	扩乡并镇前	所辖村名
贺钊乡	69.4	40	贺钊乡	东贺钊、西贺钊、侍曾村、马家庄、苏家林、北刘庄、北小城、天竺庄、东小城、南小城、西大城、庄家村、余官营、小陈固、小刘庄、小王庄、北陈村、孔陈村、贺陈村、张陈村、陈刘庄、后李陈村、前李陈村、杨陈村、陶官营
			雪塔乡	东雪塔、西雪塔、南雪塔、北雪塔、黄台、董村、北小河、王小河、张小河、集小河、张牛村、赵牛村、郭牛村、东郑河、西郑河
贺营乡	65.6	32	贺营乡	贺营、曹王营、曹西庄、东沙营、西沙营、红龙集、袁家庄、范家营、许官营、陶庄、陈庄、小营、项家营、赵庄
			大宁乡	魏村、北台吉、仁里集、西中营、东中营、潘村、祁王庄、大宁、沙西、西徐村、东徐村、西草厂、范七里、赵七里、姜七里、胡庄、后高庄、前高庄
张营乡	52.9	25	张营乡	张营、曹家营、南里庄、前花疃、后花疃、刘家营、勿堂村、军寨、西王庄、东平镇、西平镇、兴隆寨、北马庄
			邵梁庄乡	邵梁庄一、邵梁庄二、邵梁庄三、前小辛、后小辛、从容、东庄、陆台、元寺、窑洼、康寺固一、康寺固二
常屯乡	75.9	31	常屯乡	南常屯、北常屯、高庄、西正店、东正店、史家庄、魏寨、东马庄、东王目、褚庄、安庄、横河、东辛店、西辛店、南辛店
			柳疃乡	东柳疃、西柳疃、后柳疃、北大城一、北大城二、北大城三、北大城四、南大城、西王目、杨庄、苏村、夏家庄、枣科、亭上、东郦庄、西郦庄
常庄乡	56.1	22	常庄乡	常庄、鸭窝、后店、孙庄、东小庄、田村、孟官庄、牛家寨、豆坊屯
			桑园乡	桑园、孟村、团堤、后屯、前屯、何家庄、尚家寨、东陈庄、北仓庄、南仓庄、大河、东安上、西安上
高公庄乡	57.7	30	高公庄乡	东高公庄、西高公庄、中高公庄、前高公庄、小张山、李家屯、河岔股、河里庄、东赵庄、宋安村、大李庄、北蒋家庄、东现庄、东平、西平、东鱼台、西鱼台
			经镇乡	经镇、大宋庄、吴宋庄、前张庄、后张庄、北孙家庄、小李庄、后苏庄、前苏庄、小赵庄、郭家村、草楼、大赵庄
赵村乡	58.5	32	赵村乡	前赵村、中赵村、后赵村、东赵村、孙尹庄、东张舺、中张舺、西张舺、北亭上、前安仁、东安仁、中安仁、西安仁、北辛庄、郭田庄、田庄、宏曲、大张山、东贤塔、西贤塔
			寺庄乡	东寺庄、西寺庄、北寺庄、前寺庄、东徐家庄、西徐家庄、南徐家庄、北徐家庄、东范家庄、后南寺庄、中南寺庄、前南寺庄

1979—2009 年威县乡镇村名称变更情况一览表

表 1－3

新地名	原地名	所属乡镇	变更时间
东马庄	马庄	常屯乡	1982 年
魏寨	魏家寨	常屯乡	1982 年
东董吕庄	东庄	侯贯镇	1982 年
西董吕庄	西庄	高公庄乡	1982 年
北蒋家庄	蒋家庄	高公庄乡	1982 年
南赵庄	赵庄	固献乡	1982 年
西孙家庄	孙家庄	固献乡	1982 年
东陈庄	陈家庄	常庄乡	1982 年
东张庄	张庄	枣园乡	1982 年
东李庄	李庄	枣园乡	1982 年
东孙庄	孙庄	枣园乡	1982 年
东赵村	赵庄	梨园屯乡	1982 年
司家庄	司庄	第什营乡	1982 年
南韩庄	韩庄	第什营乡	1982 年
北杨庄	杨庄	章台镇	1982 年
北亭上	亭上	赵村乡	1982 年
大刘庄	刘庄	七级镇	1982 年
东徐固寨（拆分）	徐固寨	方家营乡	1988 年
西徐固寨（拆分）	徐固寨	方家营乡	1988 年
翟家庄（析出）	东王曲（保留）	梨园屯镇	1987 年
干集西北街（析出）	干集西街（保留）	梨园屯镇	1981 年
洺州镇	城关镇	洺州镇	1988 年

第三章　乡镇村庄

1979 年，全县共有 519 个行政村。1981—1989 年，相继有梨园屯镇干集西北街、翟家庄析出，方家营乡徐固寨分为东、西两个行政村。至此，全县共有 463 个自然村，522 个村民委员会。1996 年 1 月，全县扩乡并镇，由 32 个乡镇扩并为 16 个乡镇，至 2009 年未变。

第一节　洺州镇

洺州镇位于县域西南部，镇政府驻地位于县城顺城路路北。106 国道纵穿南北，邢清公路和邢临高速公路横贯东西，交通便利。境内大高庙村有汉广宗王陵墓——定陵遗址。马安陵村北有明右佥都御史王浚墓。2009 年底，全镇总面积 68.4 平方千米，辖 50 个行政村，人口 43983 人；人口以汉族为主，其中回族 3849 人；农民人均纯收入 2640 元，1999 年通过省市小康镇验收。

1979 年，洺州镇称城关人民公社，1984 年改为城关乡，1985 年 5 月改为城关镇，1988 年改为洺州镇。1996 年 1 月全县并乡扩镇，原李寨乡并入洺州镇。

图 1－6　洺州镇政府外景/陈金生 2017 年 10 月摄

20 世纪 80 年代初，洺州镇依托县城优势，商贸业蓬勃发展，1984 年建成洺水市场，1994 年建振威综合商贸市场，1996 年建四季春蔬菜批发零售市场。2000 年始，先后建成汇通、华联、新华、佳乐园、六合福五个大型超市。之后，依靠旧城改造、新区开发，新增临街门市摊点 3000 余个，以批发、零售、餐饮、维修、中介服务为主的第三产业得以迅速发展，门市租赁成为城区农民增收的重要来源，大批农民成为商农两业兼营的新型农民。

1997 年 6 月被确定为省小城镇综合改革试点镇。2001 年 3 月被确定为省小城镇改革发展重点镇，2004 年 2 月被确定为全国重点小城镇建设示范镇。

2009 年，全镇有教师 150 人，在校学生 1900 人；有乡村卫生室 85 个，乡村医生 98 人。

北　街

村名依该村在县城的位置而得名。20 世纪 80 年代初，由于人均耕地少，经济效益低，村民生活条件极为艰苦。推行家庭联产承包责任制以后，村民经济状况开始好转。1995 年始，第二、三产业发展迅速。2008 年，该村建成中华装饰材料市场，村民实现家家有门市。

东　街

县四大班子驻址均位于东街。商贸、门市租赁、运输等第三产业收入成为东街村民的主要增收方式。

南　街

20 世纪 80 年代，南街农副商品贸易最为活跃。90 年代后，随着县城商业中心的北移及县直机关的陆续迁出，该村商贸业发展放缓。

西　街

明清及民国时期县署设在西街。20 世纪 80 年代后期出现小规模运输组织，1998—1999

年，达到最大规模，有挂车100多辆。

北 关

原名校场庄，因县设比武校场而得名。明成化年间（1465—1487），迁民相继定居，因在城北门外，取名北关。李庄、围紫园、霍冉庄原为北关附属村，后析出。1983年，北关村成立汽车队，有运输车70多辆。村有集体门市126间，2007年，全部均分到户。2009年，北关村民主要以商贸、运输等第三产业为经济收入方式。

东 关

东关由马家沟、小潘庄、祁王庄三个小村合并而成。因在县城东门外而得名。该村依靠地理位置优势，摊点、面食加工等商贸服务业发展迅速。

南 关

因在老城南门外而得名。20世纪80年代始，用拖拉机搞砖瓦运输是该村一大特色。

李 庄

原为北关附属村，1961年析出另立行政村。因李姓较多，故名李庄。自1976年起，土地被逐年征用，至2002年全部征完。该村商贸、运输、餐饮等服务行业发展迅速，第三产业收入成为经济增收的主要途径。1994年建成综合贸易市场——振威市场，2004年建成李庄新村，村民住上别墅。

霍冉庄

据《威县地名志》载，明代，霍姓在村西南隅建村名霍庄，山东冉姓迁民在村东北隅建村名冉家庄，均为北关附属村。1961年从北关析出另立行政村。冠以两村姓氏，取名霍冉庄。2005年，开放路（原义和路）横穿全村，拆迁户约占总户数的三分之一。

星 光

1955年，南街村部分汉民和黄街部分村民联合成立星光农业生产初级合作社，1956年发展为高级合作社，遂形成星光村。星光村属回汉结合村，回、汉各占50%。回民多从事牛羊饲养、交易、屠宰加工及餐饮等行业。2009年，全村有牛羊养殖户20多户。

辛 庄

据传，明朝末年，山西洪洞县迁民辛姓至此建村，取名辛庄。20世纪80年代，是威县当时最主要的玉米制种基地之一，全村有一半以上的耕地进行玉米制种，面积达67公顷。1991年开始棉花制种，但此时制种已成为农户个人行为，不再以村为单位，制种面积缩至6.7公顷。

十里村

据《威县地名志》载，该村为半移民村。明初，山西迁民至此建村，称前五里台。清代，因村距县衙约十里路，更名为十里村。1992年出现小拱棚蔬菜种植，主要种植韭菜。至1995年，全村90%以上的户都成为拱棚户，主要种植蔬菜、瓜果等。

五里台

据《威县地名志》载，该村系移民村。明永乐年间（1403—1424），山西洪洞县迁民姜、王二姓至此建村。因在五里烽火台北，依前五里台村而建，故名后五里台。清代，前五里台改名十里村，后五里台改称五里台。家庭联产承包责任制实施后，村民姜中礼带头发展小拱棚蔬菜，主要种植韭菜，2006年前后达到种植高峰，小拱棚达300余个，占地近27公顷。

张家庄

原为十里村的附属村，1974年析出另建行政村，因张姓较多，取名张家庄。

围紫园

村名来历有两种说法。一说，明朝，山东迁民至此建村，四周环有坑塘，芦苇茂盛，取名苇子园，后沿写为围紫园。又一说，北关是明代校场村，围紫园是校场村的围场，取名围子园，后沿写为围紫园。原为北关附属村，1961年析出另立行政村。20世纪90年代后期，土地逐年被征用。2002年始，村民主要靠门市租赁、经商作为主要收入来源。

大高庙　小高庙

曾名庄棵树、西刘村。西汉元始二年（2），代孝王玄孙之子刘如意被封为广宗王，死后葬于此地，墓名定陵。陵台建一高庙，陵台附近二村以大、小命名，陵台以东称为大高庙，以西称小高庙。1958年各成立大队，1984年各建村民委员会。2009年被授予县生态文明村称号。

皇神庙

据《威县地名志》载，原名三和庄。明末，此地发生蝗灾。村民为避蝗灾在此建一蝗神庙，村名随之改为蝗神庙，后沿写为皇神庙。西环路和开放路穿村而过。

桑家庄

据传，明初，山西洪洞县迁民桑姓至此定居，后以姓氏取村名桑家庄。随着县城建设的不断发展，渐被纳入城辖村范围，耕地逐年减少。2006年县城供水厂建在该村，2009年中厦御园居民小区、仲夷小学相继在该村兴建。

贾　庄

据该村《贾氏家谱》载，明代，山东莱州府即墨县贾姓迁民至威县新台社（今城东四十五里）定居，后其一支又至此，渐成村落，以姓氏取村名为贾庄。1995年，村民马子波建第一家地板砖厂。2000年，村民马秀华率先从事汽车运输。随着县城不断扩大，该村被纳入城辖村范围，耕地逐年减少。

香花营

香花营为明朝沈阳卫军屯十八营地之一。20世纪90年代，该村曾发展棉瓜、棉菜间作200公顷，成为全县棉田间作示范村。从2004年开始发展蔬菜大棚83个。

肖侯庄

据《威县地名志》载，该村原为肖家庄、侯家庄二村，为明代山西洪洞县迁民肖氏、侯氏所建。后因村小距离近，合并为一村，名肖侯庄。陶瓷壁画业和葡萄种植是该村的主导产业。自1986年退伍军人周自生办起第一家陶瓷壁画厂，到2000年鼎盛时期全村陶瓷壁画厂发展到23家。

莫尔寨

据传，明永乐年间（1403—1424），山西洪洞县迁民至此定居。迁民多木工，生产小木推车的部件木耳，故名木耳寨，后沿写为莫尔寨。

黄　街

黄街为回族群众聚居村。元代至正年间，涿州房山县进士回回王伯大，以参知政事出任威州知州，聘请临清黄氏阿訇来威布教，共建清真寺，改向堂街为黄家街。“黄王不分”，亲如一家。经商者较多，餐饮业特别是油酥火烧颇有名气。近些年来，文风兴旺，涌现了数十名硕士博士和博士后。

王　庄

该村为回族群众聚居村。王伯大和黄氏阿訇后裔，除居住黄家街外，还聚居城郊，定名王家庄，居民多为王、黄两姓。经商者较多，餐饮业、交通运输等业发达。

前麻固　后麻固

据传，明永乐二年（1404），山西洪洞县马姓迁民至此建村，多以种蓖麻为生，取村名麻固。冠以方位，南面村称前麻固，北面村称后麻固。两村水果种植较多。前麻固村沿106国道两侧建门市较多，主要从事家具经营及餐饮服务、木器加工、电气焊修配等。

东夏官

该村是明沈简王食采群牧地之一。夏姓为百户官，在此建村，取名夏官营，后更名东夏官。

西夏官

据《威县地名志》载，明永乐年间（1403—1424），张、谭二姓至此建村，名张谭庄。后因村小，在夏官营西侧，遂更名西夏官。

渭上营

据传，唐以前该村名楼屯村。唐王外出巡游，病倒此村，臣下喂他饭吃，故取名喂上营，后沿写为渭上营。另据明嘉靖《威县志》载，该村为沈阳中护卫军屯之处，名“卫上营”。

北郭庄

据《威县地名志》载，明永乐二年（1404），郭姓由山西至此定居，后以姓氏取村名为郭庄。因该村在县城北，1961年更名为北郭庄。

马　庄

据《威县地名志》载，明永乐元年（1403），南京三泉路马家胡同马某在燕王军队任职，后定居威县，后以姓氏取村名马庄。该村汽车运输业发展迅速，自1986年村民王俊江购买第一辆汽车从事运输，到2009年全村已发展到60多辆。

管安陵

据《威县地名志》载，明永乐年间（1403—1424），山东管姓迁民至此建村，在烽火台之北，距县城三华里，取名三里庄。明代右佥都御史王浚葬于此，成化二十二年（1486年），奉帝命改村名为安陵，冠以姓氏，称管安陵。

郭安陵

据《威县地名志》载，明代，山西洪洞县郭公庄郭姓迁民至此定居，后山东青州府姜家井姜姓迁来，依郭姓而居，两姓间颇融洽，冠以姓氏，取村名郭姜庄。明成化二十二年（1486），奉帝命改村名为安陵，冠以姓氏，称郭安陵。

罗安陵

据《威县地名志》载，明永乐二年（1404），山西洪洞县罗家庄罗姓迁民至此建村，后贾姓迁来，取村名罗贾庄。明成化二十二年（1486），奉帝命改村名为安陵，冠以姓氏，称罗安陵。

马安陵

据《威县地名志》载，明永乐二年（1404），山西洪洞县北马家庄马姓迁民至此建村，名小马庄。明成化二十二年（1486），奉帝命改村名为安陵，冠以姓氏，称马安陵。1992 年邢临公路穿村而过，带动一部分村民发展沿路经济，开始从事汽车修配和服务业。

乔家庄

据《威县地名志》载，明永乐年间（1403—1424），山西洪洞县迁民孙姓在此定居，因村中有一小桥，故取名桥家庄。后迁民续至，在村东又建一村，分称东、西桥家庄。民国年间并为一村，称乔家庄。

白　伏

据该村《赵氏家谱》载，明洪武二十五年（1392），山东青州府寿光县贾庄社盐沙户赵姓迁民至此建村。时村东有一大庙，庙内佛像用汉白玉雕刻，故取村名为白佛村。清乾隆初年，佛像被盗，后村名演写为白伏。2003 年在村北成立蔬菜交易市场。

东河洼　西河洼

据《威县地名志》载，明代，山西洪洞县迁民至此，在赵王河东西两岸建村，因地势低洼，河以东取名东河洼，河以西称西河洼。西河洼三白西瓜种植较多。

赵霍寨　张霍寨　戚霍寨　邱霍寨　姜霍寨

据传，明嘉靖年间（1522—1566），山西迁民霍姓至此定居，后陆续迁来赵、邱、戚、姜等姓，为防贼寇，四周筑起围墙、寨门，因霍姓首居此地，取村名霍寨。后因各姓人口增多而分村，各村均在霍寨前冠以姓氏得名。张霍寨 1980 年引进巨峰葡萄苗，是洺州镇第一个葡萄种植村。2009 年，赵霍寨建有葡萄交易市场。

东郭庄

据《威县地名志》载，明永乐年间（1403—1424），山西洪洞县郭姓迁民首居于此，后以姓氏取名郭庄，该村在县城以东，取名东郭庄。

胡家屯

据《威县地名志》载，明永乐年间（1403—1424），山西洪洞县迁民胡姓首居此地，后以姓氏取村名胡家屯。

八里庄

据《威县地名志》载，明永乐年间（1403—1424），山西洪洞县迁民至此定居，因距县城 8 里，故名八里庄。

李　寨

据《威县地名志》载，此村是较古老的村庄，原名李家寨，以大户之姓得名。明永乐年间，赵、潘、张三姓至此定居时已有此村，后沿写为李寨。1996 年之前为李寨乡政府所在地。

时家庄

据《威县地名志》载，明永乐年间（1403—1424），山西洪洞县时姓迁民至此定居，后以姓氏取名为时家庄。

1995 年、2009 年洺州镇各行政村基本情况一览表

表 1－4

乡村名称	1995 年					2009 年					通公路时间（年）	通水时间（年）
	乡村户数（户）	乡村人口（人）	耕地（亩）	棉花产量（吨）	农民人均纯收入（元）	乡村户数（户）	乡村人口（人）	耕地（亩）	棉花产量（吨）	农民人均纯收入（元）		
王　庄	366	1534	1918	11.7	1871	412	1694	1918	51	2567	1978	1998
东河洼	346	1395	2779	28.7	1178	358	1475	2779	72	2533	1996	1997
前麻固	98	441	1207	9.4	1179	117	484	1095	18	2640	2002	2002
后麻固	102	427	1002	10.4	1405	111	456	1026	15	2648	1996	2000
肖侯庄	143	571	727	8.1	1821	159	655	840	20	2914	1968	1998
西河洼	309	1215	1924	20.3	1185	323	1331	1924	44	2582	2004	1997
渭上营	296	1251	3456	23.5	1159	376	1584	4436	112	2558	1994	1998
西夏官	100	390	848	12.0	1410	113	466	848	13	2580	1996	1985
东夏官	116	503	1039	12.6	1491	134	551	1039	24	2736	1998	2006
莫尔寨	154	638	1375	11.0	1599	172	708	1370	33	2814	1968	2001
南　关	195	886	1065	2.1	1185	228	940	695	17	2726	1968	1989
南　街	239	1080	1153	8.5	1185	276	1136	866	22	2690	—	1980
东　关	176	672	432	7.3	2307	176	726	311	8	2479	1985	1988
东　街	253	988	620	1.8	2298	294	1212	405	8	2599	—	1994
李　庄	104	471	243	—	2399	134	553	0	0	3110	—	1986
黄　街	368	1403	1708	1.5	1896	354	1460	1384	41	2814	1997	1984
星　光	215	904	1066	4.5	1449	248	1023	772	18	2725	2000	1986
西　街	301	1413	1968	8.2	1805	359	1478	1527	49	2520	—	1998
北　街	308	1375	1059	5.7	1847	363	1498	529	19	2540	—	1998
北　关	188	805	600	0.8	2248	233	962	0	3	2571	1992	2006
大高庙	236	981	2200	27.7	1182	265	1092	3210	82	2406	2008	1982
小高庙	172	691	1352	17.0	1100	188	773	1950	45	2458	2005	2006
皇神庙	176	734	1151	9.7	1499	197	814	1750	42	2557	1996	1997
霍冉庄	118	469	600	1.6	1620	124	510	300	11	2547	—	1984
围紫园	84	401	555	3.0	1496	106	436	262	4	2529	1997	2001
香花营	260	452	3230	49.3	1310	322	1325	4336	85	2654	1998	1979

续表1－4

乡村名称	1995年					2009年					通公路时间（年）	通水时间（年）
	乡村户数（户）	乡村人口（人）	耕地（亩）	棉花产量（吨）	农民人均纯收入（元）	乡村户数（户）	乡村人口（人）	耕地（亩）	棉花产量（吨）	农民人均纯收入（元）		
北郭庄	318	1396	2280	23.7	1182	351	1448	2200	59	2524	1994	1993
马　庄	165	667	1220	15.3	2204	181	747	1220	35	2619	1990	1990
桑家庄	102	428	1050	10.0	1706	103	424	760	19	2500	1992	2003
贾　庄	62	287	426	3.0	1672	89	368	262	10	2600	1992	2006
郭安陵	123	545	771	13.5	1622	131	541	644	11	2441	2004	1999
管安陵	130	511	1115	22.4	1577	132	544	1115	35	2538	1983	1996
罗安陵	108	450	995	20.1	1447	145	599	995	26	2653	2004	1996
马安陵	100	387	667	11.4	1602	101	416	667	23	2494	1982	1998
十里村	184	742	1757	28.6	1620	205	847	1697	36	2634	1996	2003
五里台	115	415	1165	14.9	1686	109	450	1165	26	2489	2004	2003
张家庄	80	298	726	13.9	1614	68	279	696	18	2473	1994	2003
辛　庄	175	608	1679	32.6	1651	184	760	1679	44	2556	2005	2001
李　寨	480	1912	3706	56.8	1522	519	2137	3706	84	2749	1965	1995
白　伏	240	1075	1894	30.5	1299	274	1128	1751	40	2623	1999	1996
东郭庄	227	955	1927	26.0	1428	242	998	1927	49	2553	2003	2000
时家庄	251	977	2315	48.4	1175	239	986	2315	60	2366	2004	2001
邱霍寨	80	158	785	11.4	1680	115	474	785	16	2873	1996	1996
姜霍寨	132	525	1039	14.9	1627	147	607	1039	25	2877	2004	2004
赵霍寨	37	146	341	6.8	1644	39	162	341	6	3185	1999	2000
戚霍寨	102	367	853	11.3	1741	114	469	853	17	3265	1995	1995
张霍寨	80	294	557	6.7	1600	73	302	557	12	3013	2004	2001
乔家庄	140	613	1563	25.6	1320	177	728	1480	34	2991	2004	1997
胡家屯	229	819	1632	25.2	1442	215	886	1632	38	3005	1997	1998
八里庄	50	213	493	8.0	1452	61	251	493	14	2709	2007	2004

附 1：

原李寨乡概况

李寨乡位于县域南部，乡政府驻地李寨距县政府驻地 2.3 千米，东邻方家营乡，西靠洺州镇，南连成志庄乡，北与大宁乡接壤。总面积 23 平方千米，辖 20 个村民委员（20 个自然村）。1995 年全乡总户数 3063 户，总人口 12650 人。

1979 年，李寨乡时称李寨人民公社，1984 年 1 月改为李寨乡，1996 年 1 月并入洺州镇。

全乡地势平坦，东风渠从境东部由南向北穿过。多为壤土。1995 年，全乡耕地总面积 1732 公顷，其中水浇地面积 1456 公顷。

经济以农为主，主要农作物有小麦、玉米、棉花、谷子、大豆等。1995 年全乡粮食总产量 6165 吨，棉花总产量 439 吨，年末大牲畜存栏 4300 头，生猪存栏 2400 头，羊存栏 5700 只。乡村企业有面粉厂、预制厂等。1995 年全乡社会生产总值 9258 万元，其中工业总产值 4445 万元，农业总产值 3332 万元，农民人均纯收入 1496 元。

附 2：

五安陵考

威邑之东有安陵村者五焉，曰罗、马、郭、管、王。盖移民村也。其始也，城之东至方家营，东北面三“七里”，曰范、赵、姜，为三苏，迤南两五里为二台，其间廓如焉。永乐移民有郭、姜两姓聚居其间，曰郭姜庄；有管姓者，或曰来自山左，居于三里烽火台之北，曰三里庄；马姓数家居三里庄之东，一水之隔，曰马家庄。罗、贾两姓同住于三庄之东北，名罗贾庄；又有杂姓张、赵、王十余家，居于郭姜之东，罗贾之南，曰王家庄。至明成化间，北京都察院右佥都御史王公浚葬于三苏之前，五庄之北。公之陵墓，筑巨台作云形，巍巍乎高哉，廓廓然大矣。华表石坊，翁仲马佣，赫赫焉如帝陵，村人以陵台呼之。且盖以说，谓王公之葬，茔墓地在高寨，殡之日，狂飙大作，舁柩至是，而风益大，人马辟易，跬焉不行，舁夫、孝眷、执绋者莫不局蹐自保。风定后，落沙埋柩而陵成，以上闻，遂定窀穸。后遣广平知府诣祭，并溥赏五村居民，而改称为安陵，各冠以姓以识别，于是五安陵之名定，而五庄之名泯焉。

（原载《洺阳杂俎》卷二，第 13 页，清代人王建衡，号月萝撰稿。王安陵于抗日战争期间消亡。）

第二节　七级镇

七级镇位于县域北部，镇政府驻地前七级，距县城 35 千米。西与广宗相接，北与南宫市相邻，属三县市交界地。106 国道纵贯南北，青银高速公路在镇域内通过，交通便利。2009 年底，全镇总面积 61.5 平方千米，辖 31 个行政村，人口 26573 人，农民人均纯收入 2660 元。2002 年 11 月，七级镇被列为全省百个重点镇建设之一。

1979 年，七级镇称七级人民公社，1984 年改为七级乡，1985 年改为七级镇。1996 年 1 月全县并乡扩镇，原张庄乡并入七级镇。

20 世纪 80 年代，全镇以传统农业为主，粮食与棉花并重。2000 年以后种植结构发生改

图 1－7　七级镇政府/2018 年摄

变，大棚菜种植、棉瓜间作、葡萄种植、食用菌种植、辣椒种植、芦笋种植等特殊种植集中一村或几村，逐步形成“一村一品”的农业格局。

工业产品主要有地毯、毛毡、蜜枣等。1988 年张庄村张国胜投资 100 万元，建全县第一家毛毡厂，并带动周边十几个村，年产值增加到 1000 余万元。1995 年以后，股份、私营企业发展进入高峰，华威汽车内饰产品公司、华新建材公司、糠醛化工公司等工业企业涌现。其他如太平庄、高亮的门业加工，前尹村、后尹村的精工制鞋，张庄村橡塑制品，范庄、代庄、银边庄的蜜枣加工等一批专业村陆续出现。

2009 年，全镇有张庄、七级 2 所初级中学，小学 12 所。有镇卫生院 2 所，村卫生室 28 个，从医人员 116 人。

中七级　东七级　西七级　前七级　七级堡

东汉时，此地曾修一大兴善寺，香火日盛，商贾农工聚为村落，取“救人一命，胜造七级浮屠”之义，取村名七级。后筑城建门，遂称七级堡。1958 年，分为东七级、中七级、前七级、西七级、七级堡 5 个村。十月初九庙会，逢四、九为集期。

飞　乌

据《威县地名志》载，明初，山西洪洞县迁民至此定居，渐成村落，为纪念原籍“老鸹窝”，取村名飞乌。该村从事养殖业的较多。

士　通

据《威县地名志》载，明永乐年间（1403—1424），于姓迁民从山东省至此定居，名于家寨。村中有一于姓武壮士，威望较高，村人有事求他，皆能办成，外号百事通。后人为纪念他，改村名为士通。

三元井

曾名大紫级。明永乐年间（1403—1424），山西洪洞县迁民崔、尚、张姓至此定居，渐成村落。因村西头有 3 眼井，呈三角形，相距皆 7 步，故取村名三元井。

北高庄

曾名小紫级。明永乐年间（1403—1424），山西洪洞县迁民高姓至此居住，渐成村落，因村庄位于威县最北边，故取名北高庄。该村名人辈出，明代进士高安，近现代名人高绪之、高世平等均是该村人。

前魏疃　后魏疃　西魏疃

据传，明洪武年间（1368—1398），迁民至此定居。当时村民魏姓较多，村庄处在朱家河一片沙滩旁，故取名魏滩。后演写成魏疃。抗日战争时，按方位分为前、后、西魏疃 3 个村。

太平庄

曾名太平村。据传，明万历二十年（1592），县在该村建三官庙一座，庙内石碑上记有“太平村”（此碑已不存）字样。1949 年后，改为太平庄。

高　亮

该村周围地势低洼，曾名洼庄、皋亮。后演写为高亮。该村是天津市粮食局原局长王东（原名王丙文）的故乡。

阎　庄

据传，明永乐年间（1403—1424），山西洪洞县迁民阎姓至此建村，以姓氏取名阎庄。清末，曾改名阎家堂，1949 年后复为阎庄。

北双庙

据 1929 年《重修威县志》载，村名原为李曹村。据《威县地名志》载，明末，迁民至此，因村西有三关庙、财神庙，村东有土地庙、菩萨庙，该村又位于县境最北端，故村名改为北双庙。

前尹村　后尹村

据传，尹村始建于汉朝。因村民多姓尹，故名尹村。明永乐年间（1403—1424），迁民续至，按方位分为前、后尹村。村民多从事毛毡生产。

马军寨

据传，西汉时，刘秀曾至此安营扎寨，军马在此生一马驹，故取村名马军寨。

张　庄

据传，明崇祯八年（1635），张姓始祖张朝宗由南宫县张家屯至此定居，后以姓氏取村名张家庄，后简称张庄。抗日战争初期，八路军一二九师师长刘伯承、政委邓小平及师部曾在此召开重要会议，部署冀南区抗日斗争工作。

大里罕　小里罕

村名来历有两种说法：其一，据传，古代有师徒二人擅长武术，在此定居，人称大力汉、小力汉。大力汉建的村名大里罕，小力汉建的村名小里罕。其二，据县一中退休教师宋春生考证，“罕”应为“閈（han）”（闬的繁体字）的笔误，“闬”的意思为里巷的门。

前古城　中古城　后古城

据《读史方舆纪要》载，西汉，曾在此置经县，故名古城。后分为前、中、后古城 3 个行政村。

代家庄

据该村《戴氏家谱》载，明代，戴姓由该县中古城至此定居建村，以姓氏取村名戴家庄。后演写为代家庄。主要产业有热水袋、电热毯生产。

银边庄

据《威县地名志》载，原村西北有一小村，名银庄。明初因战乱，村庄废。明永乐年间（1403—1424），迁民至此，在银庄东南建村，取名银边庄。蜜枣加工为该村传统产业。

西范庄

该村以姓取名，故名范庄。冠以方位，名西范庄。

图1－8　大刘庄古柏树/潘明辉2010年摄

西现庄

据传，明永乐年间（1403—1424），部分村民由现庄（在高公庄乡）迁出西移5千米处建村，取名西现庄。清末，曾与西平、太平庄、东平并为一村，称西平现庄。后分开复称西现庄。

大刘庄

据传，明代，山西洪洞县迁民刘、肖、郭等姓至此定居，渐成村落，取村名大刘庄。

韩家庄

据传，明永乐十六年（1418），山西洪洞县韩姓迁民至此定居，渐成村落，以姓氏取名韩家庄。

1995年、2009年七级镇各行政村基本情况一览表

表1－5

乡村名称	1995年					2009年					通公路时间（年）	通水时间（年）
	乡村户数（户）	乡村人口（人）	耕地（亩）	棉花产量（吨）	农民人均纯收入（元）	乡村户数（户）	乡村人口（人）	耕地（亩）	棉花产量（吨）	农民人均纯收入（元）		
中七级	296	1122	2068	42.6	1752	295	1127	2068	96	2673	1990	1996
东七级	257	984	1976	55.4	1326	276	1042	1976	96	2675	1990	1996
前七级	288	1090	2076	57.3	1383	286	1083	2076	95	2667	1990	1996
西魏疃	121	488	997	23.4	1445	123	475	997	38	2680	1995	1998
前魏疃	154	566	1375	36.9	1734	153	562	1375	54	2680	2000	2009
后魏疃	230	876	2340	54.7	1590	227	907	2340	100	2680	1997	1997
飞　乌	293	1139	2739	56.8	1510	271	1180	2793	125	2688	2004	1998
士　通	233	865	2437	66.3	1723	227	893	2437	116	2660	2005	1992
三元井	218	852	2342	51.1	1651	210	889	2342	135	2685	1998	1999
北高庄	165	599	1470	31.5	2182	182	605	1470	61	2680	1997	1997
七级堡	405	1406	2988	95.9	1870	342	1441	2988	137	2700	1996	1995
西七级	168	672	1419	45.6	1462	154	630	1419	53	2670	1990	1999
太平庄	215	768	1834	48.3	1701	223	838	1834	75	2680	1996	1998
高　亮	224	833	1748	34.1	1751	234	793	1748	71	2680	1996	1997
北双庙	198	752	2167	78.2	1612	228	738	2167	94	2670	2001	2005

续表 1－5

乡村名称	1995 年					2009 年					通公路时间（年）	通水时间（年）
	乡村户数（户）	乡村人口（人）	耕地（亩）	棉花产量（吨）	农民人均纯收入（元）	乡村户数（户）	乡村人口（人）	耕地（亩）	棉花产量（吨）	农民人均纯收入（元）		
大里罕	172	735	1363	13.3	1400	228	811	1363	55	2666	2000	2007
小里罕	220	825	2162	36.0	1410	234	815	2162	102	2666	1995	1983
阎　庄	133	547	1441	28.0	1350	141	522	1441	66	2668	2004	1993
前尹村	427	2072	2953	21.0	1600	406	2114	2953	106	2677	2000	1996
后尹村	531	2195	3909	23.6	1650	558	2203	3909	171	2678	2002	1996
马军寨	495	1907	3939	30.0	1050	498	1927	3939	161	2620	2004	2003
前古城	160	750	1255	11.4	1490	188	761	1255	35	2640	2008	2007
中古城	140	562	830	5.0	1200	107	544	830	20	2540	2008	2007
后古城	224	863	1473	8.0	900	199	834	1473	50	2550	2008	2007
张　庄	320	1318	1936	11.3	1300	317	1352	1936	62	2680	1990	1990
韩家庄	239	1013	1741	12.0	1290	273	1061	1921	56	2660	2008	2007
大刘庄	293	1352	3434	19.6	1310	280	1337	3605	161	2580	2005	1999
西范庄	380	1553	3195	27.0	1400	393	1605	3195	129	2680	2000	2000
代家庄	154	507	826	7.0	1300	120	554	826	24	2660	2006	1997
银边庄	360	1490	3546	26.0	1330	312	1481	3546	151	2620	2009	2007
西现庄	268	1120	2593	25.8	1350	275	1134	2593	77	2680	1985	1996

附：

原张庄乡概况

张庄乡位于威县西北端，乡政府驻地张庄村位于县政府驻地北偏东32.5千米。东邻七级镇、高公庄乡，西靠广宗县核桃园乡，南连经镇乡，北与南宫市小石柏乡接壤。总面积40.5平方千米。辖16个村民委员会（14个自然村）。1995年末全乡总户数4523户，总人口19210人。均为汉族。

1961年5月建张庄人民公社，1984年改为张庄乡，1996年1月张庄乡并入七级镇。

全乡地势由南向北倾斜。南部多沙质土壤，北部盐碱较重。1995年末全乡总耕地面积2440公顷，其中水浇地面积1022公顷。

经济以农为主。主要农作物有小麦、玉米、谷子、红薯、棉花、花生等。1995年棉花总产量305吨，粮食总产量8733吨，年末大牲口存栏4100头，猪存栏3400头，羊存栏16600只。乡镇企业主要有机制毛毡等，1995年全乡社会总产值13199万元，其中农业总产值3199万元，乡镇企业总产值8500万元，农民人均纯收入2572元。

第三节　侯贯镇

侯贯镇位于县域东北部，镇政府驻地北侯贯，距县城25.5千米。2009年，全镇总面积70.8平方千米，辖36个行政村，人口30430人，农民人均纯收入2252元。

1979年，称侯贯人民公社，1984年改为侯贯乡，1985年改为侯贯镇。1996年1月全县合乡扩镇，原王村乡并入侯贯镇。

20世纪80年代至90年代中期，该镇以粮食生产为主，90年代末，种植结构全面调整，粮食种植面积减少，棉花、蔬菜种植面积大幅增加。2009年，全镇棉花种植面积2930公顷，食用菌大棚210个，大棚蔬菜100公顷。

20世纪90年代，以郭固村为中心的皮毛加工业迅速发展。2003年，镇政府投资220万元在郭固村东建成侯贯镇皮毛加工小区，占地20公顷，入驻企业24家，皮毛加工成为该镇的骨干行业。

2009年，镇内有中学2所，小学17所，教职员工286人。有县医院分院1所，镇卫生院1所，医务人员22人。

图1－9　侯贯镇政府/耿尚斌2018年摄

南侯贯

据传，过去有一王侯路过此地，故取村名侯贯。后依方位，取名南侯贯。明永乐年间（1403—1424），史、王二姓由山西洪洞县迁居此地，沿用南侯贯村名。该村曾为南宫县在威之插花地，1945年来属。该村东南1千米处，原有一个泉坑，1984年以前有奔涌的清泉，流水潺潺，清澈照人，颇为壮观，现已干涸，泉坑犹存。

北侯贯

明代迁民至此建村，因在南侯贯北侧，取名北侯贯。该村曾为南宫县在威县的插花地，1945年来属。该村为侯贯镇政府驻地。

西侯贯

原名李家街，曾为南侯贯的附属村。该村曾为南宫县在威县的插花地，1945年来属。

北中侯　南中侯

原名忠厚村。明朝迁民至此定居，“忠厚”“中侯”同音，后改村名中侯。1961年分为2个行政村。两村曾为临清县在威县的插花地，1945年来属。

宫家庄

据传，最初居住陈、刘二姓。后宫姓从南仓庄至此定居，因宫姓人多兴旺，故取村名宫家庄。该村曾为临清县在威县的插花地，1945年来属。

梁庄

明永乐年间（1403—1424），山西洪洞县迁民梁姓至此定居，以姓氏取村名梁庄。该村曾为邱县在威县的插花地，1945 年来属。

南狼窝 北狼窝

原名刘家洼。据传，原来村北有一小村，名老虎庄，人丁兴旺，而刘家洼村青壮年不断夭折。取俗语“好虎斗不过群狼”之义，更名狼窝。狼窝南头曾为邱县在威县的插花地，狼窝北头曾为南宫县在威县的插花地，1945 年来属。1961 年分 2 个行政村。

前郭固 后郭固 东郭固 秦郭固

据该村挖掘古坟墓文物记载，村庄建于宋朝，名美丽池。后由于战乱，村民或迁或逃。明永乐二年（1404），山西、山东迁民相继而至，郭姓为大户，为求村人团结，生活安定，故取名郭固。1964 年分为前、后、东、秦郭固 4 个行政村。前郭固在民国年间称“郭固前头”，曾为邱县在威县的插花地，1945 年来属。20 世纪八九十年代为皮毛加工专业村。

马 桥

据传，村南老沙河上有座石桥，只能过人、马，不能过车，故名马桥。明永乐年间（1403—1424），山西迁民至此建村，以桥名命村名马桥。该村 20 世纪 70 年代有河北梆子业余剧团。1997 年该村台胞杨成彬为老家捐款 10000 美元修公路。村内有天主教教堂一座。

大潘庄 中潘庄 西潘庄

据传，明永乐年间（1403—1424），山西迁民潘姓至此定居，后以姓氏取村名潘庄。1961 年分为大、中、西潘庄三个行政村。三村曾为临清县在威县的插花地，1945 年来属。

小潘庄

明永乐年间（1403—1424），山西迁民李姓至此，在潘庄西北部建村。因村小，取名小潘庄。

义和营

明永乐二年（1404），山西迁民至此定居，与宋村、王村、孙家庄合称宋村营。明兵部尚书贾待问曾送给该村一口大钟，钟上刻有“义和营”字样。清初，从宋村营析出，取名义和营，俗名营里。

西王村 前王村 后王村

原为一村，名王村。村名来历传说有二。一说，明永乐二年（1404），山西迁民段、王二姓首居此地，取村名段家王村，又名王村镇。二说，明永乐二年，山西迁民至此定居，为宋村营的一股。因闹纠纷，从宋村营析出，以村内大庙中桌子上刻字“西王”为记，取村名西王村。1947 年，因村大分为西、前、后王村 3 个行政村。1996 年之前，曾为王村乡政府驻地。

魏宋村 李宋村 赵宋村 杨宋村

明永乐二年（1404），山西、山东迁民至此建村，宋姓首居此地，后以姓氏取村名宋村。曾与王村、义和营、孙家庄合称宋村营。清初，各村相继析出。1961 年按姓氏分为魏、李、杨、赵 4 个宋村。

孙家庄

明永乐年间（1403—1424），山西洪洞县迁民孙姓首居此地，后以姓氏取村名孙家庄。据民国《重修威县志》载，孙家庄曾为宋村营一股。

大里庄 焦里庄 崔里庄

据传，此地原为寺庄一富户的田园，为便于耕作，佃户在此定居建村。因距寺庄 2 千米

（4 华里），又有 4 姓居住，取名四里庄。1942 年，按村大小和姓氏分为大里庄、焦里庄、崔里庄 3 个行政村。

东董吕庄　西董吕庄

明初，山西迁民至此定居建村。东庄一家姓董，西庄一家姓吕，合为一村名董吕庄。1949 年后，分为东董吕庄、西董吕庄 2 个行政村。

杨长屯

最早居住杨、张、李三姓，原名杨张屯，又称杨张李屯。元末战乱，村民所剩无几。明永乐年间，山东迁民至此定居，取不再移徙之意，改名杨长屯。两村曾为临清县在威县的插花地，1945 年来属。该村是王笑一、柴保中等名人的故乡。

刘家庄

明洪武年间（1368—1398），刘姓迁民至此定居，后以姓氏取村名刘家庄。该村曾为临清县在威之插花地，1945 年来属。

北侯伶仕　南侯伶仕

两村中间原有一红伶寺。明永乐年间（1403—1424），山西迁民至此定居，根据村的方位，取村名北红伶寺和南红伶寺。后改为北侯伶仕和南侯伶仕。该村曾为临清县在威县的插花地，1945 年来属。北侯伶仕原有两处古迹。一是琉璃塔，在村西南角，其构造之精胜甲一方，“文化大革命”期间被毁；二是有三棵古柏树，其一在村东南，系宋朝植，高不及丈，周约四人围，荫可蔽半亩，枝盘曲如龙状，“文化大革命”期间被焚。其余两棵在天宁寺后，亭亭并立，大约十余人围，枝叶扶疏，颇有南林双桧气概，相传系元时植，俗称元宝柏，现已不存。抗日战争时期，两村均是抗日堡垒村，八路军与村民结下深厚情谊。

1995 年、2009 年侯贯镇各行政村基本情况一览表

表 1－6

乡村名称	1995 年					2009 年					通公路时间（年）	通水时间（年）
	乡村户数（户）	乡村人口（人）	耕地（亩）	棉花产量（吨）	农民人均纯收入（元）	乡村户数（户）	乡村人口（人）	耕地（亩）	棉花产量（吨）	农民人均纯收入（元）		
北侯贯	348	1435	2405	29.0	1550	407	1513	2405	137	2250	1989	1993
南侯贯	255	1068	2100	25.2	1469	303	1132	2100	120	2235	1989	1996
西侯贯	268	1088	2577	34.4	1535	328	1242	2577	146	2237	1989	1998
北中侯	203	822	1650	27.0	1461	225	851	1650	93	2253	1997	2009
南中侯	136	532	1240	15.0	1434	159	602	1240	70	2250	1997	2009
宫家庄	165	652	1296	19.8	1478	199	761	1296	73	2226	2007	2009
梁　庄	119	507	1138	10.4	1462	142	533	1138	64	2249	2007	1988
南狼窝	218	871	2485	16.0	1388	242	918	2485	143	2228	2007	2004
北狼窝	216	806	1980	12.5	1432	248	933	1980	112	2265	2007	2004

续表1－6

乡村名称	1995年					2009年					通公路时间（年）	通水时间（年）
	乡村户数（户）	乡村人口（人）	耕地（亩）	棉花产量（吨）	农民人均纯收入（元）	乡村户数（户）	乡村人口（人）	耕地（亩）	棉花产量（吨）	农民人均纯收入（元）		
前郭固	170	746	2329	19.5	1100	237	896	2329	132	2234	2005	1998
秦郭固	101	443	1331	14.5	1100	121	456	1331	75	2235	2005	1997
后郭固	340	1262	2867	34.3	1200	365	1377	2867	163	2252	1990	1994
东郭固	260	1173	2511	35.1	1200	326	1233	2511	143	2282	1990	1987
马　桥	347	1366	2840	25.6	1200	424	1602	2840	161	2268	2000	1986
大潘庄	410	1693	4081	57.4	1522	479	1829	4081	231	2240	1997	1997
中潘庄	87	354	745	11.0	1444	106	396	745	42	2256	2007	2009
西潘庄	138	572	1222	23.3	1583	169	649	1222	69	2287	2007	2009
小潘庄	81	333	774	10.0	1437	90	336	774	44	2244	2007	2009
前王村	441	1663	4020	53.3	1150	497	1872	4020	228	2233	1989	1990
西王村	254	1102	2242	28.5	1100	319	1222	2242	127	2281	1989	1995
后王村	290	1236	3082	38.6	1150	345	1295	3082	175	2253	1989	1996
义和营	440	1730	3920	45.1	1000	530	2002	3920	222	2270	2005	1996
赵宋村	68	272	813	8.9	1000	70	276	813	46	2229	2005	1998
杨宋村	138	502	1360	15.2	1100	130	499	1960	77	2212	2005	1999
魏宋村	162	621	1620	19.1	1150	165	616	1620	92	2225	2005	1999
李宋村	113	470	1282	14.0	1100	129	504	1280	72	2220	2005	1999
孙家庄	85	353	961	10.4	1000	99	379	961	55	2234	2005	1986
焦里庄	215	873	1591	22.1	1100	220	844	1591	90	2248	2007	1990
大里庄	242	1024	2076	26.5	1100	286	1097	2076	117	2284	1996	1994
崔里庄	141	633	1230	21.3	1100	179	688	1230	70	2232	1996	1994
东董吕庄	80	360	920	11.5	1200	102	386	920	52	2245	1996	1997
西董吕庄	276	1106	2360	29.3	1000	304	1146	2360	134	2219	1989	1996
杨长屯	468	1879	4610	72.0	1470	535	2022	4610	281	2242	1997	1995
刘家庄	210	883	1747	37.5	1455	242	902	1747	99	2270	1997	1997
北侯伶仕	240	975	2210	38.8	1556	265	980	2210	125	2277	1997	2009
南侯伶仕	468	1936	3974	61.7	1483	538	2024	3974	260	2241	1997	1999

附：

原王村乡概况

原王村乡位于威县东北部。乡政府驻地西王村在县政府驻地北偏东25千米处。东邻侯贯镇和南宫市吴村乡，北接赵村乡，西与章台镇、贺钊乡相接，南与常屯乡相连。土地总面积为36平方千米。辖19个行政村（13个自然村）。1995年末全乡总户数为4164户，总人口17258人。均为汉族。

1961年5月建王村人民公社。1984年1月改为王村乡。1996年1月威县并乡扩镇时并入侯贯镇。

全乡地处海河流域平原。南部土壤多沙，中部多碱，北部为红黏质壤土。1995年末总耕地面积2624公顷，其中浇地面积1152公顷。

经济以农业为主，主要农作物有棉花、小麦、谷子、玉米等。1995年棉花总产量为473吨，粮食总产量为8618吨，油料总产量为700吨，干鲜果品产量为295吨。1995年末大牲口存栏4200头，猪存栏5000头，羊存栏8700只。乡镇企业以皮毛加工业为主，其次为木器加工、建材工业、商业等。1995年全乡社会总产值9988万元，其中农业总产值4232万元，乡镇企业总产值5756万元，农民人均纯收入为1887万元。

第四节　梨园屯镇

梨园屯镇位于县域东南部，镇政府驻地梨园屯距县城17千米，东邻清河县小屯乡。境内有老沙河、古漳河、威临渠、赵王河穿过，于镇东北西小庄交会，汇入清凉江。东大线与武馆线在镇内呈“十”字形交叉通过，交通便利。该镇是著名的义和团运动发源地，现有义和团遗址一处。2009年，全镇总面积55.4平方千米，辖23个行政村，总人口31300人，农民人均纯收入2398元。

图1－10　梨园屯镇政府办公楼/2018年摄

1979年，称梨园屯人民公社。1984年改为梨园屯乡。1985年改为梨园屯镇。1996年1月全县合乡并镇，原干集乡并入梨园屯镇。

该镇为全县农业大镇，畜牧养殖业发展较早。1987年西小庄5户农民开始养蛋鸡，20世纪90年代逐步发展，至2009年，全镇形成西小庄、干集西街、干集孙街等6个养鸡小区，鸡存栏50万只。以华威牧业有限公司为龙头的养猪业在西河口村较快发展，公司先后投资近800万元，建成集种猪繁育、商品猪育肥、饲料加工为一体的大型养猪企业，猪存栏 8000 头。

2009 年，全镇共有中学 1 所，小学 9 所，标准化幼儿园 2 所，在校生 3210 名；有卫生院 2 所，村卫生室 33 处，从医人员 66 人。

梨园屯

为镇政府驻地。该村为半移民村。据传这一带多果园，此村有梨园，故名梨园屯。曾为山东冠县在威县的插花地，1945 年来属。全村以闫姓、左姓、高姓、王姓为主，是全镇的政治、经济、文化中心，为义和团运动发源地。

小里固

村名来历有两种说法。一说，村西南原有一大里固，由于遭抢劫，仅剩几户搬迁至此地建村，取名小里固；一说，该村原有梨园，村建于高处，即堌上，取名小里固。该村以刘姓、项姓、梁姓为主。该村曾为冠县在威县的插花地，1945 年来属。

东赵村

据《威县地名志》载，该村建于宋朝，有近千年历史。由于赵姓大户，取名赵村。1982 年地名标准化时，更名东赵村。该村以马姓、于姓、王姓居多。该村有做手工挂面的传统，2009 年手工挂面加工户有 120 多家。该村曾为冠县在威县的插花地，1945 年来属。

西王曲

据传，村落建在赵王河弯曲处，故名王曲。冠以方位取名西王曲，俗名庞家王曲。该村以王姓、庞姓为主。2009 年，该村外出经商人员达 500 余人。

东王曲

该村因所在王曲的位置而得名。据 1929 年《重修威县志》载，东王曲实为二村，中隔半里，俗名大王曲、赵家营。该村以范姓、鲁姓为主。

南王曲

原为西王曲的附属村，1961 年析出另立行政村，因位于西王曲南，故名南王曲。该村以庞姓、杨姓为主。

祝家屯

明初，山西洪洞县迁民祝姓至此定居，后以姓氏取村名祝家屯。该村以祝姓、马姓为主。该村曾为冠县在威县的插花地，1945 年来属。

赵家营

明初，山西迁民至此定居后，发现村东北石佛寺内铁钟上有“赵家营”字样，遂取村名赵家营。该村于 1997 年重修石佛寺。该村以王姓、李姓为主。

翟家庄

原与东王曲为一村，1987 年析出另立行政村，因村民多为翟姓，故取村名为翟家庄。

王世公

据传，宋朝有一官员王世公，为奸臣所害，诛灭九族，子孙有幸逃出在此建村，为纪念前辈，取村名王世公。该村曾为冠县在威县的插花地，1945 年来属。该村以武姓、陆姓、范姓、王姓居多，邢临高速清河连接线从该村穿过，村东北建有梨园屯工业园区。

小王曲

该村在赵王河弯曲处，取名王曲村。明初，山西迁民王姓至此居住，更名小王曲。该村曾为冠县在威县的插花地，1945 年来属。

陈　固

据传，该村原为一人口众多的古老村庄，由于战乱和灾荒，村中只剩陈姓一户。明初，迁民陆续至此定居，以姓氏取名陈固。该村曾为冠县在威县的插花地，1945 年来属。该村以吴姓、张姓、曾姓为主。

红桃园

原名南亭上。清乾隆十二年（1747），在原村北 1.5 千米处另建一村，时正值红桃在枝，随取名红桃园。该村曾为冠县在威县的插花地，1945 年来属。该村有做豆腐的传统，杨姓、韩姓、于姓较多。

干集西街　干集西北街　干集孙街　干集朱街　干集东街　干集东北街

原为一干集村。明代，该村为冠县在威县插花地北十八村的行政和集市中心，名中兴集。现仍保留一旬二集（二、七）的传统。1940 年，分为四个行政村：干集、中兴集、朱兴集、孙兴集，1945 年并为一村，名干集。据《威县地名志》载，“干集”村名来历有两种说法：一说与中兴集意思相近，即中心、主干的村庄和集市；一说据一位张姓村民回忆，村十字街西南隅有古井一口，向来泉源涌畅，后来干涸，遂将村名改为干集。1961 年分为东街、西街、朱街、孙街、东北街五个行政村，1981 年西北街从西街析出另立行政村。

西河口

该村坐落在老沙河东岸，为老沙河的五个河口之一，名黑风口。明迁民至此，嫌其名不雅，改为西河口。该村曾为冠县在威县的插花地，1945 年来属。该村以徐姓、李姓为主。

杏园屯

据传，此地原为王家的杏林。明永乐年间（1403—1424），山西洪洞县迁民宋姓、魏姓、严姓至此，取村名杏园屯。该村曾为冠县在威县的插花地，1945 年来属。

南梁庄

明永乐年间（1403—1424），山西洪洞县迁民梁姓至此定居，取村名梁庄，1949 年更名南梁庄。该村曾为冠县在威县的插花地，1945 年来属。该村汽车配件行业发展较快，姓氏以杜姓、潘姓为主。

西小庄

该村为半移民村，原有几户人家，称小庄，明洪武年间（1368—1398），山西洪洞县迁民任姓至此，村庄渐大。该村曾为冠县在威县的插花地，1945 年来属。该村以任姓、贾姓为主，是广东省委原书记任仲夷的故乡。

1995年、2009年梨园屯镇各行政村基本情况一览表

表1－7

乡村名称	1995年					2009年					通公路时间（年）	通水时间（年）
	乡村户数（户）	乡村人口（人）	耕地（亩）	棉花产量（吨）	农民人均纯收入（元）	乡村户数（户）	乡村人口（人）	耕地（亩）	棉花产量（吨）	农民人均纯收入（元）		
梨园屯	740	3105	5066	157	1786	750	3190	5066	307	2410	1997	1991
小里固	208	921	1601	47	1732	215	998	1601	97	2409	1995	—
东赵村	480	1854	4230	126	1696	436	1960	4230	257	2375	2004	2008
西王曲	213	968	1940	54	2291	270	1041	1940	118	2410	2004	1995
南王曲	189	770	1524	42	1617	199	780	1524	93	2390	2009	1989
祝家屯	180	806	1623	38	1797	168	790	1623	99	2405	2003	1995
赵家营	108	481	974	26	1888	121	440	974	59	2390	2008	1995
东王曲	215	850	1371	38	1560	189	808	1371	83	2390	1999	1994
翟家庄	51	221	273	7	1136	51	218	273	17	2398	2008	1994
王世公	610	2711	5043	136	1630	637	2715	5043	306	2410	1997	2007
小王曲	366	1354	2750	81	1512	315	1420	2750	167	2398	2000	1990
陈　固	480	2001	4550	151	2426	453	2082	4550	276	2406	1995	1990
红桃园	515	2144	3854	113	1508	523	2345	3854	233	2380	1997	1990
干集西街	178	808	1609	23	1350	204	910	1609	98	2399	1997	1990
干集西北街	238	1094	2092	33	1300	244	1130	2092	127	2398	1997	1993
干集孙街	166	656	1548	33	1420	150	730	1548	94	2390	1998	1991
干集朱街	176	697	1447	22	1400	206	820	1447	89	2410	1998	1989
干集东街	295	1082	1813	28	1431	321	1226	1813	110	2398	1997	1991
干集东北街	167	679	1360	22	1300	157	740	1360	83	2395	1998	1993
西河口	290	1220	3317	64	1420	366	1410	3317	204	2376	2001	1989
杏园屯	468	2073	4244	146	2230	535	2216	4244	258	2410	1994	1993
南梁庄	411	1763	3817	51	1400	436	1910	3817	232	2410	1997	1989
西小庄	360	1351	2815	46	1400	348	1620	2815	171	2397	2008	1990

附：

原干集乡概况

干集乡位于威县东部，乡政府驻地干集村，位于县政府驻地东偏北18.5千米。东邻常庄乡，西靠固献乡，南连梨园屯镇，北和西北与常屯乡、柳疃乡隔老沙河相望。总面积22.5平方千米。辖10个村民委员会（5个自然村），1995年末全乡总户数2772户，总人口

11625人。

1961年5月建干集人民公社，1984年1月改为干集乡，1996年1月并入梨园屯镇。

全乡地势平坦，西部、北部为沙质土，南部为壤土。北部有老沙河沿边界曲折向东，古漳河从中部纵穿。1995年全乡总耕地面积1604公顷，其中水浇地面积1449公顷。

经济以农为主。主要农作物有小麦、棉花、玉米、谷子、花生、西瓜等。1995年粮食总产量6464吨，棉花总产量468吨，年末大牲畜存栏2700头，猪存栏2600头，羊存栏5900只。乡、村企业以标准件、砖瓦生产为主。1995年全乡社会总产值14505万元，其中农业总产值6317万元，乡镇企业总产值7180万元，农民人均纯收入1524元。

第五节　章台镇

章台镇位于威县中部，镇政府驻地北章台，距县城21.5千米，106国道从中穿过，交通便利。境内有邢台地区110千伏变电站一座。东风渠自南向北从境东部穿过，八支渠由西向东横贯南部。2009年，全镇土地总面积62.6平方千米，辖30个行政村，人口21377人，农民人均纯收入2300元。

图1-11　章台镇政府外景/2018年摄

1979年，称章台人民公社，1984年1月改为章台乡，1985年改为章台镇。1996年1月，全县乡镇区划调整，原潘固乡并入章台镇。

章台镇商贸市场历史悠久，农历二、七为传统集日，是威县北部最大的商品集散地，日客流量达万人以上，年成交额超亿元，2004—2009年先后建成章台商品三条街，大型综合市场一座，进驻批发、零售商户600多家，涉及日用百货、五金交电、烟酒副食、饮食服务、建筑建材等门类。形成中心市场带城区，中小市场带全镇的格局。

2009年，全镇有中学1所，小学14所，教师236人，在校学生2710人；有医院1所，医务人员45人，村卫生室30个。

朱　庄

明永乐年间（1403—1424），山西洪洞县迁民朱姓至此定居，以姓氏取村名朱家庄。清末与南胡帐、逯家庄合并，名花而宋。民国后期分开，仍名朱家庄，后简称朱庄。

南镇村

明代，从容村张玉林六世、七世孙至此定居，渐成村落，取名张家庄。据传，清末，军阀混战，为了安全，十八村联合，该村在最南端，改名为南镇村。

南章台

据《威县地名志》载，明永乐年间（1403—1424），范姓迁民由山西洪洞县至此（一云：从南方迁来），在最南面的漳台定居，取村名南章台。

大章台

原与南章台为一村。1940 年析出另立行政村，取名大章台。

中章台

明永乐年间（1403—1424），山西洪洞县迁民李姓和申姓至此，定居在章台中间的一个土台上，名小章台。由于在南、北二章台之间，又改名中章台。

北章台

据传，一千多年前，村北有条朱家河，河南岸有三个土台，名漳台。明永乐年间（1403—1424），山西洪洞县迁民王宽、黄之光、李德等几户人家至此，在北面土台上定居建村，取名北漳台。后演写为北章台。

王　撞

据传，该村建于战国时期。当时秦、楚相争，战车在此相撞，故取名王家撞，后简称王撞。

鱼　堤

据该村《张氏家谱》载，明永乐二年（1404），山西洪洞县迁民张士洪至此定居，时村北河堤上有一鱼市，故村取名鱼堤。

郝家屯

明永乐二年（1404），山西洪洞县郝子中、郝子乾二人迁至南宫县郝屯。后兄长子中迁到此地定居建村，取名郝家屯。

三益庄

明永乐年间（1403—1424），山东济南府迁民刘洪道至此定居，后取名刘家屯；山西洪洞县迁民房姓至此定居，取名房家屯；王姓从北章台至此定居，取名王家屯。抗日战争时期，按官村摊派物资，为减轻负担，三村并为一村。因三方均可受益，故名三益庄。

南胡帐

据《胡氏家谱》载，明永乐年间（1403—1424），山西洪洞县迁民胡温普至此定居，取村名南胡帐。后与逯家庄、朱庄并为一村，名花而宋。民国后期分开，仍名南胡帐。

北胡帐

曾名营庄。明永乐年间（1403—1424），山西洪洞县迁民王才兴至此定居，因村南三里有一南胡帐村，遂取名北胡帐。

中胡帐

据《韩氏家谱》载，明永乐年间（1403—1424），韩老五由山东韩家集至此定居，取村名韩小胡帐，后改称中胡帐。

逯家庄

明永乐年间（1403—1424），山西洪洞县迁民逯恺迁至王撞，后又迁至此地建村，取名逯家庄。曾与南胡帐、朱庄并为一村，名花而宋。民国后期分开，仍名逯家庄。

西小河　白小河

据传，村庄建于金朝，坐落在赵王河北岸，名五河口。明永乐年间（1403—1424），白、李二姓由山西洪洞县至此定居，取村名白小河，后村渐大，分为两个村。北面的村称西小河，以区别于位于贺钊乡的几个小河，南面的村仍称白小河。

北杨庄

明永乐年间（1403—1424），山西洪洞县迁民杨顺至此定居，人丁兴旺，成为大户，改村名为杨庄。1982 年地名标准化处理时，更名北杨庄。

潘　固

据传，潘固、里村原为一村，名固里村。元末明初，兵劫连年，修筑南北大道，冲经固里村。为避过军骚扰，路两侧居民背向远移，成为两村。路东者占固字，又因潘姓大族，取名潘固。路西者占里字，取名里村。

掌　史

据传，该村建于宋朝，村名来历待考。该村是清代儒学家、音乐家刘调赞的故乡。抗日战争时期，冀中军区司令员吕正操指挥的掌史突围战，就发生在这里。

东里村　西里村

明初，曾为一村，名里村。明永乐二年（1404），山西洪洞县迁民刚、王二姓迁民至此定居。后刚姓发展为大户，更名为刚里村。1962 年按方位分为东、西里村。

东柏悦　西柏悦

村名来历有两种传说，一、东柏悦与西柏悦原为两个小村。为加强势力，免被外欺，联合为一村。村人愿友谊如松柏，取“柏”字；两村联合，村人皆喜，取“悦”字，合为柏悦。二、村人望长寿，取“柏”字；迁来高兴，取“悦”字，合为柏悦。后按方位分为东、西柏悦。

章华堡

据明嘉靖《威县志》载，嘉靖二十一年（1542），在这里修建墩堡一处，用于军事防御。因像一坚固小城，名堡子城。因距章华村较近，又改称章华堡。

西章华　南章华　东章华

据史料记载，章华村在金元时称“洺水县张华里”，为佛教大开元一宗开山祖师万安菩萨的故乡。万安大师，俗姓贾，名广恩，自号万安。1961 年按方位分为东、西、南章华村。

章刘村

明洪武年间（1368—1398），山西洪洞县迁民刘彦举迁京东昌黎县。不久，为避战乱，于明永乐二年（1404）由昌黎县迁至此地，取村名小刘庄。杨姓居住东部，称杨庄，郭姓居住西南部，称郭庄。后三村并为一村，名刘家村。因距章华村较近，又改称章刘村。

宋　庄

据《威县地名志》载，明永乐三年（1405），宋姓由河南修香回来，依此地杨姓而居，确定村名时，宋、杨双方互让，后定名为宋庄。曾与孟家庄合为一村，名孟宋庄，也称宋村。后分开仍名宋庄。

翟　庄

据传，该村建于明朝，别名孟家村。1935 年与宋庄合为一村，名孟宋庄。1945 年又分为两村，仍名翟庄。

1995年、2009年章台镇各行政村基本情况一览表

表1－8

乡村名称	1995年					2009年					通公路时间（年）	通水时间（年）
	乡村户数（户）	乡村人口（人）	耕地（亩）	棉花产量（吨）	农民人均纯收入（元）	乡村户数（户）	乡村人口（人）	耕地（亩）	棉花产量（吨）	农民人均纯收入（元）		
朱　庄	76	302	539	1.2	1210	90	357	546	19.2	2320	2004	2009
南镇村	284	1207	2643	48.2	1242	359	1164	2654	87.6	2350	2006	1995
南章台	198	839	2015	37.5	1204	193	805	2024	54.8	2370	—	1996
大章台	208	830	2122	40.2	1036	213	891	2121	59.7	2300	2001	1995
中章台	303	1255	2649	50.0	1044	315	1298	2658	88.7	2320	2004	1997
北章台	364	1451	2756	51.7	1048	366	1788	2765	112.1	2120	2003	1996
王　撞	498	2204	5866	58.5	998	569	2193	5878	159.4	2170	2009	2009
鱼　堤	474	2027	3820	51.0	2417	560	2146	3839	148.4	2420	1995	1995
郝家屯	464	1817	3431	66.0	1045	464	1992	3356	127.5	2420	1996	1995
三益庄	468	2017	2948	45.0	1140	454	2107	2957	126.3	2370	1994	2009
北胡帐	231	977	1825	35.2	1126	256	992	1834	61.0	2420	1996	2009
中胡帐	123	530	947	19.2	1132	130	600	956	36.4	2270	2006	—
南胡帐	387	1624	4080	64.4	1109	387	1729	4093	117.8	2320	2009	1995
逯家庄	122	558	1249	25.9	1075	130	576	1258	38.8	2420	2006	—
西小河	206	879	2178	44.4	1069	184	919	2187	61.1	2200	2007	2009
白小河	172	693	1835	37.4	1154	160	765	1844	51.3	2200	2007	2009
北杨庄	138	562	1083	27.0	1156	133	615	1092	42.4	2200	2004	2009
潘　固	376	1532	3490	47.4	1486	375	1702	3502	129.0	2270	2008	1997
掌　史	445	1941	4480	61.6	1460	419	1981	4493	133.4	2320	2008	—
东里村	292	1097	2500	29.8	1129	304	1313	2509	80.1	2420	1996	1996
西里村	300	1271	2810	24.8	1087	334	1509	2819	91.9	2370	1995	1996
东柏悦	432	1707	3190	39.9	1275	446	1790	3199	116.7	2170	1996	1983
西柏悦	152	745	1330	19.5	926	182	790	1339	54.5	2250	—	2005
西章华	134	550	1210	16.8	1080	135	598	1200	44.8	2370	1996	1997
南章华	191	706	1740	16.4	970	178	708	1749	56.4	2320	1994	1998
东章华	135	533	1440	18.9	1107	130	654	1440	46.5	2320	1996	1997
章刘村	329	1359	3440	32.8	1300	360	1311	3449	106.8	2120	1996	1995
章华堡	178	701	1280	15.3	1101	181	746	1289	50.8	2270	1996	1995
宋　庄	200	846	1860	26.2	1361	210	828	1869	62.4	2370	1996	1995
翟　庄	89	345	969	12.0	1081	82	327	976	18.1	2320	1996	1995

附：

原潘固乡概况

潘固乡位于威县北部，乡政府驻地潘固，距县城23.5千米处，东临王村乡，西靠章台镇，南连雪塔乡，北与赵村乡、寺庄乡、高公庄乡接壤，全乡总面积24平方千米，辖13个村民委员会（11个自然村），1995年末全乡总户数3253户，总人口13846人，均为汉族。

1961年5月建潘固人民公社，1984年1月改为潘固乡，1996年1月并入章台镇。

全乡地势平坦。西部为半黑沙质土，中部为半碱半黑沙质土，东部为白沙质土。东风渠从境西部纵穿。1995年全乡耕地总面积1983公顷，其中水浇地面积1589公顷。

经济以农为主。主要作物有小麦、玉米、谷子、红薯、棉花、芝麻等。1995年全乡粮食总产量6523吨，棉花总产量461吨，年末大牲畜存栏4700头，猪存栏3300头，羊存栏6700只。乡、村企业以面粉加工、涂料、榨油等为主，1995年，全乡社会总产值6591万元，其中农业总产值2491万元，乡镇企业总产值3100万元，农民人均纯收入1250元。

第六节　常庄乡

常庄乡位于威县东部偏北，乡政府驻地牛家寨，距县城26千米，东与清河县相邻，北与南宫市接壤。老沙河自乡西南部入境，威临渠在此汇入老沙河，沿中西部边缘流入清凉江，乡西北部有溹泸河穿境。相传4000多年前鲧治水时筑就的土质大堤——古鲧堤自乡南部入境，绵延20余千米。北部有青银高速，中南部有邢清公路横穿全境，交通便利。2009年，全乡总面积56.1平方千米，辖22个行政村，人口28920人，农民人均纯收入2808元。

1979年，常庄乡称常庄人民公社，1984年1月改为常庄乡，1996年1月，原桑园乡并入常庄乡。

图1-12　常庄乡政府/2018年摄

20世纪70年代，该乡率先办起轧胶厂，开始从事橡胶加工，生产各种车辆橡胶配件，后逐步由原来的家庭作坊式生产转向投资建厂规模经营。1986年该乡孙庄村从天津化工研究所引进新技术，投资65万元建该乡第一家橡塑制品厂。之后，该乡又相继建起亚泰橡塑制品有限公司、中外合资的邢台汽摩配件有限公司等7家规模企业，其产品与长春汽车制造厂、东风汽车厂、上海大众汽车制造厂等多家企业配套，一时形成橡塑制品、汽摩配件、木器加工三大主导产业。1996年常庄乡被省政府命名为“发展个体私营经济先进乡镇”。2009年，全乡民营经济实体408家，民营经济营业总收入达10.8亿元。

2009年，全乡有乡镇中学2所，私立中学1所，小学12所，幼儿园9所，教职员工306

人；有卫生院2所，乡村卫生室32个。

常 庄

据《威县地名志》载，宋朝建村，原址在孟官庄村北。因清凉江决口，村庄被淹没，常姓一家南迁至此建村，以姓氏取村名常庄。该村曾为冠县在威县的插花地，1945年来属。

鸭 窝

该村为一古老村庄，村南1千米处有一烽火台，据传为赵惠文王所建。据该村20世纪80年代古墓中出土的文物记载，该村曾名董固村。由于该村为古鲧堤所环抱，地势低洼，长年积水，人们在此养鸭，取村名为鸭湖。后村庄渐大，鸭只渐多，又更名鸭窝。1926年曾改为鸭河。1949年后，复改为鸭窝。该村曾为冠县在威县的插花地，1945年来属。该村受清河县的带动，形成汽车配件、橡塑制品两大优势产业。

后 店

据《威县地名志》载，该村建于明洪武年间（1368—1398），当时鸭窝村在南宫至临清的交通要道上，为招待过往行人，在村后开一店。后山西迁民越来越多，以开店为主，自成村落，名后店。该村曾为冠县在威县的插花地，1945年来属。

东小庄

清朝初年，任姓从西小庄东迁，在鲧堤上建村，名东小庄。该村曾为冠县在威县的插花地，1945年来属。

孙 庄

据传，该村因位于清凉江东岸，原名江东村。明“靖难之役”时，村民隋姓、翁姓、代姓在鲧堤上挖洞藏身，免遭杀戮，因此又称隋家堤口。明永乐年间，山东潍县迁民孙姓至此，将隋、翁、代姓三家请回，重建村庄，取名孙庄。该村曾为邱县在威县的插花地，1945年来属。

孟官庄

据《威县地名志》载，明永乐年间（1403—1424），山西洪洞县迁民孟姓至此建村，以姓氏取名孟官庄。该村曾为冠县在威之插花地，1945年来属。村有乱弹演出队。

田 村

原系孟官庄的附属村，称东孟官庄。据传，明永乐年间（1403—1424）迁民至此时，田姓与孟官庄孟姓是亲兄弟，因迁民政策规定，亲兄弟不能居住一块。为居住方便，改姓田，东孟官庄也改名田村。该村曾为冠县在威县的插花地，1945年来属。

牛家寨

据传，唐朝末年，该村北部有一小村名王广西村，东面有一小村名铁匠庄，两村中间有一玉皇殿。当时由于战乱，盗贼常住玉皇殿内，闹的周围民不聊生。后两村协商，拆掉玉皇殿，两村并为一村，因村中牛姓较多，取名牛家寨镇。宋末，地方安定，去掉“镇”字，称牛家寨。该村曾为南宫县在威县的插花地，1945年来属。该村为乡政府驻地，有乡工业园区，主要行业为汽摩配件、橡塑制品、木材加工等。

豆坊屯

据传，过去此地有“无风大地一片黄，有风天昏地暗似扬场”之说。清初，村民多以做豆腐为生，始名豆腐黄屯，后村庄渐大，改名豆坊屯。该村曾为临清县在威县的插花地，

1945 年来属。

大 河

因此处靠近清凉江，明朝山西迁民至此定居，渐成村落，取名大河。该村曾为南宫县在威县的插花地，1945 年来属。

东安上 西安上

据《威县地名志》载，原村东有一尼庵庙，名白玉庵。明永乐二年（1404），齐、张二姓至此居住，取村名白玉庵。后庵改名千佛皋，村名亦去掉“白玉”二字，改称庵上。后演写为安上。1961 年分为 2 个行政村。两村曾为南宫县在威县的插花地，1945 年来属。

尚家寨

据传，初建村庄在现址东北 300 米处，因地势低洼，迁到现址。村西有清御前侍卫张庆年墓碑。该村曾为南宫县在威县的插花地，1945 年来属。

何家庄

据《威县地名志》载，明代，山西洪洞县迁民何姓至此建村，以姓氏取村名何庄。该村曾为南宫县在威县的插花地，1945 年来属。

桑 园

据传，这里原是一片桑林。明永乐年间（1403—1423），山西洪洞县迁民至此，在桑林附近建村，取名桑园。有古迹“观音禅寺”一处。该村曾为临清县在威县的插花地，民国年间名桑园镇，为临清县第十区公所。1945 年来属。

孟 村

据传，明永乐年间（1403—1423），山西洪洞县迁民孟姓至此建村，以姓氏取名孟家村，后简称孟村。该村曾为临清县在威县的插花地，1945 年来属。

团 堤

据传，该村是一古老村庄。因村东靠近鲧堤，四周有土丘围绕，故取村名团堤。该村曾为临清县在威县的插花地，1945 年来属。

后 屯

据传，王姓自山西至此定居，渐成村落，以姓氏取村名王家屯。民国年间名后王屯。1949 年后更名为后屯。该村曾为临清县在威县的插花地，1945 年来属。

前 屯

据《威县地名志》载，该村最早居住的是房姓，名房家屯。清乾隆四十五年（1780）改名金家庄。因村后有王家屯，又更名前屯。该村曾为临清县在威县的插花地，1945 年来属。

东陈庄

明永乐年间（1403—1423），山西迁民陈姓至此定居，以姓氏取村名陈庄。1982 年地名标准化处理时，更名东陈庄。

南仓庄 北仓庄

古代，此地位于清凉江和溹泸河交叉口，清凉江河运繁忙，称运粮河。此地盖有仓库储存粮食，称粮仓。因此地临水，恐遭水淹，又北移 2 里建仓储粮，称北仓。原粮仓称南仓。明永乐年间（1403—1423），山西迁民至此建村，北面的村称北仓庄，南面的村称南仓庄。南仓庄曾为临清县在威县的插花地，北仓庄曾为南宫县在威县的插花地，两村 1945 年来属。

1995 年、2009 年常庄乡各行政村基本情况一览表

表 1－9

乡村名称	1995 年					2009 年					通公路时间（年）	通水时间（年）
	乡村户数（户）	乡村人口（人）	耕地（亩）	棉花产量（吨）	农民人均纯收入（元）	乡村户数（户）	乡村人口（人）	耕地（亩）	棉花产量（吨）	农民人均纯收入（元）		
鸭　窝	485	2174	3787	30.0	1224	496	2184	3030	136	3235	1999	1992
后　店	150	600	1123	7.8	1934	142	609	990	47	2989	2006	1993
常　庄	437	2033	2627	20.9	2560	467	2101	2145	98	3132	1984	1990
东小庄	189	815	1105	11.2	1945	196	802	900	45	2692	2006	1995
孙　庄	355	1505	2234	17.0	2440	332	1451	2040	125	2947	2009	1995
田　村	226	900	1740	15.4	2510	236	926	1575	100	3352	1996	1996
孟官庄	382	1583	2508	19.9	1956	400	1673	2325	140	2095	1996	1995
牛家寨	470	2092	3241	23.6	1867	472	2058	2475	148	3160	1998	1998
豆坊屯	86	378	840	7.1	1178	97	420	795	47	3254	2007	1994
大　河	243	1034	1614	28.7	980	192	1069	1440	81	2821	2009	2008
东安上	365	1454	2890	50.7	1080	360	1429	2670	160	2280	2005	2009
西安上	247	1007	1966	35.3	1130	203	884	1695	101	2495	2004	2004
尚家寨	318	1367	2558	42.6	880	268	1145	2475	140	2350	2004	2004
何家庄	242	911	2188	37.3	998	211	958	1335	60	2814	2008	2003
桑　园	516	2036	4519	80.8	1020	484	2034	3885	179	2803	2009	2008
孟　村	265	1091	2900	49.3	890	252	1068	2580	116	2813	2000	2003
团　堤	265	1072	2347	47.7	1340	257	1011	2010	92	2969	1997	2008
后　屯	138	553	1353	26.4	1130	133	551	1290	58	2802	2007	2007
前　屯	232	928	2220	42.3	1190	245	1006	1740	81	2803	1997	2007
东陈庄	96	465	880	16.8	1170	103	420	780	30	2880	2003	2006
北仓庄	412	1708	3680	67.3	1050	488	1764	3255	126	2809	1997	2008
南仓庄	284	1258	1387	25.9	890	367	1303	1230	56	2272	1997	2008

附：

原桑园乡概况

桑园乡位于威县东北部，乡政府驻地桑园村，位于县政府驻地东北 30.5 千米处。东邻南宫市董家庙乡、清河县马屯乡，西靠侯贯镇，南连常庄乡常屯乡，北与南宫市双炉乡接壤。

总面积36平方千米，辖13个村民委员会（12个自然村），1995年末全乡总户数3623户，总人口14893人，均为汉族。

1979年，桑园乡称桑园人民公社，1984年1月改为桑园乡，1996年1月，并入常庄乡。

乡境西靠溹泸河，南靠清凉江，多为沙质土壤。1995年全乡耕地总面积2033公顷，其中水浇地面积1563公顷。

经济以农为主。主要农作物有小麦、玉米、谷子、棉花、花生等。1995年，全乡粮食总产量6249吨，棉花总产量551吨，年末大牲畜存栏4700头，猪存栏3300头，羊存栏10200只。乡村企业有砖厂、地毯厂等，1995年全乡社会总产值7970万元，其中农业总产值2837万元，工业总产值3572万元，农民人均纯收入1617元。

第七节　赵村乡

赵村乡地处县域北部，乡政府驻地前赵村，距县城35千米，东北与南宫市接壤，高寺路东西贯通。2009年，全乡总面积58.5平方千米，辖32个行政村（20个自然村），总人口32928人，其中回族522人，农民人均纯收入2238元。

图1-13　赵村乡政府/2018年摄

1979年，赵村乡称赵村人民公社。1984年1月改为赵村乡。1996年1月，全县区划调整，原寺庄乡并入赵村乡。

20世纪90年代，蔬菜、养殖开始发展，1992年建西寺庄养殖场，1993年百头养牛厂在前南寺庄落成，1995年安仁养猪小区建成，2006年大张山养殖小区建成，2009年前南寺庄彭书会投资的邢台鑫宝肉牛养殖屠宰有限公司建成使用。至2009年底，全乡有肉鸡、蛋鸡专业户152户、养猪专业户350户、养羊专业户18户，蛋肉总产量5000吨。

寺庄商贸市场已有上百年历史，农历二、七为传统集日，集日客流量上千人，年成交额上千万元。

2009年，全乡有初级中学2所，小学11所，在校学生2380人，教师184人，幼儿园4所，在园幼儿760人；全乡有卫生院2所，医护人员20人，村卫生室32个，医务人员68人。

前赵村　中赵村　东赵村　后赵村

据传，明永乐年间（1403—1424），山西洪洞县迁民至此定居。因赵姓较多，取村名赵村。1961年分为后、中、东、前四个行政村。

东贤塔　西贤塔

据传，隋炀帝时，村北有一座塔。陈姓首居此地，历代出文人贤士，故取村名陈贤塔。1961 年分为东、西贤塔两个行政村。

宏　曲

据传，明永乐年间（1403—1424），山西洪洞县迁民至此定居。因此地有弯弯曲曲的小河，故取村名宏曲。

东安仁　西安仁　中安仁　前安仁

村名出自《论语》中的“仁者安仁，智者立仁”。民国年间，安仁村又称为田家庄、南辛庄、杨家西头。1947 年土地改革时，按方位分为东、中、西、前四个行政村。

大张山

据传，汉朝刘秀曾在此地组织人们抵抗王莽，命村名为大张策，其含意为大张旗鼓地策动人们抵抗王莽。昔日，该村西南古寺院的废墟瓦砾堆中的断石碑上刻有“大张策村”字样。另一说，该村吕姓富户，想修行成仙，考虑修仙必在山上，就把大张策改为大张山。

田　庄

据《威县地名志》载，明万历年间（1573—1620），宏曲一田姓村民在此种菜，渐成村落，以姓氏取村名田庄。

郭田庄

据传，明永乐二年（1404），山西洪洞县迁民张姓至此定居。后小张山一郭姓大财主在此种地，取村名郭家庄。1947 年，因与田庄相邻，常在一起搞群众运动，后定名郭田庄。

北辛庄

据传，该村建于明朝。韩姓、李姓首居此地，臧姓较晚，但发展很快，取村名臧家庄。因距南辛庄（现安仁村）较近，在其北侧，又改名北辛庄。

孙尹庄

据《威县地名志》载，明弘治十年（1497），山西洪洞县迁民孙、尹二姓至此建村，以姓氏取村名孙尹庄。

东张舠　西张舠　中张舠

据传，明代永乐年间（1403—1424），山西洪洞县迁民张姓至此定居。建村时从地下挖出一只小船，故取村名张舠。1961 年按方位分为东张舠、西张舠、中张舠三个行政村。

北亭上

据传，明永乐年间（1403—1424），山西洪洞县迁民至此定居。当时村边有一条小河，为使河水不泛滥成灾，在河边修一镇河亭，村名遂取为镇河亭，后简称亭上。1982 年地名标准化处理时，更名北亭上。

东范家庄

据传，明初，窑民至此烧砖瓦定居，因当时村西北有一马母庙，故村名为南马母庙村。后因范氏兴旺，改名范家庄。冠以方位称东范家庄。

南徐家庄　西徐家庄　北徐家庄　东徐家庄

据传，该自然村孙、化二姓原为大户，称孙化庄。明永乐二年（1404），山西洪洞县迁民徐京忠至此定居。后徐姓发展为大户，取“人丁之兴旺、村民知礼让”之意，改村名为兴让村。

清初，徐姓居占全村绝对多数，又改村名徐家庄。1961 年分为东、西、南、北四个行政村。

东寺庄　西寺庄　北寺庄　前寺庄

明代，该村有丁、曹、黄、寇四大姓居住。因村西南有一北宋绍圣年间（1094—1098）所建的三教寺，遂取村名寺庄。后分为东、西、北、前四个行政村。西寺庄在 1996 年之前曾为寺庄乡政府驻地，寺庄商贸市场位于该村，其市场有上百年历史。北寺庄素有习武之风，组有传统武术队。

后南寺庄　中南寺庄　前南寺庄

据传，明朝后期，山东潍县迁民至此定居，因村北有三教寺，故名南寺庄。1961 年分为前、中、后三个行政村。三村曾为邱县在威县的插花地，1945 年来属。前南寺庄为回汉聚居村，牛羊养殖屠宰已有多年历史。

1995 年、2009 年赵村乡各行政村基本情况一览表

表 1－10

乡村名称	1995 年					2009 年					通公路时间（年）	通水时间（年）
	乡村户数（户）	乡村人口（人）	耕地（亩）	棉花产量（吨）	农民人均纯收入（元）	乡村户数（户）	乡村人口（人）	耕地（亩）	棉花产量（吨）	农民人均纯收入（元）		
大张山	498	2049	5092	144.5	1351	559	2087	4292	200	2323	1996	1994
郭田庄	240	1056	2967	74.5	1700	266	1081	2250	123	2265	1996	1995
田　庄	113	470	756	19.6	1304	117	479	606	41	2328	1997	1992
东贤塔	238	1030	2220	54.0	1300	241	1061	2012	124	2198	2002	1992
西贤塔	263	1230	2193	53.3	1600	248	1270	2005	93	2205	2002	1993
宏　曲	322	1357	3418	87.3	1268	329	1210	3031	127	2278	2009	1996
后赵村	290	1183	2311	59.0	1796	299	1260	1868	102	2127	1994	2000
中赵村	336	1347	2801	71.5	1456	343	1275	2207	122	2296	1995	1994
东赵村	158	646	1400	35.7	1455	177	652	1356	70	2221	1995	1998
前赵村	400	1625	3330	87.7	1412	410	1648	2737	125	2274	1995	1990
南徐家庄	120	499	1189	27.0	1425	136	539	1073	18	2383	1989	1990
东徐家庄	95	380	1025	18.0	1414	101	392	725	42	2261	1999	1995
北徐家庄	120	488	1388	33.8	1410	126	499	1246	61	2210	1989	1990
西徐家庄	150	615	1515	32.4	1435	169	653	1356	87	2261	1989	1995
东范家庄	210	878	2514	75.0	1555	240	932	2151	116	2353	1988	1986
北辛庄	238	926	1914	50.4	1307	254	958	1755	89	2226	1997	1997
西安仁	210	898	2351	64.8	1414	204	903	2042	116	2112	2005	1992

续表 1－10

乡村名称	1995 年					2009 年					通公路时间（年）	通水时间（年）
	乡村户数（户）	乡村人口（人）	耕地（亩）	棉花产量（吨）	农民人均纯收入（元）	乡村户数（户）	乡村人口（人）	耕地（亩）	棉花产量（吨）	农民人均纯收入（元）		
中安仁	306	1195	2885	70.1	1400	344	1252	2415	140	2189	2006	1997
东安仁	205	819	1857	54.2	1350	197	849	1457	81	2185	2008	2008
前安仁	145	554	1559	40.4	1300	141	588	1349	66	2122	2007	2007
前寺庄	390	1703	3465	80.0	1560	499	1760	3826	140	2389	1987	1987
西寺庄	385	1638	3473	80.0	1550	488	1728	2931	128	2332	1984	1996
北寺庄	310	1344	2567	50.0	1550	488	1413	1988	93	2211	1993	1996
东寺庄	340	1464	3071	50.0	1560	411	1462	2002	122	2285	1993	1996
孙尹庄	135	700	1345	36.0	1300	156	721	1146	58	2173	1998	1997
西张舸	152	708	1306	33.3	1300	151	739	1204	70	2204	1998	1997
中张舸	135	513	1195	32.9	1205	129	525	1105	58	2276	1998	1997
东张舸	125	489	1440	36.2	1227	139	495	1267	70	2372	1998	1997
北亭上	303	1167	2568	70.7	1849	284	1241	1954	116	2299	1995	1994
前南寺庄	370	1520	2078	45.0	2014	298	1633	1377	99	2196	1989	1997
中南寺庄	50	207	341	7.5	1400	48	209	304	14	2268	1989	2000
后南寺庄	160	652	1346	22.5	1455	186	637	1152	58	2402	1989	1999

附：

原寺庄乡概况

寺庄乡位于县域东北部，乡政府驻地寺庄位于县政府驻地北偏东 31 千米处。东邻南宫市吴村乡，西北靠赵村乡，南连王村乡、潘固乡。总面积 21 平方千米。辖 12 个村民委员会（4 个自然村），1995 年全乡总户数 2790 户，总人口 11680 人。

1979 年，寺庄乡称寺庄人民公社，1984 年 1 月改为寺庄乡，1996 年 1 月全县合乡并镇，寺庄乡并入赵村乡。

全乡地势平坦，东部多黏土，西部较沙。九支渠横穿乡境中部，1995 年全乡耕地总面积 1598 公顷，其中水浇地面积 1253 公顷。

全乡经济以农为主，主要作物有小麦、玉米、棉花、花生、谷子等。1995 年全乡粮食总产量 6127 吨，棉花总产量 522 吨，年末大牲畜存栏 5200 头，生猪存栏 3000 头，羊存栏 6000 只。乡村企业有保温材料厂、轧胶厂、皮件厂等。1995 年全乡社会总产值 14627 万元，其中工业总产值 8100 万元，农业总产值 2392 万元，农民人均纯收入 1742 元。

第八节 常屯乡

常屯乡位于县域东部，乡政府驻地高庄，距县城22.5千米，大广高速从境中间纵穿南北，邢（台）清（河）公路从境北部横穿东西，交通便利。2009年，全乡总面积75.9平方千米，辖31个行政村（23个自然村），总人口32875人，农民人均纯收入2950元。

1979年，常屯乡称常屯人民公社。1984年1月改为常屯乡。1996年1月全县合乡并镇，原柳疃乡并入常屯乡。

图1－14 常屯乡政府/2018年摄

20世纪80年代，乡村企业主要是米面加工、粉条加工、木器加工等。90年代橡塑制品企业开始出现，但规模小，主要是家庭作坊式生产。后通过多方面融资，引进外资等方式，逐渐发展为企业式生产。到2009年底，全乡有规模橡塑厂56家，总产值1.1亿元。沿邢清公路两侧西起马庄、东至高庄商贸业发展较快，已形成日用百货、粮油果品、饭店饮食、米面加工、燃料供给、机械修配、农用三轮、摩托电动车、高档家具家电销售等服务齐全的常屯商贸区。

2009年，全乡有中学1所，小学16所，教职员工164人，在校学生1821人；有乡卫生院1所，医务人员30人，村卫生室54个，从医人员76人。

南常屯 北常屯

据《威县地名志》载，元末明初，战争频繁，此地经常屯兵聚将，故名常屯。明永乐年间（1403—1424），村中有一官吏，名翟孝楼，为官清正廉明，为纪念他将村名改为翟孝楼村。清代复改为常屯。两村曾为邱县在威县的插花地，1945年来属。1961年分为两个行政村。每月初五、初十为集市，每月十五日为庙会。

横 河

该村是一古老村庄。据2008年在该村旧庙遗址出土的佛像考证，早在北齐河清年间（562—564）就已有此村。因老沙河在村南东西流向，故取村名横河。该村曾为南宫县在威县的插花地，1945年来属。

南辛店 西辛店 东辛店

辛店是较古老村庄，曾为山东邱县在威县的插花地，1945年来属。据《威县地名志》载，从古墓中发掘的明洪武年间（1368—1398）碑文记载，当时称北辛店堡，为山东邱县北五里的政治、经济、文化中心。1942年，中国共产党在此设立清江县。1961年分为三个行政村。西辛店是明代铁面御史李春的故乡。

安 庄

据《威县地名志》载，明永乐十年（1412），安姓首居此地，以姓氏取村名安家庄，后简称安庄。该村曾为邱县在威县的插花地，1945 年来属。

褚 庄

据《威县地名志》载，明以前，村庄位于清凉江西岸，名江西村，后被洪水淹没。明洪武二十五年（1392），褚姓由山东潍县至此定居，逐渐发展为大户，遂将江西村改为褚家庄，后简称褚庄。该村曾为邱县在威县的插花地，1945 年来属。

高 庄

原为常屯附属村。1942 年另建行政村，因高姓大户，取名高家庄，后简称高庄。该村曾为邱县在威县的插花地，1945 年来属。

魏 寨

据传，自明朝始，曾与横河合称魏河村，属南宫县。1945 年划归威县后，更名魏家寨。1982 年地名标准化处理时，更名魏寨。

史 庄

据《威县地名志》载，明成化八年（1472），山西迁民至此时，此地有一土著居民姓史，后议定村名为史庄。该村曾为邱县在威县的插花地，1945 年来属。

图 1－15 东马庄古柏树/潘明辉 2010 年摄

东马庄

据《威县地名志》载，明永乐年间（1403—1424），山西迁民马姓至此定居，渐成村落，以姓氏取名马庄。1982 年地名标准化处理时，更名东马庄。该村曾为邱县在威县的插花地，1945 年来属。该村东北墓地有两棵古柏，粗有数围，相传为明代迁民时所栽，现枝叶繁茂。该村是抗战诗人史轮（原名马清瑞）的故乡。

东王目 西王目

据《威县地名志》载，唐朝时，村西建一王母娘娘庙（另一说法为元代时建）。以庙取村名王母。因在庙东侧，称东王母。后演写成东王目。明代永乐年间，山西迁民董姓至此，在庙西定居建村，取村名西王母。后演写成西王目。东王目曾为南宫县在威县的插花地，西王母曾为邱县在威县的插花地，两村 1945 年来属。

东正店 西正店

原名镇店。明永乐年间（1403—1424），山西、山东迁民至此定居，改村名为郑店，“郑”与“正”同音，为书写方便，便写成正店。后迁民日多，按方位分为东、西正店两村。曾为邱县在威县的插花地，1945 年来属。

东柳疃 西柳疃 后柳疃

据《威县地名志》载，该村建于唐朝，原名黄亭上。后由于战乱，村庄湮没。明永乐年间（1403—1424），山西洪洞县迁民孙、张两姓至此定居，因周围是柳树林和沙滩，取村名柳滩，后演写为柳疃。1946 年分为东柳疃、西柳疃、后柳疃三个行政村。三村曾为邱县在威县的插花地，1945 年来属。每月逢农历三、八为集期。东柳疃曾为乡政府驻地。

杨　庄

据《威县地名志》载，明永乐年间（1403—1424），山西迁民杨姓至此定居，以姓氏取村名杨家庄。后简称杨庄。该村曾为邱县在威县的插花地，1945 年来属。

东郦庄　西郦庄

据《威县地名志》载，明永乐年间（1403—1424），山西迁民郦姓首居此地，以姓氏取村名郦庄。1961 年分为东、西两个行政村。两村曾为邱县在威县的插花地，1945 年来属。

北大城一　北大城二　北大城三　北大城四　南大城

五村为一自然村，原名东大城，曾为南宫县在威县的插花地，1945 年来属。抗日战争时期，分为南大城和北大城，北大城是国民党抗日将领梁立柱的出生地。1961 年，北大城又分为四个行政村。每月逢农历一、六为集期。

苏　村

据《威县地名志》载，该村约建于唐代。明永乐年间（1403—1424），山西平阳府苏、何二姓来此定居，苏姓首居此地，以姓氏取村名苏村。

枣　科

据该村《郭氏家谱》载，明永乐二十二年（1424），郭姓由该县郭牛村迁至此地定居，当时有一片枣树棵子，故取村名枣棵。后演写成枣科。该村是名人郭森、桑文重的故乡。

亭　上

村名来历有二：一说，西汉末年，刘秀路过此地歇马，后修一歇马亭。明永乐年间（1403—1424），山西迁民董姓至此定居，取村名亭上。二说，该村原名庄科。宋代，赵王河从枣科流经亭上村南，至陈固、西河口，又折回到亭上，过往船客利用这段时间下船休息吃饭，为此称歇马亭。后改庄科为亭上。该村曾为南宫县在威县的插花地，1945 年来属。

夏家庄

据《威县地名志》载，明永乐年间（1403—1424），夏姓迁至此定居，以姓氏取村名夏家庄。该村曾为邱县在威县的插花地，1945 年来属。

1995 年、2009 年常屯乡各行政村基本情况一览表

表 1－11

乡村名称	1995 年					2009 年					通公路时间（年）	通水时间（年）
	乡村户数（户）	乡村人口（人）	耕地（亩）	棉花产量（吨）	农民人均纯收入（元）	乡村户数（户）	乡村人口（人）	耕地（亩）	棉花产量（吨）	农民人均纯收入（元）		
横　河	550	2294	4784	120.0	1264	597	2466	5519	385.4	3009	1997	1998
南辛店	282	1091	2732	57.0	1200	292	1189	2495	191.4	3078	1996	1997
西辛店	353	1529	3281	49.4	1500	395	1600	3431	303.7	2956	1995	1996
东辛店	310	1262	2539	37.7	1450	332	1372	2867	110.0	3047	1994	1994
安　庄	208	876	1961	47.9	1370	234	956	1757	192.8	3013	1997	2000

续表 1 - 11

乡村名称	1995年					2009年					通公路时间（年）	通水时间（年）
	乡村户数（户）	乡村人口（人）	耕地（亩）	棉花产量（吨）	农民人均纯收入（元）	乡村户数（户）	乡村人口（人）	耕地（亩）	棉花产量（吨）	农民人均纯收入（元）		
褚　庄	324	1375	3030	67.5	1383	352	1452	3192	227.0	3106	2007	2002
高　庄	191	720	1525	50.9	1034	190	760	1449	125.9	3092	1995	1995
南常屯	198	769	1967	56.3	982	205	845	1946	179.5	3124	2000	2000
北常屯	336	1466	3811	149.9	1230	380	1493	3642	269.0	2974	1997	1997
魏　寨	495	2175	5256	193.1	1201	590	2289	5493	443.2	2984	2003	2000
史　庄	94	374	1228	45.2	1013	98	403	1335	142.2	3002	2005	2000
东马庄	187	719	1953	41.0	794	192	769	2020	230.4	2653	2005	1997
东王目	271	1074	2193	38.8	795	282	1109	2266	249.7	2633	2005	1998
东正店	267	1125	3134	79.8	950	294	1230	3126	183.2	3033	1995	1987
西正店	310	1179	3406	49.5	900	316	1244	3257	210.8	2588	2005	1994
东柳疃	350	1459	3079	33.6	1370	382	1495	3019	278.3	3010	1995	2006
后柳疃	140	588	1350	10.9	1222	160	597	1276	75.2	3032	1996	2004
杨　庄	179	836	1760	18.4	1184	220	862	1546	67.5	2691	1995	2010
西王目	132	525	1490	12.9	1165	150	592	1428	153.4	2551	1993	2004
东郦庄	131	575	1759	14.8	1210	148	593	1660	115.2	2876	1991	1989
西郦庄	173	695	1860	18.3	1193	185	748	1760	81.1	2995	2004	1996
北大城一	154	620	1850	13.6	1128	170	688	1824	200.9	3067	1993	1995
北大城二	95	408	1380	10.4	1025	118	444	1209	127.1	3063	2005	1998
北大城三	70	284	920	10.0	1090	90	310	860	91.7	2935	1995	1999
北大城四	113	424	1356	12.2	1105	125	486	1246	137.5	3004	1997	1996
南大城	244	968	2856	26.4	1180	269	1104	2603	294.4	3062	1997	1996
苏　村	395	1560	3589	54.6	1192	425	1666	3564	266.9	3007	1989	1983
枣　科	247	1109	1368	11.2	1340	288	1156	1778	111.4	2907	1998	2005
亭　上	180	804	894	20.2	1086	220	891	1189	124.7	2840	2008	2009
夏家庄	158	742	1623	18.5	1072	190	772	1457	162.8	2902	2008	—
西柳疃	128	488	995	10.2	1030	138	528	1017	110.0	2936	2005	2002

附：

原柳疃乡概况

柳疃乡位于县域中部，乡政府驻地位于县政府驻地东偏北17千米处。西接贺钊乡、南里村乡，南与固献乡、千集乡隔老沙河相望，东、北部与常屯乡接壤。总面积34平方千米。辖16个村民委员会（13个自然村），1995年全乡总户数2918户，总人口12388人。

1979年，柳疃乡称柳疃人民公社，1984年1月改为柳疃乡。1996年全县合乡并镇，柳疃乡并入常屯乡。

全乡地处海河流域平原，均为沙质土。五支渠从中部横穿。1995年全乡耕地总面积1884公顷，其中水浇地面积991公顷。

该乡经济以农为主。主要农作物有小麦、玉米、棉花、谷子、花生等。1995年全乡粮食总产量5191吨，棉花总产量296吨，年末大牲畜存栏3000头，生猪存栏2500头，羊存栏9000只。乡村企业有面粉厂等。1995年全乡社会总产值8289万元，其中工业总产值4250万元，农业总产值2884万元，农民人均纯收入1447元。

第九节　贺钊乡

贺钊乡位于威县中部，乡政府驻地西贺钊，距县城15千米，邢清公路横穿全境，西距106国道3.5千米。东风渠自南向北纵穿西部，五支渠在东南部斜穿，七支渠横穿境北部。2009年，全乡总面积69.4平方千米，辖40个行政村，总人口35516人，农民人均纯收入2418元。

图1－16　贺钊乡政府/2018年摄

1979年，贺钊乡称贺钊人民公社。1984年改为贺钊乡。1996年1月全县合乡并镇，原雪塔乡并入贺钊乡。

皮毛加工是全乡的主导产业。1979年后，贺钊皮毛业发展十分迅速，贺钊乡办皮革厂、乡办皮毛厂、庄家村皮毛加工厂很快成为骨干企业。1986年成为全县皮毛专业乡，带动了全县皮毛、皮革业的发展，辐射当时9乡200余村。1999年，在郭牛村、赵牛村之间建皮毛专业市场。到2009年全乡大型皮毛加工企业达125家，各村皮毛加工生产摊点有3900多个，总产值2.2亿元。

商贸业有较快发展，乡政府所在地农资、家电、家具、农业机械市场交易活跃，已成为全乡及周边乡广大群众购物经商的主要场所。

2009年，全乡有职业中学1所、初级中学1所、私立中学1所、小学12所，教师214人，在校学生2630人。全乡有医院1所，医生59人，乡村卫生室31所，从医人员55人。

西贺钊 东贺钊

据传，明永乐年间（1403—1424），山西、山东迁民至此定居。当时此地是一片沼泽地，故取村名河沼。后改写为贺钊。为贺钊乡政府所在地。历史上曾为邱县在威县的“飞地”，商贸极为活跃。该村文化底蕴较深，是清代进士李凤彩的故乡，在20世纪30年代初，是威县早期共产党传播革命思想的基地。抗日战争时期，该村倍遭日伪军蹂躏，有“北杀锅”之称。1945年，划归威县。1948年前后，土地改革结束后，分为2个行政村。

侍曾村

据传，明永乐年间（1403—1424），山西洪洞县迁民至此定居，因在贺钊村西，取名西庄，又名镇西村。1947年，为纪念八路军抗日名将李侍曾烈士，改村名为侍曾村。

北刘庄

据传，明初，山西洪洞县迁民刘姓至此定居，以姓氏取名刘庄。因有重名，后改为北刘庄。该村烧制瓦盆有近500年历史，俗称“瓦盆刘庄”。

马家庄

明初，山西洪洞县迁民马姓至此定居，渐成村落，以姓氏取村名马家庄。

苏家林

据传，明初，山西洪洞县迁民苏姓至此定居建村。因村东有一片树林，故取名苏家林。

北小城

据《威县地名志》载，明永乐二年（1404），山西榆次县迁民张姓至此定居，取名老君张。后改为北小城。

天竺庄

据《威县地名志》载，原名天祝庄。因佛教圣地称天竺国，为劝导村民行善事，“祝”“竺”同音，后改为天竺庄。

东小城

据传，该村建于明初。曾为3个村，西段名东小城，东段名程王庄，居北面的名东辛庄。抗日战争时期并为一村，名东小城。

南小城

该村在民国年间称天保庄，俗名南小城。南小城之名沿用至今。

庄家村

据传，明代以前就有此村，原名陈固。明洪武元年（1368），庄姓由昌黎县至此定居，改村名为庄家村。

西大城

据传，村庄原在现址东北100米处。明“靖难之役”后，村落被毁，村民移至此地重建村庄，名西大城。该村曾为南宫县在威县的插花地，1945年来属。

陈刘庄

据传，明永乐年间（1403—1424），山西洪洞县迁民陈、刘二姓至此定居，以姓氏取名陈刘庄。

北陈村 张陈村 杨陈村 贺陈村 孔陈村

原为一村，因陈姓大户，名陈村。该村西原有一石佛寺，寺中有两块石碑，据明万历年间（1573—1620）重修石佛寺碑文记载，陈村建于元代以前。明“靖难之役”时，村庄湮灭。永乐年间（1403—1424），迁民至此，崔姓在北边定居，名北陈村。孔姓至此定居，名孔家庄。贺姓至此定居，名贺家庄。张姓至此定居，名张陈村，依此类推。后因陈村为大村，称陈村社，周围小村也均以陈村为名。故有北、孔、贺、张、杨五个陈村。

前李陈村　后李陈村

据传，明永乐年间（1403—1424），山西洪洞县迁民李姓至此定居，名李家庄。因离陈村较近，陈村为社，故改名李陈村。1961 年分为两个行政村，北边的村称后李陈村，南边的村称前李陈村。

小王庄

原名辛柴庄。据传，明永乐年间（1403—1424），由山西洪洞县王姓迁民至此定居，势力较大，改村名为小王庄。

小刘庄

据传，明永乐年间（1403—1424），山西洪洞县迁民刘姓至此定居，取名刘庄。1961 年，因有重名改为小刘庄。

小陈固

小陈固俗名小城固。村名来历待考。可能因与陈固（今庄家村）较近，取名小陈固。

陶官营

据《威县地名志》载，明嘉靖三十年（1551），山东莱州府迁民李姓至此定居，取名李庄。又据《陶氏家谱》载，明代，山东青州府驴马社齐乡村陶姓在李庄东南隅定居，取名马房。清初，两村合并。清乾隆年间（1736—1795），该村出了一名叫陶魁的举人。清嘉庆十六年（1811）改名为陶官营。

余官营

据传，明嘉靖年间（1522—1566），村中有一余姓任县官，故取村名余官营。

南雪塔　东雪塔　北雪塔　西雪塔

据传，东汉末，曹操与袁绍争战。袁军进军至此，值天降大雪，大军受阻，只得凑雪为泥，就地筑营，并以雪泥筑点将台于村前，遂取村名为雪台。后演为雪塔。1961 年按方位分为东、西、南、北四个行政村。1996 年之前，为雪塔乡政府所在地。

东郑河　西郑河

据传，古时候该村位于一条河道中间，名正河。后改为郑河。该村原居民有齐、阎、贾三姓。武姓于明永乐四年（1406）从山西榆次县迁居此地，赵姓于万历年间由山西洪洞县至此定居。

郭牛村

据《威县地名志》载，明洪武元年（1368），山西洪洞县迁民郭友谅至此，在朱家河西岸建村。因此处是邻村饮牛之地。故取名郭牛村。

赵牛村

据该村《赵氏家谱》载，明洪武二十五年（1392），山东寿光县迁民赵姓至此，在郭牛村南定居建村，取名赵牛村。

张牛村

据《威县地名志》载，明永乐四年（1406），山西洪洞县迁民张姓至此，在赵牛村南定居建村，取名张牛村。

北小河　张小河　集小河　王小河

原为一自然村，名小河，因村南有小河而得名。据传，金朝时，村南有五条小河汇集，名五河口。明代，山西迁民陆续至此，在小河北岸建村。建村较早的名北小河，有集市的村名集小河，王姓大户的村名王小河，张姓较多的村名张小河。

董　村

据传，明永乐年间（1403—1424），山西洪洞县迁民董姓至此定居，以姓氏取村名董村。

黄　台

曾名西台庄。据传，明洪武十年（1377），山西洪洞县迁民郭姓至此定居，村南有座黄唐庙，故取村名黄唐村。后演称黄台村，分东、前、后三个黄台，民国后期并为一村，名黄台。

1995 年、2009 年贺钊乡各行政村基本情况一览表

表 1－12

乡村名称	1995 年					2009 年					通公路时间（年）	通水时间（年）
	乡村户数（户）	乡村人口（人）	耕地（亩）	棉花产量（吨）	农民人均纯收入（元）	乡村户数（户）	乡村人口（人）	耕地（亩）	棉花产量（吨）	农民人均纯收入（元）		
西贺钊	309	1432	3385	53.1	1907	352	1495	3385	170	2548	1985	1995
东贺钊	255	1034	2063	34.4	1450	276	1079	2063	99	2421	1985	1999
侍曾村	214	952	1539	30.4	1320	235	1008	1539	80	2316	1985	2008
北刘庄	110	465	1176	15.2	1790	117	481	1176	58	2448	1997	1996
马家庄	70	281	622	8.2	1450	71	300	622	32	2442	1997	2008
苏家林	280	1217	2952	40.0	1705	311	1276	2952	145	2424	2008	2008
北小城	181	774	2290	20.7	1540	200	821	2290	106	2287	1985	1998
天竺庄	68	300	760	14.9	1380	72	318	760	36	2269	2006	2008
东小城	243	886	2206	23.8	1810	251	913	2206	103	2286	1985	2008
南小城	194	816	1937	23.9	1750	216	846	1937	99	2292	1995	2005
庄家村	160	648	1630	28.5	1800	172	740	1630	82	2428	2009	2008
西大城	255	982	3101	44.1	1580	273	1022	3101	150	2396	2009	2008
陈刘庄	242	1031	1768	32.7	1820	278	1073	1768	98	2431	1995	2008
北陈村	151	608	1598	20.6	1490	159	629	1598	82	2427	2006	2008
前李陈村	92	339	828	10.9	1430	93	355	828	41	2399	1995	2008
后李陈村	153	584	1057	15.9	1380	159	614	1057	52	2397	1995	2008
张陈村	82	323	479	6.9	1410	86	346	479	23	2456	1995	2008

续表 1－12

乡村名称	1995 年					2009 年					通公路时间（年）	通水时间（年）
	乡村户数（户）	乡村人口（人）	耕地（亩）	棉花产量（吨）	农民人均纯收入（元）	乡村户数（户）	乡村人口（人）	耕地（亩）	棉花产量（吨）	农民人均纯收入（元）		
杨陈村	81	327	586	12.5	1520	87	348	586	28	2476	2009	2008
贺陈村	127	551	1566	50.4	1910	146	592	1566	78	2426	2011	2008
孔陈村	92	353	768	17.0	1380	95	372	768	40	2397	2009	2008
小王庄	100	407	792	9.5	1260	112	437	792	40	2355	2009	2008
小刘庄	75	299	731	15.2	1370	79	309	731	37	2441	2009	2008
小陈固	284	1123	2549	37.8	1350	308	1182	2549	121	2408	2009	2008
陶官营	222	947	2416	93.6	1860	242	998	2416	123	2423	2007	2008
佘官营	216	928	2016	40.4	1490	240	981	2016	104	2424	2010	2008
东雪塔	175	645	1357	26.0	961	175	688	1357	67	2436	2007	2007
西雪塔	160	599	1317	29.0	968	161	627	1317	68	2423	1996	2007
南雪塔	135	508	1213	23.0	964	142	547	1213	63	2396	2007	2007
北雪塔	187	713	1728	36.0	953	186	741	1728	86	2414	2007	2007
东郑河	388	1568	3020	38.0	1192	428	1681	3020	155	2408	2010	1997
西郑河	435	1726	3537	46.0	1193	465	1743	3537	173	2421	1997	2000
郭牛村	470	1822	3747	47.0	1201	492	1917	3747	174	2636	2008	2010
赵牛村	232	975	2251	26.0	1538	234	1048	2251	114	2637	1997	2009
张牛村	210	750	2203	39.0	960	211	814	2203	119	2416	2006	2008
北小河	208	864	1543	31.0	949	221	923	1543	83	2403	1997	1997
张小河	200	776	1839	32.0	966	204	784	1839	94	2354	1997	1998
集小河	160	603	1385	25.0	961	171	635	1355	68	2382	2005	2000
王小河	210	773	1457	25.0	957	242	827	1457	77	2415	2008	2008
董　村	304	1147	2443	45.0	961	314	1200	2443	128	2439	1996	2007
黄　台	256	1047	1780	32.0	955	275	1076	1780	79	2463	2007	1998

附：

原雪塔乡概况

雪塔乡位于威县中部，乡政府驻地雪塔位于县政府驻地北偏东 21.6 千米处。东邻王村乡，西与章台镇隔东风渠相望，南连贺钊乡，北与潘固乡接壤。总面积 28 平方千米。辖 15

个村民委员会（11 个自然村），1995 年全乡总户数 3730 户，人口 14974 人，均为汉族。

1979 年，雪塔乡称雪塔人民公社，1984 年 1 月改为雪塔乡，1996 年 1 月全县合乡并镇，雪塔乡并入贺钊乡。

全乡地势平坦。东部为黄沙质土，低洼略有盐碱，西部为半黏质土。东风渠由西部纵穿，七支渠横穿乡境中部。1995 年全乡耕地总面积 2052 公顷，水浇地 1183 公顷。

经济以农为主。主要农作物有小麦、玉米、谷子、红薯、棉花、花生、芝麻、西瓜等。1995 年全乡粮食总产量 7174 吨，棉花总产量 315 吨，年末大牲畜存栏 3200 头，生猪存栏 3000 头，羊存栏 9800 只。乡、村企业有皮毛厂、编织袋厂等。1995 年全乡社会总产值 11398 万元，其中工业总产值 7080 万元，农业总产值 2402 万元，农民人均纯收入 1135 元。

第十节　第什营乡

第什营乡位于县域南端，乡政府驻地第什营村东，距县城 7.5 千米，西邻广宗县，南邻邱县，东南与临西县相接，是四县交界之地。106 国道和邢临高速公路纵横贯穿全乡，大广高速（大庆至广州）呈东北西南穿越全乡，乡村公路纵横交错，四通八达。东风渠纵穿南北，老沙河自西南向东北穿过乡境。2009 年，全乡总面积 82.4 平方千米，辖 42 个行政村，人口 40274 人，农民人均纯收入 1980 元。

图 1－17　第什营乡政府/2018 年摄

1979 年，第什营乡称第什营人民公社。1984 年 1 月改为第什营乡。1996 年 1 月，原成志庄乡并入第什营乡。

该乡经济支柱为传统农业。20 世纪 80 年代初期，主要以小麦、玉米等粮食作物为主，后粮棉价格差异逐步拉开，棉花种植面积逐年加大。1984 年，全乡棉花种植面积和总产创历史之最。2009 年全乡棉花种植面积达 5300 公顷，皮棉产量 4898 吨，成为全县第一产棉大乡。三白西瓜种植是该乡传统特色产业，以白皮、白瓤、白籽而得名，有清爽、多汁、体大、耐贮存等特点，全乡种植面积近千亩，主要集中在张王目村。

2009 年，全乡有中学 2 所，小学 18 所，教师 224 人，在校学生 2586 人；乡级卫生院 1 所，医务人员 17 人；村卫生室 66 处，乡村医生 86 人。

第什营

据《威县地名志》载，此地原有周徐村、周闫村二小村。明沈阳卫之第十营军屯于此。清顺治十六年（1659），屯丁归威县，三村并为一村，取村名第什营。该村是乡政府驻地。

谭家庄

据传，明洪武十六年（1383），谭姓至此定居，以姓氏取村名谭家庄。

西梨园　东梨园

据传，该村建于元朝。李姓居住最早，取村名李连头，后按方位分为西李连头、东李连头。清代，此村种梨树较多，渐成果园，遂改名西梨园头、东梨园头，并成为官方递铺之一。后简称西梨园、东梨园。

南林庄

据《威县地名志》载，明嘉靖年间（1522—1566），马姓由河南逃荒至此定居。原为东梨园附属村，后因该村林业发展较快，析出，名前林。1912 年，因临近东梨园更名为南梨园。1931 年更名南林庄。

良善庄

据《威县地名志》载，该村建于明洪武年间（1368—1398），时村中多张姓，取村名十（石）张庄。后迁民陆续至此，团结互助，关系甚洽。清顺治初改名良善庄。该村曾为曲周县在威县的插花地，1945 年来属。

苏　庄

据《威县地名志》载，明永乐年间（1403—1424），山西潞安府长治县迁民苏姓至此定居，以姓氏取村名苏庄。该村曾为曲周县在威县的插花地，1945 年来属。

北刘村

据《威县地名志》载，明初，山西洪洞县两户刘姓迁民至此，分南北两地定居，渐成村落。北面村庄取名北刘村，南面村庄名南刘村，属邱县。该村曾为曲周县在威县的插花地，1945 年来属。

司家庄

据该村《司氏家谱》记载，该村建于元代，以姓氏取村名司庄。1982 年地名标准化处理时，更名司家庄。该村曾为曲周县在威县的插花地，1945 年来属。

圣佛堂

据传，唐朝时此地有一大寺，名圣安寺，寺内有许多佛像。明代，山西迁民张姓、耿姓先后至此定居，张姓在路东建村名圣佛堂，耿姓在路西建村名耿庄。后两村合一，名圣佛堂。该村曾为曲周县在威县的插花地，1945 年来属。

康家洼

据《威县地名志》载，该村为一古老村庄，原为老沙河的一个码头，取名南码头。后村被水淹，康姓带领村民搬到村西重建村庄。因地势较洼，取名康家洼，俗名康洼。该村曾为曲周县在威县的插花地，1945 年来属。

南草厂　北草厂

据传，宋金交兵时，此地为宋军种马草之地，故村名称草厂。冠以方位，北面的称北草厂，南面的称南草厂。北草厂因郭姓和高姓均为明永乐年间迁民，所以在历史上又称郭高庄。

管王街　胡杨街

相传，该村建于唐朝。明永乐年间（1403—1424），山西洪洞县迁民至此居住。明崇祯年间（1628—1644），山东高密县迁民胡姓也迁居此地，人口渐繁，分为东兴旺、西兴旺、中和村、老官寨、中保庄、南沙村、南杨庄 7 村，统称老官寨。胡杨街的张姓家族在历史上曾出现父子两位举人，老官寨之名可能与此有关。1938 年，按姓氏分为管王老官寨、胡杨老官寨

图 1－18　胡杨街的皂角树/耿尚斌 2015 年摄

二村。1947 年改称管王街、胡杨街。

西盖村

据传，此地原有庄姓居住。明初，陈姓从山西洪洞县至此，在庄姓西边建村，取名西盖村。

东盖村

据传，此地原有庄姓居住。明朝，戚姓从安徽至此，在庄姓东边建村，取名东盖村。

南韩庄

南韩庄，俗名韩庄。据《威县地名志》载，明朝，董姓最早迁居此地，取村名董庄。后山西洪洞县迁民韩姓至此定居，人口日繁，取村名为韩庄。韩庄与董庄实系一村。1982 年地名标准化时，更名为南韩庄。

东古城　西古城　南古城

据民国《威县志》载，此地是上白城故址，系两晋时期乞活军长期驻军之地，故名古城。（据《晋书・石勒载记》，石勒“攻乞活李恽于上白，斩之”。）1961 年，按方位分为东古城、西古城、南古城三个村。

芦　头

据传，该村建于元至元年间（1341—1368），名新家窑。明初，村中失火，南迁至现址，村南有打造兵器的炉，故取村名炉头。民国中期，“地方”（为官府办差的人）朱万卿，改村名为芦头。

高　家

据《高氏家谱》载，明永乐年间（1403—1424），河南许州迁民高姓至此定居，取村名高家。

马　厂

据《威县地名志》载，明朝，山西迁民马姓至此定居，初取村名马家庄。据传，金宋交兵时，此地为宋军牧马场。后依传说更名为马场，后演写为马厂。

苏留寨

据 1998 年版《威县志》载，原为二小村，东面村名李家庄，西面村名要家庄，相距约 300 米。唐初，村西南建一铁碑寺，因此，两村合为一村，名铁碑寺。明永乐年间（1403—1424），刘姓从山西洪洞县至此居住，逐渐兴旺。后刘姓始祖与族弟（住山东临清县东速留庄）相遇，议定回去后均把村名改为速刘寨或速刘庄。后演写为苏留寨。

戚家庄

据《威县地名志》载，原为苏留寨的附属村。清雍正十一年（1733）析出另立行政村，取名番庄。后戚姓从盖村至此，逐渐兴旺，遂更名戚家庄。

成志庄

原名南陈庄。抗日战争时期，抗日区长王成志（原名霍新太）牺牲于此村。为纪念革命烈士，改村名为成志庄。沿用至今。

第四营

该村系明朝山西沈阳卫十八营屯地之一。据传，宋金交兵时，该村驻扎过宋军第四营，故名第四营。

秦李庄　董家庄

秦李庄与董家庄原为一村，名马庄营，是沈阳卫军屯营地之一。1956 年分为两个行政村，北面董姓较多的村称董家庄，南面秦姓较多的称秦李庄。

佃尚营

据传，明初，山西洪洞县迁民张姓至此定居，时村民多为佃户，故取名佃家营。因村四周有四座寺庙（南关帝庙、西兴国寺、北铁碑寺、东林果寺），中心为尚殿。后村名演变为佃尚营。

头百户

相传，金宋交兵时，该村驻宋军指挥官，取名头营阵。明洪武年间，翁姓始祖从浙江处州府松阳县随朱元璋第十子鲁王朱檀北征，占籍头营阵。后为明代沈阳卫军屯之地，称头百户营，后简称头百户。

杨家庄

据《威县地名志》载，明永乐年间（1403—1424），山西洪洞县迁民杨姓、贾姓至此定居。因杨姓人多，取村名杨家庄。

张王目　九马坊

据《威县地名志》载，明永乐元年（1403），山西迁民至此定居。此村建在吴王目、王王目中间，名中王目。清顺治二年（1645）改名九马营。后分为两村，东面村名张王目，西面村名九马坊。张王目村为三白西瓜种植村。

王王目

据传，宋朝时，村东南有一王母娘娘庙。时一王姓富户，占地 48 顷，在此定居，取村名王王母，后演写成王王目。

吴王目

据《威县地名志》载，明洪武二十五年（1392），山西迁民吴姓、范姓、潘姓三家至此定居。因村南有一王母娘娘庙，取村名吴王母。后演写为吴王目。该村曾为曲周县在威县的插花地，1945 年来属。

吴家庄

据《威县地名志》载，明洪武二十五年（1392），山西洪洞县迁民吴姓至此，陈姓随军而来，军民杂居。因吴姓人多，取村名吴家庄。该村曾为曲周县在威县的插花地，1945 年来属。

麦子乌营

据传，宋辽交兵时，辽兵驻此地，称麦子乌营。明朝，山西迁民陈姓、丁姓至此居住，曾更名丁陈庄，后周姓、高姓、陶姓曾更名为辛营村，1938 年定村名为麦子乌营。该村曾为曲周县在威县的插花地，据清同治八年（1869）《曲周县志》载，麦子乌营曾为明代沈阳卫军屯之地。1945 年来属。

井王庄

据《威县地名志》载，该村建于明天顺四年（1460），原为第四营的附属村，称小庄。

1955 年析出，自立行政村，因井、王二姓较多，取名井王庄。

牙水寨

明清时期名为杨石寨。民国时期改名牙水寨。该村曾为曲周县在威之插花地，据清同治八年（1869）《曲周县志》载，牙水寨曾为明代沈阳卫军屯之地。1945 年来属。

南郭庄

该村建于明崇祯六年（1633）。因郭姓最早居住，且村在县城南，故名南郭庄。大枣种植是该村一大特色。

1995 年、2009 年第什营乡各行政村基本情况一览表

表 1－13

乡村名称	1995 年					2009 年					通公路时间（年）	通水时间（年）
	乡村户数（户）	乡村人口（人）	耕地（亩）	棉花产量（吨）	农民人均纯收入（元）	乡村户数（户）	乡村人口（人）	耕地（亩）	棉花产量（吨）	农民人均纯收入（元）		
第什营	596	2244	4749	111.3	1450	690	2466	4750	246	1946	2003	1997
谭家庄	185	801	1537	46.8	1460	228	890	1540	80	2068	—	1997
东梨园	165	655	1605	40.0	1420	260	751	1690	94	2200	2002	2010
西梨园	194	740	1600	36.4	1520	291	853	1680	91	2159	2002	1997
南林庄	115	481	1157	31.2	1430	172	537	1160	62	2057	2007	—
南韩庄	188	796	1462	40.8	1530	256	867	1460	70	2532	1999	1999
芦　头	313	1253	2898	71.4	1540	308	1328	2880	147	2407	2006	1996
高　家	140	580	1144	34.5	1360	176	638	1144	62	1841	1998	1997
良善庄	67	286	543	15.0	1460	120	316	630	35	1987	2007	—
苏　庄	106	447	1004	25.5	1380	152	493	1160	62	1951	2004	—
北刘村	255	1038	2100	57.2	1480	353	1139	2200	112	2000	2004	2010
司家庄	122	513	1170	35.4	1410	143	606	1170	58	1940	2004	2010
圣佛堂	267	993	2393	62.4	1430	289	1122	2393	123	2218	2004	1992
西盖村	285	1210	3156	74.2	1440	352	1356	3156	158	1945	2004	2010
东盖村	125	463	921	28.6	1460	123	505	922	47	2345	2004	1983
康家洼	187	722	1838	40.0	1320	261	855	1840	100	2109	1998	1996
北草厂	193	862	1543	43.5	1410	292	880	1540	82	2067	2005	1996
南草厂	313	1279	2215	50.0	1580	349	1404	2210	112	1933	1994	1991

续表1－13

乡村名称	1995年					2009年					通公路时间（年）	通水时间（年）
	乡村户数（户）	乡村人口（人）	耕地（亩）	棉花产量（吨）	农民人均纯收入（元）	乡村户数（户）	乡村人口（人）	耕地（亩）	棉花产量（吨）	农民人均纯收入（元）		
管王街	240	996	1846	43.0	1340	321	1064	1850	97	1952	2004	1997
胡杨街	305	1217	2161	43.2	1340	360	1469	2170	112	1856	2004	2006
南古城	112	420	962	26.0	1310	177	444	962	50	1986	2007	2010
东古城	76	280	554	15.6	1430	110	311	554	30	2117	1998	2004
西古城	193	773	1550	42.5	1420	244	882	1535	80	1871	2007	1997
成志庄	376	1608	3570	68.8	1130	450	1859	3570	184	1794	1994	1989
吴家庄	294	1374	3232	54.6	1120	376	1521	3232	165	1850	1997	1994
吴王目	238	1067	2214	38.0	1090	258	1198	2220	112	1809	2004	2000
张王目	199	760	1772	32.3	1180	277	855	1680	91	1922	2004	1996
九马坊	198	750	1668	32.7	1112	254	841	1630	91	1870	2004	1996
王王目	409	1729	3755	69.7	1210	534	1997	3460	177	1671	2004	1995
杨家庄	76	333	578	12.9	1210	94	365	578	32	2161	2007	2000
马　厂	273	1050	2172	42.0	1290	367	1205	1960	100	2284	1995	1996
苏留寨	249	950	2147	38.0	1057	258	1072	2060	100	2087	1998	1997
戚家庄	75	300	671	12.9	1250	113	339	671	38	2100	2007	2001
第四营	231	935	2244	44.0	1266	317	1112	2244	112	1829	1997	1993
头百户	256	917	2525	45.0	1280	262	1111	2524	130	1832	1999	1989
佃尚营	79	331	810	15.8	1290	90	368	810	50	2066	1999	1987
南郭庄	153	706	1041	24.0	1170	215	772	1160	68	1837	2000	1995
秦李庄	151	646	1418	28.0	1080	201	762	1470	73	2072	2003	2004
董家庄	146	592	1558	28.0	1070	192	677	1610	84	1973	1998	1998
牙水寨	139	637	1426	26.0	1170	174	723	1510	80	2062	1998	1990
井王庄	41	213	364	8.2	1220	55	239	420	20	2034	2006	—
麦子乌营	247	928	2255	44.1	1190	262	1074	2255	117	1772	1997	1997

附：

原成志庄乡概况

成志庄乡位于威县南部，乡政府驻地成志庄位于县政府驻地东南7.5千米处。东与白果树乡隔老沙河相望，西接第什营乡，南连临西县下堡寺镇，北与方家营乡、李寨乡接壤。全乡总面积38平方千米，辖19个村民委员会（19个自然村），1995年全乡总户数3836户，总人口16084人。

1979年，成志庄乡称成志庄人民公社，1984年1月改为成志庄乡，1996年1月全县合乡并镇，成志庄乡并入第什营乡。

全乡地势较平坦，多为半沙质土壤。老沙河、东风渠从境东西两侧纵穿。1995年，全乡耕地总面积2361公顷，其中水浇地面积1940公顷。

经济以农为主。主要农作物有小麦、玉米、谷子、棉花、红薯等。1995年全乡粮食总产量7194吨，棉花总产量665吨，年末大牲畜存栏6400头，生猪存栏7400头，羊存栏12600只。乡村企业有榨油厂、织布厂等。1995年全乡社会总产值9243万元，其中工业总产值3046万元，农业总产值4869万元，农民人均纯收入1181元。

第十一节　方家营乡

方家营乡位于县域南部，乡政府驻地南方家营，距县城5千米，邢临公路、邢临高速横穿全境，交通便利。老沙河在境东部由南向北蜿蜒穿过。2009年，全乡总面积53.1平方千米，辖26个行政村（22个自然村），总人口27032人，农民人均纯收入1950元。

图1－19　方家营乡政府/2018年摄

1979年，方家营乡称方家营人民公社。1984年1月改称方家营乡。1996年1月，全县合乡并镇，原南里村乡并入方家营乡。

20世纪80年代，以传统农业为主，经济作物是棉花。90年代该乡农业产业结构全面调整，至20世纪末，全乡种植已形成三个基地：以马塘寨、徐固寨为中心的蔬菜生产基地；以油坊、宋庄为依托的优质葡萄种植基地；抗虫棉种植基地。进入21世纪，优质棉花、设施水果、蔬菜种植面积进一步扩大，其中优质葡萄种植尤具特色，2002年全乡优质葡萄种植增至200公顷，同时成立葡萄协会，建葡萄批发市场。油坊优质葡萄生产基地已被省林业厅认定为绿色无公害果品基地。

2009年，全乡有中学1所，小学8所，在校学生3500人，教职工130人。有乡卫生院1

所，医务人员27人，门诊部1所，医务人员8人，村卫生室36个，从医人员50人。

图1-20 方家大院旧址/2007年摄

南方家营　西方家营　东方家营　北方家营

历史上曾为广宗国、广宗县、宗城县治所。明代为沈简王军屯之地。因村中方姓为巨富，明代更名为方家营。1961年按方位分为东、西、南、北方家营。该村集会较多，每月农历十三、二十六和二月初八、四月初八为会期，逢二、五、八为集日。南方家营有方家大院，历史久远。

孙家寨

据《威县地名志》载，该村建于宋朝，原名庄楳。元至元年间（1335—1340），村中一孙姓地主，改村名为孙家寨。元末明初，因战乱，村无人烟。明永乐二年（1403—1424），山西洪洞县迁民庞姓、傅姓在此村西重建村庄，因濒临老沙河，取村名为沙河铺，简称铺上。后人口繁衍，成为大村落，复改名为孙家寨。据明嘉靖《威县志》载，该村曾为官方递铺之一。

东徐固寨　西徐固寨

据《威县地名志》载，原是四个小村，从西往东名钟固寨、里仁寨、徐固寨、徐周寨。当时徐姓地主势大，统治四村，后并为一村名徐固寨。1988年析分为东、西徐固寨。解放战争时期，冀南日报社曾设在今西徐固寨。

马塘寨

该村民国18年（1929）版《重修威县志》所记村名为麻唐寨。又名公和庄、仁厚村。后麻唐寨演写为马塘寨。

四马坊

相传，金宋交兵时，驻过宋军的马队。明代迁民到此建村，黄姓最早定居，取村名黄马坊，燕姓次之，取名燕马坊，李姓又次之，依次建四个马坊。后四个马坊并为一村，名四马坊。该村制香业历史久远，远近闻名。

五马坊

相传，金宋交兵时，此地驻过宋军的马队。明朝，迁民贺姓至此定居，因村小称小马坊，蒋姓、李姓、马姓、黄姓先后至此定居建村，均在“马坊”前冠以姓氏为村名。后五个马坊并为一村，称五马坊。

油　坊

据《威县地名志》载，明洪武年间（1368—1398），山西洪洞县迁民到此定居，因村中多以磨油为生，取村名油坊。该村曾为曲周县在威县的插花地，1945年来属。

图 1－21　宋庄古槐/2007 年摄

宋　庄

据《威县地名志》载，明洪武年间（1368—1398），山西迁民宋姓到此定居，以姓氏取村名宋庄。村内有古槐一棵。

南里村

据 1929 年版《重修威县志》载，该村建于明万历年间（1573—1620），村中建一玉皇阁，庙基宏阔，因名大庙里村。后村北又建一村，名后里村。此村称前里村，后更名为南里村。

庞苏庄

据《威县地名志》载，原名湾里。明永乐年间（1403—1424），山西迁民冯、葛两姓，山东迁民庞、王两姓陆续至此定居，因在大庙里村西边，取名西里村。后一庞姓村民在县衙当马快，改村名为庞苏庄。

后里村

据《威县地名志》载，明永乐二年（1404），冯姓从山西平阳府枣树村至此定居，取名西里庄，后改为王家庄。因该村在大庙里北面，清改为后里村。

赵里村

据《威县地名志》载，明代，山西迁民张、赵两姓至此定居，因赵姓村民年长，取村名后赵庄。因邻近大庙里村，1941 年更名赵里村。

第三口

据传，该村在老沙河西岸，历史上曾是三河交会之处，称三河口，后演写为第三口。

张官寨

据传，宋朝时，宋兵抗辽，此地为张姓军官驻扎的营寨，后取村名张官寨。该村是威县第一个共产党党员潘笑圃的故乡。

王家陵

据《威县地名志》载，该村坐落在沙河堤上，原名沙河村。宋朝时，徽、钦二帝被掳，各地为他们建陵台，此处陵台称倾陵。此村在倾陵附近，又王姓大户，改名王家陵（俗名前陵上）。明朝，山西迁民至此定居，姓氏较多，为和睦相处，改名义兴村。民国后复为王家陵。

孙家陵

据《威县地名志》载，该村孙姓较多，村西有倾陵，故取村名孙家陵。

东堂村　西堂村

两村中间原有一座大佛堂，依所居方位取村名东堂村和西堂村。因在倾陵附近，东堂村俗称大陵上，西堂村俗称小陵上、堂陵上。

张家陵

据《威县地名志》载，原与西堂村为一村，俗称小陵上。1936 年，与西堂村因学堂起纠纷，分为两个行政村。因张姓较多，又在倾陵附近，取名张家陵。

薛高寨

据传，明永乐二年（1404），山西洪洞县迁民薛贵至此定居，因村西有一蒿丘，村人又多姓薛，取村名为薛蒿寨。后演称薛高寨。

王高寨

据传，明永乐二年（1404），湖北黄冈县黄土岗村王伯诚至此定居，因村东有一蒿丘，取村名王蒿寨。后演称王高寨。

翟家庄

据传，明永乐年间（1404—1424），山西洪洞县迁民翟姓至此定居，以姓氏取村名翟家庄。该村是梅花拳宗师李廷桂的出生地。

1995 年、2009 年方家营乡各行政村基本情况一览表

表 1 - 14

乡村名称	1995 年					2009 年					通公路时间（年）	通水时间（年）
	乡村户数（户）	乡村人口（人）	耕地（亩）	棉花产量（吨）	农民人均纯收入（元）	乡村户数（户）	乡村人口（人）	耕地（亩）	棉花产量（吨）	农民人均纯收入（元）		
南方家营	215	765	1396	18.9	856	199	795	1396	56	1950	1995	1986
西方家营	224	881	1549	27.1	938	243	970	1549	62	1950	1994	1991
东方家营	173	578	1291	22.5	699	149	595	1291	51	1950	1998	1996
北方家营	417	1480	3041	53.3	966	370	1480	3041	121	1950	1995	1995
孙家寨	287	1069	2086	46.3	1154	297	1188	2086	83	1950	2005	1986
东徐固寨	350	1336	3231	69.9	1093	346	1384	3231	129	2000	1995	1997
西徐固寨	280	1052	2538	50.9	1022	266	1065	2538	101	2000	2008	2009
马塘寨	365	1294	2615	58.0	1070	360	1438	2615	104	2000	1995	1998
四马坊	380	1378	2370	36.2	962	375	1501	2370	94	1900	1994	1994
五马坊	198	745	1783	34.6	906	214	854	1783	71	1900	1995	1996
油　坊	353	1476	2556	53.5	1089	398	1593	2556	102	1900	1997	1988
宋　庄	355	1314	1955	34.6	1014	344	1374	1955	78	1900	1990	1992
南里村	410	1642	3855	14.5	1675	437	1748	3855	153	2000	1995	2006
庞苏庄	150	603	1642	5.9	1155	169	675	1642	65	2000	2006	1990
后里村	105	417	930	3.7	1050	126	502	930	37	2000	2006	1998
赵里村	130	516	956	4.2	980	149	594	956	38	2000	2006	2006
第三口	405	1635	3686	14.2	1075	418	1672	3686	147	2000	2005	2006
张官寨	280	1119	2328	7.3	980	345	1380	2328	93	1900	2007	2006

续表 1－14

乡村名称	1995 年					2009 年					通公路时间（年）	通水时间（年）
	乡村户数（户）	乡村人口（人）	耕地（亩）	棉花产量（吨）	农民人均纯收入（元）	乡村户数（户）	乡村人口（人）	耕地（亩）	棉花产量（吨）	农民人均纯收入（元）		
孙家陵	150	590	1107	3.7	950	154	616	1106	44	1900	2007	2000
王家陵	325	1306	3195	9.4	1030	373	1492	3195	127	1900	1995	1992
东堂村	320	1282	2527	8.3	980	346	1383	2527	100	1900	1996	2006
西堂村	80	320	934	2.5	1060	85	339	934	37	1900	1996	2006
张家陵	50	212	575	1.8	1150	62	246	575	23	1950	2006	2006
薛高寨	135	538	1109	4.0	980	145	578	1109	44	1950	2006	2004
王高寨	150	602	1033	4.1	980	157	626	1033	41	1950	2006	1994
翟家庄	110	443	1008	3.5	980	106	424	1008	40	1950	2006	2006

附：

原南里村乡概况

南里村乡位于威县中部偏南，乡政府驻地南里村位于县政府驻地东偏北 10 千米处。东邻固献乡、柳疃乡，西接大宁乡，南连方家营乡，北与贺钊乡接壤。全乡总面积 27 平方千米，辖 14 个村委员会（14 个自然村），1995 年全乡总户数 2678 户，总人口 11420 人。

1979 年，南里村乡称南里村人民公社，1984 年 1 月，改为南里村乡，1996 年 1 月，全县并镇合乡，南里村乡并入方家营乡。

全乡地势平坦，自东向西为沙质、半沙质、壤质土。1995 年全乡耕地总面积 1659 公顷，其中水浇地面积 1327 公顷。

经济以农为主。主要作物有小麦、玉米、棉花、大豆、谷子等。1995 年全乡粮食总产量 4783 吨，棉花总产量 510 吨，年末大牲畜存栏 4800 头，生猪存栏 3200 头，羊存栏 11200 只。乡村企业有油漆厂、面粉厂等。1995 年全乡社会总产值 7205 万元，其中工业总产值 3500 万元，农业总产值 2705 万元，农民人均纯收入 1125 元。

第十二节　固献乡

固献乡位于县域南部，乡政府驻地位于前葛寨一村，邢临高速在此设有出口，交通便利。东邻梨园屯镇、枣园乡，西与方家营乡、第什营乡隔老沙河相望，南连临西县下堡寺镇，北与常屯乡以老沙河为界。该乡沙柳寨村是义和团领袖赵三多的故乡，是义和团运动发源地之一。2009 年，全乡总面积 66.5 平方千米，辖 36 个行政村（30 个自然村），总人口 34189 人，人均纯收入 2150 元。

图 1－22 固献乡政府/2016 年摄

1979 年，固献乡称固献人民公社。1984 年 1 月改称固献乡。1996 年 1 月，全县合乡并镇，原白果树乡并入固献乡。

该乡是全县的农业大乡，20 世纪 80 年代以粮棉种植为主。1998 年推广美国抗虫棉“33B”优良品种种植获得全面成功，全乡种植抗虫棉 240 公顷，亩增收 150 元。2000 年前葛寨一、沙河王庄进行棉瓜间作，试种成功，亩增收 500 元。2009 年全乡棉花种植 4300 公顷，农业总产值 1.1 亿元。

20 世纪 80 年代，全乡企业规模较小，只有一些国营企业和个体加工摊点。到 80 年代末，乡办企业、联办企业出现，如乡办油料厂、合线厂、塑料管厂、联办织布厂等。1999 年国家棉花市场放开，固献乡依托地理和棉花资源优势，棉花加工业快速发展。到 2009 年，全乡有棉花加工厂 24 家，其中 400 型打包机企业 5 家。

2009 年，全乡有中小学校 13 所，在校学生 2300 人；2008 年新建乡卫生院一所。2009 年首建高标准计生服务楼，启动农村五保户集中供养点。

固献一　固献二　固献三

据《威县地名志》载，明成化年间（1465—1487），因村南古寺内有一口钟，钟上刻有“固献店”字样，故村名为固献店。后人口渐多，又称固献镇。后简称固献。该村曾为冠县在威县的插花地，1945 年来属。1961 年分为 3 个行政村。

后葛寨

据该村《郭氏家谱》载，明永乐年间（1403—1424），郭姓从山西洪洞县至此时，已有葛寨村。后冠以方位称后葛寨。后葛寨村有崇兴寺一所。该村曾为冠县在威县的插花地，1945 年来属。

前葛寨一　前葛寨二

据《威县地名志》载，明代以前该村名大葛寨。明永乐年间（1403—1424），迁民至此，沿用此名，冠以方位，称前葛寨。1961 年分为 2 个行政村。该村曾为冠县在威县的插花地，1945 年来属。

侯家村

据《威县地名志》载，明永乐二年（1404），侯姓至此定居，因邻近沙耳寨（即今之沙柳寨），故取村名侯沙寨。后与魏家村合并称侯魏村。1938 年分为 2 个村，更名侯家村。

魏家村

据传，村东原有一全神庙。魏姓始祖兄弟二人至此，在庙内居住。有一虎入庙，二人奋起砍掉虎爪一只，遂取村名杀虎寨。后与侯家村合并为侯魏村。1938 年分建，称魏家村。

沙柳寨

据传，明代，山西、山东迁民至此，在老沙河古道耳形弯处建村，取名沙耳寨。后因该村柳树成林，更名沙柳寨。据该村《赵氏家谱》载，赵三多的始祖系山东青州府寿光县迁至。该村是义和团运动首领赵三多和抗日烈士任虎臣的家乡，有赵三多故居和义和拳议事厅各一处。

西孙家庄

据该村《孙氏家谱》载，明永乐年间，孙姓至此居住，以姓氏取村名孙家庄。该村曾为冠县在威县的插花地，1945 年来属。1982 年地名标准化处理时，更名西孙家庄。

蒋家庄

据《威县地名志》载，明永乐年间（1403—1424），山西迁民蒋姓首居此地，以姓氏取村名蒋家庄。该村曾为冠县在威县的插花地，1945 年来属。全村外出包地种植棉花的人较多。该村为义和团运动首举义旗县的地。

陈家庄

据该村《陈氏家谱》载，明朝中期，陈姓村民由现干集西北街迁居建村，取名陈家庄。该村曾为冠县在威之插花地，1945 年来属。

白果树一　白果树二　白果树三　白果树四

据《威县地名志》载，明永乐年间（1403—1424），迁民至此定居时，此地有一种奇异的白果树，故取村名为白果树。该村历史上曾为曲周县在威县的插花地。民国时尚含白果树辛庄、白果树辛庄后铺、司辛庄、中辛庄、义和村、辛兴社、公益村，一村七铺。1961 年分为四个行政村。1996 年之前为白果树乡政府驻地。

前凌头　中凌头　后凌头

原为一自然村。据传，由于该村交钱粮比邻村多，起到领头作用，故取村名领头。后演写为凌头。清朝，分为三个行政村。三村历史上曾为曲周县在威县的插花地。

大　寨

据《威县地名志》载，明以前，有杨姓居住。明永乐二年（1404），山西洪洞县迁民时、白二姓至此，依杨姓而居，仍名大寨。该村历史上曾为曲周县在威县的插花地。民国时期，西北铺、三教堂为大寨附属村，1949 年统称大寨。

刘河北寨　孙河北寨　马河北寨

原为一自然村，据《威县地名志》载，明永乐年间（1403—1424），山西洪洞县迁民刘姓至此，在古黄河支流北面建村，取名河北寨。后孙、马二姓陆续至此。清初，因村大人多，以姓氏分为三个行政村。刘河北寨是清代进士刘自立的故里。刘河北寨村种植苹果树较多。三个村曾为曲周县在威县的插花地，1945 年来属。

沙河王庄

据该村《王氏家谱》载，明永乐年间（1403—1424），王姓迁民至此定居，由于地处老沙河，取村名沙河王庄。该村曾为曲周县在威县的插花地，1945 年来属。

沙河辛庄

据该村《赵氏家谱》载，明代中期，赵姓由白伏迁居此地。由于西靠老沙河，又是新建村，故名沙河辛庄。该村曾为曲周县在威县的插花地，1945 年来属。沙河辛村曾是 33B 抗虫棉种繁种基地。

冯　庄

据传，明永乐年间（1403—1424），山西迁民冯姓首居此地，以姓氏取村名冯庄。

蔡　寨

据传，明朝时，山西洪洞县迁民蔡姓至此定居，以姓氏取村名蔡寨。

赵家庄

据《威县地名志》载，此地原为五里台村地主赵际甲的耕地。为耕作方便，赵姓长工至此定居，后取村名赵家庄。该村曾为冠县在威县的插花地，1945 年来属。

朱家庄

据《威县地名志》载，此地原为千集朱姓的耕地。清乾隆年间（1736—1795），为耕作方便，盖房居住，渐成村庄，取名朱家庄。该村曾为冠县在威县的插花地，1945 年来属。

韩　庄

据传，明永乐年间（1403—1424），山西洪洞县迁民韩姓至此建村，以姓氏取名韩庄。该村曾为曲周县在威县的插花地，1945 年来属。民国时为马河北寨的附属村。

张　村

据《威县地名志》载，明永乐年间（1403—1424），山西洪洞县迁民张姓首居此地，以姓氏取村名张村。

南赵庄

据《威县地名志》载，明永乐年间（1403—1424），山西洪洞县迁民赵姓至此定居，以姓氏取村名赵庄。1982 年地名标准化处理时，更名南赵庄。

黑刘村

据传，明代，迁民黑姓、刘姓首居此地，以姓氏取村名黑刘村。

杏　园

据《威县地名志》载，明永乐十二年（1414），杨姓自境内老官寨（即令之第什营乡胡杨街）至此，在一片杏林中定居，取村名杏园村。后简称杏园。该村曾为曲周县在威县的插花地，1945 年来属。

郭　村

据《威县地名志》载，明永乐年间（1403—1424），郭姓迁民首居此地，以姓氏取村名郭村。该村曾为曲周县在威县的插花地，1945 年来属。

富兴庄

据《威县地名志》载，清代，由河北寨析出，定村名富兴庄，取家家富裕，人丁兴旺县的意。该村曾为曲周县在威县的插花地，1945 年来属。

1995 年、2009 年固献乡各行政村基本情况一览表

表 1 - 15

乡村名称	1995 年					2009 年					通公路时间（年）	通水时间（年）
	乡村户数（户）	乡村人口（人）	耕地（亩）	棉花产量（吨）	农民人均纯收入（元）	乡村户数（户）	乡村人口（人）	耕地（亩）	棉花产量（吨）	农民人均纯收入（元）		
固献一	253	977	2178	65.4	1402	257	978	2179	160.2	2310	1995	2008
固献二	300	1082	2222	53.4	1420	270	1158	2289	131.0	2320	1995	2008
固献三	260	1014	2149	53.4	1400	310	1125	2247	147.0	2290	1995	2010
后葛寨	224	904	1396	31.5	1630	297	912	1466	110.5	2220	1996	2008
前葛寨一	235	947	1757	30.8	1700	251	837	1803	138.0	2190	1996	2008
前葛寨二	228	881	1647	31.0	1450	211	969	1717	129.0	2310	1996	2008

续表 1－15

乡村名称	1995 年					2009 年					通公路时间（年）	通水时间（年）
	乡村户数（户）	乡村人口（人）	耕地（亩）	棉花产量（吨）	农民人均纯收入（元）	乡村户数（户）	乡村人口（人）	耕地（亩）	棉花产量（吨）	农民人均纯收入（元）		
侯家村	278	1100	2657	66.0	1476	352	1118	2738	153.2	2167	2008	2007
魏家村	364	1347	3648	105.6	1450	367	1287	3840	245.0	2161	2006	2010
沙柳寨	601	2476	5202	153.6	1611	774	2541	5403	332.8	2174	1998	2008
西孙家庄	385	1461	3386	105.6	1430	385	1553	3488	212.2	2206	2007	2008
赵家庄	55	234	594	15.4	1530	78	233	614	47.0	2210	2007	2009
朱家庄	101	406	854	18.8	1620	128	373	885	70.0	2220	2000	2009
蒋家庄	317	1190	1916	48.4	1782	308	1305	2013	168.0	2120	2004	2004
陈家庄	198	741	761	17.3	1688	234	816	785	66.0	2150	2007	2008
白果树一	144	636	1620	16.1	1470	154	762	1665	112.0	2220	2006	2007
白果树二	165	675	1466	15.8	1425	170	810	1509	114.0	2210	2006	2007
白果树三	92	355	889	10.0	1765	87	398	930	73.0	2220	2006	2007
白果树四	148	581	1384	14.3	1407	158	605	1431	115.0	2150	2006	2007
大　寨	342	1333	3321	40.2	1545	340	1501	3487	184.3	2120	1994	1995
刘河北寨	221	842	1954	12.1	1756	223	905	2052	143.3	2165	1994	1995
富兴庄	88	372	886	10.1	1032	89	400	913	53.7	2306	2002	2007
孙河北寨	288	1113	2703	29.4	1097	249	1285	2838	180.0	2264	2002	1996
马河北寨	111	422	757	9.7	1505	128	397	780	54.0	2204	2001	2007
韩　庄	49	194	410	4.2	1205	39	197	426	29.0	1950	2001	1985
沙河王庄	256	1017	2438	23.0	1444	243	1144	2528	190.1	2264	2000	1985
冯　庄	254	1073	1867	20.2	1212	259	1196	1960	154.0	2165	2005	2007
沙河辛庄	308	1360	2261	22.3	1123	327	1229	2329	162.0	2284	1995	2007
蔡　寨	239	978	1136	13.4	1075	243	1110	1193	80.0	1984	2003	2004
张　村	215	772	1589	16.5	1482	223	802	1637	120.2	1495	2007	2008
南赵庄	124	494	1204	12.0	1008	126	540	1264	76.0	1563	2006	—
黑刘村	219	801	1720	17.8	1452	229	912	1772	138.0	1720	2002	2007
杏　园	146	585	1308	14.8	1558	130	625	1308	105.0	1704	2007	2007
前凌头	113	481	999	12.7	1492	134	549	1000	79.0	2384	1994	2007
中凌头	59	269	499	6.2	1496	76	252	514	39.0	2310	1994	2007
后凌头	111	443	1096	17.7	1549	107	489	1124	85.0	2304	1994	2007
郭　村	147	624	1342	19.0	1576	165	756	1409	96.0	2283	2005	2003

附：

原白果树乡概况

白果树乡位于县城东南部，乡政府驻地白果树位于县政府驻地偏南12.5千米处。东邻枣园乡，西与成志庄乡隔老沙河相望，南连临西县下堡寺镇，北与固献乡、方家营接壤。总面积37平方千米，辖22个村民委员会（19个自然村），1995年全乡总户数3859户，总人口15628人。

1979年，白果树乡称白果树人民公社，1984年1月，改为白果树乡，1996年1月，全县合乡并镇，白果树乡并入枣园乡。

全乡土质瘠薄多沙，老沙河从西部入境向北。1995年，全乡耕地总面积2190公顷，其中水浇地面积2176公顷。

经济以农为主。主要农作物有小麦、玉米、谷子、棉花、西瓜等。1995年全乡粮食总产量10445吨，棉花总产量557吨，年末大牲畜存栏3900头，生猪存栏3000头，羊存栏15000只。乡村企业有合线厂、棉织厂等。1995年全乡社会总产值11658万元，其中工业总产值6668万元，农业总产值3078万元，农民人均纯收入1375元。

第十三节　张营乡

张营乡位于县域西北部，乡政府驻地张营村，距县城21.5千米，东连章台镇，北与高公庄乡为邻，西接广宗县件只乡，南连贺营乡和广宗县葫芦乡，西沙河自南向北纵穿全境，八支渠横穿南部与西沙河交会。该乡草楼村在抗战时期，曾是冀南行署银行印钞厂、兵工厂、军区医院和冀南干校所在地。当时，草楼村人口不足1000人，竟有200多人参加革命，日伪军先后2次火烧草楼，近20名村民壮烈牺牲。2009年，全乡总面积52.9平方千米，辖25个行政村（22个自然村），人口25918人，农民人均纯收入1400元。

图1－23　张营乡政府/2018年摄

1984年1月张营人民公社改为张营乡。1996年1月，全县合并乡镇，原邵梁庄乡并入张营乡。

20世纪80年代，全乡只有砖厂和一些家庭加工作坊。80年代后期出现由买卖旧家具转变而来的古典家具营销，90年代这一行业迅速发展，古典家具营销已成为该乡一大特色，2005年古典家具营销专业户达320户，交易额6000多万元，集中在军寨、东、西平镇、王庄、曹家营等13个村，2008年军寨村投资520万元建成鸿典仿古家具有限公司，年产家具800多套。

2009 年，全乡有教师 135 人，在校学生 1900 人；有乡卫生院 1 所，医务人员 34 人，村卫生室 28 个，乡村医生 28 人。

张　营

据传，明初，山西洪洞县迁民张姓至此定居，以姓氏取名张家营。后简称张营。该村为乡政府驻地。

曹家营

据传，明初，云南迁民曹英一家至此定居，人丁兴旺，以姓氏取村名曹家营。1999 年开始，大部分村民开始做起回收旧家具行业，2009 年，几乎家家在北京有回收旧家具门市。

刘家营

据传，明永乐年间（1403—1424），山西洪洞县迁民刘姓至此定居，以姓氏取名刘家营。

南里庄

据传，明朝，山西洪洞县李、刘二姓至此定居，取名李庄。后刘姓对村名有异议，为求团结，改名为里庄。冠以方位，称南里庄。

前花疃　后花疃

据传，明朝时，村南小河边有一种花老人，常去河岸赏花，遂取村名花疃。后因人口增多，居住分散，分为前、后花疃 2 村。前花疃村西半部原名西张庄，明正德年间（1506—1521）张伯川自从容村迁此定居，后与前花疃合为一村。

军　寨

据传，明代燕王扫北时，大军路过，在此安营扎寨，故得名军寨。该村以回收古木家具而闻名，从业者近千人。

西王庄

据传，明永乐年间（1403—1424），山西洪洞县迁民王姓至此定居。因村东南有王撞村，故取名西王庄。

东平镇　西平镇

据传，明初，山西洪洞县迁民至此定居，村民厌恶战争，希望安定，按方位取村名东、西平安镇。后简称东、西平镇。

北马庄

据传，明永乐年间（1403—1424），山西洪洞县迁民马姓至此定居，以姓氏取名马庄。后依据方位，更名北马庄。该村是抗日烈士李林和薛子佩的家乡。该村商贸服务业发展迅速，投资 15 万元修建万里长城缩影。

兴隆寨

据《威县地名志》载，原名后马庄。明永乐年间（1403—1424），山西洪洞县迁民任姓至此定居，为取兴隆发达之意，更村名为兴隆寨。

勿堂村

据传，唐代，村北建一大寺院，村名佛堂村。北宋年间，寺庙被拆除，村名遂改为勿堂村。

邵梁庄一　邵梁庄二　邵梁庄三

据《威县地名志》载，该村最早只有邵、梁二姓居住，故名邵梁家。明朝，迁民至此，姓氏渐多，改村名为邵梁庄。1961 年分为三个行政村。1996 年之前，为邵梁庄乡政府驻地。

从　容

据传，该村始建于唐朝，巩姓最早居住此地。明弘治年间（1488—1505）张玉林自后张庄至此占地定居，人丁兴旺，成为大姓。民国年间村名为聪容。后演写为从容。

东　庄

原为从容的附属村。1961 年划出另立行政村，因在从容东侧，故名东庄。

前小辛　后小辛

据《威县地名志》载，最早居住有筱、辛二姓，名筱辛庄。后居民增多，部分村民南移，另建一村，称前筱辛，原村称后筱辛。后演写为前小辛、后小辛。前小辛在清光绪三十一年（1905）建立全县第一所高等小学，是中共威县党组织的发源地之一。

窑　洼

据传，明永乐年间（1403—1424），山西洪洞县迁民杨三太至此定居。因该村烧窑者很多，因周围挖土形成洼地，故取村名窑洼。

元　寺

据传，元朝时，该村仅胡、鹿二姓，名胡家庄。后村东建一圆形寺院，村名改为圆寺。后简写为元寺。

康寺固一　康寺固二

据传，明初，康姓首居此地。因村东、西头各有寺院一座，故取村名康寺固。1961 年分为两个行政村。

陆　台

据《威县地名志》载，明初，路、坊两姓首居此地，村名路坊庄。后坊姓迁走，因村周围地势低洼，村似圆台，故改村名路台。后演写为陆台。

1995 年、2009 年张营乡各行政村基本情况一览表

表 1－16

乡村名称	1995 年					2009 年					通公路时间（年）	通水时间（年）
	乡村户数（户）	乡村人口（人）	耕地（亩）	棉花产量（吨）	农民人均纯收入（元）	乡村户数（户）	乡村人口（人）	耕地（亩）	棉花产量（吨）	农民人均纯收入（元）		
张　营	246	1006	2512	61.2	1372	296	1073	2814	155.9	1350	1991	2004
曹家营	120	530	986	32.1	1189	161	557	711	33.1	1300	2007	2006
刘家营	125	585	1024	59.4	1299	160	626	877	43.7	1300	2005	2004
南里庄	103	451	966	33.1	1264	131	467	862	69.8	1280	1997	2008
前花疃	180	746	1651	59.4	1327	223	848	1013	80.9	1800	1996	1990
后花疃	128	565	1100	51.0	1292	184	616	952	43.6	1360	1996	1994
军　寨	259	1228	1746	55.0	1156	331	1317	1466	74.5	1600	2003	1996

续表 1－16

乡村名称	1995年					2009年					通公路时间（年）	通水时间（年）
	乡村户数（户）	乡村人口（人）	耕地（亩）	棉花产量（吨）	农民人均纯收入（元）	乡村户数（户）	乡村人口（人）	耕地（亩）	棉花产量（吨）	农民人均纯收入（元）		
西王庄	130	483	714	29.0	1159	145	556	623	33.0	1300	2006	2006
东平镇	166	740	1158	39.9	1284	208	778	973	40.0	1560	2006	2005
西平镇	176	776	1414	43.4	1302	212	856	1350	62.6	1380	2006	1996
北马庄	378	1592	3604	132.6	1319	418	1629	3187	150.7	1800	1996	1992
兴隆寨	195	839	1683	49.1	1311	253	956	1470	78.0	1600	1994	1999
勿堂村	191	820	1346	44.5	1305	261	981	1346	101.5	1450	1991	2006
邵梁庄一	194	850	2121	27.0	1142	245	948	1476	65.7	1280	2005	1999
邵梁庄二	202	846	2197	25.0	1144	232	889	1352	62.5	1280	2004	1999
邵梁庄三	176	719	1738	23.0	1151	212	766	1139	51.3	1280	1993	2000
从　容	318	1401	3370	38.0	1111	365	1415	2728	117.5	1360	2004	1997
东　庄	135	550	1393	23.0	1152	153	596	1198	59.5	1300		1997
前小辛	430	1789	3804	48.0	1213	467	1972	3181	191.1	1600	1996	1996
后小辛	272	1087	3425	39.0	1196	288	1161	2746	150.6	1560	1997	2001
窑　洼	206	859	2205	35.0	1151	246	927	1752	92.0	1200	2007	
元　寺	396	1744	4393	53.0	1198	465	1849	3623	183.7	1360	2007	1997
康寺固一	205	855	1924	31.0	1140	247	936	1721	83.7	1200	2005	2010
康寺固二	257	1047	2440	34.0	1185	340	1136	2213	114.0	1250	2005	2010
陆　台	403	1801	4653	48.0	1112	525	2007	4025	205.9	1250	2005	1997

附：

原邵梁庄乡概况

邵梁庄乡位于县域西部，乡政府驻地邵梁庄距县政府驻地17.6千米，东邻章台镇，西接原广宗县李怀乡（现已并入件只乡），南连贺营乡和广宗县葫芦乡，北与张营乡接壤。总面积28平方千米，辖12个村民委员会（9个自然村）。1995年全乡总户数3194户，总人口13847人，均为汉族。

1979年，邵梁庄乡称邵梁庄人民公社，1984年1月改为邵梁庄乡，1996年1月并入张营乡。

全乡地处海河流域平原，地势东高西低。西部为黄沙土，东部为黏土。西沙河自南向北纵穿西部。1995年全乡耕地总面积2244公顷，其中水浇地面积1151公顷。

经济以农为主，主要农作物有小麦、玉米、谷子、棉花、花生、芝麻等。1995 年全乡粮食总产量 5533 吨，棉花总产量 424 吨，年末大牲畜存栏 4500 头，生猪存栏 4200 头，羊存栏 6300 只。乡村企业有砖厂等，1995 年全乡社会生产总值 6494 万元，其中工业生产总值 3140 万元，农业生产总值 2574 万元。农民人均纯收入 1627 元。

邵梁庄乡原驻地邵梁庄村有“圣人之府”之美誉。古代出现许多文学家、诗人，如清光绪年间（1875—1908）诗人王伯廉。曾任中共河南省委第一书记、中国核工业奠基人刘杰，就是邵梁庄人，其父刘吟皋（字啸东）也是抗日战争时期爱国民主人士，当时与本村张柳西、张偓南、王莊北、张振中在该村有“东、西、南、北、中五才子”之称。

第十四节　贺营乡

贺营乡位于县域西部，乡政府驻地范家营，距县城 13 千米，南邻洺州镇，北接章台镇，东连贺钊乡和方家营乡，西与广宗县毗邻。106 国道穿越南北，邢清公路横贯东西，交通便利。2009 年，全乡总面积 65.6 平方千米，辖 32 个行政村，人口 32649 人，农民人均纯收入 1600 元。

1984 年 1 月，贺营人民公社改为贺营乡。1996 年 1 月，全县乡镇区划调整，将原大宁乡并入贺营乡。

图 1－24　贺营乡政府/2018 年摄

20 世纪 80 年代，全乡以传统耕作为主，以种粮为主，棉花、花生为辅。90 年代棉花种植面积扩大，并尝试西瓜与棉花间作种植，由于效益好，发展迅速。2000 年后，大棚蔬菜有较大发展，2006 年东中营、大宁两村建拱棚 200 余个，2008 年始，陈庄、东中营、许官营、大宁、曹王营等村相继建起日光温室 200 余个，主要种植西红柿。曹王营、曹西庄、红龙集发展芦笋种植，面积达 150 公顷。

农产品加工业别具特色。20 世纪 80 年代初期，东沙营瓦盆制造、袁庄豆腐加工、陶庄陈庄粉皮加工逐步兴起，到 90 年代达到强盛时期，每村从业户数达 80% 以上。2005 年，沙西村王瑞祥返乡创建沙西织布厂；大宁村张延秋探索葫芦雕刻烙画工艺品生产，2008 年实现种植、加工、销售一条龙。

2009 年，全乡共有中小学及幼儿园 17 所，其中民办小学 2 所，民办中学 1 所。乡卫生院 1 所，医务人员 24 人。

许官营

明永乐初年，山西潞州沈阳卫将佐许、胡、张三姓奉沈简王令军屯于此地定居。因许姓较早，取村名许官营。不久许姓绝宗，村名演为“伙营”。后因“伙”与“胡”音相似，胡姓又官居千户，附近居民多称胡家营。1912 年后，复改为许官营。

贺 营

据传，唐开元前即有此村，历代几经异族侵劫，只剩 13 户人家，俗称十三户。该村曾名郑官营，为郑姓迁民所建。明永乐初，山西潞州沈阳中护卫左府千户贺庸奉令军屯此地，创立庄园，以姓氏取村名贺家营，简称贺营。

曹王营

据该村《曹氏家谱》和《李氏家谱》载，明永乐六年（1408），江南扬州府江都县曹祥、曹成，南京金陵人李升奉沈简王令北上，在两王营北定居，创立家园，取名曹营（又名北营）。1937 年与两王营并为一村，名曹王营。

陶 庄

据该村《陶氏家谱》载，明成化年间（1465—1487），山东省青州府昌乐县民陶成逃荒至此，在项家营北定居建村，以姓氏取村名陶庄。该村粉皮加工有上百年历史。

陈 庄

曾名姜良庄。据该村《陈氏家谱》载，明永乐六年（1408），南京人陈刚随沈阳卫在两王营军屯。明天顺三年（1459），迁至此地创立家园，以姓氏取村名陈家营。1912 年后改为陈庄。

小 营

据《李氏家谱》载，明永乐二年（1404），山西洪洞县迁民李琰至此定居。因周围村名均带营字，此村较小，故取名小营。

项家营

据《项氏家谱》载，明洪武二十四年（1391），项姓始祖项亦旺随沈简王北上军屯于此，定居建村，以姓氏取名项家营。

赵 庄

据传，明永乐初，山西洪洞县迁民赵姓至此定居建村，以姓氏取名赵家庄。后简称赵庄。村民多信奉天主教，为天主教邢台教区主教府驻地。河北威县师范学校曾驻该村。

大 宁

据《威县地名志》载，明初，山西洪洞县迁民至此居住，住西头的张姓取村名张家屯，住东头医生多，取无病安宁之意，取村名大宁。后并为一村，名大宁。

西沙营 东沙营

据《沙氏家谱》载，明嘉靖年间（1522—1566），沙姓奉沈简王令军屯于此地，创立家园，以姓氏取村名沙营、马坊两村。后按方位分为两个行政村，村在西者（沙姓居住村）为西沙营，村在东名东沙营。

东徐村 西徐村

据《威县地名志》载，该村建于明以前，因徐姓大户，取名徐村。明初，山西洪洞县迁民李姓至此定居，更名为李徐村。后迁民接踵而至，均按自己方位取村名，先后有东徐村、西徐村、北徐村、中徐村、徐村。后并为两个行政村。

前高庄 后高庄

据《威县地名志》载，明洪武元年（1368 年），此处有一关帝庙，村建于庙西，称为大洪庙村。明永乐年间（1403—1424），山东莱州府迁民至此居住，因地势高，庙宇宏伟，遂改村名为高庄村。后迁民日多，在村南另建一村，名前高庄，此村遂改为后高庄。

袁家庄

据《袁氏家谱》载，明永乐三年（1405），山西翼城县迁民袁成至此定居，以姓氏取名袁家庄。豆腐加工是该村的特色产业。

红龙集

据传，赵王河畔原有一红龙寺。明永乐初，山西、江南迁入军、民两籍人员，在寺附近定居，以寺取村名红龙。又因此地在南北通道处，货物集散，商贾云集，为主要集镇，故名红龙吉安镇，后简称红龙集。

范家营

该村系范氏祖居食采之地是北宋开国宰相范质的家乡，俗称范营。为与附近军屯有别又称范家老营，后称范家营。

曹西庄

原为曹王营曹氏后裔创建的园地。1961 年建立村庄，名曹西庄。

东中营　西中营

据《威县地名志》载，两村原为一村。明永乐六年（1408），沈阳卫将军钟保在此扎营居住，以姓名取村名钟官营。1956 年，按方位分为东、西钟官营两个行政村。后简称为东中营、西中营。

北台吉

北台吉俗名台吉头。据《威县地名志》载，此地原有一座陵台。明永乐年间（1403—1424），山西洪洞县迁民至此，在陵台北建村，取名台头。后根据“抬头见吉”的吉语，取名为北台吉。

仁里集

据传，明代，山西洪洞县迁民至此定居。威县通往南宫的官道穿过此村，此为解送难民的驿站。因村人对过往行人照顾很好，取名仁里集，亦称小集子。

潘　村

为据《威县地名志》载，该村为半移民村。明以前，此村潘姓大户，取名潘村。明初，迁民至此居住，仍沿用此名。

沙　西

据《威县地名志》载，明成化年间（1465—1487），山东迁民王姓至此定居，因村东有一条沙河，取名沙西。该村有集市，规模较大，曾名沙西集。

胡　庄

据《威县地名志》载，明永乐九年（1411），胡姓由该县元寺至此建村，以姓氏取村名胡庄。

西草厂

据传，此地原为明沈阳卫军屯放牧之草地。明正德年间从容村张玉林之长子张成至此定居，冠以方位，分为东、西草厂二村。后因两村边界发生争端，西草厂获胜，统一名为西草厂。

魏　村

据《威县地名志》载，明成化年间（1506—1521），山西洪洞县迁民杨姓至此定居，始名杨村。后李陈村李姓被邀来定居，后因人口增多分为两个行政村，名杨村和孟李庄。民国初年又并为一村，名孟李庄。后又改称为魏村。

范七里

据《威县地名志》载，威县城建成后，有一种特殊的编制，五里为台，七里为苏。范七里、姜七里、赵七里均称七里苏。明永乐年间（1403—1424），范姓至此在姜七里苏附近定居，取名范七里苏，后简称范七里。

姜七里

原名公议村。明弘治八年（1495）改称姜七里苏（因距县城7里）。后简称姜七里。

赵七里

明永乐年间（1403—1424），赵姓至此在姜七里苏附近定居，取名赵七里苏，后简称赵七里。

祁王庄

据《威县地名志》载，明永乐二年（1404），祁姓、王姓至此居住，取村名祁王庄。因临近潘村，也曾称为潘村。

1995年、2009年贺营乡各行政村基本情况一览表

表1－17

乡村名称	1995年					2009年					通公路时间（年）	通水时间（年）
	乡村户数（户）	乡村人口（人）	耕地（亩）	棉花产量（吨）	农民人均纯收入（元）	乡村户数（户）	乡村人口（人）	耕地（亩）	棉花产量（吨）	农民人均纯收入（元）		
贺　营	487	1980	5031	70.4	1341	543	2234	5223	418.0	1666	2004	2009
曹王营	327	1450	4180	62.4	1339	354	1547	4380	330.0	1610	2005	1995
曹西庄	61	239	517	10.8	1218	71	301	517	11.0	2146	2006	1994
东沙营	102	439	710	14.6	1189	89	456	710	41.0	1856	2005	1995
西沙营	295	1445	2980	53.9	1318	370	1728	3080	241.0	1586	1995	1995
陈　庄	253	1146	2046	37.4	1624	275	1243	2046	139.0	1546	2007	1995
陶　庄	80	309	459	8.6	2172	81	323	459	35.0	1856	2004	2004
小　营	270	1249	2250	51.7	2230	301	1380	2250	160.0	1856	2006	1998
项家营	260	1058	2483	35.2	1161	312	1136	2683	174.0	1485	2006	1995
赵　庄	201	890	1909	60.5	1817	249	1006	1909	156.0	1486	1995	1993
大　宁	360	1297	3088	70.0	970	349	1438	3088	243.0	1746	1989	2009
东徐村	263	1036	2231	52.0	1300	262	1156	2231	192.0	1745	1989	1981
西徐村	181	877	2254	52.0	980	242	1020	2254	149.0	1744	1996	1994
前高庄	59	272	603	14.0	1040	64	311	603	49.0	1695	2005	1995
后高庄	68	317	1168	21.0	975	63	308	1168	86.0	1846	2005	1995

续表 1－17

乡村名称	1995 年 乡村户数（户）	1995 年 乡村人口（人）	1995 年 耕地（亩）	1995 年 棉花产量（吨）	1995 年 农民人均纯收入（元）	2009 年 乡村户数（户）	2009 年 乡村人口（人）	2009 年 耕地（亩）	2009 年 棉花产量（吨）	2009 年 农民人均纯收入（元）	通公路时间（年）	通水时间（年）
袁家庄	220	991	2828	37.5	1156	278	1009	3028	195.0	1657	2006	2000
红龙集	270	1156	2622	39.0	1120	351	1253	2822	161.0	1590	2004	1995
范家营	131	557	1283	24.5	1698	139	539	1283	90.0	1648	2005	1995
许官营	322	1392	2822	37.8	1490	444	1572	3022	196.0	1645	2005	2005
东中营	202	843	2402	49.0	885	208	877	2402	193.0	1545	2004	2005
西中营	182	849	2172	37.0	910	201	890	2172	177.0	1556	2006	1980
北台吉	293	1313	3198	79.0	960	355	1415	3198	238.0	1647	2005	1995
仁里集	163	657	1386	18.0	900	190	746	1386	105.0	1765	2006	1997
魏　村	445	1790	4288	93.0	1117	449	1937	4288	344.0	1606	2001	1997
潘　村	248	1052	2859	68.0	910	240	1034	2859	231.0	1765	1996	1997
祁王庄	172	791	1562	37.0	1250	190	872	1562	126.0	1567	1996	1994
沙　西	200	798	1782	36.0	1200	231	912	1782	125.0	1576	1997	1998
胡　庄	150	649	1783	41.0	1140	178	766	1700	118.0	1553	1995	1988
西草厂	170	698	1813	41.0	920	173	773	1720	111.0	1746	1996	1994
范七里	72	330	640	14.0	870	106	413	23	2.0	1542	2005	1995
姜七里	134	550	1276	27.0	890	165	573	896	70.0	1606	2004	2009
赵七里	140	512	1684	37.0	860	148	558	1468	110.0	1677	2005	2006

附：

原大宁乡概况

大宁乡位于县城以北，乡政府驻地大宁位于县政府驻地北偏东 6 千米处。东邻南里村乡、方家营乡，西靠广宗县葫芦乡，南连洺州镇、李寨乡，北与贺营乡、贺钊乡接壤。全乡总面积 32 平方千米，辖 18 个村民委员会（18 个自然村），1995 年全乡总户数 3502 户，总人口 14851 人。

1979 年，大宁乡称大宁人民公社，1984 年 1 月改为大宁乡，1996 年 1 月，全县合乡并镇，大宁乡并入贺营乡。

全乡地势南高北低，多为半沙性盐碱土质，东部多碱，西部多沙。东风渠、六支渠在境东西两侧纵穿，四支渠在境南部横穿。1995 年，全乡耕地总面积 2413 公顷，其中水浇地面积 2101 公顷。

经济以农为主。主要农作物有小麦、玉米、谷子、棉花、瓜类等。1995 年全乡粮食总产量 6998 吨，棉花总产量 786 吨，年末大牲畜存栏 3900 头，生猪存栏 3300 头，羊存栏 7000

只。乡村企业有油漆厂、织带厂等。1995 年全乡社会总产值 9072 万元，其中工业总产值 4363 万元，农业总产值 3209 万元。农民人均纯收入 1168 元。

第十五节 枣园乡

枣园乡位于县域东南部，乡政府驻地枣园，距县城 19.5 千米。东与清河县为邻，南与临西县相接。古漳河、威临渠、赵王河平行纵穿全乡，东部有相传大禹治水留下的鲧堤遗址，境内长 3000 余米。邢临公路、邢临高速横穿西南部，武馆公路、吕清线纵贯南北，交通便利。2009 年，全乡总面积 55.5 平方千米，辖 36 个行政村，人口 39519 人，农民人均纯收入 2380 元。

1979 年，枣园乡称枣园人民公社，1984 年 1 月改为枣园乡。1996 年 1 月，全县合乡并镇，原邵固乡并入枣园乡。

图 1－25 枣园乡政府/2018 年摄

该乡乡村企业发展较早。20 世纪 80 年代，相继出现制桶厂、砖厂、棉油厂、面粉厂、标准件厂、油漆厂、毛巾厂等一些乡办、联办、个体企业，其中原邵固乡的标准件厂是北京标准件五厂联合兴办的集体企业，年产值 256 万元，是全县重点企业，被省评为“AAAAA”科技示范先进单位。90 年代，小米加工渐成为该乡的特色产业，沿邢临公路，涉及 4 个村，1998 年年加工量达 23 万吨，产值近 2 亿元，并注册商标“粒粒金”和“泰丰园”，2003 年投资 933 万元建北方小米中心市场，2005 年投资 513 万元建邵固古堤市场。2005 年后，由于种植结构调整以及市场等原因，枣园小米加工业逐渐萎缩，到 2009 年，全乡小米加工厂只有 20 余家。

2009 年，全乡有卫生院 1 所，乡村卫生室 40 个，从医人员 45 人。有中学 2 所，完全小学 5 所，幼儿园 12 所，教师 215 人，在校学生 4490 人。

枣 园

据传，明永乐年间（1403—1424），山西洪洞县迁民至此定居。时此地为一片枣树园，故取村名枣园。该村曾为曲周县在威县的插花地，1945 年来属。该村是乡政府驻地，邢临公路贯穿东西。

后洼 前洼

据传，明永乐年间（1403—1424），山西洪洞县迁民至此，在赵王河北岸定居，因地势低洼，取名洼里。后分为 2 个行政村，北面村庄称后洼，南面村庄称前洼。两村曾为曲周县在威县的插花地，1945 年来属。民国前称前高洼、后高洼，又称高家洼、毛家洼。

司 庄

据《威县地名志》载，明永乐二年（1404），山西洪洞县迁民司姓至此定居，以姓氏取名司家庄，后简称司庄。该村曾为曲周县在威县的插花地，1945 年来属。

于　化

据传，明以前，此村有一雨姓画匠，因作画出名，故取村名为雨画。后演写为于化。该村曾为曲周县在威县的插花地，1945 年来属。

东张庄

据传，明永乐年间（1403—1424），山西洪洞县迁民张姓至此居住，以姓氏取村名张庄。该村曾为曲周县在威县的插花地，1945 年来属。1982 年地名标准化处理时，更名东张庄。

图 1-26　罗庄枣树/耿尚斌 2016 年摄

罗　庄

据《威县地名志》载，明永乐二年（1404），山西洪洞县迁民罗五老至此定居，以姓氏取名罗庄。村内有一棵明代枣树。

后辛庄

据《威县地名志》载，明永乐二年（1404），山西洪洞县迁民张姓至此定居，因系新建村庄，故名新庄。后演写为辛庄，冠以方位，称后辛庄。该村曾为曲周县在威县的插花地，1945 年来属。

魏家寨

据《刘氏家谱》载，明永乐二年（1404），山西洪洞县迁民刘姓至此，依魏姓而居，沿用村名魏家寨。该村曾为曲周县在威县的插花地，1945 年来属。

李　店

据传，该村建于宋朝。时有一李姓在此开店，后人口繁衍，成为村落，取名李家店，后简称李店。该村曾为曲周县在威县的插花地，1945 年来属。

潘　店

据《威县地名志》载，此地原有威县通往临清的一条官道。明永乐二年（1404），山西洪洞县迁民潘傲至此居住并开饭店做生意，遂取村名潘家店，后简称潘店。该村曾为曲周县在威县的插花地，是曲周县第六区区公所所在地。1945 年来属。

南辛庄

据《威县地名志》载，张姓始祖张云山为耕作方便，从后辛庄迁至潘店南居住，为潘店附属村。1947 年析出，另立行政村，冠以方位，取名南辛庄。该村曾为曲周县在威县的插花地，1945 年来属。

井湖寨

据传，该村原来地势较洼，形如湖状，故名井湖寨。该村曾为曲周县在威县的插花地，1945 年来属。

大　芦

据传，明代，山西洪洞县迁民李氏兄弟二人至此定居，因村周围芦苇很多，取村名芦村。后更名大芦。该村曾为曲周县在威县的插花地，1945 年来属。

鸡泽屯

据《威县地名志》载，原名张庄，地处曲周县在威县的插花地中间。明永乐年间（1403—1424），山西洪洞县迁民至此定居，因周围几十里唯该村为鸡泽县属，故更名为鸡泽屯，又称零头、东屯。该村 1945 年划归威县。

东台吉　西台吉

据传，明永乐年间（1403—1424），迁民至此定居，取名大台头。后取吉言改为台吉头。1961 年，冠以方位，分为东台吉、西台吉。

王里固　西里固

原为一个行政村。据《威县地名志》载，明永乐年间（1403—1424），王姓迁民在大里固附近定居，取名王里固。魏姓至此建村取名魏里固。为避徭役，两村合为一行政村。民国后期分开，魏里固更名西里固。

东庄村

据《威县地名志》载，明永乐年间（1403—1424），山西迁民至此定居，因在大台头村西，取名小台头。后改名东庄村。

邵　固

据嘉靖《广平府志》载，宋朝已有此村，名邵固。宋崇宁四年（1105）为宗城县治。明代，称邵固堡，后称邵固。该村是商贸流通业最为集中的村，也是全县最大的行政村。

全礼村

原名圈里，因被鲧堤环抱而得名。据《威县地名志》载，历史上村民起纠纷，常至县衙打官司。为使村民懂礼义，安分守己，县官送名全礼村。

丁　寨

据传，该村建于明代。明成化二十年（1484），山西迁民丁姓至此居住，因丁姓发展快，人丁兴旺，以姓氏取村名丁家寨。后简称丁寨。

辛台林

据传，村庄建于辽代以前。因村在鲧堤管辖区西头，取名西天林。辽代皇太后萧绰（萧太后）曾路过此地。后改名为辛台林。

官　地

据传，唐朝时，有一绅士财多势大，雇佣许多佃户。为耕作方便，佃户在地里盖房居住，渐为村落，取名官地。

阎里固　董里固

据《威县地名志》载，明代，山西洪洞县常姓、张姓迁民最早至此，在清凉江东岸定居，取名大里固。后以姓氏多少分为阎里固、董里固两村。

王家屯

据《威县地名志》载，明永乐年间（1403—1424），山西迁民王姓至此定居，以姓氏取村名王家屯。

刘家屯

据《威县地名志》载，明永乐年间（1403—1424），山西迁民刘姓至此定居，以姓氏取村名刘家屯。

翁　屯

据《威县地名志》载，明洪武元年（1368），山西迁民翁姓至此定居。以姓氏取村名翁屯。该村曾为曲周县在威县的插花地，1945 年来属。

东李庄

据《威县地名志》载，明代，李姓从曲周胡金口至此居住，取村名翁李屯、翁李庄。清朝，改为李庄，属翁屯。1982年地名标准化时，更名东李庄。

东孙庄

据《威县地名志》载，清代，孙姓从今因献乡河北寨至此定居，以姓氏取村名孙庄。1982年地名标准化处理时，更名东孙庄。该村曾为曲周县在威县的插花地，1945年来属。

寺　前

据传，该村在很早以前名谢庄，村后有一大寺。后有一秀才路过此地，见此村在大寺前面，便改名寺前。

牛　寨

据传，元朝有一牛兵部在此宿营扎寨，故取村名牛家寨。后简称牛寨。该村曾为曲周县在威县的插花地，1945年来属。20世纪90年代末，该村时任广西壮族自治区政府副主席的张文学，积极协调美籍华裔企业家李碧庆（女）捐助32万元，为村兴建学校一所，取名文庆小学。

太阳庙

据《威县地名志》载，宋元丰五年（1082），刘姓至此定居，因村西头有座太阳庙，遂取村名太阳庙。

刘家洼

据《威县地名志》载，明永乐年间（1403—1424），山西迁民柳姓至此定居，因地势低洼，取村名柳家洼。后演写为刘家洼。

1995年、2009年枣园乡各行政村基本情况一览表

表1－18

乡村名称	1995年					2009年					通公路时间（年）	通水时间（年）
	乡村户数（户）	乡村人口（人）	耕地（亩）	棉花产量（吨）	农民人均纯收入（元）	乡村户数（户）	乡村人口（人）	耕地（亩）	棉花产量（吨）	农民人均纯收入（元）		
枣　园	670	2775	4875	75.0	1267	615	2881	4974	280.0	2410	1996	1984
后　洼	51	202	375	6.5	1002	53	219	375	24.0	1890	2004	1991
前　洼	96	396	495	9.0	1349	104	479	495	30.0	2130	1995	1989
司　庄	215	852	1470	17.1	1117	216	928	1470	65.0	2340	2000	1985
于　化	268	1099	2250	30.0	1017	294	1217	2250	95.0	2360	1997	1997
东张庄	272	1171	2160	53.2	2457	260	1243	2160	130.0	2460	1985	1983
罗　庄	160	608	1365	26.3	1345	149	653	1365	86.0	2410	1999	1980
后辛庄	72	304	450	7.5	1160	78	341	450	32.0	2560	2001	1987
魏家寨	240	927	1650	30.6	1325	227	1060	1650	120.0	2310	1996	1974

续表 1－18

乡村名称	1995 年					2009 年					通公路时间（年）	通水时间（年）
	乡村户数（户）	乡村人口（人）	耕地（亩）	棉花产量（吨）	农民人均纯收入（元）	乡村户数（户）	乡村人口（人）	耕地（亩）	棉花产量（吨）	农民人均纯收入（元）		
李　店	270	1111	1815	35.0	1316	264	1214	1815	130.0	2320	1995	1986
潘　店	232	903	1695	27.9	1018	223	908	1695	127.0	2070	2004	2005
南辛庄	145	455	1410	22.2	1017	152	675	1410	89.0	2130	2003	2004
井湖寨	310	1319	2625	51.0	1290	324	1417	2625	184.0	2480	2004	1996
大　芦	355	1441	2835	53.9	1038	384	1486	2835	187.0	2490	2004	2003
鸡泽屯	255	960	1875	33.0	1125	241	971	1875	132.0	2460	2004	1984
东庄村	137	571	1155	12.0	1380	126	634	1215	42.0	2050	2005	1983
王里固	65	314	540	6.3	1424	68	329	540	24.0	1960	1997	1984
西里固	195	699	1500	14.4	1018	121	704	1500	65.0	1980	1993	1984
东台吉	232	891	1815	31.5	1355	197	878	1815	70.0	2030	1995	1990
西台吉	245	1030	2295	37.5	1310	244	1116	2295	90.0	2110	1995	1988
邵　固	935	3960	4811	29.4	2700	832	4295	4811	140.0	2470	1987	1986
全礼村	342	1400	1783	20.1	2300	294	1381	1783	65.0	2210	1995	1993
丁　寨	418	1633	3235	33.3	1800	384	1702	3235	110.0	2090	1987	1990
辛台林	298	1251	2284	14.2	1200	299	1321	2284	60.0	2310	1987	1983
官　地	258	1124	1951	12.2	1400	240	1150	1951	60.0	2360	2006	1998
阎里固	83	358	660	5.0	1000	81	414	660	38.0	1960	2003	1991
董里固	84	359	670	5.4	1150	89	410	670	40.0	1960	2005	2005
王家屯	127	431	880	7.5	950	98	442	880	53.0	2210	2005	1991
刘家屯	84	321	427	3.7	1050	74	319	427	22.0	2140	1994	1991
翁　屯	85	331	628	6.0	1400	64	324	628	20.0	1980	1996	1991
东李庄	80	308	473	3.0	1450	63	308	473	30.0	1980	1994	2002
东孙庄	161	670	1003	6.2	950	156	705	1003	28.0	2060	1995	1992
牛　寨	432	1565	2608	17.0	2100	382	1746	2608	60.0	2310	2002	2000
寺　前	354	1554	2204	15.0	1500	323	1608	2204	40.0	2380	1995	1989
太阳庙	163	743	1201	8.5	1000	170	798	1201	22.0	2260	2007	2002
刘家洼	254	1057	1968	21.6	1050	251	1124	1968	80.0	2340	1996	2001

附：

原邵固乡概况

邵固乡位于县域东南部，乡政府驻地邵固位于县政府驻地东偏南25千米处。东邻清河县孙洼乡，西接枣园乡和梨园屯镇，南连临西县吕寨乡，北与清河县小屯乡接壤。全乡总面积22.5平方千米，辖16个村民委员会（16个自然村），1995年，全乡总户数4157户，总人口17295人。

1979年，邵固乡称邵固人民公社，1984年1月，改为邵固乡。1996年1月，全县合乡并镇，邵固乡并入枣园乡。

全乡地处海河流域平原，东部地势低洼。多为黏质壤土。1995年，全乡耕地总面积1785公顷，其中水浇地面积1470公顷。

经济以农为主。主要农作物有小麦、玉米、花生、棉花、谷子、红薯等。1995年全乡粮食总产量7789吨，棉花总产量208吨，年末大牲畜存栏4700头，生猪存栏3300头，羊存栏8000只。乡村企业有标准件厂、油漆厂、面粉厂、砖瓦厂等。1995年全乡社会总产值14084万元，其中工业总产值9560万元，农业总产值2553万元，农民人均纯收入1800元。

第十六节　高公庄乡

高公庄乡位于县域北部，乡政府驻地前高公庄，距县城28.5千米。西与七级镇和广宗县相接，106国道纵贯全乡，交通便利。抗日战争时期，老一辈革命家徐向前、杨秀峰、宋任穷曾在高公庄乡西平村办公，旧址仍存。2009年，全乡总面积57.7平方千米，辖30个行政村（26个自然村），总人口31414人，农民人均纯收入2860元。

1979年，高公庄乡称高公庄人民公社，1984年1月，改为高公庄乡。1996年1月，全县合乡并镇，原经镇乡并入高公庄乡。

图1－27　高公庄乡蔬菜交易市场/2007年摄

该乡是全县蔬菜生产第一大乡。1994年，以东赵庄为试点村，发展黄瓜大棚30个，但效益不高。1995年试种西红柿获得成功，效益明显。1996年向周边辐射，带动周围东高、中高、前高、经镇等村大棚菜发展。2003年，在该乡中部106国道东侧建威县瓜菜批发市场并投入使用，内设8个交易大厅，日均交易蔬菜600吨，菜品销往京津、西北和江南等地。2005年全乡有26个村发展大棚菜，大棚总数达5450个，占地1300公顷，年产西红柿4万吨，产值6500万元。至2009年，全乡大棚总数达5565个，种植品种主要有西红柿、黄瓜、豆角、瓜类、油桃等，年产蔬菜8万吨，产值1.6亿元。

2009年，全乡有初中1所，小学11所，幼儿园4所，教师174人，在校生2300人。卫生

图 1－28　高公庄乡政府/2018 年摄

院 1 所，村卫生室 41 个，从医人员 68 人。

东高公庄　中高公庄　西高公庄　前高公庄

据《威县地名志》载，唐朝，村中建一延寿寺，村亦名延寿寺。因村庄古老，地势较高，又改名高公庄。原是一个大自然村，1961 年分为 4 个行政村。

小张山

据传，明永乐二年（1404），张姓、郭姓、王姓在此建村，该村落地处大沙丘，地势较高，取名小张山。

李家屯

据《威县地名志》载，原名屯子坑，村民多为王姓。明永乐二年（1402），迁民李姓在此定居，后因李姓人多势大，改村名为李家屯。

河岔股

据传，明以前，村名罗床古。明初，因该村处在朱家河东岸，村南往东有一河岔，村名改为河岔股。该村的鞭炮业有上百年历史，2005 年经省公安厅批准，成立河岔股鞭炮厂，年产鞭炮 3 亿头，产值 500 万元。

东赵庄

据《威县地名志》载，明代以前，村东 7.5 千米处，有一赵姓地主，在此买地定居，让佃农居住耕种，取名赵家庄。后改为东赵庄。

河里庄

据《威县地名志》载，明代，该村位于朱家河支流的三角洲地带，故名河里庄。又因村中种菜者多，李姓为大户，俗称菜园子李家庄。

吴宋庄

据传，明永乐年间（1403—1424），山西洪洞县迁民吴姓在此定居，名吴家庄，后与大宋庄、小宋庄、河里庄并为一村名宋家寨。民国后期 4 村分开，吴家庄与小宋庄并为一村，取名吴宋庄。

大宋庄

据传，明永乐年间（1403—1424），山西洪洞县迁民宋姓至此定居，因村附近有小宋庄，故取名大宋庄。

前张庄　后张庄

明代，张姓始祖自河间府至此定居，渐成村落，名张庄。位于南面的村称前张庄，位于北面的村称后张庄。后张庄村因加工粉条而闻名。

前苏庄　后苏庄

据传，明永乐年间（1403—1424），山西洪洞县两户苏姓至此定居，以姓氏取村名，靠南的村称前苏庄，靠北的村称后苏庄。

经　镇

据《读史方舆纪要》载，北魏太和十年（486）在此置经县。北齐时废。隋开皇六年（586）又在此置经城县。宋熙宁六年（1073），经城县降为镇，即为经镇。金、元时期又为洺水县治所。

图 1－29　经镇村牌坊/2019 年摄

小李庄

据《威县地名志》载，明永乐二年（1404），山西洪洞县迁民李天卷至此定居，因其在李氏兄弟中排行最小，取名小李庄。原与大李庄为一村，名双李庵。民国后期分开，仍名小李庄。

大赵庄　小赵庄

据传，明永乐年间（1403—1424），山西洪洞县迁民赵姓至此定居，村大的称大赵庄，村小的称小赵庄，也称两赵庄。民国后期分为大赵庄、小赵庄两个行政村。

郭家村

据传，明永乐年间（1403—1424），山西洪洞县迁民郭姓首居此地。以姓氏取名为郭家村，曾与草楼并为一村，名郭草楼。民国后期两村分开。

草　楼

据传，明永乐年间（1403—1424），山西洪洞县迁民陈姓至此定居，取名陈庄。因地处沙丘，草木丛生，远望沙丘如草楼。清光绪年间（1875—1908）更名为草楼。曾与郭家村为一村，名郭草楼。民国后期分开仍名草楼。抗日战争时期，冀南行政主任公署、冀南军区进驻该村，一度成为冀南抗日根据地的指挥中心。

北孙家庄

明永乐年间（1403—1424），山西洪洞县迁民孙姓至此定居，以姓氏取名为孙家庄，1982年地名标准化处理时，更名为北孙家庄。

大李庄

据《威县地名志》载，明永乐二年（1404），山西迁民李姓至此定居。因该村李姓为大户，李姓始祖在其兄弟排行中最大，故取村名为大李庄。

宋安村

据《威县地名志》载，明永乐年间（1403—1424），吕、王、宋三姓迁民首居此地，吕姓居西、南面，称吕家村；王姓居北、东面，称王庄；宋姓居中，称宋安村，后三村合一称宋安村。

北蒋家庄

据《威县地名志》载，明永乐年间（1403—1424），山西洪洞县蒋姓迁此定居，以姓氏取村名蒋家庄。1982 年地名标准化处理时，更名北蒋家庄。

东鱼台　西鱼台

据传，明初，村落处在朱家河岸边，附近有一钓鱼台，故村名钓鱼台，后简称鱼台。1961 年分为两个行政村。

东现庄

据《威县地名志》载，明朝以前，该村东南 500 米处原有一魏家庄，明“靖难之役”时，部分村民搬至别处居住，留下的村民在原村西北重建家园，称现庄。清末曾与东平合并为一村，后分开，名为东现庄。

东平　西平

据《威县地名志》载，明永乐二年（1404），山东乐陵县迁民王姓，山西洪洞县迁民刘姓、赵姓至此建村。因当时村处沙丘，四周全是洼地，汛期积水将庄稼淹没成黑色，故东面的叫东黑洼，西面的叫西黑洼。清初，筑坝造林，风涝灾害减少，遂改名为东平、西平。抗日战争时期，邓小平、刘伯承、徐向前等名人在东平村生活和战斗过。

1995 年、2009 年高公庄乡各行政村基本情况一览表

表 1－19

乡村名称	1995 年					2009 年					通公路时间（年）	通水时间（年）
	乡村户数（户）	乡村人口（人）	耕地（亩）	棉花产量（吨）	农民人均纯收入（元）	乡村户数（户）	乡村人口（人）	耕地（亩）	棉花产量（吨）	农民人均纯收入（元）		
东高公庄	180	711	1275	24.8	984	177	738	1275	82	2786	2004	1996
中高公庄	130	537	1110	21.7	1000	153	597	1110	67	2712	2005	1998
西高公庄	163	660	1185	22.8	985	180	677	1185	75	2600	2005	1995
前高公庄	136	575	1095	30.2	1070	150	595	1095	67	2682	1993	1987
小张山	285	2036	4425	126.1	1019	565	2088	4425	240	3610	2005	1985
李家屯	346	1208	2535	76.9	1192	397	1248	2535	148	2715	2007	1988
河岔股	570	2484	4365	118.3	2700	658	2538	4365	280	3650	1996	1998
东赵庄	290	1312	2715	69.1	1197	353	1344	2715	150	3660	2000	1995
河里庄	203	815	1410	25.8	798	240	846	1140	95	2650	2004	1998
吴宋庄	185	780	1533	26.3	1316	164	795	1533	90	2750	2006	2000
大宋庄	122	536	1224	18.8	880	142	554	1224	70	2785	2003	1997
前张庄	172	670	1251	19.8	792	167	687	1251	75	2623	2003	2002
后张庄	251	1101	1889	29.0	2218	276	1126	1889	131	2680	2009	1999
后苏庄	252	1022	2594	44.0	1019	276	1038	2594	114	2678	1997	1998
经　镇	410	1739	4258	69.2	1012	474	1789	4258	196	3506	1991	1998
小李庄	118	500	948	14.9	966	134	527	948	58	2560	1997	1996
小赵庄	129	533	1044	15.0	985	133	532	1044	58	2558	1992	1995
郭家村	96	513	948	13.6	764	128	534	948	58	2560	2007	1996
大赵庄	231	1001	2020	30.2	941	276	1025	2020	100	2630	2006	1998
草　楼	435	1751	3348	48.6	1141	502	1812	3348	150	2710	1990	1995

续表 1－19

乡村名称	1995 年					2009 年					通公路时间（年）	通水时间（年）
	乡村户数（户）	乡村人口（人）	耕地（亩）	棉花产量（吨）	农民人均纯收入（元）	乡村户数（户）	乡村人口（人）	耕地（亩）	棉花产量（吨）	农民人均纯收入（元）		
前苏庄	246	1071	2430	36.3	972	272	1034	2430	149	2720	1997	1993
北孙家庄	124	510	1056	16.1	867	138	525	1056	72	2568	1997	2000
大李庄	158	650	1140	23.7	800	178	698	1140	76	2610	1998	1996
宋安村	289	1145	2385	34.1	986	360	1458	2385	152	3450	1997	1991
北蒋家庄	114	523	870	9.5	1720	128	529	870	50	2668	1978	1998
东鱼台	235	1080	1965	25.0	1098	263	1115	1965	129	2680	2005	1996
西鱼台	308	1298	2685	55.0	2010	358	1320	2685	169	3216	1995	1996
东现庄	182	779	1935	38.0	985	199	812	1935	151	2625	1997	1998
东　平	228	880	1575	40.0	704	249	908	1575	130	2618	1997	1996
西　平	213	891	1935	32.0	796	235	910	1935	150	3560	1996	1995

附 1：

原经镇乡概况

经镇乡位于县域西北部，乡政府驻地经镇位于县政府驻地北偏东 24.5 千米处。东邻高公庄乡，西靠广宗县件只乡、核桃园乡，南连章台镇、张营乡，北与张庄乡接壤。总面积 23.5 平方千米，辖 13 个村民委员会（13 个自然村），1995 年全乡总户数 2813 户，总人口 11991 人。

1979 年，经镇乡称经镇人民公社，1984 年改为经镇乡，1996 年 1 月并入高公庄乡。

全乡地势平坦，多沙质土壤。1995 年全乡总耕地面积 1636 公顷，其中水浇地面积 1216 公顷。

该乡经济以农为主，主要农作物有小麦、玉米、棉花、谷子、大豆、花生等。1995 年全乡粮食总产量 5294 吨，棉花总产量 382 吨，年末大牲畜存栏 4800 头，生猪存栏 5200 头，羊存栏 6700 只。乡村企业有造纸厂、冷库、毛巾厂等。1995 年全乡社会生产总值 6668 万元，其中工业总产值 3056 万元，农业总产值 2071 万元，农民人均纯收入 1311 元。

附 2：

沈阳中护卫及其屯营在威县

有明一朝，广平府辖县广袤的土地上，分布着众多的属于山西诸卫（沈阳卫、潞州卫、沁州卫）的屯营、马场，至清顺治十六年（1659），这些属于山西诸卫的人丁、土地，全部归并临近各县，并形成很多带“营”字的村庄。经考证，沈阳中护卫在现威县境内的军屯之地除有原来的十八营之外，还应包括曲周县在威县的插花地麦子乌营和牙水寨营。

卫所制度是明朝最主要的军事制度，为明太祖朱元璋所创立。它是一种吸取中国历史屯田经验而创造出来的寓兵于农、守屯结合的建军制度。

卫所由朝廷根据各地的防卫、战略需要而设置。大抵5600名军人为一卫，1120人为一所，一般每卫设左、右、中、前、后5个千户所；120人为一个百户所，百户所设总旗2个（每总旗辖50人）、小旗10个（每小旗辖10人）。或数府一卫，或一府数卫，或一府、一州一个千户所。

明朝的卫所不仅数量很多，而且名目也有很多，洪武二十三年（1390）时，全国共有内、外卫547个，所2563个，有屯田、守御、护卫、屯卫、军民、群牧、土卫、守御军民、屯田守御等诸多名号。其中，护卫是其中“特殊”的一种。

说护卫“特殊”，是指它是朱元璋给自己的诸王儿子准备的，一个亲王设左中右三个护卫，每卫设前后左右中五所，每所设千户二人，百户十人。每百户下设10个小旗，10个小旗分别有两个总旗率领，每个小旗有军士10人，相当于现代军队的“班”。按照明朝一个满编卫5600名军士来算，一个亲王的护卫就拥有16800名军士，是一支维护统治秩序的重要力量。更重要的是，它是和朱元璋采取的藩王守边制度紧密结合的。长城一线，从甘肃到辽东，就有肃王（甘州）、庆王（韦州）、秦王（西安）、晋王（太原）、代王（大同）、谷王（宣府）、燕王（北平）、宁王（大宁）、辽王（广宁）及沈王（沈阳，因年幼未就藩）、韩王（开原，因年幼未就藩）等，这些建造在北方的王府，当时称之为“建藩守边”。

沈阳卫是辽东地区的重要卫所之一。据清代学者顾炎武考订，明代以“沈阳卫”命名的卫所有六个，“左、右二卫京，中卫在辽东，中屯卫在河间府，右卫在和州，中护卫在山西潞安府。”本文只涉沈阳中护卫，不及其余。

一、沈阳中护卫——明代存留时间最长的护卫

明太祖朱元璋认为：“天下之大，必建藩屏，上卫国家，下安生民，今诸子既长，宜各有爵封，分镇诸国。朕非私其亲，乃遵古先哲王之制，为久安长治之计。”于是，他在洪武三年（1370）、洪武十一年（1378）、洪武二十四年（1391），先后进行了三次分封，除长子朱标立为皇太子、幼子朱楠夭折无封外，其余24个儿子和一个从孙皆封亲王，以期扶植子侄，壮大羽翼，巩固江山，屏藩朝廷。按现代的行政区划计算，全国范围内的11个省区分封有藩王。

朱模，朱元璋第二十一子，其母赵贵妃。洪武二十四年（1391）夏四月封于沈阳，称沈藩王，开府于沈阳。洪武二十五年五月，置沈阳中护卫。因为年幼，朱模未到沈阳就国。洪武三十一年（1398）闰五月，朱元璋驾崩，皇太孙朱允炆继位，改年号建文，是为明惠帝。惠帝登基后，进行削藩，以统一军事，此举惹恼诸位王叔，燕王朱棣遂于建文元年（1399）七月起兵北京，发动历时四年的“靖难之役”，最终于建文四年（1402）六月攻入南京，夺取了皇位。次年改元永乐，是为明成祖。

永乐六年（1408），沈王朱模被改封于山西潞州并就藩，沈阳中护卫随往。为什么改封呢？因为此时明朝的边疆政策已发生变化，不再继续向松花江流域开疆拓土，沈阳作为明朝最东边的城镇，已经不适合设立王府，所以沈王就被改封到了山西潞州，但仍称沈王。靠夺取侄儿皇位起家的明成祖朱棣，对诸位亲王兄弟们手里的三卫兵马着实不放心，于是能改就改，能撤就撤，所以到永乐、宣德时期，诸王的护卫基本改成了屯卫，有的则被削去。明万历朝《山西通志》卷十一在叙述山西的王府护卫时说，“唯护卫独沈府有之，余皆以事削

去”。沈阳中护卫作为明朝不多的存留下的护卫，一直到明朝结束，成为存留时间最长的护卫。

二、沈简王世系——显赫一时的家族

正史中，有关沈王朱模的记载不多。《明史·卷一百十八列传第六太祖诸子三》记载：“沈简王模，太祖第二十一子，洪武二十四年封。永乐六年就藩潞州，后改潞安府。宣德六年薨。”沈王朱模活了51岁，宣德六年（1431）年去世后，谥号“简”，故称沈简王。沈王本性老实，27岁时到潞州就藩，在潞州生活了24年。

自沈简王朱模以下，沈王一系，共历九代。分别是：沈简王（朱模）→沈康王（朱佶焞）→沈庄王（朱幼学）→沈恭王（朱诠钲）→沈宪王（朱允栘）→沈宣王（朱恬烄）→沈定王（朱珵尧）→沈王（朱效镛）→沈王（朱迥洸）。

据《明史·卷一百十六列传第四，诸王》记载：“明制，皇子封亲王，授金册金宝，岁禄万石，府置官属。护卫甲士少者三千人，多者至万九千人，隶籍兵部。冕服车旗邸第，下天子一等。公侯大臣伏而拜谒，无敢钧礼。亲王嫡长子，年及十岁，则授金册金宝，立为王世子，长孙立为世孙，冠服视一品。诸子年十岁，则授涂金银册银宝，封为郡王。嫡长子为郡王世子，嫡长孙则授长孙，冠服视二品。诸子授镇国将军，孙辅国将军，曾孙奉国将军，四世孙镇国中尉，五世孙辅国中尉，六世以下皆奉国中尉。其生也请名，其长也请婚，禄之终身，丧葬予费，亲亲之谊笃矣。”沈王的家族就是严格按照这个规定进行封爵的。

三、沈阳中护卫在威县的军屯之地

始于汉代的军队屯田，是军队耕战结合、生产自给的一种好形式。屯田制发展到明代，规模超越前代，并且更加完善，效益更加可观。

为维持沈王府的巨大开销和保证护卫军的粮饷供应，永乐朝为沈阳中护卫在平均里程两百公里远的广平府属地曲周县、鸡泽县、威县以及顺德府属地的广宗县境内划定了军屯地。（另有沈府群牧所，群牧所的主要作用是替王府养马，本文不做深究，只是在原始资料涉及时予以客观表述，以求资料的完整性。）

这些隶属于山西沈阳中护卫的军屯地，不仅不在本省本卫，距离较远，而且地块极为分散。究其原因，一是元末至明初，再到靖难之役，广平府、顺德府所在的北直隶地区，由于灾害和战争等因素的影响，出现了人烟稀少、田地荒芜的状况。二是洪武、永乐年间，明政府为了保证赋役的征收，调整人口布局，迁徙了泽、潞民众大规模前往北直隶地区进行移民垦田。山西沈阳中护卫的军垦之地，正是泽、潞移民的原聚居之地。其他潞州卫、沁州卫的屯田之地同样位于北直隶地区，大致原因相同。三是明代拨给屯军的土地，来源甚多，类别繁杂，有“官田”“没官田”，有“绝户田”“闲田”，也有“抛荒地”“荒地”等等，这些田土多半是散于各处的，这也就决定了这些军屯地的分散性。

这些分布在现威县境内最初的屯营，包括原威县境内18处和曲周县在威县的插花地2处，共20处。

曲周县2处：麦子乌营、牙水寨营。这两个村庄现属威县。

威县18处（据2009年版《威县志校注》）：左所——头百户营、郑家营、两王营、乡花营、许家营、高官营、李下营、钟官营、项家营、于官营；前所——头百户营、苏留寨营、马庄营、王木营、第六营；中所——夏官营、卫上营、第十营。以及沈阳群牧所——第二马房、第四马房、第五马房、第六马房、第七马房、第十马房。

考查多个版本的《广平府志》和下辖各县旧志，对具体的屯营地名称记载多有不同，笔者本着“记载最早、记录数据最全”的原则，摘录了分布于各县的沈阳中护卫屯营地亩数。

1. 曲周县屯营〔据同治八年（1869）《曲周县志》〕

屯丁：原额屯丁126人。

营地：麦子乌营，五十九顷三十九亩一分；牙水寨营，九十一顷五十三亩三分四厘三毫四丝。

2. 威县屯营〔据1929年《重修威县志》〕

屯丁：清顺治十六年（1659），归并威县屯丁1410人。

营地：按所处地域，有“南七营”“北十营”和方家营之说。

南七营，营地共三百五十九顷九十亩一分七厘。其中：渭上营（卫上营），三十四顷八十一亩九分六厘六毫；夏官营，四十四顷二亩八分二厘七毫；第十营（第什营），八十五顷八十三亩六分三厘；头百户营，四十五顷四十三亩六分七厘三毫；第四营，六十三顷五十一亩四分四厘；马庄营，五十二顷一十三亩二分七厘；第九营，三十四顷一十三亩三分六厘四毫。

北十营，营地共五百八十九顷七十亩六分八厘。其中：曹家营，四十六顷四十八亩二厘七毫；贺家营，七十七顷六十二亩四分九厘四毫；两王营，五十四顷一十三亩三分一厘四毫；香花营，七十五顷二十亩三分三厘二毫；许官营，五十九顷三十五亩三分三厘六毫；沙家营，七十三顷三十三亩五分九厘六毫；陶官营，七十顷六十七亩一分七厘三毫；钟官营，六十四顷六十三亩五分五厘六毫；项家营，二十八顷八十九亩五厘；余官营，三十九顷三十七亩八分二毫。

群牧所方家营，一百七十七顷一十三亩六分。

明崇祯十七年（1644），李自成农民起义军刘芳亮部攻取潞安府，攻进沈王府，离开时，将年幼的末代沈王朱迥洪掠于马上北走，后不知所终。沈王府树倒猢狲散，就此走向衰败。至清顺治十六年（1659），卫所屯田陆续裁撤，划归民田，早已名存实亡的沈阳中护卫广平府屯营，土地加屯丁，全数归并改隶州县，走进历史的深处。

（此文依邱县作协主席潘永生《沈阳中护卫及其屯营述要》论文改编而成）

参考文献：

1. 张海瀛：《张居正改革与山西万历清丈研究》，山西人民出版社，1993年版。

2. 王毓铨：《明代的军屯》，中华书局，2009年版。

3. 宋石青、季雪英：《明沈藩简王朱模及其子孙们》《晋东南师范专科学校学报》，2004年04期。

4. 刘慧杰：《明代北直隶地区土地垦殖研究》。

第二编　自然环境

威县历史上临近古黄河，属古黄河、古漳河泛滥淤积而成的冲积平原。地势平坦开阔，土层深厚，土壤以潮土为主，适于农作物生长。县域属暖温带大陆性半干旱季风气候，四季分明，雨热同季。

境内主要河流有老沙河、清凉江、溹泸河、西沙河、赵王河、古漳河等。1959 年 11 月至 1960 年 1 月，开挖东风四分干渠，1973 年 12 月，又对其进行扩挖，具有排、蓄、灌多种功能。历史上，自然灾害频发，以水灾、旱灾、雹灾、虫灾最为普遍，甚至多灾叠加，县民深受其苦。

1979—2009 年，年均降水量 497.4 毫米，降水偏少且不均。自然灾害以春旱、伏旱、风雹灾最为普遍。水资源贫乏，虽然域内河渠交织，但都已干涸，地表水资源很少，人畜饮用及灌溉均采自地下水。

第一章　地质地貌

威县地处河北平原沉降带的南部，第四系地层遍及全县，地貌以平原为主，间有缓岗、沙丘和洼地。

第一节　地　质

地质构造

威县地处河北平原沉降带的南部，属冀南坳陷区。河北平原属新华夏第二沉降带，是迭置在华北陆台上的中新生代沉降盆地，地貌形态平坦单一，但却是一个构造极为复杂的沉积盆地。冀南坳陷区处于河北平原的南部，区内基底凹凸不平，由两个凸起和两个凹陷区组成。威县所辖领域东西横跨两个次级构造单元，即洺州镇、贺营乡南部地处广宗凸起之上，其基底地层为太古界片麻岩系；其余绝大部分处于邱县凹陷区，其基底为侏罗、白垩系地层。

境内断裂构造主要有：威县—肥乡断裂，该断裂在县境内走向北东 60°，倾向南东；南里村—邵梁庄断裂，该断裂在县境内走向北西 34°，倾向北东。上述两条断层均为正断层，上盘为侏罗、白垩系地层；下盘为太古界片麻岩系地层，是广宗凸起和邱县凹陷的分界线。

地层

威县属近山和远山河流冲积湖低平原区，第四系地层遍及全县，厚度500～600米。其下为第三系地层。基底绝大部分为侏罗、白垩系地层。

第四系　全新统，厚20～65米。上部为冲积湖沼积亚黏土、亚砂土夹砂层；中部为冲积、湖沼积泥质亚砂土与中细砂互层，夹泥炭；下部为冲积、湖积亚黏土、淤泥、亚砂土互层，夹细砂层。

上更新统，厚60～150米。上部为冲积、湖积细砂、亚砂土、亚黏土互层；中部为冲积、湖积亚黏土、亚砂土互层，夹细砂及淤泥层；下部为冲积、湖积亚黏土、亚砂土互层，夹细砂层。

中更新统，厚150～200米。上部为冲积、湖积亚黏土夹砂层；下部为冲积、湖积含砾亚黏土夹砂砾层。

下更新统，厚度150～200米。上部为冲积、湖积亚黏土、亚砂土与细砂互层；下部为冲积、湖积黏土、亚砂土夹砂砾层。

第三系（上覆地层第四系）　上新统（明化镇组），岩性为棕黄色、棕红色、浅棕色黏土岩，砂质黏土岩与浅棕色粉砂岩，含砾砂岩互层，构成上粗、下细的特征。厚度比较稳定，一般为638～984米。

中新统（馆陶组），上部为浅棕色、黄绿色泥岩与黄棕色泥质粉砂岩、浅棕色粉砂岩互层；中部为棕色、黄绿色泥岩、粉砂质泥岩夹灰白色、绿灰色粉——细砂岩、泥质粉砂岩；下部为棕色泥岩、粉砂质泥岩与浅棕、绿灰、灰白色泥质粉砂岩、细砂岩互层；底部为灰绿色含砾砂岩，厚440米。

渐新统，上部为棕红、灰绿色泥岩、砂质泥岩与浅棕、灰绿色粉砂岩、泥质粉砂岩互层；下部为红色碎屑岩沉积为主，夹红色泥岩。厚度630～1258米。

始新统，上部为棕色、灰绿色、灰色泥岩、粉砂岩、细砂岩及杂色砂砾岩。该统下部（孔店组）地层在威县的北部和西北部可能缺失，主要分布在南部和东南部。岩性主要为浅灰色、深灰色、浅棕色粉、细、中粒砂岩层棕色泥岩及薄层硬石膏。厚165～400米。

下伏地层　洺州镇和贺营乡辖区内为太古界，其余绝大部分为侏罗、白垩系地层。

第二节　地　貌

地貌概况

威县属古黄河、古漳河长期泛滥淤积而成的冲积平原。现存地貌为第四纪松散沉积物，地貌类型基本单一，微地貌略较复杂。

图2－1　平原地貌（西沙河梨产业带）/王云2016年摄

地势从西南向东北倾斜，海拔高度29.4至43.8米，西南部的康洼村南为最高点，海拔43.8米。北部赵村乡的北辛庄海拔29.4米，为全县最低处。地形纵坡比降为万分之一，地势平坦，土层深厚，垦殖历史悠久，宜农宜牧。

微地貌中，黄河故道纵贯县境而形成的缓岗坡地至今明显。因地势低平，径流不畅，故又形成局部洼地。城东老沙河系漳河故道，河床遗迹未消，因积沙甚多，土质沙化，沿岸呈现出沙丘起伏的微域变化。与广宗县交界的西沙河为洺河故道，岸边既有古老沙丘，又有槽状洼地。纵穿县境中部的东风渠两侧，鱼脊高地较为明显。

地貌类型

地貌类型基本单一，以平地为主，间有缓岗、沙丘和洼地。

缓岗坡地　分布在黄河故道和西沙河沿岸的部分村庄，包括第什营、梨园屯、常屯、洺州、贺营、张营、赵村等乡镇，一般比附近地面高 1 米至 2 米。土质沙化。

沙丘　分布在老沙河两岸的第什营、方家营、常庄等乡的部分村庄，一般高出地面 3 米至 4 米。由于上层土壤不受地下水的影响，土壤通体呈沙质。到 2009 年，多数沙丘已成为固定沙丘。此外，与广宗县交界的西沙河为洺河故道，岸边有部分古老沙丘，主要分布在张营乡的部分村庄。

洼地　由于威县地势低平，古河道径流不畅，故形成局部洼地。全县共有大、小洼地 200 处，其中较大洼地有 10 个。主要分布在枣园乡南部、常庄乡的常庄村周围，贺营乡的东中营和西中营、红龙集，张营乡的窑洼、元寺，章台镇与侯贯镇交界的章华、义和营一带，赵村乡的贤塔、宏曲及寺庄村周围，常屯乡的东大城、西大城一带和梨园屯镇的陈固、西河口一带。

第二章　气　候

威县属于暖温带大陆性半干旱季风气候区，四季分明。本志断限内平均气温 13.5℃，大风季节性明显，雾霾雷暴时常伴随气候、环境等因素变化而发生。

第一节　四季特征

威县属于暖温带大陆性半干旱季风气候区。四季分明，春季干燥多风，夏季炎热多雨，秋季温和凉爽，淫雨稍多，冬季寒冷干燥，雨雪稀少。季节风较明显，冬季多偏北风，夏季多偏南风，春、秋两季南北风交替出现。

春季（3 月至 5 月）春季是冷暖过渡季节，天气多变，风多雨少，回暖迅速，气候干燥。十年九旱，春季年均降水量 80.9 毫米，占全年平均降水量的 16.3 %。春季平均气温 14.8℃。

夏季（6 月至 8 月）气温高，高温月为 7 月，平均气温为 27.2℃。降水集中，一般集中在 7 月下旬至 8 月上旬，易发生内涝；季平均降水 316.5 毫米，占全年平均降水量的 63.6%。湿度较大，季平均湿度 73%。

图 2－2 春花灿烂（邢临高速服务区南）/2017 年摄

图 2－3 夏荷初绽（固献乡）/2016 年摄

图 2－4 秋梨丰收（西沙河梨产业带）/2016 年摄

图 2－5 冬雪映趣（第一中学）/2015 年摄

秋季（9 月至 11 月）气温下降，雨量骤减，天高气爽，昼夜温差大。秋季平均气温 14.1℃，降水量 87.3 毫米，占全年平均降水量的 17.6%。进入 10 月，多晴天，往往造成秋旱，影响晚秋作物产量和冬小麦播种。

冬季（12 月至次年 2 月）寒冷干燥，雨雪稀少，最冷月 1 月，平均气温 －2.3℃，极端最低气温 －21.4℃，季平均降水量 16.5 毫米，占全年平均降水量的 3.3%。

第二节 日照 气温

日照

1979—2009 年，全县平均年日照时数 2296.7 小时。年最多日照时数为 2727.5 小时，出现在 1986 年，年最少日照时数 1728.9 小时，出现在 1991 年；月最多日照时数为 5 月，250.2 小时，月最少日照时数为 12 月，143.5 小时。

1979—2009 年威县各月平均日照时数及日照百分率一览表

表 2－1　　　　单位：小时、%

月份	1	2	3	4	5	6	7	8	9	10	11	12	全年
日照时数	161.3	168.7	203.7	231.0	250.2	224.3	186.4	195.1	191.3	185.0	156.2	143.5	2296.7
日照百分率	53	55	55	59	57	51	42	47	52	53	51	48	52

气温

1979—2009 年，全县平均气温 13.5℃。最热月为 7 月，月平均气温 27.2℃；最冷月为 1 月，月平均气温 －2.3℃。极端最高气温为 41.6℃，出现在 1979 年 6 月 13 日；极端最低温度为 －21.4℃，出现在 1985 年 12 月 8 日。

1979—2009 年威县逐月平均及年最高、最低气温统计表

表 2－2　　　　　　　　　　　　　　　　　　　　单位:℃

年份＼月份	1	2	3	4	5	6	7	8	9	10	11	12	年平均	年最高	年最低
1979	-2.2	1.6	6.7	12.4	20.6	26.2	26.0	25.1	19.8	15.6	4.6	0.6	13.1	41.6	-17.7
1980	-3.0	-0.7	5.5	13.1	21.7	26.4	26.9	24.8	20.6	14.4	8.5	-1.9	13.0	38.8	-16.6
1981	-0.5	0.5	9.1	16.6	21.8	25.7	27.6	25.5	21.1	12.9	4.0	-1.2	13.2	39.7	-20.5
1982	-3.2	0.9	8.3	16.0	23.1	25.0	26.2	25.7	19.8	16.3	6.5	-0.9	13.6	41.1	-15.6
1983	-2.4	-0.7	7.2	15.9	21.4	27.1	27.2	26.0	21.8	13.8	6.6	-0.2	13.6	39.0	-16.1
1984	-4.4	-2.0	5.3	14.5	20.1	24.9	25.4	25.6	19.6	14.1	6.8	-3.7	12.2	38.0	-17.3
1985	-3.3	-0.6	4.8	15.4	19.2	26.6	27.4	25.6	18.4	14.1	5.2	-3.0	12.5	39.2	-21.4
1986	-2.6	-1.3	7.1	15.2	21.5	26.7	27.6	24.9	20.5	12.8	4.6	-1.0	13.0	40.1	-15.7
1987	-2.2	1.6	6.0	14.6	21.2	24.6	27.8	25.8	21.6	15.2	5.1	0.1	13.5	39.5	-16.2
1988	-1.6	-0.2	5.3	15.5	20.5	26.7	25.6	24.9	21.1	15.0	6.2	-0.5	13.2	40.1	-11.8
1989	-1.8	1.6	7.8	15.9	21.3	25.9	26.3	25.0	20.5	15.2	5.5	0.8	13.7	39.2	-12.0
1990	-4.0	0.0	7.4	13.9	19.9	25.5	26.7	25.7	21.2	15.6	7.5	-0.2	13.3	36.9	-20.5
1991	-1.0	1.2	4.7	14.1	19.5	25.2	27.4	25.9	21.6	14.3	5.6	-1.4	13.1	38.5	-15.0
1992	-1.5	2.1	6.3	16.2	21.0	25.5	28.7	25.8	20.8	12.3	4.6	-0.7	13.4	40.5	-12.3
1993	-3.8	3.2	8.3	14.8	20.2	26.1	25.4	24.7	21.3	14.2	3.8	-0.2	13.2	40.6	-18.0
1994	-0.8	1.7	5.8	16.6	21.5	26.7	28.3	26.8	21.0	13.8	6.8	-0.3	14.0	37.9	-17.7
1995	-1.2	2.1	7.7	14.2	20.5	25.5	26.3	25.1	19.4	15.0	7.3	-0.5	13.5	37.7	-11.8
1996	-2.2	0.0	6.1	13.8	20.8	25.5	26.5	24.5	20.8	14.4	5.4	0.9	13.0	40.6	-12.2
1997	-2.6	2.2	8.6	14.2	20.4	26.3	29.4	27.1	19.1	14.7	5.5	-0.4	13.7	40.5	-12.5
1998	-2.7	3.1	8.5	16.3	19.9	26.5	27.8	25.9	23.5	16.6	7.4	0.6	14.5	39.1	-15.9
1999	-0.9	3.5	7.2	16.0	20.7	25.9	27.5	25.6	22.5	14.4	6.9	0.2	14.1	39.1	-13.2
2000	-5.7	-0.1	9.8	16.0	21.4	26.7	27.8	26.2	21.1	13.5	4.6	1.4	13.6	40.6	18.6
2001	-4.1	0.8	9.4	14.8	23.1	26.8	27.3	25.5	20.9	15.4	6.5	-1.8	13.7	37.5	-17.4
2002	1.2	6.0	11.0	15.5	20.8	25.6	27.8	26.4	20.4	13.1	4.2	-2.2	14.2	40.3	-17.5
2003	-3.2	2.2	7.5	15.0	21.9	25.6	25.9	24.5	20.8	13.6	5.3	-0.1	13.3	37.5	-18.9
2004	-1.6	4.6	9.4	16.9	20.9	24.3	26.1	24.3	21.2	14.2	6.5	-1.1	13.8	37.3	-15.7
2005	-3.2	-1.8	6.7	17.5	21.1	27.6	27.3	25.3	21.2	14.5	8.6	-2.4	13.5	40.1	-14.4
2006	-1.8	0.9	9.4	15.1	20.8	26.9	26.9	25.8	20.9	17.4	7.9	-0.5	14.1	39.2	-11.9
2007	-1.7	5.3	7.9	15.8	23.0	26.1	26.4	25.9	21.4	13.8	6.5	0.7	14.3	38.5	-9.4
2008	-3.1	0.4	10.2	16.3	22.1	24.6	26.2	25.5	21.1	15.4	7.5	0.4	13.9	35.6	-14.0
2009	-2.0	2.9	8.9	16.2	21.9	27.5	26.6	24.5	19.8	15.8	1.8	-1.1	13.6	41.2	-13.2
平均	-2.3	1.4	7.6	15.4	21.3	26.2	27.2	25.7	21.1	14.9	6.3	-0.3	13.5	—	—
极值	—	—	—	—	—	—	—	—	—	—	—	—	—	41.6	-21.4

第三节　降　水

威县年际自然降水变化较大，季节分配不均。1979—2009年，年平均降水量为497.4毫米，年最多降水量922.1毫米（1993年），年最少降水量225.1毫米（1992年），降水量多少年之差为697.0毫米。季降水量集中于夏季为316.5毫米，占年降水量的63.6%，冬季降水量为最少，秋季多于春季，一般年份春旱较严重。

1979—2009年威县逐月降水量统计表

表2-3　　单位：毫米

月份 年份	1	2	3	4	5	6	7	8	9	10	11	12	年合计
1979	9.6	18.8	41.4	38.5	9.0	48.1	229.6	51.6	19.7	0.3	1.8	11.3	479.7
1980	0.6	0.6	34.0	40.3	20.7	301.4	38.4	119.9	30.2	20.5	7.9	0.0	614.5
1981	7.7	0.7	8.4	3.7	10.0	40.5	134.6	176.0	12.0	10.8	5.0	0.1	409.5
1982	0.0	24.9	3.9	9.6	29.0	141.4	136.3	194.4	48.3	6.9	11.1	0.0	605.8
1983	0.1	1.4	32.8	58.5	57.4	4.0	145.7	45.1	140.6	68.4	2.3	0.0	556.3
1984	0.0	0.5	5.2	9.4	45.8	95.7	98.2	204.3	36.8	17.0	6.8	14.3	534.0
1985	0.6	3.5	5.7	4.3	123.6	38.2	99.5	91.2	122.2	48.7	0.5	4.0	542.0
1986	1.0	5.0	7.8	7.5	28.2	54.1	46.2	97.1	59.4	21.4	0.0	8.3	336.0
1987	7.3	4.7	11.9	27.2	10.9	70.9	74.8	312.9	20.5	45.5	20.5	0.0	607.1
1988	0.7	0.0	8.8	2.6	107.1	13.3	121.2	151.4	3.4	1.2	0.0	1.7	411.4
1989	10.0	0.0	22.2	17.7	15.0	53.8	234.7	51.5	35.9	4.6	2.7	10.5	458.6
1990	22.4	36.7	40.3	41.1	49.0	47.2	279.6	231.3	14.2	4.6	30.5	1.9	798.8
1991	1.2	0.0	32.1	35.6	52.6	95.8	37.3	64.5	28.1	28.7	5.8	9.3	391.0
1992	0.1	0.0	11.7	1.4	20.7	17.7	55.0	67.0	27.5	8.8	14.7	0.5	225.1
1993	3.1	0.7	3.8	9.5	9.3	82.1	175.1	430.3	90.3	47.7	70.0	0.2	922.1
1994	0.0	1.8	1.6	35.8	32.6	58.1	129.7	63.3	3.0	20.5	30.6	15.4	392.4
1995	0.0	1.7	14.4	22.5	28.0	59.7	220.2	118.5	49.9	41.5	0.4	0.0	556.8
1996	0.1	0.0	7.8	30.1	21.7	38.5	243.7	181.3	8.0	23.2	3.5	1.3	559.2
1997	1.6	22.1	46.9	16.2	6.4	33.6	69.9	33.2	63.8	10.6	8.5	5.3	318.1
1998	1.8	12.7	10.2	20.5	87.1	18.5	106.3	140.8	8.5	11.4	0.1	2.2	420.1
1999	0.0	0.0	3.7	11.4	28.3	61.4	105.2	39.7	12.7	47.5	7.6	0.0	317.5

续表 2－3

年份＼月份	1	2	3	4	5	6	7	8	9	10	11	12	年合计
2000	8.7	3.8	0.3	13.1	5.8	27.7	221.5	78.1	162.5	119.2	6.5	0.0	647.2
2001	23.0	14.4	0.5	12.1	16.2	41.6	219.3	56.4	10.4	22.2	6.2	1.8	424.1
2002	0.3	0.7	1.6	21.8	34.4	116.9	53.0	32.2	34.9	5.0	0.0	15.4	316.2
2003	1.5	6.4	20.8	67.1	30.4	45.4	117.0	128.3	57.3	158.3	34.1	1.5	668.1
2004	0.0	7.4	0.0	26.2	65.8	96.0	135.0	28.4	42.8	1.7	16.4	8.5	428.2
2005	0.0	19.2	0.2	6.1	63.2	113.0	115.6	169.4	120.9	7.8	5.1	0.4	620.9
2006	0.1	2.0	0.0	25.0	93.9	65.9	8.3	114.7	20.1	8.7	20.2	5.3	364.2
2007	0.0	4.7	48.5	0.3	40.9	46.8	53.6	105.4	49.9	25.9	0.7	0.2	376.9
2008	7.0	5.6	0.3	40.7	168.9	65.9	132.7	80.3	40.0	12.7	0.9	0.0	555.0
2009	0.0	17.5	11.1	29.3	42.4	63.6	103.7	158.8	94.7	7.6	34.0	0.1	562.8
平均	4.2	7.5	15.1	22.1	43.7	66.3	127.1	123.1	47.4	27.7	12.2	4.8	497.4

第四节　地温　冻土　气压

地温

威县地面温度的年变化趋势与气温的年变化趋势大体一致。1979—2009 年，境内地面温度平均 15.3℃，月平均最高地温 30.4℃，月平均最低地温 －2.5℃。

1979—2009 年威县各月极端地温统计表

表 2－4　　单位：℃

月份	1	2	3	4	5	6	7	8	9	10	11	12	年平均	年极值
地面	－2.5	1.8	9.0	18.0	24.8	29.8	30.4	28.7	23.0	15.4	5.9	－0.8	15.3	—
极端最高	24.3	34.4	46.5	54.1	61.2	67.4	66.5	63.8	56.4	48.0	38.5	28.0	—	67.4
极端最低	－22.5	－18.4	－11.7	－7.3	1.1	8.8	14.3	12.1	2.4	－5.9	－19.4	－22.4	—	－22.5

冻土

1979—2009 年，威县冻土主要集中出现在每年的 11 月至次年 3 月，历年最大冻土深度为 45 厘米，出现在 2000 年 2 月 5 日。

1979—2009 年威县各月历年最大冻土深度统计表

表 2－5　　单位：厘米

月份	11	12	1	2	3
最大深度	8	30	41	45	24

气压

威县历年平均气压 1013.6 百帕，气压的变化季节性明显，即冬季高，夏季低，月平均气压最高 1024.0 百帕，月平均气压最低 999.5 百帕。

1979—2009 年威县各月平均气压统计表

表 2－6　　单位：百帕

月份	1	2	3	4	5	6	7	8	9	10	11	12	平均
气压	1024.0	1021.3	1016.5	1010.3	1014.5	1001.0	999.5	1003.5	1010.7	1016.4	1020.9	1024.0	1013.6

第五节　湿度　蒸发　霜期

湿度

1979—2009 年，威县年平均空气相对湿度 66%，3—4 月份空气湿度 57%，7—8 月空气湿度 79%，就全年来看，威县属于半干旱区域。

1979—2009 年威县各月平均湿度统计表

表 2－7　　单位：%

月份	1	2	3	4	5	6	7	8	9	10	11	12	年平均
平均湿度	63	57	56	57	61	60	77	81	74	68	68	67	66

蒸发

威县由于日照较长，空气干燥，年蒸发量大于年降水量，1979—2009 年平均蒸发量 1807.5 毫米，是降水量的 3.6 倍。

1979—2009 年威县各月平均蒸发量统计表

表 2－8　　单位：毫米

月份	1	2	3	4	5	6	7	8	9	10	11	12	年平均
蒸发	41.5	69.8	144.6	224.4	275.9	292.2	207.2	168.3	151.1	123.9	68.7	39.9	1807.5

霜期

威县秋霜冻出现的概率较大，春霜冻出现的概率较小。历年平均初霜日 11 月 4 日，平均终霜日4月3日，平均无霜期214天。最早初霜日出现在2004年10月2日，最晚初霜日出现在1983年11月12日，最早终霜日为1999年2月11日，最晚终霜日为1990年4月24日。

第六节　物　候

历月物候期

1月　地表封冻，草木凋零，是一年最冷的时期。

2月　柳条始绿，小麦返青。

3月　土壤解冻，梨树萌芽，蚂蚁、蜜蜂开始活动。

4月　上旬梨花开放，苹果树发芽；中下旬枣芽萌发，播种棉花。

5月　石榴、枣树次第开花，小麦抽穗开花，棉花三真叶。

6月　小麦成熟收割，夏玉米播种。

7月　桃熟，棉花开花，玉米拔节。

8月　下旬棉花裂铃始吐絮，春播玉米、花生始收获。

9月　棉花吐絮旺盛，玉米成熟，梨收获。

10月　小麦播种，棉花停止生长，梨树落叶。

11月　小麦分蘖，苹果落叶，百草枯萎，大地将封。

12月　大地封冻，小麦停止生长。

农作物候期

小麦　播期为10月中旬，11月中旬分蘖，翌年2月下旬返青，4月上旬拔节，4月下旬抽穗开花，5月中旬乳熟，6月上旬收割。

棉花　适播期为4月中旬，三真叶期5月中旬，6月上旬现蕾，下旬开花，8月中旬裂铃，下旬吐絮，10月下旬停止生长。

花生　4月下旬至5月上旬为播种期，6月中下旬为开花期，7月下旬为结荚期，9月上中旬为成熟期。

玉米　分春播玉米和夏播玉米，春播玉米4月中下旬为播种期，6月中下旬为拔节期，7月中旬为开花期，7月下旬至8月上旬为灌浆期，9月上中旬为成熟期。夏播玉米5月下旬至6月上旬为播种期，7月中旬为拔节期，8月中下旬为开花期，8月下旬为结穗期，10月上中旬为成熟期。

第七节　雾霾　雷暴

雾霾

雾霾天气是一种大气污染状态，常常相伴而生。空气质量恶化，雾霾天气就会增多，危害加重。威县为全境平原，境内雾霾天气主要发生在秋冬季节，一般从10月至次年1月。1979—2009年平均雾霾日数为35天，12月雾霾日数最多，平均有8天，最多日数达20天。2008年雾霾日数最少，为13天。1997年雾霾日数最多，达84天。雾霾天气对人体健康、交通、农业生产等诸多方面造成不利影响，预防雾霾灾害，减少损失日益被人们所关注。

雷暴

境内雷暴主要发生在每年的5—8月。年平均雷暴日数为21.9天。1982年发生雷暴日数最多，为33天。1992年发生雷暴日数最少，为11天。2009年初雷日最早，为3月21日，1999年终雷日最晚，为11月14日。随着社会经济发展，境内由雷暴产生的不利影响时有发生。

第八节　风

威县历年以偏南风为最多，其次为偏北风。冬季多偏北风，夏季多偏南风，春、秋两季为南北风交替出现期。

大风

威县地处华北平原，大风次数并不太多，风力也较小，成灾的大风很少。县内大风主要出现在春季。夏季多雷雨大风，持续时间虽短，但风力一般较大，而且常伴有其他灾害性天气。根据大风出现的时间，将大风分为4种类型。

冬季偏北大风　偏北大风多发生在冬季，风力一般6级至7级。大风过后有明显降温。这种大风持续时间较长，且无明显日变化，一天之中任何时间都有发生。

春季沙尘暴　沙尘暴多发生在每年3月份、4月份，风力较大，常常自西北而向东南，夹带沙尘，风至时晦暝异常。

春末夏初的偏南大风　偏南大风多发生在每年4月至6月，风力5级至6级，有明显的日变化，一天之中午后达最大值，一般夜间风力减弱或停止。这种大风出现概率较高。

雷雨大风　发生于夏季，伴有灾害性天气，风力较大，时间较短，破坏力甚强，严重时可使作物倒伏折断，更甚者拔树倒屋。

干热风

威县是河北省出现干热风较多的县之一。多出现在5月中旬至6月上旬，对农业生产易造成灾害。

根据干热风的强度分为3种类型：弱干热风，14时气温≥30℃，相对湿度≤30%；中干热风，14时气温≥33℃，相对湿度≤25%；强干热风，14时气温≥35℃，相对湿度≤20%。风速均≥3米/秒。

第三章　水　文

威县河渠纵横，但都已干涸，地表水资源稀少，工业用水及生活用水均采自地下水，造成地下水位连年下降。

第一节　河流水系

威县地处黑龙港流域，境内河渠主要有老沙河、清凉江、古漳河、赵王河、威临渠、溹泸河、东风渠、西沙河、卫西干渠等，总长132.12千米，呈南北方向分布在县境内。东风渠又有十条支渠，从南而北依次枝分，东与溹泸河、清凉江、老沙河相连，西与西沙河相通，共成一个系统，有利于排泄及引水灌溉。境内河流多为季节性河流，又由于降雨量年内分布不均，年径流量逐年减少，河道干枯无水。

东风四分干渠

东风四分干渠简称“东风渠”。原东风渠从邱县入境，经第什营乡圣佛堂村东往北过高公庄乡李家屯东往北，进入南宫县，境内全长46.3千米。施工于1959年11月至1960年1月，动用民工24万人（南宫大县）。1964年，为排积水，对该渠的部分地段进行疏通。1973年12月初，对东风渠进行扩挖。工程起点由圣佛堂改至南郭庄，起点挖深7.5米以上，重点挖深4米至5米，一般挖深3米，底宽8米，上口宽约30米。扩挖后，渠长41.5千米，共动用民工5万人，动土296万立方米，设计流量19.6立方米/秒。扩挖工程于1974年3月底全部竣工。该渠地上引水可控制面积466.7平方千米。1992年，对东风四分干渠、一支渠、九支渠等几条重要支渠进行清淤扩挖。

图2-6　东风渠（白伏桥北）/2018年摄

老沙河

远古时期为古漳河。其主源有二：一为清漳水，发源于山西省和顺县西南之太行山腹地，流向西北折而向南。二为浊漳水，上游有南、北、西三源。南源起于山西省襄垣县鹿谷山北麓；北源起于榆社县之西河口村；西源名涤水，出自山西屯留县西南八十里盘秀岭，至潞城县入浊漳水。潞城以下漳涤合流。战国时期，清、浊二漳水在今临漳县合流。西汉以后，二源在涉县合漳村汇流，经肥乡、成安、曲周入威县境，曲向东北，经蔡寨、枣科、牛家寨入清河、南宫境域[1]。北宋元祐元年（1086），黄河一决，并漳御而东注于海……[2]。至政和元年（1111）黄河分三股北流，中股由邱县入宗城境。至金明昌五年（1194）八月二十四

图2-7　老沙河（大葛寨段）/2018年摄

① 据《可爱的广宗》第一章地理·第四节河流沟渠10～15页，《威县地名志》81页老沙河综合考证编撰。

② 据《威县地名志》362页后附《新宗城县三清殿记》碑文辑录。

日，黄河干流南徙，始离宗城县境，此即老沙河为黄河古道之缘由[①]。老沙河为县内最大的排泄和引水灌溉河流，境内长32千米。20世纪70年代、80年代多次对其进行治理，由于上游截水，河道经常断流。

清凉江

老沙河自常庄乡牛家寨以下称清凉江、清洋江，亦名清阳江。还有一种说法，老沙河与清凉江的分界为古代位于方家营乡的界桥，界桥以下称清凉江。该河由常庄乡大河村南入清河境。

西沙河

古为洚水。殷商时期，洚水曾名薄落水，今经镇西十里之西沙河上有先商民聚落之所—“薄落津”[②]，两周两汉至西晋，洚水如故。东晋十六国时期，洺水由曲周龙堂村入广宗县荆家寨，经李磨村东，北入威县陆台村，另一支自威县城南河洼村分为二支，一支由河洼北流经广宗公村、红龙合于陆台，向北流，循洚水故渎经威县经镇南、东北流经南宫东、冀州汇入滏阳河。另一支自河洼村东流，经河北寨之南入老沙河（即古漳河）[③]。唐神龙三年（707），河北道监察使兼支度营田使姜师度领导先民“因洚水故渎开凿”的经城县张甲河工程[④]，使洚水故渎通达河运达940年之久。北宋政和元年（1111），黄河分三股北流，其泛入洚水一支纵贯宗城、经城，其经由陆台，经城南之主流，宋时称“铜帮铁底赵王河”。金、元二朝，洚水复名洺水，洚水另一支则由小辛村西北经军寨东、草楼西入今广宗县。循洚水故渎经南宫西南之高家寨、九宫、旧城，向东北入冀州[⑤]。明代，洺水北支名朱家河，朱家河沿岸因临河而命名的村庄达十多个，如鱼堤、河里庄、河岔股、张舠、鱼台、魏疃（滩）、小石柏（泊）、大石柏（泊）、小河头、大河头等等。清顺治十四年（1657），洚水（洺水、张甲河、朱家河）断流[⑥]。今之西沙河于1966年至1967年进行扩挖，1974年再次进行扩挖。

溹泸河

古为黄泸河，亦名屯氏别河。西汉以后，漳河分两支泛入威县境，其东支又分两股，一股由临西县贾村东流入威县后洼，经王曲西、西小庄西向北偏东经常屯东、侯贯东、团堤西流入南宫境；一股由今临西县吕寨西经牛寨西、清河大堤村西复入威县王世公东汇入老沙河。其西支由邱县谷家庄经威县蔡寨，曲向东北经方家营东、枣科东、马桥东、郭固东、王村东入南宫境。至宋政和元年（1111），黄河分三股泛入威县境，其东股循后洼、西小庄西、常屯

---

① 据《可爱的广宗》第一章地理·第四节河流沟渠12页，《威县地名志》81页老沙河综合考证编撰。

② 据《邢台通史·上卷》29～34页，《威县志校注》古今郡县（29页上）考证编撰。

③ 参照《可爱的广宗》第一章14页，《河北省地图》《邢台地区图》《威县志校注》山川61页综合考证编撰。

④ 据《邢台通史·下卷》46页，《可爱的广宗》第一章综合考证编撰。另参照《中国历史图集》第六册、第七册涉威河流判读。

⑤ 据《邢台通史·下卷》46页，《可爱的广宗》第一章综合考证编撰。另参照《中国历史图集》第六册、第七册涉威河流判读。

⑥ 据《可爱的广宗》第一章15页中，《河北省地图》《邢台地区图》考证编撰。

东、侯贯东、团堤西流入南宫境；中股循古漳河东支，西股循洚水（洺水）北支皆北入南宫，此后，黄河、漳河、卫河泛滥，皆沿东股北泄，故称黄泸河。至金明昌五年（1194）八月二十四日，黄河干流南徙，始离宗城、洺水境。明代，溹泸河称溹泸水（黄泸河）。至清末民国初，溹泸水段淤为平地、洼地，自侯贯东北至南宫，枣强以下今称溹泸河①。今溹泸河起于侯贯镇南中侯，与七支渠相接，往北经刘家庄进入南宫县境，境内长 5.5 千米。1965 年对其开挖，1967 年、1972 年两次对其清淤。

古漳河

据民国《重修威县志》载：在城东约四十里有称为漳河别派者。“漳河别派”即为今之古漳河。该河为排水河道，自临西县流入县境，经东赵村村东、西小庄村西汇入老沙河，境内全长 11.68 千米。1968 年和 1971 年对其进行清淤，1976 年和 1979 年对其进行扩挖。

赵王河

相传为北宋初年所开，由北宋京城汴京（古开封）循黄河北流道至北京大名府再经卫运河（御河），至今北京市的水运河道②。今赵王河为季节性排水河，由临西县流入县境，流经东孙庄、丁家寨村东，于王世公村北流入威临渠，境内全长 8. 8 千米。1965 年、1968 年、1971 年三次清淤，1972 年、1979 年两次扩挖。

威县主要河道基本情况一览表

表 2 -9

河道名称	流域面积（平方千米）	设计指标				
		境内长度（千米）	流量（立方米/秒）	河底宽（米）	边坡	纵坡
老沙河	442.5	32	402	40	1:5	1/10000
清凉江	258.5	5.2	446	40	1:4	1/9000
东风渠		41.5	19.6	8	1:2.5	1/10000
西沙河	93.4	13.37	61.6	1 ~3	1:3	1/7000
威临渠	256.7	11.85	160	26 ~37	1:3	1/9000
溹泸河	275	5.5	33	5	1:4	1/7500
古漳河	87	11.68		1	1:2	1/10000
赵王河	50	8.82	50	4 ~5	1:2	1/10000
卫西干渠	4	2.2		6	1:3	

① 参照《中国历史地图集》《威县地名志》《可爱的广宗》第一章第四节 12—14 页，《洺阳四典》《南宫市志》《威县志》（1998 年版）综合考证编撰。

② 参照《大名历史编年》《广平府志》《威县地名志》综合考证编撰。

第二节　地表水与地下水

地表水

境内地表水资源主要有自然降水和老沙河上游客水。威县属暖温带大陆性半干旱季风气候区，降水量随季节呈现出明显差异，根据1979—2009年实测降水资料分析，全县多年平均降水量为497.4毫米，年均自产径流量为0.208亿立方米。自产水径流，主要集中在7月至8月汛期，占年径流量的95%以上，由于降水相对集中，分布不均，难以调控，利用价值不高。威县客水径流，主要来自老沙河上游，年均客水径流量为0.53亿立方米。由于持续干旱缺水，上游截流日趋增加，客水径流逐年减少。

地下水

威县地下水具有水质分层性，分为浅层淡水、中层咸水、深层淡水。威县属古黄河、古漳河长期泛滥淤积而形成的冲积平原，地下水比较充裕，浅水层埋深一般在30～60米之间，水位变化与季节性的天然降水密切相关，7—9月份降水集中，补给量大，浅层地下水位升高，3—6月份地面蒸发量逐渐增加，其间降水量偏少，补给量小，灌溉用量加大，水位相应降低。

深层淡水层，水质较好，一般埋藏在120米以下，不能直接受降水和地表水的补给，该水层分为两层，上层由东南向西北纵贯全县，下层由西向东横穿本县中部，两层汇合于县境中部。随着威县工农业的发展，用水量逐年增加，造成地下水位连年下降，根据1979—2009年对地下水的观测资料显示，地下水位平均以每年2米的速度下降。

威县境内浅层地下水为中性弱碱性水，其化学成分以碳酸盐氯化物——钠镁型水为主，矿化度小于2克/升，深层地下水，水质较好，含盐量小于1.5克/升，其化学成分以碳酸盐和重碳酸盐为主。

第四章　自然资源

境内土地资源丰富，熟化程度高，适宜耕作。水资源以地下水为主，生物资源多种多样，地热资源可观，待开发利用。

第一节　土地资源

土地总量

全县土地总面积为101151公顷。1979年，耕地面积69230公顷。20世纪80年代，随着家庭联产承包责任制的落实，农民生产积极性高涨，一些闲置土地得以开发，未利用土地面积明显减少。同时，随着人民生活水平的不断提高，县内出现盖房热，城乡居民的住房条件得到明显改善，居民用地增长较快。1990年后，随各级公路、乡村道路建设步伐的加快，交通运输用地逐年增加。

2009年，全县农业用地80997.9公顷，占土地总面积的80.08%。其中，耕地面积68830公顷，占土地总面积68.07%。

土壤

土壤分布　全境为冲积平原，成土母质为黄河、海河冲积物。黄河故道纵贯全境，今河槽销迹，与河堤共成缓岗地貌。微地貌为近代漳、洺河冲淤而成。由于诸河泛滥频繁，沙粘间隔，层次复杂。黄河冲积物以粉沙为主，在此基础上发育轻壤质土，所以威县的土质以轻壤质为主。漳洺诸河冲积物以细沙、粗粉沙为主，发育成沙质土和沙壤质土。西部洺河故道多沙质、沙壤质土，古老沙丘、槽状洼地罗布其间。中部漳河故道，多为沙质土、沙质间粘、沙壤质土，沙丘、沙岗列布两侧，洺漳之间开阔地带，多为轻壤质土。漳东地带由轻壤向中壤过渡，古漳河东多中壤。赵王河东低洼地带（白泊）原为黏质土，经多年耕种熟化，变为中壤。

土壤种类　威县境内土壤共分2个土类，4个亚类、8个土层，45个土种。

潮土类，在半干旱气候条件下，在河流冲积母质上，在地下水的直接参与下形成的土壤类型。基本特点是：1. 耕作层疏松，通透性良好，氧化条件好，熟化程度高。颜色为浅黄棕至灰棕。有机质0.5%～1%。2. 有明显的犁底层，紧实板结，通透性差。3. 心土以下，冲积层次明显，多数有锈斑，沙质土较多，黏质土较少。总面积占全县98%。

风沙土，分布在古河道两侧，系河流的淤沙，在风力的作用下，搬运堆积成沙丘、沙岗，风沙土是在这种风积物上发育起来的幼龄土壤。特点是：通体沙质；植被很少；有不同程度的风蚀现象。总面积占全县2%。

第二节　水资源

县境内可利用水资源主要有地下水资源和自然降水。据邢台市水文水资源勘测局《1956—2000年全市水资源评价报告》调查统计数据，全县地下水资源总量为8224万立方米，其中深层地下水资源为3434万立方米，浅层地下水资源为4790万立方米。地下水资源可开采总量为6353万立方米，其中深层地下水资源为3434万立方米，浅层地下水资源为2919万立方米。多年平均矿化度M≤2克/升水资源总量为6839.9万立方米，其中地表水资源量795.4万立方米，地下水资源量6090.8万立方米，重复计算量为46.3万立方米。现状矿化度M≤2克/升地下水可开采量为4703.3万立方米，矿化度2克/升＜M≤3克/升的微咸水可开采量为1756.9万立方米，深层水限制开采量3842.3万立方米。地表水可供水量为79.5万立方米，全县可供水总量为10382万立方米。

随着威县工农业发展，用水量日益加大，采大于补，盈不敷出，造成地下水位连年下降。另一方面，全县自然降水相对集中，分布不均，小部分渗入地下，供农作物吸收，大部分蒸发，其利用价值不高。

第三节　生物资源

植物资源

威县林木共有24个科，38个属，68个种，其中乔木64个种，灌木4种。大部分为温带阔叶落叶树种，少数为针叶常绿树种。

用材树种主要有杨树、泡桐、榆树、柳树、槐树、桑树等，以杨树种植最广。

经济树种主要有苹果树、梨树、桃树、枣树、葡萄、杏树等，全县均有专业种植户种植。

药用植物主要有：大青叶、栝蒌、枸杞、车前子、蒺藜子、薄荷、红花、王不留、板蓝根、甘草、蒲公英、党参、沙参、金银花等。

花卉植物主要有：月季、菊花、梅、合欢花、丁香、君子兰、仙人掌、鸡冠花、凤仙花（指甲花）、秋海棠、夜来香、无花果、牡丹、冬青等。

动物资源

兽类有狐狸、獾、黄鼠狼、犬、猫、野地狗、野兔、老鼠、刺猬、蝙蝠。

鸟类有麻雀、燕子、喜鹊、啄木鸟、白头鹎、猫头鹰、乌鸦、布谷鸟、鸽、水鸭、鹌鹑、黄雀、雉（野鸡）、鸢等。

虫类节肢动物有蚕、菜粉蝶、蜂、萤火虫、蝈蝈、蟋蟀、蜘蛛、蜈蚣、蚰蜒、蝎、毛虫、土元、蜻蜓、螳螂、瓢虫、蚊、蝇、蟑螂、蝗虫、蚂蚁等。环节动物有蚯蚓。软体动物有蜗牛。

水生动物鱼类有鲤鱼、鲇鱼、鲫鱼、鳝鱼、草鱼、鲢鱼、鳙鱼、泥鳅、白鲢等。环节类有水蛇、虾、蟹。软体类有螺、蚌。

其他动物爬行类有蜥蜴、壁虎、蛇。两栖类有青蛙、蟾蜍、龟。

第四节　地热资源

威县县城附近有一北东—南西向展布的地热异常，该异常覆盖整个县城规划区，宽度约5千米。地热梯度一般为3.0～3.5℃/100米，县城正处于该异常的最高值范围内，最高>5℃/100米。在县城附近深1000米至1500米，水温可达50℃～60℃，深2000米水温可达75℃。且富含对人体有益的各种矿物质，极具开采利用价值，是建设温泉宾馆不可多得的资源。

第五章　自然灾害

境内自然灾害以旱灾、雹灾为主。干旱成灾多以春旱、伏旱为主；雹灾集中出现在每年的5月至7月，常伴有雷雨大风，对人畜、农作物、房屋危害极大，是威县最常见也是最主要的自然灾害。

第一节　旱　灾

威县干旱以春旱为主，春旱发生概率为80%，有十年九旱之说，其次为初夏旱、伏旱，发生概率分别为40%、20%。境内干旱成灾多以春旱、伏旱为主。随水利基础设施的建设完善，自1993年起，境内有旱无灾。

1979年春旱严重，自4月26日至6月18日54天无雨，春旱严重，春播困难，小麦大幅度减产。

1980年伏旱严重，7月至8月降雨仅42.2毫米。比常年少87.3%。全县农作物受灾面积为47525公顷，成灾21391公顷，受灾人口292173人。

1981年春至初夏，严重干旱，1月至6月中旬降雨量仅为30.5毫米，比常年少69%。由于干旱少雨，全县小麦每公顷产量仅406千克，全县3400公顷减产3～5成，1万公顷减产5～8成，1.24万公顷减产8成以上，其中5933公顷绝收。七级镇太平庄村41公顷小麦产量低至10.5千克/公顷，赵村乡西安仁村57公顷小麦颗粒无收。此为1949年后夏收减产最严重的一年，春作物无法播种，全县4280公顷耕地延误农时，“春变夏”。

1983年春夏干旱，自5月23日至7月27日累计降雨36.3毫米，比常年减少79.8%，部分农作物旱死，粮、棉大幅度减产，全县农作物成灾面积4280公顷。

1985年，伏旱严重，5月13日至7月22日共降雨74.7毫米，比常年减少61%，农作物萎缩不长，全县农作物成灾面积10160公顷。

1986年，春夏连旱，4月至7月降雨比常年少75%，春作物无法播种，全县农作物成灾面积达7247公顷。

1992春旱严重，自1991年秋天至1992年3月期间累计降雨仅是常年的五分之一。其干旱程度和持续时间之久，均超过1943年大旱。地下水位严重下降（深井平均水位下降20米，浅井水位下降13米），致使3000眼井无法使用，6000眼机井出水量减少，造成7333公顷春白地和麦茬地无法播种。2.7万公顷旱地作物大部分干枯死亡。全县成灾面积5.8万公顷，绝收2.7万公顷。

2008年11月25日至2009年2月7日共75天全县无降水，造成持续干旱，越冬作物受到严重灾害，给棉花播种带来很大困难。

第二节　涝　灾

威县涝灾成因主要有两种，一种是暴雨成灾，降水集中，时间短。一种是淫雨连绵，沥涝成灾。

1985年9月8日至17日，连续阴雨10天，降雨110.3毫米，棉花、粮食作物发生霉烂。

1988年7—8月，淫雨天气较多。7月1日至10日、7月15日至20日、8月5日至10日、8月12日至16日分别降雨50.5毫米、32.6毫米、23.4毫米和121.4毫米。农作物大面积缓长，棉花花铃脱落严重。

1989年7月20日至21日，邵梁庄、张营等10乡镇降雨200毫米至400毫米，张营乡东平镇、西平镇村一次降雨400毫米以上。全县共有34个村被沥水围困，倒塌房屋1900间，形成危房4000间，倒围墙25万米，霉烂粮食350吨，伤2人，冲毁公路300平方米、桥2座、电杆40根、变压器7台、机井60眼，淹没土地13000公顷，其中绝收3300公顷，直接经济损失达2743.2万元。

1993年8月4日，遭受特大暴雨袭击，此次降雨持续近14个小时，降雨量为388.5毫米，暴雨中心贺营、大宁达430毫米。全县有14个乡镇造成严重水灾。成灾面积1.6万公顷，绝收面积5133公顷。房屋倒塌21873间，毁坏机井342眼，折断电杆274根，造成直接经济损失13622万元。

第三节　风　灾

1982年5月2日，张营乡曹家营村遭受罕见风灾。沙地小麦被埋土3～4厘米，沙地刚出土的棉苗80%～90%被风刮掉了头。

1982年6月16日，城关、第什营、成志庄等公社出现12级瞬时大风，部分树木被连根拔起，部分房屋被刮坏，农作物倒伏严重。

1987年8月26日13时32分，邵固乡辛台林村遭受罕见的龙卷风袭击。龙卷风自东南向西北，受袭地域长5千米，宽0.55千米。造成53人死伤，其中轻伤17人，重伤28人，死亡8人。倒塌损坏房屋1640间，其中全部倒塌的360间。家庭财产损失1531件。刮断电杆75根，高压电线15800米，刮毁变压器1台。折倒树木3240株。各种农作物受灾面积80公顷。全部经济损失折合人民币186.088万元。

1998年6月21日，威县遭受风雹袭击。此次灾害，风力强、冰雹密，破坏力强。据气象部门实测，一般风力8级，阵风达10级，风速每秒达24米，狂风把大树拦腰截断或连根拔起，部分房顶损坏，致使通信、供电中断。此次灾害共刮倒、折断成树1.26万株，电杆108根，倒塌房屋116间，并造成1人死亡，4人受伤，死伤牲畜6头。

第四节　雹　灾

威县属冰雹多发区，冰雹灾害集中出现在5月至7月，就一天而言，多出现在14时至18时，常伴有雷雨大风。冰雹有“雹砸一条线”的特征，威县冰雹路经主要有两条：第一条，北从七级起，往南经章台、贺营、洺州到第什营；第二条，西起张营，经章台进入侯贯、常庄。冰雹灾害对人畜、农作物、房屋危害极大，是威县最常见也是最主要的自然灾害。

1979年5月15日，常屯、常庄、柳疃3个公社发生雹灾，降雹23分钟，地上冰雹厚度33毫米，40公顷棉花、13.3公顷红薯被砸光。

1981年5月15日15时，贺营、贺钊、柳疃、干集4个公社32个大队突遭冰雹袭击。棉花、红薯等作物大部被砸成光杆。

1981年6月27日14时，枣园、干集、白果树、贺钊、雪塔、柳疃6个公社55个大队降雹，3053公顷农作物受灾。

1982年6月12日至17日，境内的部分公社三次遭受风雹灾害，冰雹最大直径10毫米，最小直径6毫米，涉及南里村、方家营、城关、第什营、成志庄、侯贯、寺庄、赵村等17个公社251个大队，农作物受灾面积6973公顷。尤其是6月17日的风雹最为严重，县人民影院的房顶被损坏，1人被砸死。灾后，人民影院重新大修。

1985年5月10日20时，张庄、七级、高公庄、赵村、寺庄、王村、侯贯7个乡镇的64个村降雹，5600公顷农作物受灾。

1987年8月17日，大部地区降冰雹，冰雹直径20～30毫米，桑园乡受灾最重。全县农作物成灾面积3.12万公顷，其中棉花1.1万公顷，粮食2.02万公顷。

1989年6月10日下午，南里村、贺营、大宁等8个乡镇降雹，伴有大风。农作物受灾面积达800公顷。

1990年5月12日19时，邵梁庄、贺营至常屯、常庄一线的18个乡镇降雹，农作物受灾面积3.47万公顷，成灾4667公顷，其中棉花2000公顷，小麦1333公顷。

1990年9月16日7时，张营、邵梁庄、经镇、章台、雪塔、贺钊、侯贯、常屯、常庄等14个乡镇109个村遭受雹灾，成灾面积7200公顷，其中棉花4000公顷，粮食2867公顷。

1995年5月9日上午10时，第什营乡苏庄、北刘村、司家庄、圣佛堂、康家洼、良善庄、西盖村、南草厂等11个村，遭受冰雹袭击。冰雹持续8分钟，大如杏核，小若玉米粒，密度较大，棉花幼苗被砸成光杆，棉花受灾面积323公顷，其中需毁种的233公顷。

1997年4月28日下午6时，七级、赵村、高公庄、张营等乡镇遭受冰雹袭击，受灾村73个，重灾村33个，受灾面积1.17万公顷。

1997年6月19日18时，章台镇、赵村乡、侯贯镇遭受风雹袭击，21个村受灾，受灾面积2667公顷，成灾面积933公顷。

1998年6月21日晚8时，威县遭受强风雹袭击，灾害涉及全县16个乡镇，其中七级、高公庄、张营、贺营、洺州、第什营6个乡镇遭受狂风冰雹灾害，其余10个乡遭受风灾。这次灾害，风力强、冰雹密，来势猛，破坏性强。风雹持续40分钟，冰雹密度达150个/平方米，大的直径约50毫米。全县受灾面积达2.97万公顷，成灾2.18万公顷，其中棉花受灾面积8000公顷，成灾5100公顷，绝收1400公顷；粮食受灾9200公顷，成灾5927公顷，直接经济损失2.26亿元。

1999年7月26日下午5时许，洺州镇、贺营乡50多个村遭受风雹袭击，风雹灾害呈西北东南方向，风力8级，阵风10级以上，持续20分钟。

1999年8月30日，两次遭受风雹袭击。下午2时，枣园、梨园屯、常屯三个乡镇受灾，下午4时又有枣园、梨园屯、常屯、常庄、固献、贺钊、贺营、洺州等乡镇受灾，冰雹大如鸡蛋，小如豆粒，给大秋作物造成损失约8314.1万元。

2000年7月10日下午5时许，高公庄、侯贯、常屯、常庄、梨园屯、方家营六乡镇突遭强风雹袭击，冰雹密度为500个/平方米，直径10～15毫米。成灾村45个，成灾面积1979公顷，经济损失2484万元。

2001年6月14日晚6时至次日凌晨3时，威县连续三次遭受风雹灾，赵村、贺营、章台、常屯、常庄、张营、方家营7个乡镇受灾。

2002年5月29日下午6时许，侯贯、常屯、贺钊、贺营、方家营6个乡镇遭受不同程度冰雹袭击，受灾面积达5685公顷，重灾1895公顷。

2002年6月25日下午5时，梨园屯、枣园、侯贯、常庄、常屯等乡镇遭受历史上罕见的

图 2-8 冰雹/2004 年摄

暴风雨和冰雹袭击，上千公顷棉花被砸成光杆，道路两旁大树、电话通信杆被大风拦腰折断，同时房屋、高压线路均遭到不同程度损坏，全县受灾面积 7150 公顷，其中棉花 6304 公顷，经济损失 1.02 亿元。

2002 年 8 月 25 日凌晨 6 时，第什营乡良善庄、南林庄等 12 个行政村，遭受冰雹袭击，冰雹大如鸡蛋，小如核桃，农作物受灾面积 2330 公顷，其中棉花 1467 公顷。

2004 年 6 月 24 日，威县境内出现一次强降雹过程。县城内冰雹最大直径 65 毫米，平均重量 31 克，共涉及 8 个乡镇，167 个行政村，受灾面积 1.59 万公顷，绝收 2133 公顷，伤 21 人。

第五节　虫　灾

1992 年、1993 年威县棉铃虫害连续大暴发。据县植保站调查，麦田一代棉铃幼虫密度达每平方米 60 余头。1992 年，一组杨枝把（10 把杨枝）一代成虫密度达每平方米 60 余头。1992 年一组杨枝把（10 把杨枝）一代成虫诱蛾量达 2135 头，二代百株累计落卵 2574 粒。用当时群众的话说："除去电线杆子上没有棉铃虫。"

1993 年 6 月，县虫情观测站第二代（即棉田一代）棉铃虫观测结果为：一组杨枝把一代成虫诱蛾量达 1942 头，百株累计落卵量高达 7677 粒，创威县棉田一代棉铃虫发生量之最。棉铃虫发生面积之大，危害农作物之多，实属历史罕见。

棉铃虫害造成全县棉花产量连续两年大幅减产。据统计，1991 年全县棉花种植面积 3.07 万公顷，每公顷产皮棉 810 千克，总产量 24840 吨，而 1992 年全县棉花种植面积 3.3 万公顷，每公顷产皮棉 435 千克，总产量仅 14384 吨。1993 年全县棉花种植面积减至 2.71 万公顷，总产降至 7827 吨。

第六节　雪　灾

2009 年 11 月 10 日至 12 日，威县境内出现一次有记录以来最大降雪过程，此次降雪共持续 39 小时，降雪深度 25 厘米，降水量 32.8 毫米，已成特大暴雪。降雪给社会各行业造成不同程度影响。全县蔬菜大棚倒塌损坏 1403 个，房屋倒塌损坏 47 间，养殖大棚倒塌损坏 171 个，经济损失 998.39 万元。道路交通严重受阻。

第三编 居 民

历史上境内人口发展时增时减，总的趋势是逐渐缓慢地增多。明嘉靖元年（1522）全县人口20365人。1923年增至168768人。民国以前，男婚女嫁遵从“父母之命，媒妁之言”，讲究门当户对。重男轻女观念根深蒂固，卫生医疗条件差，居民受教育者少，文化素质低。社会经济发展缓慢，行业结构较单一，农业生产受所有制及生产条件限制，居民生活水平较低。1949年后，实行男女平等，倡导婚姻自由，改善卫生医疗条件，发展普及教育，人口素质不断提高。农村恢复和发展农副业生产，居民生活水平逐步提高，全县人口1978年增至412515人。境内道、佛两教上可追溯到汉晋，兴盛于唐宋，元代伊斯兰教传入威县，明末传入天主教，清光绪年间（1875—1908）传入基督教。至民国年间，五大宗教在县内俱有信众。

30年间，威县认真落实计划生育基本国策，人口增长速度得到有效控制。人口素质与人口结构皆发生较大变化。经济快速发展，居民衣食住行都有较大改善，生活质量明显提高。婚姻自由、自主，家庭规模日趋小型化。宗教信仰自由，各教信众有所增加并和谐共处。居民习俗在传承与发展中演化，改陈规革陋习，新风尚、新习俗逐渐兴起。文明事迹不断涌现，文明理念根植人心。“自强、包容、诚信、担当”的威县精神得到进一步弘扬。

第一章 人 口

第一节 人口总量与分布

1979—2009年，全县人口总量呈逐年增加趋势。2009年，全县总人口576578人，增长38.4%，总量居全市第二位。人口相对集中在县城与乡镇驻地，分布特点是：东南部粮棉产区和经济发展较快的乡镇人口密度大，老沙河、西沙河沿岸林果油料区和交通不方便的乡镇人口密度小。

人口总量

1979 年，全县总人口 416524 人。2009 年，全县总人口 576578 人，与 1979 年相比，总人口增加 160054 人，增长 38.4%，年均增加 5335 人。人口总量位居全市第二，少数民族人口数量位居全市第一。30 年间，人口总量变化呈现以下特点：

1979—2009 年，人口总量呈逐年增加趋势，只有 1996 年是负增长，减少 1379 人。从总体看人口自然增长率在 10‰上下徘徊。一是人口控制力度加大，人口自然增长率保持稳定；二是随着择业范围扩大和家庭经济水平提高，居民就业、学习等外迁人口增多。三是由于经济、思想观念等因素影响，计划生育已逐渐变为人们的自觉行动。

1982 年全县第三次人口普查（简称“三普”，下同），全县总人口 428713 人；1990 年“四普”，全县总人口 495175 人；2000 年“五普”，全县总人口 530259 人。

1979—2009 年部分年份威县人口状况统计表

表 3－1

年份	总户数（户）	总人口数					出生人口（人）	出生率（‰）	死亡人口（人）	死亡率（‰）
		合计（人）	男（人）	女（人）	性别比	非农业人口（人）				
1979	99553	416524	207536	208988	99.31	10878	6571	15.8	2801	6.7
1981	102166	429037	214307	214730	99.80	12304	8985	21.1	3285	7.7
1985	107194	458200	229750	228450	100.57	15169	6534	14.3	2245	4.9
1990	118967	498731	250512	248219	100.92	20840	6597	13.5	2551	5.2
1995	124054	520345	262022	258323	101.43	27413	3857	7.4	3539	6.8
2000	122459	531137	267183	263954	101.22	31165	4771	9.0	2984	5.7
2005	142078	537690	273658	264032	103.65	56969	8429	16.2	3324	6.8
2009	166233	576578	294963	281615	104.74	105926	8748	15.6	3230	5.8

说明：2003 年始，人口总数取自公安局年报；出生人口、死亡人口及出生率、死亡率、自 1986—2009 年来自县人口计划生育局

人口分布

全县人口相对集中在县城和乡镇驻地。2009 年，全县城镇人口为 136269 人，占总人口的 23.6%，全县人口密度为 570 人/平方千米，比 1982 年提高 137 人/平方千米。

全县人口分布特点是：东南部粮棉产区和历年商品经济发展较快的乡镇人口密度大，而老沙河、西沙河沿岸林果油料区和交通不方便的乡镇人口密度小。2009 年，人口密度最高的乡（镇）是洺州镇，人口密度为 1006 人/平方千米；人口密度最少的常屯乡为 441 人/平方千米。

1982—2009 年部分年份威县人口及人口密度分布情况一览表

表 3－2

年份	总人口（人）	土地面积（平方千米）	人口密度（人/平方千米）
1982	438228	1012	433
1985	458200	1012	453
1990	498731	1012	493
1995	520345	1012	514
2000	531137	1012	525
2005	537690	1012	531
2009	576578	1012	570

各乡镇人口密度大小与各区域的经济发展密切相关。经济发展好的地方，人口相对集中，反之则人口密度下降。

威县乡镇人口密度对比情况一览表

表 3－3　　单位：人/平方千米

乡镇	2009 年	1979 年	2009 年比 1979 年增加人数
洺州镇	1006	520	486
梨园屯镇	595	427	168
章台镇	589	445	144
侯贯镇	519	403	116
七级镇	548	460	88
方家营乡	522	381	141
第什营乡	496	330	166
枣园乡	724	527	197
固献乡	522	383	139
贺钊乡	523	394	129
贺营乡	506	355	151
张营乡	498	376	122
常屯乡	441	342	99
常庄乡	524	398	126
高公庄乡	549	424	125
赵村乡	574	467	107

说明：1979 年人口密度数据由 32 个人民公社调整为 16 个乡镇计算

第二节　人口变动

1981—2009 年，全县人口年自然增长率在 -1.43‰ ~ 16.2‰之间。人口迁移以升学、参军、就业、工作调动、婚配等类人员居多。2000 年后，外出打工者增加，流动人口随之增多。

自然变动

从 20 世纪 70 年代起，随着计划生育工作的开展，人口自然增长率得到有效控制。全县人口由以前“高出生、高死亡、低增长”进入到有计划增长的轨道。1981—2009 年人口年自然增长率在 -1.43‰至 16.2‰之间。1979 年，全县出生人口 6571 人，死亡 2801 人，自然增长率 9.1‰。2000 年，全县出生人口 4771 人，死亡 2984 人，自然增长率 3.3‰。

机械变动

20 世纪 80 年代初，受户籍管理制度、经济发展水平、思想观念等因素制约，人口变动缓慢。人口迁移以升学、参军、就业、工作调动、婚配等类人员居多，这些人员户籍随人变动。1992 年，实行户籍制度改革，农村男女青年购买非农业户口者增多，加之大专院校招收委培、定向、自费学生，迁移人口随之增加。1992 年和 1994 年，全县男女青年购买非农业户口者达 1500 多人。2000 年以后，随着大专院校历年扩招，迁出人口略有增加。2009 年，全县迁出人口 2431 人，迁入 4323 人。

流动人口

流动人口即不改变永久性居住地的移动人口及没有永久性居住地的移动人口，包括流出人口和流入人口。1999 年，县公安局设立暂住人口管理总站，各派出所设立暂住人口管理站，建立县公安局、派出所、用工单位三级管理体制。2000 年，全县流动人口 3581 人。2002 年，全县共登记流出人员 4148 人，流入人员 1168 人。2009 年，全县登记流动人口 585 人，注销 115 人。

第三节　人口素质

1979—2009 年，全社会文化素质普遍提高，初中文化程度人数大幅增多，文盲半文盲比重大幅下降。随着居民生活水平日益提高，人均预期寿命也有明显提高。

自然素质

根据 1990 年第四次普查资料计算，全县死亡人口平均寿命 63.7 岁。随着居民生活水平提高，全县死亡人口平均寿命有明显提高。2006 年，已超过 70 岁。但是，由于环境污染、营养搭配不合理、居民体力劳动减少、生活节奏加快等原因，导致“三高”（高血压、高血脂、高血糖）人群增多。另外，随着电视、电脑及学习负担加重，少年儿童近视率明显上升。

文化素质

2000 年“五普”显示，全县 6 岁及以上人口为 497284 人。全社会文化素质普遍上升一个层次，初中文化程度人数大幅增多，不同年龄的文化层次均有提高，文盲半文盲比重大幅度下降。全县 6 岁及其以上各种文化程度人口占总人口比重为 83%，比 1990 年提高 21.1 个百分点。文盲半文盲所占6岁以上人口比重下降16.8个百分点。初中文化程度人口增多108617人，研究生从无到有22人。具有初中以上文化程度人口比重为41.2%，比1990年提高18.7个百分点，充分体现了普及九年义务教育的成果。每千人拥有初中以上文化程度人口明显提高，绝对量增加最多的是初中文化程度，每千人增加192人，增幅最大的是大专以上人口增长3.8倍，其次是大学本科人口增长2倍，中专人口增长56.5%。1979—2009年，全社会文化素质有以下特点：一是全县文化素质普遍上一个层次，二是初中文化提高最多，三是不同年龄的文化层次在提高，四是文盲半文盲比重大幅度下降。

1990年与2000年威县6岁以上人口文化程度对比表

表3-4 单位：人、%、百分点

文化程度	2000年		1990年		2000年比1990年增减百分点
	人口	结构	人口	结构	
合计	497284	100	426786	100	
研究生	22	0.0			
大学本科	658	0.1	208	0.0	0.1
大学专科	3878	0.8	739	0.2	0.6
中专	7071	1.4	4222	1.0	0.4
高中	20005	4.0	14653	3.4	0.6
初中	204781	41.2	96164	22.5	18.7
小学	203543	41.0	190452	44.6	-3.6
文盲半文盲	57326	11.5	120348	28.3	-16.8

1990年与2000年威县每千人拥有各种文化程度人口对比表

表3-5 单位：人/千人、%

文化程度	2000年	1990年	增减量	增减百分比
研究生	0.0	0	0	0
大学本科	1.2	0.4	0.8	200.0
大学专科	7.3	1.5	5.8	386.7
中专	13.3	8.5	4.8	56.5
高中	37.7	29.6	8.1	27.4
初中	386.2	194.2	192	-1.0
小学	383.9	384.6	-0.7	-0.2
文盲半文盲	108.1	243.0	-134.9	-55.5

1990年以后，15岁及其以上各年龄组和各种文化程度人口比重除小学外基本上为上升趋势，特别是初中文化程度人口在全县人口中占有绝对比重，中专以上文化程度人口比重增幅较大，2000年和1990年相比，小学文化程度11个年龄段中有8个是下降趋势，其中：20～24岁年龄组下降幅度最大达20个百分点。45～49岁、50～54岁两个年龄组增幅较大，其中：50～54岁年龄组增长30.7个百分点，为最高。高中文化程度人口所占比重总体呈上升趋势，但出现不规则波动，原因是“文化大革命”中及“文化大革命”后一段时间，由于教育体制不规范，高中学校遍地开花，教育虽广，但质量低下。随着社会经济的发展和教育体制的改革，合并部分高中学校，恢复间断达十年之久的高考制度，使全县教育质量得到空前提高和发展。同等学历中女性比重在上升，但在学历人群中，女性仍处于绝对劣势，2000年和1990年相比，在同等学历人口比重中，女性比重在上升，特别是大专女性人口增长最快，增长16.1个百分点，本科女性人口增长11.9个百分点。男女平等教育正逐步得到实现，但从2000年男女文化程度人口绝对量来看，随着文化层次不断提高，男性占总人数比重仍占优势，初高中、大专、本科都高于50%，而女性低于50%，特别是学历越高，男性所占比重越大，大专及本科以上男性是女性的1.58倍。

1990年与2000年威县各种文化程度人口占该年龄组人口比重统计表

表3－6　　单位:%

年龄数	合计		中专以上		高中		初中		小学	
	2000年	1990年	2000年	1990年	2000年	1990年	2000年	1990年	2000年	1990年
15～19岁	99.9	91.2	3.0	2.6	7.8	3.2	69.1	45.7	20.0	39.7
20～24岁	99.7	87.6	5.7	1.4	5.0	4.0	69.1	42.3	19.9	39.9
25～29岁	99.4	85.3	4.0	1.8	3.7	8.3	64.5	41.1	27.2	34.1
30～34岁	99.0	77.4	2.4	1.6	2.9	10.4	60.8	31.2	32.9	34.2
35～39岁	99.1	69.4	3.0	1.3	6.7	5.9	57.7	23.8	31.7	38.4
40～44岁	97.9	65.8	2.7	1.3	9.3	3.1	45.1	19.6	40.8	41.8
45～49岁	96.7	63.4	2.4	2.1	5.8	3.0	35.2	23.0	53.3	35.3
50～54岁	93.6	46.9	2.1	2.3	3.1	1.4	26.4	11.9	62.0	31.3
55～59岁	52.8	32.0	2.5	1.5	3.2	0.5	21.4	5.9	25.7	24.1
60～64岁	20.6	22.2	2.2	0.5	1.9	0.3	8.4	2.9	8.1	18.5
≥65岁	11.4	16.1	0.8	0.2	0.6	0.3	3.5	2.6	6.5	13.0

1990 年与 2000 年威县 6 岁以上人口分性别受教育程度占同等学历人口比重表

表 3－7　　单位:%、百分点

文化程度	男			女			2000 年男女比重差
	2000 年	1990 年	增减百分点	2000 年	1990 年	增减百分点	
总计	51.6	57.1	－5.5	48.4	42.9	5.5	3.2
小学	44.4	52.5	－8.1	55.6	47.5	8.1	－11.2
初中	57.3	64.7	－7.4	42.7	35.3	7.4	14.6
高中	65.1	67.2	－2.1	34.9	32.8	2.1	30.2
中专	46.6	57.0	－10.4	53.4	43.0	10.4	－6.8
大专	59.3	75.4	－16.1	40.7	24.6	16.1	18.6
本科以上	71.8	83.7	－11.9	28.2	16.3	11.9	43.6

第四节　人口构成

2000 年，威县属成年人口型，即将进入老年人口型。随教育事业发展，全县接受初中、高中、大学教育的人数都有大幅增加，人口素质普遍提高。全县经济日益发展，新增行业越来越多，城镇人口逐年增加。

性别构成

1990 年，“四普”显示，全县人口中男性为 250183 人，占 50.52%，女性为 244992 人，占 49.48%。性别比为 102.12。2009 年末，全县人口中男性为 294963 人，占 51.16%，女性为 281615 人，占 48.84%，性别比为 104.74。

年龄构成

1990 年，第四次人口普查统计，威县 0～14 岁人口 157339 人，占总人口的 31.78%；15～64 岁人口 307037 人，占 62%；65 岁以上人口 30793 人，占总人口的 6.22%。

2000 年，第五次人口普查中威县 0～14 岁人口为 125453 人，占 23.66%，与 1990 年相比下降 8.12 个百分点；15～64 岁人口为 368046 人，占 69.41%；65 岁以上人口为 36760 人，占 6.93%。根据国际标准，用 65 岁以上计算老年人口系数，这一系数在 4.5% 以下，为年轻人口型，4.5%～7% 之间为成年人口型，在 7% 以上为老年人口型。威县 65 岁以上人口系数为 6.93%，仍属成年人口型，即将进入老年人口型。

2009 年威县百岁老人情况一览表

表 3－8

姓名	性别	出生年月	籍贯
葛蕊之	男	1908.4	贺钊乡小王庄
吴桂荣	女	1908.6	常庄乡东安上
马喜爱	女	1908.3	洺州镇王庄
赵灯太	男	1909.5	贺钊乡小陈固
霍氏	女	1909.5	洺州镇白伏
贾桂云	女	1909.9	侯贯镇杨长屯
高文凤	女	1908.9	常屯乡东王目

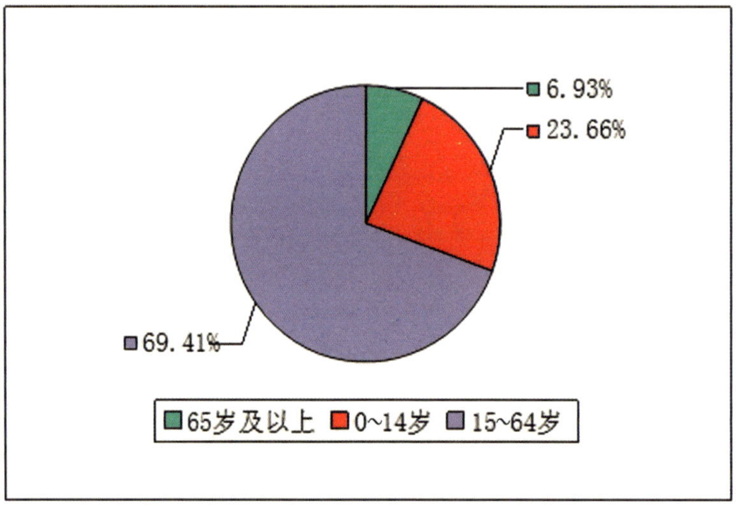

图 3－1　2000 年威县人口年龄构成示意图

民族构成

威县人口主要为汉族，少数民族人口占总人口不到百分之一。在少数民族人口中以回族人口居多，占少数民族人数的 95.78%，主要分布在洺州镇的王庄、星光、黄街、姜霍寨及赵村乡前南寺庄，共 2 个乡镇 5 个回民集居区。

1990 年第四次人口普查，全县人口 495175 人，有汉族、回族、蒙古族、藏族、彝族、壮族、朝鲜族、满族、瑶族、白族、土家族、仫佬族 13 个民族。其中回族 4057 人、蒙古族 3 人、藏族 16 人、苗族 1 人、彝族 1 人、壮族 28 人、朝鲜族 2 人、满族 10 人、瑶族 4 人、白族 1 人、土家族 2 人、仫佬族 1 人。汉族 491049 人，占人口总数的 99.17%，少数民族 4126 人，占人口总数的 0.83%。

2000年威县“五普”少数民族各乡镇分布状况统计表

表3－9　　　　　　　　　　　　　　　　　　　　　　　　　　　　单位：人

民族	洛州	梨园屯	章台	侯贯	七级	方家营	第什营	枣园	固献	贺钊	贺营	张营	常屯	常庄	高公庄	赵村	合计
蒙古族	23	1	3	10	2	5		3	8	9	2	1	2	1	6	5	81
回族	3872				2		2	1	3	2	1				4	421	4308
藏族	16				1				1	3	1				2	1	25
维吾尔族	2								1	1					2		6
苗族	1	1			1			1	2	1						2	9
彝族	2					1					1		1			2	7
壮族	3		1	1						1	1		1	3		3	14
朝鲜族	4			1		1			3		1	1	4	1		1	17
满族	2		1				2	1		1		1			4	2	14
独龙族	1																1
白族	1																1
土家族	3																3
布依族					1			1		1					4	1	8
侗族		1							1								2
傣族										1							1
未识别民族	2																2
合计	3932	3	5	12	7	7	4	7	19	20	7	3	8	5	22	438	4499

2000年，第五次人口普查，全县人口530259人，共有汉族、回族、蒙古族、藏族、苗族、彝族、壮族、布依族、朝鲜族、满族、侗族、白族、土家族、傣族、维吾尔族、独龙族16个民族。其中回族4308人、蒙古族81人、藏族25人、朝鲜族17人、壮族14人、满族14人，其余少数民族都在10人以下，其中汉族人口525760人，占总人口99.15%，各少数民族人口4499人，占0.85%。与第四次人口普查相比，各少数民族人口增加363人。

学历构成

据1990年第四次人口普查统计，全县人口中具有大专以上文化程度的947人，具有高中（含中专）文化程度的18875人，具有初中文化程度的96164人，具有小学文化程度的

190452人。

至2000年，全县人口中大学专科以上文化程度4558人，高中（含中专）文化程度27076人，具有初中文化程度204781人，接受小学教育203543人，15岁及15岁以上文盲47573人，文盲人口占15岁以上人口的11.75%。

2000年与1990年相比，全县每10万人中，接受大学教育的由191人上升为860人，接受高中教育的由3812人上升为5106人，接受初中教育的由19420人上升为38619人，接受小学教育的由38462人上升为38585人。文盲占总人口比重由22.68%下降为8.97%，下降13.71个百分点。10年间全县人口素质普遍提高，为全县经济建设提供强有力人力资源。

职业构成

根据2000年第五次人口普查规定，构成按全部家庭户和集体户随机抽取10%进行登记。

1990年威县第四次人口普查行业构成统计表

表3－10　　　　单位：人、%

行业分类	在业人口数	男	女	所占在业人口比例	男、女所占比例	
总计	282317	148982	133335	100	52.8	47.2
1. 农林牧渔业	266248	137587	128661	94.30	51.7	48.3
2. 工业	3249	2411	838	1.16	74.2	25.8
3. 建筑业	380	338	42	0.13	88.9	11.1
4. 地质勘查和勘探业	—	—	—	—	—	—
5. 交通运输、邮电通信业	618	529	89	0.22	85.6	14.4
6. 商业、公共饮食业、物资业和维修业	2934	1846	1088	1.04	62.9	37.1
7. 金融、保险业	539	369	170	0.19	68.5	31.5
8. 房地产业、社会服务业	234	164	70	0.08	70.1	29.9
9. 卫生、体育和社会福利业	620	393	227	0.22	63.4	36.6
10. 教育、文化艺术及广播电影电视业	3677	2085	1592	1.30	56.7	43.3
11. 科学研究和综合技术服务业	7	3	4	—	42.9	57.1
12. 国家机关、党政机关和社会团体	3809	3255	554	1.36	85.5	14.5
13. 其他行业	2	2	—	—	100.0	—

2000年威县第五次人口普查行业构成情况一览表

表3－11　　　　单位：人、%

行业分类	在业人口数	男	女	在业人口所占比例	
				男	女
总计	34613	17861	16752	51.6	48.4
1. 农林牧渔业	33215	16987	16228	51.1	48.9
2. 采掘业	5	2	3	40.0	60.0
3. 制造业	234	158	76	67.5	32.5
4. 电力、燃气及水的生产供应业	38	29	9	76.3	23.7
5. 建筑业	16	13	3	81.3	18.7
6. 地质勘查业、水利管理业	1	1	—	100.0	—
7. 交通运输、仓储及邮电通信业	69	58	11	84.1	15.9
8. 批发和零售贸易、餐饮业	242	136	106	56.2	43.8
9. 金融、保险业	53	33	20	62.3	37.7
10. 房地产业	—	—	—	—	—
11. 社会服务业	21	12	9	57.1	42.9
12. 卫生、体育和社会福利业	68	38	30	55.9	44.1
13. 教育、文化艺术及广播电影电视业	274	121	153	44.2	55.8
14. 科学研究和综合技术服务业	—	—	—	—	—
15. 国家机关、党政机关和社会团体	374	270	104	72.2	27.8
16. 其他行业	3	3	—	100.0	—

劳动年龄

2000年，全县劳动年龄人口（男女均为16～64岁），为355673人，占总人口的67.1%，比1990年提高1个百分点，其中男180507人，女175166人。10年间，总抚养比下降16个百分点。

2000年和1990年威县劳动年龄抚养比统计表

表3－12　　　　单位:%

指标	2000年	1990年	增减百分点
总抚养比	49.1	65.1	－16.0
少儿抚养比	38.8	54.8	－16.0
老年抚养比	10.3	10.3	0

城乡构成

30 年间，全县城镇人口逐年增加，在全县人口中的比例呈逐年增多之势。1979 年，全县总人口 416524 人，其中农业人口 405646 人，非农业人口 10878 人。之后，全县非农业人口占总人口的比重逐年上升。非农业人口来源于大中专毕业生、农村转业军人安置、行政和企事业单位所用农民合同工转非及转干、非农业职工干部的家属农转非。1992 年，为扩大城镇建设规模，经省政府批准，县政府首次敞开向全县城镇、农村实行有价农转非，每一户口标准为 7000 元。受计划经济时期非农业子女升学就业和粮油食品供应优越的影响，富裕起来的农民为子女、为自己（在岗农民合同工或经商办企业者）争相购买，当年非农业人口增加 2237 人。但事与愿违，转非农业户口者大部分闲居，喜忧参半。此后，非农业户口价格虽一降再降，而购买者甚少。2003 年 8 月，省公安厅户籍管理制度改革，打破城乡分割的农业、非农业二元户口管理结构，使农民进入城镇的门槛大大降低。县公安局人口统计口径也随之改变，由原来的按户籍统计变为按居民实际居住地统计，分类由农业人口和非农业人口变为乡村人口和城镇人口。是年，全县总人口 536212 人，其中乡村人口 426825 人，城镇人口 109387 人，城镇化率为 20.4%

2009 年，全县总人口 576578 人，其中，乡村人口 440309 人，城镇人口 136269 人。城镇化率 23.6%

第二章　婚姻与家庭

1981 年始，新《中华人民共和国婚姻法》在全县贯彻实施，结婚登记由乡镇、民政局分管办理，2001 年执行集中办理，全县统一到县民政局办理结婚登记。随着经济发展，住房条件的改善，人们思想观念也在发生变革，家庭规模日趋小型化，一代、二代家庭户占据主要地位。

第一节　婚　姻

婚姻观念

择偶条件　1979 年，县内年轻人择偶条件看重家庭出身、思想上进、人品正派等。进入 20 世纪 80 年代，改革开放全面铺开，青年人的择偶条件不再依赖于政治条件、家庭出身等外在条件，而更多的与学历、职业、能力等个人素质相联系。双方要求大多是年龄相仿、身体健康、诚实可靠、外貌性格佳、上过学、有稳定工作等。90 年代开始，人们对职业、收入、住房、财产等物质条件的重视程度和期望值大幅上升。人们的爱情观和择偶观也开始向这一方面倾斜。2000 年后，注重个人情感需求，更注重经济基础，信奉“爱情和面包都要兼得”，认为经济基础是爱情的保障。择偶条件有志同道合有共同语言、多才多艺、相貌佳、学历高、工作稳定等。

离婚 1979年，受传统思想的影响，县内居民对离婚现象仍持歧视态度，主张“嫁鸡随鸡、嫁狗随狗”。进入20世纪80年代，人们开始改变对离婚的态度，趋于理解和包容，社会道德评价也趋于公允，离婚自由成为婚姻自由的一部分，离婚率也随之呈逐年上升之势。90年代后，随着市场经济体制的确立，人的个体意识觉醒，离婚由“事件离婚”转向“情感离婚”，由“过错离婚”转向“无过错离婚”，离婚原因更多地是因为感情和个人原因。

再婚再嫁 1979年，县内女性离婚或丧偶者再婚现象所占比例不高，主要是受传统封建思想影响，不少妇女丧偶后终生守寡。男性丧偶后再婚者较多。1980年新《中华人民共和国婚姻法》实施后，提倡男女平等，婚姻自由，老人再婚现象增多，但受旧观念的影响，再婚现象还是男多女少。20世纪90年代后，由于离婚率升高，再婚率也有所提高，且再婚者年龄提前，以中、青年人居多，反映出人们对传统婚姻观念越来越淡薄，越来越追求婚姻的自由幸福。2000年后，再婚再嫁已不是敏感话题，老人再婚再嫁逐渐得到子女和社会认可，尤其在城镇，有一些子女为了老人的晚年幸福生活，主动为老人找老伴。但在农村，妇女丧偶再嫁却始终难以逾越。

婚姻人口

1982年第三次人口普查，全县15岁以上人口289381人，其中有偶人数190203人，占15岁以上人口的65.73%。1990年第四次人口普查，15岁以上人口中，有偶人数238571人，占15岁以上人口的70.62%，有偶率比1982年上升近5个百分点。

2000年第五次人口普查，全县15岁以上人口为404806人，占总人口76.34%。按10%抽样调查数为40393人，其中男性20307人，女性为20086人；未婚者10546人，占26.11%；初婚有偶者27044人，占66.95%，再婚有偶者337人，占0.83%，有偶率为67.78%，比1990年又下降近3个百分点；有偶离婚者150人，占0.37%；丧偶者2316人，占5.74%。

婚姻管理

结婚登记 1980年9月10日，第五届全国人大三次会议通过修改后的第二部《中华人民共和国婚姻法》，自1981年1月1日起施行，规定男22周岁，女20周岁，为法定结婚年龄，并提倡晚婚、晚育。县民政局统一培训各乡镇民政助理员，统一印制结婚证书、婚姻介绍信和登记表。1990年，结婚证书上开始粘贴男女照片。1996年前，结婚登记农村由32个乡镇办理，县直各单位由县民政局办理。1996年乡镇合并后，由16个乡镇办理结婚登记，这种分管办理一直执行到2000年12月底。2001年1月1日按照上级有关部门要求，全县执行集中结婚登记，16个乡镇不再办理结婚登记，全县522个行政村统一到县民政局办理结婚登记，违法婚姻由县民政局直接查处。2003年10月1日全国统一施行新《婚姻登记条例》，同时废止《婚姻登记管理条例》，新条例规定结婚登记不再施行婚姻状况证明信，同时废止执行三年之多的强制婚检制度，结婚登记只要求结婚当事人带户口本、身份证到县民政局申请，即可办理结婚登记，结婚年龄仍然按男不得早于22周岁，女不得早于20周岁。2004年7月23日，河北省人民政府令废止《河北省婚姻登记管理实施办法》和《河北省治理早私婚管理办法》，县民政局及各乡镇不再有查处违法婚姻的权力和责任，结婚登记提倡人性化服务理念，民政部门不再有管理色彩，而增添了婚庆服务内容和服务色彩。

单位：对

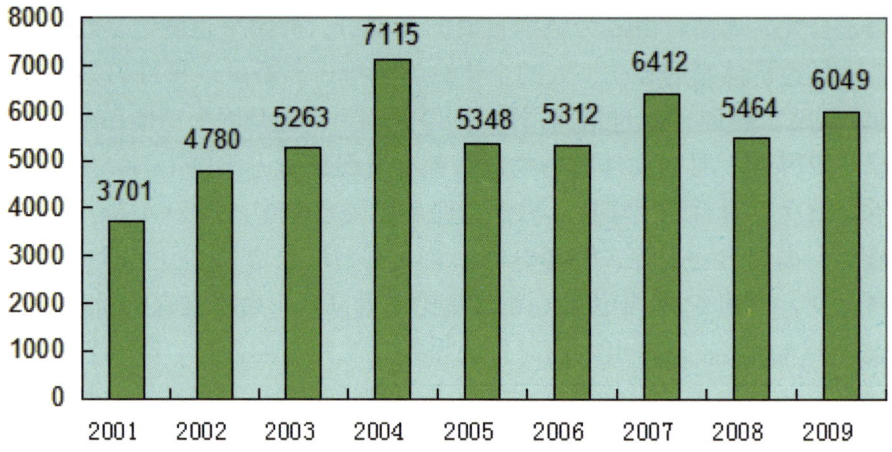

图 3－2　2001—2009 年结婚登记情况示意图

离婚登记　夫妻离婚需办理离婚登记。男女双方经乡镇或妇联组织调解无效，由双方携带户口本、身份证、结婚证，到一方户口所在地婚姻登记机关申请离婚。经查明离婚原因及财产、子女处理办法等情况后，婚姻登记机关再次进行调解；确属双方自愿离婚的，准予登记，发给离婚证书；一方不同意离婚的，转人民法院处理。现役军人配偶提出与军人离婚，在征得军人同意后，方可办理离婚登记。2006 年，为保护当事人隐私权，实行结婚、离婚登记分开办理。

2008—2009 年威县结婚登记构成情况统计表

表 3－13　　单位：人

年份	性别	学历			户口性质	
		本科及以上	高中及中专	初中及以下	城镇户口	农业户口
2008	男	88	196	5180	518	4946
	女	82	190	5192	560	4904
2009	男	168	226	5655	554	5495
	女	162	194	5693	446	5603

第二节　家　庭

家庭人口规模

1979 年，全县总人口 416524 人，总户数 99553 户，户均 4.18 人。

1990 年第四次人口普查，全县家庭共 117262 户。其规模是 1 人户 7100 户，2 人户 13491 户，3 人户 18618 户，4 人户 31189 户，5 人户 24980 户，6 人户 11995 户，7 人（含 7 人）以上户 9889 户。

2000 年，第五次人口普查资料统计，全县家庭户 134132 户，从家庭人口数量上看，1 人户 9448 户，占 7.04%，2 人户 16466 户，占 12.28%，3 人户 27564 户，占 20.55%，4 人户

36672 户，占 27.34%，5 人户 26041 户，占 19.41%，6 人以上户 17941 户，占 13.38%。

随着政治和经济体制改革的不断深化及计划生育的逐步深入，家庭类型由复杂型逐渐向简单型演变，家庭规模日趋小型化，其中二代户日渐增多。2000 年第五次人口普查全县家庭户均 3.95 人，比 1990 年第四次人口普查户均 4.22 人减少 0.27 人。又据 2009 年统计资料，全县总人口 576578 人，总户数达 166233 户，户均 3.47 人，比 2000 年减少 0.48 人，家庭规模更趋小型化。

家庭代数结构

1990 年，第四次人口普查资料统计，全县家庭户中，单身户 6589 户，一对夫妇户 9449 户，二代家庭户 75254 户，占总户数的 64.17%，三代家庭户 19425 户，占总户数的 16.56%，四代家庭户 1070 户，五代家庭户 2 户。

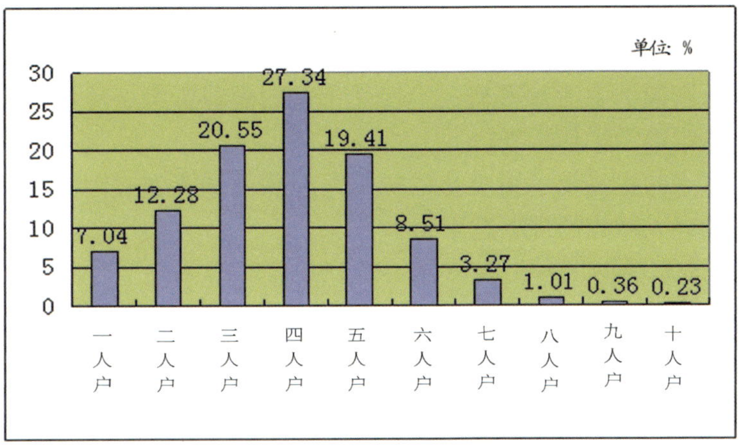

图 3-3 2000 年威县家庭户规模示意图

2000 年，第五次人口普查资料统计，全县家庭户 134132 户，其中一代家庭 22447 户占 16.74%；二代家庭 86468 户，占 64.46%；三代家庭 24203 户，占 18.04%，其他家庭 1014 户，占 0.76%。

由一对夫妇及其子女组成的核心家庭仍是全县家庭户主体，单身户和由一对夫妇组成的小家庭均呈增加趋势，必会增加对住房及家具、家用电器等耐用消费品的需求。随着经济的发展、住房条件的改善，人们思想观念的改变，家庭户规模将日趋缩小，家庭户类型将逐步过渡到占主要地位的现代小家庭。

家庭抚养与赡养

子女抚养 20 世纪 80 年代，城乡居民家庭抚育婴儿，多为母乳喂养。90 年代，母乳喂养人数有所下降，哺乳时间也逐渐减少，主要原因是妇女参加劳动生产增多，在职妇女上班时间紧，顾不上喂养婴儿；农村妇女进城务工，将孩子留在家里，让老人照看；有些母亲为了保持体形美，不愿给孩子喂奶；饮食习惯及环境污染造成奶量减少；经济发展，牛乳、代乳品增多，为代乳方式及缩短哺乳期提供了便利条件等。2000 年后，母乳喂养的优点逐渐被人们认识，同时，代乳婴幼儿食品越来越丰富，对婴幼儿的身体健康成长有了更多选择。

20 世纪 80 年代，学龄前儿童一般由父母、祖父母看管。90 年代后，随教育事业的发展，城镇幼儿园、小学学前班逐渐增多，城镇幼儿大多 3 周后进入幼儿园，6 周再转入某小学的学前班。而在农村，幼儿园普及慢，学前班则较为普遍，即农村幼儿 6 周才能进入小学学前班，1 年后正式入学。2000 年后，全县城乡幼儿园发展迅速，学前班逐渐萎缩，国家又出台入学儿童年龄提前一年（6周岁），全县城乡儿童绝大多数3周后可以进入幼儿园接受学前教育，家庭看护一般只看护到3周岁。

老人赡养　20世纪80年代，农村子女赡养老人多以实物为主，除为老人提供粮食外，还适时提供衣被、医疗费等，各项钱物一般由儿子均担，女儿则不定期回家探望，为老人购买衣服、点心、肉蛋等，帮老人洗衣拆被、整洁卫生。90年代后，农村居民收入提高，子女为老人提供粮食外，定期或不定期给老人一定的零用钱，或商定每月给老人一定的零用钱。2000年后，全县粮食作物种植面积大幅减少，农村居民生活必需品也要靠购买，子女赡养老人一般以现金为主。

20世纪80年代，城镇居民赡养老人一般体现在资金上，由子女定期给老人现金。90年代，赡养老人的费用有所提高，离退休的干部、职工一般靠个人养老金生活。2000年后，社会养老金发放范围不断扩大，依靠养老金生活的老人增多，另外，有些县城居民有固定房产出租，有一定的收入来源，生活较富裕，不接受子女的赡养资金，反而能在子女找工作、购房子、买汽车等大事中给予无偿帮助。

随着居民生活水平的提高及孝道文化的提倡，因赡养老人，或因家庭财产分配上兄弟反目、妯娌吵闹，影响老人赡养的现象越来越少。

家庭教育

1979年，居民教育子女多注重健康安全及道德培养，文化教育则在其次，在农村，很多家长把孩子送到学校就不管不问了，家庭教育方式较粗放。20世纪80年代，受考上大中专分配工作、吃商品粮，转非农业户口的影响，家长对子女的教育开始重视起来，开始督促孩子好好学习，提高文化成绩，为以后考中专、上大学做准备。进入90年代，越来越多的家长重视子女的智力发展和学习成绩，开始出现择校之风，有些家长为让孩子上个好学校，不惜资金投入。在重视书本知识的同时，忽视了对孩子的德育培养、习惯养成、自理能力、兴趣爱好等个性发展。

2000年后，家长都把子女教育视为家庭里的头等大事，舍得时间、精力和资金的投入，择校之风盛行。家长开始注重子女的个性培养，如从小就让孩子参加各种兴趣班、才艺班、补习班等，成为家庭的不小开支。

家务劳动

1979年，城乡家庭受“男主外、女主内”的传统观念影响，女性是家务劳动的主要承担者。20世纪80年代，全县农村普遍实行家庭联产承包责任制，家庭女性除下地干活外，还要承担繁重的家务劳动，诸如洗衣做饭、照看孩子、日常购买、清洁卫生等，男性老人及幼年子女很少承担家务劳动。90年代后，家用电器陆续进入城乡家庭，家务劳动有所减轻；另一方面，由于男女平等意识逐渐增强，夫妻基本能够共同承担家务劳动。其中城镇比农村比率高，夫妻文化程度越高，共同承担比率越高，但女性仍为家务劳动的主要承担者，且适龄劳动者年龄越大，承担家务劳动越繁重。2000年后，家政服务、搬家服务、保洁公司不断出现，家务劳动社会化初露端倪，护理病人、托管小孩、保姆、钟点工、清洁管道安装服务等家政服务新项目层出不穷，但受经济条件制约，仅限于部分居民。另一方面，全自动洗衣机、电磁炉、豆浆机等智能电器进入广大城乡家庭，这些都在一定程度上缓解了居民繁重的家务负担。

第三章 人口控制

1979年，威县推行晚婚，提倡一对夫妇只生一个孩子。1983年，落实中共中央、国务院计划生育精神，对终身只要一孩的夫妇实施奖励政策，对已婚育龄妇女提供生殖健康服务。2001年，国家颁布《中华人民共和国人口与计划生育法》，强调以人为本理念，威县计划生育走上法治轨道。

第一节 控制人口数量

晚婚

20世70年代初，根据中央有关文件精神，威县全面推行晚婚。规定：城镇男28周岁、女25周岁，乡村男25周岁、女23周岁为晚婚年龄。规定发出后，全县青年群起响应。1979年，男子晚婚率为97.1%，女子晚婚率为98%。

1980年，新《中华人民共和国婚姻法》颁布实施，重新规定结婚年龄为男22周岁、女20周岁。婚龄的变化和农村经济体制的变革使婚龄人数大量增加，晚婚年龄逐年降低，晚婚人数逐年减少。1981年平均年龄下降到21.6岁，男、女晚婚率分别下降为79.3%和76.5%。1989年，男、女晚婚率分别下降为27.93%和26.21%。据计划生育统计报表显示1991年全县女性初婚晚婚率为30.93%，到2005年女性初婚晚婚率为33.49%，1998年为1991—2009年女性初婚晚婚率最高的一年，为59.80%。

1991—2009年威县女性初婚晚婚率一览表

表3-14 单位:%

年份	女性初婚晚婚率	年份	女性初婚晚婚率
1991	30.93	2001	44.80
1992	37.76	2002	41.25
1993	29.23	2003	39.63
1994	35.89	2004	40.19
1995	48.35	2005	33.49
1996	54.13	2006	38.38
1997	53.55	2007	35.68
1998	59.80	2008	35.45
1999	54.02	2009	38.23
2000	50.63		

节育措施

1979 年，全县贯彻国务院“一对夫妇生育子女最好一个，最多两个”的精神。中共威县县委决定大力鼓励一胎，控制二胎，坚决制止三胎。全县利用宣传车、黑板报、幻灯等多种形式进行宣传号召。到年底，总计发放独生子女光荣证 8176 个，占 1 孩育龄夫妇的 94%。

1980 年后，由于晚婚人数大量减少，导致结婚人数大量增加。1982 年，出现一个生育高峰。是年，全县共出生 9886 人，自然增长人数 7043 人，人口自然增长率高达 16.2‰，比 1980 年增长 7.7 个千分点。1983 年，结合全县实际，落实中共中央、国务院计划生育精神，通过采取宣传教育等措施，使过快的人口增长速度降下来。与 1982 年相比，人口自然增长率降低 5.1 个千分点。1982 年至 1986 年全县采取各种节育措施的有 65368 人，节育率达 90.55%，人口自然增长率降至 8.5‰。七级、贺钊、干集、白果树被评为邢台地区计划生育先进乡镇，洺州镇西河洼、七级镇飞乌村被河北省政府命名为计划生育先进村。

图 3-4 计划生育雕塑（自强路）/2006 年摄

1993 年末，省人口调查队采取以“点”带“面”的方法到威县干集乡西小庄村，对威县 1993 年年度计划生育工作进行年度考核。因该村已婚育龄妇女节育避孕措施落实率低、出生隐瞒漏报多、管理混乱等问题，在全省县市区考核中排名倒数第二名。

1994 年，威县被省确定为“重点管理县”，由省长叶连松联系威县，限期摆脱落后局面。通过全县上下广大干部群众的努力，1994 年度威县在省人口调查队、省计生委公布的年度考核成绩中由 1993 年的排位倒数第二上升为全省排名前 80 名，一举扭转被动落后局面。1996 年、1999 年先后两次被省政府评为计划生育先进单位。

1979—2009 年部分年份威县节育率、计生率等情况一览表

表 3-15

年份	出生人数（人）	综合节育率（%）	计划生育率（%）	出生率（‰）	自增人数（人）	自增率（‰）
1979	6571	—	—	—	—	—
1985	6534	—	—	—	—	—
1990	6597	—	—	—	—	—
1995	3857	92.32	97.74	7.42	318	0.61
2000	4771	91.60	93.78	9.00	1707	3.24
2005	8429	88.78	82	16.22	5405	10.05
2009	8748	89.91	89.17	15.60	5518	9.99

奖励扶助

1979 年，威县开始制定、完善计划生育工作的若干规定。县革委规定：终身只要一孩的夫妇，由县发给计划生育光荣证，其子女优先入托、入学、入伍、就业。干部职工由女方所在单位月发儿童保健费 3 元；农村社员由女方所在生产队月发儿童保健补助工 3 个，记产假工 56 个，如儿童生病需到外地医院治疗，经大队批准，药费由生产队负担，直到小孩 14 周岁。

1980 年，县革委颁布《关于计划生育工作若干规定》，对终身只要一孩的夫妇又做出两条补充规定：第一，农村社员独生子女可分给成年人口粮，如需宅基地优先安排；干部、职工按两个孩子安排住房。第二，终身要一孩的夫妇在评奖、提薪、提职、临时工转正、入党、入团等方面优先考虑。

1985 年，中共威县县委、县政府印发文件，进一步完善计划生育的若干规定。规定男、女双方均按法定婚龄推迟 3 年以上结婚的，视为晚婚，可增产假 15 天；已婚 24 周岁以上生育的初产妇视为晚育，奖励产假 1 个月；在产假期间报名终身只要一孩的再增产假两个月，工资、奖金照发；对实行晚婚、晚育农民可视实际情况给予适当物质和现金奖励；对终身只要一孩夫妇，经本人申请、所在单位核实，由计划生育部门发给独生子女证，并由夫妇双方所在单位分别发给儿童保健费，每人每月 2.5 元；特殊情况的女干部、职工经所在单位批准，若不享受儿童保健费，可享受育儿假 1 年，照发工资，不影响全勤奖和调级、晋级；农民领取独生子女证的每人每年发给 20 个劳动日或相应数量现金，国家免费发放避孕药具；凡属计划生育就诊的挂号、手术、医药、住院等全部免费，对积极落实长效避孕措施和因避孕失败而采取补救措施者，按规定给予休假待遇，假期中工资照发，不影响全勤奖。

1989 年 3 月，《河北省计划生育条例》颁布实施，奖励政策依该条例执行，该条例规定：自领取独生子女证之日起，到子女 14 周岁止，对独生子女父母由双方所在单位每月分别发给不低于 5 元的奖金，在产假期间领取独生子女证的，增产假 30 天。

2003 年 7 月，《河北省人口与计划生育条例》颁布实施，该条例规定：从领取独生子女父母光荣证之日起，到子女 18 周岁，对独生子女父母由双方所在单位每月分别发给不低于 10 元的奖金；对符合规定可以生育第二个子女而自愿不再生育的夫妻，分别给予不低于 1000 元的一次性奖励；独生子女父母是国家工作人员的、企事业单位职工的，退休时分别给予不低于 3000 元一次性奖励。

2005 年始，国家开始对农村部分计划生育家庭实施奖励扶助制度，奖励扶助重点为：按照国家及省有关计划生育法律法规和政策性规定，实行计划生育的农村独生子女和双女户夫妻。具体条件是：一是本人及配偶均为农业户口或界定为农村居民户口；二是 1933 年 1 月 1 日后出生，1973 年至 2001 年间没有违反计划生育法规、规章和政策规定；三是现存一个子女或两个女孩或子女死亡现无子女；四是年满 60 周岁。

图 3－5 第四届生育文化节/2006 年摄

省规定条件：独生子女意外死亡现无子女的父母且符合国家规定的前三个条件的，从年满55周岁起提前纳入奖励扶助对象。

全县首批符合奖励扶助条件有539人，落实发放帮扶金32.34万元。

生育政策

1979年，全县执行省革委通知精神，鼓励一对夫妇生育子女数最好一个，最多两个；再婚夫妇的两方或一方已有两个孩子者，不再安排生育，要求生育两胎的，生育间隔时间一般四年以上。

1982年，全县认真执行中共河北省委、省政府《关于计划生育工作若干问题的试行规定》，规定：第一个孩子有非遗传性残疾，不能成长为正常劳动力的；原发性不孕，结婚五年后抱养一个孩子，又怀孕要求生育的；再婚夫妇原只有一个孩子的。以上情况要求生育二胎的，可有计划地列入生育规划。农村社员除以上三种情况外，男到有女无儿家结婚落户的；夫妇双方均系独生子女的；兄弟中只有一个孩子，其他均无生育条件的；夫妇一方系一等残废者，只有一个孩子的，这些情况可列入生育规划。

1989年3月《河北省计划生育条例》颁布，该条例规定：符合以下条件要求生育的夫妻可以有计划地再安排生育一个子女：（1）只有一个子女，且其子女有非遗传性严重残疾的；（2）依法收养一个子女后，又怀孕的；（3）夫妻双方均为独生子女，只有一个子女的；（4）夫妻一方为二等乙级以上革命伤残军人，或相当此标准的其他非遗传性残疾者，只有一个子女的；（5）夫妻双方均为少数民族，只有一个子女的；（6）夫妻双方均为归国华侨和在河北省定居的香港、澳门、台湾同胞，只有一个子女的；（7）再婚前无计划外生育的再婚夫妻，重组家庭时只有一个子女的，或夫妻一方未生育过子女，而另一方有两个以下子女的丧偶再婚者；（8）上年度无计划外生育村的村民，只有一个女孩的；（9）农村中男到有女无儿家结婚落户的村民，只有一个子女的。

2003年7月18日《河北省人口与计划生育条例》颁布实施，全县按此执行。该条例规定，符合下列条件之一的夫妻，经过批准可以再生育一个子女：（1）第一个子女为病残儿，不能成长为正常劳动力，但医学上认为可以再生育的；（2）依法收养一个子女后，又怀孕的；（3）夫妻双方均为独生子女，只有一个子女的；（4）夫妻一方为二等乙级以上革命伤残军人，或者相当此标准的其他非遗传性残疾者，只有一个子女的；（5）夫妻双方均为全国一千万以下人口的少数民族，只有一个子女的；（6）平原、丘陵的农村居民，只有一个女孩的；（7）再婚夫妻一方无子女，另一方有两个以下子女的。

第二节　提高人口素质

20世纪80年代初，全县广泛普及优生优育知识，主要内容是在控制人口数量的同时，努力提高人口素质。全县城乡多次利用有线广播、图片、黑板报、幻灯、标语等形式进行优生宣传。1980年至1984年全县举办优生展览3次，参观人数达7万余人次。到1989年，全县共举办优生优育展览5次，参观人员12万余人次，向青年夫妇赠送宣传品1万余件，赠送各种丛书5000余册。

另外，县政府还明确规定，禁止三代以内直系和旁系血亲结婚生育，对患有影响后代健康和智力正常发育的遗传性疾病的育龄夫妇不安排生育。1982 年，全县各公社建立健全婚前检查制度，不体检者不予结婚登记。同时，大多数乡镇建立孕妇产前检查制度，并开始为全县报名终身只要一孩家庭的儿童进行免费体格检查，对发现患有疾病的儿童进行治疗。到 1990 年，全县优生优育率达 99.9%。

90 年代以后，全县加大计划生育优生优育知识宣传力度，充分利用广播、电视台、标语等形式进行优生优育等内容的宣传，2000 年后又实施为全县 10 万名已婚育龄妇女生殖健康检查进行免费服务，免费进行孕检、环情检测，免费进行各种避孕节育手术，诊治各种计划生育并发症，开展救助贫困母亲的“幸福工程”和“关怀女孩行动”。同时县计生局率先建起新型生育文化大院、宣传一条街，制作多块大型公益广告牌，随后全县 16 个乡镇 400 多个村，也建起高标准生殖健康服务室，购置一次性检查用具及办公设施，共计投资 300 多万元，为服务育龄群众创造良好的工作环境。仅 2005 年全县共刷写标语 2500 余条，组织计划生育宣传志愿队 3 个，印发宣传单 10 万余份，县乡两级又投资 21 万元购置一次性窥器 5 万个，其他器械及物品 55000 件，共做各种手术 8575 例，查病治病 4000 多人，为 127 名育龄妇女免费摘除子宫囊肿和子宫肌瘤。

2009 年，县人口和计划生育局争取到国家人口计生委中国人口福利基金会“乳腺健康宣教诊治中心”项目。该项目是关注女性健康的公益项目，为期 5 年，预期投入将达到 100 多万元。

第三节 计划生育服务

威县计生服务始于 1984 年。服务主体主要有县计划生育技术服务站、各乡（镇）计生技术服务站及县妇幼保健站，服务对象是全县育龄妇女。

服务机构

县计划生育技术服务站 1984 年 2 月，在县城南街县畜牧局南侧始建“威县计划生育技术服务站”隶属于县计划生育办公室，主要进行接生服务。1989 年初，迁至洺水东路路北。1994 年，又迁至顺城路路北，粮食局办公楼东侧。1995 年，在县计划生育技术服务站基础上建县第二人民医院。（详见卫生医药编）

图 3－6 计生服务站/2007 年摄

各乡（镇）计生技术服务站 1985 年冬，根据邢台地区统一要求，各乡（镇）均建立计生技术服务站，国家统一免费配置医疗器械，负责开展乡（镇）各村育龄妇女的生殖健康服务。1994 年，各乡（镇）配备 B 超机、波姆光机和乳透仪，开展 B 超检查、乳透等查病治病活动，并定期对育龄妇女进行婚育知识培训。2009 年，各乡镇技术人员 61 人，其中，医师 2 人，助理医师 30 人。

县妇幼保健（站）院 详见卫生医药编。

生殖保健

县生殖健康服务始于1984年。主要由县乡（镇）计生技术服务站及县妇幼保健（站）院为全县育龄妇女提供生殖健康服务。

婚前服务　由于受封建意识观念的影响，20世纪90年代前，青年男女在婚前都不愿做婚前检查和接受性卫生知识培训等生殖健康服务。随社会发展和生殖健康服务的宣传，广大青年男女逐渐认识到婚前生殖健康服务的重要性。

图3－7　生殖健康宣传/2006年摄

1996年6月，依据《中华人民共和国母婴保健法》，县妇幼保健院率先在全县范围内开展医学检查及婚育知识培训等服务。

婚后服务　县计生技术服务站和各乡（镇）计生技术服务站的生殖健康服务对象主要是婚后育龄妇女，且以“四术”为主，兼为生殖健康服务。

1987—1999年，县计生技术服务站随着医疗设备的更新及购置，服务项目由原来以“四术”为主扩展为生殖健康系列服务，把季度普查与诊病、防病、治病结合起来。同时开展婚育知识咨询，并下乡到村进行生殖健康服务，对部分患者实行追踪回访。各乡镇技术服务站面向该乡镇，主要开展季度生殖保健服务：第一、三季度对本乡镇全部育龄妇女开展服务，第二、四季度对本乡镇零胎、一胎育龄妇女开展服务。服务项目上主要有B超透视、上环取环、发放避孕药具，开展婚育知识培训等。1994年开始，乡镇技术服务站在生殖健康服务方面还开展“民心工程”，从B超检查、乳透、妇科内诊到婚育知识培训，加强对育龄妇女的服务。

第四节　计生管理

管理机构

1979年以前，县计划生育工作由县计划生育办公室负责开展。1984年4月，成立威县计划生育委员会，内设秘书股和计划生育宣传站、药具站、技术站三个事业站室。1994年3月，成立县直计划生育委员会，隶属于县计划生育委员会，全面负责县直机关、企事业单位计划生育工作。1996年12月，县计划生育委员会更名为县计划生育局，内设秘书股、人事股、政策法规股、规划统计股、财务股五个行政股室，所属事业站室不变。另设县直计划生育办公室，由县计划生育局管理，负责县直计划生育工作。2002年7月，县计划生育局内设机构更改为办公室、政策法规股、规划统计股、人事股、县直股，撤销县直计划生育办公室，县直单位计划生育工作由县直股负责，所属三个股级事业站室不变。2006年7月，威县计划生育局更名为威县人口和计划生育局，内设机构不变。2007年6月，增设计划生育流动人口工作站，全面负责全县流动人口计划生育工作。

流动人口计划生育管理

1989年3月，为进一步做好计划生育工作，全县按《河北省计划生育条例》规定，加强对流动人口的管理。流动人口计划生育工作，由户籍所在地和临时居住地人民政府共同负责。

1994 年 2 月，邢台市制定《邢台市流动人口计划生育管理实施细则》，对流动人口计划生育管理工作做出详细规定。2000 年，县政府设立流动人口计划生育领导小组，下设办公室，实行公安、劳动、计生、工商部门联合办公制度。

第四章　居民生活

1979—2009 年，随着社会经济发展及党和政府一系列改善人民生活政策、措施的实施，特别是 2000 年以后，党中央、国务院制定各种政策文件来增加百姓收入，中共十六大（2002 年）以后，更加强对低收入人群的关怀。威县城乡居民收入水平在这个时期内明显增长，富裕程度不断提高，居民生活发生巨大变化，在衣食住行等各方面都有较大改善，生活质量明显提高。消费观念也发生新的变化，农村居民生活已解决温饱问题，少数居民已实现小康。

随着农村经济快速发展和小康建设步伐的加快，全县交通、电力、卫生、教育等各项基础设施取得长足发展。20 世纪 80 年代末，全县各乡镇实现通柏油路。随着“村村通”工程的实施，2005 年末实现 440 个村通公路。交通条件的改善，不仅为发展农村经济创造条件，而且为扩大农民探亲访友、外出旅游提供便利。2005 年底，全县通电话行政村达 100%。在农村登录互联网已不是神话，丰富农民的生产生活，进一步拓宽致富视野，邮电事业也有较快发展，特快专递的出现极大地方便了老百姓，县邮政局 5 个邮政分局和 2 个营业所均分散在全县农村。随着经济发展，农民对交通通信的需求正迅速扩大。交通工具也有较大变化，由自行车转变为摩托车，百户拥有量由 1985 年的 1 辆增长到 2005 年的 60 辆，与此同时，电力事业、广播电视的发展也给农民改善生活提供了方便。2005 年能接收电视节目的村达 100%，其中通有线电视的村达 22 个，医疗卫生条件得到进一步改善，其中乡级卫生机构 16 个，村级卫生机构 783 个，全县农民基本上实现“小病不出村、小手术不出乡”。

第一节　农村居民生活

收入

1979 年始，随着农村家庭联产承包责任制的实施，农民生产积极性空前高涨，农业生产开始迅速发展，农民收入增长显著。进入 20 世纪 80 年代中期，粮食、畜牧、林业、工副业、运输业等专业户日益增加，开始逐步富裕的农村居民以“万元户”为致富榜样，90 年代中期随着农业产出的提高和农民收入的多元化，农民收入开始迅速增长，以“十万元户”为标杆。至 2000 年，农民收入开始缓慢增长。随着民营经济、劳务输出的快速发展以及三农工作的推进和深入，使农民收入由缓慢增长，发展为快速持续稳步增长，在农村涌现出部分百万富翁。

增长幅度　1985 年，农村居民人均总收入为 439.13 元，2005 年达 3616.82 元，2005 年是 1985 年的 8.24 倍，年均增速为 11%，1985 年人均纯收入为 313 元，1985 到 1995 年 10 年间农民人均纯收入增至 1259 元，增长 4.02 倍，年均增速 17.5%，2000 年增至 2208 元，比 1995 年增长 1.75 倍，5 年均增速为 22.4%，2005 年达 2508 元，是 1985 年的 8.01 倍，年均增速为11%。2009年达3383元，是2005年的1.35倍，4年均增速7.8%。

1985—1992年威县百户农民收支情况统计表

表3－16　　单位：元/人

项目	年份	1985	1986	1988	1989	1990	1991	1992
全年总收入	收入总额	439.13	464.05	952.57	705.94	936.41	979.11	818.11
	从集体经营得的收入	6.56	10.60	5.87	9.67	8.50	22.45	22.00
	家庭经营收入	410.10	428.08	915.60	665.56	883.25	928.73	762.48
	其他非生产性收入	22.47	25.36	31.10	30.71	44.66	27.93	34.10
全年纯收入		313.00	315.00	475.00	440.00	559.00	635.00	404.00
全年总支出	支出总额	412.36	454.37	836.78	691.69	808.27	850.3	899.17
	家庭经营费用支出	94.91	110.10	424.21	208.20	295.49	253.02	320.95
	购置生产固定资产支出	21.64	14.38	12.14	30.26	9.67	64.86	14.93
	纳税	6.63	6.67	8.57	8.19	24.30	9.39	14.56
	上缴集体承包任务	12.94	18.08	28.66	31.66	36.05	50.83	45.28
	生活消费支出	273.47	299.43	353.59	392.98	434.77	456.62	491.73
	其他非借贷支出	2.78	5.71	9.62	20.41	7.99	16.60	11.73

1993—2000年威县百户农民收支情况统计表

表3－17　　单位：元/人

项目	年份	1993	1994	1995	1996	1997	1998	1999	2000
全年总收入	收入总额	804.00	1348.00	2142.00	2608.00	2851.00	2573.00	2686.00	2943.00
	基本收入	780.00	1254.00	2035.00	2534.00	2768.00	2434.00	2591.00	
	1. 劳动者报酬收入	51.13	73.40	103.80	240.50	280.90	358.80	559.30	
	2. 家庭经营收入	726.20	1181.00	1931.00	2294.00	2487.00	2075.00	2032.00	2514.00
	转移性收入	18.73	10.32	29.32	31.19	42.30	45.51	57.45	36.69
全年纯收入		442.60	695.90	1259.00	1659.00	1900.00	2014.00	2098.00	2208.00
全年总支出	支出总额	860.20	1429.00	1800.00	1988.00	2001.00	1413.00	1460.00	1763.00
	家庭经营费用	270.40	512.70	963.70	723.20	673.70	368.80	424.20	608.80
	交纳税金	15.26	24.64	36.06	37.28	19.38	62.67	12.40	25.63
	上缴承包任务	44.71	6.18	70.89	33.96	21.82	1.62	3.25	
	提留和摊派	1.77	68.64	98.15	67.92	101.40	49.84	52.88	27.57
	生活消费支出	509.90	663.90	884.40	1016.00	1119.00	839.00	895.30	1014.00

2001—2005年威县百户农民收支情况统计表

表3－18　　单位：元/人

项目		2001	2002	2003	2004	2005	2006	2007
全年总收入	收入总额	2942.00	2901.90	2906.80	3275.50	3616.80	4053.80	4646.00
	工资性收入	383.70	205.80	193.80	248.10	566.20	597.80	672.30
	家庭经营收入	2471.70	2595.30	2638.20	3008.30	2924.89	3320.20	3841.00
	财产性收入	1.44	6.17	21.20	5.96	112.81	87.70	37.40
	转移性收入	85.65	94.61	53.56	5.67	12.93	48.10	95.20
全年总支出	支出金额	1771.00	1761.70	1727.82	2298.09	3086.80	3799.80	4852.40
	家庭经营费用支出	554.70	565.09	507.82	747.24	925.61	1104.50	1247.70
	购置生产性固定资产	35.70	55.60	40.90	73.58	114.92	87.20	267.00
	缴纳税金	119.20	124.37	68.27	49.19	29.33	9.00	1.50
	生活消费支出	1026.00	979.20	1074.98	1394.92	1809.60	2458.10	3076.80
全年农民人均纯收入		2160.00	2095.00	2210.00	2375.00	2508.00	2758.00	3216.00

2008—2009年威县百户农民收支情况统计表

表3－19　　单位：元/人

项目		2008	2009
全年总收入	收入总额	3317.17	3383.00
	工资性收入	671.26	1032.07
	家庭经营收入	2263.19	1865.76
	财产性收入	196.76	179.42
	转移性收入	185.95	305.75
全年总支出	支出总额	4758.17	4466.41
	生产费用支出	1489.14	1214.21
	生活消费支出	3059.20	3113.42
	财产性支出	139.13	53.14
	转移性支出	70.44	85.64
全年农民人均纯收入		3317	3383

收入渠道　20世纪80年代，经过几年农村家庭联产承包制的实施，农民手里开始有富余钱，农村工业、建筑、运输、贸易、餐饮、服务业等行业开始在农村兴起。1985年，农民家庭经营收入（包括从事农林牧渔、工业、建筑等获取的收入）占全部收入的93.4%，占据绝

对主导地位，收入渠道相对单一。到90年代，随着农业生产效率的提高，农村开始出现剩余劳动力，剩余农民或外出到城市经商务工，或在当地乡镇企业工作，农民来自非农业的收入越来越多，工资性收入日渐成为农民财富积累的主要来源之一。尤其是进入21世纪后，威县农民工资性收入每年快速增长。到2005年，农民工资性收入人均达566.19元，占到家庭全部收入的15.7%，占纯收入的22.6%。同时随着民营经济的发展和新经营方式的出现，财产性收入、转移性收入所占比重逐步上升，2005年二者所占总收入比重为5.0%。2009年，农村居民工资性收入人均达1032元，占全年纯收入的30.5%。

收入结构　在农民家庭经营收入中，由于威县是农业大县，农业收入一直是农民家庭经营收入的主要组成部分。随着农村服务业的迅速发展和地方政府的积极扶持，农民收入结构正在以农业为主向与非农产业并举的协调方向发展，产业结构日渐优化。

消费

30年间，农村发生的广泛而深刻的变革，不仅带来农村经济的长足发展，农民收入的显著增长，而且扭转了长期以来农民生活水平提高缓慢的状况，带来农民的消费支出迅速增长，消费水平显著提高。2009年，全县农民平均生活消费支出为3113.4元，比1985年增加2839.9元，增长11.38倍，平均每年增长10.7%。

食物消费　1985年，威县农民的恩格尔系数为46.5%，2009年恩格尔系数为27.7%，恩格尔系数下降18.8个百分点。20世纪80年代，吃饱主食是农民食品消费的基本特征，主要是以粗粮为主，体现在餐具上则是碗大盘小。90年代始，食品消费在吃饱的基础上向吃好转变，开始以细粮为主。体现在餐具上则是碗小盘大。进入21世纪后，农民的生活开始讲究营养搭配，并努力创造就餐文化。

衣着消费　1985年，全县农民人均衣着支出为33元，2009年，人均衣着消费支出151.25元，比1985年增长3.58倍，年均递增6.55%，农民衣着消费方式在20世纪80年代初主要以自纺自织的粗布衣服为主，鞋袜也以自产自用为主。到80年代后期，农民开始向低档化纤衣服转移，“中山装”开始在农村流行起来；90年代后，逐步富裕起来的农民开始追求城市人的穿着，衣服趋向成衣化、高档化，西服和皮鞋开始在农村派上用场。进入21世纪，农村人衣着消费开始向休闲、舒适上转变，冬季的羽绒服开始在农村流行。

住房条件　30年间，农村最直观、最明显的变化是农民住房变化。住房面积：1985年，平均每人使用住房面积为15.4平方米，到2000年增加到19.68平方米，到2009年末达34.10平方米，2009年是1985年的2.21倍。住房价值：1985年人均住房价值为683.5元，到2000年涨到4468.6元，2009年末达10653.3元，是1985年的15.5倍。配套设施：与80年代相比，农民饮用水由过去以从井里提水为主逐步转变为以自来水为主，燃料以过去柴草为主逐步向液化气、煤炭和电转变，取暖也由过去烧土炕向空调、暖气转变。2005年，全县农村住房使用自来水的农户占50%；有取暖设备的农户占16%，其中安装空调、暖气的农户占3%；使用液化气和煤炭的农户占3%。住房结构：农村80年代的土坯房基本上由宽敞漂亮的砖木结构和钢筋混凝土结构房所取代，2005年，全县百户农民住房调查中，砖木结构和钢筋混凝土结构占全部住房的99.2%；随着社会主义新农村建设步伐加快，现在部分富裕的农民已向楼房庭院式、住宅别墅式方向发展，同时更加注重房屋内外部协调装饰，美化生活环境。

耐用品消费 20世纪80年代，流行“三大件”（电风扇、电视机、录音机）。90年代，新“三大件”（彩电、冰箱、洗衣机）正逐步普及。进入21世纪，一些现代化电器如空调、计算机已在部分富裕农民家庭中出现。百户调查资料显示，1985年黑白电视机百户拥有量为2台，到1990年达到28台，到1996年达到顶峰89台。以后开始逐步被彩电代替，彩电自1988年逐步走入农民家庭以来，到2005年末，普及率达到77%，2009年，农村百户调查显示百户彩电拥有量已增至116台，户均1.16台。洗衣机1988年百户拥有量为6台，2005年达到62台，2009年达到89台。

1985—1993年部分年份威县百户农民耐用品拥有量统计表

表3-20

耐用物品 \ 年份	1985	1988	1989	1991	1992	1993
自行车（辆）	127	151	155	173	181	179
缝纫机（架）	74	90	90	96	95	97
钟表（只）	138	202	211	191	215	214
洗衣机（台）		6	6	5	8	8
摩托车（辆）	1	1	1	1	2	2
大型家具（件）	217	302	313	310	357	328
收音机（台）	94	100	103	61	50	40
黑白电视机（台）	2	18	20	52	57	72
彩电（台）		1	1	4	4	6
收录机（台）	3	6	8	14	28	18
电风扇（台）	1	17	25	61	64	64

1995—1999年威县百户农民耐用品拥有量统计表

表3-21

耐用物品 \ 年份	1995	1996	1997	1998	1999
自行车（辆）	187	185	192	194	214
缝纫机（架）	95	95	105	101	101
钟表（只）	100	104	102	97	109
手表（只）	163	110	131	128	146
电风扇（台）	90	127	149	158	152
洗衣机（台）	9	17	25	30	34

续表 3－21

耐用物品＼年份	1995	1996	1997	1998	1999
电冰箱（台）	1	2	3	4	7
摩托车（辆）	2	14	18	24	34
大型家具（件）	359	682	710	741	842
收音机（台）	45	53	49	55	47
黑白电视机（台）	81	89	79	81	72
彩电（台）	8	8	12	22	27
收录机（台）	35	27	26	26	36
照相机（架）		1	1	1	1

2000—2009 年威县部分年份百户农民耐用品拥有量一览表

表 3－22

耐用物品＼年份	2000	2001	2004	2005	2008	2009
自行车（辆）	236	237	258	238	227	245
电风扇（台）	116	129	158	146	—	—
洗衣机（台）	38	50	49	62	79	89
电冰箱（台）	4	9	10	4	14	14
摩托车（辆）	38	47	42	60	72	72
大型家具（件）	119	118	46	54	—	—
黑白电视机（台）	68	70	67	30	3	3
彩电（台）	33	42	40	77	110	116
收录机（台）	15	13	16	19	—	—
照相机（架）	1	1	1	1	—	1
影碟机（台）	8	10	6	16	20	26
电话机（部）	18	30	36	37	34	27
移动电话（部）	—	1	10	52	115	131

第二节　城镇居民生活

1979—2009 年，随着市场经济的建立、生产力的解放、劳动生产率的提高，社会生产水平得到空前进步，社会物质财富大大增加，城镇职工工资也呈几何级速度增长，城镇居民的物质文化生活得到很大改善。同时，国家制定城镇居民最低生活标准，建立健全各项社会保障制度，这一时期居民收入增长较快。2009 年，威县城镇居民家庭统计调查开始，从此，全县城镇居民生活统计有了基础资料，对威县城镇居民的收入结构、生活消费结构，以及社会财富拥有状况的分析研究提供有力的依据。

收入

职工工资收入　20 世纪 90 年代初期，由于经济体制改革是循序渐进的，市场经济主体还没有完全建立，所以城镇职工工资收入基本上是计划经济时代的模式，职工工资仍然是职工收入的唯一来源，职工工资也基本上反映当时城镇居民的生活水准。但随着市场经济的建立健全和不断完善，经济成分多元化，职工工资收入的格局也发生变化，例如行业差别，隶属关系差别，所有制差别等，无论从质或量都发生了改变。虽然城镇职工收入格局改变，但是职工工资在城镇居民可支配收入中仍占主导地位。据 2009 年城镇调查资料显示，职工人均工资收入占人均可支配收入的 97%。

1980 年，全县城镇职工平均工资 598 元，月均 50 元，1980 年比 1979 年职工平均工资仅增长 8%。

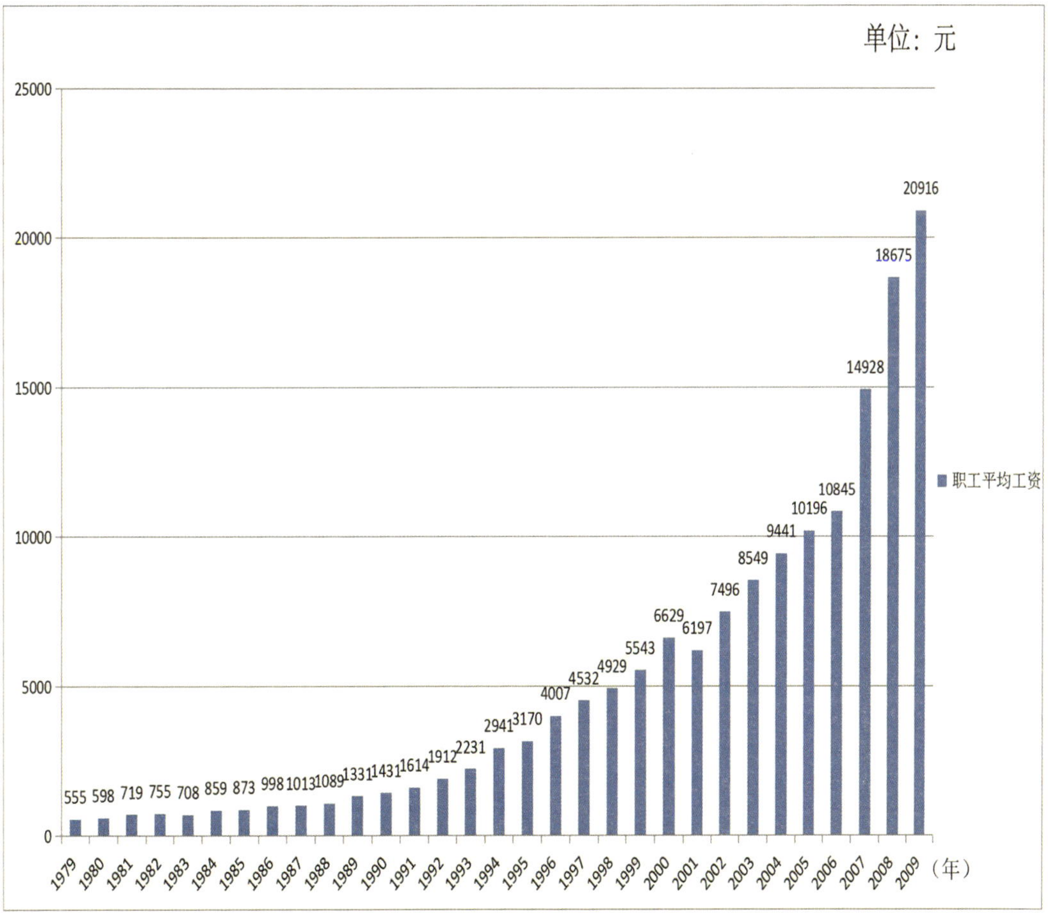

图 3－8　1979—2009 年威县职工年度平均工资示意图

1990 年，全县城镇职工平均工资 1431 元，月均 119 元，是 1979 年职工平均工资的 2.58 倍，平均递增 9.0%。

2000 年，全县城镇职工平均工资 6229 元，月均 519 元，是 1979 年职工平均工资的 11.2 倍，平均递增 12.2%。

2005 年，全县城镇职工平均工资 10196 元，月均 850 元，是 1979 年职工平均工资的 18.4 倍，平均递增 11.9%。

2009 年，全县城镇职工平均工资 20916 元，月均 1743 元，是 1979 年职工平均工资的 37.7 倍，平均递增 12.9%。

以上可以看出，威县城镇职工工资增长最快的时期是 1990—2000 年和 2000—2009 年，2000 年比 1990 年职工平均工资增加 4798 元，增长 3.35 倍；2009 年比 2000 年职工平均工资增加 14687 元，增长 2.36 倍，2009 年比 1990 年职工平均工资增加 19485 元，增长 13.62 倍。1990 年比 1979 年职工平均工资增加 876 元，增长 1.58 倍。2009—1990 年职工平均工资比 1990—1979 年平均增长 12.4 个百分点，可见，1995 年和 2006 年工资改革是职工工资增长较快的主要因素。

收入渠道　家庭收入多元化。2009 年，城镇居民家庭收入人均 10315 元，可支配收入 10054 元。其中工资性收入 9780 元，占可支配性收入的 97.3%，工资性收入在可支配收入中仍占主导地位。经营性收入 170 元，占可支配收入的 1.7%。财产性收入 248 元，占可支配收入的 2.5%。转移性收入 117 元，占可支配收入的 1.2%。

收入差距　从分行业看，1980 年职工平均工资最高行业和最低行业分别是交通运输仓储、邮政业的 797 元和农林牧渔业的 555 元，两者之比为 1.44∶1。1990 年，职工平均工资最高行业和最低行业分别是公共管理和社会组织（1889 元）和农林牧渔业（1033 元），两者之比为 1.83∶1。2000 年，职工平均工资最高行业和最低行业分别是交通运输仓储、邮政业（8608 元）和居民服务及其他服务业（4569 元），两者之比为 1.88∶1。2005 年职工平均工资最高行业和最低行业分别是交通运输仓储和邮政（22000 元）和制造业（4928 元），两者之比为 4.46∶1。2009 年，职工平均工资最高行业和最低行业分别是电力燃气及水的生产供应业（32905 元）和住宿餐饮业（8790 元），两者之比为 3.74∶1。

1980—2003 年威县部分年份按隶属关系职工平均工资统计表

表 3－23

项目＼年份	1980	1990	1995	2000	2005	2009
中央（元）	696	1916	6029	9708	15940	34094
地方（元）	611	1417	3396	6047	9865	21430
中央比地方高%	13.9	35.2	77.5	60.5	61.6	59.1

1990—2009 年威县部分年份企业、事业、机关职工平均工资统计表

表 3－24　　单位：元

年份 项目	1990	2000	2005	2009
企业	1188	5267	9474	20486
事业	1838	6738	9454	20931
机关		6849	11917	21140
比例	0.64:1	0.78:0.77:1	0.8:0.79:1	0.98:0.97:1

说明：1990 年事业机关职工平均工资在一起

消费

1979 年时，受收入水平的限制，居民在吃、穿、住、用等方面都保持在较低层次。随着改革开放不断深入和经济的发展，居民收入呈几何级的提高，居民人人分享改革开放的成果，随之而来的是教育、医疗、住房、社会保障及人民生活水平的提高。2009 年城镇居民人均生活消费支出为 6322 元。

食品消费营养化　1979 年，城镇居民还在吃商品粮，食品消费以粮为主，蔬菜为辅，且品种单一，水果、肉蛋、奶类为偶尔改善，食品消费支出占生活消费支出的大部分。随着物质的日益丰富，统购统销取消，粮本、粮票退出历史舞台，人民生活水平不断提高，居民对食品的消费从量的满足逐步向质的追求转化，由温饱型向营养型发展。2009 年，食品消费 1917 元，恩格尔系数 30.3%，人均主食消费 347 元，占全部食品消费的 18.1%，在主食消费中，大米人均 14.7 千克，面粉 27.5 千克。其他粮食及制品 102.9 元，人均副食品支出 1027 元，占全部食品消费的 53.6%，在副食消费中人均消费油脂 6.5 千克，猪肉 9.1 千克，牛羊肉 10.5 千克，奶及奶制品 9.4 千克，鱼类 1.9 千克，蛋类 13.9 千克，水果 25.8 千克，蔬菜 89.1 千克。

衣着靓丽化　1979 年，在衣着方面居民依然秉承着“新三年旧三年缝缝补补又三年”的老传统，大都是买布料自己加工，购买成衣很少，且布料以低档化纤为主，色泽单一。随着生活水平的提高，城镇居民越来越注重外在形象。2009 年，城镇居民人均用于衣着消费的支出为 876.1 元，占消费支出的 13.9%，人均成衣 6.4 件，单价 99 元。鞋类 3.1 双，单价 62.2 元，各式各样款式美观时尚，彰显个性时装正在使城镇居民越来越“靓”。

城镇居民住房现代化　1979 年，职工住房还在享受福利分房待遇，但企业、事业、机关单位自己建房的很少，只有为数很少的人拥有单位住房，且大部分都是平房。住宅数屈指可数，大部分职工家庭就近租赁住房。2009 年，城镇居民住房面积 31.01 平方米，商品房和房改私房及原有自主房占 98%，租赁房仅占 2%，大大提高城镇居民房屋财产，改善了城镇居民的住房条件。随着住房制度的改革，福利住房取消，居民有了一定经济基础，出现购房热潮，有的房价达几十万元。2009 年，城镇居民人均购房建房支出 1477 元，占生活消费支出的 23.4%，成为消费中的一大主体。从住房配套设施看，100% 的住户独用自来水，80% 的有厕所浴室，96% 的有暖气。

耐用品高档化　1979 年，流行的“三大件”是自行车、手表、缝纫机。到 2009 年，发

展到汽车、计算机、互联网和高清晰度的液晶等离子电视机，传统的彩电、冰箱、洗衣机在数量上已经普及且随着科学技术的不断发展在功能、质量、档次上不断跨上新台阶。数字化大屏幕液晶等离子电视机，冰箱向多门大容量节能保鲜方向发展，洗衣机更注重多功能，汽车向低耗低碳美观发展。手机代替传统的电话机，3G 手机的多功能可视上网，计算机互联网上网聊天、对话视频等现代电子技术的发展，渐渐改变人们的传统生活。随着人们住房和生活水平的提高，一批现代化的高科技家电产品成为家庭必备品。

2009 年威县城镇主要耐用品百户拥有量统计表

表 3 - 25

项目	2009 年
摩托车（辆）	50
助力车（辆）	46
洗衣机（台）	96
电冰箱（台）	80
彩色电视机（台）	120
家用电脑（台）	74
空调器（台）	122
淋浴热水器（台）	80
移动电话（部）	204
接入有线电视网络的电视机（台）	94
接入互联网的计算机（台）	56

交通、通信　1979 年，自行车是人们出行的主要代步工具，信息传递则主要靠信函。2009 年，城镇居民摩托百户拥有量 50 辆，助力车 46 辆，家用汽车 2 辆。人均交通费用支出 69.5 元，家庭交通工具购置支出 69.9 元。通信方面，虽然 1979 年，家庭电话已经出现，但是几千元的初装费仍显昂贵，使用家庭电话也只限少数富裕家庭。大哥大、BP 机更是时尚、身份的象征。到 2009 年，人均通信费用 426 元，通信工具支出 80.7 元，百户移动电话 204 部，手机已走入寻常百姓家。交通工具日益向现代化、多样化发展，自行车、摩托车、助力电动车、汽车等各式各样的交通工具已满足人们的出行需要，且档次也不断提高，汽车也已进入家庭。

精神文化生活　1979 年，城镇居民用于教育方面的投资很少，娱乐方面也不过是看电影、看戏，文化生活单调。到 2009 年，城镇居民人均用于文教、娱乐的消费支出 1121.6 元，随着物质生活的提高，居民的精神文化生活也日趋丰富，特别是教育，人均支出 719.4 元，占文化教育娱乐消费支出的 64.2%。另一方面，人们在工作之余，更懂得去放松自己，享受生活或去各种娱乐场所消费或走出去旅游。

第五章 宗 教

20世纪80年代初，县内宗教活动陆续恢复。天主教、基督教、伊斯兰教、道教、佛教五种宗教在域内均有信众。1990年，五大宗教信众32433人，其中天主教19000人，基督教6700人，伊斯兰教4057人，道教46人，佛教2630人。1995年，对全县宗教活动场所依法进行登记，全县登记正式宗教活动场所42处，其中天主教28处，基督教1处，伊斯兰教6处，佛教7处，临时活动场所登记39处，全县信教群众33786人。通过登记，建立县、乡（镇）、村三级宗教工作管理网络和爱国宗教团体、宗教活动场所、家庭聚会三级宗教内部管理网络。1996年起，每年对宗教活动场所进行年检，开始加大对各种非法宗教活动的治理力度，对出现的各种邪教组织及时依法处理，保持了全县宗教领域的稳定。

2002年8月，成立县民族宗教事务局。是年，在宗教界开展法律、道德、科技、文化四进堂活动，聘请司法、科技人员进教堂讲法律、讲科技知识。至2009年底，全县共有信教群众4万余人，占全县总人口的7.1%，分布在16个乡镇，298个村，其中天主教2.6万人，基督教6800人，伊斯兰教5552人，道教258人，佛教2700人；全县宗教职业者69人，其中天主教神甫12人，修女18人，基督教长老5人，伊斯兰教阿訇8人（含散班阿訇2人），海里凡6人，道教道士4人，佛教比丘僧7人，比丘尼9人。全县正式登记的活动场所111处，其中天主教37处，基督教40处，伊斯兰教6处，佛教22处，道教6处。

第一节 佛 教

佛教传入威县的时间没有文献记载。方家营乡西堂村观音寺建于东汉永平年间（58—75）。据此，佛教传入威县的时间当不迟于东汉永平年间。元代，现章华村万安（俗姓贾）弘扬净土，创“贾菩萨宗”。中原佛教有“临天下，曹一角，贾菩萨到处跑”的说法。

图3－9 普济禅寺（洺州镇围紫园村）/2012年摄

1949年，县内建有寺院50多所，1985年在县城东南出土北宋淳化年间（990—994）的《观弥勒菩萨上生兜率天经》经幢和释迦牟尼坐像一尊及明正德年间（1506—1521）立《龙舒净土文碑》。

1982年，威县佛教活动逐渐恢复。1995年12月15日，县佛教协会成立。2009年，全县有寺院22所，僧人和居士2700人。

威县佛教以净土宗为主，个别寺院属禅宗、密宗和禅净双修。净土宗以《阿弥陀经》《无量寿经》《观无量寿经》《大势至菩萨念佛圆通章》《普贤菩萨行愿品》《往生论》为主要经典，认为只要真心切愿，一心称念阿弥陀佛名号，临命终时，阿弥陀佛即来接引往生极乐世界。

县内佛教寺院规模和影响较大的有普济禅寺、石佛寺、崇兴寺、开元寺。

威县佛教界在做好自身修行的同时，积极投身于公益慈善事业。居士经常捐献资金、衣服、被褥给困难家庭。积极参与各种传统文化班、孝道班、国学班，为构建和谐威县发挥正能量。

2009年威县寺院一览表

表3－26　　单位：平方米

寺名	地址	占地面积	修建年份	寺名	地址	占地面积	修建年份
普济禅寺	洺州镇围紫园村	5300	1990	重修寺	常庄乡田村	5700	1982
大明禅寺	第什营乡吴家庄	350	2008	兴隆寺	贺钊乡西贺钊	2500	1999
崇兴寺	固献乡固献三村	12000	1997	般若堂	侯贯镇大里庄	1850	1989
兴隆寺	固献乡后葛寨	2500	1997	善慧寺	章台镇南胡帐	780	1992
石佛寺	梨园屯镇东王曲	1800	1996	天宁寺	章台镇三益庄	820	1997
光明寺	梨园屯镇干集孙街	1620	1999	山海寺	章台镇翟庄	1500	2007
兴隆寺	梨园屯镇梨园屯	900	2002	藏弥寺	章台镇章华堡	1600	2009
大兴寺	梨园屯镇南梁庄	400	2009	清云寺	高公庄乡经镇	5700	2001
佛国寺	梨园屯镇杏园屯	240	2009	开元寺	赵村乡后赵村	6600	1987
开元寺	常屯乡东大城	2700	1991	观音堂	张营乡北马庄	5300	2005
普度禅寺	常屯乡北仓庄	750	1988	观音禅寺	常庄乡桑园	10600	1997

第二节　道　教

道教是以“道”为最高信仰的中国传统宗教。域内道教的源流已不可考。汉末巨鹿张角、张良兄弟创办太平道，举行起义，其教义逐渐流传至县域。唐代，县域道教盛行，代表人物是潘师正和张果。1913年威县出土《新宗城县三清殿记》碑。该碑是为宗城县新建的三清殿而立，碑文469字，集王羲之行草书而成，北宋元祐三年（1088）立石，可见其时道教之盛。明清时期“三教合一”格局已形成，加之一些具有道教色彩的民间宗教的流行，正统道派只有少数道观和信众。

图3－10　五驾圣母庙（第什营乡北刘庄）/2012年摄

20世纪80年代始，随着宗教政策的落实，道观被修复，道教信众有所增加。1990年，全县有信众46人。1996年11

月14日，成立县道教协会，并召开第一次代表会，选举杨树林为会长。至2009年，全县共有道观6所，信众258人，分别属全真道龙门、华山、清净三源。

道教信众每月的初一、十五烧香敬神。有道徒亡故时，道士和信众做超度法会。县内至今仍保留有古老的道教音乐，多用于民间斋醮，有较高研究价值。

2009年威县道观一览表

表3-27　　单位：平方米

观名	地址	占地面积	修建时间	备注
三清观	洺州镇北关	490	2008	
五驾圣母庙	第什营乡北刘庄	1000	1993	始建于明代
三官庙	方家营乡北方家营	340	1995	始建于明代
二郎庙	贺营乡东徐村	830	2005	清光绪二十四年（1898）曾重修
玉皇阁	洺州镇李寨	110	2008	始建于元至正年间（1341—1368）
玉皇庙	方家营乡南里村	600	1993	

第三节 伊斯兰教

伊斯兰教7世纪初诞生于阿拉伯半岛。中国旧称回教、清真教或天方教。伊斯兰一词原意为“顺从”，指顺从安拉（中国穆斯林亦称真主）的意志。为伊斯兰教先知穆罕默德所首传。唐初开始传入中国。威县（元代为威州）多种史料记载，自元代以后有十多名回族官员和阿訇到威主政、传教、入籍、繁衍生息，形成此地最早的回回民族。伊斯兰教的根本经典是《古兰经》，其次是《圣训》。

图3-11 清真大寺（洺州镇黄街）/2012年摄

威县回族穆斯林聚居村建有清真寺（礼拜寺），是穆斯林礼拜学经的场所。阿訇（教长）主持宗教事务，讲授《古兰经》《圣训》所阐述的教义，引领穆斯林厉行念、礼、斋、课、朝五功。

1995年，威县清真寺进行依法登记，全县回族5114人，阿訇7人，海里凡14人，清真寺6处。1996年10月8日，威县成立伊斯兰教协会，并召开伊斯兰教第一次代表会，选举艾守真（1999年朝觐，哈吉，2009年归真）为协会会长。各清真寺均建立民主管理委员会，制定“爱国公约”“民主管理”“财务管理”“教务管理”等制度。至2009年底，全县回族人口5552人，有清真寺6处，住寺阿訇6人，散班阿訇2人，海里凡6人。

附：

石刻《古兰经》

图3－12　2006年8月，王凤桐在北京东四清真寺石刻《古兰经》告竣仪式上/李金鹏摄

石刻《古兰经》由伊斯兰教民王凤桐、石秀山夫妇，率子朝阳、孙辈文聪、文天，祖孙三代，历经5年时间雕刻而成。此部石刻《古兰经》成于2006年8月，由大阿訇哈吉·希拉伦丁陈广元手书，选用泰山石板材528块，每块长1米，宽0.5米，厚0.03米。这部石经是迄今世界上第一部石刻《古兰经》。它费时长久、工程浩大、艺术风格独具，是伊斯兰文化史上的瑰宝。此部石经被北京东四清真寺收藏。石刻《古兰经》深受中外相关学者和中央统战部、国家宗教局领导的赞誉。国家宗教局王作安局长说，陈广元大阿訇手书、王凤桐先生石刻《古兰经》是中国伊斯兰教界的一件大事喜事，也是一桩值得称道的慈行善举。这部独特的《古兰经》，把阿拉伯语书法艺术和中国传统石刻艺术很好地结合在一起，古今中外都属首创，唯此一部，尤显珍贵，在中国伊斯兰教文化史上书写了重要一笔。

2009年威县清真寺一览表

表3－28　　单位：平方米

寺名	地址	建设时间	占地面积	备注
王庄清真寺	洺州镇王庄	明中期	2650	
黄街清真寺	洺州镇黄街	2010年	1000	始建于元至正年间（1341—1368）
姜霍寨清真寺	洺州镇姜霍寨	2002年	2500	
前南寺庄清真寺	赵村乡前南寺庄	1996年	580	

第四节　天主教

图3－13　天主堂（贺营乡赵庄）/2012年摄

天主教于明朝末年传入威县，最早在现贺营乡魏村建天主教堂。清咸丰六年（1865）属北京教区，后归直隶东南代教区。现贺营镇赵庄是主教府所在地，第一位神父是法国籍耶稣会郎怀仁。清咸丰六年，威县（不含“飞地”）教民达2338人，为直隶东南教区之首。咸丰十一年（1861），总堂迁至献县，威县赵

庄仍为一重要堂口。清光绪九年（1883）赵庄教堂建立公校，培养了大批宗教人才。1945 年赵庄公校停办。

“文化大革命”期间，威县天主教活动中断。1983 年，随着宗教政策落实，天主教恢复宗教活动。1989 年成立天主教邢台教区，赵庄为主教府，侯进德升任邢台地区主教。1990 年邢台地区在赵庄建立“备修院”，由神父王寒松任院长。2000 年 5 月 26 日，县天主教爱国会成立，选举李立杰为会长。2009 年，全县有教堂 37 座，信众 2.6 万余人。

2009 年威县天主教堂一览表

表 3－29　　单位：平方米

堂名	地址	占地面积	建设年份	备注
赵庄天主堂	贺营乡赵庄	25300	1893	
魏村天主堂	贺营乡魏村	3000	1986	始建于明万历年间（1573—1620）
沙西天主堂	贺营乡沙西村	720	1996	
西中营天主堂	贺营乡西中营	3200	2006	
仁里集天主堂	贺营乡仁里集	800	1990	
魏村天主堂	贺营乡魏村	3500	1991	
曹王营无染原罪堂	贺营乡曹王营	2200	2008	
马庄天主堂	洺州镇马庄	2600	1990	始建于 20 世纪初
麦子乌营天主堂	第什营乡麦子乌营	110	1998	
前葛寨天主堂	固献乡前葛寨	420	1994	
沙河王庄天主堂	固献乡沙河王庄	870	2000	
干集东街天主堂	梨园屯镇干集东街	700	2008	
红桃园天主堂	梨园屯镇红桃园	770	2009	
小里固无染原罪天主堂	梨园屯镇小里固	920	1994	
后里村天主堂	方家营乡后里村	1190	2004	
南常屯天主堂	常屯乡南常屯	3600	1996	
南仓庄天主堂	常庄乡南仓庄	1000	2006	始建于明天顺八年（1464）
邵固天主堂	枣园乡邵固	620	1999	
枣园天主堂	枣园乡枣园村	600	1992	
北杨庄天主堂	章台镇北杨庄	1100	2003	
东小城天主堂	贺钊乡东小城	560	1995	

续表 3－29

堂名	地址	占地面积	建设年份	备注
西贺钊天主堂	贺钊乡西贺钊	640	1987	
后李陈村天主堂	贺钊乡后李陈村	460	1995	
马桥天主堂	侯贯镇马桥	800	1992	
西寺庄天主堂	赵村乡西寺庄	1500	1987	
西贤塔天主堂	赵村乡西贤塔	1500	2007	始建于 20 世纪初
曹家营天主堂	张营乡曹家营	580	2006	
军寨天主堂	张营乡军寨	440	2003	
前花疃天主堂	张营乡前花疃	580	2002	
东鱼台天主堂	高公庄东鱼台	860	1988	
小李庄天主堂	高公庄小李庄	1750	1994	
小张山天主堂	高公庄小张山	920	2003	
飞乌天主堂	七级镇飞乌	200	1997	
张庄天主堂	七级镇张庄	2200	1987	始建于清光绪十六年（1890）

第五节　基督教

基督教，威县民间习称耶稣教。其传入威县的确切时间无考。清光绪十二年（1886），公理会传教士金传兰在山东临清成立临清公理会、众议会，后向附近发展，先后建立 18 个堂会，其中 5 个在威县，即贺钊、西柏悦、邵固、固献、辛店堂会。

图 3－14　基督堂（张营乡前小辛）/2012 年摄

光绪二十九年（1903），福音会传入威县，基督教总堂住于县城南街路西，名“福音堂”，占地 4000 平方米，是为威县基督教之始。

20 世纪 80 年代初，基督教徒多数在家中活动，在一些老教徒家里形成聚会点，进行祈祷、传经等活动。至 1990 年，全县基督教徒 6700 人，共有活动场所 5 处，牧师 1 人，长老 6 人。1995 年起，全县基督教信众 6764 人，牧师 1 人，长老 6 人，宗教活动场所 39 处。各场所均建立民主管理委员会或民主管理小组，制定“爱国公约”“民主管理”“财务管理”“教务管理”等制度。

1999年1月，成立县基督教“三自”（自治、自传、自养）爱国会和基督教协会，白玉峰被选为会长。至2009年底，全县基督教信众6800人，长老5人，宗教活动场所40处。

2009年威县基督堂一览表

表3－30　　　　单位：平方米

堂名	地址	占地面积	建设年份	备注
南街福音堂	洺州镇南街	860	1996	为原浴池改建
邵固基督堂	枣园乡邵固	500	2004	
草楼基督堂	高公庄乡草楼	1620	2000	
前小辛基督堂	张营乡前小辛	440	2006	

第六章　居民习俗

威县民风淳朴，自古就文明上进，崇尚节俭，追求和谐。随着改革开放、经济发展、交往增多，居民习俗地域特征逐渐弱化，与周边地区呈现同化趋势。

第一节　节令习俗

传统节日

春节　农历正月初一为春节，俗称过年，此节为一年中最隆重的节日。居民从凌晨开始燃放鞭炮，贺岁迎春。家中备茶点、香烟、糖果等喜迎宾客。早餐后，街上行人如流，邻里间互相探望拜年。拜年的方式由原来挨家挨户给长辈拜年，现在变为不按辈分甚至不分姓氏，大家聚在一起相互祝贺，称“团拜”。不在一处的亲友相互打电话、发短信拜年或网上发贺卡拜年等。有些村庄改初一早晨为大年三十晚上拜年。

元宵节　农历正月十五日称“元宵节”。普遍吃饺子，放烟花、鞭炮。吃元宵习俗开始从城镇向农村蔓延。县城举办文艺活动、灯展和焰火晚会等活动。

填仓节　农历正月二十五日为填仓节。这天清晨，农民在院内用草木灰撒成圆圈，俗称“打囤”，内放些许五谷杂粮，祈求五谷丰登，粮食满仓。还有的人家在室内“打钱囤”祈求财源茂盛。90年代后期，“打囤”之风渐消。

二月二　农历二月初二，民间俗称“龙抬头”。因当地有正月不理发之传统，这一天成为理发的高峰期。此日吃饺子，用黏面炸“灯斋”。农村一般将此节作为年节系列的终止。

二月十九　民间传说二月十九日是观音菩萨的诞生日。此日，县城、县城东部及南部的一些村民中午有吃饺子的习俗。

清明节　每年的4月5日前后为清明节，俗称“寒食”节。家家户户上坟祭祖。禁忌串亲访友，谓之不吉利。2008年始，国家规定清明当日放假一天。

端午节　农历五月初五，是纪念爱国诗人屈原的日子。多数家庭包粽子，有的门侧插艾蒿，谓可避邪。2008年始，国家规定放假一天。

五月十三　民间传说是关公磨刀的日子，这天下的雨称“磨刀雨”。此日，境内居民中午有吃饺子改善生活的习俗。

中元节　农历七月十五日称“中元节”。人们大都上坟祭悼亡故亲人。

中秋节　农历八月十五日称中秋节，俗称“团圆节”，是春节外的第二大传统节日。此日，全家人只要能聚到一起的，尽量回家相聚，谓之合家团圆。节前亲友相互赠送月饼、糕点、瓜果之物。2008年始国家规定放假一天。

重阳节　农历九月初九，称“重阳节”“老人节”“赏菊节”。此日各级领导走访、慰问离退休干部职工，表示关怀及尊重。乡村农民很少有节日活动。

十月一　农历十月一日，俗称“鬼节”，又称“寒衣节”。同日，家家上坟祭祖，迁坟立茔也多在此日。也有人将五色纸剪成“衣服”状祭物，在坟前焚烧，称之为“送寒衣”。

冬至　农历二十四节气之一，又称“数九”。此日，家家吃饺子。

腊八　农历十二月初八，称“腊八节”。每年这一天，多数人家做“腊八粥”，腌“腊八蒜”，也有包饺子改善生活的。

腊月二十三　俗称“小年”。此日外出者尽量赶回家，新媳妇必须在这一天回到婆家，等家人到齐了再将“灶王爷”烧送上天，为灶君送行，祈求“灶王爷”上天言好事，下界保平安。城镇居民多不行此俗，而是此日大扫除，除旧布新，迎接春节。

除夕　农历一年最后的一天，也称“大年三十”。此日，到处洋溢着欢愉喜庆过年气氛，家家户户贴春联，贴门神，早饭前，拜神祭祖，鸣放爆竹。中午炖鸡炖肉，一家人喜气洋洋围在一起，共贺新春。晚上一家人齐聚一堂守岁。20世纪80年代初，随着电视的普及，观看中央电视台的春节晚会成为除夕的文化大餐，子夜零时，燃放爆竹，辞旧迎新。

公历节日

元旦　1月1日称元旦（新年），又叫“阳历年”。此日，国家机关工作人员放假1天，机关门前张贴“欢度新年”“欢度元旦”的标语，举办文娱活动。从20世纪90年代开始，随着科技的发展，人们多利用手机、网络等现代化手段发送短信、网络贺卡等时尚方式，互相祝贺新年。农村无此习俗。

妇女节　3月8日为“三八”国际妇女节。此日，各单位的妇女放假半天。此节农村无节俗。

植树节　3月12日为全国植树节。这一天县政府组织各级各部门干部职工，到各个乡镇、农村与村民共同植树。

国际劳动节　5月1日为“五一”国际劳动节。全体职工放假一天。此日也是外出旅游、青年男女举行婚礼的日子，有时政府组织干部职工参加义务劳动。此节农村无习俗。

青年节　5月4日为“五四”青年节。14周岁以上的青年放假半天。

国际儿童节　6月1日为“六一”国际儿童节。不满14周岁的少年儿童放假1天。此日各小学、幼儿园组织少年儿童演出文艺节目，少先队举行入队仪式。

建党节 7月1日为中国共产党成立纪念日，俗称“党的生日”。同日，各级党组织均举行纪念活动。请老党员讲党史，进行革命传统教育。党组织多在此日为加入中国共产党的同志举行入党宣誓仪式。

建军节 8月1日为中国人民解放军建军纪念日。现役军人放假半天。县党政领导班子到武装部、县武警中队、离退休军人家中进行慰问，全县开展拥军优属活动。

教师节 9月10日，此节肇于1985年，属人民教师的节日。同日，各级政府及有关部门领导到各级各类学校看望、慰问教师。

国庆节 10月1日为中华人民共和国成立纪念日，俗称“国庆节”。放假三天（10月1日、2日、3日）。各单位举行升国旗活动，张贴欢度国庆标语，以示庆祝。此节农村无习俗。

新兴节日

2000年后，在西方国家流行的一些节日传入县内，这些节日大多在青年中流行。主要有：每年2月14日为情人节、4月1日为愚人节、5月份的第二个星期日为母亲节、6月份的第三个星期日为父亲节、12月25日为圣诞节等。

第二节 礼仪习俗

婚嫁

民国及以前，男婚女嫁凭父母之命，媒妁之言，以属相相合，命不相克为原则。青年男女不得相见，俗称“嫁鸡随鸡，嫁狗随狗”。同时，还有相当纷繁的礼仪。文书往来，也只能由媒人从中传递，从提亲初的换号帖，到双方同意的拿小帖换小书，到换大书及到结婚前的送娶帖，都有严格的格式和礼仪，另有倒插门（男到女家）、寡妇再嫁、配阴婚等，也都要有相应的文书。甚至谢媒人、请厨师、借车马、轿夫，都要送帖子，十分烦琐复杂，极尽虚礼客套之能事，没有实际的用处。中华人民共和国成立后，提倡婚姻自主，恋爱自由，反对包办。20世纪80年代后，婚俗礼仪简化，注重实用，但程序较固定。至2009年以新旧结合者居多。

提亲 20世纪80年代起，自由恋爱增多，提亲方式多样。一种是介绍人对男女双方情况（年龄、相貌、性格、文化程度、家庭状况等）熟悉，热心帮忙，主动为其撮合，或是受一方委托为其提亲。另一种是男女双方自由恋爱，为求名正言顺，托一熟人做介绍人，称为“现成媒人”。经介绍人提亲的男女须约定时间相看，首次见面仅对相貌、年龄、言谈举止有表层认识，以后则自行约会，对对方品性、家庭、职业、兴趣爱好作深入了解。

定亲 男女交往一段时间，认为满意即可定亲。男女双方（包括家长、儿女、直系亲属等）及媒人约定时间聚会，以交谈方式将亲事定下，男方给女方下定亲礼金，在农村称为“见面礼”，“四色礼”（上衣、下衣、袜子、鞋），并由男方设宴款待。

订婚 即结婚登记。婚期确定后，男女双方到当地政府部门办理结婚登记手续。民间流传着“订婚不定空，定空死公公”的说辞，订婚时有的男方给女方买衣服，有的给订婚戒指。20世纪80年代流行照“订婚照”，到90年代后期被浪漫的婚纱摄影所替代。

娶亲 女方置办嫁妆，即男家把礼金送往女家，女方用这笔钱置办嫁妆。不同时段、不同区域有不同的行情，随着人民生活水平的提高，女方陪嫁的生活用品档次越来越高，20世纪80年代流行收音机、缝纫机、自行车、手表等，90年代中后期，彩电、冰箱、空调、摩托车、家庭影院等，进入21世纪，陪送电脑、液晶电视、小轿车（农村多是三轮车）、存折等成为时尚。

男方则要装饰洞房，摆放新家具（若女方陪送家具，需提前送到），床（炕）铺设一新。娶亲这天，一般由男方去接（有的由女方送）。20世纪80年代初，坐马车或骑自行车，中后期乘拖拉机或农用车，90年代后，多用小轿车。新娘由娘家人陪送，嫁妆同时送到。新娘、新郎步入院中，司仪主持婚礼仪式。之后，新娘入洞房，围观者随即涌入，名曰“闹洞房”。同日，男方大摆宴席招待女方客人与贺喜亲友，城镇宴客多在酒店。90年代后，政府倡导移风易俗，组织集体婚礼，还有的青年男女选择旅游结婚。

进入21世纪，由于男女人口性别比不平衡，加上部分女青年外出求学打工不回原籍，导致当地女性青年减少，逐渐出现男性择偶难的问题，一般每个村都有相当数量的男青年找不上对象，偏远乡村尤甚，导致彩礼数量连年攀升。

生育

20世纪80年代起，国家倡导计划生育，后定为国策，对生育习俗有较大影响。育龄大都推迟，生育胎数大为减少。怀孕后经常到医院检查，分娩大多去医院。婴儿出生3天后，娘家携带营养食品及婴儿衣服前去看望。因多为独生子女，起名格外慎重，讲究新鲜别致、寓意深远、顺耳上口，农村起名还须把体现辈分的字考虑在内。全家人大都参与命名，往往起出数个名字，择优而用。乳名多为叠字，大名两字者渐多。婴儿出生第12天，亲友带礼物来贺，主人设宴招待。出生1个月，俗称“满月”，娘家接母子去住一段时间，给婴儿“铰头”。至百日，照相留念。周岁日过去流行“抓周”习俗，渐废。

寿诞

20世纪80年代，一般60岁以上老人才开始做寿。寿日这天，儿女、亲友们带着蛋糕、肉类、酒、茶及老人喜爱的其他礼品为老人祝寿。家中置办丰盛的酒宴，老人穿戴一新居于首座，全家人一一敬酒，祝老人健康长寿。90年代后，许多家庭到酒店为老人祝寿，有的到电视台、广播电台点歌或包一场电影为老人贺寿。同日，因儿女们聚齐，大都照全家福相片。

90年代，随着生活水平的提高，60岁以下中青年人也开始过生日；独生子女为家庭关注的中心，每逢生日必过，且隆重，已失去寿诞习俗的原本意义。

丧葬

威县素称礼仪之乡，故丧葬旧俗仪式烦琐。据传，新中国成立前县城一富豪办丧，县内的演礼先生（类似于现代的司仪）竟不能胜任，特从山东临清聘请。20世纪60年代末，社会上兴起移风易俗之风，丧事也兴起开追悼会的办法，但时间不长，又销声匿迹。也有的村将当时的做法坚持至今，即全村公用一口活底棺材，死者都不许带棺入穴。1975年开始推行火葬，当时将死者偷埋者不少，多数火化后再土丧。80年代，县制定规章制度，提倡火葬，限制土葬，但由于人们对火葬认识不到位，成效不大。90年代后，各村都成立红白理事会，对旧俗进行改革，或曰新旧结合。由于在县域的方位不同，导致丧葬习俗也有差异。尤其是在老沙河的两岸。河东（老沙河以东）的灵床南北向摆放，而河西则是东西向摆放等。县城的习俗大致如下：

穿寿衣　正常的寿终正寝者，断气之前应穿好寿衣。寿衣都是里单外棉，多为中式衣帽，另着棉袍，戴瓜皮帽；女戴女式帽或帽圈，现在也有穿西式服装和大衣者。

放鞭炮　旧时每待逝者倒头（即咽气），即派人在街门外点两响炮，俗称“追魂炮”，实际的作用是“讣告”，即告知四邻，速来帮忙。

停灵　将逝者安放在灵床上，将托带（按子、女、媳的人数每人备一条约三尺长白布带）等距展开横放于棉褥下，全身以深蓝色蒙帘盖严。棺材置于正屋冲门处。床前放一灵桌，上置逝者相片、四种供品，一香炉，点一盏长明灯，俗称“照尸灯”。香炉内点一支香，意指照逝者西行赶路，点香要时断时续，意指给逝者休息时间，以防连续赶路过累。桌腿上分男左女右，捆上谷草，名“隐身草”；桌与灵床之间吊一竹帘，帘上贴挽联，多为劝子女及时行孝、吊念死者或赞美死者等溢美之词，帘中间为一大“奠”字。此时孝子（指儿女、儿媳）都在屋内，媳、女坐于灵桌两侧，儿子则跪于屋门后称陪灵。

逝者死后第二天，屋门前搭灵棚，内置一供桌，摆供品，灵棚内挂挽联，以增加隆重、哀伤气氛；21 世纪旧俗复燃，有买纸糊的金童玉女、扎车马、马夫、金山银山、摇钱树、高楼洋房、沙发、汽车等随葬物品。街门口栽门幡（俗称纸骨髑），按逝者论，分为男左女右。

穿孝　子女及孙辈都应戴孝，男眷头戴白孝帽，身穿白孝衣，裤腿束白带，穿白鞋，女眷与男眷之区别，则只将孝帽换成白孝带。而在入殓前，子、女、媳则只能戴用白纸叠成的三角形标志，以示重孝、轻孝，尸体入殓与否。尚有为显示该家人丁兴旺，四世同堂，重孙子辈戴蓝孝，玄孙辈戴红孝的习俗。

报丧　即红白理事会派人向亲友报知死讯及殡葬日期。以前均是派人前去，现用电话通知者也常见。

报庙　从人去世后始，男眷每天分早、午、晚三次去土地庙烧纸磕头，去时不哭，回来时哭，俗称报庙，即报知阴司，某某去世了。旧时县城内报庙要去城隍庙。现在报庙则只在灵棚内于早、午、晚三时烧纸哀哭。

吊唁　亲友闻讯吊唁，俗称吊孝。一般亲戚须带烧纸，朋友则送花圈或挽幛，男亲在灵棚跪哭，孝子及陪灵者陪哭，哭毕重孝子近前跪拜还礼致谢；女子则直入屋内灵前哭号，女眷陪哭，女眷向来者磕头。公职人员吊唁行鞠躬礼或默哀礼。

入殓　旧俗的入殓日期为去世后第二日午后（现时已有冷冻棺，夏天则先入冷棺，将尸体冷冻，直至出殡前入殓）棺底铺草纸草木灰，五谷杂粮，将垫背钱（旧时用制钱，后用硬币，现时有用铁片制钱状物替代）摆成北斗七星状。由长子抬头部，其他子女、亲眷、乡邻抬尸入棺。此时将托带抽出，分发给子、女、媳束腰。由长子用棉花塞满逝者脖颈两旁，同时留少许往身后抛，边呼逝者，并说：“留子，留子。”儿媳们则在长子身后接。逝者头部、脚部要塞严垫好。此时还用脸盆、毛巾、梳子、镜子给逝者作洗脸装扮状，用镜子从头照到脚。将蒙帘胸部以上撕下，逝者露出面部。入殓即告完成，可盖棺，但不钉牢。

烧门幡　俗称烧纸骨髑。入殓当天晚上，孝眷排队沿事先用白灰画好的城池，抬纸轿马、车夫、贡品，为死者送行，烧掉纸轿（女逝者用）或车马、车夫，返回时不准哭，不准回头看，意为怕逝者留恋子女亲眷，不肯西行。时下县城部分人家已将门幡省去。

祭奠　旧时的丧礼，十分烦琐。主祭先生在灵桌前，一左一右，主持仪式，有献香、献酒、跪、叩首、兴等程序，孝眷则按男、女及与死者血缘远近为序，逐人在灵前哭拜，礼数则有九拜礼，二十四拜礼，甚则七十二拜礼等，现时多已不用，已无人知晓。

吊丧　威县的丧俗，多数为排三（即去世第三天出殡）。出殡日亲朋来吊，孝家则设账桌，亲友、乡邻都要上礼。

挂孝　吊丧完毕，午饭后即开始挂孝。子、女、儿媳用白布，旁亲用青灰等花色布披在肩上，男左女右。此时直亲将麻绳束在腰上，谓之披麻戴孝。此前灵前执事招呼孝眷，娘家人（如逝者为女子）打开棺盖，再次瞻仰逝者，已毕，钉好棺盖。

出殡　旧称发引，俗称起灵。事先即差人挖坟坑，如有先逝者与死者合葬，习惯于此日完成。起灵时，孝眷痛哭。儿子均扶哀杖，俗称哭丧棒。长子在前，持引魂幡，手拿瓦盆（农村也有持瓦者）；女眷持摇钱树等。棺材被抬起的同时，主持出殡者用刀斩碎一瓷碗。（旧时逝者如隔梁断气，还需用锯等做某种仪式，即俗称“隔梁断气，锛凿斧锯”）。20 世纪 80 年代，棺材用十六人（亦有用二十四人，三十二人者，称二十四抬，三十二抬）的架子抬走，90 年代则改为灵车。待棺在灵车上放稳，长子（如长子先亡则由长孙代，其他儿子不可，无子者由长女）摔盆，然后发丧。男眷徒步，一路哭送；女眷乘车。至坟地将献食罐先放入棺前穴内，抬棺入穴。棺摆正就绪，将引魂幡、哀杖扔在棺上。若坟内是男女合葬，则孝男、孝女按逆、顺时针方向转坟，用时抓土抛向棺材，边转边哭，俗称圆坟。然后众人埋土成丘，将纸扎陪葬物在坟前焚燃。

过三天　殡后第三天，孝眷们仍要上坟烧纸。有借机邀乡邻在家就餐，对乡邻的帮助表示谢意者，此不可一概而论。

做七　从断气之日起，每七天为一七，称一七，二七……直到七七，俗称尽七。每逢三七、五七、尽七上坟烧纸祭奠，其他七数不动。以后烧百天纸和周年忌日纸。周年忌日烧纸因村风不同，延续时间亦有异。

威县的丧葬习俗大致如此。由于近年科技发展，文化昌明，又多年倡导树新风，但新制难开，因袭而已。

交际

聚会　20 世纪 80 年代始，随着经济社会的巨大进步，交际活动大量增加，交际范围逐渐扩大，社交性聚会逐步增多。常见的有：亲戚、朋友、师生、同学、老乡、邻里、战友、同事等结成定期或不定期社会性聚会。90 年代末，随着经济条件的好转和人民生活水平的不断提高，聚会名堂越来越多，并走出家庭，到饭店举行，除上述那些聚会外，又新兴欢送（参军、升学、调离等）聚会、接风（从外地归来）聚会、生日聚会等，并且这些习俗已从城镇逐步向农村延伸。

婚宴　结婚办喜事，宴请亲朋好友，20 世纪七八十年代为家宴，90 年代后城镇在饭店举办。被宴请者都要送礼金，称为“进情”。20 世纪 80 年代大多送被子面，称“幛子”，90 年代中期开始送现金，数额从开始的 10 元逐步攀升。21 世纪后，一般为 50 元、100 元，多的 200 元，甚至更多，日渐庸俗。人们戏称这种礼钱为“买饭票”。

贺乔迁新居　迁新居称为“乔迁”，俗称“搬家”。迁居后，请新邻居喝酒，寓意和睦团结之意。亲友多送生活用品以示祝贺，主人设宴招待，称为“温锅”。

短信祝福 随着手机的普及，节日期间的短信祝福已经成为人们娱乐生活中的一部分，给生活增添一份精彩，每至过年过节时，朋友、同学、同事、亲人之间互发短信祝福。

第三节 生产习俗

20 世纪 80 年代初始，随着联产承包责任制的完善和农业产业结构的调整，农民的劳作方式，种田方法等生产习俗发生很大变化。

农业生产习俗

威县的农业劳作方式，历来依季节而行，即采用冬闲、春种、夏管、秋收。20 世纪 50 年代出现互助组、初级社、高级农业合作社，直至人民公社，农民开始走上组织起来的道路。在人民公社时期，农民没有自主权，一同上工，一同收工，生产积极性也受到一定影响。70 年代末至 80 年代初，由于逐步实行联产责任制，农民的劳动积极性被充分调动起来，作息时间、劳动方式、种植计划出现多样化。最明显的变化即是一改生产队时期由生产队长统一派工，一同上工，一同收工的大呼隆劳作方式，而是各户根据农活、农时自行决定上下工时间。

进入 20 世纪 90 年代后，农业机械化程度大为提高，如灌溉，原先用的辘轳、链子水车早已淘汰，用上电机深水泵；播种，原有的木耧已绝迹，改用播种机；收获用上大型收割机，犁地用上拖拉机、多铧犁，近年又用上旋耕机，中耕锄草用机动耘锄，打药用机动喷雾器。这些机器，使用简便，效率提高，省力省工，降低了农民的劳动强度，腾出大量的劳动力和劳动时间。到城镇务工、经商者比比皆是。进入 21 世纪，为满足规模化生产和农时的需要，农村出现临时雇工现象，如摘葡萄、收棉花等。

工商贸易习俗

旧时的生产习俗，大多带有封建迷信色彩，目的是祈求平安和高效益，如烧窑时，窑场和窑道口都供有窑神。农村打场时，忌说“少”“了”等字，恐减少产量。随着科技知识的普及、生产方式的进步和某些行业的消失，这些习俗也逐渐消失。

20 世纪 80 年代后，由于政策的宽松，一些新的行业兴起，又伴生某些新习俗，如饭店、商铺等，多在显著位置供有财神和貔貅等，以求财源广进。正月门市、店铺重张时，择吉时燃放鞭炮；汽车运输户每购进新车或正月开工时，要择吉日吉时在汽车前烧香上供，磕头、放鞭炮，或在车轮上扎红布条等。春节时，汽车或拖拉机则贴“日行千里”“人车平安”对联。

第四节 生活习俗

随着时代的发展，社会的进步，居民生活水平的提高，衣食住行等生活习俗的内容和形式也发生质的变化。服装颜色由单调到多彩，款式由单一到多元，经历从朴素单调到丰富多彩的变迁。饮食层次不断提高，结构逐渐优化，选择更加自由，历经从“有啥吃啥”到“吃啥有啥”的演变。住房条件不断改善，面积增加，装饰多元，宽敞舒适，经历“我忧我屋”

到“我优我屋”的提升。出行由难到易，由慢到快，实现由步行、自行车到三轮车、摩托车再到电动自行车、小轿车的步步跨越。

服饰

款式　20世纪80年代初，服装款式还较陈旧、单调。流行的服装款式有中山服、制服等，农村中老年人仍有穿中式对襟袄、宽裆裤的。80年代中后期，女性服装逐步凸现女性特点，流行显示形体曲线的紧身裤等。进入90年代后，人们思想逐步解放，衣着发生较大变化，款式讲究美观、时髦，重质地、牌子。款式有西服、夹克衫、休闲服、牛仔服、运动衣、风衣、套装、迷彩服、T恤衫等。男人在庄重场合着装西服衬衣配领带，色彩单调的中山装已极为少见。中年男性偏爱富有朝气的T恤衫，老年男性则流行休闲服、运动衣，适宜晨练、健身穿用。青少年儿童时兴穿迷彩服。女性服装款式更是多种多样，夏季女性多着各式裙装，如超短裙、一步裙、百褶裙、连衣裙等。裤形有九分裤、七分裤、休闲裤、短裤、低腰裤等。女性着装形象逐步由遮蔽保守趋向于坦露开放，也有少数女性冬季穿起了裙装。2000年后，流行韩版的亲子装、情侣装、姊妹装、家庭装等。世界服饰文化及服饰资讯迅速传入，人们接纳各种世界性流行服饰，款式种类繁多，牛仔服、休闲夹克、休闲西装、运动装在男性居民中流行。紧身裤、塑身衣则是女性居民的最爱。儿童服饰更多种多样，千姿百态，五彩缤纷。在复古潮流的影响下，复古风格的衣服备受时尚女性的喜爱，比如旗袍、唐装、背带裤、锥形裤以及窄脚的牛仔裤等等。家织土布衣服、自家织的毛衣毛裤、偏襟开口上衣、绿军装、宽腰棉裤已被淘汰。冬季保暖服饰，20世纪80年代初人们多穿棉大衣。90年代后期流行羽绒服、太空棉、羊毛衫、羊绒衫、牛绒衫、驼绒衫、保暖内衣等；后期又有太空棉、羊毛衫、牛毛衫、驼绒衫、保暖内衣、皮衣等各种质地及款式。

面料　20世纪80年代，衣服质地由棉布逐步向化纤演变，如的确良、凡尔丁、腈纶、涤卡布料盛行一时，成为大众用料。的确良面料最初是女性喜欢，主要用来制作衬衣、床单，后来男人们也穿起的确良衬衣。90年代以后，化纤又向合成纤维转化，合成纤维占领大部分面料市场，亚麻合成的面料为上档次服饰面料。进入21世纪，纯棉布、老粗布又深受欢迎，内衣、被罩、床单均以纯棉布为时尚。

20世纪80年代，衣料颜色由单一的灰蓝、黑、白、黄渐变为多色，女性则以红绿为主色调。90年代后，服装颜色、花色五彩缤纷，年年有新花色流行。2000年后，有些老年人也穿红着绿，色泽明快鲜艳，显示出老来俏，有生气。

鞋帽　20世纪80年代初期，穿布鞋者为多，境内流行懒汉鞋、搭襻鞋、解放鞋等。80年代后期，鞋的式样渐多，皮鞋盛行，质地以厚皮硬壳的“三接头”为主。90年代后，硬壳厚皮变为薄而柔软的细皮、合成革类，尤其女性鞋，质地高贵，款式新颖，既有尖高跟与粗高跟之分，又有高跟、半高跟、平跟、坡跟之别。夏穿皮凉鞋，冬穿皮靴，皮棉鞋，穿布棉鞋者渐少。同时增加适宜不同需要的功能鞋，如拖鞋、运动鞋、休闲鞋、旅游鞋等。纳布鞋底只有少数农妇还做，家做的布袜子、解放鞋、塑料凉鞋、塑料底布鞋等已经少见。

20世纪80年代，有的男子戴解放军帽、鸭舌帽，冬季戴栽绒帽，妇女冬季大多戴棉毛织的围巾帽。2000年后，流行夏季戴遮阳帽、旅游帽，冬季多戴与羽绒服一体的帽子。用白羊肚手巾包头的习俗只有个别老年人沿用，在50岁以下的人身上已绝迹。

发型饰物 1979年，男子多留平头、分头、背头，女子多留齐肩短发和麻花辫子。80年代后，青年男女开始追求时尚发型，男性时兴留长发、烫发，女性流行烫卷的波浪头。90年代初期，受港台电视剧影响，发型跟着明星走。男子流行五五开或四六分的蘑菇头。年轻女性则追求自然清纯，流行披肩发。90年代后期，男士时兴寸头，有板寸、圆寸之分，也有少数男青年追求个性，留长发、梳辫子、剃光头。女性发型则更加丰富多样，流行烫染卷发、披肩发、马尾辫、盘头等。中老年女性则比较保守，仍以齐颈短发为主。2000年后，烫发渐渐少了，男女发型向直、平发展，讲究整齐整洁。青少年则追捧颜色丰富、造型夸张，有刺猬头、爆炸头、冲天辫等。

20世纪80年代，受观念及经济条件的限制，女性佩戴饰物者很少。90年代，居民生活水平提高，佩戴金银饰物的女性增多，不少女子佩戴戒指、耳环、项链、手镯，也有少数男性戴戒指、项链，质地以金、银最常见，继而又有铂金、玉石、钻石、玳瑁等进入威县市场。2000年后，女性佩戴首饰者较为普遍，男性戴戒指、玉坠、手链者也在增多，且品质和品种多样，消费者可根据个人经济条件和喜好，选购佩戴。

饮食

威县的饮食习惯一般为一日三餐，早晚饭以小米粥或玉米粥等淡饭为主，午饭以咸为多，主辅相配，干熟食为主。域内有条老沙河，大致西南东北走向，河东与河西的饮食习俗就有很大不同。如河东的村民一般早晨吃“拐磨子”，中午蒸干粮。而河西的人则是早晨蒸干粮，午饭则吃“干的”，即只吃主食，不做饭。

日常饮食 20世纪80年代初，农村为粗细粮搭配，以自产粮食为口粮，自产蔬菜为副食。农闲时以粗粮为主，干熟食主要有玉米面、高粱面或红薯面的窝头、饼子、红薯、饸饹等。农忙或节日期间食细粮，主要食品有馒头、花卷、火烧（威县传统风味食品）、水饺、水煎包、焖饼、油条等，蔬菜以本地产腌制的红萝卜、白萝卜、大白菜为主。有时午饭炒茄子或豆角、韭菜。80年代中期，面粉细粮成为城乡居民的主食。90年代后，面粉、大米为大众家庭的主食，城乡居民一年四季均食用细粮，而以小米、绿豆、黄豆、小豆等粗粮调剂生活。菜类中城镇多烹炒，农村烩菜居多。原来的腌菜亦渐被各种新鲜蔬菜所取代。传统的玉米面饼子、高粱面窝窝头、饸饹、熟红薯干、面糊糊等食品菜肴，在农民餐桌上已消失，农村中手捧大海碗蹲在家门口或街边吃饭之俗也已绝迹。肉、蛋、奶及各种水果等副食的食用量逐年增多。21世纪后，食物结构已由度日型向营养型、健康型转化。人们注意多吃蔬菜、水果，尽量食用健康食品，天然食品，注意摄取各种营养，保证营养均衡。

1979年，农村仍饮用砖井浅层地质水，用扁担、铁质水桶挑回家饮用。由于浅层地质原因，多数村庄的井水苦、咸、涩。80年代中期，农村开始使用压水井，还有一些村的人们把灌溉农田的深井水用大水桶拉回家饮用。有的在自家院内挖砌一个大水窖，将水存入窖中以备饮用。90年代末期，大部分农村接通了供水管道，每户安装水龙头，一般是定期集中放水。而压水井基本废弃，井绳、扁担已鲜有人用。县城居民于20世纪70年代后期用上水塔供水，但水管并未入户，而是分片在某个地点安装一水龙头，居民用水桶去水龙头处接水。80年代后，每户安装水龙头、水闸及水表，生活用水更加方便。90年代后期，城镇机关开始饮用桶装纯净水，居民外出饮用瓶装矿泉水。

威县人民久有饮茶习俗，并以茶待客，而且自家人也常饮不辍。20世纪80年代，人们多饮花茶。90年代后，农村多数还是饮花茶，城镇居民饮绿茶者渐多，也有以菊花、枸杞及中药材代茶者。随着居民生活水平的改善，铁观音、西湖龙井、碧螺春、毛尖等各种茶叶进入市场，还有一些保健茶多为老年人选用，减肥茶、肠清茶、排毒养颜茶为爱美女性选用。80年代后期，各类果类及碳酸类饮料陆续进入市场，如雪碧、可口可乐、核桃露、冰茶、橘子汁等成为民间常用饮品。

待客饮食　威县人热情好客，或逢宾至，或邀亲朋，必殷勤招待，传统招待方法一般为包饺子或熬菜。20世纪80年代，春节亲友拜年、农村传统庙会都是待客高峰期，餐前多以瓜子、糖果、香烟招待，餐中菜食以时令蔬菜与生熟肉为主，食材品种较少，互相搭配，尽量烹调多种浑素、凉菜，饮品一般为白酒、啤酒，划拳行令者有之，拼酒劝酒者有之。90年代，待客数量增多，诸如升学、乔迁、生子、求人办事等，名目众多。餐桌上的菜肴数量和质量不断提高，烹炒煎炸，鸡鸭鱼肉，样样俱全，白酒的档次也越来越高。90年代后期，划拳猜拳者渐少，劝酒拼酒者时而有之。2000年后，大鱼大肉不再新鲜，代之而起的是特色菜肴，有少数人做东请客要面子，为显大方，喝名酒、多点菜、点高价菜，造成浪费。

婚丧饮食　婚丧嫁娶是老百姓的大事，其饮食一向备受重视。20世纪80年代，婚宴菜肴一般为八碟或八碗，讲究有鸡有鱼，俗称“无鸡鱼，不成席”，配以普通白酒，主食为馒头、大锅菜。丧宴主食多为馒头和猪肉、白菜（或冬瓜）炖粉条，一般不设酒水。90年代，人民生活水平提高，婚丧宴席的标准明显提高。农村婚宴一般请厨师做席，在自已家中宴请宾朋。县城办婚宴开始到酒店餐馆包办酒席，少则二三十桌，多则五六十桌，菜肴一般每桌十二道。丧宴无多变化，大锅菜依个人条件，标准有高有低。2000年后，婚丧宴席有大操大办之势。在县城，婚宴都在酒店包办，开支上万元，甚至几万元。在农村，婚宴一般在自已家中举办，开支比县城酒店包桌少，但宴席标准直追县城，遇到场地紧张时，或在院内搭建大棚，或借用邻家住所，也有在饭店大摆婚宴者。丧宴则各村各地略有差异，有的村简单节省，只有馒头和大锅菜，而有村较铺张，治丧期间开宴席，动酒水。

居住

住房　20世纪70年代末，居民住房多是低矮狭小的土平房，窗户窄小，光线昏暗。80年代，境内群众大量建筑砖混结构住宅，住宅类型多为三合院，即北、东、西、三面有房屋，北屋略高于东西厢房，北屋多建成抱厦，一般中三间相通，两头拐子房各一间，房大屋高，宽敞明亮。北屋墙厚一般是37厘米或24厘米，房顶开始采用水泥预制板，跨度也由传统的3．3~4米增至6~7米。建筑材料开始采用沙子、水泥、石灰、瓷釉砖等。90年代后，广泛采用钢筋混凝土浇筑地梁、圈梁、防震柱、水泥现浇顶，门窗也改为新式的双层门、双层窗扇，材质除木质外，还有塑钢或铝合金，屋内地面铺以大块釉面砖。外墙装饰多用水刷石，高档的则用瓷砖。2000年后，建房标准进一步提高，有些富裕户也盖起了二层楼房，也有的仿照城市住房形式建成单元式布局，装饰富丽堂皇。

20世纪80年代，国家工作人员多住公房，居住面积较小，多家合住一排，房前或一侧建有简易厨房。80年代末，城镇居民获得住房的主要途径是通过工作单位，拥有住房的条件主要与工龄、技术职称、职务有关，根据这些条件进行分房，“福利房”仍占主导地位。虽然房子面积不大，但居住条件上了一个台阶。90 年代后，国家大力推行住房制度改革。房改后，原先分得的福利房折价转卖给使用者，即逐步被商品房取代。城镇工作人员有的也开始兴建私房，城乡住房迅速改观，质量大大提高，规格较前也大不相同，建房多采用钢筋、水泥、防震柱、圈梁及各种预制构件。2000 年后，城镇建起一批环境优美、功能齐全、管理规范、气派整洁的别墅楼或单元楼。居民从平房搬进楼房，小房换成大房，许多人搬到了新式的住宅小区。住户对住房拥有全部产权，且多数实行集中供暖。住房发展趋向面积扩大，装修美观，居住舒适等。

家具 1979 年，农村家家盘土坯火炕，县城则使用木制单人床、双人床。20 世纪 80 年代后期，农村土坯火炕日渐减少，钢管木板床逐渐兴起。90 年代，时兴各式包厢床，带厢柜可储存被褥，有床体两结合、床头分离、带床头柜的多种组合床，床垫有弹簧床垫、棕垫等。2000 年后，农村居民又开始时兴盘火炕、吊炕取暖。

20 世纪 80 年代初，普遍流行大衣柜、木板箱等。80 年代后期，组合柜逐渐流行。90 年代，随电视机及组合音响的普及，各种形制、大小的电视柜应运而生。2000 年后，整装家具、拆装家具、连壁家具涌现，质地样式多种多样，有高中低档之分，以适应人们的不同需求。

20 世纪 80 年代初，农村居民家中正厅摆放条几、方桌、圈椅（或方椅）、长条板凳。80 年代中期，沙发配茶几，先在县城流行，很快也进入农村家庭。90 年代，沙发样式不断出新，有转角式、一二三式、组合式等多种结构，材料有布艺、皮革、钢木、合成木料等。2000 年后，全木沙发、真皮沙发、布艺沙发成为流行款式。传统的方桌条几配圈椅板凳，不论城乡，使用者日渐稀少。

出行

20 世纪 70 年代，人们出行多靠步行，只有家庭经济条件好的才有可能骑自行车出行。80 年代，自行车逐渐成为人们常用的出行工具，自行车种类繁多，先是大梁车，后以大链盒车为时髦，继以坤式车、弯梁车、彩车、赛车等为青年男女所青睐。90 年代后，城乡居民购买摩托车渐多，后期基本趋于普及。农村购买拖拉机、机动三轮车（俗称三马子）的农户也逐渐多起来。个别富户也拥有了面包车，有的是代步，有的是搞出租，一般人外出远行仍以火车为主，短途出行则乘坐公共汽车或出租车。但行政村通公交班车率不到 50%。2000 年后，电动车以其轻便、省时、省力，迅速挤入自行车行列，得到了上班族的青睐，拥有量逐年上升。2009 年每百户家庭中拥有电动车者达 46 户，比 2003 年增加 93%，而摩托车和自行车拥有量逐年下降。随着人们收入水平的提高以及汽车价格逐步降低，拥有汽车的家庭逐年增加。私家车的快速发展，为居民出行提供了更加广阔的空间，从而加速居民出行向多样化发展。2009 年，公共汽车、城乡班车基本达到“村村通”。

时尚生活

娱乐 20 世纪 80 年代，看演出、看电影、看电视是全县广大居民最主要的观赏娱乐方式。在农村，每逢庙会、红白喜事就会有武术表演和地方小戏演出，吸引不少群众前来观看。在县城，每逢重大节日，如春节、元宵节等，组织全县民间花会团体，进行文艺汇演，引来很多观众。70 年代末，人们只能看几场露天电影或从收音机中听音乐、听评书。80 年代前期，电视开始出现，但多为机关、工厂、村委会购置，1983 年的港剧《霍元甲》、1984 年的日剧《血疑》风靡一时，万人空巷。在城镇，电视录像厅生意特别红火。90 年代，电视开始进入普通居民家庭，受此影响，观看电影的人数日益减少。电视台点歌成为时尚，子女为年老的父母祝寿、亲朋好友过生日、情侣之间送祝福、店堂开业、乔迁之喜等等，可在电视台预约歌曲、小品、戏曲片段，并配以祝福词为字幕，届时播放。掌上游戏机、电脑游戏机、游戏厅吸引了大批青少年，有少数痴迷者沉湎其中，不能自拔。这一时期居民间兴起打麻将之风，这种往往带彩头的参与性娱乐方式迅速在城镇乡村蔓延开来，且愈演愈盛。对家庭和睦、儿童教育成长等方面有消极影响。2000 年后，居民精神生活更加丰富多彩，看演出、看电影、看电视可任意选择，观赏内容也应有尽有。参与性娱乐方式花样层出不穷，上“网吧”打网络游戏、“斗地主”、搓麻将、跳广场舞等等，居民精神生活丰富、充实，人们的精神面貌焕然一新。

偶像崇拜　偶像作为风流人物的代表，在每个历史年代，都会应运而生，成为社会与时代精神面貌的一个缩影。改革开放 30 年，也不例外，偶像崇拜的对象，从“榜样”，走向“三星”（歌星、影星、体育明星），再到“民星”（草根明星）。

20 世纪 80 年代，偶像崇拜，还基本延续着以前的以“英模”为主。学习雷锋好榜样，学习赖宁舍己为人，学习张海迪自强不息；90 年代，市场经济大潮催生大众文化兴起，开始消解崇高与神圣，与港台传递过来的“三星”潮，迅速合流，塑造出以时尚、享乐、光鲜为核心的偶像特质，有喜欢港台的，有喜欢欧美的，有喜欢大陆的，不一而足；2000 年后，网络与多媒体发展，“秀”时代全面到来，造就了无数草根明星与平民偶像，但人们更多是把偶像当成消费，关注一些明星新闻，娱乐身心。30 年偶像之变，反映出人们精神世界的丰富多姿，以及这个时代的包容与开放。

健身旅游　20 世纪 80 年代，参加健身活动的人以城镇居民为多，主要活动有散步、跑步、打太极拳及一些球类运动。90 年代，随生活条件的提高，参与健身活动的居民范围不断扩大，人数不断增加，活动项目不断增多。2000 年后，人们日益重视身体健康，“健身”一词成为时尚，不少乡村新建文化广场，安装健身器材。在城镇，出现了公用健身场馆和私人健身房，健身器材多种多样，一些富裕家庭还购置了跑步机、按摩椅等健身器材。

20 世纪 80 年代，旅游对于县内居民来说，还是一个陌生概念，只有少数人在出差、探亲访友时顺带游览当地风物名胜。90 年代，人们走出去看一看的旅游愿望增加，一些有条件的富裕家庭自己安排出行计划，但一般都是中短途旅行。2000 年后，居民生活水平提高，旅游愿望普遍强烈，普通居民可根据自身的条件和需求，计划安排自己的行程。旅游方式一般有跟团游、自由行，地域远近有周边游、境内游、出境游之分。

宠物饲养　20 世纪 80 年代，居民家中养狗养猫非常普遍，但都以看家护院和捕捉老鼠为主，养鸟养金鱼者很少。90 年代后，狗猫的饲养逐渐向宠物饲养过渡，即养狗不只为了看家，养猫也不只为了捉老鼠，只为爱好和兴趣，并陆续从外地引进多种宠物狗、宠物猫。养鸟养金鱼者增多，不少家庭养有金鱼，以供观赏，养鸟以养鸽者最多，另有画眉、鹦鹉等。90 年代后期，由于养宠物者增多，县城渐渐出现宠物市场，初在交通大街南段，农历逢五为集期，进行宠物及宠物用品交易，后市场移至中华大街南头，市场交易红火，吸引周边县市宠物爱好者前来交易。

文物收藏　20 世纪 80 年代，人们收藏意识不强，县内集藏主要集中在邮品和书画收藏上，人数也不多。90年代，热爱收藏的人增多，集藏种类也在增多，如随着计划经济向市场经济过渡，布票、粮票、肉票、油票等票证退出市场，这些票证就成为一些收藏爱好者的藏品，其他如古钱币、纪念币、纪念章、旧版人民币、瓷器、铜器等。2000年后，收藏队伍、种类继续扩大。洺州镇星光村王志君痴迷书画，收藏颇丰。随经济快速发展，现代化水平不继提高，一些农具已经过时，逐渐被淘汰，但受到一些收藏爱好者的注意。方家营乡孙家寨收藏石磨石槽，县城朝阳路东段建有农博馆，专门收藏旧式农具。

图3－15　漫画《家乡之变》/邱县青蛙漫画组集体创作

第五节　信仰习俗

图3－16　汉教宝卷

在久远的历史长河中，威县一带汉族民众形成了自己的特色信仰——汉教信仰。“汉教”民间俗称“大教”。它不是佛教和道教，也不是诸多以“三教”为特征的民间教门的总称或一种。民谚说：“僧门两道、回汉两教。”汉族先民称佛教为僧道，称道教和教门为“门道”。把回教和汉教也称为教。

汉教是宋、明以来形成的以奉玉皇大帝为天地最高神、奉儒、释、道三教尊神为基本特征并杂奉无生老母、灶君等民间俗神的汉族民众的普遍信仰，是宋、明以来，在中国三教文化的影响下，形成的汉族民众独具特色的民俗性宗教。

民间春节供奉的“天帝”（玉皇大帝）为最高尊神，是“天地三界十方真宰”。玉皇大帝与关帝圣君（协天大帝）并称为“文武玉皇”。“全神”也是民间多神信仰供奉的神码之一，涉及玉帝、关帝、民间创世神话中的人物、儒、释、道三教诸神共73位。汉教既没有宗教领袖，也没有特定的教规，传统的伦理纲常和佛、道的教义是信众们的行为准则。

图 3－17 诵念宝卷

汉教有自己的创世神话。汉教的创世说是中国古代神话传说的“盘古治世”。汉教的经卷是关乎儒、释、道三教诸神的宝卷。汉教宝卷不同于佛、道、儒三教的经卷，一般由类似于戏曲曲艺的唱词和乡村俚语写成，以三、三、四的十字句为主。有的宝卷用曲牌体或曲牌连套体的格式，语言非常通俗，易于唱诵。它既不属于教门宝卷也不属于民间劝善书之类。汉教信众热衷于去佛寺、道观朝拜和上布施。他们把朝拜活动、民俗活动时诵念宝卷和平时做善事都叫做“行好”。遇有僧门和道派的斋醮法事，他们都积极参与。

晚清以降，威县一带广大农村，许多农村都有汉教会，他们的会往往为某一汉教神祇的纪念日和某一节日而起。如，梨园屯和威县七级堡汉教会的玉皇会，七级镇三元井的立夏会（奉祀玉皇和冰雹神）。村与村的汉教会相互联系密切，遇庙会或斋醮，相互传帖，信众赴会参加活动。有时红拳会、梅花队等武术团体和民间社火团体也前去助兴。

威县一带的汉教信仰源远流长，具有很深的积淀，是民俗文化的一种特有形式，是汉民族的特色民俗信仰。

图 3－18 汉教神码——全神

图 3－19 “天地”（老天爷）

图 3－20 灶君

附：

清同治四年木板印刷《灶王真经》

这一部灶王经何人留下？有西天老佛爷亘古创成。唐三藏去取经带来东土，流传到普天下苦劝众生。灶王爷司东厨一家之主，一家人凡做事看得分明。谁行善谁作恶观察虚实，每月里三十日上奏天庭。只要你肯行善存心正大，自古道积善家吉庆丛生。你要是好作恶心地奸险，老天爷降天灾决不徇情。家家奉灶王爷不知尊敬，执掌着善恶簿忒格至灵。凡佛祖诸神圣皆知礼敬，逢生辰遇忌日庆贺礼迎。灶君爷圣诞日人不祭祀，坐东厨太冷淡寂寞无情。秋八月初三日圣诞节期，说与你普天下大众齐听。有善男和信女香火供奉，一家家各户户共点明灯。又增福又增寿无灾无害，只要你秉虔心口念真经。若有人把真经传流斯世，保佑你多发达子贵孙荣。读书人敬灶王魁名高中，种地人敬灶王五谷丰登。手艺人敬灶王诸般顺利，生意人敬灶王买卖兴隆。在家人敬灶王身体康泰，出门人敬灶王到处安宁。老年人敬灶王眼明脚快，少年人敬灶王神气清明。世间人你何必舍近求远，游名山过大海千里路程。灶王前只要你诚心祝祷，无论你什么事也敢应承。只要你存心好善行方便，能与你一件件转奏天庭。

为名的管保你功名显达，为利的管保你财发万金。有病的管保你沉疾痊愈，求寿的管叫你年享九旬。求儿的管叫你门生贵子，求妻的管叫你天降美人。见玉帝能与你多说好话，祷必灵求必应凡事遂心。只要你孝父母恭敬兄长，只要你敦宗族和睦乡邻。行仁义顾廉耻各安生理，守本分学良善忍辱让人。灶王爷秉真心奏知上帝，玉皇爷最公道永不屈人。又一等歹妇人心肠毒狠，搬是非闹口舌骂断四邻。说他长道她短欺大压小，忤翁婆乖妯娌违抗夫君。有一等昧心人口善心恶，对着人说好话糟烂黑心。豆腐嘴刀子心弥陀枉念，这等人神不佑天理难容。

心不端何须你持斋念佛，做好人行好事才得安宁。劝善人你要想诸事吉庆，厨灶下常洁净朔望明灯。我与你传流下厨中十戒，众善人一个个牢记心中。一不许到灶前刮锅响碗，敲匙箸击盘碟家破人穷。二不许到灶前赤身露体，肮脏身邋遢体亵渎神明。三不许到灶前污秽便溺，血汗盆臭溺器远离厨中。四不许到灶前涕唾号怒，蹴葫芦摔马勺神不安宁。五不许到灶前呵骂咒咀，数黄瓜道茄子任嘴胡云。六不许戳帚把秽柴做食，葱蒜皮鸡毛骨溷杂柴薪。七不许烤渗衣烘鞋炙袜，小儿臭裤与袄搭搁灶门。八不许轻五谷抛米撒面，有剩茶和残饭施与饥人。九不许无故地杀鸡宰鸭，持斋人要行善戒杀放生。十不许吃牛肉并及犬肉，牛耕田犬守夜大有功能。若再能听我劝敬惜字纸，生贵子做高官富贵峥嵘。到八月初三日果知尊敬，你举家我佑你最显最灵。若把我灶王经敬诵一遍，阖家人保平安百病不生。熟读我灶王经几千万遍，颂三多庆九如辈辈高封。若有人将经卷广传远送，登祥云证佛果不老长生。倘有人不尊信不传不诵，管叫他受贫穷孤苦伶仃。倘有人见经卷不恭不敬，管叫他女产厄男受官刑。倘有人毁谤我亵渎经典，暗地里施阴兵斩首分刑。行善的作恶的有你自造，该降福该降祸任我施行。进厨房常存敬敬畏灶君，念真经遵十戒十恶莫作。

持佛法众善奉行：东厨司命元皇灶君，福水善火一家之尊，监察善恶户赖洪恩，经卷满世普度斯人。凡受此经卷者，务必诚心奉诵，勤讲力行，可免刀兵之灾，能除瘟疫之灾。至于求名、求利、求子、求寿，诚心焚香，在灶君面前许愿，戒食牛犬，印施此经，改过自新，永无恶行，求无不应。

第六节　称　谓

30年间，称谓发生很大的变化。20世纪70年代，子女称父亲、母亲多为“爹、娘”，80年代始，新一代儿童多称父母为爸爸、妈妈。20世纪70年代，夫妻之间无称谓，但为引起对方注意，多以“哎”为发语词，对外人言时，多称“俺孩子他爹”或“孩子爹”或“俺孩子他娘”或“孩子娘”，年龄大者或称“俺老头儿”“俺老婆儿”。20 世纪 90 年代末，年轻夫妻则互称“老公”“老婆”。20 世纪 70 年代末，对同事、同学的母亲或年龄相当的妇女，时兴称“婶子”或“大娘”，现在多称“姨”“阿姨”，对其父则仍称“叔”“伯”，故有谑者戏言，现在时兴“叔叔跟着阿姨过”。“先生”“老师”“师傅”是 70 年代对医生、老师、某项技术人员或长者的尊称，现特指对文人学者的称谓。“同志”一词是 20 世纪 70 年代前后的社会专用称谓，适用于多种场合和人群。现只在严肃的会议或官方文件中出现。“老板”“经理”“老总”是对经商者、企业家的称呼。男性同龄互称“哥们”“伙计”“老弟”“老兄”。文化人中仍有互称“老兄”或“仁兄”的习惯，即使明知对方比自己年少，也称“兄”，此为古文人的习惯，故多出现在书法、书信作品中。“小姐”的称呼 20 世纪 80 年代初对年轻女子的尊称，还曾是对从事餐饮业服务生的专指称谓。90 年代后，“小姐”多指从事歌厅、餐厅等服务行业的女性。对中年女性则称“女士”。另有老年男性对年轻女性或少女称“大妹子”以示尊敬或亲切。长辈称呼晚辈，除直呼其名以外，对男性多称呼“恁叔叔”“恁大娘”“恁哥哥”，对女性多称呼“恁婶子”“恁大娘”“恁姐姐”等。

威县家庭及亲眷关系常用称谓如下：

父亲：爹、爸

母亲：娘、妈

丈夫：爱人、当家的、孩他爹、俺汉们、老公

妻子：爱人、家属、家里的、媳妇、老婆、孩他娘、内当家、内助

兄：哥哥，多者冠以排行

兄妻：嫂嫂，多者冠以排行

弟：兄弟、弟弟，多者冠以排行

弟妻：弟妹、兄弟媳妇、他婶子

姐：姐姐，多者冠以排行

姐丈夫：姐夫、姐丈，哥哥

妹：妹子、妹妹，多者冠以排行

妹丈夫：妹夫、妹丈

祖父：爷爷

祖母：奶奶

曾祖父：老爷爷

曾祖母：老奶奶

伯父：大爷、伯伯，多者冠以排行

伯母：大娘，多者冠以排行

叔父：叔叔，多者冠以排行

叔母：婶母、婶子，多者冠以排行

外祖父：姥爷

外祖母：姥娘

舅父：舅舅，多者冠以排行

舅母：妗子，多者冠以排行

岳父：丈人、老丈人、小孩姥爷、泰山、面称爹
岳母：丈母、丈母娘、小孩姥娘、面称娘
女婿：门婿、女婿，面称名
妻兄：大舅子，面称哥哥
妻兄妻：大舅嫂，面称嫂
妻弟：小舅子，面称内弟或兄弟
妻弟妻：弟妹，或面称“孩子妗子”
妻姐：大姨子，面称姐
妻妹：小姨子，面称名字
公爹：公公，小孩子爷爷，面称爹，爸
婆母：婆婆，小孩奶奶，面称娘，妈
夫兄：大伯子，面称哥
夫弟：小叔子，面称弟弟，兄弟
夫姐：大姑子，面称姐
夫妹：小姑子，面称妹
夫叔：叔公公，面称叔
夫伯父：大公公，面称大爷
夫伯母：大婆婆，面称大娘
姑母：姑姑，多者冠以排行
姨母：姨，母之姐妹分别称大姨小姨，或冠以排行
姨夫：姨父，多者冠以排行
女儿：闺女、妮儿，多者冠以排行
儿子：小子，多者冠以排行，桑园一带称“羔儿”
结拜兄弟：干兄弟、义兄（弟）
结拜姐妹：干姐妹，面称姐或妹
义父：干爹，面称爹
义母：干娘，当面称娘
男人：汉们、爷儿们
女人：（已婚者）娘儿们
父之姑父：老姑父、姑爷爷
父之姑母：老姑、姑奶奶
父之舅父：老舅、舅爷
父之舅母：老妗子、舅奶奶
父之姨父：老姨父、姨爷爷
父之姨母：老姨、姨奶奶
母之姑父：老姑父、姑姥爷
母之姑姑：老姑、姑姥娘
母之舅父：老舅、舅姥爷

母之舅母：老妗子、舅姥娘
母之姨父：老姨父、姨姥爷
母之姨母：老姨、姨姥娘

附：威县亲属关系称谓图

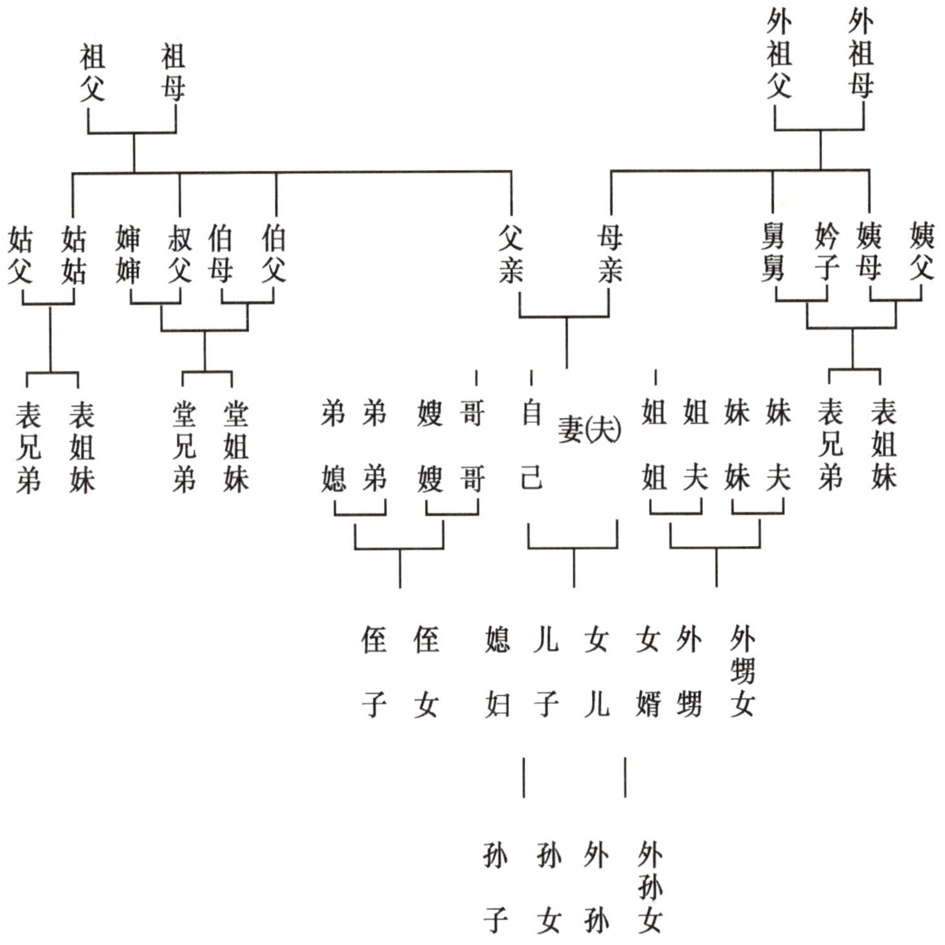

图 3－21　亲属关系称谓图

第七节　回民习俗

回族，是域内除汉族以外人数最多的一个民族。他们在长期的生产生活中，形成了自己独特的习俗。

饮食与禁忌

回族在饮食上颇有独特之处。回族人主要饮食嗜好之一，是最擅烹制、最爱食用以牛、羊、鸡的肉和内脏为原料的独具风味的清真菜肴；嗜好之二是爱饮茶。回族在饮食上还有很多忌讳，除不吃猪肉外，还忌吃狗、驴、马、骡等不反刍动物的肉和内脏，忌吃一切食肉类动物（各种猛禽猛兽）的肉和内脏，忌吃一切不宰自死的动物的肉和内脏，也忌吃所有动物的血，还禁止吸毒、喝酒、抽烟等。回族群众所办的饮食店或摊点都挂有牌子，牌子写有清真食品，它是回族经营食品区别于其他非信仰伊斯兰教民族经营食品的重要标志。回族群众外出购买食品只买挂清真标志的食品。

沐浴

回族群众素有爱清洁、讲卫生的传统习惯，凡有条件的家庭都备有汤瓶壶。每遇节日或婚丧重大活动，回族群众都要到清真寺沐浴净身。回族的沐浴同一般人的洗澡不同，有大净和小净之别，大净包含小净，做大净时必带小净。大净是用清洁的水从头到脚洗净全身，并漱口、呛鼻等。小净亦用洁净水洗净身体一些部位，包括洗脸、洗手、漱口、洗鼻孔，用湿手抹头及耳、冲洗双足等。小净用汤瓶壶冲洗，洗手时左手持壶浇水，右手接水进行沐浴。大净时用吊罐，内有定量适度温水，罐下开小孔漏水而洗，不用澡盆，更不能在大池中洗。这种沐浴方法一直沿用至今。

服饰

信仰伊斯兰教的回族，思想文化体现伊斯兰教清真、和平、廉洁的教义，喜爱绿色、白色。因此反映在服饰上，便以绿色和白色为特征。建筑物多为绿色。阿訇、教民平时多戴白帽，穿白色对襟衬衣。遇到亲属亡故，家属穿白色大褂，戴白色包头，穿白色鞋袜。老年妇女多穿大襟上衣，袖子长至手背，仅面部露在外以示庄重。礼拜时服饰较为讲究。阿訇和海里凡均戴“特斯它”，即白布缠绕的硬帽，下垂余布条在后背；衣服加套“外罩”，系长袖对襟大褂，长度过膝，便于礼拜。男人礼拜，要求衣着整洁，可穿短袖，但不准穿背心，妇女礼拜时要戴“盖头”，将耳朵、头发，脖子均遮在里面，仅露出面孔，少女盖头多艳色，中年多黑色，老年多白色。

礼仪

回族人在参加节日聚礼时，和与亲友相逢时，互道“色俩目”。一般先由年龄小的人或晚辈发问：“艾塞俩目尔来库目。”对方答：“五尔来库目色俩目。”意思是“真主赐福于你”或“赐你平安”。特殊场合便用严肃、郑重的礼仪——“拿手”，其动作类似握手。

婚娶

回族男女对配偶有自择权，一般在族内通婚，也可与其他民族通婚。结婚仪式，要聘请阿訇来证婚，并念和写“伊扎布”（阿拉伯语“证婚词”），并问新郎、新娘是否愿意，双方都要亲口应允。仪式前，男方赠礼品于女方，称为节礼。礼成，阿訇向新郎、新娘抛喜果（花生、红枣、糖果等），让小孩争抢，但严禁鼓乐、鞭炮，婚礼简朴热闹，不动烟酒。

丧葬

回族丧葬风俗从简，死后早日下葬。回族人死在哪里，一般不送回故土。实行“土葬”“速葬”“俭葬”三个原则。主要礼仪有：

做“讨白”，回族人生命垂危时，家属要请阿訇诵读“清真言”，意为祈求真主宽恕其一生的过错。

使水发送之日，请阿訇、掌教或乡老将亡人用清水洗干净，穿上可番（裹尸体的白布），抬入“经匣”待葬。

行站礼也称站“者那则”，由阿訇主持。其过程包括行“者那则”拜、诵经、行传香（或传经）礼。礼毕，即抬到墓地安葬。

回族丧事不扯大孝，不吹响器，不奏乐，不放鞭炮，不送花圈。但很注重施舍，亡人的部分衣物或其他物品分赠阿訇、亲友或经济困难的人。

节日

回族的风俗习惯来源于伊斯兰教的教规教义，民族节日即伊斯兰教的节日，主要有开斋节、古尔邦节、圣纪节等，俗称“三大节”。回族的节期是按伊斯兰太阴历计算出来的，节日在一年的哪一天，按日历计算，年年都有变化。

开斋节　是回族的盛大节日。伊斯兰教历每年9月为斋戒月，即每日从拂晓前至日落，禁止饮食，封斋第29日傍晚如见新月，次日即为开斋节；如不见，则再封一日，共为30日，第二日为开斋节。在开斋节的这一天，要沐浴更衣，聚集在附近的清真寺礼拜，然后开始节日活动。人们开始宰牛、宰羊，也可以走亲访友。

古尔邦节　又称为“宰牲节”，每年十月二十日，是伊斯兰教传统的年节。节前，穆斯林们家家户户打扫得干干净净，忙于宰杀牛羊，精制糕点。节日这天，穆斯林们便沐浴礼拜；各家宰羊，宰牛，分发贫民，接待宾客，馈赠亲友。

圣纪节　亦称圣忌节，冒路德节。相传穆罕默德（约570—632）诞辰和逝世都在伊斯兰教历的3月12日，为纪念伊斯兰教创始人穆罕默德的诞辰和逝世日。此日，在清真寺诵经纪念，然后与会者会餐，吃打卤面、全羊菜等。

习惯用语

称呼姐夫为“哥”。对姑父和姨父，视其比自己的父亲年长或年少，称年长者为“大爷”，年少者为“叔”。说“宰”，忌说“杀”。如习惯说“宰羊”，忌说“杀羊”。买肉习惯说“拉肉”“称肉”“约肉”，忌说“割肉”。习惯说“一劈肉”，忌说“一扇肉”。习惯说“做油香”，忌说“炸油香”。送葬说“发送人”，不说“出殡”。尸体叫“亡人”或“埋体”，不说“死尸”。这些习惯用语在回族中富有群众性，可凭此习惯区别。

第八节　陋俗与禁忌

陋俗

赌博　20世纪80年代始，赌博之风又死灰复燃，且屡禁不止。赌博形式有纸牌、掷骰子、推牌九、打麻将、扑克等。

冥婚　县内俗有“孤坟不入茔，入茔不吉利”之说法。20世纪80年代后，冥婚又复兴起来。未婚男女死后，死者的亲属为其“提亲说媒”，不管死多少年，皆以死时年龄为准，经双方亲属同意后，即择日进行合葬仪式，此为“冥婚”，此风至今仍存。

娃娃亲　20世纪80年代，县城东部一些村庄存有这种婚俗，孩子五六岁或八九岁前就由家长做主给孩子定亲，定亲后，每年的中秋节、春节，男方都给女方送礼，并相互走动。到90年代中后期，定娃娃亲的已不多见。

换亲 转亲 20世纪80年代初仍有换亲、转亲习俗。换亲即双方各把自己的姑娘嫁给对方的儿子；转亲即三家姑娘按照甲嫁乙，乙嫁丙，丙嫁甲的方式把各家姑娘嫁出去。无论换亲还是转亲都非个人所愿，纯属家庭生活困难或其他不利条件儿子成婚无望，迫不得已才这样做。90年代后基本绝迹。

索要彩礼 在县内农村中普遍存在索要“彩礼”之风，一般女方会用全部“彩礼”款购置嫁妆。随着人民生活水平的提高，女方向男方索要的彩礼数目也随之增加。2009年，个别地方的“彩礼”数目高达四五万元，常令男方不堪重负。

红白事大操大办 近年来婚丧嫁娶时大操大办，一些人以办婚丧事作为谋财手段。家境条件差者也有跟风现象，给生活造成不小负担。

不孝敬父母 主要表现为对父母不闻不问，不承担赡养义务，甚至虐待、遗弃父母。在20世纪80年代，经济条件较差的家庭中此类现象较多，家境较好的相对较少。90年代后已不多见。

禁忌

民间习俗有不少避讳禁忌，其中许多禁忌现在看来不免可笑，分类列举如下：

饮食禁忌 绿豆与中西药禁忌同食。柿子与酒禁忌同食。山姜与鸡蛋禁忌同食。孕妇忌食兔子肉，以免孩子豁嘴。忌隔窗给人吃东西，以免得噎食病。未嫁的女孩禁吃鸡头，否则出嫁时下雨。

居住禁忌 忌邻居两个大门口错对；忌对邻两个大门口一大一小。忌大门口正对大街、大路及胡同。房屋忌讳门门相连，窗窗相连；忌盖一间南屋。院内栽树忌讳正对门和窗。

出行禁忌 杨公忌日忌讳出行。

服饰禁忌 上衣忌讳钉双数扣子。忌讳穿着衣服钉扣子、缝补。三周内的小儿衣服忌讳在院内过夜。

婚嫁禁忌 忌寡妇或儿女不全者为人做嫁妆和当伴娘。新媳妇下彩车时忌讳三种属相相克者在场。迎亲车忌往返走同一条路。

丧葬禁忌 人死忌用榆木做棺材。父母去世后当年儿孙不起五更不给乡邻拜年，不贴红对联。戴孝者忌讳串门。老人去世忌说“死”，称“老了”“不在了”“过世了”“走了”。小孩少亡则称“扔了”。

其他 过春节忌说“破”“断”“完了”“少”“光”等字，不吉利。忌点食品数量，正月初一这天忌吃药、干活。城北忌正月初五走亲访友；有的区域忌正月初二走亲访友。正月初十忌用剪刀。正月二十五日新媳妇忌讳在婆家过节，忌讳在娘家出正月。正月里忌剃头，有“正月剃头死舅舅”之说。农历五月忌讳做被子。忌讳烧纸日子串亲戚。忌下午或晚上探望病人。借熬药锅忌送还，送还即“送病”。孕妇忌在娘家生孩子。忌猫头鹰和乌鸦在院内叫。老年人忌73、84和100三个岁数。写信、写人名忌讳用红墨水。扫帚、笤帚忌讳放在一起。忌亲戚送笤帚。串门时忌讳站立在门槛上。忌敲饭碗，否则没饭吃。忌筷子插于碗中食物上，此为供奉死者之举。

随着时代的发展，社会物质生活水平的提高，旧俗日渐消亡，平安、和睦、健康等成为新习俗的内容。

第七章　良风美德

30年间，威县涌现出许许多多道德模范。在市场经济、注重名利的背景下弘扬中华民族的传统美德实属难能可贵。孙华杰兄弟、付宏伟尊老敬老，弘扬中华民族优秀传统文化，尽管超出记述时限，但很有必要把他们的感人事迹载入史册。

王春华助残为乐三十年

王春华，1952生，洺州镇北街村人。他是一名理发师，有一个属于自己的理发店。他不是残疾人，却在助残路上走了三十年。三十年间，他义务教授30多名残疾人学习理发，帮助他们自食其力，被众人称赞不已。

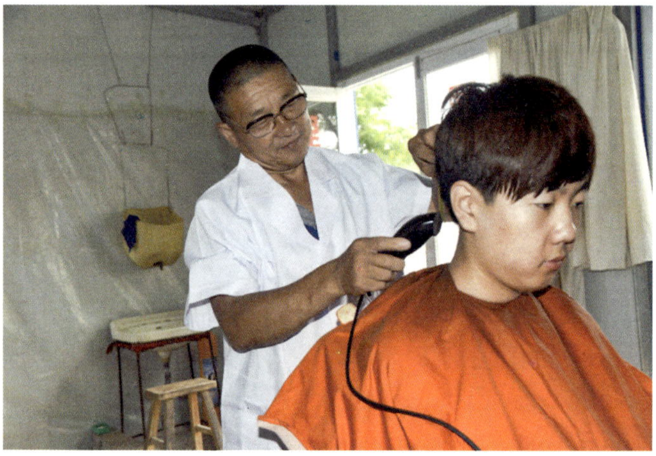

图3-22　王春华（左）正在传授理发技艺/2009年摄

王春华的弟弟是聋哑人，生活很难自立。当时在县饮食服务公司做理发师的他萌生教弟弟理发的念头。让王春华感到欣慰的是，他的心血还真没有白费，他弟弟还真学成了，不仅可以自食其力，还娶了媳妇成了家。于是，他就想或许还可以帮助更多像弟弟这样的人。1977年王春华向单位领导建议，自己可以义务带一些残疾人学徒，教他们理发。这一教就是三十年，即便是1991年王春华下岗后最困难的时候他都没有终止。教残疾人理发不是一件容易事，而跟随王春华学习理发的大多是聋哑人，交流就更加麻烦。手把手教，手势比画着教，或者用尺子比出长短，王春华还自学了手语，就是为了和徒弟们顺畅交流。或许是身体上的残缺，徒弟们都很敏感和脆弱，在相处中王春华时刻注意自己的言行，避免误会和伤害。还细心观察徒弟们的情绪变化，及时耐心地给徒弟们开导、鼓励，从来没有嫌弃、放弃过一个人。而且每个徒弟出师前老王总是要求他们在店里实习一段时间，“因为开始的时候容易给人剪错，我可以帮忙说说好话。”王春华说。

王春华的耐心、细心和关怀，让这些特殊的徒弟们对生活重新燃起希望。王东就是王春华众多徒弟中的一个，由于从小聋哑，王东到了十七八岁仍然整天无所事事，甚至和一些小混混在一起，这可急坏了家里人。当听说王春华收残疾人徒弟的消息后，王东的父亲找到王春华，希望他能收王东当徒弟学上一门手艺，并备下厚礼。了解情况后，王春华收下了这个徒弟，却把拜师礼原封退回。半年后，王东出师，在王春华的帮助下租到门面，开起理发店。不仅生意红火，而且还成了家，日子过得有滋有味。“要不是王师傅，没准王东就变成小混混了，哪能像现在这么好，王师傅就是他的再造父母啊！”王东的父亲感激地说。

现在，老王的徒弟们都有了自己的店面，有了自己的生活，逢年过节的时候，王春华家总是挤满了前来拜访的徒弟们和他们的家人。“看到他们的幸福，我是打心眼里高兴啊。”每次，他都把徒弟们带来的礼品交换一下再赠送回去，“我可没把他们当外人，孩子们挣点钱不容易，可不能让他们在我这多花钱。”这时候，已经60多岁的王春华总是感觉自己还很年轻，还可以再教上几个徒弟。

白林勇救落冰孩子

白林，洺州镇南关村人，县政府办公室职工。县政府大院东侧有个五六米深的大水坑。2003年1月23日中午，一群儿童在冰面上玩耍，突然冰层断裂，两个孩子掉到冰窟窿里。这时政府门岗值班人员白林听到孩子的哭叫声后，一边大喊着一边奋不顾身地跳到坑里救孩子，白林连衣服也没来得及脱，他一边打破冰层一边游，当游到孩子身边时已经没有了力气。闻讯赶来的人们有的给110报警，有的找来棍子，有的找来绳子，有人给他棍子让孩子抓住，可是孩子每抓住一次却往下滑一截，他不得不返回岸边，脱掉衣服，又跳到水里游到孩子身边，与民警一起，经过努力，终于把一名11岁小女孩和一名14岁的小男孩救上岸。附近的热心人为白林端来红糖水和姜水让他喝时，他那被冰碴划破滴血的手已经没有了知觉，只是不住地说：“孩子没事就好！”白林见义勇为的事迹刊登在2003年1月25日《邢台日报》上，并在全县广为传颂。

司永贵为残疾人献爱心

司永贵，第什营乡司家庄村村民。1994年深秋的一天，司永贵在回家的路上发现一个十五六岁的小男孩，满身尘土，蓬头垢面，在一个破砖窑旁抱着头瑟瑟发抖。他匆匆跑回自己开的饭店，蹬来一辆三轮车，将男孩接到家中，为孩子做了一碗鸡蛋面。当孩子吃饱喝足又睡了一觉后，司永贵想问问他家住何处，没想到这男孩是一哑儿。他只能写出自己的名字叫刘三，其他情况无法沟通。就这样刘三在司永贵家一住就是三年。司永贵夫妇四处奔走，为哑儿寻找父母，可音信渺然。

哑儿已长成了大小伙子，司永贵的邻居就带他到石家庄打工，一晃又是两年。这两年中，司家庄村人在周边县市到处打听，司庆林的母亲请《燕赵都市报》记者为哑儿登了寻家启事。最终河间市南马滩村的刘春常接回了他走失五年的哑儿。刘春常掏出重金酬谢，被司永贵婉言谢绝。他们不但不要酬金，还给哑儿清算了近3000元的工钱。刘春常实在无法表达自己的感激之情，就给威县县委书记、县长和第什营乡党委书记、乡长写了感谢信，赞扬司永贵助人为乐的崇高精神。

养老专业户刘玉秀

刘玉秀，梨园屯镇杏园屯村人，被当地乡亲称为“养老专业户”，连年被评为“十星级”文明家庭。尽管刘玉秀和老伴都已年近80岁，儿女们都分家另住，但他们老两口还有一个90岁的杨氏“奶奶”，儿女们亲切地叫“老太”。其实他们只是一个村的，非亲非故，只是按街坊辈分叫奶奶。

刘玉秀自小失去母亲，是继母把她抚养成人，继母待她很好。1951年，她和单士田结婚后，义不容辞地承担起赡养父亲和继母的责任。父亲去世后，她把继母从外乡接到杏园屯村，一起生活了十多年，直到老人去世。1971年，刘玉秀听说还有一位从未见面的亲娘舅无人照顾，又与丈夫商量把老人接到家里养老送终。这期间刘玉秀还要赡养公婆，抚养三个孩子，老少八九口人，苦不堪言。婆婆晚年患肝腹水，卧床不起，她昼夜守护，精心照料。婆婆去世后，她怕公公孤单，和丈夫商量后为公公找了一个老伴。可刚过两年继婆母就身患重病，在刘玉秀的精心照料下老人安详地离开了人世。

如果说前几位老人和刘玉秀都多少有些亲属关系的话，这位姓杨的老人，其实是刘玉秀"拣来"的。杨氏的老伴1981年病故，无儿无女，孤孤单单。刘玉秀就请老人到自己家里热闹热闹。结果十二年来，每年春节杨氏都要在刘玉秀家住上一个月。老人患有心脏病，刘玉秀夫妇经常带老人去看病，为老人煎药。1998年老人病危，汤水不进，刘玉秀请医生诊疗，医生建议准备后事，可是在刘玉秀两口子的精心照料下，老人奇迹般地康复了。

孙华杰兄弟给孤寡老人一个家

孙华杰四兄弟，常庄乡孙庄村人，四人合办威县华杰橡塑有限公司。为了让村里的孤寡老人安度晚年，孙华杰兄弟四人出资近50万元建起一个占地2000平方米，能同时接纳40多位孤寡老人的幸福院。到2011年，已陆续把周边村庄的13位孤寡老人接到幸福院里生活，年开支近3万元。他们无私奉献、尊老爱幼的高尚美德在当地被广为传颂。孙华杰四兄弟入选2012年5月中国好人榜。2012年，他们被中央电视台《新闻直播间》栏目、河北电视台以及《河北日报》《燕赵都市报》等多家媒体报道。

图3-23　孙华杰（右）和敬老院老人在一起/霍艳淑2012年摄

付宏伟为全村老人当孝子

付宏伟，1980年生，方家营乡孙家寨村人，一个曾跃出农门的大学生，在石家庄发家致富之后，回村尽孝，给全村老人当儿子。每天给村里7名孤寡或子女不在身边的老人送三餐可口的饭菜，风雨无阻。他免费开办多期系列国学培训班，让村人明白孝道是做人的根本，他将给老人洗脚、包饺子作为学生的"毕业论文"。在他的教育和带动下孙家寨村尊老爱幼、助人为乐蔚然成风，家庭和睦、互助互爱成为一景。他孝老敬老的事迹被多家媒体刊载，被评为2012年11月份"邢台好人"。2012

图3-24　孙家寨孝道大餐/2013年摄

年底，他入围2012感动河北年度人物候选人，并应邀出席河北卫视2012“好人好梦”公益晚会。

中国好人张现增

张现增，县联合网通公司职工。2007年3月，在县民政局遇到一名弃婴。该女婴因患先天性心脏病，被多次收养又多次遗弃。第三次是被弃在县民政局门口。局领导决定暂由门卫照看，张现增见状，毅然决定收养。他一家人节衣缩食克服万难，并在各级民政部门的协助下，为女婴看病，补充营养。女婴得到救治，成长为一个活泼可爱的孩子。2009年6月，张现增入选全国“孝老爱亲”好人榜。

图3－25 张现增和他收养的孩子/2014年摄

好媳妇张广玉

张广玉，固献乡侯家村人。这位年逾60岁的普通妇女，多年来，一直默默无闻、任劳任怨地操持着困难家庭，孝敬公婆的事迹被当地传为美谈。婆婆瘫痪5年后，张广玉又挑起伺候公公的重担。1991年，公公因病瘫痪在床，为了让丈夫安心工作，她便专门在家伺候老人。面对公公，她想，若不经常擦洗身体，既不卫生，也会生褥疮。她克服世俗的旧观念，把自己当成公公的闺女，“怕什么，闺女伺候父亲理所当然！”这一伺候就是20年。20年里，她天天给公公端水喂药，挖屎端尿，换洗被褥。每次为公公擦洗身体，她都用瘦弱的臂膀来搬动老人，每次擦洗完，自己都要累出一身汗。由于劳累，张广玉刚40出头时，头发就已花白，脸上也生出皱纹，而她公公的身上却干干净净，屋里收拾得井井有条，没有一点异味。公公一直活到90岁。张广玉多次被评为“好儿媳”“邢台好人”。

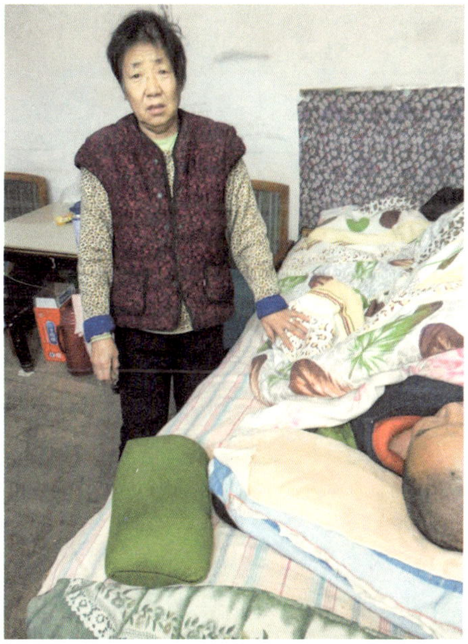

图3－26 张广玉和她公公/2011年摄

第四编　基础设施

威县自古交通比较发达。战国时期，自赵都（今邯郸）至齐都临淄（今山东淄博）的大道途径威县地。唐代，境内大道有两条：一为自魏州（今大名）过县境至幽州（今北京）的大道南北纵贯，一为自邢州（今邢台）过县境至济州（今济南）的大道东西穿越。清末，又修建威县大葛寨到临清的官马大道。1932 年，威县人王鹤灵组办了威县汽车公司，将威县至南宫的官马大道整修，成为威县的第一条公路。1949 年新中国成立后，交通事业迅速发展，公路、桥梁不断增修和改建，路面由土路、碎砖路至柏油路，有了显著变化。1967 年，铺设威县城至南宫境内的第一条柏油公路。1974 年，对邢临路威县城至大葛寨段铺筑了沥青路面。

威县旧时设有驿站，下有递运所。主要以传递官方公文为主，同时也为王公大臣巡视、省亲、游玩时提供歇息之处。清光绪二十八年（1902）威县设邮政局。1931 年设电话站，属河北省辖。1945 年 6 月，威县成立电话局，但只有 50 门磁石交换机 1 台，服务于党政军机关。1953 年，威县邮政局和电话局合并，成立威县邮电局。民国时期，域内投递线路较少，且实行步班投递。1949 年后，投递线路增加，也由步班改为自行车投递。1958 年后，增设邮政支局，不断新辟投递线路，全县境内实现村村通邮。1963 年，增加 200 门磁石交接机 2 台。1978 年，电信设备更新，开通 HJ905 型纵横制交换机 400 门，实现市内电话自动化。同时，农话台改装供电式交换机，农村电话业务量增加。

1960 年威县开始创办电业，从外地购进 1 台 48 千瓦发电机，由柴油机带动进行发电，主要供县委、广播站等 20 余个单位照明用电，发电量很小。1966 年，威县电业正式接入电网，并开始从广宗引线架设第一条 10 千伏线路。1970 年，建章台 110 千伏变电站。至 1978 年，全县 10 千伏线路达到 317.9 千米，低压线路 443 千米，配电变压器达 281 台，容量 11240 千伏安，大部分村用上了电。

1979 年后，随着经济建设的不断推进，全县基础设施建设发生巨大变化。1979 年，县境内仅有国道、省道、县道各 1 条，客货运输量很少。2009 年，境内各类公路 564 条，通车里程 1401.7 千米，全县 522 个行政村全部实现村村通公路。电力方面：1979 年全县只有章台 110 千伏变电站和李寨 35 千伏变电站。2009 年，全县共有 220 千伏变电站 1 座，110 千伏变电站 4 座，35 千伏变电站 11 座，10 千伏配电变压器 5832 台，10 千伏以上线路近

2300千米，基本满足了全县工农业生产和人民日常生活的用电需要。水利方面：威县水资源缺乏，水务逐步由建设水利工程为主转移到建、管并重上来，建设人畜饮水、农田灌溉设施，实现节水灌溉和人畜饮水安全。信息网络方面：邮政、电信、移动先后剥离，独立运营，程控电话、移动电话、多媒体通信逐步普及。威县居民已进入高科技网络信息时代。

第一章　交　通

1979年，县境内仅有国道、省道、县道各1条。1990年后，交通运输业进入快速发展阶段，106国道、武馆线纵穿南北；青银高速、邢临高速、邢临公路、邢清公路横贯东西，形成“二纵四横”的交通格局，成为河北南部公路交通枢纽。1995年实现“乡乡通公路”，2007年实现全县“村村通公路”。2009年，境内有高速公路2条，国道1条，省道2条，县道4条，乡道33条，村道522条，总长1401.7千米，形成以县城为中心，以高速公路、国、省干线为主骨架，辐射全县乡、村四通八达的公路交通网络。

图4－1　交通局（顺城东路路北）/2012年摄

1981年全县有货车11辆。1985年个体客运才有所发展，仅有客车10辆。2009年，全县有客车169辆，客运量298.4万人，客运周转量为13080.2万人千米，开通客运线88条，营运性货车2883辆，货运量645万吨，货运周转量166147万吨千米。

第一节　公　路

1979年，全县只有106国道（时称京大路）、邢临公路两条沥青油路和梨园屯至辛店一段乡级油路，总长不足80千米。2009年底，全县境内有高速公路2条，长33.4千米；国道1条，长48.4千米；省道2条，长48.5千米；县道4条，长44.4千米；高速连接线3条，长11.6千米；乡道33条，长239.9千米；村道522条，长975.5千米，总长1401.7千米。

高速公路

青银高速公路　青银高速公路（G20），境内全长11.7千米，建设标准为双向四车道，设计时速120千米，途经七级、赵村、侯贯、常庄4个乡镇，13个行政村。2003年4月开工建设，2005年11月建成通车。

图 4－2　邢临高速/2007 年摄

邢临高速公路　邢临高速公路（S009），境内全长 21.7 千米，建设标准为双向四车道，设计时速 100 千米，途径洺州、第什营、方家营、固献、枣园 5 个乡镇、31 个行政村，2003 年 7 月开工建设，2005 年 11 月竣工通车。

高速公路连接线　至 2009 年，高速公路连接线有 3 条：邢临高速威县连接线，南接邢临线，东接国道 106 线，全长 5.32 千米，2007 年建成通车；邢临高速大王连接线，西起邢临高速大葛寨高速出口，至大王线，全长 0.84 千米，2006 年改建；邢临高速吕清线，南起临西界高速出口，北至清河界，全长 5.48 千米，2007 年建成通车。

国道

106 线（G106）　原系京大公路，1980 年改称 106 国道，境内全长 48.39 千米。北端由南宫市经七级镇高庄入境，途径七级、高公庄、章台、贺营、洺州、第什营 6 个乡镇，由第什营乡南草厂村南进入邱县境。分别于 1988 年、1992 年、2000 年进行 3 次改建。2000 年改建时升级为双幅路面，路面宽为 22 米，一级公路。

图 4－3　国道 106 线/2007 年摄

省道

邢临线（S326）　境内全长 24.18 千米，西端由广宗县经洺州镇西街入境，经洺州、方家营、固献、枣园 4 个乡镇，由枣园村东进入临西县境。该线前葛寨以西于 1991 年进行改建，路面宽 8 米，前葛寨以东于 1996 年改建，路面宽 11 米，二级公路。

图 4－4　邢清线/2006 年摄

邢清线（S325）　境内全长 24.28 千米，西端由广宗县经贺营乡许官营村西入境，经贺营、贺钊、常屯、常庄 4 个乡，由常庄乡牛家寨村东进入清河县境。该线 1989 年开工建设，1990 年竣工，2002 年进行大修，路面宽 11 米，二级公路。

县道

武馆线　自衡水市武邑至邯郸市馆陶，2001 年由乡路升级列入县道养护，全长 22.37 千米。该线计划分两期进行改建，一期工程于 2005 年 7 月开工建设，全长 16.3 千米，北起常屯，经常屯、梨园屯、枣园 3 个乡镇，由枣园乡李店村南进入临西境。

大王线　原名大连线，2000 年 10 月始称东大线，2008 年 5 月改称大王线，西起邢临公路大葛寨路口，东至清河王官庄，原路面宽 6 米，2006 年改建后路面宽度为 11 米，境内全长 11.4 千米。

杨官线　南宫市垂杨镇至内丘县官庄镇，由赵村乡寺庄入境，西至 106 国道。2001 年由乡道升级为县道，列入养护里程 16 千米，晴雨通车段 8.9 千米。

大牙线　广宗县孙庄至南宫大马村县级公路，通过县域 1.7 千米。

1979—2009 年县级公路建设情况一览表

表 4－1　　单位：千米、万元

公路名称	境内起止点	境内里程	技术等级	投资金额	修建年份
杨官线	寺庄至 G106	8.9	四	89	1988
武馆线	侯贯镇至威县临西界	22.4	二	1450	2005
大王线	大葛寨至威县清河界	11.4	二	601	2006
大牙线	威县广宗界至威县南宫界	1.7	二	130	2001
合计		44.4		—	

乡村公路

乡级公路　1979 年始，县政府加大乡级公路建设力度，1988 年全县集资 135 万元，争取上级补助资金 51 万元，修建环行线 34.2 千米。1994 年实行全县统一集资修建乡路，加快乡路建设速度，1995 年全县实现乡乡通公路目标。至 2009 年，建乡路 33 条，全长 240 千米。

1979—2009 年威县乡级公路建设情况一览表

表 4－2

公路名称	起止点	里程（千米）	投资金额（万元）	修建年份
张庄线	G106 线至张庄（七级镇）	4.803	96.06	2008
草楼线	G106 线至草楼（高公庄乡）	5.474	109.48	1995
张营线	G106 线至张营（张营乡）	4.526	90.52	1996
章潘线	G106 线至西董吕庄	11.018	220.36	2006
雪塔线	G106 线至雪塔（贺钊乡）	5.072	101.44	1995
邵梁庄线	G106 线至邵梁庄（张营乡）	6.709	134.18	1995

续表 4－2

公路名称	起止点	里程（千米）	投资金额（万元）	修建年份
郭固线	G106 线至郭固（侯贯镇）	10.078	201.56	2009
潘村线	G106 线至潘村（贺营乡）	4.803	96.06	2005
大宁线	Y675 线（原 106 线）至 G106 线	0.655	13.10	2005
成志庄线	G106 线至成志庄至 G106 线	10.418	208.36	2008
第什营线	G106 线至第什营至 G106 线	12.622	277.68	2005
方贺线	方家营至贺钊	15.435	308.70	2007
白果树线	邢临线至黑刘村	7.808	156.16	1998
张梨线	东张庄（枣园乡）至梨园屯	3.575	35.75	1984
固献线	大王连接线至陈家庄（固献乡）	5.917	118.34	1996
西小庄线	大王连接线至西小庄	4.456	89.12	1995
王邵线	王世公至邵固	10.124	202.48	1996
柳疃线	邢清线至柳疃至武馆线	8.232	164.64	1995
桑园线	邢清线至孟村	12.848	256.96	2005
常庄线	邢清线至常庄	5.140	118.22	2006
侯寺线	侯贯至寺庄	14.816	340.77	2007
赵大线	赵村至大张山	8.600	86.00	1984
东现庄线	东现庄至南宫界	5.034	125.85	1995
吴宋庄线	G106 线至吴宋庄	1.108	27.70	1995
贺营线	G106 线至贺营	1.404	35.10	1996
东前线	东中营至前麻固	12.048	301.20	1990
原武馆线	大王连接线至枣园	10.404	208.08	1990
西河洼线	Y675 线至西河洼至渭上营	4.108	82.16	1997
姜霍寨线	G106 线至姜霍寨	1.950	39.00	1996
郭固线	邢清线至郭固	9.471	189.42	2003
刘家庄线	侯贯至刘家庄	8.054	161.08	1996
吴家庄线	成志庄至吴王目至吴家庄	8.620	172.40	2005
贤塔线	G106 线至大张山	4.627	100.57	2006
合　计		239.957	4868.50	

村道

1979 年，全县仅有通往辛店村公路 1 条，全长 8.3 千米，村道只有机耕道（多为土路），硬化公路很少。20 世纪 80 年代，开始实施村级公路建设，但发展缓慢，1990 年全县村级公路不足 100 千米。1994 年，县委、县政府制定出台全县统筹集资修建乡、村公路的重大决策，村路建设速度加快，全县乡、村两级修路积极性空前高涨，当年完成修路集资 654 万元，修建乡路 3 条，全长 28 千米；村路 58 条，全长 93.8 千米，完成工程总投资 1061 万元。1995 年，完成集资 618 万元，建成乡路 10 条，全长 59.2 千米；村路 14 条，全长 22.5 千米，完成工程总投资 812.8 万元。至 1998 年，全县修村级公路 500 多千米，达到乡乡通公路，而且大部分村也通了公路。2004 年，国家实施"村村通"工程，加大资金支持力度，当年建成村路 106 条，全长 179.7 千米，之后每年建成村路都在 100 千米以上，建设速度在全市名列前茅。2007 年，全县实现村村通公路，全县村路 522 条，全长 975.5 千米，公路密度达到百平方千米 124.3 千米。

图 4－5　村级公路/2006 年摄

自 2008 年开始，乡、村公路建设转入改造阶段，重点对建设标准低、路况差的低等级路段进行升级改造，至 2009 年底完成乡路改造 7 条，全长 26.4 千米，完成工程总投资 673 万元。完成村路改造 105 条，全长 160 千米，完成工程总投资 3006 万元。

公路桥涵

威县境内普通干线公路有 6 条，各种桥、涵遍布干线公路上。2009 年，国、省干线公路有桥梁 31 座，涵洞 123 处。其中 106 线桥梁 14 座，涵洞 66 处；邢临线桥梁 8 座，涵洞 32 处；邢清线桥梁 6 座，涵洞 16 处；大王线桥梁 3 座，涵洞 6 处；吕清线涵洞 3 处。

较大干线公路桥涵　牛家寨桥位于县城东北部的省道邢清线 K86＋220 米处，为双柱空心板钻孔桩，该桥设计荷载为汽－20 级，桥全长 99 米，宽 11.5 米，1989 年建成通车。2003 年 10 月，维修加固。大葛寨北桥，位于邢临线 K74＋579 米处，1991 年建成，桥长 93.4 米，宽 10 米，上部结构是空心板，下部结构是双柱，基础为钻孔桩，该桥设计荷载为汽－20 级，净宽 9 米，孔跨径为 8×11.35 米。大葛寨南桥，位于邢临线 K74＋579 米处，1972 年建成，桥长 93 米，宽 9.1 米，工字梁双柱钻孔桩，该桥设计荷载为汽－13 级，净宽 7.15 米，孔跨径为 8×11.35 米。王世公桥，总长 67 米，位于东大线 K10＋369 米处，宽 10 米，实心板双柱

图 4－6　邢临公路大葛寨桥/2018 年摄

钻孔桩，该桥设计荷载汽－20级，孔跨径4×16米，2002年建成。

较大县级公路桥梁　横河桥，位于武馆线上，2005年按照公路二级标准进行改建，全长105.6米，宽9米，下承式水泥混凝土桥，总投资240万元。

2009年威县县、乡公路桥梁一览表

表4－3　　　　单位：米/万元

桥梁名称	公路类别	路线名称	坐落位置	桥长	桥宽	负荷	投资额	建桥年份
马军寨东桥	县道	大牙线	马军寨	31	12	汽车－20级	93.9	2001
侯贯北桥	县道	武馆线	侯贯	38	9	汽车－10级	57.0	1980
西辛店北桥	县道	武馆线	西辛店	45	12	汽车－20级	225.0	2005
横河南桥	县道	武馆线	横河	105	12	汽车－20级	525.0	2005
黄台西桥	乡道	雪塔线	黄台	23	6	汽车－10级	34.5	1980
南章台桥	乡道	邵梁庄线	章台	33	5	汽车－10级	49.5	1976
小河闸桥	乡道	郭固线	郭固	33	6	汽车－20级	49.5	1980
马厂桥	乡道	成志庄线	马厂	23	4	汽车－10级	34.5	1990
古城桥	乡道	成志庄线	西古城	28	4	汽车－10级	42.0	1989
第什营桥	乡道	第什营线	第什营	30	4	汽车－10级	45.0	1975
南方家营桥	乡道	方贺线	方家营	18	4	汽车－10级	27.0	1975
后李陈村北桥	乡道	方贺线	后李陈村	23	4	汽车－10级	34.5	1975
赵王河桥	乡道	王邵线	邵固	23	4	汽车－10级	34.5	1996
杨庄桥	乡道	柳疃线	杨庄	42	4	汽车－10级	63.0	1976
桑园乡道桥	乡道	桑园乡道	桑园	46	4	汽车－10级	69.0	1976
西里固北桥	乡道	枣园乡道	西里固	20	4	汽车－10级	30.0	1975

公路养护

干线公路养护　1979年，全县养护道班9个，共有干部职工89人，养护里程126.3千米。1983年，干线公路养护坚持“四为主”（干线公路为主、路面为主、重病害为主、险段工程为主）的原则，实行“五定”（定任务、定标准、定时间、定要求、定期检查评比）的管理办法，提高了养护质量，公路好路率达82%。1988年，公路养护实行承包责任制，1993年，公路养护实行企业化管理，人员实行优化组合、全员聘任制，当年干线公路完成封面6.85万平方米，完成CBM（国道标准化、美化）工程和标准化路基养护95千米，好路率达96.2%。1998年新《中华人民共和国公路法》颁布，重新修订新的公路管养办法，公路养护实行实体性企业化管理，公路养护的效率和质量大大提高。2000年实行改制，分别组建东联（在贺营）、白伏两个养护中心，购置养护机械，同时还开展养殖和育苗等三产项目，经济效益和公路养护效率大幅提高。2005年，东联、白伏两个养护中心购置大型养路机械，基本实现机械化养护。2008年，公路路肩、边坡割草全部实现机械化，扫路机投入使用，养护生产实现机械化，既降低了劳动强度，又提高了养护质量。

农村公路养护　2000年起按照《河北省县乡公路管理规定》，威县着力落实《威县乡、村公路养护管理办法》，实行统一领导，分级管理，养护资金由市交通部门和县财政共同筹集。县级公路由县交通局组织人员集中养护、管理。乡、村公路本着谁受益、谁养护、谁管理的原则，乡路由所在乡、镇政府负责养护和管理，村级路由受益村养护和管理。养护工实行公开招聘、培训上岗、落实责任等办法，每3千米配备1名养护人员，实行养护质量与工资挂钩，年终进行综合考评。

2009年，全县有专职养护人员373人，养护里程1249.3千米。

公路绿化　1979年，公路绿化只有106国道和邢临公路沿线，由县公路交通管理站下设的9个道班负责养护绿化。1980年以后，在106线、邢临线部分路段进行补植和更新毛白杨、泡桐树，累计植树60000余株。1985年，全县县级以上公路全部实现了绿化。

1991年是全区公路绿化达标年，全县公路应绿化段全部绿化，绿化率达到100%，一举达标。是年，在全省公路绿化检查评比中，威县被评为公路绿化先进单位。之后，按着“因地制宜、科学安排、合理布局”和“适地适树、宜乔则乔、宜灌则灌”的原则，干线公路在绿化平台外沿和内边坡栽植两行毛白杨，重碱地路段种植火炬树，绿化平台上栽种常青乔木河南桧，中间隔离带采用高档次的大叶黄杨、小叶女贞和月季美化，部分宽边沟路段繁育毛白杨和垂柳。2005年，按照国家要求，公路绿化保障干线公路“畅、洁、绿、美”。是年秋季，在106线绿化带内补植景观树木、花卉19千米，共计33750株，达到了干线公路绿化、美化目标。2009年，106线有路树48392棵，常青花灌木8万多株，育苗96784株，基本达到“外乔、中灌、内花草”，四季常青，三季有花的生态绿化标准。省道邢临和邢清线威县段在绿化平台外沿和内边坡栽植两行毛白杨，宽边沟路段种植三行毛白杨，两条干线共有路树5.34万株。境内国、省干线公路实现美绿化标准。

第二节　管　理

1987年，车辆安全管理由交通局移交县公安局交通警察大队。2007年，全县实现村村通公路，路政管理坚持“管养一体、综合治理、预防为主、依法治路”的工作方针。2009年，国家实行“燃油税”改革①，取消公路运输管理费、货运附加费、客票附加费等。

路政管理

1979年，河北省人民政府颁发《关于加强公路管理暂行规定》。1983年，县政府发出《关于严禁在公路上打场晒粮、确保公路安全畅通的通知》，进一步加强公路管理工作。同时，交通、公安、工商组成班子，宣传路政政策，清理路阻路障，以增强广大群众的爱路、护路意识。1985年，更新所有干线公路标志。

1991年8月，县委、县政府组织开展对侵犯路产、路权违章问题的全面清理，拆除违章

① 国务院决定自2009年1月1日起实施成品油税费改革，即通过征税的办法从油价中提取一定比例作为养路等费用，燃油税与车辆类型、行驶里程长短、载货量大小紧密相连。燃油税改革对于我国资源节约、环境保护等都有着重大的历史和现实意义。

建筑271户12051.1平方米，棚舍、围墙7处计1193.7平方米；迁移路集2处，贸易摊点44个；退耕还路4处计1690平方米；清理路阻路障57处计1050平方米。是年，省政府在威县召开现场会。

1993年，路政管理坚持“管养一体、综合治理、预防为主、依法治路”的工作方针，认真贯彻执行《公路管理条例》及《实施细则》，县法院在公路站设立巡回法庭，路政管理走上制度化、法制化轨道。1999年，全年路政巡查8万多千米，处理案件133件，路赔收入28.3万元，清除非交通标牌87块，清除路面堆积物238立方米。

2001年，对干线公路沿线门店实行“一低四包”①，并签订34份协议书。治理过村路段31处12.5千米，制止违章建筑8处，拆除3处223平方米，治理平交道口53个，清理垃圾、堆积物5300立方米，查处各种侵路损路案件196件，收取路损费30.1万元。

2004年，落实市、县优化经济发展环境精神及全国治超工作部署，加大公路治超力度。检测车辆15783辆，卸载4500吨，罚款40余万元。2005年是干线公路接受交通部检查之年。是年，路政管理工作进一步加大力度。查处“双超”车辆506辆，卸载455.9吨，罚款51.8万元。制作宣传标牌13块，印发宣传材料6000份，广泛宣传公路法律法规。

2009年，落实省、市、县优化经济发展环境和城镇面貌三年大变样工作部署，全年共治理街道化路段12千米，制止违章建筑1处，清理杂乱招牌278块，查处路损案件30余起，收取路损费26万元。

运输管理

1979年9月，县人民政府根据地区行署指示精神，成立威县组织管理机关企事业单位汽车办公室，由县政府直接领导，办公地点在交通局院内。1982年4月，改称威县车辆管理办公室，负责民用载货汽车的更新、技术改造和车辆的审批及封车、节油工作。随着运输车辆迅速增加，1985年1月，组建威县交通运输管理站，隶属县交通局，负责货运车辆的开单结算、发放路单、组织货源。1986年10月开始收缴客货运输管理费。1987年9月增加客票附加费，1996年4月增加货运附加费。1987年9月对汽车维修业纳入行业管理，通过对汽车维修业进行清理整顿，对符合条件的21家企业纳入行业管理，其中保养厂5家，总成修理厂1家，专项修理部15家。

1992年2月，县汽车站对所有营运客车实行统一进站、统一售票、统一班次、统一结算。2002年4月成立两个危险品运输公司（威县恒通石化有限责任公司、河北石油集团威县石油有限责任公司），以加强危险货物运输管理。2003年2月运管站成立运政执法大队，负责对违章车辆、偷漏运管费车辆及非法营运车辆的稽查。

2004年7月1日《中华人民共和国道路运输条例》颁布实施，明确规定运管站为行政执法主体。2005年7月对11辆危险品运输车辆安装GPS卫星定位仪。对危险品运输车辆的驾驶员、押运员、操作员分别办理从业资格证、押运证、操作证。

2006年9月1日起，换发交通部新版道路运输许可证件（包括道路许可证正、副本，道

① 一低：公路两侧的房屋地基低于公路路面；四包：包公路边沟排水畅通，包门前卫生，包门前无乱摆乱放摊点，包门前花草和公路设施不受损坏。

路运输证正、副本），至年底共换发新版道路运输证 1971 个。审核批准成立 8 家普货运输有限责任公司，货运向集约化、公司化、规模化经营方向发展。

2007 年 12 月，威县汽车综合性能检测站正式成立运行，结束了人工检测的历史，二级维护车辆全部上线检测，车辆上线检测率达 100%。2 名专职人员到检测站驻站管理，对车辆检测情况进行全程监督。

2009 年 1 月 1 日起，国家实行“燃油税”改革，取消原由威县运输管理站征收的公路运输管理费、货运附加费、客票附加费。威县运输管理站主要负责全县道路运输行业行政许可、行业管理、运输服务、业务指导监督、违章处罚等。

第二章　电　力

1979 年，全县只有章台 110 千伏变电站和李寨 35 千伏变电站。1983 年又新建 35 千伏变电站 1 座，全县 10 千伏线路 14 条，长 850 千米，变压器 1071 台，容量 48450 千伏安，全县 520 个行政村全部通电。1990 年后，电力事业飞速发展，至 2005 年 35 千伏变电站达 11 座，输电线路 20 条，10 千伏低压线路 78 条，长 1983 千米。变压器增加到 5019 台，容量 28.5 万千伏安，是 1983 年的 5 倍和 7 倍，供电可靠率和电压合格率分别达到 95% 以上。

图 4－7　2002 年 4 月，电力局优质服务建设年宣传活动

2009 年，全县共有 220 千伏变电站 1 座，主变容量达 24 万千伏安，110 千伏变电站 4 座，主变容量达 22.3 万千伏安，35 千伏变电站 11 座，主变容量达 11.8 万千伏安，装运电容器 15.2 万千伏安。10 千伏配电变压器 5832 台，配变容量达 37.1 万千伏安。110 千伏线路 91.8 千米，35 千伏线路 181.5 千米，10 千伏线路 1994.4 千米。

第一节　发　电

国能威县生物发电厂位于贺营乡，2006 年 3 月注册成立。发电厂分 2 期工程筹建，总投资 5.2 亿元。一期工程 2006 年 4 月开工建设，总投资 2.6 亿元，规模为 1×24 兆瓦单级抽凝式汽轮发电机组，配 1 台 130 吨/小时生物质专用振动炉排高温高压锅炉，年发电量 1.5 亿千瓦时，年耗秸秆 20 万吨，当年 12 月 28 日正式并网发电，2007 年 4 月 15 日正式投入生产运行。

国能威县生物发电厂是利用县内丰富的生物质棉花秸秆资源，对生物质燃烧废料进行综合加工利用，是专业环保型发电厂，每年可替代标准煤 5 万吨，减少二氧化碳排放 18 万吨，为当地提供上千个劳动力就业机会，年收益 4000 万元，同时缓解了华北电网电力紧张状况。至 2009 年底，共完成发电量 2.1 亿千瓦时。

第二节　输变配电

变电站

1979 年，全县只有两座变电站：章台 110 千伏变电站和李寨 35 千伏变电站。1983 年至 1990 年又相继建成梨园屯、侯贯、七级三座 35 千伏变电站，全县用电状况得到改善。1986 年 5 月，实现全县 520 个行政村全部通电。1990 年后，随着经济发展，全县用电量逐年上升，为缓解用电难状况，1991 年在方家营建 110 千伏变电站 1 座，又分别于 1993 年、1996 年建赵村（北亭上村北）、贺钊（侍曾村西）两座 35 千伏变电站，用电难状况有一定缓解，但没有彻底解决，尤其在春灌时，拉闸限电现象时有发生。2000 年后，变电站建设加速进行，先后新建贺钊 220 千伏变电站 1 座，常屯、洺州 110 千伏变电站 2 座，西关（西街西）、洺州（桑家庄）、第什营（芦头村北）、枣园（魏家寨村北）、王村 35 千伏变电站 5 座，全县用电环境得以改观。

图 4－8　县电力局工作人员施工现场/2007 年摄

至 2009 年，全县共有 220 千伏变电站 1 座（贺钊），主变容量达 24 万千伏安，110 千伏变电站 3 座（常屯、方家营、章台），主变容量达 22.3 万千伏安，35 千伏变电站 11 座，主变容量达 11.8 万千伏安。

全县 11 座 35 千伏变电站，为 16 个乡镇及城区供电。其中 8 座变电站实现双电源供电，无人值班率 100％。

2009 年威县变电站设备一览表

表 4－4　　　　单位：兆伏安（容量）

变电站名称	主变编号	主变型号	容量	投运日期
220 千伏贺钊站	1 号主变	SZ9－120000/220	120	2007.05
220 千伏贺钊站	2 号主变	SZ9－120000/220	120	2007.05
110 千伏章台站	1 号主变	SZ9－40000/110	40	2010.07
110 千伏章台站	2 号主变	SZ9－31500/110	31.5	2010.07
110 千伏常屯站	1 号主变	SZ9－40000/110	40	2005.08
110 千伏常屯站	2 号主变	SZ9－40000/110	40	2005.08
110 千伏洺州站	1 号主变	SZ9－40000/110	40	2011.05
110 千伏方家营站	1 号主变	SZ9－40000/110	40	1991.10
110 千伏方家营站	2 号主变	SZ9－31500/110	31.5	1991.10
35 千伏西关站	1 号主变	SZ9－5000/35	5	2006.04
35 千伏西关站	2 号主变	SZ9－5000/35	5	2006.04
35 千伏洺州站	1 号主变	SZ9－6300/35	6.3	2001.05

续表 4－4

变电站名称	主变编号	主变型号	容量	投运日期
35 千伏洺州站	2 号主变	SZ9－6300/35	6.3	2001.05
35 千伏李寨站	2 号主变	SZ7－4000/35	4	2002.03
35 千伏李寨站	1 号主变	SZ9－6300/35	6.3	2002.03
35 千伏第什营站	1 号主变	SZ7－3150/35	3.15	2001.12
35 千伏第什营站	2 号主变	SZ9－5000/35	5	2001.12
35 千伏枣园站	1 号主变	SZ7－5000/35	5	2008.08
35 千伏枣园站	2 号主变	SZ7－4000/35	4	2008.08
35 千伏梨园屯站	1 号主变	SZ7－5000/35	5	2000.05
35 千伏梨园屯站	2 号主变	SZ11－8000/35	8	2010.03
35 千伏贺钊站	1 号主变	SZ7－3150/35	3.15	1996.12
35 千伏贺钊站	2 号主变	SZ9－6300/35	6.3	2000.01
35 千伏王村站	1 号主变	SZ11－5000/35	5	2010.03
35 千伏王村站	2 号主变	SZ9－5000/35	5	2010.03
35 千伏赵村站	1 号主变	SZ11－8000/35	8	2008.08
35 千伏赵村站	2 号主变	SZ7－4000/35	4	1993.12
35 千伏侯贯站	1 号主变	SZ7－6300/35	6.3	2000.08
35 千伏侯贯站	2 号主变	SZ7－5000/35	5	1997.03
35 千伏七级站	1 号主变	SZ9－6300/35	6.3	2002.05
35 千伏七级站	2 号主变	SZ9－6300/35	6.3	2005.09
合计			621.4	

输配电

输电线路　1979 年，全县 35 千伏线路只有 1 条，章台变电站至成志庄，长 32.2 千米。10 千伏配电线路 563.1 千米，低压线路 737.9 千米。

1990 年，境内电网 35 千伏供电线路增加到 4 条，即章台至成志庄线、章台至梨园屯线、章台至侯贯线、章台至七级线，长 87.6 千米。10 千伏配电线路 31 条，1214.8 千米，400 伏以下线路 1845 千米。

2002 年，全县电网 35 千伏供电线路发展到 13 条，长 122.4 千米，10 千伏配电线路 46 条，长 1327.2 千米，400 伏以下线路 2341 千米。

2009 年，威县电网有 35 千伏供电线路 22 条，长 184.5 千米，10 千伏配电线路 80 条，1994.4 千米，400 伏以下线路达到 2642 千米。

2009 年威县 35 千伏输电线路一览表

表 4－5　　单位：千米

线路名称	线路编号	起止终点	导线型号	线路长度	投运日期
厂备线	331	章台站－电厂	LGJ185	12.91	2006.10
贺洺线	357	贺营站－洺州站	LGJ－185－150－120	13.80	2004.05
章吕线	332	章台站－吕寨站	LGJ70	26.00	1971.06
章侯线	333	章侯线－王村站	LGJ70×2	11.51	1987.10
章赵线	334	章台站－赵村站	LGJ150	9.70	1993.12
章七线	343	章台站－七级站	LGJ70×2	12.49	1973.05
王村线	353	侯贯站－王村站	LGJ150－70×2	7.29	2002.10
方梨线	372	方家营站－梨园屯站	LGJ95	11.27	1995.12
方家线	375	方家营站－李寨站	LGJ150	4.25	1992.11
侯王线	342	侯贯站－王官庄站	LGJ70×2	8.44	1987.10
赵垂线	392	垂阳站－赵村站	LGJ70	9.79	1993.12
梨枣线	383	梨园屯站－枣园站	LGJ95	5.16	1998.12
李寨线	352T	方洺线－李寨站	LGJ120	0.80	2000.12
方第线	374	方家营站－第什营站	LGJ95	7.79	2000.10
方洺线	371	方家营站－洺州站	LGJ120	7.93	2000.10
七风线	363	七级站－风岗站	LGJ150　70×2	2.69	2007.05
常侯线	3361	常屯站－侯贯站	LGJ185	5.03	2003.09
常梨线	3372	常屯站－梨园屯站	LGJ185	10.61	2003.09
常章 T	3363	章吕线－常屯站	LGJ120	5.30	2003.09
方西线	371	方家营站－西关站	LGJ150	8.33	2006.04
贺钊Ⅰ线	346	贺营站－贺钊	YJLV3×240	0.60	2007.01
贺钊Ⅱ线	356	贺营站－贺钊	YJLV3×240	0.60	2007.01
合　计				181.54	

配电变压器　1979 年全县配电变压器有 575 台，容量 2.3 万千伏安。2009 年，全县 10 千伏配电变压器 5832 台，容量达 37 万千伏安。

1979—2009年威县配电设备统计表

表4-6 单位：千米、台/千伏安

年份	低压线路	配电变压器	年份	低压线路	配电变压器
1979	738	575/23000	1995	1642	2795/136660
1980	815	654/28000	1996	1613	2955/143860
1981	903	722/33700	1997	1700	3104/151310
1982	941	751/34510	1998	1789	3269/159660
1983	1095	1071/48450	1999	1812	3479/170170
1984	1211	1208/52420	2000	1924	3751/187790
1985	1287	1280/59070	2001	2275	3948/20640
1986	1329	1329/61655	2002	2341	4220/239240
1987	1397	1389/65705	2003	2402	4521/256290
1988	1548	1542/72165	2004	2477	4786/271660
1989	1732	1758/86200	2005	2511	5019/285250
1990	1845	1948/95700	2006	2542	5241/298570
1991	1891	2141/104600	2007	2589	5423/325420
1992	1724	2350/115200	2008	2617	5656/350920
1993	1698	2501/122750	2009	2642	5832/370540
1994	1653	2638/129600			

第三节　电网改造

农网改造

第一期农村电网改造　1998年至2001年进行第一期农村电网改造，完成投资6979.2万元。对章台110千伏变电站进行了改造，更换SN2-10型开关11台。新建、改造35千伏变电站4座。新建、改造10千伏线路355.8千米。全县1009台高耗能配电变压器更换为节能型配电变压器，容量47620千伏安。对全县520个村低压线路进行了改造。同时还进行技术更新工程，包括县调度自动化系统升级、微机应用、通信系统、电容补偿、磁卡表等工程。

第二期农村电网改造　2002年至2005年进行第二期农网改造，此次改造是在第一期农网改造的基础上对其拾遗补漏，主要对10千伏线路进行建设与改造。在此期间，共完成120个工程项目，总投资达2834.6万元。

10千伏线路建设、改造工程项目共50个，新建改造线路237.7千米；农业排灌项目29个，改造10千伏线路555.3千米；更换高耗能配电变压器213台，容量7460千伏安。

改造11个乡（镇）政府所在地低压线路17.1千米，用电户1500个；改造低压电网53

个村，台区59个；农业排灌试点乡低压改造25个村，其中，新增10千伏线路8.5千米，0.4千伏线路104.2千米，新增台区（一台变压器的供电区域）58个，新增配电变压器58台，容量2970千伏安。

农网再改造　2006—2009年，对全县部分农网进行再次建设和改造，总投资1.2亿元。

其中农网大修工程完成投资1563.4万元。对枣园、第什营等35千伏变电站进行改造和增容，完成章台110千伏变电站出口配套切改工作等电网建设改造共11项。完成10千伏配电线路新建、分支改造和防污工程共17项，15.9千米。新建线路3条32.2千米，新增综合配电变压器165台，容量11300千伏安。完成35千伏变电站的设备更换大修、预试、10千伏设备改造工程，对20条35千伏输电线路、51条10千伏配电线路、1998个配变台区、11座35千伏变电站进行标准化建设改造。

井井通电、户户持卡改造工程完成投资1715.7万元。完成10千伏线路20千米，配电变压器24台，容量12000千伏安。对全县3195眼无电机井实施通电，涉及10个乡镇，60个用电村。对815眼机井实施“户户持卡”改造工程，架设10千伏线路5.9千米，配电变压器19台。

安全用电村建设和改造工程，投资4229.1万元。建成192个安全用电村和7个新农村电气化村。

基础建设总投资4614.3万元。主要有七级35千伏变电站双电源建设工程、10千伏配电线路改造76.9千米、贺钊35千伏变电站10千伏设备改造、电压无功补偿及电压监测点建设、4座35千伏变电站综合自动化改造及3个标准供电所基础建设。

城市电网改造

2005年至2006年对县城电网进行建设与改造，工程主要对城区35千伏及以下的输配电网进行改造，总投资2247.5万元。其中35千伏输电工程项目3个，总投资1055.9万元。新建、改造10千伏配电线路11条，40.4千米，安装配电变压器99台，容量8.6千伏安。更换高耗配电变压器75台，容量7.3千伏安。新建和改造配变台区130个，改造用户4941户。安装光端设备6台。

通过电网建设和改造，全县电网结构得到优化，电网供电可靠性大大提高，供电可靠率≥99.9%；供电能力逐年增加，供电质量得到明显改善，供电电压合格率≥98%；低压线损率降至11%以下，用电环境得到改变，基本实现电网坚强目标。

第四节　用　电

工业用电

1979年，全县工业用电1439.9万千瓦时。80年代，电力供应紧张，工业用电受到限制，尤其是春灌季节，工业用电要给农业用电让路，工业用电难以保障，用电量起伏上升。1991年后，县域经济快速发展，带动了用电负荷的快速增长，工业用电量快速增加。与此同时县内电网加快建设步伐，供电质量逐年改善。主要用电区域为东部的塑胶加工工业区，北部的皮业加工区、县城周边的棉业加工工业区、铸钢工业区、纺织工业区、橡胶工业区等特色产业。2009年，工业用电量从1991年的1155.7万千瓦时增至7319.2万千瓦时，用电量比1991

年增长6培。

农业用电

1980年全县农业用电量为1213.5万千瓦时，主要用于农灌和农副业加工，1991年排灌电量达到5109.6万千瓦时，2000年农业用电量增至9746万千瓦时。2009年，全县排灌配电变压器总量达2817台，总容量13.3万千伏安，排灌电量达到11375.7万千瓦时，电灌面积占总耕地面积的87.1%。

生活用电

1979年，全县生活用电156万千瓦时，80年代后，随着经济的发展，居民生活水平的提高，家用电器日益增多，生活用电急剧增长，1990年生活用电达到1651.7万千瓦时。1998年始，全县电网进行改造工程，城乡用电环境极大改善。同时，家用电器全面普及，居民生活用电水平大幅度提高，由小型电器逐步发展到使用耗电量较大的冰箱、空调、微波炉等。2009年，农村及城市居民用电量达到10966万千瓦时。

1979—2009年部分年份威县供电售电统计表

表4－7　　单位：万千瓦时

年份	转供电量	售电量				
		合计	排灌用电	农副业产品加工	工业用电	生活用电
1979		2821.60	1225.70		1493.90	156.00
1983		3203.00	2481.10		571.70	150.20
1985		4005.50	2263.80		1304.60	337.10
1988		7172.30	2920.00		2991.40	1260.90
1991	9163.00	8516.00	5110.00	122.00	1156.00	2129.00
1993	7031.00	6534.00	3920.00	98.00	882.00	1633.50
1996	11367.00	10564.00	5479.00	330.00	2968.00	1787.00
1998	14030.00	13039.00	7450.00	314.00	2823.00	2452.00
2000	16896.00	15703.00	9405.00	341.00	2873.00	3084.00
2002	18564.00	17253.00	9284.00	298.00	2684.00	4987.00
2004	16210.00	15065.00	4530.00	244.00	5951.00	4341.00
2006	22734.26	20850.04	12528.58	167.00	1333.53	6820.93
2007	25911.46	23560.93	12132.01	278.00	4546.58	6604.34
2008	25564.82	23699.59	8629.64	285.16	5487.34	9346.45
2009	32500.29	30126.39	11375.70	465.47	7319.18	10966.04

第五节　电业管理

供电公司

威县供电有限责任公司的前身为威县电力局。1984 年由电力局更名为供电局。1997 年复更名为电力局，隶属于县政府。2007 年，经改制后成立威县供电有限责任公司。主要经营：电力销售、电力工程设计、电力技术咨询、电力物资供应、电气设备制造。公司设办公室、人力资源部、财务部、农村用电部、生产技术部、营销部、安全监察部、输变电工区、调度所、监察审计部、工会、思想政治工作部、抄表中心。下设西关站、李寨站、梨园屯站、侯贯站、王村站、常屯站、贺钊站、枣园站、赵村站、洺州站、第什营站、方家营站、章台站、七级站共 14 个变电站，城里供电所、洺州供电所、李寨供电所、第什营供电所、方家营供电所、梨园屯供电所、枣园供电所、常屯供电所、侯贯供电所、贺钊供电所、章台供电所、张营供电所、七级供电所、赵村供电所、王村供电所共 15 个供电所，并设光明电建有限公司和兴业电力器材有限公司。2009 年共有在岗职工 340 人。

调度管理

1985 年县电力局健全调度机构，专设调度室。2006 年县供电公司成立调度所，负责全县电网的电力负荷管理、倒闸操作和事故处理。为完善调度通讯及网络信息，先后投资 40 余万元，安装投运银电联网、供电所视频会议系统，投入使用局域网内网站，配置 UPS 不间断电源。电力调度自动化系统运行可靠率大大提高，变电站在停电状态下的有效监视能力不断扩展，实现电话、视频会议电视监控、数据传输、MIS 联网①等科技调度目标。

1991—2009 年部分年份威县电力调度技术革新情况一览表

表 4－8

时间	技术革新
1991 年	安装 SJF－1 型远动设备和模拟盘
1997 年	安装载波机，通讯实现双通道。安装 WG－1 型电网调度自动化系统
1998 年	自动化系统改造为 WGJ－Q20 型网络型前置机，配置两台服务器，完善自动化数据，调度自动化系统初具规模，增加与之相配套的 UPS 电源 建成第一座 35 千伏无人值班变电站，调度自动化实现“四遥”，同时安装配备进口扩频电台
1999 年	安装 8 台主频电台，全县全部实现双通道
2000 年	完成调度自动化改造，成为“四机”系统。安装 200 门调度交换机
2001 年	配置调度大型 UPS 电源设备

① 是由人、计算机及其他外围设备等组成的能进行信息的收集、传递、存贮、加工、维护和使用的系统。

续表 4 -8

时间	技术革新
2002 年	调度自动化升级为“五机”系统
2003 年	调度更换新型模拟盘。完成农网光纤通信工程
2005 年	完成调度自动化软件升级工程
2006 年	开通内网邮件系统（自行开发）。内部电话并网运行。开通银电联网（工商行代扣电费业务）
2007 年	开通 OA 办公自动化系统（未投资）。开通农业排灌预付费系统。开通供电所视频会议系统
2008 年	推广安全性评价系统。运行客户服务中心评价仪系统。自行开发局域网内网站
2009 年	GPS 线路巡检系统运行。通信机房 UPS 电源柜改造

设备检修管理

1979 年，县电力局生产组负责全县 10 千伏线路检修工作。1980 年，建立县、乡、村三级护线网，对全县的电力设施集中检查和维修。1984 年县供电局设生产技术股，负责全县 10 千伏线路检修工作。1989 年，供电局成立电力工程队，担负着全县 4 条 35 千伏线路和 31 条 10 千伏配电线路的检修工作，乡镇电管站负责全县 10 千伏以下线路的检修工作。2000 年 9 月，农村用电管理体制进行改革，撤销 34 个乡（镇）电管站①，重新组建 20 个供电所，负责全县 10 千伏以下线路检修工作，而 35 千伏与 10 千伏线路仍由县电力工程队负责检修，220 千伏、110 千伏线路则由市供电公司检修。2007 年，撤销县电力工程队，成立光明电建有限责任公司，仍旧负责全县 35 千伏和 10 千伏线路检修。

随着电力事业的发展，电网不断扩大，设备不断增多，用电量不断增长，设备检修越来越需要科学管理。为压缩停电时间，减少停电次数，为电力用户提供连续可靠的电能，2006 年，县电力局完善一系列检修管理制度，以提高供电可靠性，制度包括停电检修周计划制度、停电检修告知制度、计划检修、事故检修制度等。其中计划检修、事故检修制度规定：对 10 千伏、35 千伏线路及变电设备，每季度进行一次定期巡视检查，对用电高峰或重大政治社会活动日的前期要进行特殊巡视检查，发现缺陷，及时处理并上报。线路的一般维护要在每月的停电检修日进行，不得私自更改。运行工区、各供电所的设备检修施工计划必须结合调度科的调荷方案，进行综合平衡，报经生产局长批准，方可由生产单位落实。各变电站发现事故跳闸，值班员应迅速向调度员汇报，调度员根据情况需要立即通知供电所、运行工区和有关领导，并讲明故障区域及类型。相关单位立即组织抢修人员赶赴现场，查找故障点，排除缺陷及故障。事故停电恢复时间一般不允许超过以下时间：35 千伏线路不得超过 6 小时，10 千伏全长 5 千米以下不得超过 6 小时，5 至 10 千米不得超过 10 小时（如遇严重自然灾害，上述时间适当延长）。

① 1996 年以前全县共有 32 个乡镇，每个乡镇设 1 个电管站，只有章台镇、县城区设有 2 个电管站，至 2000 年，乡镇虽已合并，但电管站并没有合并，仍然负责原区域内电力工作。

电能质量管理

1991年至2005年，全县各变电站投资40万元，投入无功补偿电容设备15台；10千伏线路投资78万元，增加无功补偿设备141台。对大型工业用户及100千伏安以上的用户推广采用无功就地补偿，加之3次电网建设与改造，电能质量日益稳定和提高。自1993年始县电力局累计投资7.5万元，购置高尖端电压质量监测设备48台，对变电站、乡村用电末端用电质量进行监测，对不合格的电压区域采取补救和改造措施，确保了电压质量。2009年底，全县平均电压合格率达98%以上。

电价管理

1979年，威县售电价格按国家电价政策执行。至1985年，实行低供低计，照明用电每千瓦时0.15元，农业生产、水利用电每千瓦时0.06元，工业用电每千瓦时0.085元。1985年后实行高供低计，加收变压器损失费，照明用电每千瓦时0.145元，农业水利用电每千瓦时0.058元，工业用电每千瓦时0.083元。

1991年9月，县政府作出《关于在全县农村实行综合电价的规定》。规定供电部门对用户以变压器总表为准，每千瓦时0.22元；乡镇电管站以变压器总表为准，每千瓦时0.22元；农村电工对用户以用户表为准，每千瓦时0.34元，上缴0.24元，村留0.10元，不准再以任何理由加收任何损失电量、电工报酬和费用。实行综合电价的范围为综合用电的农村用电户，电力部门制定实行综合电价的实施细则。其后，电价几经调整。2003年起，实行全省城乡居民生活用电同一电价，标准为每千瓦时0.49元，其他类别用电继续执行省批价格。2008年，居民生活用电调整为每千瓦时0.52元，其他电价也均有提高。

1979—2009年部分年份威县用电价格表

表4－9　　　　单位：元/千瓦小时

<table>
<tr><th rowspan="2">年份</th><th rowspan="2">居民生活用电</th><th colspan="3">非居民生活用电</th><th colspan="3">非工业、普通工业用电</th><th colspan="2">大工业用电</th><th colspan="2">商业用电</th><th rowspan="2">农业生产用电</th></tr>
<tr><th>不满1千伏</th><th>1～10千伏</th><th>35千伏及以上</th><th>不满1千伏</th><th>1～10千伏</th><th>35千伏及以上</th><th>1～10千伏</th><th>35千伏及以上</th><th>不满1千伏</th><th>1千伏及以上</th></tr>
<tr><td>1979</td><td>0.15</td><td></td><td></td><td></td><td colspan="3">0.085</td><td></td><td></td><td></td><td></td><td>0.06</td></tr>
<tr><td>1987</td><td>0.145</td><td></td><td></td><td></td><td colspan="3">0.083</td><td></td><td></td><td></td><td></td><td>0.058</td></tr>
<tr><td>1993</td><td>0.22</td><td>0.335</td><td>0.324</td><td>0.324</td><td>0.305</td><td>0.297</td><td>0.287</td><td>0.222</td><td>0.211</td><td></td><td></td><td>0.245</td></tr>
<tr><td>1997</td><td>0.31</td><td>0.449</td><td>0.437</td><td>0.437</td><td>0.423</td><td>0.415</td><td>0.402</td><td>0.314</td><td>0.301</td><td></td><td></td><td>0.343</td></tr>
<tr><td>2002</td><td>0.403</td><td>0.589</td><td>0.579</td><td></td><td>0.553</td><td>0.543</td><td>0.533</td><td>0.396</td><td>0.381</td><td>0.739</td><td>0.729</td><td>0.396</td></tr>
<tr><td>2004</td><td>0.49</td><td colspan="3">0.6457</td><td colspan="3">0.76（农）
0.5957（城）</td><td colspan="2">基本电价18元/千伏安0.4237</td><td colspan="2">0.76（农）
0.7477（城）</td><td>0.572（水）</td></tr>
<tr><td>2005</td><td>0.49</td><td colspan="3">0.7005</td><td colspan="3">0.8148（农）
0.6505（城）</td><td colspan="2">基本电价18元/千伏安0.4785</td><td colspan="2">0.8148（农）
0.8025（城）</td><td>0.572（水）</td></tr>
<tr><td>2009</td><td>0.52</td><td colspan="3">0.8044</td><td colspan="3">0.8044</td><td colspan="2">0.5796</td><td colspan="2">0.8044</td><td>0.6309</td></tr>
</table>

安全用电管理

1979 年，县农电办公室设有生产组负责全县安全用电工作，防止用电事故的发生。1984 年，县供电局成立以局长为首的安全生产 5 人领导小组，同时设立生产技术股，负责安全用电工作。1989 年成立生产技术科，落实安全生产责任制。90 年代后，用电需求逐年增加，为做好安全用电工作，主要采取如下措施：一是规范安全用电，严格按照《农村安全用电须知》《农村安全用电条例》《农村安全用电规程》要求，逐条落实，对电业人员进行安全培训，加强安全管理，掌握事故规律，开展用电大检查，查出隐患及时纠正；二是宣传安全用电，通过电视、广播、标语等多种形式的宣传，增强群众的安全用电意识，累计投资逾 40 万元，印制安全用电宣传挂历 8.9 万张，发放《安全用电警示故事漫画》10 万本，利用电视台在每晚黄金时段播放用电安全警示报道，在全县范围内的围墙上刷写安全用电，保护电力设施标语 5500 余条，在全县高压线路与公路跨越处设置禁止植树警示标语牌 60 余处等；三是开展安全用电活动，每年开展 10 次安全用电大检查活动，在安全用电方面提出“四无标准”，即无触电死亡事故，无高压倒杆断线，无配电设备烧毁，无因电失火。1997 年至 2000 年每年开展 1 次安全供电竞赛活动，开展安全性评价、创建无违章班站和无违章个人活动等。2006 至 2009 年，借农网再改造之机，建成 192 个安全用电村和 7 个新农村电气化村。2009 年开展“青春光明行”大型安全用电宣传活动，发放宣传材料 2 万余份，印制宣传手册 1 万余册，解答客户咨询 3677 人次。

第三章 水 利

1979—2009 年，威县水利事业发生巨大变化。伴随市场经济的发展，威县水利逐步由建设水利工程为主转移到建管并重以经营管理为中心上来，在提高已有工程效益能力的同时，建设人畜饮水、农田灌溉设施，致力改善农业及人居水利环境；面对水资源污染、水资源短缺等问题与县域经济社会发展对水资源配置提出的新要求，对水资源进行优化配置，推进节水型社会建设，以水资源的可持续利用支撑县域经济社会的发展。

第一节 水资源开发

地表水利用

70 年代末，境内地表水主要是坑塘及东风四分干渠、卫西干渠和老沙河的客水。80 年代初的春旱季节，许多农民把坑塘中的水拉到地里点种春苗。这在千盆万罐抗旱的时代，坑塘发挥出不可替代的重要作用。利用客水进行灌溉，只限于东风四分干渠、卫西干渠和老沙河两岸附近的耕地。70 年代末，每年在老沙河、卫西干渠堵坝引入上千万立方米水，最多可达 3000 万立方米，对缓解县内旱情起到一定作用。由于威县多年干旱，坑塘多数干涸，水源短缺，地表水远远不能满足境内对水的需求。

地下水开发

30年间，由于境内连年干旱及过量开采地下水等原因，地下水位逐年下降。90年代后，地表水资源近乎枯竭，农田灌溉基本依赖地下水。为保证人畜饮水及农田灌溉，全县每年都安排人力和资金用于钻挖机井。

砖井　砖井主要用于人畜饮水和菜园浇地。70年代末，随着地下水位的下降，机井的增多，田间水井多数干涸报废。1980年，全县砖井仅有4776眼。1990年底，由于连年干旱，超量开采地下水，村中砖井大部分干涸，有个别村庄的村民饮水成为难题。

真空井　真空井（俗称压机子井）投资小，易锥打，在80年代成为许多村庄农家必备设备，有的还配备了电机。90年代后，全县地下水位下降，真空井随之减少。至2009年，全县各乡村的人畜饮水、农田灌溉不再使用真空井。

机井　70年代，县委、县政府非常重视对机井建设的投资。1978年，县成立机井会战指挥部。1979年，上41台钻机，当年打深井163眼，其中铁管井48眼。80年代，由于连年旱打井高潮仍然是一浪高过一浪，1990年末，全县实有机井8674眼，其中深井906眼，全县水浇地面积4.53万公顷，占耕地面积的65.5%。2009年，全县有浅井13479眼，深井1919眼。

第二节　工程建设

河渠治理

威县河道主要有干渠7条，分别为东风四分干渠、卫西干渠、清凉江、老沙河、溹泸河、西沙河、威临渠；支渠23条，分别是三支渠（又称城东渠）、四支渠、五支渠、六支渠、七支渠、八支渠、九支渠、十支渠、赵工河、古漳河、东支渠、西支渠、威南八个口（实为8条）、白沟、威广渠、莫尔寨渠；斗渠93条。均为排灌两用的季节性河道和渠道。

20世纪六七十年代，威县大搞了海河配套工程，开挖和扩挖了溹泸河、西沙河、东风四分干渠、清凉江等，清淤扩挖排水沟渠10条，使全县的排涝能力显著提高，低洼易涝面积由原来的1.86万公顷减少到1981年的2000公顷。为充分利用河道蓄水，投资119万元修建蔡寨、牛家寨蓄水闸，建大小涵洞1700多座，沿老沙河、清凉江修建扬水站点36处。

1979年，古漳河扩挖工程完成土方55.4万立方米，城东渠（三支渠）扩挖工程完成土方38.9万立方米，威临渠西小庄闸竣工。1980年，为减少河渠淤积和土地流失，在老沙河、清凉江上建成排水口19处，其中陡坡式13处，竖井式6处，投资1.1万元。次年又在固献、蒋家庄、西河口等修建排水口10处，总投资11.29万元。1982年，在清凉江沿岸豆坊屯、南仓庄、常庄、西小庄等地修建15处排水口，投资17万元。在老沙河井王庄处修建导流排，投资5万元。1985年春，老沙河蓄水600万立方米，为春季抗旱发挥了作用。1991年冬，对四支渠、六支渠进行清淤，调直五支渠口，工程总长17.5千米，动土方44万立方米，投资76万元改建牛家寨闸，强化了河渠的引、蓄、排、灌综合功能。1992年，对东风四分干渠、一支渠、九支渠等重要支渠进行清淤扩挖，投资45万元完成小河闸水利工程的修建。1995年春，于老沙河上游引水1500万立方米，用于春季抗旱，灌溉面积5000余公顷。1995年后，水利工作的重点转移到加强管理、提高经济效益上。河渠治理主要是进行清淤，以利于排灌。至2009年，通过河渠治理，境内河渠网络合理，排、灌、蓄综合功能得到加强。

桥梁建设

随着河渠的开挖、扩挖并增建桥涵、更新桥涵，境内干、支渠配套网络日臻完善。1979年至1980年上级下拨黑龙港区域桥梁建设配套资金83万元，共完成大小桥涵1712座。

2009年威县桥梁情况一览表

表4－10

河渠名称	结构形式	座数（座）	标准（米）			国家投资（万元）	建置年月	位置
			长	宽	孔			
老沙河	T梁拖5.4	3	100	4.5	10	18.6	1977.11—1978.12	南郭庄、井王庄、西小庄
	下承式拖5.4	5	99	4.5	5	30.9	1975.11—1977.7	固献、亭上、柳疃、横河、孙庄
	双曲拱拖5.4	2	104	4.5	4	18.7	1975.11—1977.7	吴家庄、孟官庄
	柱梁少筋微弯板汽3拖60	1	91	7.18	8	28.32	1975.11—1976.8	前葛寨
	砼柱木面	1	—	4.0	—	—	—	孙庄
清凉江	井柱面板式拖5.4	1	84	4	14	4.118	1975.11—1977.7	大河
卫西干渠	双波有助双曲拱	1	36	3.12	2	1.8	1979.11—1979.12	蔡寨
东风渠	双曲拱拖拉机桥	22	24	3.5	1	22.6	1973.5—1976.8	南郭庄、胡杨街、管王街、西古城2、高家、马厂、王王目、时家庄、十里村、五里台、徐固寨、翟家庄、东徐村、祁王庄、陶官营、余官营、逯家庄、董村、潘固、东赵庄、河岔股
	单排双柱式	1	30	5	3	34	2007.7—2007.9	掌史
	单排双柱式	1	30	5	3	34	2007.8—2007.10	马厂
	单排双柱式	1	30	5	3	34	2007.9—2007.11	祁王庄
	单排双柱式	1	30	5	3	37	2007.6—2007.11	东沙营
	井柱木桥	3	21	4	4	—	—	侍曾村、黄台、西里村
	微弯板汽－13	1	34.14	7	3	5.31	1971年修 1978年加长	白伏
	废弃桥	2	—	—	—	18.7	—	吴庄、孟官庄
西沙河	板梁式拖5.4	1	32.5	5	5	3.75	1983.5—1983.7	
	井柱木面	1	1	1.5	3.5	3	1968	军寨
	涵洞式砖桥	4	—	3.5	—	3		元寺、邵梁庄、康寺固、大高庙
七级渠	T梁	1	10	7	1	1.5	1971	七级北

续表 4-10

河渠名称	结构形式	座数(座)	标准(米)			国家投资(万元)	建置年月	位置
			长	宽	孔			
六支渠	T 梁拖 5.4	1	30	4.5	3	3.9	1964	陶庄
	砖双曲拱	2	15	3	1	0.89	1974.10—1975.3	北台吉、项家营、陶庄、陈庄
	砖双曲拱	2	15	3	1	0.89	1974.9—1975.3	西草厂、东中营、大宁
	砖涵洞桥	3	—	—	—	—	—	项家营、东中营、大宁
	单排双柱式	1	24	5	3	34	2009.6—2009.11	陈庄
东西支渠	砖双曲拱	1	18	3.12	1	0.46	1979.5—1979.6	官地
	小闸带桥	1	15	—	—	0.91	1975.6—1975.7	西里固
	砖双曲拱	1	24	3.12	1	1.16	1979.4—1979.6	南王曲
赵王河	T 梁汽 15 挂 80	1	22.8	7	2	4.26	1979.3—1979.5	王世公
	双曲拱拖 5.4	4	18	4.1	1	3.91	1980.5—1980.6	东孙庄东、牛寨西、丁家寨东南、寺前西
	木面	2	3~10	2.5~5	1~2	—	—	寺前西、东孙庄东
	砖双曲桥	1	18	3.12	1	0.27	1977.1—1978.3	邵固
	砖涵洞	3	9	3.5	3	—	—	王世公北、牛寨、邵固西
古漳河	T 梁汽 15 挂 80	1	34.14	7	3	4.42	1979.3—1979.5	梨园屯
	钢混公路桥	1	6.5	6	1	—	1969	李店东
	砖双曲拱加筋拖 5.4	2	24	3.12	1	—	1979.3—1979.11	南梁庄、西小庄西南
	砖双曲拱无筋	6	18	3.12	1	—	1977.11—1979.11	枣园西、枣园、东赵村、西台吉、南王曲西南、南王曲西
	柱一木面桥	1	16	3	4	—	1969	西小庄西
	单排双柱式	1	20	5	2	22	2007.6—2007.8	杏园屯
白泊渠	小涵洞桥	6	—	—	—	0.58	1970	刘洼 3、邵固、寺前、太阳庙
威临渠	T 梁汽 13 拖 60	1	60	6	6	2.59	1975—1976	王世公
	井桩 T 梁	1	50	4.5	5	4.7	1980.3—1980.6	于化
	砖双曲拱	2	45	4	3	5.4	1975.4—1975.9	西小庄、东王曲东
	井柱木西桥	1	—	—	—	—	—	东王曲北
城东渠(三支渠)	微弯板汽 13 挂 60	1	34.14	7	3	3.19	1978.9—1978.10	四马坊
	双波无筋砖双曲拱	4	24	3.12	1	1.72	1977.2—1977.12	白伏、李寨、四马坊、方家营
	T 梁式	1	24	3.12	1	0.4	1977.11—1977.12	李寨东
	砖拱桥	1	16	—	2	—	—	四马坊
	单排双柱式	1	20	5	2	22	2007.6—2007.8	东郭庄
	废弃桥	1	16	—	2	—	—	方家营

续表 4－10

河渠名称	结构形式	座数（座）	标准（米）			国家投资（万元）	建置年月	位置
			长	宽	孔			
威广渠	双曲拱	5	24	3.12	1	—	1976	东盖村、西盖村、南林庄东南、西南、东梨园
	—	1	—	—	—	—	—	韩庄
莫尔寨渠	微弯板汽 13 拖 60	1	11.38			2.47	1978.6—1978.7	谭家庄
	双曲拱	1	15	—	—	0.38	—	乔家庄
四支渠	T 梁汽 15 挂 80	1	—	—	—	4.88	1979.3—1979.5	桑家庄
	砖双曲桥	4	18	3.12	1	1.86	—	赵七里、桑园、范七里、徐固寨
	单排双柱式	1	20	5	2	22	2007.8—2007.10	西里固
七支渠	井柱木桥	9	20	4	4	—	1967	—
	砖柱木面	1	20	4	4	—	1967	—
五支渠	井柱少筋微弯板	1	42	6	4	5.99	1980.3—1980.6	—
	双曲拱拖 5.4	7	24	3.12	1	—	1978.12—1979.11	小王庄、杨陈村、后李陈村、贺陈村、陈刘庄、苏村、南大城东南
五支渠	砖拱桥拖 5.4	2	36	3.12	2	—	1979.5—1979.11	辛店北、辛店东北
	井柱木桥	2	12	3.5	3	—	1969.5	南大城南、杨庄南
	砖拱桥拖 5.4	3	30	3.12	2	3.72	1976—1979	安庄、杨庄、孟官庄
八支渠	T 梁汽 15 挂 80	1	20	7	2	5.03	1979.3—1979.5	北杨庄
	砖双曲桥	5	18	3.12	1	2.33	1975.4—1975.9	南镇村、邵梁庄、从容、东庄、南胡帐
九支渠	双曲桥	2	24	3.12	1	3.49	1979.3—1979.5	东范家庄、寺庄南
	水泥柱木面桥	1	20	4	4	—	—	西寺庄
	砖柱木面	3	12	4	3	—	—	北亭上、张舠、孙尹庄、寺庄东南
	砖涵洞	1	7	—	1	—	—	—
十支渠	T 梁	1	15	—	3	—	—	马军寨
	钢混板汽 13 拖 60	1	15	—	3	—	1977	高公庄
	砖双曲拱	3	18	3.12	1	1.50	1975.5—1975.11	河岔股、高公庄东、东现庄
	砖双曲拱	3	24	3.12	1	—	—	张庄南、张庄西南、东平
	砖柱木桥	1	15	4	3	—	—	前尹村

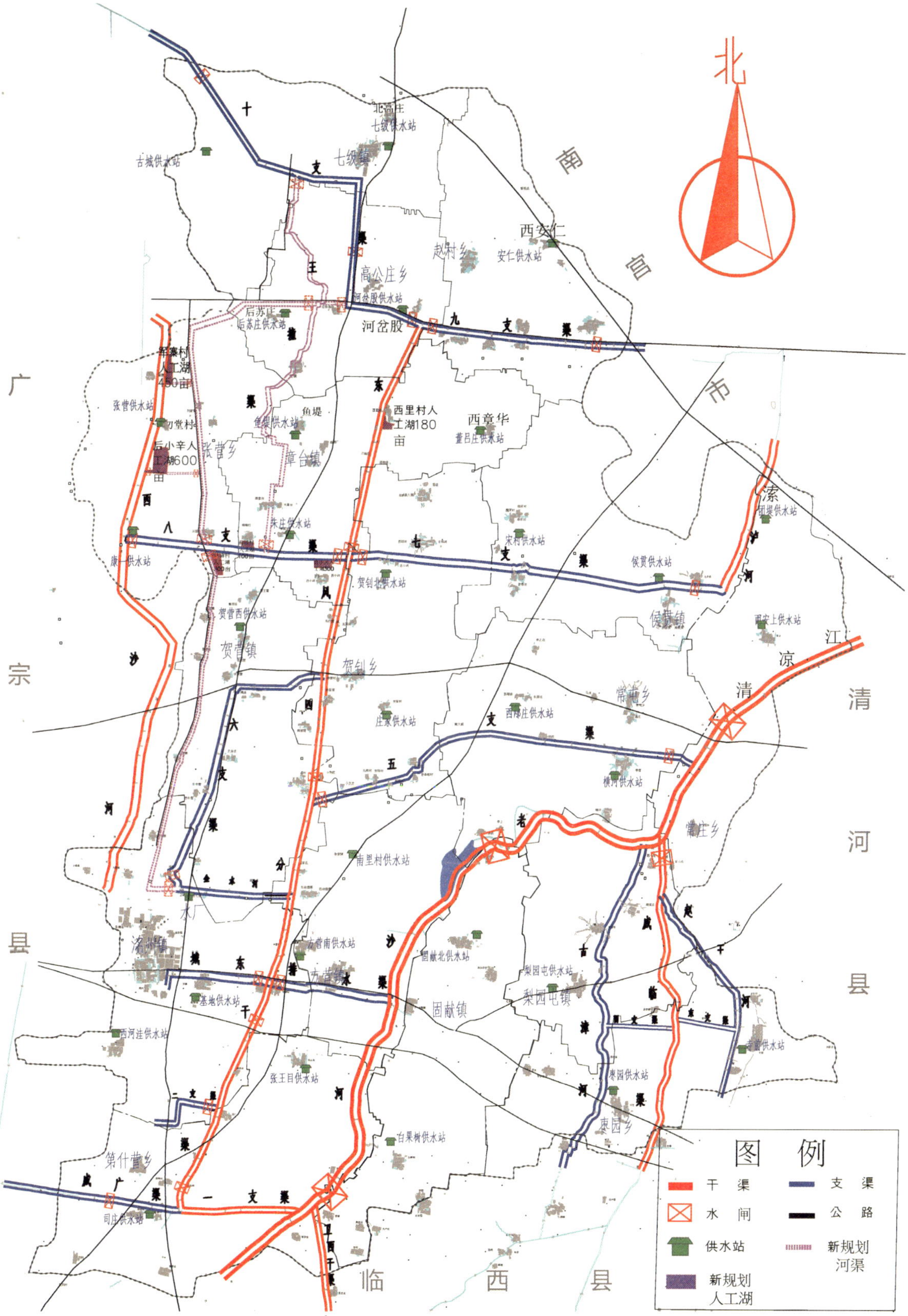
北
图　例
干　渠
支　渠
水　闸
公　路
供水站
新规划河渠
新规划人工湖
广宗县
清河县
临西县
南宫市
七级镇
赵村乡
高公庄乡
河岔股
张营乡
章台镇
贺营镇
贺钊乡
侯贯镇
常屯乡
常庄乡
洺州镇
固献镇
梨园屯镇
枣园乡
第什营乡

图4－9　威县水利工程图

水　闸

1975年5月，按省水利厅建设项目下达的计划，为充分发挥境内河渠排、灌、蓄三大功能，威县开始修建水闸。

蔡寨闸、牛寨闸　经邢台地区根治海河指挥部批准，在蔡寨、牛寨修建两座浮体式节制闸。1976年5月1日至1977年6月，全县组织13个公社约600名民工，用大小车3000辆，投资256万元，在县水利局技术人员的指导下，建起蔡寨、牛家寨节制闸，两闸均通过验收。至1981年，两闸均无法使用。1989和1990年，先后对蔡寨闸和牛寨闸进行改建，均由原来的浮体式节制闸改建为升卧式钢闸，电动起闭。

威临渠西小庄闸　威临渠西小庄闸，在邢台地区水利局指导下，县水利局积极配合，现场定位，精心设计，投资63万元，于1979年5月建成威县第一座升卧式水闸，现运行良好。

王小河闸　该闸由于初建时施工不科学，存在严重质量问题，底板四处冒水。为充分发挥该闸效益，于1975年10月17日先灌泥浆，后灌水泥浆，打了二次底板，解决了冒水问题。该闸整个工程比原计划多投资15万元。以后又修建马军寨和寺庄闸。

2009年威县拦水闸基本情况统计表

表4－11

水闸名称	水闸类型	所在河道名称	所在乡镇	所在村名称	工程规模（大Ⅰ型、大Ⅱ型、中型、小Ⅰ型、小Ⅱ型）	孔数（孔）	闸门高度（m）	孔宽（m）	闸底高程（m）	设计流量（m^3/s）	建成时间
牛寨闸	节制闸	老沙河	枣园乡	牛寨	中型	3	4.2		25.17	446	1977
蔡寨闸	节制闸	老沙河	固献乡	蔡寨	中型	4	4.2	35.2	28.53	402	1977
西小庄闸	节制闸	威临渠	梨园屯乡	西小庄	中型	5	3.5	23	25.7	160	1979
王小河闸	节制闸	东风渠	章台镇	王小河	小Ⅰ型	3		9	25.88	50	1975
安庄闸	节制闸	五支渠	常屯乡	安庄	小Ⅰ型	2	4.1	8	26.39	66	1970
七支口闸	节制闸	七支渠	贺钊乡	王小河	小Ⅰ型	1	3.7	4	25.7	20	1993
侯贯闸	节制闸	七支渠	侯贯镇	北侯贯	小Ⅰ型	2	3.8	6.4	27.5	45	1977
马军寨闸	节制闸	十支渠	七级镇	马军寨	小Ⅰ型	3		9	24.6	20	1970
蒋庄闸	节制闸	十支渠	固献乡	蒋庄	小Ⅰ型	1	4.3	3	24.4	29	1992

第三节　人畜饮水

城区供水

城区饮用水均靠地下水。1974 年 2 月，在县政府院内建水塔 1 座。自此，城内始有自来水。1987 年，县成立自来水公司，隶属于县建设局，为全民所有制企业。1998 年，县水务局成立后，自来水公司归属县水务局管理。同年，威县自来水公司更名为威县供水公司。

机井建设　1972 年，在县政府院内打 500 米深井 1 眼。此为城内用于饮用的第一眼机井。1990 年，县自来水公司购买县医院井 1 眼，于 2002 年报废。1993 年，县财政投资在县农业银行院内打 380 米机井 1 眼，2005 年报废。1997 年在县城东南隅县二中院内打 500 米深井 1 眼。1998 年在县地方税务局院内打 500 米深井 1 眼，于 2007 年报废。2002 年，收购县酒厂深井 1 眼。2008 年在 106 国道以西怡苑小区打 500 米深井 1 眼。2009 年在中华大街以西县农行小区打 500 米深井 1 眼。至 2009 年，县供水公司用于城内供水的井有 5 眼。另有县一中、县二中、县医院、围紫园、泰合商城等五六眼机井系单位自备井。

供水管网　80 年代，城内供水仅限于老城内部分用户。随着城内人口的不断增多和城区面积的不断扩大，供水管网逐渐加大。2000 年始，供水主干线由直径 150 毫米的水泥管更新为 160 毫米的 PVC（聚氯乙烯）管。2003—2005 年，县投资 260 余万元对城区主要街道进行管道铺设改造，城区供水质量进一步提高。至 2009 年，全县供水管网主干线达 50 千米，覆盖率 85%。

供水方式及供水量　1974—1985 年，城内一直是水塔供水。1985 年，改水塔供水为直供，水塔弃用。供水用户不足 1000 户，日供用水 1450 立方米。之后，居民生活水平提高。餐饮、洗浴等服务业发展，日用水量逐年增加。2003 年，由直供改为变频供水。至 2009 年，城区用水户 9000 余户、日供用水 9300 立方米。

乡村供水

20 世纪 80 年代初，全县农村饮水均靠传统的深 10 余米的砖井。用井绳将水桶顺至井中，并将盛满水的桶提上来，用扁担将两只水桶挑到家中，供人畜饮用。随着地下水位的下降，砖井多数枯竭，居民改用近 20 米的真空压管井汲水。90 年代，农村多用 300 ~ 380 米的农田灌溉用井饮水，一部分村庄还安装管道形成简易的自来水，每隔 5 ~ 10 天供水 1 次。至 2006 年，全县有 120 个村安装上简易自来水管道。

2006 年 3 月，县水务局在方家营乡南里村作为全县试点进行供水站建设，外网、内网同时进行，9 月，南里村供水站正式投入运营。同年，相继施工建设的有枣园、寺前、白果树、庄家村、县武装部基地、西安上、河岔股、前古城 8 个供水站。

2007 年，威县开始实施联网供水村村通工程，此项工程列为县委、县政府为农村群众办理的“十件实事”之一。同年，县成立城乡供水有限公司。公司下设城区、洺州、梨园屯、章台、七级、侯贯 6 个供水分公司。同年，县城建立水厂，厂区面积 2 万平方米，主体建筑包括综合办公楼、二级泵房、机修房、锅炉房及容量 1000 立方米的清水池 2 个，设计供水能力 10000 立方米，覆盖城区及周边 26 个村。2009 年，全县城乡（县城只包括新区）已建成并投入运营的供水站有28个，水源井均为500米铁管深井，水质符合饮用水安全标准，集中供水覆盖村240多个，供水人口约25万人，自来水普及率46%。

2009年底，城乡供水公司固定资产原值467万元，职工69人，年供水总量90万立方米，其中，居民生活用水85万立方米，工业用水5万立方米，销售收入177万元。

供水管理

管网维修　供水干线管网的维护，实行24小时电话、专人值班，出现问题及时抢修，并配备专用工具车，小修不过夜，大修确保24小时内修复通水，修漏及时率100%，管网压力合格率99.8%。

远程监控　各供水站实行全自动化供水，各项安全运行数据，大屏幕显示器直接提供。如设备运行中的电压、电流、每吨水耗电量、瞬时供水量、累计耗电量等。有以上数据做参考，遇有供水主管道或设备运行不正常，就能及时发现及时维修。

水质检测　县城乡供水公司化验室每半月对取水口水源水质检测1次，县卫生防疫部门每月检测1次，市卫生防疫部门每半年检测1次。对出厂水水质，每小时检测1次，主要检测水的硬度、色度、细菌总数和大肠菌群，每周检测管网末梢水的细菌总数和大肠菌群1次，余氯2次，全分析1次。经检测，水质符合国家生活饮用水卫生标准。

收费水价　1987年以前，城区居民生活用水水价为0.20元/吨，工业、基建、饮食业用水水价为0.25元/吨。1990年，各类水价均调为0.50元/吨。1993年各类水价为0.80元/吨。2003年，居民用水水价为1.6元/吨，工业、基建、饮食业用水水价为2.4元/吨。2005—2009年，居民用水水价为2.0元/吨，工业、基建、饮食业用水水价为3元/吨。

经营管理　实行一户一表、按表收费的原则，将水表集中设置在各胡同口。水表统一编号录入微机登记。实行抄表、制单、收费相分离，以防乱收费。抄表人员抄表后，由总公司财务室统一微机打印收据，收费人员持单收费。安装供水自动化管理设备，对各供水站实行远程无线监控，根据各供水站的用水实际情况制定经济合理的调度计划，调整供水压力及启停机泵，实行自动化供水。

第四节　农田灌溉

节水灌溉

威县属资源性缺水地区，全县多年平均降水总量为5.48亿立方米，且年际变化大，年内分配不均。干旱少雨，水资源先天不足，而且随着社会经济的发展，用水量逐年增加，造成全县水资源紧张。

由于十年九旱，地下水超量开采，域内部分地区已出现机井水位快速下降，已形成漏斗区、机井损坏严重和效益降低、浇地成本提高等情况，加重农民的经济负担，造成增产不增收，挫伤了农民生产积极性。

20世纪90年代始以建设生态农业，提高农业综合生产能力和抗灾减灾能力为目标，以节水工程为重点，因地制宜、突出重点、全民发动，加大投入，大力推广节水灌溉技术，发展节水型农业，实现水资源的可持续利用和增加粮棉产量，1996—2000年威县争取和实施全国节水增产重点县项目。“九五”期间共完成总投资3592.5万元，扶持打井配套24眼，新增节水灌溉面积1.4万公顷。

截至2009年，已建设管灌3.3万公顷，低压输水管道2535千米，占总灌溉面积的48%。

机井建设

境内农田灌溉主要依赖于水井。实际补灌面积6万公顷，改善了20.6万人的吃水状况。境内水井多种多样，依据采水方式分为人工取水井和机井；依据成井方式，分为人工井和机械施工井；依据井深度，分为深、浅井。

浅井　境内浅井分布在有浅层地下水的区域。其井深不一，浅者仅数米，最深不超过70米，井形为圆形，境内浅井变化较大，由于持续干旱，地下水下降，许多浅井干涸，30～40米以下的浅井基本枯竭。浅井主要分布在威县东南部梨园屯镇、枣园乡、常庄乡、侯贯镇的全部和固献、常屯、赵村等乡的部分地区，以及贺钊、方家营、第什营、七级、高公庄等乡镇的个别地带。浅井投资少，灌溉费用低，每年打浅井数量不断增加，从1990年7768眼井增加到2009年底13479眼。

深井　境内深层地下水普遍潜埋于200米以下，开采困难。深井全部为机械施工井，最深井深达500米。1990年前，深井主要分布于县境西北包括七级、高公庄、赵村三个乡镇，以及章台、张营、贺钊等三个乡镇部分地带。随着经济的发展，一方面农村普遍开展自来水建设，提高饮水标准；一方面气候十年九旱，农田灌溉促进了开采深层地下水工程建设，深井分布随之遍布全县。境内深井由1990年的906眼增加到2009年的1919眼，全县水浇地面积63280公顷，占耕地面积的91.9%。

1990—2009年威县机井统计表

表4－12　　　　单位：眼

年份	深井	浅井	机井总数	年份	深井	浅井	机井总数
1990	906	7768	8674	2000	1374	13110	14484
1991	896	8143	9039	2001	1412	13353	14765
1992	909	9361	10270	2002	1472	13182	14654
1993	932	9672	10605	2003	1522	13246	14768
1994	955	9910	10866	2004	1535	13453	14988
1995	991	10877	11868	2005	1559	13585	15144
1996	1091	11472	12563	2006	1416	13690	15106
1997	1185	11728	12913	2007	1607	12754	14361
1998	1257	12220	13477	2008	1641	13795	15436
1999	1330	12769	14099	2009	1919	13479	15398

第五节　水务管理

水资源管理

取水许可制度　1989年5月，威县在工业企业中开始实施取水许可制度，并颁发取水许可证100余份。2002年10月，取水许可制度对全县的取水单位和个人全面实施，杜绝了乱开采现象，实现了水资源统一管理。

水资源费征收　1987年，县政府颁布《威县人民政府关于征收水资源费的暂行规定》和《威县人民政府关于水资源管理的暂行规定》，1988年威县开始征收水资源费，当年征收水资源费680元。水资源费按取水量征收，开发利用地下水供工副业生产的，每立方米征收水资源费0.06～0.07元。机关、团体、部队、工矿企业、学校和国营农场从事农、林、牧、渔业生产的用水，其中地表水每立方米征收水资源费0.01～0.02元，地下水每立方米征收水资源费0.03～0.04元。对用水单位实行节奖超罚。1999年7月23日，在县城及县城规划区开发利用地下水从事生产经营的，水资源费征收标准由0.06～0.07元/立方米调整到0.30元/立方米。在县城和县城规划区外的乡镇企业取用地下水的，水资源费暂按0.20元/立方米征收。对直接从河流、洼淀、水库提取地表水从事生产经营的，水资源费征收标准由0.04～0.06元/立方米调整到0.20元/立方米。

河道费征收　1994年河道工程修建维护管理费按照《河北省河道工程修建维护管理费征收管理规定》征收，2002年按照河北省《关于调整河道工程修建维护管理费征收范围和征收标准的通知》进行征收。对有销售收入或者营业收入的企事业单位和个体经营者，按上年销售收入或者营业收入的0.8‰征收，各类信托投资公司、财务公司等非银行金融机构按上年营业收入的0.5‰征收。2005年，为优化经济环境，减轻企业负担，河北省物价局、财政厅联合发文降低河道费收费标准，由过去0.8‰降为0.5‰。2006年由工管股征收改为水资源办公室统一征收。

水利设施管理

县境河渠分干、支、斗、农、毛五级，其中干、支渠由县水务局统一管理，斗、农、毛渠由乡、村管理。

机井　机井管理多种多样，1981年前，各社队都吃“大锅饭”（大集体），机井绝大部分归大队所有，浇地由大队安排时间，分队轮浇。农村实行家庭联产承包责任制后，机井管理呈现多样化，有的大队把机井分给生产队；有的大队机井由农户承包；有的大队机井由联户承包，有的大队仍由专人管理，也有的大队成立机井浇地公司等，在机井使用率和维护上均比以前都有很大提高。

桥梁　过河公路桥不管是水利部门修建，还是公路部门修建一般由交通部门管理。凡跨河建桥，均应不影响行洪，并经水利部门批准后，方可施工建设。生产桥则由所在村或乡、镇管理。

闸　牛家寨、蔡寨2闸，1981年6月5日前由河北省清凉江河务处管理，以后由威县水利局管理。牛家寨、蔡寨、小河、西小庄闸设有闸管所，并有专人负责。其他闸由县水务局派人专管。

第四章　信息传媒

1979—2009 年，威县信息网络得到迅速发展，期间通信技术日新月异，管理运营体制不断改革，市场化进程明显加快，邮政、电信、移动先后剥离独立运营。20 世纪 90 年代，程控电话、移动电话、多媒体通信逐步普及。进入 21 世纪，计算机网络发展迅猛。这些多层次、综合化的通信网络标志着威县居民已进入高科技网络信息时代。

第一节　邮　政

网点机构

1979 年，县邮电局设营业室和 4 个邮电支局，分布在七级、章台、侯贯、梨园屯。1998 年 9 月，实行邮电分营，分别成立威县邮政局和威县电信局。威县邮政局主管邮政业务，下设 1 室、1 部、4 个邮政支局和 3 个邮政所，即：综合办公室、经营服务部、七级邮政支局、章台邮政支局、侯贯邮政支局、梨园屯邮政支局、寺庄邮政所、邵固邮政所、鸭窝邮政所。2005 年新增大葛寨邮政支局。

图 4－10　县邮政局办公楼（洺水东路路南）/2007 年摄

邮　路

进口邮路　1979—2009 年，由邢台市邮政局专线邮车进局，每日一班。

县内邮路　全县共有邮路 8 条，145 千米，分别是：县局至七级支局，县局至章台支局，县局至梨园屯支局，县局至侯贯支局，县局至邵固邮政所，县局至寺庄邮政所，县局至鸭窝邮政所，县局至葛寨邮政所。交换频次均为每日一班。

投递段道和妥投点　1979 年，全县城乡共设投递段道 20 条；1994 年，城乡投递段道 22 条；2009 年，投递段道增至 30 条，其中城市段道 8 条，农村投递段道 22 条，邮政妥投点 987 个，投递段道总长度 1370 千米。

邮政服务亭、销售点　至 2009 年底，威县邮政局设有报刊亭 3 处，集邮品销售点 1 处。

设备

1998 年，威县邮政局有特快专递微型面包车 2 辆、解放小型汽车 1 辆和运钞车 1 辆，2003 年 12 月将乡邮箱式小解放汽车更换为箱式五十铃汽车，2004 年 1 月配速递用车 1 辆，2005 年 12 月为增加乡邮频次，增加邮车 1 辆。

1998 年邮电分营，邮政局时有传真机 3 台，微机 7 台；1999 年配备大型邮资机 1 台，小型邮资机 1 台；2003 年储蓄全国联网，配备 5 台终端，2005 年营业全国联网，配备 3 台终端；

2009 年网络设备及操作设备实行更新。

经营

1985 年后，改革开放促进了邮电通信事业的发展，通信设备、通信手段滞后的现状得以彻底改观。邮电合营期间，由于投入多倾斜于电信，致使邮政发展速度缓慢。在这一时期除函件、包裹、汇兑、报刊、集邮等传统业务外，还开办邮政储蓄、邮政快件、特快专递等新业务。1988 年开办集邮品销售业务、邮政快件业务；1993 年，开办国际国内特快专递业务；1998 年，邮政、电信实施独立运营，是年邮政业务收入为 232.2 万元；1999 年增加商业信函、邮送广告业务、邮政礼仪速递业务；2001 年开办邮政“绿卡”业务，实现在全国通存通兑；2001 年开办代理保险业务；2002 年开始全面代理中国移动公司、中国联通公司各类收费业务、卡号销售业务；2003 年开办邮政物流业务；2004 年成立中国电信威县营业厅，全面代理中国电信业务；2009 年邮政业务总收入为 690.8 万元。

函件　1979—2009 年，函件业务是邮政主要业务。1988 年威县邮政局开办国内快件业务。1989 年后，随着其他通信设备设施的飞速发展，函件业务使用量逐年减少。2009 年，县邮政局开办的函件业务有普通信函、挂号信函、明信片、印刷品、商业信函等国内、国际邮政业务。

报刊发行　随着人们对社会日益变化的关注，报刊成为人们关注事件发生的主要参考资料。1993 年，随着报刊种类增多及业务量的增大，开始实行微机订阅要数，结束多年来人工开单汇总要数的历史。

1980—2009 年威县邮政报刊订阅种类、数量一览表

表 4 - 13　　单位：种、份

年份	种类	数量	年份	种类	数量
1980	984	6321	1995	5445	11609
1981	1334	6624	1996	5813	12019
1982	1704	6923	1997	6153	12436
1983	2002	7233	1998	6442	12806
1984	2248	7573	1999	6658	13215
1985	2568	7871	2000	6968	13605
1986	2908	8191	2001	7308	13988
1987	3207	8594	2002	7618	14281
1988	3447	8904	2003	7915	14621
1989	3516	9311	2004	8237	14976
1990	4090	9675	2005	8597	15321
1991	4294	10039	2006	8736	15699
1992	4563	10435	2007	9036	16102
1993	4879	10811	2008	9658	16896
1994	5149	11209	2009	12569	18846

包裹　1989 年前威县包裹资费比较稳定。1990 年 7 月 31 日，邮电部对包裹资费做出一次较大幅度的调整，上调幅度为 150%。1996 年包裹资费上调 50%，另按件计收挂号费。

汇兑　1980 年以前，每笔汇款最高限额 300 元；1981 年以后限额改为 5000 元，超过 5000 元的则分笔办理；1990 年 7 月 31 日，每笔汇款由最低 0.10 元调整为 0.30 元，汇款超过 30 元，仍按汇款额的 1% 收取。1992 年 12 月 21 日，电报汇款电报费由原来的每笔 1 元调整为每笔 2 元。1996 年 12 月 1 日，汇费调整为每笔最低 1 元，快件汇款快件费 2 元。1998 年 10 月，电报汇款业务取消。

邮政储蓄　1986 年，颁布《中华人民共和国邮政法》，把邮政储蓄业务列为邮政部门主营业务之一。1987 年 5 月 1 日，威县邮政局正式开办邮政储蓄业务，当年邮政储蓄余额 15 万元。1993 年实现微机化管理。1998 年邢台市邮政储蓄网点计算机联网。2001 年 1 月全国邮政储蓄网点计算机联网，同时开办邮政储蓄绿卡业务，实现邮政储蓄在全国范围内通存通兑。2005 年 7 月 28 日，经中国银行业监督委员会邢台监管局分局批准，成立威县邮政局洺水东路邮政储蓄所。是年，威县邮政储蓄期末余额达到 1.28 亿元。2008 年 6 月成立邢台邮政储蓄银行威县洺水东路邮政储蓄分行。

集邮　1989 年，在县局设立集邮专柜，设专职营业人员 1 人，除销售特种、纪念邮票外，还经办首日封、纪念封、邮折、明信片、邮册和集邮工具等业务。1991 年，集邮业务从函件中分离出来，业务量及业务收入单独计列。1998 年邮电分营后，集邮业务不断开辟新的发展领域。

特快专递　威县邮政局自 1993 年开办特快专递业务，收入逐年增加，1998 年业务收入为 5.4 万元，到 2009 年业务收入增至 99.6 万元。

1998—2009 年威县邮政局邮政业务收入一览表

表 4 - 14　　单位：元

年度	合计	函件	包裹	汇兑	特快	报刊	储蓄	集邮	物流	代办电信	机要	其他
1998	2321630	221652	118234	54464	54818	403246	1083106	383294			120	2697
1999	2815552	274607	182128	59761	84230	429153	1476499	296701			599	11874
2000	3340850	288595	212157	64410	108343	514859	1563334	355736			216	233200
2001	3986061	345934	310800	59111	151148	528000	1900520	322994			218	367337
2002	4450104	383442	319566	59110	214708	529155	2495337	94419		3518	281	318878
2003	4930000	637752	367511	67110	266918	515180	2532408	123750	38339	98231	300	282501
2004	5580049	721758	513286	69704	410239	352000	2919061	147435	100150	160701	365	185550
2005	5970171	870000	471490	449554	500191	377020	3037568	209144	190064	212248	438	57207
2006	6102358	925631	436620		630025	396452	2888465	235689	296454		468	266642
2007	5988563	1025633	356445		798556	435687	2694564	258746	368942		493	179852
2008	5943587	1369852	268456		856213	458930	2684200	296843	486236		503	236954
2009	5909314	1691258	234786		996843	470569	2001356	352468	521365		538	630256

第二节 通 信

中国网络通信集团有限公司威县分公司

中国网络通信集团有限公司威县分公司前身为威县电信局。1979 年，县邮电局下设电信股，负责全县通信业务。1998 年，邮政与电信分营，成立威县电信局。2002 年 9 月 12 日威县电信局更名为河北省通信公司威县分公司。2004 年 11 月 17 日河北省通信公司威县分公司机构改革，成立中国网络通信集团有限公司威县分公司（简称“中国网通”，河北省通信公司威县分公司继续保留）。2005 年，中国网络通信集团有限公司威县分公司设综合部、市场部、维护部三部和城关支局、章台支局、七级支局、侯贯支局、梨园屯支局五个支局，全县交换网点 98 个。2008 年 11 月，按照国务院国资委要求，中国网络通信集团有限公司威县分公司和中国联合通信有限公司威县分公司融合，成立中国联合网络通信有限公司威县分公司，人员和业务同时进行合并重组，设综合部、市场部、维护部、集团客户部四部，员工共 41 人。

固定电话　1979 年，固定电话按其用途分为市内电话、长途电话、农村电话和会议电话等。市内电话交换机开通的是 HJ905 型纵横制交换机，容量 400 门。1983 年，更换 HJ921 型自动交换机 1 台，容量 500 门。1984 年，县邮电局设置农话站，有乡村电话线路 32 条，农话交换机总容量 370 门。1986 年，长途电话经邢台、石家庄进入全国电话网。1988 年，全县市话用户 420 户，长途电话业务量 68730 张，农话业务量为 124191 张。1990 年，县邮电局在交通大街路东建电信大楼，当年开通程控电话，电话号码为 4 位，1993 年，电话号码由 4 位升为 6 位（即在原来的号码前加上“66”）。1994 年，因业务发展迅速，原 6 位电话号码已无法满足需求，电话号码由 6 位升为 7 位（即原电话号码第一位与第二位之间加 1，如原电话号码 661234，升 7 位后，变更为 6161234），实现城乡电话一体化。1996 年开通数据业务（即实现传统的语音向数字网络的转变，如拨号上网、收发传真等）实现语音通信向多媒体通信的转变。2006 年底，固定电话交换机总容量达到 6.5 万门，交换点 100 个，固定电话用户突破 4.5 万户。建成 2 个大容量、高速率的环形光缆传输网络，架设电缆 2346.9 皮长千米，光缆 533.7 皮长千米，遍布全县各个村庄，拥有多层次、综合化的业务网络。但由于手机的普及，固定电话业务呈下降趋势。2008 年 11 月，中国网通和中国联通融合，固话业务由中国联合网络通信有限公司威县分公司经营。至 2009 年底，全县固定电话用户 35000 户。

会议电话　本是长途电话的一种特别业务，能够收听中央、省、地（市）召开的会议，还可在电话会议室对乡、镇、村召开会议，安排部署工作，县第一个电话会议室设在邮电局，后移于他处。1994 年，县邮电局在邮电楼一楼建立电话会议室，面积为 30 余平方米，通过电话电路进行传输。2003 年 5 月，在新址对电话会议室进行改造，建会议室 200 余平方米，可容纳 150 人，购买 50 寸背投电视 2 台、29 寸彩电 2 台、数据接受设备 1 套、视频设备 1 套，并且用光缆进行传输，可以顺利实现与异地进行同步视频会议，为机关、团体接听和收看电视电话会议带来极大方便。

电报　1978 年，县邮电局安装电传电报机，开通威县至邢台电传电路，实现电报电传化，比人工收发报提高时速3倍以上。1985年12月，开通威县至邢台四路载波机，有电传打字机2部，电报年交换量7万份。1987年5月，开通威县至石家庄载波报路，有电传打字机3部，扩大了通信能量和范围，电报通信主要通过石家庄“256”自动转报设备进入全国电报通信网。1990年，开始使用中英文汉字终端机，有电传电报机3部，结束了人工译电的历史，实现了电报通信全网自动化，电报业务量达3.9万份。1994年后，电报业务进行新的业务开拓，诸如礼仪电报业务等。但随着电话和传真机的普及，电报业务量逐年下降。进入21世纪，电报已渐渐淡出人们的生活。

宽带业务 县邮电局开展互联网业务始于1995年7月。2002年，威县通信分公司在上级主管部门的总体部署和安排下，对传统上网模式（电话拨号上网）进行升级改造，全面推广技术先进、安全高效的上网新方式——宽带（ADSL），宽带业务的推广，极大地满足广大上网用户的需求，至2006年底，全县建立宽带网点64个，覆盖全县70%的村庄，2007年底，实现全部宽带接入。使用宽带业务的单位有政府、税务、金融等70多个，全县建立不同规模的网吧30余个，共发展宽带用户2500余户。2009年11月，县城实行加强EPON（以太网无源光网络）小区的光缆改造，至次年6月，完成县医院东区、医院西区、都市华庭、交通局、检察院、法院、阳光佳园、农行、中华苑等18个小区，全面优化网络质量，网络接通率、覆盖率及上网速率得到明显提高。至2009年底，宽带用户12000户，网吧18户。

小灵通业务 为满足多元化的通信需求，威县通信分公司于2004年3月17日全面开通小灵通网络。小灵通在全县共建设120套设备，覆盖整个县城，无盲区和信号不良现象。至2008年底，小灵通用户3500余户。因技术革新，2009年后小灵通逐渐被淘汰，淡出市场，不再发展新用户。原来老用户采用小灵通兑换手机的方法进行补偿。

其他业务 信息魅力业务依托互联网向客户提供综合化通信解决方案，包括办公自动化、综合管理、网络传真、短信中心等功能模块，成为广大政府机关及企事业单位提升信息化管理水平、降本增效的有力助手。企业直线（4006）是为企业客户提供的全国统一接入号码，主要功能有构建呼叫中心、提供远程拨号接入服务、构建电话会议解决方案等，已广泛用于银行、金融、酒店、餐饮等服务性行业，以及大中型生产制造企业。悦铃是公众客户在拨打固定电话或小灵通时，在接通等待时统一定制的音乐或语音，主要功能有个性化铃音制作、灵活设置铃音、铃音上传下载。

中国联合网络通信有限公司威县分公司

2002年6月，成立邢台联通威县业务部，2005年12月，威县业务部升级为威县分公司，下设综合部、市场部、营业厅，经营范围包括移动通信业务（GSM网和CDMA网，号段130、131、132、155、156、186）、数据固定互联网业务（数据传送业务、语音通信业务、互联网业务、视讯通信业务等）、电信增值业务以及与主营业务有关的其他业务。2004年，在梨园屯镇、七级

图4-11 联通威县分公司营业厅（交通大街路东）/2018的摄

镇、章台镇设立邮政合作营业厅3个。至2005年底，共铺设当地网架空传输光缆干路94.5千米，主干路75千米，省级二级干路直埋传输光缆68千米，国家一级干线直埋传输光缆40千米，并设有二干机房一个。是年，在各乡镇农村设立合作营业厅10个，设立农村便利服务站120个。2008年6月，新建2G基站8个，11月，中国网络通信集团有限公司威县分公司和中国联合通信有限公司威县分公司融合成立中国联合网络通信有限公司威县分公司，主要经营业务有固定电话、宽带、G网手机及会议电话等。2009年10月，建成6个3G基站（WCD-MA），至年底，全县交换网点达到120个，3G基站6个，2G基站48个，基站总数达到54个，交费网点17个，合作厅（和代理商合作的营业厅）51个，交费便利站320个。实现全县无缝覆盖，网络覆盖能力和通话质量大大提高，手机用户达4万余户。

中国移动通信集团河北有限公司威县分公司

机构　威县移动通信业务始于1993年，通信业务由原威县邮电局统一管理。1998年邮政与电信分营后，移动通信业务划归县电信局。1999年9月，按照信息产业部关于对电信重组的要求，移动通信从电信中剥离，成立河北移动通信公司威县营业部，移动通信自此独立运营。2003年6月，威县移动营业部更名为河北移动通信集团有限责任公司威县分公司，2006年12月更名为中国移动通信集团河北有限公司威县分公司，编制6人，设经理1人。至2009年，公司下设综合部、运维部、市场部、集团客户中心以及中华大街营业厅、交通大街营业厅、洺水路营业厅，和13个区域营销中心，另有500余个农村服务站。

图4-12　移动威县分公司营业厅（中华大街）/2018年摄

网络　1999年9月前，威县建有通信基站11座，其中模拟基站3座，数字基站8座；2000年投资2000多万元进行自有传输网和基站建设，2001年底全部竣工投入运行。2002年至2009年又先后投资1.5亿多元，进行基站和传输网建设。至2009年，共建设基站122座，直放站11座，传输网杆路达500多千米，通信能力大大增强，基本实现全县所有行政村庄无缝隙网络覆盖。

业务　1994年1月，县邮电局在县城建起第一座模拟通信基站，通话设备以模拟电话（俗称大哥大）为主，因其价格昂贵及消费者认识观念滞后，业务发展缓慢。1997年6月数字移动通信开通，客户不断增长。2001年12月模拟退网工作结束，模拟网关闭。2003年

图4-13　信号塔（朝阳东路路北）/2018年摄

5 月 17 日全县移动通信网升级为 2.5G－GPRS 网络，标志着移动数据通信时代的到来。

1995 年，全县只有“全球通”业务，月租 50 元，每分钟 0.4 元，业务单一，资费较高，很难满足不同层次客户的需求。1999 年至 2002 年，移动公司通信业务全面铺开，发展迅猛。相继推出“神州行”“动感地带”“移动梦网”“移动公话”等新业务及数据增值业务。至 2009 年底，已拥有“全球通”“动感地带”“神州行”三大业务品牌，以及“手机报”“彩铃”“长途新干线”等 30 余种新业务。网号发展到 134、135、136、137、138、139、151、152、158、159、188，最大限度满足客户需求。

威县移动公司自 1999 年成立至 2009 年，客户由 2500 户发展到 15 万户，收入由 350 万元增加到 5900 万元。

中国电信集团公司威县分公司

图 4－14　电信威县分公司营业厅（顺城路）/2018 年摄

2004 年成立中国电信营业厅，其业务由县邮政局全面代理。2008 年 10 月，中国电信集团公司威县分公司成立，在县城顺城路东段路南开设营业厅，主要经营移动网络业务、固定通信业务及数据通信业务等，固定电话服务网号 596，移动电话服务网号为 133。2009 年，移动网络基站 20 座，其中自有产权基站 14 座，共享联通公司基站 6 座。有线宽带机房设备 1 处，光纤宽带覆盖县城重点城区及县城周边 10 个村，光纤和数字电路专线 15 条。县城代理网点 8 家，乡镇代理网点 5 个，乡村缴费站 20 余个。至年底，互联网用户 1330 户，移动手机用户 13025 户。

第三节　广播电视

广播

1979 年，全县的有线广播网尚在运行。各乡镇还保留着放大站。仍在利用载波广播、对讲实线两种信号传送。准确按时转播中央、省、地电台主要新闻专题节目。

至 1990 年，全县 522 个村中只有 403 个村通广播，通播率由 1976 年的 95% 下降到 77.2%，广播节目设置：主要转播中央人民广播电台和河北省人民广播电台的《新闻报纸摘要》和《新闻联播》等节目。辅之以天气预报和自制节目。威县广播站自办节目有《全县联播》《公社联播》《科技服务》《自办文艺》《广告信息》《天气预报》等节目以及根据农时季节为广大农民传播科技知识的科技节目。

图 4－15　广播电视中心（洺水东路路南）/2008 年 10 月摄

1994 年全面停止有线广播。

1979—1994 年，威县广播站共收编和自采稿件 24506 篇，其中播出 23629 篇，被上级新闻部门采用 783 篇。有 30 套节目和稿件获奖。其中，在地区获奖 25 余次，在全省获奖 4 次，在全国获奖 1 次。

2008 年筹建转播中央中国之声广播电台（调频广播），2009 年 7 月试播。广播河北人民广播电台一套节目。呼号为“威县人民广播电台”，功率为 3 千瓦，频率为：FM107.3 兆赫。

广播节目设置：全天分早：6:30－8:30；午：12:00－2:00；晚：18:30－20:30。三次播出共计 6 个小时。

电视

电视转播台 1979 年 1 月，县政府投资 4000 元在县城建起功率为 10 瓦的电视差转台，覆盖半径为 5 千米，此为威县第一台电视转播台。1986 年底，省、县联合投资 230 万元在威县建成邢台县市区第一个省级大型骨干转播台 1 座。主要用于转播河北电视台节目。该台占地面积 19700 平方米，建有高 144 米重 138 吨 G3 型铁塔、发射机房、微波机房、发电机房、配电机房、锅炉机房、办公室、职工宿舍等建筑。1987 年元旦试播成功，是年底，县政府投资 3 万元购置 3 频道 50 瓦电视差转机 1 部，将发射天线安装于 G3 型铁塔上，用于转播中央电视台第一套节目，覆盖半径约 8 千米。1988 年，县政府又投资 6 万元建 6 米卫星地面接收站 1 个，能同时高质量地收到中央电视台用同步卫星转发的第一套、第二套节目。1990 年购置 12 频道 10 瓦电视差转机 1 部，用来转播中央电视台第二套节目和邢台地区电视台节目。至 1990 年，威县电视转播台拥有 9 频道 10 千瓦彩色发射机一部、微波接收机 2 部、120 马力发电机组、天馈线等主要设备。覆盖半径 50 千米，与河北交界的山东部分地区也可收看到威县转播电视节目，收视人口约 300 万。1993 年 10 月 1 日，威县电视台建成开播。1995 年，建成邢台电视台威县转播台。2001 年 10 月，建成功率为 3 千瓦的威县河北经济转播台，2006 年 5 月建成 3 千瓦威县河北农民转播台，2007 年 1 月建成功率 3 千瓦威县邢台－1 转播台，2008 年筹建中央电视一套、中央广播一套、河北广播一套转播。对邢台电视台一套节目转播台进行扩建增容，将发射功率由 1000 瓦增至 3000 瓦。新上河北卫视与河北经济两套节目的备机。从而扩大市台信号覆盖范围，保证了省台信号无间断安全播出。是年，对编辑播出系统进行升级改造，购置非线性编辑系统 4 套，摄像机 4 台，更新了演播室微机电脑提词器和虚拟演播室软件。2009 年，实施广播电视村村通工程，采用无线数字微波电视方式发展村村通，在县电视台设立基站，采用数字压缩格式，传送 48 套无线数字电视节目。MMDS（是一种点对多点分布，提供宽带业务的无线技术）信号已覆盖全县，用户 2000 余户。

图 4－16 185 平方米发射机房/2007 年摄

节目设置 1985—1994 年，节目主要以转播中央电视台《新闻联播》及省市新闻节目为主，没有固定的自办节目。1994 年成立威县新闻专题部，开办《威县新闻》自办新闻栏目。每周两套，时间为 15 分钟，1996 年每周两套改为三套，并增加晚上十点重播。自办节目以威县内容与活动为主，做到自采、自编、自制、自播。1995 年开办《欢乐在今宵》《科技致富》《下周荧屏》栏目。2006 年开辟《乡音荟萃》《晚间影院》栏目。2008 年，开辟《欢乐大舞台》栏目，每周两期，每期 20 分钟。2008 年 9 月威县电视台教育频道开播，设《教育新闻》等栏目。2009 年，创办《威县资讯》，每周一期六次，每期 10 分钟。

电视广告　1993 年电视广告节目以文字广告为主，1994 年 1 月，威县广播电视台开通点播频道，丰富了广告节目的内容，1998 年停播此栏目。随着科学技术和电视制作的发展，广告节目不断丰富。21 世纪初期，威县电视台先后开办有文字广告、画面广告、电视剧赞助、游动字幕、观众点播台等 6 种广告业务。同时做好广告的审查审批工作，诸如医疗广告先由工商部门审批，招工广告先由劳动部门审批，招生广告先由教育部门审批等。2003 年 1 月，广告文艺部实行目标管理，电视广告业务实行牵头人承包责任制，电视广告收入实现逐年增长。

自 1994 年起，电视广告参照市台及物价部门规定的收费标准，制定了统一的收费标准。1997 年，收费标准又进行修改补充并报请县物价部门备案，修改后的收费标准按时间段不同从 50 元/30 秒到 30 元/30 秒不等。

有线电视　1995 年，威县有线电视台开播，1997 年传输电视节目有 16 套。2002 年实施县城网络改造，城区建 30 个光节点，覆盖整个县城，网络信号为 550 兆赫，信号质量明显改善，传输节目也增至 36 套，终端用户及收入随之上升。是年，采用加解扰系统，用户实现微机管理，设置营业交费厅。2004 年始，光缆网向乡镇发展，初为方家营、固献、枣园、梨园屯，继而发展到全县除洺州镇外的 15 个乡镇，乡镇杆路达到 150 多千米，每乡镇设有 6 根光纤。至 2005 年底，全县各乡镇开通有线电视信号，并发展到 100 余村。2007 年传输节目达到 48 套，有线电视发展步入良性循环，2008 年 10 月利用有线电视干线网开通各乡镇财政所与县财政局数据联网业务。至 2009 年，城区有线电视终端用户达 8000 余户。

第五编　城乡建设　环境保护

威县县城建于北宋元祐元年（1086），时为宗城县治所，元至元初（1264）始为威州治所。明洪武二年（1369 年）撤州设县。有明一代，威县城屡次增修，规制完备。正德年间（1506—1521），有城楼、角楼、瓮城各 4 个，敌台 24 所，垛口 1411 个。至民国初，经数百年变迁，城上设施多倾圮无存。抗日战争时期，八路军一一五师六八九团攻打威县县城，日伪军弃城而逃，八路军进城后将城墙拆除。1949 年后，东、北、西三面城墙旧址均修建为公路。

1945 年前县城建设呈自然发展状态，且只囿于老城内。1945 年始，人民政府开始对城区进行改造建设，先后兴建剧场、人民影院、医院、百货门市等。

1949 年前，城乡居民的住房好坏悬殊，除官府、商号、地主有砖木结构的平房、瓦脊房外，一般居民多为土木结构的低矮平房。1949 年始，居民居住条件逐步改善，墙体由土坯向表砖、扁砖发展，结构由土木向砖木、砖混发展。

20 世纪 80 年代，威县城乡建设热潮渐起，特别是进入 90 年代，全县城乡建设进入快速发展轨道，住宅建设与公共设施建设、营业性建设协调发展，县城规模迅速扩大，布局日趋合理，设施日渐完备，服务功能日近完善，管理水平日臻规范，人居环境更加优美。2009 年，县城基本完成由旧式农村格局向城市格局的转化，初具中小城市雏形。全县乡村不断增加住房面积，住宅建筑水平提高，逐步完善公共服务设施建设，城乡面貌焕然一新。境内环境污染得到有效控制，环境质量不断改善，但农村建设规划有待完善，环境保护和治理依然艰巨。

第一章　城乡建设规划

县城总体规划先后经过 3 次编制，县城建设均按规划进行。2004 年，15 个乡镇规划编制工作完成。2005 年始，随着新农村建设的进行，农村规划也已提上日程。

第一节　县城建设规划

县城总体规划始于 1976 年，1982 年全面实施，由于受当时条件限制，只拓宽了街道，铺设水泥、沥青路面，改善了照明、供排水条件，加强了绿化和环境保护工作。1985 年，兴建洺水市场大商业区，全部为二层楼房，标准统一，建筑整齐。

1986 年，县政府编制县城总体规划，即第一轮规划，近期 1986 年至 1990 年，远期 1990 年至 2000 年。该规划于 1987 年 4 月 1 日经河北省建设委员会审查批复。县城的性质定为：全县政治、经济、文化中心，工农业生产、商品生产和副业产品加工生产基地，以纺织业为主，逐渐向轻纺城市化发展，成为工农业现代化服务的新县城。县城规模：至 2000 年为 4.5 万人，用地 4.425 平方千米，人均城市用地 98.3 平方米。城市用地的发展方向以旧城为依托，向东向北发展。结合原有道路，采取方格网式道路骨架，规划东西向干道 4 条，即生产路（今实验小学前）、洺水路、顺城路、朝阳路；南北向干道 2 条，即交通大街和北外大街。为解决对外交通干道穿越城镇中心，易造成交通事故等诸多弊端，远期规划四条环城路。工业区重点发展东北两片，利用产棉优势在县城东部筹建油脂精炼厂。仓库重点基地在规划的北环路以南、西环路以东和北外大街两侧。居住用地规划是：农民居住区就地按村镇规划发展；沿洺水路两侧扩建居住区；机关、企事业生活区在二中东侧、朝阳路东段北侧、东环路南段西侧和洺水西路至西环路交叉处两侧；建设街东段、工业区南北街道两侧和交通大街北段为工人家属生活居住区。在洺水东路以南建一座综合体育场，在新区中心建一座电影院。将汽车站搬迁至交通大街南段。采取点、线、面相结合，重点绿化和一般绿化相结合的方法，规划人均公共绿地 3 平方米。将城内“一一四”烈士陵园迁至东环路西侧体育场以南。并围绕原有 12000 平方米的人工湖，建老干部休养所、俱乐部、礼堂。

第二轮总体规划，于 2003 年由河北省邢台市规划设计研究院和威县建设局联合编制而成，2004 年经邢台市人民政府批准实施。第二轮总体规划期限为：近期 2003 年至 2005 年；远期 2003 年至 2020 年。城镇体系等级按人口规模分为三个等级，空间结构规划形成一个中心城市，两个中心城镇，六个一般镇和两条发展主轴线。城市性质以发展棉纺工业、农副产品加工为主的县域商贸中心城市。县城规模，近期人口 7.5 万人，用地 8.99 平方千米；远期人口为 16.5 万人，用地 18.37 平方千米。规划形成“两级结构、五个中心”的规划结构，即县城分级采用县城中心和区级中心两级结构；“五个中心”商业、行政办公、文化娱乐、体育休闲、交通五个中心。根据规划结构和用地性质，县城功能分区定为“一心、四片”。“一心”为县城主中心，集合商贸、交通、文化等用地综合区域；“四片”为四个居住区片。另外，规划中的县城划定五个景观风貌区，即商业中心风貌区、工业仓储风貌区、行政办公风貌区、人文景观风貌区、运动休闲风貌区。

2007 年 8 月，县单独设立了城乡规划管理局，具体负责拟订全县城乡发展战略、城乡规划和城市近期建设规划以及负责全县城乡规划的编制、审查、报批及档案管理等工作。2009 年 7 月第三轮总体规划完成，10 月，市政府对威县县城总体规划（2009—2020 年）予以批复。此次规划期限由原来的 2003—2020 年调整为 2009—2020 年，近期规划为 2009—2015 年，远景规划到 2050 年。规划县城用地总控制范围到 2020 年为 39.6 平方千米。去除不计算建设用地指标的水域和生态防护绿地，规划期末建设用地规模为 16.7 平方千米，人均建设用地 95.4 平方米。

此次县城总体规划修编，对县城性质进行重新定位：国家重点纺织基地、华北新兴商贸城市、冀南区域中心城市、农畜产品加工集散基地、碧水绿荫生态宜居城市。为以后发展指明方向，不但增加了工业用地，使园区规划面积由原来的4.8平方千米增加到21平方千米，为发展工业提供了平台，拉开了县城框架，使城镇建设规划与土地利用规划更好地衔接，夯实了城市经济社会发展基础。

此外，2009年8月至11月，委托同济大学完成《邢台市威县金水河景观设计》《威县重要片区城市设计及景观设计初步方案》《威县城区水系系统专项规划（2009—2030）》《邢台市威县东风渠滨水公园景观规划》；委托河北华热工程设计有限公司、河北兴民城市规划设计有限公司完成《威县城区供热工程专项规划（2009—2020）》；2009年10月，委托河北省城乡规划设计研究院完成《威县城区排水工程规划（2009—2020年）》；2009年11月，委托上海同济城市规划设计研究院完成《威县城市绿地系统专项规划》《威县工业区控制性详细规划》《威县城市绿地系统专项规划》；2009年12月，委托沈阳凡易环境设计有限公司完成《河北威县县城核心区域修建性详细规划》。

第二节 乡镇建设规划

乡镇规划起步较晚。2002年，县建设局与土地局分离单独建制后，在完善县城总体规划的同时，积极争取专项资金，加快乡镇规划的编制步伐。2004年11月，15个乡镇的规划编制工作全部完成，经专家评审后于2005年由县政府批准实施。按照规划，威县将继续撤乡并镇，除县城所在地洺州镇外，其他乡镇合并为7个镇。至2020年，基本形成经济雄厚、职能分工明确、空间布局合理、等级规模有序、基础设施完善、生态环境优美、城乡协调发展的网络式城镇体系，真正形成支撑经济发展的重要载体。形成以县城为核心，以七级镇和梨园屯镇为两翼，以邢临公路、106国道为空间发展主轴线的城镇体系。

2002年11月，七级镇被列为全省百个重点镇建设之一，2004年聘请专家对镇区进行整体规划，镇区面积达到1.5平方千米。2003年，章台镇聘请省规划设计院专家绘制2004—2010年的近期规划图和2010年至2020年远期规划图，并通过市、县两级审定。

2008年12月，县政府对《第什营乡工业区控制性详细规划》进行批复，同意该项规划，并提请县人大常务委员会进行备案。第什营乡工业区位于县城南部，第什营乡政府驻地北部，106国道两侧，规划总面积4.8平方千米。该工业区区位及交通优势比较明显，且与县城距离较近，基础设施、公共设施容易配套完善，作为威县新区工业区发展的补充，将对第什营乡乃至全县的经济发展起到很好的作用。

第三节 村庄建设规划

1982年，首先对李寨、东张庄等村进行规划设计。为防止农村乱建房屋、乱占耕地现象发生，加强乡村建设的规划工作，于1983年对七级、章台、梨园屯、干集等乡镇和520个行政村进行规划，并绘制出全县乡村现状图、近期规划图和规划说明书，至1990年，全县有62%的村依规划实施。之后，农村规划处于停滞状态，直至2005年后，随着新农村建设的进行，农村规划再次提上日程。

2009年9月，委托河北德龙城市规划设计有限公司，完成《固献乡固献村新民居建设规划（2009—2020）》《高公庄乡东赵庄新民居建设规划（2009—2020）》，对全县新农村建设起到积极的指导作用。

第二章　县城建设

威县县城是全县政治、经济、文化、教育、交通中心，由旧城区、新区、工业园区组成。城区包括东街、西街、南街、北街、黄街、东关、南关、北关、星光、李庄、霍冉庄、围紫园、皇神庙、李寨14个城辖村。30年间，威县县城建设日新月异，至1990年，城区总面积4.43平方千米，新建和改建街道15条，全长19.7千米，城区街道总长度达到21.9千米。1990年始，随着县域经济的快速发展和城市化进程的加快，一些机关、企事业单位陆续由老城外迁，主要分布在顺城路、中华街两侧，奠定县城向东向北发展的基础，县城面貌日新月异。跨入新世纪后，县城建设得到迅猛发展，至2009年基本形成以顺城路、洺水路、开放路、北外大街、交通大街、中华大街、世纪大街为框架的格局，形成“十纵十横”城区路网。旧城区指威县老城墙以内区域。工业园区位于县城东北部，世纪大街以东，有县内12家较大企业入驻。新区内建有现代化园区——洺州苑，苑内建有威县文化中心，以及各类亭、台、轩、榭等，彰显出威县深厚的文化底蕴。至2009年，县城建成区面积达15.12平方千米，规划区面积18.37平方千米；城区常住人口6.7万人，城市发展环境得到优化。

图5－1　2009年10月22日，河北省原省长钮茂生（左三）、邢台市委原书记董经纬（右三）到威县考察城镇建设和工业园区建设工作

第一节　公用设施建设

街道

1979年，县城街道以城内四条街为主，1980年始建交通大街，之后，又陆续完成北外街、洺水大街、黄家街、东关路（朝阳路）、南关街等12条街的新建和改建工程。1990年，县城内主要街道东西向有3条：朝阳路、顺城路、洺水路，南北向有3条：北外大街、交通大街、原106国道过城段（今中华大街）。1993年，县政府拉开路网拓宽改造工程的序幕，按照“井”字型布局，向东向北发展。至2009年，县城区路网拓宽改造依据县城总体规划布局基本完成，形成10横10纵的县城区路网格局。道路总长85000米，道路面积186000平方米。主要街道有：

北外大街　南起顺城路，北至开放路。长1013米，原为宽6米的简易柏油路。1992年，北外大街改建工程动工，主路面增宽至15米，两侧人行道各宽7.5米，总投资120万元。是县城食品、糖酒、烟草、文化用品、日用百货、纺织、机电等用品的批发市场。

交通大街　为连接南环路和开放路的街道，全长2470米，原道路为宽12米的沥青路面，1980年第一次改建。1994年，投资130万元对该街道进行第二次改建，街道总宽度拓宽至30米，主路面宽15米，两侧各为宽7.5米的人行道。顺城路以南为交通南大街，两侧门市多为机动车辆维修、配件经营。顺城路以北为交通北大街，向北与城区最繁华的洺水路交接，街道两侧有汽车站、旅馆、振威市场和华联超市，该路段为人流和物流聚集地段。

图5－2　中华大街/2006年摄

中华大街　原为106国道过城段，纵贯县城南北，与顺城路交叉处建有立交桥一座，2000年106国道改线东移后该道被命名为中华大街。2004年3月进行改建，总投资2000万元。南起朝阳路，北至开放路，长2000米，主路宽24米，两侧各为宽2.5米的绿化隔离带、宽6米的慢车道和宽14米的人行道，道路总面积80000平方米；街道安装现代化照明灯具。为方便交通，减少交通事故，原有的立交桥被拆除。中华大街两侧多为现代建筑，街道绿化率达36%，是城区功能较齐备，绿地面积最大的一条样板街道。

顺城路　原名北城墙路，1989年改名为顺城路。1990年，该路拆迁新建，东起中华大街，西至西环路，长2000米，宽40米，投资200余万元，中间为9米的主车道，两侧为各6米的慢车道，主车道与慢车道之间为宽1.5米的绿化隔离带。是县城第一条按功能分切的主干道。2003年，县政府对此道路再次进行改建，总投资2000万元，是威县城建史上投资规模最大的一次城市基础设施建设项目。道路向东延至世纪大街（新106国道），全长5000米，拆除道路中间的隔离带，机动车道增宽至24米，排水管道直径1米，长10000米，两侧人行道各宽8米，全部用彩砖铺设，铺设面积5.6万平方米，道路总面积15.4万平方米，绿化面积1万平方米。改造供电管网5000米，供水管网1200米以及通信线路1500米。顺城路横跨县城东西，是最宽最长的一条街道。

洺水路　洺水路建于1995年。原道路东起中华大街，西至北外大街，全长1100米，宽12米的简易柏油路面。该道路曾为洺水市场，是县城商业聚集的黄金地段。1995年12月，根据县城建设总体规划，将洺水市场撤销，改建洺水路，1993年，中间棚亭被拆除。2002年，该街道进行第二次改建，原破损的柏油路面全部被破除，改建为厚20厘米的混凝土路面，总投资220万元；2004年，投资150万元，对两侧行道全部用彩砖进行铺设；2005年，再次投资145万元，将该道路向东延伸，与世纪大街相接，主路面宽25米，两侧各铺设1.5米宽彩色便道砖，硬化面积2000余平方米，街道总长度达到2000米。

开放路　开放路是2000年县政府借106国道改线之机建设的东环路和西环路之间的三条连接线之一，是新区开发建设的重要项目。2000年，完成世纪大街（新106国道）至交通大街路段建设，长1600米，宽12米。2004年，县政府投资1500万元，对该道路进行拓宽，主路面宽24米，两侧各为5米的绿化隔离带和6米的慢车道。2005年，政府对霍冉庄村实施拆迁，使该道路向西延伸至北外大街，全长2100米。该道路为新区的一条主干道，道路两侧规划有行政办公区、广场和公园。该道路是县城一条路面最宽的主干。

图5-3　开放路/2015年摄

供水　排水

供水　详见基础设施编第三节人畜饮水。

排水　1979年县城内排水主要靠自然排泄，并无统一规划和治理。1982年，城建局开始着手规划治理，修建雨水、污水合流式下水道。之后，县城区主要依靠下水道排放污水，排水管道是根据城区地势由西南向东北排，城区有3条主干排水河道，汛期雨水经四支渠向东流入老沙河。城区以东的南北排汛主渠，全长5.8千米，是城区三条主要排汛渠道之一，承担着县城60%的排水任务，对城区汛期防洪起着重要作用。该渠曾因年久失修、垃圾堵塞而无法发挥其排汛能力，使县城汛期排水工作承受了巨大压力。2003年，县政府投资100余万元，对该渠进行全线清淤和拓挖，对洺水路至城东排水渠进行片石护坡硬化。开挖明渠断面为：深1.8~2.5米，底宽2米，上口宽7米，并在渠道两侧各规划一条宽20米的滨河绿化游园长廊。拓挖后，该渠南北贯通城东渠和四支渠，排汛能力大大提高，缓解了城区的排汛压力。2003—2005年，分别对顺城路、中华大街、洺水路、交通大街等四条街道总长20000余米的下水道进行改建，在开放路铺设排水管道4200米，并对城区排水系统进行彻底清淤、检修。至2009年底，县城排水管道总长230千米。

供热　供气

1979年，县城居民一般使用煤球炉或大砟炉来取暖，不卫生，且易发生一氧化碳中毒事故。2000年前后，部分单位、小区实施集中供暖。2005年后，随着房地产升温，居民小区建设加快，物业管理应运而生，新建小区全部实现集中供热。2009年，河北崇羌热力有限公司成立，公司位于振兴大街东侧工业园区内，引进两台80吨高压锅炉，可满足200万平方米的供热需求。主要面向城区及工业园区供热。

县城居民使用液化气始于20世纪80年代后期，使用范围很小。90年代后，由于液化气清洁卫生，使用方便，迅速普及寻常居民家庭，液化气经营主要为个体经营，随液化气用量的增加，个体液化气站也逐渐增多，为居民提供方便的同时，安全隐患也在加大，2000年，县对城区液化气站、加油站统一进行规范和整治，气站、油站向城郊迁移。2009年，邢台天然气有限责任公司投资2000万元建天然气压缩供气站一座，日供气能力8000立方米，可以供15000户居民使用。

公园　广场

2004年前，县城无一处公园，也无可供居民休闲、健身的广场。2004年8月，随着洺州苑落成，作为园区工程之一的风情园也对外开放，虽规模不大，但自成景观，让人面目一新。2009年10月，威县人民广场（原称公园）开工奠基。人民广场占地130亩，位于威县文化中心北侧，是一个集休闲、娱乐、集会于一体的敞开式广场，由广州美术学院设计。

图5－4　风情园/2018年摄

图5－5　人民广场奠基/2009年摄

绿化

20世纪80年代，县城绿化主要靠县直各机关、学校、企事业单位在路旁、沟旁、房前屋后开展植树活动，有条件的在院内开辟绿地，种植花草。1990年，县城共有成活树木14万余株，绿化面积3.9万平方米，绿化覆盖率为0.36%。1997年，为搞好城区绿化，制定《关于加强县城绿化美化的若干规定》，当年城区街道植树5万余株，建成绿地1万平方米，建花坛346个，植草皮1万平方米，人均绿地2.9平方米。同时组建园林绿化队，有专业人员10人，花木苗圃13.3公顷。2003年后，绿化力度进一步加大，至2005年底，县城区道路共种植各类树木3万余株，绿地7.2万平方米，县城绿化面积30万平方米，人均绿地3.75平方米，城区绿化覆盖率达12%。2006年，在城区各街道补栽国槐、千头椿、法桐、大叶黄杨、小叶黄杨、金叶女贞、红叶小檗等多种树种，计有2万余株。2008年以省、市、县城镇建设“三年大变样”活动为契机，对中华大街北段、顺城路与106国道交叉口空地和西外环环岛进行绿化，对城区多条街道的行道树进行补植。城区新增绿地面积约2万平方米，种植乔木1040株，花灌木20万株，城区街道绿化覆盖率达到40%。

街道照明

1979年，县城主要街道只有城内四街，各街已安装路灯照明。80年代后，城区向外扩展，新建北外街、交通街、顺城路等街道，建成各街道也相应安装路灯，灯具多采用钠、汞灯和新颖的钢管灯柱。1997年适逢“创建省级卫生县城”活动，县政府投资150万元，安装170盏高

图5－6　县城夜景/2010年摄

标准的路灯，主要街道的照明设施焕然一新。2000 年后，随着城区街道新建、改建的步伐加快，路灯照明都能随之配套建设，并达到美化、靓化目标，如开放路、中华大街灯饰美观，自成一景。

第二节　公共建筑

1979 年，县城公共建筑以平房为主。1980 年后，公共建筑才开始向旧城以外扩展，沿北外街、交通大街、洺水路、顺城路、朝阳路两侧，楼房建筑逐步增加。至 1990 年，县城共有楼房 46 座，但多为两层，两层以上建筑仅 13 座，很多党、政、企、事业单位的办公场所仍是砖木结构的平房。90 年代，县城公共建筑建设步伐加快，一些机关单位迁出旧城，沿顺城路、洺水路、中华大街建起新楼房。2000 年后，随着社会事业的发展，教育、卫生等事业单位公共建筑逐年增多，县一中建成综合楼和逸夫科技楼，实验中学建成教学楼、宿舍楼，实验小学、朝阳路小学建成功能楼，人民医院建门诊楼、住院楼等。至 2009 年底，县城区党、政、企、事业单位大部分都建起楼房，总数达 97 栋，总建筑面积 30 余万平方米。

威县机关办公地址变迁一览表

表 5－1

单位名称	1979 年	2009 年	期间单位变迁
党校	1979 年 1 月成立威县县委党校，位于北街，占地 1534 平方米，建筑面积 500 平方米，砖木结构平房，大门朝西	朝阳东路路南，为砖混结构三层楼房，大门朝北	1997 年 7 月搬迁至县职教中心，租赁办公场所。2005 年 8 月，搬迁至现址
政法委	1989 年成立，单位名称为威县政法领导小组办公室，地址在顺城路与交通大街交叉口东南角（现公安局院内），平房	威县东街，县信访局东侧院内，二层砖混楼房	1993 年更名为威县县委政法委，单位搬迁至政府招待所南一楼。1999 年搬迁至现址
信访局	1986 年 8 月成立中国共产党威县委员会、威县人民政府信访办公室，位于东街路南，现县政协办公楼西部，办公场所为 4 间瓦房，80 平方米	东街县政府大院门口东侧，砖混结构二层楼房，大门口朝西	1993 年 7 月，搬迁至今县纪委所在地，独院瓦房，北屋 4 间，东屋 3 间，建筑面积为 140 平方米，门口朝北；1998 年 3 月更名为中国共产党威县委员会、威县人民政府信访局，地址未变；2000 年 5 月搬迁至现址

续表 5－1

单位名称	1979 年	2009 年	期间单位变迁
法院	位于西街路北，办公场所为二层砖混结构楼房及砖木结构平房、瓦房数间。占地 2236.8 平方米，建筑面积 1618.96 平方米	洺水东路路北，砖混结构五层楼房	1998 年搬迁至现址
检察院	位于西街路北，办公场所为砖木结构瓦房数间，坐北朝南，建筑面积 180 平方米	办公场所位于开放东路路北，砖混结构五层楼房一栋，两层附属楼房一栋，坐北朝南	1989 年搬迁至西街村西，办公场所为瓦房，坐北朝南，占地 3335 平方米，建筑面积为 465 平方米；1998 年，单位搬迁至洺州镇李寨村，办公场所为砖混结构二层楼房，平房三排共 14 间，坐北朝南，占地 5336 平方米，建筑面积为 1730 平方米；2005 年单位搬迁至现址
威县人民代表大会常务委员会	成立于 1982 年 2 月，位于县政府机关大院院内，砖木结构平房 3 排，瓦房 1 排，占地面积 1000 平方米，建筑面积为 400 平方米	东街中段路南，二层砖混楼房一栋	1998 年 8 月搬迁至现址
中国人民政治协商会议河北省威县委员会	位于火神庙街，门口朝东，占地面积 900 平方米，有东屋 3 间、南屋 8 间、西屋 5 间、北屋 10 间，其中瓦房 3 间，其余皆为平房，全部为砖木结构	东街东段路南，有三层楼房一栋，砖混结构	2002 年 2 月搬迁至现址
财政局	位于今县政府大院内，北屋两间，瓦房，建筑面积 50 平方米	中华大街中段路西，砖混结构四层楼房，建筑面积 2800 平方米，门口朝东	1983 年搬迁至东关，现农行储蓄所东侧，为砖混结构二层楼房，门口朝北，占地 1600 平方米，建筑面积为 650 平方米。1996 年，搬迁至现址
国家税务局	原名称为威县税务局，地址在南街，为二层楼房，共 22 间，砖混结构，门口朝东，占地面积为 1600 平方米，建筑面积为 2000 平方米	朝阳东路路南，三层楼房，共 60 间；房屋结构为砖混结构，门口朝西	1992 年搬迁至现址

续表 5-1

单位名称	1979 年	2009 年	期间单位变迁
地方税务局	1994 年成立威县地方税务局，位于朝阳东路路南，办公场所为砖混结构楼房，门口朝西，占地 640 平方米，建筑面积为 160 平方米	中华大街中段路西，砖混结构四层楼房，门口朝东，占地 1500 平方米，建筑面积为 2173 平方米	1997 年 8 月搬迁至现址
行政服务中心	—	2009 年 9 月成立威县行政服务中心，位于顺城路中段路南，租赁县新华书店营业大厅办公，办公面积 600 平方米	—
审计局	1982 年成立威县审计局，位于东街政府大院内，与财政局合署办公	中华大街南段路西，办公场所为砖混结构四层楼房，门口朝东	1990 年搬至兴盛路路南，办公场所为砖混结构二层楼房，门口朝北。2007 年，搬迁至现址
交通运输局	位于顺城路中段路北县公安局对面，办公场所为砖木结构瓦房，占地 1.4 万平方米，建筑面积 2218 平方米	顺城东路路北，办公场所为砖混结构三层楼房	1997 年 1 月，搬迁至现址
食品药品监督管理局	—	洺水东路路北	2000 年 11 月成立威县药品监督管理局，位于洺水东路路北，办公场所为砖混结构四层楼房，门口朝南，建筑面积 477 平方米。2006 年 4 月，更名为威县食品药品监督管理局。办公楼房只购买第三层和二层部分房间
粮食局	位于北街，办公场所为 7 间平房，10 间二层楼房，均为砖混结构，门口朝西。占地 6000 平方米，建筑面积 1500 平方米	顺城东路路北，房屋类型为 10 间平房，10 间二层楼房，砖混结构，门口朝南	1994 年搬迁至现址
供销社	单位全名称为威县供销合作社联合社，位于南街路西，办公场所为砖木结构瓦房数间，门口朝东。占地 2667 平方米，建筑面积为 889 平方米	顺城西路中段路北，中华大街与顺城路交叉口西北角，砖混结构四层楼房，门口朝南	1997 年 1 月搬迁至现址

续表 5－1

单位名称	1979 年	2009 年	期间单位变迁
卷烟营销部	—	位于北外大街中段路西，办公场所为砖混结构二层楼房，大门朝东；占地 3119.2 平方米，建筑面积为 2042.92 平方米	1988 年 10 月成立，单位名称曾为威县烟草专卖局、威县烟草公司，2004 年 4 月，更名为河北省烟草公司邢台市公司威县卷烟营销部
商务局	单位名称为商业局，地址为北外街燕南宾馆北，办公场所为两排砖混结构瓦房	北外大街中段路西，办公场所为砖混结构四层楼房，门口朝东	1996 年 8 月，更名为商业总公司，迁至顺城路中段路北、县公安局城关分局西侧，办公场所为砖混结构二层楼房，门口朝东。2001 年，搬迁至现址。2005 年 11 月，单位更名为商务局
工商局	单位名称为威县工商行政管理局，位于南街，办公场所为砖混结构二层楼房，门口朝东。占地 200 平方米，建筑面积 150 平方米	威县顺城路中段路北，办公场所为砖混结构三层楼房	1985 年 5 月，搬迁至二中路，办公场所为砖混结构三层楼房，门口朝北。占地 1204 平方米，建筑面积为 369 平方米。1992 年 7 月，搬迁至现址
物价局	—	洺水东路路北，广播局对过，办公场所为砖混结构二层楼房	1981 年 1 月成立，单位名称为威县革命委员会计划委员会物价科，位于政府大院革委会南院最后一排西头，三间砖木结构瓦房，面积为 50 平方米。1981 年 7 月，更名为威县物价委员会，地址未变。1982 年 10 月，迁至政府办公大楼一楼中厅西侧。1984 年，更名为威县物价局，地址未变。1992 年 4 月，搬迁至兴盛路路南，办公场所为砖混结构二层楼房，占地为 850 平方米，建筑面积为 280 平方米。2005 年 12 月，搬迁至现址
供电局	位于东街骆家街路东，占地 3300 平方米，建筑面积为 1800 平方米，办公场所为 40 间四合院瓦房，其中北屋 27 间、西屋 7 间、东屋 4 间、南屋 2 间，大门朝西	洺水东路路北，有瓦房数间，砖混结构二层楼、三层楼各一栋，大门朝南	1989 年搬迁至现址

续表 5－1

单位名称	1979 年	2009 年	期间单位变迁
中国人民银行威县支行	位于北街路西，办公场所为砖混结构二层楼房，建筑面积为 800 平方米	洺水西路路北，办公场所为砖混结构四层楼房，门口朝南，建筑面积 1200 平方米	1989 年搬迁至现址
中国农业银行威县支行	位于朝阳路西段路北，办公场所为砖混结构二层楼房，占地 700 平方米，建筑面积为 280 平方米	顺城路中段路北，办公场所为砖混结构五层楼房，门口朝南	1994 年搬迁至现址。2009 年，更名中国农业银行股份有限公司威县支行
中国农业发展银行威县支行	—	洺水东路路北，有砖混结构三层楼房一栋	1996 年 10 月成立，单位名称为中国农业发展银行威县支行，位于朝阳路路北，有砖混结构二层楼房一栋，门口朝南，占地 604 平方米。2000 年 12 月搬迁至现址
中国工商银行股份有限公司威县支行	—	顺城路路北，占地 2736 平方米，建筑面积为 2312 平方米，办公场所为框架结构五层楼房	1985 年 1 月成立，单位名称为中国工商银行威县支行，位于北街路西，有砖混结构三层楼房一栋，占地 2700 平方米，建筑面积 727 平方米。2001 年 8 月搬迁至现址
中国建设银行股份有限公司威县支行	单位名称为中国人民建设银行威县支行，位于东街，占地 200 平方米，办公场所为砖木结构瓦房	位于中华大街中段路西，占地 3762 平方米，建筑面积 4444 平方米，办公场所为六层砖混结构楼房	1997 年 7 月，更名为中国建设银行威县支行，搬迁至现址
农村信用合作联社	—	位于中华大街中段路东有砖混结构三层楼房一栋，门口朝西，占地 3000 平方米，建筑面积 2000 平方米	1984 年建立信用合作联社，既是县农业银行的内部机构，又是信用合作社的联合组织。1996 年 5 月成立威县农村信用合作社联合社，与农行脱离隶属关系。2006 年 12 月，更名为威县农村信用合作联社，地址未变
中国邮政储蓄银行有限责任公司威县支行	—	位于洺水东路，邮政局楼内	原隶属于威县邮电局，2007 年 7 月与威县邮政局分离，更名为中国邮政储蓄银行有限责任公司威县支行，地址未变，租赁威县邮政局 1 层和 3 层办公

续表 5－1

单位名称	1979 年	2009 年	期间单位变迁
中国人民财产保险股份有限公司威县支公司	—	位于顺城路中段路南，有砖混结构四层楼房一栋	1985 年成立，单位名称为中国人民保险公司威县支公司，位于北外街，砖木结构平房，门口朝北。占地 5080 平方米，建筑面积 772 平方米。1994 年，更名为中国人民保险公司威县支公司，搬迁至现址。1996 年，更名为中保财产保险有限公司。1999 年更名为中国人民保险公司威县支公司。2009 年，更名为中国人民财产保险股份有限公司威县支公司
中国人寿保险股份有限公司威县支公司	—	顺城路中段路南，占地 300 平方米，有砖混结构三层楼房一栋	1997 年 1 月成立中国人保人寿保险有限公司威县支公司，租赁中国人民保险公司威县支公司 4 楼办公。1998 年 8 月，搬迁至朝阳路中段路北，租赁威县林业局 3 楼办公。1999 年更名为中国人寿保险股份有限公司威县支公司，搬迁至现址
住房和城乡建设局	—	中华大街中段路东，办公场所为砖混结构四层楼房	1982 年成立，单位名称为威县城建局，位于交通南大街路西，办公场所为砖混结构二层楼房。占地 800 平方米，建筑面积 615 平方米。1987 年更名为威县建设委员会。1995 年更名为威县建设环保土地局。2000 年更名为威县建设土地局，搬迁至现址。2002 年更名为威县建设局
县城新区	—	与规划局、建设局合署办公	2006 年成立，单位名称为威县县城新区管理委员会
城乡规划局	—	中华大街中段路东	2007 年成立，与建设局同址办公
城市管理行政执法局	—	位于交通南大街路西（建设局旧址）	2006 年成立，单位名称为威县城市管理行政执法局
国土资源局	—	中华大街中段路西，办公场所为砖混结构四层楼房，大门朝东	1986 年成立，单位名称为威县土地管理局，位于南街，与畜牧局合署办公，占地 1668 平方米，办公场所为砖混结构三层楼房，门口朝东。1995 年，并入威县建设环保土地局，搬迁至交通南大街西侧。2002 年，与威县建设环保土地局分离，更名为威县土地资源局。2004 年，更名为威县国土资源局，搬迁至现址

续表 5-1

单位名称	1979 年	2009 年	期间单位变迁
环境保护局	—	开放东路路南，办公场所为砖混结构三层楼房，门口朝东	2000 年成立，单位名称为威县环境保护局，地址为交通南大街西侧。2005 年 9 月搬迁至现址
公安局	位于西街，占地 3000 平方米，共 6 排瓦房，每排 11 间，为砖木结构	顺城路中段路南，办公场所为砖混结构三层楼房（局部四层），门口朝北	1992 年搬迁至现址
公安交通警察大队	—	中华大街北段路西，办公场所为砖混结构四层楼房	1984 年成立，单位名称为威县公安交通队，位于西街，与公安局合署办公；1987 年，更名为威县公安交通警察队，搬迁至威县北郭庄村边，办公场所为砖混结构二层楼房。1997 年，更名为威县公安交通警察大队，搬迁至现址
司法局	—	顺城路中段路南，办公场所为砖混结构二层楼房	1983 年成立，单位名称为威县司法局，位于北街南段路西，占地 1000 平方米，办公场所为两排砖混结构平房，每排 8 间。1993 年，搬迁至现址
安全生产监督管理局	—	位于顺城路与中华大街交叉口东北角（粮食局 3 楼）	1988 年成立安全委员会，下设办公室，在劳动人事局。2003 年 1 月，划归经济贸易局，办公地点在洺水路中段路北，10 月，增挂安全生产监督管理局牌子。2005 年 11 月，正式成立，2009 年 12 月，搬迁至现址
邮政局	单位名称为威县邮电局，位于北街中段路西，占地面积为 1333 平方米，有二层楼房一栋，另有 70 间平房，皆为砖混结构	洺水东路路南，办公场所为框架结构四层楼房	1992 年单位搬迁至交通大街中段路东。1998 年 10 月，邮电分营，更名为威县邮政局。2001 年 11 月搬迁至现址。2007 年 7 月，邮储分营
农业局	单位名称为威县农林局，位于南街路西，占地 1668 平方米，建筑面积 1351 平方米，办公场所为砖混结构二层楼房	位于交通北大街路西，有砖混结构三层办公楼房与临街门市二层楼各一栋，瓦房、平房若干间，门口朝东	1988 年 5 月更名为农业局，搬迁至现址

续表 5－1

单位名称	1979 年	2009 年	期间单位变迁
林业局	单位名称为威县革委会农业局林业组，位于南街路西，办公场所为2间北屋瓦房，门口朝东	朝阳路中段路北，办公场所为砖混结构四层楼房，瓦房数间，门口朝南	1979 年 12 月更名为威县林业局，搬迁至县城东关外街钻井队西南角，办公场所为瓦房，其中 16 间北屋、2 间南屋，门口朝南。1990 年 8 月，搬迁至兴盛路南，办公场所为瓦房，其中 23 间北屋、2 间南屋，门口朝西。1994 年 2 月，搬迁至现址
水务局	单位名称为威县水利局，位于朝阳路中段路北，占地 10000 平方米，建筑面积 1400 平方米，有 4 排瓦房共 72 间，仓库 18 间	朝阳路中段路北	1998 年 12 月改称威县水务局。2004 年 8 月，单位地址未变，面积缩小，保留三层办公楼一栋、瓦房 45 间、仓库 4 间
畜牧办公室	单位名称为威县农林局畜牧股。南街中段路西	办公地址未变	1987 年，单位改称威县畜牧水产局。2002 年 7 月，单位改称威县畜牧局。2005 年 5 月改称威县畜牧办公室
农业开发办公室	—	顺城东路路北，占地 2000 平方米，建筑面积 1500 平方米	1991 年 1 月成立，单位名称为河北省海河平原流域威县农业综合开发办公室，与农业局合署办公。1996 年 7 月，单位改称威县农业开发办公室，搬迁至现址
气象局	单位名称为威县气象站，位于康泰路路南，占地 5261 平方米，建筑面积 800 平方米，有砖混结构二层楼房一栋	康泰路路南	1987 年 6 月，称威县气象局
教育局	单位名称为威县文教局，位于火神庙街路西，占地面积为 2276 平方米，建筑面积为 1209 平方米，瓦房，砖混结构，门口朝东	火神庙街路西	1987 年 6 月，改称威县教育委员会。1996 年 9 月，改称为威县教育局

续表 5－1

单位名称	1979 年	2009 年	期间单位变迁
第一中学	单位名称为威县中学，位于北外大街路西，占地 5.9 万平方米，建筑面积为 1380 平方米，有 6 排瓦房，每排 18 间，大门朝北	2009 年 8 月，占地面积 14.1 万平方米，建筑面积 4.6 万平方米，有框架结构五层楼房 3 栋，四层楼房 5 栋，三层楼房 4 栋，大门口朝东	1982 年 8 月，改称威县第一中学
第二中学	单位名称为南街中学，位于交通大街南段东侧，占地 2.2 万平方米，有砖木结构 17 间瓦房	西街西段路南（原河北威县师范旧址），占地 16.5 万平方米，建筑面积 3.4 万平方米	1982 年，改称威县第二中学，位置不变，单位占地 3 万平方米，有砖木结构瓦房 46 间。2004 年单位搬迁至现址
电视台	单位名称为威县广播站，位于东街，有砖混结构二层楼房一栋，门口朝西	洺水路中段路南，有砖混结构四层楼房一栋	1984 年，改称威县广播局。1998 年，搬迁至现址
文化广播电视新闻出版体育局	单位名称为文教局	义和文化街，有框架结构三层楼房一栋，建筑面积 6000 平方米	1987 年改称文化局，位于火神庙街文教局院内，有砖混结构瓦房 4 间，北屋；2003 年，单位搬迁至现址
卫生局	单位名称为威县卫生局，东街政府大院内，建筑面积为 30 平方米，办公场地为瓦房	洺水东路路北	1984 年 11 月，办公场地为政府办公楼一楼；1998 年 7 月，搬迁至洺水东路路北
人民医院	单位名称为威县人民医院，位于开放西路路北，占地 6536 平方米，建筑面积 3551 平方米，为砖混结构二层楼房	开放西路路北	1999 年 4 月，建 5600 平方米门诊楼，三层框架结构。2000 年 6 月建 6900 平方米病房楼，五层砖混结构。2002 年 5 月建综合服务楼。2004 年 9 月建 2451 平方米传染病房楼
中医院	单位名称城关医院，地址在南街中段路东，占地面积 1333 平方米，建筑面积为 530 平方米，砖混结构瓦房，门口朝西	位于洺水路中段路南，占地 5790 平方米，建筑面积 2386 平方米，平房 39 间，砖混结构二层楼房一栋	1981 年 7 月，更名为威县中医院，搬迁至现址

续表 5－1

单位名称	1979 年	2009 年	期间单位变迁
民政局	单位名称为威县革命委员会民政局，位于县革委会大院内	二中路路南，占地1200平方米，建筑面积为200平方米，有砖混结构二层楼一栋	1982 年改称威县民政局，位于政府大院办公楼一楼。1988 年，搬迁至现址
民族宗教事务局	—	二中路路南	2002 年 7 月成立，单位名称为威县民族宗教事务局，与民政局合署办公
残疾人联合会	—	兴盛路路南，占地面积 1118 平方米，建筑面积 554 平方米，有砖混结构二层办公楼房一栋	1989 年成立，单位名称为威县残疾人联合会，由民政局代管，是民政局下属科室。1998 年，与民政局分离，但与民政局合署办公。2007 年单位搬迁至现址
人口和计划生育局	单位名称为计划生育办公室，位于南街剧场对过，占地 580 平方米，建筑面积为 232 平方米，有北屋 9 间，南屋 8 间，全为瓦房，门口朝南	顺城东路路南，有砖混结构三层楼房一栋	1988 年 9 月，单位改称威县计划生育委员会，搬迁至洺水东路路北，占地 1150 平方米，有砖混结构三层楼房一栋；2007 年 11 月，单位改称人口和计划生育局，搬迁至现址
工业和信息化局	单位名称为威县社队企业局，位于火神庙街，砖混结构平房和瓦房计 30 间，门口朝东	朝阳西路路北，占地 2200 平方米，一排瓦房 9 间，砖混结构	1983 年，单位搬迁至朝阳西路路北，有砖混结构瓦房 34 间。1985 年改称威县乡镇工业局。1991 年改称威县乡镇企业局。2002 年 8 月改称威县民营企业局。2005 年改称工业促进局，一排 9 间砖混结构瓦房，地址未变
质量技术监督局	—	中华北大街北段路西，占地 2664 平方米，建筑面积 650 平方米，有二层楼房一栋	1987 年 7 月成立，单位名称为威县计量局，位于洺水西路中段路北，占地面积 350 平方米，有砖混结构二层楼房一栋，一排平房共 6 间。1989 年 3 月，搬迁至威县洺水西路东段路南，占地 330 平方米，有砖混结构平房 5 间。1990 年 5 月改称威县标准计量局，搬迁至北外大街北段路西，办公场所为砖混结构瓦房。1996 年 8 月，改称威县技术监督局，地址未变。2000 年 3 月，改称威县质量技术监督局。2002 年 1 月，搬迁至现址

续表 5－1

单位名称	1979 年	2009 年	期间单位变迁
二轻工业公司	单位名称为威县二轻工业局，位于南街路东，占地面积 1200 平方米，建筑面积 980 平方米，有砖混结构二层楼房一栋，瓦房数间	—	1995 年单位改称威县二轻工业公司。2002 年 7 月，单位撤销
外贸总公司	单位名称为威县外贸局，位于洺水东路路北，占地 400 平方米，建筑面积 240 平方米，有砖混结构二层楼房一栋	—	1996 年 8 月，单位改称威县外贸总公司，办公地址未变。2005 年 11 月单位撤销
物资总公司	单位名称为威县物资局，位于洺水西路路北，占地 2000 平方米，建筑面积 500 平方米，办公场所为砖混结构瓦房	—	1996 年 8 月，单位改称威县物资总公司，办公地址未变，办公场所为砖混结构二层办公楼。2005 年 11 月，单位撤销
邢台市新华书店有限责任公司威县分公司	单位名称为威县新华书店，位于老城十字街西北角，占地 800 平方米，建筑面积为 500 平方米，办公场所为砖混结构二层楼房及砖木结构平房数间	2009 年 9 月，营业门市在东街中段路北，办公楼及仓库在顺城路中段路南	1994 年营业门市未外迁，办公楼及仓库搬迁至顺城路中段路南，办公场所为砖混结构四层楼房及瓦房数间，门口朝北。 1999 年，营业门市搬迁至东街中段路北，二层楼房，占地面积 2500 平方米，砖混结构，门口朝南
邢台交通运输集团威县交通运输有限公司	单位名称为威县汽车站，位于北外街中段路西，烟草公司北邻，占地面积 9333 平方米，有一个候车室（瓦房），4 排瓦房，每排 6 间，砖混结构	位于交通大街中段路东，占地面积 6930 平方米，建筑面积为 2116 平方米，办公楼四层，候车厅一层，砖混结构	1991 年年底，单位搬迁到现址。2001 年 12 月，单位改称邢台交通运输有限公司威县分公司。2008 年 9 月，单位改称邢台交通运输集团威县交通运输有限公司
洺州镇政府	单位名称为城关人民公社，单位地址为北外大街路东社直胡同，占地面积为 4500 平方米，共 3 排瓦房，土木结构，门口朝北	顺城路中段路北，办公楼房为三层，砖混结构，门口朝南	1984 年改称城关乡。1985 年，改称城关镇，地址未变。1988 年，改称洺州镇。1994 年，单位搬迁至现址

第三节 居民住房

1979 年，县城居民绝大部分居住土木或砖木结构平房。机关单位为职工提供宿舍，单位没有住房和人口较多的家庭，只能在“三关四街”（县城内）租住民房。1987 年，县财政局、统计局、税务局率先在今实验中学东侧进行职工住房建设。之后，一些机关单位陆续在旧城区以外购地盖起职工家属院，样式以砖混结构瓦房具多。1993 年，河北威县师范学校在洺州镇西街为教职工建起第一栋四层单元楼。

图 5－7 馨怡花园小区（世纪大街东）/2007 年摄

1996 年实行住房制度改革，绝大部分公房出售给住户，住房商品化加快县城居民住房建设的步伐，房地产开发应运而生，样式也呈多样化发展，除成排瓦房外，联排二层楼房及单元楼建设逐渐增多。1996 年，邢燕华在北外街四季春市场对过原木器厂旧址盖起多幢二层别墅楼。此为威县房地产之始。1998 年建开元小区（政府大院东侧，坑塘南北两侧各一栋楼），1999 年建馨怡小区（106 国道与顺城路交叉口东南角），2000 年原县五金厂（洺水西路南侧）开发为二层带院小区，2001 年建洺州苑住宅区（义和团纪念馆南侧）。之后，单元楼建设渐渐增多，至 2005 年，陆续开发建设工商行住宅楼、国税局住宅楼、交通局住宅楼、建设局住宅楼、县医院住宅楼、国土资源局住宅楼及邮苑、一建、四建、中华苑等商品住宅小区。2006 年始，房地产业发展迅速，阳光佳园、都市华庭等住宅小区的建成出售，带动了城乡居民的购房热潮。至 2009 年，先后建成煦苑小区、怡苑小区、银花小区、阳光佳园、都市华庭、中华苑等多个居民小区，又有中厦御园、都市经典、鑫源小区、泰达花园、洺水华庭等多个小区正在建设之中。

第四节 洺州苑园区建设

洺州苑园区位于威县历史博物馆（原义和团纪念馆）南侧，北至自强路，南至洺水东路，西至排水渠，东至世纪大街，东西长 599 米，南北宽 403 米。园区于 2002 年 7 月全面动工，2003 年 7 月主体竣工，2004 年 8 月落园。

2001 年始，县委、县政府对洺州苑园区的开发建设进行精心谋划，并制定实施方案。以“小城镇、大战略”为主题，努力打造成为县委、县政府的民心工程，经营城市的示范工程和小城镇建设的重点工程，真正成为全县建筑最美、功能最全、环境最雅、品位最高的园区。园区由十三项工程组成，即“四街、两区、一村、三园、两场、一城”组成。四街：义和文化街、友谊街、三多街、自强路。两区：煦苑花园小区、怡苑花园小区。一村：洺州农民新村。三园：风情园、苑中园、聆韵园。两场：文化小广场、洺州购物广场。一城：泰合商城。总占地面积 29.3 公顷，总建筑面积 20 万平方米，总投资 1.82 亿元，分两期实施。

2002 年 7 月，园区第一期工程全面开工，建筑总面积约 16 万平方米，总投资 1.2 亿元。

图 5－8　煦苑花园小区别墅楼/2007 年摄

该区总体设计与纪念馆相辉映，各功能区建筑相协调，四条文化商贸街主体为两层，局部为三层，为江南水乡建筑风格。两区为连体别墅、单体别墅和单元楼建筑，均为现代建筑风格。小游园和小广场均为园林设计。商城局部为五层，欧式建筑风格。整个园区高低错落有致、凹凸变化有别，既有鲜明的地方特色，又有较强的时代风格，融建筑景观、人文景观、植物景观、灯饰景观为一体，集“居住、购物、休闲、娱乐、旅游”为一体，古朴典雅，富有诗意。2003 年 7 月，洺州苑主体竣工。是年 11 月 26 日至 28 日，邢台市委、市政府在洺州苑举办义和团纪念馆开馆仪式暨河北威县经贸文化交流洽谈会。洺州苑的硬化、绿化、亮化、美化、净化扮靓了主会场，塑造了威县全新形象，提高了威县的知名度。之后，市领导多次率领市直有关部门及各县书记、县长到洺州苑考察指导，周边县市也多次到洺州苑参观学习。2004 年 8 月 30 日，洺州苑通过最后一次竣工验收，提前实现既定落园目标，并实现全部出让，获得巨大成功。自此，洺州苑的开发建设拉开威县新区开发建设的序幕。

第五节　城区卫生

1982 年，县城所有街道及机关场所均采用卫生分片管理负责制，定期进行检查。1987 年，国家颁布《公共卫生管理条例》后，县建委增设环境卫生管理大队，负责县城主要街道及公共厕所的卫生。1997 年，威县开展“省级卫生县城”创建活动，县建设环保土地局成立环境卫生管理处，置办了洒水车、清洁车、垃圾转运车、吸粪车等设备，时有管理人员 5 人，环卫工人 12 人，负责老城四街、朝阳路、洺水路、交通大街、北外大街等 9 条街道的清扫工作。是年，建无害化“三格式化粪池”一座，垃圾掩埋厂一处，县城垃圾能够及时处理。之后，环卫工作随着城市建设的发展而逐步完善。2000 年，建设局对城区清扫保洁权对外公开承包，但由于措施不到位，不利于监管，2001 年解除承包合同。2003 年春季，“非典”疫情在全国大中城市蔓延。为防治“非典”疫情，建设局在城区范围内开展大规模的环境卫生治理活动，对街道、居民区、城中村、城乡接合部等长期积存的大量垃圾进行彻底地清理外运，清运量达上万立方米。是年 10 月，县政府制定《威县城市市容和环境卫生管理规定》，实行生活垃圾日产日清。县建设局针对环卫设备落后、环卫职工老龄化、城区清扫保洁范围不断扩大的状况，更新部分机具设备，增加环卫职工人数，制定完善垃圾清扫清运制度、街道清扫保洁制度等一系列环卫管理制度，城区主要街道实现全天保洁。至 2005 年底，有清扫、清运工人 76 人，管理人员 7 人，铲车、洒水车、垃圾清运车等各类运输车辆 12 辆。2006 年 2 月，城区环境卫生管理划归城市管理局，环卫管理进一步加强，县城容貌更加整洁。2009 年，增加环卫保洁人员 50 人，县城清扫保洁面积达到 210 万平方米，日清运垃圾 150 余吨，为缓解城区垃圾处理，当年开工建设“绿源垃圾处理厂”，并新建垃圾中转站 2 处，垃圾池增加到40余个，更换垃圾清运设备11台。县城区垃圾能做到日产日清，并能得到及时处理。

第三章　乡镇村建设

改革开放后，乡镇村建设步伐不断加快。教育、卫生等公益设施不断更新和完善，农村居住条件大大改善。2006年，全县乡镇全部实现电、通信、路、水、电视转播“五通”。

第一节　乡镇建设

基础设施建设

1979年，全县只有一条乡级公路。1988年县委、县政府组织全县乡、村自筹资金135万元，争取上级交通部门投资51万元，建设环行线，全长34.2千米，原梨园屯、干集、常屯、侯贯、王村、寺庄、赵村、高公庄7个乡镇实现通公路，1990年，全县15个乡镇修通公路。1994年县委、县政府加快乡乡通公路步伐，1995年实现乡乡通公路。2000年后加快乡镇基础设施的建设步伐。2006年，全县乡镇全部实现电、通信、路、水、电视转播“五通”。

公益设施建设

20世纪80年代乡镇公益设施建设比较缓慢，教育、卫生等项的公益设施条件相对较差，90年代后，随资金投入的增多，公益事业条件不断改善。1997年“普九”工作中，全县32所乡镇中学，搬迁14所，扩建18所，建筑面积达11.88万平方米。2002年起，全县加大项目学校建设资金的投入，2003年，乡镇中学建实验楼计16座，投资432万元；2008年争取上级资金342万元，县级配套资金225万元，为170所学校安装暖气、空调，解决冬季取暖问题，全县乡镇办学条件大为改善。

2007年，威县实施新型农村合作医疗，乡镇卫生院也得以大发展。是年，引进国家级乡镇卫生院建设项目，对12所乡镇卫生院进行建设，2008年实施完毕，投入资金达1018万元。2009年又对七级、章台、梨园屯三所中心卫生院进行扩建，同年，引进中央资金287万元，对16所乡镇卫生院的设备进行更新。2009年，全县16所乡镇卫生院均达到河北省标准化乡镇卫生院标准。

2000年后，不少乡镇办起文化站，拥有图书阅览室，以满足群众的文化需求。

商业服务设施建设

1979年，全县商业实行计划经济，以国营集体商业为主，各乡只有供销社、粮站、信用社等为数不多的商服单位。80年代后，随着商品市场的逐步开放，个体商业迅速发展，各乡镇商业摊点逐年增多。90年代七级、章台、贺钊、邵固、侯贯等乡镇商品贸易加快发展，临街商铺如雨后春笋迅速增多，还出现二层楼房，商业服务设施日渐完善，逐渐发展为集贸市场。2000年后，各乡镇积极引导培育集贸市场，加快商业服务设施建设。章台镇于2004—2009年间先后建成商品三条街，一座大型综合门市和郝家屯大型蔬菜批发市场，同时，投资30万元重修章潘路，硬化商品街，建设排水设施，镇区商业面貌得到改善，成为威县南宫之间的最大综合市场。七级镇2009年完成集贸市场改扩建、搬迁工作，同时制订贸易街东延、企业搬迁等工程规划。

第二节　乡村建设

乡村街道建设

1979年，全县仅有辛店村路1条，全长8.3千米，乡村街道硬化更是少之又少。1994年县委、县政府制定出台全县统筹集资修建乡、村公路的重大决策，全县乡、村两级修路积极性空前高涨，纷纷争取列入修路计划，当年完成修路集资654万元，修建乡路3条，全长28千米；村路58条，全长93.8千米。2004年，国家实施村村通工程，加大资金支持力度，当年建成村路106条，全长179.7千米。2007年建成村路58条，全长175.8千米，实现全县村村通公路。

村民住宅建设

图5-9　威霍寨村/王云2015年摄

1979年，农村房屋建筑大都是土坯砖木结构的平房，低矮狭小，光线昏暗。80年代后，境内村民建筑了大量砖混结构的住宅，村民居住条件大大改善。进入21世纪后，建房标准进一步提高，有些富裕户还盖起二层楼房。至2009年，全县90%以上的村民喜迁新居，全县乡村人均住宅建筑面积达到34平方米。在乡村住宅建设中也存在一些问题，由于缺少规划，不少村出现多占乱占现象，村中旧老住宅闲置较多，甚至有的乡村成为名副其实的“空心村”，造成土地浪费。

第四章　环境保护

图5-10　世界环境日宣传/2002年摄

保护环境是国家三大基本国策之一，保护环境日益为人们所重视。2001年威县制定环境保护“十五”“十一五”规划，环保目标管理实行层层分解落实。环境管理逐步走向正规化，由“先污染，后治理”向污染治理设施与建设项目同时建设、同时施工、同时运行的轨道转变。境内环境污染得到有效控制，环境质量不断改善。

第一节　环境质量监测

水环境质量监测

威县地表水资源稀少，工业用水及生活用水均采自地下水。威县是一个农业大县，工业比较薄弱，因此由工业产生的废水所造成的污染很小，废水排放呈现集中且量小的特点，1984 年，威县全境废水排放量 23 万吨。

工业废水在多年治理下逐渐好转，废水污染比例下降，而生活污水排放有上升趋势，尤其是县城居民生活污水，由于未经处理，直接排入坑塘，已成为废水主要来源。2009 年全县涉水企业 83 家，生产废水排放量 28 万吨，生活污水排放量高达 566 万吨，排放的主要污染物为 COD（化学需氧量）、BOD（生化需氧量）、氨氮、总磷、总氮等。域内坑塘大多蓝藻富集，水体颜色明显呈绿色。

自 2001 年起，县环境保护局重点对城区进行监测，从而指导治理工作。2004 年 10 月，县环境监测站邀请邢台市环境保护监测站在县城区的不同地点对地下水进行连续监测，地下水水质均达到饮用水标准。

2004 年威县地下水监测情况一览表

表 5－2

项目＼点位	自来水公司		地税局		范七里	
	2004. 10. 19	2004. 10. 20	2004. 10. 19	2004. 10. 20	2004. 10. 19	2004. 10. 20
pH	7. 99	7. 97	8. 09	8. 01	7. 90	7. 92
水温（℃）	21. 0	22. 0	21. 0	22. 0	21. 0	22. 0
氟化物（mg/L）	0. 69	0. 52	0. 72	0. 80	1. 05	1. 00
总硬度（mg/L）	64. 6	77. 1	66. 7	70. 6	47. 5	41. 8
六价铬（mg/L）	< 0. 004	< 0. 004	< 0. 004	< 0. 004	< 0. 004	< 0. 004
高锰酸盐指数（mg/L）	0. 58	0. 60	0. 07	0. 72	0. 68	0. 66
硝酸盐氮（mg/L）	< 0. 08	< 0. 08	< 0. 08	< 0. 08	< 0. 08	< 0. 08
氯化物（mg/L）	86. 53	80. 80	85. 18	83. 78	85. 90	82. 92
酚（mg/L）	< 0. 002	< 0. 002	< 0. 002	< 0. 002	< 0. 002	< 0. 002
氨氮（mg/L）	< 0. 025	< 0. 025	< 0. 025	< 0. 025	< 0. 025	< 0. 025
亚硝酸盐氮（mg/L）	0. 008	0. 009	0. 023	0. 023	< 0. 003	< 0. 003
溶解性总固体（mg/L）	350	342	348	344	462	460
大肠菌群（mg/L）	< 3	< 3	< 3	< 3	< 3	< 3
细菌总数（mg/L）	12	14	14	16	10	12
井深（m）	550		500		600	
水位（m）	70		70		75	

大气环境质量监测

威县大气受工业影响较小，多年来全年大气质量二级以上天数均达到 320 天以上。县内废气主要来自工业、窑业用煤的燃烧和化工厂气体的排放，呈现出季节性、地点集中等特点。1990 年全县燃烧供热的企业有锅炉 16 台，窑炉 38 座，年耗煤量 1. 59 万吨，全年废气排放量为 56128 万立方米。之后，大部分工业锅炉安装了除尘设备，工业废气排放量大幅下降，但机关、企事业单位、居民区的取暖锅炉、茶浴炉造成的污染呈逐年上升趋势。尤其在冬季取暖期造成的污染远远大于工业锅炉的污染。2009 年，全县各种锅炉 98 台，工业炉窑 21 座，排汽筒 94 根，全年废气排放总量 20315 万立方米，二氧化硫 1548 吨，氮氧化物 69. 79 吨，废气污染已成为境内主要的污染形式之一。

威县城区 SO_2 与 PM10 监测情况一览表

表 5 –3　　单位：吨、毫克/立方米

日期	项目 / 点位	日均值	
		SO_2	PM10
2004. 10. 18	威县油脂厂	0. 069	0. 511
	威县环保局	0. 089	0. 529
	威县电视台	0. 091	0. 394
	威县李寨村村北	0. 068	0. 469
2004. 10. 19	威县油脂厂	0. 068	0. 374
	威县环保局	0. 065	0. 418
	威县电视台	0. 102	0. 357
	威县李寨村村北	0. 060	0. 378
2004. 10. 20	威县油脂厂	0. 077	0. 360
	威县环保局	0. 114	0. 448
	威县电视台	0. 075	0. 412
	威县李寨村村北	0. 077	0. 453
2004. 10. 21	威县油脂厂	0. 042	0. 224
	威县环保局	0. 060	0. 270
	威县电视台	0. 051	0. 264
	威县李寨村村北	0. 049	0. 299
2004. 10. 22	威县油脂厂	0. 049	0. 290
	威县环保局	0. 071	0. 363
	威县电视台	0. 053	0. 309
	威县李寨村村北	0. 064	0. 322

声环境质量监测

随着工业、交通运输、建筑等行业的发展，境内噪声主要来自工厂车间噪声、道路交通噪声以及建筑工地的噪声。

威县城区噪声监测表

表 5－4　　　　单位：分贝

监测点位	监测结果									
	Leq		L10		L50		L90		SD	
	昼	夜	昼	夜	昼	夜	昼	夜	昼	夜
县一中	44.1	40.9	47.5	44.4	42.0	38.0	33.5	30.1	5.3	5.3
县防保中心北侧	48.0	42.4	51.6	45.9	45.8	41.0	36.2	30.0	5.8	5.6
威县电视台	57.2	53.3	59.9	56.1	53.5	51.9	49.5	48.4	4.1	3.1
电信支局	68.9	48.9	70.2	51.1	62.2	48.0	54.7	46.9	6.2	1.6
县政府机关	60.4	49.6	63.8	52.7	56.7	48.3	52.6	42.1	4.4	4.5
李寨村北工业区	47.4	42.4	50.9	46.1	45.3	39.8	38.1	30.3	5.2	5.6
中华大街顺城路口	68.2	45.5	72.2	48.5	66.2	44.9	59.8	38.7	4.5	3.9
中华大街洺水路口	66.6	51.2	69.1	54.2	65.2	48.9	60.9	47.3	3.3	2.8
中华大街义和路口	43.4	43.9	46.3	47.2	42.3	42.8	34.5	35.5	4.6	4.7

说明：①监测时间为 2004 年 10 月 20 日。②义和路即现开放路。

重点污染源

20 世纪 80 年代县域内污染源主要涉及酿造、皮毛、化工、造纸、制砖等行业。1984 年县主要污染源为化肥厂和酿酒厂，全年排放废水 15 万吨，占全县废水排放量的 65%。90 年代，随着社会发展，威县污染源主要涉及皮毛、化工、造纸、陶瓷壁画等行业。1996 年，县环境管理股确定威县粮食局皮毛厂、威县方家营造纸厂、威县福利陶瓷壁画厂、威县油漆厂为重点污染源。2000 年后，随国企改制、私营经济迅速发展，威县经济主要产业有建筑装饰、陶瓷壁画、皮毛加工、汽摩配件、棉纺棉织、棉花加工、橡胶化工等，污染源有所扩大。2009 年，县环境保护局将贺钊乡赵牛村洗皮企业群、侯贯镇郭固洗皮企业群、邢台俊兴皮业有限公司、邢台宏成皮业有限公司、威县澳威皮业有限公司、威县恒威糠醛有限公司、威县华新建材有限公司、七级镇尹村电镀厂确定为重点污染源。

第二节　污染防治

废水污染防治

自 1988 年始，对废水排放量最大的县化肥厂、酿酒厂先后进行治理，化肥厂增添了废水治理循环系统，使废水达到排放标准，县酿酒厂进行废水沉淀处理及炉窑改造，并经地区环境监测站化验，达到了排放标准。

2001年底，对低效率、高污染的方家营、河岔股两家小造纸厂采取措施，实行关闭。

2004年人民医院医疗废水处理工程启动，采用化学处理法达到排放标准。

2005年对俊兴皮业有限公司、宏成皮毛制品公司，国威皮毛公司的洗皮废水进行治理，三家企业投资680余万元，分别建成日处理废水300吨的废水处理设施各一座，次年俊兴皮业有限公司、国威皮毛公司两家废水处理厂建成投入使用，废水治理达到国家排放标准。

2007年洲达皮业洗皮废水处理工程开工建设，工程投资198万元，设计废水处理能力500吨/日，2008年恒威糠醛有限公司生产废水处理工程开工建设，工程投资300万元，设计废水处理能力300吨/日。

2009年10月，洲达皮业、恒威糠醛有限公司两企业废水处理工程分别投入使用，治理废水达到国家规定的行业排放标准，其中恒威糠醛有限公司处理后的废水能循环使用，不外排。是年，威县县城生活污水处理厂开工建设，工程投资3650万元，设计日处理生活污水2万吨，投入使用后县城污水将全部得以处理。

2009年，全县饮用水水源地水质达标率100%，工业污水治理达标率90%，生活污水处理率80%。

废气污染防治

1988—1990年，对县橡胶厂、食品厂、棉油一厂、棉油二厂、棉油三厂、棉油五厂等企业进行锅炉改造，安装消烟除尘设备，林格曼墨度由治理前三级以上达到治理后的二级标准，面粉厂也采用现代技术进行防尘设备的改造，大大降低了污染。

1991—1995年，对建设银行威县支行、洺晋纺织公司、粮食局、工商银行威县支行、建设环保土地局、俊兴皮业公司、交通局等单位的锅炉进行治理，安装除尘器，对一些小锅炉、小砖窑以及有污染而无任何处理设备和防治措施的企业单位，环保机构给予必要处理。

1995年后，治理力度加大，对新上锅炉实行严格把关，必须是经省、市认证注册的产品，凡不符合环保要求的锅炉一律拒之门外。

2001年初，威县环境保护局成立，加大对大气污染的整治力度，至2009年底，全县各种窑炉安装湿式除尘器73台套，拆除、淘汰落后窑炉21台，并在全县实行燃煤管制制度，严禁高硫高灰粉的煤种进入，使无法安装除尘的锅炉大气排放也能达到国家规定的排放标准。

其他污染防治

全县工业锅炉产生的废渣、粉尘及其他废物、生活垃圾和医院临床废物，年产生量都在千吨以上。2009年固体废物产生量为37170吨，其中锅炉产生的炉碴4770吨，粉煤灰141.6吨，污泥115吨，生活垃圾29000吨，均可全部利用或处置。医院临床废物产生量为68.74吨，2004年县人民医院购置医疗垃圾焚烧炉一台，并投入使用，医疗垃圾得以无害化处理。生活垃圾和建筑垃圾乱堆乱放一直是普遍存在的问题，在乡村，生活垃圾乱堆乱放现象严重，垃圾得不到及时处置。在县城区，随着城市规划建设及城管部门的规范管理，城区内生活垃圾和建筑垃圾都能得到有效处置。2009年4月，县投资3150万元的垃圾卫生填埋厂工程开工建设，项目占地8公顷，日处理垃圾能力150吨，填埋厂投入使用后，县城环境将得到彻底改变。

第三节 生态保护

农业生态状况

威县是农业大县，改革开放后，农村经济快速发展，粮食产量连年增长。在发展农业的过程中，化肥、农药、地膜的使用，对粮食的增产发挥了重要作用，但由于不合理使用，造成了一定程度的农业面源污染。养殖业的快速发展，在为人民群众提供大量肉蛋奶的同时，也造成了一定程度的面源污染。

化肥 1979年前，土地施肥以有机肥为主，化肥用量很少。20世纪80年代始，化肥使用开始普及，施用量也逐年增长。2000年后，由于农业种植结构调整，粮食作物种植面积急剧缩小，棉花种植面积迅速扩大，棉花秸秆不能还田，土地有机肥施用量大幅减少，很多地块只使用化肥，老百姓称之为“卫生地”。2009年，全县化肥施用量为31345吨，平均亩用量30千克。由于盲目超量施肥，致使化肥利用率低，农产品品质下降，土壤肥力下降，另外，一些矿质肥料中重金属含量高于土壤本底，长期大量使用造成部分土壤重金属含量明显上升。

农药 20世纪80年代，为防治农作物的病虫害，田间大量使用氧化乐果、久效磷、呋喃丹、1605、甲胺磷、辛硫磷、敌杀死等高毒农药。防治同时，也杀死大批有益昆虫，破坏了自然界的生态平衡，并造成多起农药中毒死人事故。1992年、1993年威县棉铃虫害爆发，农药使用达到高峰，农药残留成为主要问题。2000年后，国家对部分高毒农药采取措施，禁止生产使用，农药开始向高效、低毒方向发展。即使这样，全县农药施用量每年都在千吨以上，2009年，全县农药施用量为1106吨，平均亩用量1.07千克，大大超出用量标准，对土地、农产品以及水源造成严重威胁。

农膜 90年代，农膜使用逐渐普及，对棉花带来增产的同时，也造成土壤污染。部分残膜进入农田土壤后，分解产生有毒物质污染土壤，改变土壤理化性质，导致农作物减产。2009年，全县农膜使用量为2269吨，平均亩使用量为2.19千克，年残留量百吨以上。

农作物秸秆 90年代，每逢夏秋收割时节，农村田野随意焚烧秸秆造成严重的空气污染，当时，广大农村田野烟雾弥漫，严重时使人呼吸困难，家家关门闭户。部分农户将秸秆长期弃置堆放或推入河沟，日晒、雨淋、沤泡引起腐烂，污染环境。

畜禽粪便 随经济发展，养殖业从农户散养向规模化发展，畜禽污染源增加，无害化配套处理不足，很多养殖场户的畜禽粪便不经处理，随意堆放，给生活环境带来严重的污染和危害。

农村生活污染 农村生活污水得不到处理，生活垃圾、砖头瓦砾随意堆放，风起时，尘土飞扬，废旧塑料袋四处飘荡，农村环境污染日趋严重。

农业生态保护

进入90年代，随着化肥、农药、农膜等农用投入品的增加，人们对其产生的污染也日趋重视，县委、县政府采取措施，加强农业面源污染的治理。

1997年，美国33B抗虫棉在威县试种成功，随着大面积的推广种植，农药施用量显著下降。2000 年后，国家对一些高毒农药，采取措施，禁止生产销售，一些高效低毒农药诸如啶虫脒、吡虫啉、阿维菌素、甲维盐等逐渐被推广，农药的使用正向高效、低毒、低残留的无公害方向发展，这也大大缓解了农药污染带来的压力。

在化肥使用上，引导农民科学施肥，推广科学施肥技术，实施测土配方施肥技术，减少化肥用量，提高有机肥使用量。2009 年，县农业部门免费为农户提供测土配方施肥指导服务，推动应用测土配方施肥面积 2 万公顷以上，并推广使用控释肥。宣传农膜残留对土地带来的危害，加强农膜回收力度，2009 年，全县农膜残留量降到 5% 以下。

自 90 年代初农民在田野焚烧秸秆开始，县委、县政府就高度重视，县五套班子领导成员分包各乡镇，县直各机关包乡包村，层层签订责任状，对秸秆禁烧和综合利用工作加强行政执法力度，采取各种行政措施，有效地遏止秸秆焚烧的蔓延。同时加强农技、农艺、农机等秸秆还田技术的配套和创新，提高秸秆还田数量和还田质量，保证秸秆还田的顺利进行，有效地减少秸秆对环境的污染。2000 年后，由于种植结构的调整，棉花种植面积增加，秸秆单一，除少量用于生活燃料外，绝大部分棉花秸秆都能回收利用，秸秆焚烧现象已基本销迹。

2003 年起，全县开始农村沼气池建设，对畜禽粪便实行资源化利用。大力推广“一池三改”，通过建沼气池、改厕、改圈、改厨，改善农村生活环境质量，县政府积极宣传引导，出台奖励政策，对每建一座容积 10 立方米的农村户用沼气池，财政补贴资金 800 元。2009 年，建设沼气池 3000 个，全县沼气池已突破 1 万个。

第六编　经济体制改革

威县自古以农为主，在20世纪40年代前两千余年的漫长岁月里，农村一直实行封建土地所有制，少数豪强富户占有大部分土地。直到1946年，威县人民在中国共产党的领导下开展土地改革群众运动，废除封建土地所有制，实现耕者有其田的农民土地所有制。此后，又经过农业生产合作化和人民公社化等几次调整变革，逐步发展为社会主义土地公有制。

1949年前，全县工商业均为私人个体经营，生产经营由市场调节，盈亏由业主自负。1953—1956年，全县工商业进行社会主义改造，私营工业开始向集体工业转化，私营商户大部分都加入各种形式的合作组织。部分集体工业逐渐发展为全民所有制企业，商业则形成以国营商业为主导、公私合营及个体商业为补充的商品流通体制。1959年，公私合营商业被过渡、消化，私营和个体商业被取消，形成国营商业"一统天下"的局面。1960年后，因纠正"共产风"，加之三年经济困难，大部分社队集体企业解散。1964年，中共中央发出大力发展农副业生产的号召，农村工副业逐步恢复。1966年后，"文化大革命"开始，农村工副业被当作资本主义倾向加以批判限制，不少集体企业停产关闭，个体企业被视为"资本主义尾巴"割掉。

1979年始，威县首先在农村全面推行家庭联产承包责任制。通过土地承包、建立双层经营机制、推进农业产业化经营、改革农村税费制度等一系列改革。到2009年，农业生产关系不断得到调整和改善，农村生产力得到解放和发展。与此同时，县域国有、集体商业领域推行商品流通体制改革，非公有制经营所占比重逐步加大。国营、集体企业随着计划经济向市场经济转轨，一般都经历过扩大企业自主权、推行承包责任制和各种形式的经营机制转换，最终选择产权制度改革，转为股份制企业，实现民营化，非公有制企业渐次成为威县工业经济的主体。在大力推进县属工商企业改革的同时，财税、金融体制改革逐步深入，在计划、投资、物价等领域进行的宏观调控体制改革及劳动、社会保障、住房等配套体制改革方面均取得显著成绩。经济体制改革，促进了经济社会全面发展，同时也出现了新的矛盾和问题。如产权制度，社会化服务等，有待在改革中深化和完善。

第一章　农村经济体制改革

自1978年中共十一届三中全会始，农村经济政策进一步放宽，威县农村经济体制发生根本性转变，即在大包干等农业生产责任制基础上形成的农村基本经营制度——以家庭承包经营为基础、统分结合的双层经营体制。

第一节　家庭联产承包责任制

1979—1982年，根据中共中央文件精神，全县在农村实行经济体制改革，推行“联系产量、计算报酬、田间管理、责任到人”的农业生产责任制。1980年，中共威县县委印发通知，阐明“推行生产责任制”是在生产资料（主要为土地）集体所有制不变的基础上实行改革，是为更好地发展和巩固集体经济。11月，中共威县县委组织25人分成7个工作组，到第什营公社7个大队开展落实农业生产责任制试点工作。次年1月，从县直机关抽调120余名干部下乡，帮助社队干部贯彻落实和完善农业生产责任制。当时生产责任制处于探索阶段，全县生产队中生产责任制形式并不统一，主要存在有四种责任制形式，即统一联产到劳、包干到户、口粮田与劳力责任田相结合、专业承包。到1981年底，全县2639个生产队中，实行统一经营联产到劳动力的有1034个队，在实行四统一前提下包干到户或包产到户的有1285个队，实行口粮田与劳力责任田相结合的有309个队，实行专业承包的有11个队。1982年，经过两三年的探索实践，大包干（即家庭联产承包责任制）已成为责任制的主要形式，大多数乡、村按人口平均承包土地，为平衡每户承包土地的优劣，每一农户分到若干地块。至年底，全县农村普遍实行家庭联产承包责任制。

1983年3月，根据中共中央《关于当前农村经济政策的若干问题的通知》，县委制定《关于进一步稳定完善家庭联产承包责任制若干办法》，把承包责任制推广到林业、牧业、水利、工副业等各个领域，使承包办法向横宽和纵深发展。11月，县委制定《关于基本稳定、适当调整责任田的几项规定》，对于人口变化较大，水浇地占有不均衡、地块过于零散不便耕种等情况，经群众充分讨论商定，报公社审查和县农工部批准后进行适当调整，土地调整后，签订承包合同，发给土地使用证。1984年，全县推行延长土地承包期工作，全县大部分耕地承包期延长为15年以上。

1997年8月，中共中央办公厅、国务院办公厅发出《关于进一步稳定和完善农村土地承包关系的通知》，提出农村土地承包期延长30年不变。1998年，根据中央指示精神和省市要求，全县第一轮承包即将到期的484个村，6万公顷耕地，着手组织实施第二轮土地延包。当年4月，县委办公室、县政府办公室印发《关于进一步稳定和完善农村土地承包关系的通知》，将农村土地承包期确定30年不变，给农民吃了“定心丸”。1999年1月，县委、县政府制定《关于延长土地承包期工作的实施意见》，并开始实施第二轮土地延包工作。与此同时，在保持土地承包关系不变或群众自愿的基础上，对土地承包形式进行调整，尽量减少农户承包土地的块数。至4月，全县第一批承包到期的484个村6万公顷耕地中，有461个村完成第二轮土地延包，占95.2%，涉及10.22万户，5.8万公顷耕地。对第一批承包尚未到期的耕地，采取直接顺延的方式，确定30年不变。至1999年底，全县522个村、12万农户、6.9万公顷耕地全部完成第二轮土地延包工作，均与农户签订土地承包合同，向农户发放土地承包经营权证书。

2001年，出现因农民外出务工、经商而造成土地撂荒现象，同时种养能手因地少地块零散而影响其发展。为解决这一问题，县委、县政府及时推进土地合理流转，在保持土地集体所有制不变、家庭承包制不变的基础上，按照市场机制运作的方式，在坚持土地经营使用效益和自愿原则的前提下，确定转让、转包、互换、租赁、反租倒包等土地流转形式，使土地向种田能手、养殖大户、农民联合体集中。当年全县农村土地流转面积达到1.58万公顷，其中耕地9800公顷，林地6000万公顷。

2003年3月，《中华人民共和国农村土地承包法》实施，土地承包管理有法可依，全县农村土地承包关系进一步稳定和完善。

第二节　林业产权制度改革

随着农村改革的逐步深化，传统林业经营模式逐渐暴露出诸多不足，集体林业不能激发广大干部群众的植树造林积极性，致使出现干部烦、群众怨、植树与管护难等新问题，固有的经营模式已越来越不适应林业跨越式发展的需要。

1979—1991年，林业产权主要实行“由村统一规划，统一造林，农民自愿管护，收益由集体、个人分成（农民占大头）”的生产责任制；兼有集体栽树、专业队（人）管护，“树随地走，谁栽谁有”的经营模式等。1981年3月，召开全县第一次落实林业政策三级干部大会，在全县开展林木确权发证工作，初步解决了多年遗留的林木权属问题。1982年，全县有片林的村庄95%以上实行定数字、定人员、定产量、定提留，超产归管理者（农户）的生产责任制。1987年12月13日，全县召开第二次落实果园承包责任制三级干部大会，安排部署以“果园承包合同（协议）完善、签订”为主要内容的果园承包责任制工作，基本解决了集体果树个人管理，收益归己，其他群众犯“红眼病”上访等主要问题。全县林果生产走上稳步发展的道路。

1992—1999年，林业产权制度改革工作逐步细化。配合利用世界银行贷款造林项目实施，有关乡村以“集体林场”形式，将营造片林承包给农户管理，还可在林下行间种植农作物，增加收入。1992—1996年，全县落实“亿果工程”，群众多在自己责任田里栽植果树，以加快高效农业建设步伐。苗圃场也以小段包工、计件计酬、定额管理、大包干及基本工资加奖励等责任制形式，助推全县林业产权改革。

2000—2005年，以两个“林业专件”为标志（指《关于进一步明晰宜林地使用权和林木所有权加快林业发展的暂行规定》《关于加快林业发展的决定》），全县正式引入拍卖、承包、租赁、股份制开发、招商引资等经营模式，将宜林地使用权推向市场，逐步建立责、权、利相一致的新的经营管理体制，明晰所有权，放活经营权，放手发展非公有制林业，全县林业生产步入明晰林业产权，全面开发利用的新阶段。2000年春，贺钊乡将东风渠段10千米绿化权一次性承包给干部群众，明确合同签订程序，不搞分成，收益全归承包户，一季完成河渠植树6.5万株。2005年春，第什营乡把乡村级道路绿化权一次性拍卖给群众，每米道路1～3元，一季完成道路绿化38条，长40千米，植树7.8万株，实现政府要绿，社会要路，群众致富。

为明晰林业产权，维护林木权利人的合法权益，消除林木纠纷，巩固造林绿化成果，2002年8月至2003年12月，对林木所有者、林地使用者进行确权发证，共发放林权证书（国家林业局统一制式）1068份。

2006—2009年，特别是从2007年4月起，利用近一年时间，进一步推进集体林业产权制度改革，基本完成主体改革任务。共覆盖16个乡镇、421个行政村、13962户。规划林地保护面积8133公顷，占土地面积的8.1%，到2020年，全县森林覆盖率达到12%（省规划平原县指标）。期间，县、乡、村三级分别建立起林改领导小组，明确各自职责，制定《实施方案》及工作流程，逐级签订责任状。并按程序要求，分别填报“二表、一卡、一图”，即林改登记表、林权登记申请表、林权登记勘验调查记录卡及森林、林木、林地四至范围图等。同时组织16个乡镇统计员、微机员集中办公，在线操作，将林改数据全部录入微机，落实网上登记面积8133公顷。年内实现林权登记发证面积7513公顷，占任务的92.4%，累计发放林权证2100个。

第三节　农业产业结构调整

发展棉花生产

1980—1984年，威县打破片面强调“以粮为纲”的思想束缚，解放思想，扬长避短，发挥优势，大胆调整农作物布局，积极发展棉花生产，推进农业产业结构调整。到1984年，棉花面积达3.24万公顷（棉花面积为抽样调查数据），比1979年增加1.88万公顷，占总播种面积的34.6%，棉花产量每公顷1200千克，达历史最好水平，粮食面积减少到5.86万公顷，比1979年减少2.43万公顷，夏粮小麦2.64万公顷，秋粮中玉米减少，耐旱耐瘠的谷子面积增加，达1.39万公顷，比1979年增加0.53万公顷。

1985—1996年，为加快农业结构调整，全县在春播棉花面积稳定在2.67万公顷左右的基础上，于1987年开始推广夏播棉，进行棉花种植业内部调整，棉花播种总面积有所增加，到1991年棉花总面积达3.07万公顷，其中夏播棉已达1万公顷，春播棉2.31万公顷，因夏播棉产量、质量稍低，到1996年只有零星种植。进入90年代，棉铃虫危害严重，棉花生产徘徊不前，到1996年面积减少到2.28万公顷，每公顷产量仅811.5千克。为提高棉田生产效益，90年代中期，推广棉花立体间作技术，主要有棉瓜、棉菜、棉粮等间作形式，1996年间作面积达3300公顷。在提高棉花种植的同时，粮食面积一直稳定在6万～6.7万公顷，其中夏粮小麦在3万～3.67万公顷，秋粮谷子1.33万公顷左右，玉米4700公顷左右，油料面积稳步上升，到1995年达7900公顷，主要为花生。同时，设施蔬菜开始发展，到1995年瓜菜总面积达1900公顷。

1997年以后，抗虫棉广泛推广，彻底解决了棉铃虫危害问题，同时棉花收购市场放开，棉花价格较好，从而促进棉花生产的快速发展，棉花面积由1997年的2.52万公顷上升到2006年的5万公顷，粮食面积从1997年6.97万公顷减少到2006年的2.26万公顷，其中夏粮小麦面积只有1.37万公顷。

发展特色农业

2001 年，威县在七级镇建七级设施蔬菜农业科技园区。2002 年，在 106 国道以东高公庄乡建威县瓜菜批发市场，通过政策扶持、市场带动、技术推动，促进了蔬菜产业的快速发展。2005 年，县委、县政府提出“养猪鸡、扩蔬菜、种优棉、搞间作”的农业结构调整指导方针，以效益为中心，进一步优化调整农业生产结构。在发展主导产业的同时，积极发展多种经营，农、林、牧全面发展。2006 年，棉花间作面积达 1 万公顷，蔬菜生产面积达 5030 公顷，其中，日光温室达 2300 公顷，大、中、小蔬菜棚达 1000 公顷，全县农林牧渔总产值达 30. 3 亿元。2007 年，在棉花、蔬菜两大主导产业稳步发展的同时，畜牧产业开始呈现快速发展的势头，经过两年的培育和发展，到 2008 年底，全县生猪存栏达到 14 万头，牛存栏 2 万头，羊存栏 14 万只，鸡存栏 328 万只，肉类总产量 2. 05 万吨，禽蛋产量 3. 54 万吨。2009 年，全县棉花种植面积 5 万公顷，其中棉瓜、棉菜、棉粮间作面积 1. 07 万公顷；蔬菜面积 5550 公顷，其中设施蔬菜达到 3700 万公顷；生猪存栏达到 16 万头，牛存栏 2. 5 万头，羊存栏 14. 5 万只，鸡存栏 380 万只，肉类总产量 2. 27 万吨，禽蛋产量 4. 04 万吨。全县农林牧渔总产值达到 31. 9 亿元。形成棉花、蔬菜、畜牧为主导产业，农林牧渔齐发展的农业产业生产格局。

龙头企业

随着农业产业结构的调整，全县农业产业化进入巩固、发展阶段。2005 年，全县农业产业化省市级重点龙头企业发展到 8 家，固定资产 1. 11 亿元，实现销售收入 4. 35 亿元，市场交易额 4. 23 亿元，带动农户 6. 35 万户，发展各类农产品基地面积 1. 53 万公顷。龙头企业、市场与棉花、蔬菜、畜牧三大主导产业相互影响，农业产业化进入良性发展阶段。至 2009 年，全县市级以上农业产业化重点龙头企业达到 19 家，其中，威县华威牧业有限公司、邢台豪达牧业有限公司、河北冀实良种棉业有限公司被命名为省级重点龙头企业；河北馨帛纺织集团有限公司、邢台康美食品有限公司、威县利民养猪场、河北金大地棉业有限公司、威县中天棉业有限公司、邢台俊兴皮业有限公司、河北德宏棉业有限公司、河北银山棉花有限公司、威县中兴棉业有限公司、威县固献棉业有限公司、威县亿棉棉业有限公司、威县利晖油脂有限公司、河北德隆棉业有限公司、威县隆丰养殖有限公司、河北金田棉业有限公司、邢台仕友皮毛制衣有限公司为市级重点龙头企业。

第四节　农村社会化服务体系建设

1979—1987 年，全县仍以计划经济为主，县供销社及下设的基层社所组成的服务体系担负着农村大部分生产生活资料的供应及农副产品收购任务。随着农村市场经济的发展，计划经济逐渐向市场经济转化，广大农村对生产资料供应，农产品销售以及资金、技术、市场、信息等诸多方面的服务提出新的要求。为推动农村经济的快速发展，全县加强农村社会化服务体系建设。1987 年，经县政府批准，县成立农业技术推广中心，负责全县农业技术的试验、示范、推广和技术培训工作，全县 32 个乡镇全部建立农业技术综合服务公司，村村建立村级服务组织，基本上实现由县、乡、村、户即“三级一户”组成的农技推广体系和科技普及网络。到2009年，全县各级、各类技术推广服务机构5处，专业技术人员117人，乡镇农业技术推广服务机构有农技站、动物防疫分站等27处，专业技术人员70人，农村科技示范户，技术服务组4700余个，专兼职人员5200人。

1992年后，全县以国营、集体企业为依托，建立健全农产品产供销一体化服务体系，如成立为棉花生产服务的收购、加工、销售一条龙的经济实体，为农民发展棉花生产提供综合服务。一些种子公司、苗木公司、化肥农药销售公司、农副产品购销公司等服务公司应运而生。到2009年，全县各类社会化服务公司200多家，从业人员1560人。

从1998年始，在林果、蔬菜、养殖等行业，农民自愿组织起来一些专业协会和合作社，在生产、销售等方面进行合作、服务。在此基础上，县政府因势利导，逐步建立健全种、养、销等农民专业合作经济组织体系。到2009年全县各类专业协会、合作社等55个，发展社（会）员4500多人，带动农户13000户，年经营服务收入1660万元。

第五节　农村税费改革

减轻农民负担

1982年实行家庭联产承包责任制后，农民生活有了显著改善，但集体经营收入减少。为满足当时农村社会事业的发展，农民在承担农业税的基础上，还需要负担村提留、乡统筹以及劳务等法定费用。由于一度缺乏对农民负担的有效监控，导致农民负担加重。从1991年调查情况看，当时村提留、乡统筹人均29元，占上年人均纯收入的7.2%。

1984年3月，省政府下发《关于减轻农民负担的若干试行规定》，1990年8月，省政府下发切实减轻农民负担的通知，按照文件精神，县委、县政府成立威县农民负担监督管理领导小组，下设办公室，具体负责农民负担工作的日常监督管理。

1991年12月，国务院发布《农民承担费用和劳务管理条例》，1992年8月，省七届人大常委会第二十九次会议通过《河北省农民承担费用和劳务管理规定》。按照该条例以及该规定要求，1993年，威县开始执行农民负担预决算制度，要求村提留乡统筹不超过上年人均纯收入的5%。

1993年，国务院发布《关于涉及农民负担项目审核处理意见的通知》，宣布取消涉及农村的432项达标升级活动，纠正10种错误收费与管理办法，取消37项涉农集资、基金、收费负担。河北省委办公厅、河北省政府办公厅下发文件，取消省级国家机关出台的15项达标升级活动和9项涉农收费。威县对上述两个文件的主要精神进行转发并予以公告，要求各有关部门和各乡镇，认真搞好自查自纠，取消国家和省、市规定的涉及农民负担的达标活动和涉农收费项目。当年减轻农民负担360万元，农民负担过重的问题得到有效遏制。

1996年12月，中共中央、国务院印发《关于切实做好减轻农民负担工作的决定》，对减轻农民负担工作作出13条规定。根据文件精神，威县印发《中共威县县委、威县人民政府认真贯彻〈中共中央国务院关于切实做好减轻农民负担工作的决定〉的意见》；同年，印发《中共威县县委、威县人民政府关于对农民负担问题进行专项治理的通知》，对农民群众最关心，反映最强烈的8个方面的问题进行专项治理。治理的主要内容包括强行摊派农村养老保险；强行征订报纸杂志；结婚登记搭车收费；中小学乱收费、乱摊派、乱集资；擅自提高农村初级卫生保健标准，强行推销鼠药；强行推销碘盐；农村电价超限额和乱集资；超越农民承受能力兴办公益事业。同时针对上述8个方面印发8个专件，明确治理的重点和措施。通过专项治理，全县人均减负9.8元，共计减轻农民负担484.2万元。

1998年，县农民负担监督管理领导小组及其办公室严格落实各项农民负担监督管理制度，开展农民负担专项治理，实现减轻农民负担工作“三不一降低”（即“不出现村提留乡统筹费突破上年人均纯收入5%的村，不违规出台加重农民负担的项目，不发生因农民负担引发的严重事件和恶性事件，确保农民负担明显降低”）的总体目标。

调整农村税费

2000年，威县被列入税费改革试点县，县委、县政府印发《关于农村税费改革工作的意见》，在全县组织农村税费改革，其主要内容为“三取消、两调整、一改革”，“三取消”即取消乡统筹费、农村教育集资等所有专门面向农民征收的行政事业性收费和政府性基金、集资，取消屠宰税，取消统一规定的劳动积累工和义务工；“两调整”为调整农业税政策，调整农业特产税政策；“一改革”为改革村提留征收使用办法，村提留统一采用新的农业税附加方式收取，农业税附加比例为20%。当年，全县农业税正税为3263万元，附加653万元，共计3916万元，与税改前相比，减轻农民负担2494万元，人均减负50.9元，减负率为38.9%。2003年通过核实计税要素，到户计税耕地面积从61133公顷下调到58467公顷，调减耕地27800公顷，调减农业税及附加223万元。2004年，取消农业特产税，降低农业税率3个百分点。2005年，农业税率在上年基础上再降低2个百分点，全县共减免农业税及附加1057万元，农民人均负担水平由税改前的130.8元，下降到21.8元；每亩负担水平由税改前的73元，下降到12元。

取消农业税

2004年开始，按照省市统一部署，利用三年时间，全年减免农业税。2004年、2005年威县农业税征收率分别降低3个百分点和2个百分点，降至1.98%。2006年全县取消农业税，由此影响全县的财政收入部分，由中央和省财政予以转移支付补贴，当年减轻农业税负823万元。至此，延续两千多年的农业税从此退出历史舞台。农业税的取消，给农民带来看得见的物质利益，极大地调动了农民积极性，又一次解放了农村生产力。

农业生产补贴

2004年，为保护农民种粮利益，稳定和提高粮食生产能力，确保粮食安全，河北省按照中央的要求，在全省范围内对种粮农民直接补贴。县政府按照省市要求，制定《对种粮农民直接补贴办法》。2004年共向农民兑付直补资金566万元，受益农民达12万户，44万人。

2005年，全县向农民兑付直补资金296万元，每亩补贴15元，受益农民达86580户，31万人，调动了农民种粮的积极性，促进了农业增产、农民增收。2006年，全年发放粮食直补和综合直补资金1999万元，总量和每亩补贴数额均在全市处于较高标准。

2007年，全年发放粮食直补873万元，综合直补2138万元，棉花良种补贴资金690万元，能繁母猪保险费及补贴 242 万元。

2009 年，全年发放粮食直补、农资综合直补、农业粮种补贴 7099 万元，促进了农民增收，农业增效。

农村“一事一议”

农村税费改革前，村提留、乡统筹和农村劳动积累工、义务工（简称“两工”）是村级公益事业建设的主要资金、劳务来源。农村税费改革逐步取消村提留、乡统筹和“两工”，规定村级公益事业建设所需资金、劳务，实行村民“一事一议”。2008 年，威县推行农村“一事一议”以奖代补试点工作，354 个村兴办公益项目，这些项目主要包括街道硬化、街道照明、农田小型水利、人畜饮水、村内排水设施等，争取上级财政部门奖补资金 708 万元，有效解决了农村公益设施陈旧落后状况。

2009 年继续开展村级公益事业建设“一事一议”财政奖补试点工作，落实奖补资金 638 万元，带动村级筹资 737 万元，336 个村兴办了公益项目。

第二章　商品流通体制改革

1979—1988 年，威县商贸流通企业实行统一政策、统一计划、统一流动资金、包财政任务的“三统一包”的流通体制。1989 年始，商贸流通企业实行体制改革，国有商业、供销、物资等部门实行承包经营、租赁经营、国有民营的经营责任制，采取自筹资金、自主经营、自负盈亏、自理工资福利、包上缴利税的经营方式。1998 年后，商业、供销、物资、外贸等商贸流通部门相继进行产权制度改革，采取股份制、重组、合并、破产、拍卖等方式进行产权置换，广大职工也同时进行身份置换，民营商业迅速发展。

第一节　国有商业体制改革

20 世纪 80 年代初，国营商业在流通领域处于主导地位，在流通领域起组织市场调节、平抑市场物价的作用。1982 年开始，实行计划调节与市场调节相结合，以计划调节为主市场调节为辅的政策，计划管理的商品范围逐步缩小。1983 年 12 月，棉布敞开供应。1985 年，生猪肉敞开供应。1990 年所有商品全部取消票证，敞开供应，商品流通计划管理体制解体。同时多种经济成分，多种经营方式，多条流通渠道，减少流通环节“三多一少”流通体制逐步形成，国营商业“一统天下”的局面逐步被打破，国营商业企业的内部也发生变化，国营商业走上改革之路。

承包经营

1980 年，饮食服务公司所属饭店、旅馆、照相馆、理发馆率先由承包经营改为大包干形式，即“包死基数，确保上交，超收全留，歉收自补”。1984 年，百货公司、五金公司等国营商业企业实行承包经营，多数企业实行分级分权管理，批发企业进一步专业划细，零售企业将经济指标层层分解，落实到门店、柜组、个人，划细单位均实行独立核算。

1987年，县商业局以国家体改委、商业部、财政部《关于深化国营商业体制改革的意见》为依据，对县属流通商业企业全部实行承包经营，绝大多数企业引入竞争机制，通过招标选聘经理，90%以上的企业实行效益工资制，内部实行浮动工资，计件工资，百元销售工资量包干等分配形式。同时改革劳动制度，企业新招职工普遍实行合同制。1992年中共十四大确立建立社会主义市场经济体制后，改革开放力度加大，多种所有制商业竞争日趋激烈，并形成货畅其流的买方市场，同时在商业流通领域推行重庆的“四放开”经验，即“经营放开，分配放开，价格放开，用工放开”。是年，由于市场竞争激烈，企业管理不善等原因，致使国营商业全部亏损。

1996年8月，县商业局改为威县商业总公司，其所属百货公司、纺织品公司、五金公司、食品公司、食品厂五个单位经营业务日渐萎缩，出现亏损，于1996年12月依法实施破产。其所属的批发部和零售门店随之撤销，只保留糖酒公司和饮食服务公司两个单位，为稳定职工情绪，以原公司和门店为依托，相继成立百纺商场、食品肉类总厂、创新综合商场、兴德五交化采供站。

破产改制

2002年7月，按照县委、县政府关于《进一步深化企业改革的意见》精神，对商业局新建企业及糖酒公司、饮食服务公司全部进行改制。房产以系统内部职工为主进行出售，资金全部用于职工个人安置。人员一部分归属县养老保险所，一部分归属失业保险所。至此，全县国有商业全部改制，商业流通市场绝大部分由个体、民营商业所占领。

第二节　粮食流通体制改革

1979年，全县粮食流通仍然实行统购、统销政策。1985年，国务院确定取消粮食统购，实行合同定购政策，粮食收购与奖售化肥、柴油、预购定金“三挂钩”，威县合同定购品种为小麦、玉米。1986年，省粮食局下放财务管理体制，对县实行购销、调拨和财政包干，实行定额补贴。

1991年，国务院下发《关于调整粮食购销政策有关问题的通知》，确定5月1日起将粮食合同定购改为国家定购，作为农民应尽义务，必须保证完成。1992年7月1日放开粮油销售价格，实行随行就市。国家粮食定购任务不变，必须保证完成，食油退出国家定购，放开经营。国家定购粮食实行“三挂钩”政策不变，城镇居民口粮定量不变，保量不保价，继续凭本供应。对居民粮本结余的粮食暂时冻结，以后按上级有关规定处理。放开粮食销价而增加的职工支出由财政、企事业单位给予一定补贴。1994年全县除军队粮油平价供应外，价格先后放开，取消定量和平价粮油供应，全部进入市场，不足部分按议价供应。次年，全县放开粮油价格，取消全国、全省粮票流通。1999年，根据上级文件精神，城镇居民粮油供应彻底取消。

1993年，国务院下发《关于建立粮食收购保护价制度的通知》，规定未放开粮食收购价的地方，对原定购粮食要执行国家定购价，威县暂属未放开粮食收购价的地区，仍执行国家定购价。1995年威县执行国务院下发《关于粮食部门深化改革实行两条线试行运行的通知》

规定，在统一政策、统一市场、统一进出口管理的原则下，中央和地方分级负责，分级管理，施行政策性业务和商业性业务经营两条线运行。1979—1998 年全县粮油经营企业 6 个，即城关中心粮站、章台中心粮站、七级中心粮站、侯贯中心粮站、梨园屯中心粮站、直属库，其中 5 个中心站下辖 17 个购销站，共有干部职工 808 人。

1998 年 5 月 10 日，国务院下发《关于进一步深化粮食流通体制改革的决定》，确定“实行政企分开，中央与地方责任分开，新老财务挂账分开，粮食储备与经营分开，完善粮食价格机制”的原则，全县粮食流通体制改革正式实施。粮食行政管理职能与粮食企业经营分离，粮食收储企业从事的定购粮、议购粮、中央与地方储备粮的收购储存、调拨和销售等主营业务与主营业务以外的附营业务实行分开管理，分开经营，分别独立核算。1999 年 3 月组建威县粮食局粮油集团总公司，设立 18 家收储企业负责全县粮食收储业务。将面粉厂及雪塔、张庄、寺庄、邵梁庄、苏村、王村等 6 个购销站整体划为附营企业，粮食收储企业的附营业务分别划归附营企业，使附营企业真正实现独立核算，自主经营、自负盈亏。原附营业务占用的贷款从农业发展银行全部划转到有关的商业银行。自 1999 年夏粮收购起，定购价按保护价执行，实行价格并轨，全县粮食购销企业做到按保护价敞开收购农民余粮，实行顺价销售和粮食收购资金封闭运行。至年底，全县 18 家粮食收储企业分流人员 214 人，全部纳入附营企业，实现政企分开，企企分开。至 2009 年，全县 10 家购销企业，594 名干部职工全员办理解除（终止）劳动关系手续，以股份制形式组建 10 家粮油购销有限责任公司，新组建的股份制企业按现代企业制度进行运营。

第三节　供销体制改革

供销社恢复集体所有制性质

1982 年，威县供销社进行体制改革，恢复其组织上的群众性、管理上的民主性、经营上的灵活性的“三性”集体所有制性质。首先，吸收集体、个人入股，增强组织上的群众性。1983 年全系统共吸收社员入股 28878 户，占全县总户数的 29%，共吸收社员股金 70887 元。其次，坚持民主办社，增强管理上的民主性。逐步建立健全民主管理制度。1983 年 8 月，威县供销合作社召开第四届社员代表大会，讨论通过《威县合作社联合社章程》，选举出理事会和监事会，明确供销社的工作任务，成立威县供销合作社联合社，选出理事会理事 9 人、监事会监事 7 人。第三，扩大业务范围，增强经营上的灵活性，走向市场、参与竞争。1983 年全县供销社纯购进 10160 万元，纯销售 2844 万元，分别是 1978 年购销额的 10.5 倍和 1.4 倍。

推行承包经营责任制

1984 年始，供销系统全面推行以承包为主要形式的经营责任制，到 1985 年底，全系统 32 个基层社、5 个加工厂、4 个公司共 245 个班组分别推行利润大包干，超利分成、计件工资、离店承包、工作岗位责任制等五种形式的承包责任制。从 1986 年初开始，实行三级经营目标责任制：一是县联社向县政府递交工作计划责任书，二是各公司、工厂、基层社共 32 个核算单位向县联社订立责任状，实行主任、经理、厂长负责制；三是全系统244个经营班组实行经营承包。1987年开始，大力推行以“三制”为主要内容的供销社体制改革。即对基层领导班子实行为期三年的任期目标责任制；在土产、副食公司和各基层社实行效益工资制；各单位对班组、门店、车间实行多种形式的经营承包制。1990年在兑现第一轮干部任期目标责任制的基础上，进一步深化、完善改革，县联社制定《关于完善经营承包责任制试行条例》，对加强承包后的企业管理，进一步调动广大干部职工的积极性提出具体措施和要求。同时，遵循按经济区建社的原则，合理调整基层社建制。1986年，全县基层社由原来的32个调整为21个。至1990年底，供销社已发展成为一个由多级法人组成的集团性、网络性、开放式、多功能的经济联合实体，1990年全县供销社系统国内纯购进15115万元，实现利润399.9万元。

1990年后，供销系统经营受到个体商业的冲击，业务量下降。针对现状，供销社实行承包经营，企业对班组实行大包干，租赁、利润分成，联销计酬，计件工资，提成工资等多种形式经营管理，到1995年底，农资经营创历史新高，经营化肥3.7万吨，农药847吨，经营额9594万元。

1995年，县社对所属企业法人代表实行聘任制，任务目标责任制，企业对班组仍实行多种形式承包经营，确保任务完成。1996年，县社深化企业制度改革和劳动人事制度改革，打破多年的铁饭碗，实行系统全员劳动合同制，对企业实行“一制四试点”。即资产经营责任制，破产重组试点、承包制试点、股份制试点、嫁接改造试点，全体干部职工实行“风险抵押制”。

供销企业改制

2000年后，全系统16个单位24块资产先后有偿转让到相对优势企业，完成资产大重组，同时清退农民合同制140人，买断工龄19人，停薪留职149人，承诺等退80人，转再就业服务中心60人，累计精减压缩448人。2002年，县改制领导小组进驻县社重点督促供销社改革改制工作。原生产资料公司、棉麻公司、联购联销公司、棉油一厂等22个供销社企业都实行不同形式改革。同时着力落实银行债务，多渠道、多方式协调安置失业职工，并完善养老保险体系。至此，县供销社只剩兴合土产有限责任公司、兴社盐业有限责任公司和棉麻公司三家直属控股企业。

第四节　棉花流通体制改革

1985年前，全县实行棉花统购政策，国家确定价格，除缴纳农业税和必要的自用部分外，全部卖给国家，由供销社专营棉花的收购、加工。1979年、1980年国家两次大幅提高棉花收购价格，同时还实行奖售政策和超定购加价政策，鼓励棉农多生产，多交售棉花。这些惠农政策极大地调动了棉农的生产积极性，全县植棉面积增加，棉花生产迅速发展。1984年，全县植棉面积近3.3万公顷，收购总量38565吨，出现棉农卖棉难现象。1985年，棉花实行合同定购政策，由供销社按国家定购任务同棉农签订定购合同。合同定购以外的棉花允许棉农自销。

1989 年开始实行棉花调拨包干和进一步明确由县供销社统一经营，不放开棉花市场、不搞价格双轨制，全县棉花生产下降。1990 年，国家再次提高棉花收购价格，棉花生产开始好转，但由于流通渠道单一，加之 1992 年、1993 年棉铃虫危害严重，棉花生产出现徘徊。1993 年全县植棉面积仅 2.71 万公顷，产量 7827 吨。

1996 年 11 月，第一届全国棉花交易会在郑州举行，棉花流通开始向市场交易的轨道迈进。棉花流通实行国家计划指导下产、需直接见面，双向选择，为进一步深化棉花流通体制改革创造了条件。1998 年全县棉花收购实行指导价，放开了棉花供应价格，具体价格水平由供、需双方根据市场情况协商确定。

1999 年 11 月，国务院下发深化棉花流通体制改革的决定，棉花的收购价格、销售价格主要由市场确定。供销社及其棉花企业、良种棉加工厂和国营农场，经资格认定的纺织企业均可以直接收购、加工和经营棉花。是年，全县棉花市场开始复苏，初步形成依照市场“法则”进行购销。全县棉花经营企业如雨后春笋，迅速发展，出现龙邦集团、馨帛集团等大批棉花经营企业。2006 年，经省发改委颁发棉花收购加工资格证书的单位有 82 家，棉花交易异常活跃，全县棉化流通初步进入社会主义市场经济的轨道。但同时威县棉花市场管理较弱，市场信誉低，威县棉花大县的优势不能充分发挥，棉花市场需加强管理。

第五节　物资流通体制改革

物资流通市场逐步放开

1986 年前，全县物资供应工作由县物资局负责，由县物资局编制物资供需计划，调拨和调剂物资供应工作。1986 年开始，国家改变物资分配和流通办法，打破单一经营的局面，实行计划调节与市场调节相结合的经营方针。随着经济改革的不断深入，物资流通体制实行计划分配与议价议销并存的“双轨”制。至 1993 年，县物资系统经营的物资中市场调节部分逐步扩大，1994 年国家由计划经济向市场经济转变，物资流通市场全面开放，统配物资取消，准许其他行业及私营、个体参与物资流通。全县物资企业全部推向市场化经营。

物资企业改制

1985 年，随着经济体制改革的深化，县物资系统首次对物资企业推行目标责任制。1988 年，物资系统推行承包责任制，由县物资局对县政府签订目标责任书，各公司对局实行经营承包。至 1996 年，物资企业为国营企业，经营方式和管理制度仍为逐年下达购销、利税等指导计划指标。采取法人或集体承包（包死基数、逐年递增、确保上缴、超额分成）的办法，明确责、权、利，调动自主经营的积极性。

1996 年 8 月，县物资局改称物资总公司，由政府职能管理部门改为企业实体。但由于市场因素和管理制度等一系列问题，物资系统的各企业经营困难，有的负债累累，举步维艰。同年，按政策要求，县物资系统对所属企业除综合公司、供应公司外的其他七家公司进行破产重组。改造后的公司大部分由法人组织职工集资经营。

1998 年，县委、县政府下发《关于深化企业人事劳动制度改革的试行办法》。2001 年，县委、县政府下发《关于进一步深化企业改革的意见》，按照县委、县政府的工作部署和两个文件的规定要求，制定物资系统改制方案，并在县政府经营体制改革办公室的参与和指导下逐步实施。2001 年 11 月，经过公开竞标出售物资办公大楼和物资宾馆以及所有国有资产，变现资金用于缴纳全系统 180 名职工的养老保险金和失业保险金。至 2002 年 9 月，全系统完成改制。

第六节　对外贸易体制改革

1979 年，威县革命委员会多种经营办公室兼管出口产品的收购、上交。20 世纪 80 年代初，全县土特产品、工业产品出口由省、市统一买断出口或代理出口。1985 年后，部分出口商品通过其他省市出口或直接在港口做转口贸易。1988 年 5 月，县成立对外经济贸易公司，负责组织当地产品出口事项，并为企业从制单、商检、报关、运输、结汇等各环节提供全方位服务。由于外贸机构和企业一直没有自营进出口权，产品的对外贸易主要是靠进出口公司代理销售。

2004 年 7 月，新《中华人民共和国对外贸易法》开始实施，放开个人从事对外贸易的限制。2005 年，全县拥有出口经营权的企业 5 家，2009 年增至 14 家。

第三章　县属工业企业体制改革

1979—2009 年，威县在全县工业企业中先后实行两轮承包经营，之后又采取股份制和股份合作制、兼并重组、租赁、拍卖转让、出售、破产等形式的产权制度改革，县属工业企业、乡镇集体企业顺利实现企业改制，绝大部分转为民营企业。

第一节　扩大企业自主权

20 世纪 80 年代初，国有工业企业仍实行统收统支的办法，盈利全部上交县财政，亏损由县财政补贴，发展生产所需资金由县财政无偿拨付。1984 年始，实施政、企职责分开，把一切应该下放的权利下放给企业，企业实行厂长负责制，厂长为法人代表。企业内部实行责、权、利相结合的岗位责任制，利用计件工资、奖励工资、提成工资、效益工资等形式，使职工效益与经济效益挂钩，打破吃“大锅饭”常规。是年，在酿酒厂、化肥厂、橡胶厂、农机修造厂等一些国营企业进行放权改革。1985 年，威县国有工业企业正式实行利改税，取消利润上缴的形式，以税收代替，税后利润归企业自主使用。利改税扩大企业财权，调动了企业和职工的积极性。到 1990 年全县国有集体工业企业普遍实行厂长（经理）负责制，在一定程度上扩大了企业自主权，促进了企业发展。

在落实企业自主权过程中，也暴露出一些问题：明文规定企业有自行招工权、厂长任命中层干部权、自行决定工资形式权、抵制各种不合理的摊派权等应该下放给企业的权力不能真正落实。有些企业主管部门放权不放心，放权不放手，有的甚至明放暗收，企业依然被束缚着手足。有些企业顾虑重重，给了权也不敢用，另有个别企业借改革之机，利用手中权力贪占国家集体便宜，为个人谋取私利。1986 年 7 月，县委、县政府针对这些问题召开专门会议，在企业自主权上，凡是截留的、收回的，或是明放暗收的，都要坚决放给企业，不能再出现中间梗塞，阻碍放权，同时强调正确处理放权与用权的关系。企业有了自主权，就要用好权，在用人上要知人善任，在财务管理上，要严格按照有关政策规定办事。另一方面，放权并不是撒手不管，组织、人事、财政、审计等主管部门要加强对企业的监督检查。其后，又采取多种措施，落实企业自主权。情况虽有好转，但一些部门边放边收，明放暗收现象依然存在。

第二节　推行承包经营责任制

1987 年，全县按照经营权和所有权分离的原则，在工业企业普遍推行以承包为主要形式的责任制，由县制定承包基数向社会公开招标。承包后的企业按照“包死基数、确保上交、超收自留，欠款自补”的原则上缴利税，并需保证其他指标的完成。

1988 年，全县国有、集体工业企业全部实行招标承包经营或租赁经营，改善了企业的经营体制。同时，在工业企业内部也进行配套改革，把竞争机制进一步引进车间、班组，逐步建立上下贯通的承包经营机制。在企业内部的分配制度机制上，推行多种形式的工资分配办法，使经济效益与个人利益紧密挂钩。

1990 年，全县 28 家县属工业企业进行第二轮承包，此次承包吸取第一轮承包的经验教训，完善承包形式，推行以工效挂钩分联承包为主要形式的全员风险抵押承包，即在企业定人员、定工资总额的基础上，实行工资总额与企业的目标利润挂钩，并同所包的经济技术指标和工作目标分别挂钩。县财政、税务、审计及企业主管部门根据各企业实际情况，合理核定承包基数。对税大利小的企业，实行利税统算。承包基数确定后，企业实行厂长双向签约，即厂长首先与职代会签订承包合同，然后代表职代会与主管部门签订承包合同，用以进一步增强企业的约束机制和激励机制。

1994 年工业企业改革开始以转换企业经营机制为重点，推行股份制改造以及租赁、承包等多种形式的国有民营。县修造厂率先进行股份制试点改造，成立机械冶金有限公司。对县化肥厂、棉纺厂、棉织厂三个资不抵债的企业依法宣布破产，并确定在清产核资的基础上，进行整厂拍卖，组成新的企业。

第三节　产权制度改革

国有、集体工业企业历经放权、减税让利、承包等阶段，都没有解决好企业机制和体制问题，尤其是随着社会主义市场经济的建立，国有小型企业已经不适应社会的改革和发展的需要。到 1996 年，大部分企业受机制制约，活力不足，效益低下，包袱沉重，资产流失严重。相当一部分企业扭亏无望，资不抵债，达到破产程度。

1996年，根据省政府《关于进一步放开放活国有小型企业若干问题的意见》文件精神，县委、县政府着手进行县属企业的“放开放活”改革。当年10月24日，县出台《关于进一步放开放活县属小型企业的意见》。根据企业实际情况，统筹规划，分类指导，因企制宜，一企一策，分别采用股份制、股份合作制、破产重组、拍卖、联合协作、租赁、转换内部经营机制等改制方式。经县政府研究，确定1996年主要搞好40家企业的改制工作。放开放活国有小型企业涉及面广，操作复杂，阻力大，为加强此项工作的领导，县政府建立以县长田庆彬为组长，副县长王兰荣（常务副县长）、王德君、石振泉为副组长，有关部门负责人为成员的放开放活县属企业领导小组。

1998年，随着改革的深入，企业的深层次矛盾逐渐暴露出来，改革进入攻坚阶段和深水区。县委、县政府把国有中小企业产权制度改革摆上重要日程。为统一思想，提高认识，理清思路，借鉴经验，由副县长带队，政府办、体改办组织有关部门去河南漯河市学习产权制度改革经验。通过学习，县委、县政府决定，以产权制度改革为切入点，以三个“有利于”为标准，以建立现代企业制度为目标，全面深化县属工业改革。1998年6月5日，县委、县政府印发《关于县属工商企业改制的实施意见》，进一步明确指导思想、目标任务、改制形式、基本程序、有关问题和配套政策。为切实加强对企业改革工作的领导，县委、县政府成立改革工作领导小组，由县委书记任组长，县长、主管县领导任副组长，县直有关部门主要负责同志任成员。领导小组下设办公室，办公室设在县体改办，具体负责政策协议、组织实施和督查指导。

为建立起新的人事劳动关系制度、完善社会保险、安置职工实现再就业，于1998年7月21日，县委、县政府印发《关于深化企业人事劳动制度改革的试行办法》。8月5日，又出台《关于切实做好企业下岗职工基本生活保障和再就业工作的实施意见》。至1999年7月，先后有1家企业被兼并，4家企业实行股份制和股份合作制改造，2家企业破产重组，4家企业拍卖，1家企业实行抵贷返租。对资金短缺，债务较重，但市场前景好的橡胶厂实施兼并，以净资产作股并入河北鲸鱼集团，组建华威橡胶有限公司。对于规模小、亏损严重处于停产状态的小企业面向社会进行拍卖。先后对章台轻工三厂、二轻总公司经理部、印刷厂、木器厂等企业进行拍卖。对产品市场前景明朗的邢台橡胶有限公司、七级钢窗总厂、威达机械冶金有限公司、邢台洺水酒业有限公司、威特冷饮食品厂等企业实行股份制改造。另外，对资不抵贷，亏损严重，已经停产的章台冷冻厂实行抵贷返租。至2000年底，已改制企业68家，改制面93%，盘活资产6500万元，核销企业债务3200万元。

2005年，全县国有、集体工业企业全部完成改制，国有资产全部或部分从企业中退出，企业实现“政企分开”，真正成为自主经营、自负盈亏、自我发展、自我约束的法人实体和市场竞争主体。通过改制企业募集资金3200万元，盘活存量资产2.3亿元，激活低效闲置资产9500万元，收回国有资产7300万元，妥善安置职工6300多人。企业改制也出现一些问题：一些股份制企业，大都是职工从入股、改制成为集资企业，运作方式仍然是过去的模式，不能通过改制裁减冗员，形成新的大锅饭；企业沉重的债务不能通过改制完全甩掉；有些改制企业在职工安置上不到位等。

1995—2005 年威县县属企业改制情况一览表

表 6－1

系统	企业名称	性质	改制形式	完成时间
经贸系统（8 家）	威县化肥厂	国有	破产	1995. 05
	威县棉纺厂	国有	破产＋重组	1995. 05
	威县棉织厂	国有	破产＋重组	1995. 12
	邢台洺水酒业有限公司	国有	破产＋重组	1995. 12
	威县机械厂	国有	破产＋重组	1995. 10
	二农机	国有	破产	2003. 08
	橡胶厂	国有	整体划转	2002. 10
	医药公司	国有	破产＋重组	2003. 04
二轻（10 家）	构件厂	集体	破产＋重组＋出售	1999
	印刷厂	集体	出售	1997
	木器厂	集体	出售	1999. 06
	经理部	集体	出售	1998
	修造厂	集体	股份制＋法院依法拍卖	2005. 12
	七级纱窗厂	集体	股份制	1999. 03
	二建公司	集体	出售	1999. 12
	精细化工厂	集体	出售	1999. 12
	章台三厂	集体	破产	1997
	皮毛厂	集体	出售	1996. 09
商业系统（6 家）	百纺商场	国有	纺织品公司 1997 年破产	2003. 7
	创新商场	国有	百货公司 1997 年破产	2003. 7
	兴德五交化	国有	五金公司 1997 年破产	2003. 7
	食品肉类总厂	国有	食品公司和食品厂 1997 年破产	2003. 7
	糖酒公司	国有	糖酒公司 1997 年破产	2003. 7
	饮食服务公司	国有	饮食服务公司 1997 年破产	2003. 7

续表 6－1

系统	企业名称	性质	改制形式	完成时间
县社系统（19 家）	燕南宾馆	集体	股份制	2002.11
	棉纺厂	集体	股份制	2002.11
	生产公司	集体	股份制	2002.11
	副食品盐业公司	集体	股份制	2002.11
	土产公司	集体	股份制	2002.11
	棉油一厂	集体	股份制	2002.11
	棉油二厂	集体	股份制	2002.11
	棉油三厂	集体	股份制	2002.11
	棉油四厂	集体	股份制	2002.11
	棉油五厂	集体	股份制	2002.11
	赵村供销社	集体	股份制	2002.11
	寺庄供销社	集体	股份制	2002.11
	成志庄供销社	集体	股份制	2002.11
	南里村供销社	集体	股份制	2002.11
	贺钊供销社	集体	股份制	2002.11
	常屯供销社	集体	股份制	2002.11
	白果树供销社	集体	股份制	2002.11
	侯贯镇供销社	集体	股份制	2002.11
	固献供销社	集体	股份制	2004.06
粮食系统（27 家）	面粉厂	国有	破产	2005.11
	津威皮毛厂	国有	股份制	2001.11
	食品加工厂	国有	出售	1999.10
	挂面厂	国有	破产	2002.09
	枣园油厂	国有	出售＋重组	1999.10
	七级养鸡场	国有	出售	1999.05
	七级面粉厂	国有	出售	1999.05
	七级加油站	国有	出售	1999.05
	洺州粮站	国有	调整布局	2005.11
	直属库	国有	调整布局	2005.11

续表 6-1

系统	企业名称	性质	改制形式	完成时间
粮食系统（27家）	方家营粮站	国有	调整布局	2005.12
	第什营粮站	国有	调整布局	2005.12
	贺营粮站	国有	调整布局	2005.12
	梨园屯粮站	国有	调整布局	2005.12
	枣园粮站	国有	调整布局	2005.12
	固献粮站	国有	调整布局	2005.12
	章台粮站	国有	调整布局	2005.12
	贺钊粮站	国有	调整布局	2005.12
	张营粮站	国有	调整布局	2005.12
	候贯粮站	国有	调整布局	2005.12
	常屯粮站	国有	调整布局	2005.12
	常庄粮站	国有	调整布局	2005.12
	七级粮站	国有	调整布局	2005.12
	高公庄粮站	国有	调整布局	2005.12
	赵村粮站	国有	调整布局	2005.12
	储备库	国有	调整布局	2005.12
	二库	国有	调整布局	2005.12
物资系统（9家）	木材公司	国有	破产	1996.12
	建材公司	国有	破产	1996.12
	机电化轻公司	国有	破产	1996.12
	金属公司	国有	破产	1996.12
	生产资料服务公司	国有	破产	1996.12
	劳动服务公司	国有	破产	1999.10
	燃料公司	国有	破产	1996.12
	综合公司	国有	出售	1998.10
	供应公司	国有	出售	1996.10

续表 6 - 1

系统	企业名称	性质	改制形式	完成时间
其他系统（16 家）	福利化工厂	国有	破产 + 重组（国有控股）	1997. 11
	苗圃场	国有	股份制	2003. 03
	轻工化工厂	国有	破产	1997. 08
	良棉厂	国有	股份制	2003. 06
	钻井队	国有	股份制	2003. 07
	威县搬运站	国有	破产	1997. 11
	一建公司	国有	股份制	2003. 06
	四建公司	国有	股份制	2004. 06
	市政公司	国有	股份制	2004. 06
	电力公司	国有	公司制改造	2003. 12
	县政府招待所	国有	破产	2005. 12
	邢台橡胶有限公司	股份制	公司制改造	2005. 07
	原种场	国有	公司制改造	2005. 12
	种子公司	国有	公司制改造	2005. 09
	农机公司	国有	破产	2005. 05
	腌制厂	国有	公司制改造	2005. 12

第四章 财税体制改革

1979 年，威县实行“划分收支，分级包干”的财政体制。1986 年，邢台地区在贯彻执行“划分税种、核定收支、分级包干”的财政体制基础上，对威县实行“取消定额补贴，实行自收自支的管理办法”。1994 年，威县全面实行分税制财政管理体制。2002 年，改革所得税收入办法，对企业所得税、个人所得税、营业税分享比例进行划分。2009 年，威县被纳入省直管县财政管理体制，在财政收入划分和管理方式上作了相应调整。

第一节 财政体制改革

县级财政体制改革

“划分收支，分级包干”的财政体制　1979 年，国家实行“划分收支，分级包干”的财政体制。财政收入和支出分别划分为中央、省、地、县四级，各级收入按照所属范围划归各级所有，支出自行安排。1985 年，邢台地区对威县实行“划分税种、核定收支、分级包干”的财政体制，并实行“定额补助，根据具体情况，一年一定”的管理办法。1986 年，邢台地区对县级财政体制作了进一步改进和完善，在贯彻执行“划分税种、核定收支、分级包干”的财政体制基础上，对威县实行“取消定额补贴，实行自收自支”的管理办法。

“分税制”财政体制　1994 年 1 月 1 日起，国家改革原有的分级包干财政体制，开始对省、市、自治区、直辖市实行分税制财政体制。威县于 1994 年全面实行分税制财政管理体制。根据事权和财权相结合的原则，按税种划分中央与地方的收入范围，核定威县的中央固定收入为：增值税 75% 部分，消费税、地方银行及非银行金融企业所得税。地方固定收入包括：增值税 25% 部分，营业税、地方企业所得税、地方企业上缴利润、个人所得税、城镇土地使用税、固定资产投资方向调节税、城市维护建设税、房产税、车船使用税、印花税、屠宰税、农牧业税、农业特产税、耕地占用税、契税、国有土地有偿使用收入等。设中央与地方两套税务机构，分别收税。1998 年，将金融企业营业税划入地方固定收入。其中，国有商业银行营业税上缴省，集体和股份制金融企业营业税归县级。以 1993 年为基期，按分税后地方净上划中央的收入数额，作为中央对地方的税收返还基数。1994 年后，税收返还额在 1993 年的基础上逐年递增，递增率按缴入中央金库“两税”（增值税的 75% 和消费税）增长率的 1∶0.2 系数确定。期间，1996 年，河北省计划用三年时间，实施困难县财政自立工程和财政收入上台阶工程，威县作为财政困难县，实施财政自立工程，经过两年努力，于 1997 年底被省、市定为财政自立县，提前一年实现自立目标。

四税分享制度改革　党中央、国务院决定自 2002 年 1 月 1 日起，改革所得税收入办法，对企业所得税、个人所得税由按隶属关系划分，改为按属地划分，实行中央与地方按比例分享，保存量，拿增量。目的是增强中央财政宏观调控能力，加快全国不同地区的共同发展。在此基础上，省为理顺对市县财政体制，把增值税、营业税、企业所得税和个人所得税变为省、市、县三级共享。剔除中央和省、市集中部分外，县级企业所得税和个人所得税只分享 20% 和 25%；营业税县级分享 80%；增值税县级只剩 10%。这次分税制改革是继 1994 年实行分税制财政体制后，一次大规模的财政体制改革。在原税制的基础上，对企业所得税、个人所得税、营业税进行分享，以 2001 年收入为基数，对增值税、营业税、企业所得税、个人所得税比例进行划分：

增值税：中央 75%、省 10%、市 5%、县 10%。

营业税：中央 0、省 10%、市 10%、县 80%。

企业所得税：中央 50%、省 25%、市 5%、县 20%。

个人所得税：中央 50%、省 15%、市 10%、县 25%。

省直管县财政体制改革　2009 年 1 月 1 日起，威县作为产粮大县被纳入省直管县财政管理体制。

1. 财政收入划分。实行省直管县财政体制后，市级原则上不再分享直管县财政收入。威县征收的财政收入，各级分享范围和比例做出如下调整。

增值税分享比例：按属地原则征收，中央分享 75%，省分享 10%，直管县分享 15%。

营业税分享范围和比例：中国工商银行、中国农业银行、中国银行、中国建设银行、国家开发银行、中国农业发展银行、中国进出口银行及其参股银行的地方金融业务营业税，仍作为省级固定收入。除此之外，地方营业税威县分享 100%。

企业所得税分享比例：中央分享 60%，省分享 20%，直管县分享 20%。

个人所得税的分享比例：中央分享 60%，省分享 10%，直管县分享 30%。

2. 管理方式的调整。省财政对威县的各类收支管理事项，原则上由省财政厅直接办理。财政资金往来，由省财政直接核定直管县的税收留用比例，直接调度和拨付资金。财政结算事项，由省财政直接对威县办理，威县直接向省厅报送当地财政结算有关资料。

乡镇财政体制改革

扩大乡镇理财自主权　1984 年以前，乡镇（公社）无专门的财政管理机构。1986 年，威县在各乡镇成立财政所。1986—1992 年，实行“定收定支、收入上缴、超收分成、短收倒扣、支出下拨、超支不补、节余留用、一年一定”的管理体制。乡镇收入范围主要包括工商各税、农业税、农业税附加、契税、耕地占用税、学杂费收入、生产事业费收入、优抚救济费等。其中，工商税、农业税全部上交县财政；农业税附加上交县财政后返还；生产事业费等列入县财政预算，由县财政拨付。乡镇支出范围包括农业事业费、水利事业费、统计事业费、乡镇事业费、林业事业费、农机事业费、广播事业费、教育事业费、计划生育事业费等。1990 年，全县乡镇财政总收入为 740.9 万元，全县乡镇总支出 135.2 万元。

1993 年，在全县各乡镇设立乡镇金库，进一步扩大了乡镇理财自主权。1996 年起，威县根据核定的收支基数，全县分为上解乡（镇）、补贴乡（镇）和自收自支乡（镇）三类乡（镇），分别实行“核定收支基数，定额上解，超收五五分成，短收超支自负，一定一年”“核定收支基数，定额补贴，超收五五分成，短收超支自负，一定一年”“核定收支基数，超收五五分成，短收超支自负，一定一年”三种管理体制。

2002 年，对乡镇统一实行“核定基数、定额补贴、超收全留、短收自补、超支自付、一年一定”的财政管理体制。同时，对县、乡财政收入范围进行划分：一是契税为乡镇收入；二是农业税、地方工商税为县、乡共享收入。

2005 年，县政府批转县财政局《关于进一步完善乡镇财政管理体制的意见》。要求对各乡镇统一执行“定收定支、收入上缴、支出下拨、收支挂钩、超收五五分成、短收或超支自负、一年一定”的财政管理体制。同时，全县取消乡级金库，并对收入、支出范围进行重新划分。收入范围中取消乡级零散税收任务，乡镇财政收入任务主要保留农业税和契税两大税种，税款征收后，通过乡镇财政所账户直接汇缴县农税局，由其统一解缴县级金库。

推行分税制　2007 年，县财政对七级镇试行分税制改革试点，2008 年又增加常庄乡，2009 年将试点扩展到包括梨园屯镇、章台镇在内的 4 个乡镇。

在收入划分上：耕地占用税、教育费附加属县级收入，契税属乡镇收入，不参与级次分成。四大税种（增值税、营业税、企业所得税、个人所得税）按级次分享，实行“定额分享、收入比例递增，超收县享部分全返”的政策，一定三年，即以 2007 年、2008 年两个年份“四税”实际完成加权平均数为基数，按确定的收入增幅测算当年收入基数。收入基数确定后，再按各级分享比例测算各级应得财力。鉴于乡镇金库已撤销，乡镇收入全部上缴县级金库，乡镇税收权属按税源属地测算。具体分级分享比例为：

1. 增值税：中央 75%，省 10%，县 10%，乡 5%。

2. 消费税：中央 100%。

3. 企业所得税：中央 60%，省 20%，县 10%，乡 10%。

4. 个人所得税：中央 60%、省 10%、县 20%、乡 10%。

5. 营业税：县 60%、乡 40%。

6. 城建税：乡 100%。

7. 教育附加：县 100%。

8. 土地使用税：乡 100%。

9. 印花税：乡 100%。

10. 房产税：乡 100%。

11. 车船税：县 60%，乡 40%。

12. 契税：乡 100%。

对不实行分税制财政体制的其余 12 个乡镇实行“定收定支、收入上缴、支出下拨、收支挂钩，超收县享部分 5∶5 分成，一年一定”的财政管理体制。乡镇组织的财政收入，全部作为县级收入缴县国库。

在支出管理上，乡镇公共财政支出的个人部分按有关政策要求，采用“零基预算法”测算；公用、专项支出，按上级部门要求，结合财力状况核定。试行分税制财政体制后，各乡镇发展经济、当家理财的积极性明显高涨，尽管当前乡镇税收收入较低，但随着经济的快速发展和税收的大幅增长，体制的积极效应将会越来越突出，乡镇的可用财力将逐年增长。

第二节　税收体制改革

利改税

1979 年，全国仍然沿袭 1973 年改革后的工商税制。在全县开征的税种只有工商税、工商所得税。1982 年，全县开征燃油特别税。1983 年开征企业所得税和带有税收性质的国家能源交通重点建设基金。同年 4 月 24 日，国务院批转财政部《关于国营企业利改税试行办法》，决定从 1 月 1 日起在全国范围内对工业、商业、交通企业实行利改税第一步改革，即将企业上缴的利润改征所得税，税后利润一部分上缴国家，一部分按核定的留利水平留给企业。上缴部分根据企业情况分别采取递增包干和固定比例或缴纳调节税的办法。第一步利改税体现“国家得大头，企业得中头，个人得小头”的原则，扩大了企业财权，但存在税种单一、税后利润分配办法仍然烦琐、某些企业之间留利悬殊等问题。1984 年 9 月 18 日，国务院批转财政部《关于在国营企业推行利改税第二步改革的报告》和《国营企业第二步利改税试行办法》，决定从同年 10 月 1 日起在全国范围推行。国营大中型企业所得税仍统一适用新制定的八级超额累进税率；对国有大中型企业缴纳所得税后的一部分利润，统一征收调节税，取消递增包干、同定比例等上交办法；调整国有小型企业划分范围，扩大适用国有小型企业征税办法的范围，适当减轻国有企业负担。同年，全县完成工商税制改革。

固定税种

全县开征产品税、营业税、资源税、国营企业调节税、国营企业奖金税。至 20 世纪 80

年代末期，除关税、农业税、耕地占用税和契税以外，工商税收共有33个税种，即工商统一税、产品税、增值税、盐税、营业税、资源税、国营企业所得税、国营企业调节税、国营企业奖金税、国营企业工资调节税、集体企业所得税、集体企业奖金税、事业单位奖金税、中外合资经营企业所得税、外国企业所得税、私营企业所得税、城乡个体工商户所得税、个人所得税、个人收入调节税、固定资产投资方向调节税、建筑税、燃油特别税、国家能源交通重点建设基金、特别消费税、屠宰税、牲畜交易税、车船使用税、城市维护建设税、集市交易税、印花税、房产税、筵席税、城市土地使用税，以流转税为主体的多税种、多层次、多环节课征的复合税制体系初步建立。

分税制改革

1993年12月9日，根据国务院《关于组建国家税务总局在各地直属税务机构和地方税务局有关问题的通知》，全国税务机构分设为国家税务局和地方税务局两套机构。在合理划分中央和地方事权的基础上，将维护国家利益和实施宏观调控所需的税种列为中央税，同经济发展直接相关的主要税种列为共享税，并充实地方税种。地方税务局系统主要负责营业税、个人所得税、土地增值税、城市建设维护税、车船使用税、房产税、屠宰税、资源税、城镇土地使用税、固定资产投资方向调节税、地方企业所得税、（包括地方国有、集体、私营企业）、印花税、筵席税。同年12月25日，国务院批转国家税务总局《工商税制改革实施方案》，决定从1994年1月1日起对工商税制进行全面改革。改革后工商税制中的税种由33个减少为18个，即增值税、营业税、消费税、资源税、个人所得税、企业所得税、外商投资企业和外国企业所得税、遗产税和赠予税、土地使用税、农牧业税、城市建设维护税、房产税、车船使用税、印花税、股票交易税、土地增值税、屠宰税、农林特产税。

第五章　金融体制改革

1979—2009年，县人行独立履行中央银行职能。在改革过程中，其职能由监管工作为中心向宏观调控和金融服务转换。各国有专业银行先后进行股份制改革，县农业银行、工商银行、建设银行完成向商业银行转轨。各专业银行转轨后，依自身实际，推进各项改革，实行市场化运作，为全县经济建设发挥了重要作用。

20世纪80年代，金融改革的主要任务是构建一个双层银行体系，即人民银行（简称“人行”）专注于宏观调控、金融监管、为银行提供支付清算等金融服务；商业性金融机构则从人民银行独立出来，面向企业和居民提供商业性金融服务。这一时期，县内3家专业银行、信用社及保险公司等金融机构相继恢复或建立，并快速发展，金融网点最多达到61个，从业人员563人。90年代，金融改革主要是建立符合市场经济的金融体系，各专业银行转向商业银行。县内3家专业银行和2家保险公司，以商业经营的模式进行改革，如人员、机构的裁减，剥离不良资产，注入资本等，按照现代企业制度进行结构调整。进入21世纪，金融改革由粗放型经营模式，逐步向集约化、规范化和专业化方向发展，县内建设银行、工商银行、农业银行和两家保险公司陆续更名为股份有限公司，金融改革和发展步入新的阶段。

第一节　银行转轨

人民银行职能转换

1979—2003 年，县人行独立履行中央银行职能，其主要职能为：维护辖区金融稳定；执行货币现金投放、回笼；调控全辖区信贷规模，管理金融市场，及时解决金融机构头寸不足，办理再贷款、再贴现；代理国库、联行结算业务；监督管理辖区所有金融机构（含邮政储蓄）稳健经营。1993 年以后经济金融迅速发展，为防范金融风险，人行工作中心以“监管为重中之重”，随着金融体制的改革，1998 年 4 月中国证监会成立，监督证券市场业务从人行分离；1998 年 11 月中国保监会成立，监督保险业务从人行分离；2003 年 4 月中国银监会成立，12 月，县人行对银行业金融机构大部分监管业务分离；《中华人民共和国人民银行法》仍赋予人行 9 项监督检查职责。2004 年初，县人行职能转换，由以监管工作为中心向宏观调控和金融服务转换，即制定和执行货币信贷政策、维护金融稳定、提供金融服务三大职责。

专业银行转轨

1995 年，国家颁布实施《中华人民共和国商业银行法》，县内 3 家国有专业银行（农行、工行、建行）逐步向商业银行转轨。1996 年 4 月，县农行增设信用合作联合社营业部，7 月增设农发行办公室，10 月，威县信用联合社正式与县农行脱离隶属关系，12 月，威县农发行正式从威县农行中分设出来，中国农业银行威县支行从国家专业银行完全转化为国有商业银行。2008 年中国农业银行完成股份制改革，2009 年 6 月，县农行更名为中国农业银行股份有限公司威县支行。2004 年 9 月，中国建设银行股份有限公司成立，12 月，中国建设银行河北省威县支行名称相应改为中国建设银行股份有限公司威县支行。2005 年，中国工商银行进行股份制改革，12 月 16 日，中国工商银行威县支行变更为中国工商银行股份有限公司威县支行。

专业银行转为商业银行后，开始实行市场化运作，更新经营观念，推进各项改革。1998 年起，各专业银行开始精简冗员，提高职工素质，撤并低效网点。到 2009 年，威县 3 家商业银行先后裁减金融网点 16 个，裁减人员 183 人。如农业银行，1997 年下辖 5 个营业所、6 个储蓄所，有职工 177 人，其中银行员工 116 人，代办员 61 人，机构撤并和分流富余人员后，到 2005 年，农业银行仅存 4 个营业所、1 个储蓄所，员工降至 79 人。2009 年农业银行有职工 70 人，其中银行员工 53 人，代办员 17 人，下辖 5 个营业网点。通过撤并机构和裁减人员，年均节省金融成本 300 余万元。银行内部实行绩效挂钩，调动了全员理财的积极性，各项指标均比转轨前有较大幅度增长。

第二节　结算改革

1979—1989 年，结算方式主要有现金结算、支票结算、限额结算、托收承付、汇兑、委托收款等。1989 年 4 月 1 日《银行结算办法》实施，增加结算种类，如银行汇票、商业汇票、银行本票等。1997 年 12 月 1 日实施《支付结算办法》，增加信用卡结算方式。2000 年 11

月13日开通电子联行业务，县辖转汇业务在全国范围内参与电子联行，加速了资金周转。2005年3月21日，中央银行会计集中核算系统上线运行，撤销县电子联行业务，国库参加同城清算，核算主体发生改变，县辖收付业务直接登录市中心支行核算中心。2005年5月23日、11月1日，大、小额支付系统分别在威县正式上线运行，汇兑业务通过中国人民银行邢台中心支行联行柜转发，国库资金通过内部往来划转。

第三节　利率调整

利率调整是宏观经济调控的重要手段。中国人民银行根据货币政策实施的需要，适时地利用利率工具，对利率水平和利率结构进行调整，进而影响社会资金供求状况，实现货币政策的既定目标。

1993年，中共十四届三中全会通过《国务院金融体制改革决定》，提出利率市场化的改革设想，1996年利率市场化进程正式启动，首先是银行间同业拆借利率开始市场化，2005年初，金融机构贷款利率市场化正式启动，同年5月1日起，金融机构实行个人存款账户实名制，有效地防止了公款私存，私款公存等违法行为。

1979—2004年，中国人民银行对存贷款利率共进行22次调整，其中从1985—1996年进行的11次调整都是调高的，一年期存款利率最高达到10.98%，一年期贷款利率最高达到12.06%。1996—2004年的8次调整，都是调低的，一年期存款利率最低达到1.98%，一年期贷款利率最低达到5.31%。2004年1月1日，中国人民银行对金融机构贷款利率浮动幅度进行调整，银行等金融机构贷款浮动幅度由上浮30%调整为0.9%～1.7%，农村信用社贷款浮动幅度由上浮50%调整为0.9%～1.2%。2006—2008年中国人民银行针对国内经济形势，充分利用利率工具，对存贷款利率进行多次调整。2006年8月19日至2007年12月21日对存款利率进行7次调整，都是调高的，一年期存款利率最高达到4.14%。2008年10月9日至2008年12月23日对存款利率又进行4次调整，都是调低的，一年期存款利率降至2.25%。2006年4月28日至2007年12月21日对贷款利率进行8次调整，都是调高的，一年期贷款利率最高达到7.47%，2008年9月16日至2008年12月23日又进行5次下调，一年期贷款利率降至5.31%。

第四节　银行改革

建设银行改革

职能转变　建设银行威县支行成立于1979年9月1日，主要业务是管理基本建设投资，肩负着财政和银行的双重职能。1980年建行逐步从财政部门的附属地位中分离出来，国家专业银行的地位得以确立，开始运用银行的办法办银行。1993年建设银行的信贷收支全额纳入国家信贷计划体系，金融业务开始全面开拓，银行功能日臻完善，实现了由事业单位向企业化经营的转变。1994年建设银行根据国务院《关于金融体制改革的决定》，在分离政策性业务，移交财政职能后，开始由国有专业银行向国有商业银行转轨。2003年根据国务院统一部署，建设银行率先实行股份制改造，次年 12 月，威县建设银行名称改为中国建设银行股份有限公司威县支行，开始进一步改革管理体制，创新经营模式，逐步建立完善现代化股份制商业银行运作机制。

经营机制　1989 年，全行实行“筹资兴行”战略，推行储蓄承包责任制，促进储蓄存款业务的发展。同时认真贯彻实行国家宏观经济政策和产业政策，发挥自身筹资融资功能，支持了县内一批基建项目的建设，为地方经济发展做出了贡献。

1996 年，建行威县支行抓住国内企业转型发展的时机，瞄准“大企业、大行业”，实行“双大”战略，大力倡导“存款兴行”的经营发展观。90 年代末，金融业竞争激烈，建行及时更新经营观念，坚持质量与效益并重，不断创新金融品种，同时推进各项改革，精简冗员，提高职工素质，撤并低效网点，稳定发展负债业务。2004 年，建行完成股份制改革，坚持“以客户为中心，以市场为导向”的经营理念，逐步提高集约化经营水平。2008 年 7 月，建行威县支行营业室网点转型，进行前后台分离、高低柜分离，以全国建行统一的经营模式，进行规范的业务经营。

工商银行改革

人事机构改革　1985 年 1 月工商银行威县支行成立，内设 7 个股室，下辖 3 个营业网点，工作人员 90 人，领导干部由人民银行威县支行人事部门考察任命。1991 年，工商支行内设股室增至 9 个，领导干部由邢台分行人事处考察调整。1996 年 10 月实行人员分流，制定优惠政策，奖励提前退休，当年支行有 8 名员工申请办理提前退休手续。1997 年 8 月，工商支行内设机构进行改革，精简为 2 部 1 室。次年 8 月，实行人事制度改革，根据工作年限、本人自愿，实行内部退养制度，此次改革，先后两批有 28 名员工申请办理内退手续。从 2000 年始，工商支行本着“能者上、庸者下”的原则，建立竞争激励机制，推行末位淘汰制度，到 2005 年共推行 5 次，有 4 名员工离岗自谋职业。2005 年 12 月，经邢台银监局批准，中国工商银行威县支行变更为中国工商银行股份有限公司威县支行，同时，所属网点名称也以予变更，2006 年 7 月，中国工商银行股份有限公司威县支行城内分理处撤销，业务及人员并入城北储蓄所。至 2009 年底，威县支行内设机构为 2 部 1 室，下辖 2 个营业网点，员工 40 人。

处置不良贷款，拓展中间业务　工商银行从成立之日起，按照国家信贷政策，积极采取多种融资渠道和融资方式向企业及个人发放贷款，并办理银行承兑汇票及贴现业务，但同时也存在逾期未收回的不良贷款，到 1996 年，由于国有集体企业资不抵债，依法破产 16 家，年末不良贷款金额高达 5234 万元，工商行为提高自身效益，甩掉包袱，从 1999 年开始加大清收、转化、处置不良贷款力度，通过剥离、核销、还本免息、现金清收、转化等处置方式，第一次剥离呆账贷款 779 万元。2005 年，工商行改革步伐加快，不良贷款处置力度随之加大，当年 6 月一次剥离不良贷款 2154 万元，年末不良贷款余额降至 219 万元。之后，不良贷款余额逐年降低，2008 年 9 月清收 12 万元不良贷款，年末不良贷款率为零，2009 年全年无不良贷款。通过贷款结构的调整，工商支行的经营业务走向正常，走出低谷，跨入快车道的发展之路。

1992 年 8 月工商支行开始拓展中间业务，首先办理银行卡——牡丹卡业务，后随着用卡环境发展，牡丹卡业务飞速发展，卡种不断增加，功能迅速优化，实现存取现金、转账、消费、透支等功能。2000 年开办代发工资、代收费业务，并开通电子银行，为客户提供更加方便、快捷的金融服务。

农业银行改革

人事机构改革 1980年1月，中国农业银行威县支行正式恢复建立，内设7个股室，下辖5个营业所和32个信用社，共有干部职工218人，干部实行任命调配制。之后，干部职工以及机构设置大幅增加，到1990年，农行内设14个股室，下辖5个营业所和32个乡镇信用社，干部职工达374人。1993年起，干部实行聘任、聘用制。1996年4月增设信用农发行办公室，10月，信用联合社与县农行脱离隶属关系，12月，农发行从农行威县支行中分设出去，人员财产进行划分，至此，中国农业银行威县支行从国家专业银行转化为国有商业银行。1998年全面实行劳动合同制，不再有干部、职工的区分，统称员工。进入2000年，加快机构撤并与分流富余人员的步伐，先后撤并13个储蓄所、1个营业所，同时推行“三定两聘”制度，即定岗、定编、定人员，行长聘任中层干部，员工实行双向选择，优化组合，由中层干部聘任。中层干部实行竞聘上岗，经过自荐、演讲、群众评议、党委讨论等程序，然后经过公示再聘任，2000年有124名干部员工竞聘上岗。2004年，进行第二轮“三定两聘”，19人竞聘为中层干部，59人竞聘上岗，46人自谋职业。2007年，进行第三轮“三定两聘”，经过“两推一考”（领导班子推荐打分、全体员工推荐打分和员工考试），竞聘上岗员工51人，网点专职客户经理3人，竞聘上岗中层干部13人。到2009年底，下辖5个营业网点，全行干部员工70人，其中储蓄合同工17人，银行长期合同工53人。

会计制度改革 1994年，农业银行会计制度与国际银行会计制度接轨，会计记账方法由原来的“收付记账法”改为“借贷记账法”。会计核算由原来的“实收实付制”改为“权责发生制”，会计制度改革后，计算贷款应收未收利息、存款应付未付利息，成为农行计算利润的核算方式。

进入2000年，会计制度进一步改革，由原来的手写记账改为微机操作记账，微机的普遍使用提高了农行的工作效率。2004年由“双人临柜、交叉复核”改为“综合柜员制”，一人临柜操作微机办理记账和现金收付业务，再次提高了工作效率。2009年，农业银行的会计结算网络迅速发展和完善，银行卡的使用更加方便客户，客户可持银行卡在全国各地农行任何网点办理现金收付业务，电话银行、网上银行发展迅速，客户不去银行可以办理资金划拨，农业银行现代化结算方式极大地方便了客户。

农业发展银行改革

农业发展银行威县支行成立于1996年，主要任务是根据国务院粮改政策，加强对粮棉企业的监管，办理粮棉收购、储备、加工及农业开发贷款。1998年，农业发展银行威县支行执行国家粮改政策，不再负责办理农业开发性贷款及附营贷款业务，集中精力做好国有粮食企业收购资金的供应，棉花收购资金的供应和管理工作，完成职能转换。2001年，随着粮食体制改革深化，粮食购销逐步走向市场化，玉米退出保护价收购，由此，威县农发行将贷款重点全部转向支持棉花购销。2003年威县小麦退出保护价收购，农发行收购资金供应政策由“收一斤粮棉，贷一斤粮棉款”变为“以销定贷、以效定贷”，既控制了贷款风险，又防止了农民“卖棉难”问题。2004年粮食购销市场全面放开，粮食购销主体呈多元发展，威县农发行及时调整工作思路，更新观念，加强管理，改进金融服务，积极防范信贷风险，逐步由以监管为主向以贷款风险控制为核心的经营管理转制转变。2006 年，农发行全面推行商业性贷款业务，农发行的职能定位明确为“建设新农村的银行”。2009 年根据银监会批复，农发行开始办理县域城镇建设贷款与县域土地储备贷款。

农村信用联社改革

1980 年，农业银行恢复后，信用社成为县农业银行的基层机构，按银行管理办法管理信用社。1983 年后，对信用社的管理体制进行改革，明确信用社的性质为集体所有制的合作金融组织，任务是大力组织农村闲散资金，引导农村自由借贷，发挥民间借贷作用。1984 年威县建立信用合作联社，既是县农业银行的内部机构，又是信用合作社的联合组织。1996 年 6 月，县农村信用联社与农行脱离隶属关系，信用社实行自主经营、独立核算、自负盈亏，信用联社开始规范各项管理，信贷管理转向“三农”，支持农业增产增效。2004 年 9 月，深化全国农村信用社改革工作全面展开，威县农村信用社申报两级法人社。

第六章　宏观调控体制改革

1979 年后，随着市场经济的发展和各项体制改革的深化，对计划、投资、物价和财税等宏观调控体制也进行重大改革。由计划经济为主，市场调节为辅，发展到以市场调节为主，指令为辅。调控由依靠行政手段转向依靠经济和法律手段，综合运用财税、价格等经济杠杆调控经济运行，改善市场及投资环境。

第一节　计划管理体制改革

计划经济与商品经济共存

20 世纪 80 年代初，威县贯彻“调整、改革、整顿、提高”的八字方针，逐渐实行计划经济和商品经济相结合的体制，有计划地缩小计划经济范围，增加商品经济的比重。

计划经济为主，市场调节为辅

1985 年始，依照“计划经济为主，市场调节为辅”的原则，采取指令性计划和指导性计划相结合的方式，安排国民经济发展计划。1989 年后，市场调节作用逐渐加大。至 1992 年，市场调节作用已占据主导地位，除特殊物资供给及分配外，各项计划指标均为指导性计划，计划管理的手段开始从主要依靠行政手段转向主要依靠经济和法律手段，综合运用财政、税收、价格等经济杠杆调控经济运行，改善市场及投资环境。

微观搞活，宏观搞好

1998 年始，市场管理采取“微观搞活，宏观管好”的原则，除关系国民经济全局的重要项目外，其余项目彻底放开。在指导性计划管理方面，采取以市场预测为基础，提供市场供求信息和制定配套经济意见，同时对行业、企业及时提出导向，使微观经济活动能遵循宏观调控运行；重点建设计划方面，采取对重点项目考察与论证，并增列前期项目工作计划，确保每年有新项目建成投产。

2002年后，县重点项目办公室划归计划局，每年国民经济计划中增加重点项目建设计划，并列入年终考核。

第二节　投资管理体制改革

政府财政拨款

1979年，威县的投资体制主要是财政拨款，县基建计划的审批由上级主管部门负责。县内搞某项基本建设，必须先向地区申请立项，即批准占用投资指标，方可施工，且专款专用。县仅批准不占用地区投资指标又不超过5万元的项目。县属企业的技术改造项目，若自筹资金，由县经济委员会批准。

有偿信贷和投资包干

1986年始，投资体制逐步转向有偿信贷和投资包干，对基建项目实行以县计委为主，包括县财政、审计、建设银行的联审制度。自1988年始，县、乡办集体企业的基建项目5万元以上的由县计委审批，5万元以下的由企业主管部门审批。

分类投资指导

进入20世纪90年代，根据国家计委和河北省计委《关于投资合同体制改革的暂行规定》，威县实行相应的实施办法，根据不同性质的投资项目，采取不同的投资办法，如规定竞争性项目投资，基本上向市场融资，由企业自主决策，所需贷款由商业银行自主决定；基础性项目建设，鼓励和吸引各方投资参与，采取控股、参股等形式进行；公益性项目投资，吸引社会各界资金。经营性国有固定资产投资，实行建设项日法人责任制，项目法人对项目的筹划、筹资、建设到生产经营、还贷等实行全程负责，并承担风险。政府部门只在产业政策、土地管理、城市建设、环境保护等方面行使否决权和建议修改权，对工种承包单位进行监督。

扩大投资自主权

2000年以后，各类项目投资自主权进一步扩大，政府部门在产业政策、行业规划、土地管理、城市建设、环境保护等方面进行把关和审批，确定项目是否可行，项目单位对投资自担风险，自负盈亏。2004年，国家进行新的投资体制改革，进一步放宽项目投资，除由政府出资项目和涉及公共安全、社会公共利益的项目外，其他项目由项目业主自主决策，自担风险，政府部门在对国家产业政策进行严格把关的基础上，严格土地、规划、环境保护审批手续。在国家产业政策方面，国家出台《产业结构调整指导目录》，目录中明确了鼓励类、限制类、淘汰类三类项目的具体名录，在立项审批中，根据项目投资主体不同、投资行业不同，分别实行审批、核准、备案制，项目业主投资自主权显著扩大。

第三节　物价管理体制改革

逐步放开商品价格

1979年始，国家逐步对封闭型的价格体制进行改革，除对关系国计民生的重要商品由国家统一定价外，对次要商品区别不同情况逐步放开。当年，提高粮、棉、油等农副产品18个品种的收购价格。

1985年，国家加大价格改革力度，对1133种小商品价格全部放开。

1986年，威县贯彻“放调结合，以放为主”的方针，继续加快价格改革步伐，放开黑白电视机、收录机、洗衣机、电冰箱、自行车等工业品价格和三类小商品价格。

稳定市场物价

1988年，市场出现抢购风、涨价风。根据中央治理经济环境，整顿经济秩序的决策部署，威县下发文件，对市场猪肉、馒头等主要食品价格实行最高限价，并对自采的电冰箱、黑白及彩色电视机、名牌自行车、化肥、钢材等实行申报价格制度。

1989年，国家出台棉纺织品、食糖、煤炭等价格改革项目。县物价部门，采取措施对市场物价综合治理与调控，并组织各项价格改革措施的落实。

1992年，国家价格改革进程加快，再次调整粮食统销价格，放开除少数居民生活必需品和重要生产资料以外的138种商品价格。县物价部门按照上级要求也放开居民供应的猪、牛、羊肉价格，对原来实行差率控制的工业消费品取消差率控制。随着价格改革的不断深入，国家、省政府管理的价格项目逐渐减少，市场调节价格日趋增多。

1994年，县物价部门组织实施粮食、电力、棉花、成品油价格改革，提高重要农产品价格。同年，由于各类商品价格全面上涨，县物价部门按照上级要求，对馒头、大饼、油条等粮食制品规定最高限价。治理通货膨胀，控制物价上涨，成为当年物价部门的工作重点。

1997年，国家粮食保护价格出台，县物价部门加强对粮食收购销售价格的跟踪监测。同年，国家计委颁布第一批中央管理的药品价格。

物价部门由管理转向服务

1998年，《中华人民共和国价格法》颁布实施，物价部门职能发生变化，开始由管理型向服务型转变。

从2001开始，为提高居民节水意识，县物价部门根据企业生产成本，通过召开价格听证会，三次提高自来水价格。至2009年底，居民生活用水价格为2元/吨，饮食服务用水4.20元/吨，工商企业用水3.00元/吨，特种行业用水9.00元/吨。到2002年国家价格改革基本完成。县物价部门主要职能转向“定规则、当裁判”，加强市场价格监测监管。任务是清理收费项目，治理乱收费，减轻企业和农民负担，优化价费环境，开展价格服务。

第七章　相关配套改革

为确保经济体制改革有序进行，相应地实行劳动制度改革、社会保障制度和住房制度等配套制度改革，以改革促发展、保稳定。

第一节　劳动制度改革

1979年，威县仍实行以国家“统包统配”为特色，以人力资源指令性计划安置为核心，以行政措施为手段，由劳动人事制度、就业制度、用工制度组成的三位一体的计划安置型就业制度。随着国家由计划经济体制向社会主义市场经济体制转变，传统计划安置型就业制度已不能适应社会主义市场经济发展。为此，威县主要在企业用工和工资制度方面进行改革。至2009年，改革后的劳动制度基本能满足社会主义市场经济的需要。

用工制度改革

30年间，为适应经济体制改革的需要，根据上级文件精神，威县先后对劳动用工制度进行多次较大的配套改革。

1986年7月，国务院制定《关于改革劳动制度的规定》，主要内容有国营企业在国家下达的劳动工资计划指标内招用常年性生产、工作岗位的工人，除国家另有规定外，统一实行劳动合同制。同时废止“子女顶替制度”。自此，劳动用工制度进行改革，威县用工单位招工均改为劳动合同制（复退军人、转业军人、大中专毕业生及技工学校毕业生分配除外）。

1987年，为满足企业用工需要，根据邢台市劳动局招工计划，开始为县内国营、集体企业招转合同制工人，并开始实行退养换工制，就是在老工人退养后，在符合招工条件的未婚子女中招收一名合同制工人。

1988年，在化肥厂开展改革固定工制度的试点，9月，全面推行搞活固定工的工作。全面试行搞活固定型企业15家，占全部企业的40%，列入岗内职工336人，占全部职工的30%，这一改革消除了固定工“稳定感”“安全感”“优越感”，加强了职工的责任感，增强了企业活力。

1991年后，打破过去招工统招统配的固定用工模式，结合企业劳动用工制度改革，劳动管理部门以完善职工合同化管理为重点，不再直接给企业下达招工指标，不再控制和干预企业用工权。

1992年按照“试点突破，典型引路、分层推进、逐步推开”的路子，推行全员劳动合同制试点。到1994年，全民企业实现全员劳动合同制的单位有32个，职工1858人，分别占总数的65%和85%。

1995年《中华人民共和国劳动法》颁布实施后，各项配套法规陆续发布并开始实施，以全员劳动合同制为主要内容的劳动制度改革逐步完善，劳动管理工作摆脱计划经济的束缚，初步建立“个人自主择业，单位自主用人，市场调节供求，社会服务完善”的新型劳动用工体制。私营企业、个体工商户开始招用工人，并实行劳动合同管理。

1996年，全县有50家国有企业，48家集体企业、12家企业化管理事业单位和119家机关事业单位实行全员劳动合同制，分别占企业总数99%、99%、93%和88%，同时，还开展乡镇企业、民营企业和个体工商户实行劳动合同制的试点工作。到1998年底，全县乡镇以上企业基本实行劳动合同制度。

1996年6月起，在全县乡镇以上企业逐步推行集体劳动合同，到2005年底，各类企业签订集体劳动合同率98%。

2008年1月1日，《中华人民共和国劳动合同法》正式施行。新劳动合同法规定，用人单位招用劳动者全部应当订立书面劳动合同。根据规定县人事劳动和社会保障局在全县推进书面劳动合同制度，截至2009年底，用人单位与劳动者书面劳动合同签订率达99%。

工资制度改革

国家机关和事业单位工资制度改革　1979—2009 年，全县共进行 3 次工资制度改革。1985 年 6 月，根据中央《关于国家机关和事业单位工作人员工资制度改革问题的通知》，国家机关、事业单位工资制度与企业工资制度脱钩，实行结构工资、工龄工资和奖励工资制度，幼儿教师和护士分别加发教龄和护龄津贴。普通中小学和幼儿园从 1985 年 1 月 1 日起执行，国家机关和其他事业单位从 1985 年 7 月 1 日起执行。

1994 年，进行第二次工资改革。机关实行职级工资制，由职务工资、级别工资、基础工资和工龄工资 4 个部分组成；事业单位实行职务工资和津贴组成，并根据经费来源分全额拨款、差额拨款和自收自支 3 种类型，工资构成中分固定部分和活动部分，全额拨款单位活动部分占 30%，差额拨款单位占 40%，自收自支单位占 40% ~45%。工人实行技术等级工资和岗位津贴工资。增资从 1993 年 10 月 1 日起执行。1995 年 10 月、1997 年 10 月、1999 年 10 月、2001 年 10 月、2003 年 10 月、2005 年 10 月分别正常晋升职务工资档次；1997 年 7 月、2001 年 1 月、2001 年 10 月、2003 年 7 月分别调整工资标准；2003 年 1 月调整机关工作人员的级别工资。

2006 年进行第三次工资制度改革，进一步实现机关与事业单位工资制度的脱钩。改革的主要任务有四个方面，一是完善公务员职务级别工资制，简化工资结构，增加级别和调整职务与级别对应关系；二是建立事业单位岗位绩效工资制度；三是规范公务员津贴补贴制度，完善机关事业单位的津贴补贴制度，特别是艰苦边远地区津贴制度；四是调整机关事业单位离退休人员待遇。

2006 年，根据《关于改革公务员工资制度的通知》的规定，从 7 月 1 日起，改革公务员工资制度，同时也改革事业单位工作人员收入分配制度。工资制度改革后，公务员基本工资构成由职务工资、级别工资、基础工资和工龄工资四项调整为职务工资和级别工资两项，取消基础工资和工龄工资。公务员工资由职务工资、级别工资、工作津贴、生活补贴组成。职务工资主要体现公务员的工作职责大小，一个职务对应一个工资标准，领导职务和相当职务层次的非领导职务对应不同的工资标准。级别工资主要体现公务员的工作实绩和资历。每一职务层次对应若干个级别，上下职务对应的级别相互交叉。根据年度考核结果，公务员每两年晋升一个工资档次，每五年晋升一个级别，级别工资就近就高套入晋升后级别所对应的工资标准。2008 年 1 月 1 日公务员晋升级别工资档次。

机关技术工人实行的是岗位技术等级工资制，基本工资由技术等级（职务）工资、岗位工资、奖金三项构成。改革后仍实行岗位技术等级工资制，取消工资构成中的奖金，简化为技术等级（职务）工资和岗位工资两项构成。机关技术工人工资由技术等级（职务）工资、岗位工资、工作津贴、生活补贴组成。普通工人基本工资由岗位工资、奖金两项构成简化为岗位工资一项构成，普通工人工资由岗位工资、工作津贴、生活补贴组成。机关工人根据年度考核结果每两年晋升一档岗位工资。

事业单位改革后实行岗位绩效工资制度，事业单位岗位分为专业技术岗位、管理岗位和工勤技能岗位。工资构成由岗位工资、薪级工资、绩效工资和津贴补贴四部分组成，其中岗位工资和薪级工资为基本工资。岗位工资主要体现工作人员所聘岗位的职责和要求，薪级工资主要体现工作人员的工作表现和资历。事业单位工作人员根据年度考核结果每年增加一级薪级工资。

企业工资制度改革　1985 年，工人工资仍由政府统一规定，全县人均每月工资约为 85 元。

20 世纪 80 年代末期，在实行经营承包基础上，对企业实行工资总额同经济效益挂钩。1988 年，全县 34 家企业 4156 人全部进行工资和效益的挂钩。

1990 年，按照上级文件《关于进一步做好工资基金管理工作的通知》精神，明确规定，未经劳动部门审批的《工资基金管理手册》，一律不予支付工资，各单位必须在下达的工资总额内进行结算，确保工资基金的宏观调控。

1992 年，配合用工制度改革，在县酿酒厂、五金公司开展以岗位工资为主的工资改革试点，对 41 个合同工种，不同岗位采取不同的工资分配办法。同时，完善工资挂钩办法，对挂钩企业由上缴利税单一指标考核，改为复合指标考核，完善工效挂钩的内容。

同年，为进一步放活企业工资宏观调控办法和改善企业内部分配形式，工资总额实行一年核定 1 次。企业根据经济效益，有权自主制定或决定职工晋级、增薪、降级、减薪的办法和时间，劳动部门不再下达晋级调薪控制指标，并允许企业建立灵活多样的内部分配制度。调控方式有工效挂钩和工资总额包干 2 种。

1992 年以后，全县各企业转体改制过程中，对工资制度进行全面改革，生产型企业普遍推行计件工资制、百元产值工资含量提取工资等制度；全县流通企业普遍推行百元销售额工资提取、承包经营等按劳取酬的工资制度；福利奖金纳入工资部分，一般不再单独发放福利和奖金。随着企业改革，工人工资与企业效益挂钩。此时，工人的工资差距拉大，全县职工的月平均工资提高到 245 元。

1998 年，随着企业改制和经济的发展，全县工人工资月平均达到 600 元。至 2005 年，达到 870 元。

第二节　社会保障制度改革

30 年间，全县社会保障事业得到突飞猛进的发展，社会保障制度框架基本形成。在城镇，已经基本建立养老、医疗、失业、工伤四项社会保险制度，并且已经全面实施最低生活保障制度；在农村，已实行养老保险制度和新型合作医疗改革。全县社会保险覆盖范围不断扩大，筹资渠道逐步拓宽，基金支撑能力显著增强，享受社会保障待遇的人数迅速增加。威县社会保障制度的改革和发展历程可以分为 3 个阶段。

恢复性改革阶段（1979—1990）

这个历史阶段的社会保障制度体现在社会保险上，其特点是“企业保险”，即所有的个人福利与生老病死都由企业负担。这种保险制度既为社会主义建设做出巨大贡献，但同时也存在着比较严重的问题，它显然不能适应改革开放的形势和经济转型的需要。1979 年始，政府针对养老保险制度存在的弊端进行一系列改革，1986 年威县开始实行企业职工养老保险制度，参保范围是全民企业合同制职工。同年 10 月，全县失业保险工作启动。主要是实行养老保险费用社会统筹，建立劳动合同制工人养老保险制度，养老保险基金实行国家、企业和个人三方负担，引入个人缴纳养老保险费机制，探索建立国家基本养老保险、企业补充养老保险和个人储蓄性养老保险多层次的养老保险体系。这一阶段的一些改革措施也积极促进“企业保险”向“社会保险”的转变。

探索性改革阶段（1991—2001）

1991—2001年这10年是威县社会保障制度的探索性改革阶段，也是社会保障制度框架形成的重要时期。

1991年6月，国务院发布《关于企业职工养老保险制度改革的决定》，开始尝试性的社会养老保险结构的改革实践。在养老保险的筹资方面，确定社会养老保险费用由国家、企业和职工三方共同筹资，职工个人按本人工资的3%缴纳养老保险费。在制度结构上，确定探索建立国家基本养老保险、企业补充养老保险和个人储蓄性养老保险相结合的多层次养老保险体系。

1993年，中共中央十四届三中全会通过《中共中央关于建立社会主义市场经济体制若干问题的决定》，正式决定实行社会统筹和个人账户相结合的社会保险制度。

1995年3月，国务院发布《关于深化企业职工养老保险制度改革的通知》，具体确定“社会统筹与个人账户相结合”的实施方案，确定“统账结合”是中国城镇企业职工基本养老保险制度改革的方向。提出到20世纪末，基本建立适应社会主义市场经济体制要求，适用于城镇各类企业职工和个体劳动者，资金来源多渠道，保障方式多层次，社会统筹与个人账户相结合、权利与义务相对应，管理服务社会化的养老保险体系。1996年1月，县政府印发《威县企业职工工伤保险暂行办法》。

1997年7月，国务院颁布《关于建立统一的企业职工基本养老保险制度的决定》，主要内容有养老保险费的筹集，按职工工资的11%建立养老保险个人账户，其中个人缴费最终上升到8%，企业缴费划入的部分最终降低到3%；企业缴费（含划入个人账户部分）的费率以不得超过工资总额的20%为限；养老金的构成由基础养老金和个人账户两部分组成。

1998年，威县相继出台《威县农村社会保障试行办法》《威县城镇居民生活保障暂行办法》，对农村和城镇居民最低生活保障作出明确规定。

“全覆盖”改革阶段（2002—2009）

2002年，县政府出台《威县城镇职工基本医疗保险实施方案》，将党政机关企事业单位2000余人纳入城镇职工基本医疗保险范围。

2007年，中共十七大报告提出加快建立覆盖城乡居民的社会保障体系，标志着全县社会保障制度建设进入一个新的历史阶段。2008年2月，县人事劳动和社会保障局成立农村养老保险所，启动农村养老保险工作。至此，经过30年的发展，威县打破原来由国家和企业包揽一切的社会保障体制，实行单位、个人分别负担的企事业单位职工社会保障制度，以职工基本养老、基本生活和城市低保“三条保障线”为主要内容的社会保障体制基本形成。

第三节　住房制度改革

30年间，随着住房制度改革的推进，城镇居民住房发生很大变化。

威县住房制度改革大致经过公房出售和住房商品化两个阶段。

公房出售

20 世纪 80 年代，单位职工均住单位分配的公房。90 年代初，根据第一次全国住房制度改革工作会议精神，威县开始进行住房制度改革，实行公房出售。出售价格由县政府房改办、物价等部门统一作价，对外公布。通过改革，县公产房全部出售给职工个人所有。

1996 年，县城绝大部分公房出售给住户，住房商品化加快了县城居民住房建设的步伐，房地产开发应运而生，样式也呈多样化发展，除成排瓦房外，联排二层楼房及单元楼建设逐渐增多。

住房商品化

1996 年后，县内房地产市场开放，政府鼓励和引进房地产开发商到县城内从事商品房开发，城镇居民按市场价格购买商品住房。开发形式主要有三种：①县政府牵头组织开发。由县政府统一征地、统一规划建设，统一对外出售，组织实施开元小区（政府大院东侧，坑塘南北两侧各一栋楼，1998 年建设）、馨怡小区（106 国道与顺城路交叉口东南角，1999 年建设）、洺州苑住宅区（义和团纪念馆南侧，2001 年建设）。②单位开发。农业银行、国税局、地税局、国土局、住建局、建设银行、棉麻公司等单位，开发建设二层带院或多层单元住宅楼，建成后出售给该单位职工。③开发商通过市场化运作，在县城内购买土地，进行商品房开发。早期的有在原县五金厂（洺水西路南侧）改制出售后开发的二层带院小区（2000 年前后建设）。

2006 年后，房地产业发展迅速，阳光佳园、都市华庭、洺水华庭等住宅小区的建成出售，带动了城乡居民的购房热潮。至 2009 年，先后建成煦苑小区、怡苑小区、银花小区、阳光佳园、都市华庭、中华苑等多个居民小区，又有中厦御园、都市经典、鑫源小区、泰达花园等多个小区已开工兴建。

第四节　农电体制改革

1979 年，县电力局下设城关、李寨、梨园屯、侯贯、赵村、七级、章台 7 个供电所，管辖全县 32 个公社的驻乡电工，负责各辖区内的供电设施的安全、维护、修理以及收缴电费等工作。1984 年，经县政府批准，对全县农电管理体制进行改革，在全县 32 个乡建立乡镇电管站，由 3～4 人组成，站长由乡长任命，县局派出电工任副站长，会计从农村电工中择优录用，电管站主管所在乡的电力工作。1993 年 6 月，国务院“关于取消乡镇电管组织收取维管费”的决定公布后，农村用电管理工作出现新的问题。由于经费得不到解决，电管站各项管理工作无法开展。农村中承包电费、特权电、偷漏电现象不断出现，乱加价、乱收费问题也比较突出，加之全县农网陈旧老化，布局不合理，电压低、供电能力差，尤其是低压线损高，农民电费负担加重。

2000 年 9 月，根据上级要求，对农村用电管理体制进行改革。撤销 34 个乡（镇）电管站，按照行政区域和便于管理的原则，在原有电管机构的基础上，重新组建 20 个供电所，为县电力局派出机构，设所长、副所长、会计、出纳、安全员、微机管理员、计量员、抄表员等岗位。2005 年底 20 个供电所缩编为 15 个。2008 年，根据《河北省电力公司供电所作业组织专业化管理指导意见》，全县 15 个供电所施行“一长三员”管理模式，即所长 1 人，专（兼）职安全员 1 人，技术员 1 人，营销员 1 人。同时根据省电力公司体制改革有关文件精神，制定严格的农电工考试考核制度和农电工应聘条件。2007 年，对符合条件的 630 名农村电工进行理论考试和电工技能考核，择优录用 618 名农电工，并在农电工中推行集中管理，全日制工作模式，建立一系列的管理制度，使农电工的管理步入正规化、科学化轨道。

在管理模式上实行“三公开”（电量公开、电价公开、电费公开）、“四到户”（销售到户、抄表到户、收费到户、服务到户）、“五统一”（统一电价、统一票据、统一抄表、统一核算、统一考核）的新农电管理模式，同时随农网改造工程的实施，全县农村低压线损率也从 25% 左右降至 11% 以下，2003 年实现城乡居民生活用电同一电价，从根本上解决了农村电费电价“一高二乱三反复”的现象。

第七编　经济总览

历史上，境内居民以农为本，由于耕作粗放，又缺少水利设施，对自然灾害没有抵抗能力，农作物产量低而不稳，1949 年全县农业总产值仅 3848 万元。工业基础尤为薄弱，明清时期，县内仅有零星分散的小型作坊和手工业摊点，从业人员及工业门类都很少。民国时期，小型作坊及手工业逐渐增多，但作坊规模都较小，人员也少。1949 年，全县城乡各种手工业作坊有 470 余家，从业人员 2000 余人，工业产值为 283 万元，仅占工农业总产值的 6.85%。1949 年后，全县工农业走上社会主义集体化道路，虽然历经"大跃进"、自然灾害、"文化大革命"等曲折，但全县经济发生巨大变化。1978 年，全县农业总产值 8024 万元，工业总产值 2683 万元（均为 1980 年不变价）。

1979—2009 年，威县国民经济保持健康、快速的发展。经济总量持续增长，经济结构不断优化，投资与消费协调拉动，多种经济成分竞相发展，小康建设成效显著，居民生活水平日益提高。

第一章　经济发展

30 年间，全县国民生产总值持续增长。但横向比较，威县经济在全省、全市的排位在逐年下降，全县经济发展与其他县市相比速度较慢。

第一节　经济总量

地区生产总值

1980 年，全县实现生产总值 5331 万元，财政收入 402 万元；2009 年两项指标分别达到 297685 万元和 9316 万元。与 1980 年相比，生产总值增长 54.8 倍，财政收入增长 22.2 倍，年平均增长速度分别是 11.01% 和 11.4%。尽管各年度经济发展不太均衡，但反映经济总量的生产总值除个别年度外，基本呈现持续增长的状态。

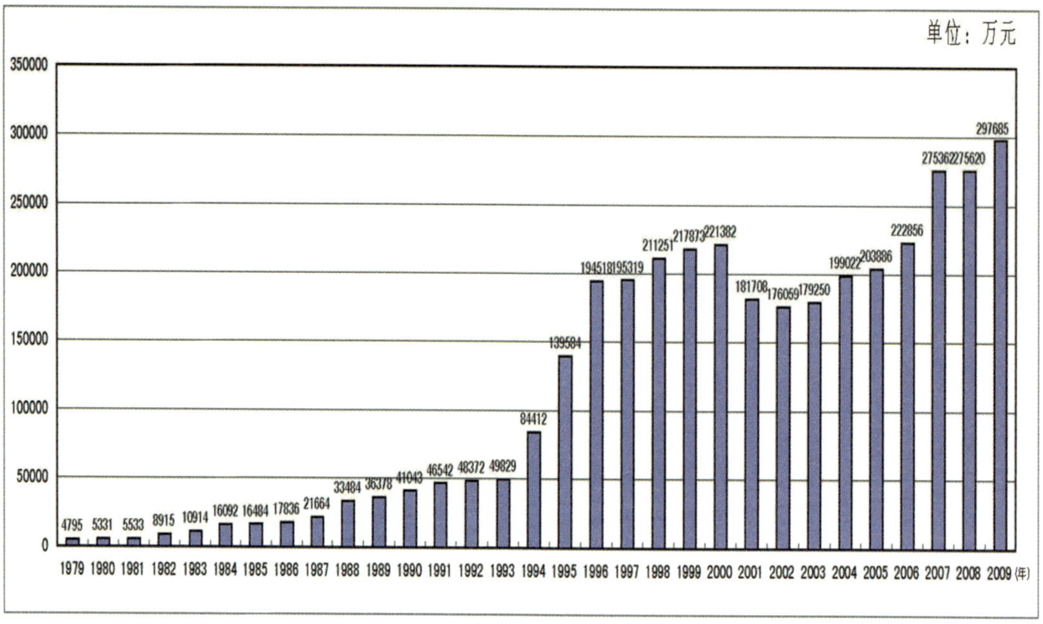

图 7－1　1979—2009 年威县地区生产总值柱状图

第一阶段：1981—1985 年，是国民经济发展的第六个五年计划时期，这一时期生产总值的平均增速为 23.3%，整体发展较快，是继 1978 年 12 月党的十一届三中全会号召“使党的工作重点转移到社会主义现代化建设上来”这一经济建设精神的第一个五年计划时期。期间，全县农业基本稳定在由联产承包责任制带来的高水平的平台上，农业总产值由 1980 年的 6574 万元增长到 1985 年的 17486 万元，年平均增长速度为 23.35%，而且随着农业劳动力的解放和劳动效率的提高，农村经济异常活跃，家庭多种经营蓬勃兴起，乡镇企业异军突起。工业总产值和社会消费品零售额分别由 1980 年的 2076 万元和 2857 万元，增长到 1985 年的 8819 万元和 6310 万元。农业产值的快速增长，带动了二三产业的发展。这是整体经济增长的主要原因。

第二阶段：1986—1990 年，是国民经济发展的第七个五年计划时期，这一时期国民经济持续发展，全县的经济实力进一步增强。1990 年，全县生产总值 41043 万元，五年间平均增长速度为 9.38%。这一时期威县农业生产连年遭受旱涝、病虫等自然灾害，有的年份还遭受雹灾。全县人民经过艰苦奋斗、奋力抗灾，使农业生产获得连年丰收。1990 年粮食总产量创历史最高水平，达 168676 吨。工业生产由于受资金、能源、原材料紧缺和市场疲软大气候的影响，一些主要产品产量下降，但棉花初加工业已成为威县工业发展的一个优势，成为全县经济的重要支柱。1990 年，全县工业总产值达 30972 万元。商业购销两旺，城乡市场活跃，居民生活持续提高，1990 年农民人均纯收入达 559 元，比 1985 年增长 82.7%。这一时期，随着居民物质文化生活水平的不断提高，消费结构发生明显变化，城乡居民对吃、穿、用、烧均向中高档发展，名、优、高档耐用消费品销售（如自行车、缝纫机等）增长很快，尤其是家用电器（录音机、电视机、电风扇等）销售激增。因社会需求过旺，物价涨幅偏高。

1979—2009 年威县主要经济指标一览表

表 7－1　　　　单位：元、万元、%

年份	地区生产总值					工农业总产值	其中		财政收入	社会消费品零售额	农民人均纯收入
	现价	发展速度	一产	二产	三产		工业总产值	农业总产值			
1979	4795	100	3441	773	581	10117	2319	7798	520	2544	46
1980	5331	86.5	3813	827	691	8797	2223	6574	402	2857	50
1981	5533	99.8	3860	867	806	8906	2135	6771	482	4053	56
1982	8915	167.6	6728	1163	1024	14692	2889	11803	560	4738	184
1983	10914	123.6	7962	1687	1265	18485	4517	13968	624	4970	245
1984	16092	144.4	12652	2076	1364	26236	5200	21036	624	5929	351
1985	16484	95.7	10958	3574	1952	26305	8819	17486	709	6310	306
1986	17836	101.6	10763	4710	2363	31913	13030	18883	768	5616	315
1987	21664	124.8	14033	5231	2400	43899	19279	24620	943	6728	379
1988	33484	126.6	17721	10909	4854	59366	28277	31089	1142	7812	475
1989	36378	99.2	17491	13067	5820	63143	32457	30686	1480	8411	440
1990	41043	98.3	22139	12900	6004	69812	30972	38840	1559	7194	559
1991	46542	110.8	22928	13353	10261	75986	35499	40487	1876	7631	635
1992	48372	100.9	19429	17444	11499	83499	49414	34085	1988	9033	404
1993	49829	93.9	17143	16816	15870	97642	58122	39520	2236	9652	443
1994	84412	141.2	41328	21442	21642	189156	117520	71636	2680	9802	696
1995	139584	133.4	63362	53816	22406	316551	205326	111225	3863	21081	1259
1996	194518	130.7	83180	79060	32278	478159	329344	148815	5398	29543	1659
1997	195319	108.8	77868	79064	38387	517770	372522	145248	6580	36751	1900
1998	211251	114.0	83072	85535	42644	462302	306051	156251	7902	43200	2013
1999	217873	110.5	79725	90974	47174	468325	318332	149993	8813	46295	2098
2000	221382	115.4	84285	90925	46172	475169	320011	155158	8678	48900	2208
2001	181708	80.8	79274	57065	45369	391340	246728	144612	7449	50980	2160
2002	176059	95.6	81020	49618	45421	371718	224711	147007	7064	54580	2095
2003	179250	92.7	96554	35434	47262	498905	234500	264405	7588	60032	2210
2004	199022	107.2	101099	42641	55282	499331	244800	254531	6659	67356	2375
2005	203886	101.2	114899	37774	51213	544366	258200	286166	5999	78184	2508
2006	222856	112.9	117449	49333	56074	549436	246100	303336	6068	93857	2758
2007	275362	115.9	146055	61158	68149	344317	198262	146055	7298	111501	3216
2008	275620	103.6	135704	66981	72935	555753	251726	304027	8358	137146	3317
2009	297685	110.7	135844	80206	81635	608316	289434	318882	9316	159631	3383

说明：2005 年始，地区生产总值采用 2008 年经济普查省统一调整后的数据，同时也对 1978—2004 年进行个别调整。经济指标绝对数全部现价，同比增长速度按可比价，以上年为 100%。1986 年始，农民人均纯收入取自农调队数据

1986—1990 年威县主要工业产品产量统计表

表 7－2

年份	食用植物油（吨）	发电量（万千瓦时）	饮料油（吨）	纱（吨）	布（万米/万平方米）	针棉织品折纱（吨）	合成氨（吨）	化肥（吨）	水泥混凝土制品（万吨）	砖块（万块）	中小农具（万件）	石墨及碳素制品（吨）
1986	2404	22.5	750	—	46/—	31	7100	4900	166	11084	4.40	—
1987	6858	21.0	634	420	29/—	12	7395	5373	47	8395	1.80	—
1988	3680	28.0	768	127	214/228	—	6300	4600	41	11971	3.00	—
1989	3570	32.0	393	728	165/174	47	5562	4252	25	9233	0.11	1074
1990	3400	25.0	463	256	105/97	7	4169	3942	30	6731	1.87	762

第三阶段：1991—1995 年，是国民经济发展的“八五”计划时期。1995 年比 1990 年生产总值年平均增长 14.61%。期间，县委、县政府，以经济建设为中心，抓机遇、促改革，制定“富民、强县、升位”的战略目标。农业生产条件得到很好的改善。1995 年末，全县拥有农业机械总动力 493167 千瓦，其中：大中型拖拉机 7295 台，农用排灌动力机械 31897 台，实有机井 11868 眼，有效灌溉面积 51847 公顷，粮、棉、油、菜产量，除 1993 年遭受旱、病虫和风雹等自然灾害使棉花减产外，一直都保持着较高的生产水平，其中，果、肉、蛋持续高速增长。1994 年高公庄乡建蔬菜大棚 47 个，平均每个棚产量达 1.5 万千克，农民收入明显增多。是年，全县农业总产值由 1990 年的 38840 万元增至 1995 年的 111225 万元。由于市场变化的影响，工业结构调整跟不上形势的发展，使一些产品生产下降，其中罐头、家具、塑料制品下降速度最大，但是村及村以下工业企业发展较快，缓解了工业发展的压力，提升了工业产值。1995 年全县完成工业总产值 205326 万元，比 1990 年增长 5.63 倍。在工业企业发展的同时，社会消费品零售额也迅速提高，年平均增长 37%。同时交通、运输、通信业连年快速发展，为一二三产的发展创造了良好的条件，夯实了基础。

第四阶段：1996—2000 年，这一阶段是国民经济第九个五年计划时期。期间，全县进行农业结构调整，产业化经营取得实效，但整体发展比较缓慢。到 2000 年，生产总值实现 221382 万元，年平均增长 15.65%；一二三产增长分别为 3.7%、3.6%、9.4%；农业总产值达 155158 万元，比 1995 年增长 39.5%；工业总产值 320011 万元，比 1995 年 205326 万元增长 55.9%；社会消费品额达 48900 万元，比 1995 年增长 1.32 倍。这一时期经济发展一方面受 1997 年和 1998 年亚洲金融危机的滞后影响；一方面 1997 年威县农业遭受历史罕见的特大旱灾，农业生产遭到巨大的经济损失。县委、县政府紧紧围绕人民致富、财政增收两大目标，不断深化企业改革，积极调整产品和产业结构，努力实现由数量扩张型向质量效益型的转变，使全县经济在困境中求得生存和发展。

第五阶段：2001—2009 年，是国民经济发展的第十个五年计划和第十一个五年规划时期。

进入新世纪，全县人民以经济建设为中心，继续扩大对外招商规模，到2005年底建成开工的有：洺州纺织、国能秸秆热电厂、贺钊220千伏变电站、德隆纺织、龙腾制衣、利晖油脂等，其中洺州纺织、国能秸秆热电厂和威县220千伏变电站总投资均超亿元，国能秸秆热电厂达5.1亿元。经济结构的调整，促进了全县综合经济实力稳定增长。2009年底全县生产总值高达297685万元，年平均增长1.72%，其中：第一产业增加值135844万元，第二产业增加值为80206万元，第三产业增加值81635万元，三次产业增加值占生产总值比例依次为45.6∶27.0∶27.4，从占生产总值比例可以看出，威县仍是以农业生产为主的农业大县。

1991—2009年威县主要农产品产量统计表

表7-3　　　　单位：吨

年份	粮食	蔬菜	油料	干鲜果	肉类	鲜蛋	棉花	鲜奶	羊毛	瓜果
1991	171793	17532	7521	10565	6309	3434	24840	42	71	10016
1992	130379	15867	3291	6694	7063	3945	14384	30	78	5778
1993	175161	22501	8721	10122	9476	4642	7827	55	90	8096
1994	187987	20908	15780	13166	13339	5959	13166	—	135	11248
1995	251053	32950	21601	19036	25236	15199	18050	80	319	13719
1996	285496	40783	19804	50500	33359	21210	18537			20490
1997	285533	37170	16629		35360	24250	22804			17272
1998	291975	61362	20119	27512		38854	27100			34228
1999	289538	128999	22327	32501	—		27033			14849
2000	302208	129193	31769	34671	—	43030	32802			32950
2001	249320	128906	22491	34614	—	41971	40163	70		31979
2002	236978	164202	20583		—	42371	34174			36122
2003	171394	194254	11560		42782	29171	41172			1917
2004	53071	195072	7197	38000	42181	28402	55610	2226		—
2005	117510	216422	9179		43971	29706	51733	2621		3073
2006	107135	225082	7549		44000	30800	57619	2200		5149
2007	190328	203242	3483		56000	48000	59907	5100		16739
2008	138745	220945	3355		20000	35400	58501	8400		6235
2009	183370	241490	3960		22732	40356	57340	13600		6880

地区生产总值同比增速

1980—1985年地区生产总值同比增速进入调整期。1979年始，各项促进改革开放的经济制度逐步建立和完善，各个产业蓄势待发，进入发展调整期。尤其是伴随农业劳动力的解放和劳动效率的提高，以及农业联产承包责任制的稳定运行，致使1982年第一产业增加值同比增速高达74.3%，进而带动二三产业的发展，1982年地区生产总值同比增速也创新高，达到61.1%。

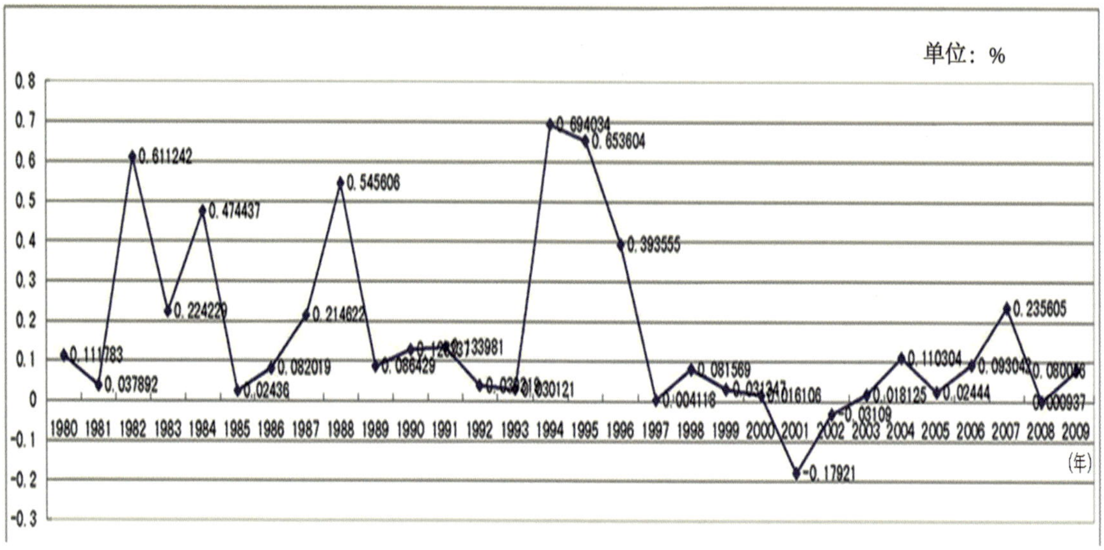

图7-2 1982—2009年威县地区生产总值同比增速示意图

1985—1988年地区生产总值同比增速进入稳步增长期。

1989—1993年地区生产总值同比增速进入平稳期。主要由于农业生产连年遭受旱涝、冰雹、病虫等自然灾害；工业生产受到资金、能源、原材料紧缺和市场疲软大气候影响等因素，导致地区生产总值同比增速放缓且增速比较平稳。

1994—1995年地区生产总值同比增速进入快速增长期。主要由于农业产值快速增长；村及村以下工业企业发展较快，缓解了工业发展的压力，提升了工业产值；社会消费品零售额迅速提高；同时，交通、运输、通信业连年快速发展，为一二三产的发展创造良好的条件，夯实了基础。

1996—2001年地区生产总值同比增速下降并进入调整期。主要由于：一是，全县进行农业结构调整，产业化经营取得实效，但整体发展比较缓慢；二是，这一时期的经济受1997年和1998年亚洲金融危机的滞后影响；三是，1997年威县农业遭受历史罕见的特大旱灾，农业生产遭受巨大的经济损失。

2002—2009年地区生产总值同比增速比较平缓。

第二节　位　次

30年间，威县经济排位在省、市呈逐年下降趋势。这说明威县的经济发展速度与其他县市相比太慢了。

居全省位次

20 世纪 90 年代，省人民政府办公厅、省统计局根据全省各县地区生产总值，人均生产总值，农民人均纯收入，地方财政收入，社会消费品零售总额，粮食产量，棉花产量等 25 个相关指标，按每个单项指标由高到低打分，对全省 140 个县进行县域经济综合排位。资料表明，2007 年县级地方财政一般预算收入 3272 万元，居全省第 128 位，地区生产总值 305444 万元（2008 年经济普查前未调整的数据数），居全省第 108 位，人均地区生产总值 5538 元，居全省第 137 位，农民人均纯收入 3216 元，居全省第 102 位，2007 年，综合位次 135 位，居全省 140 个县倒数第 6 位。

从 1995—2007 年全省县域经济排位看，威县综合位次一直处 100 位以下，2007 年综合位次 135 位，2005 年 137 位，2000 年 111 位，1995 年 105 位。资料表明，威县综合位次呈下降趋势。

居全市位次

县域经济排位顺序，威县在邢台市 17 个县（市）中，2007 年综合位次 16 位，2005 年综合位次 16 位，2000 年综合位次 15 位，1995 年综合位次 14 位。地区生产总值 2007 年居全市 17 个县（市）第 9 位，2005 年居第 10 位，2000 年居第 7 位，1995 年居第 7 位；人均生产总值，2007 年居第 17 位，2005 年居第 16 位，2000 年居第 16 位，1995 年居第 13 位；农民人均纯收入，2007 年居第 12 位，2005 年居第 15 位，2000 年居第 12 位，1995 年居第 13 位；地方财政一般预算收入，2007 年居第 12 位，2005 年居第 9 位，2000 年居第 5 位，1995 年居第 6 位；粮食总产量，2007 年居第 6 位，2005 年居第 14 位，1995 年居第 3 位；棉花总产量，2007 年居第 3 位，2005 年居第 1 位，1995 年居第 1 位。

同邻县的比较

南宫市、清河县与威县是邻县，尤其是南宫市，人口、面积及自然资源都于威县相差无几，但是，经过 30 多年的发展，两县经济差距扩大，而同人口少、地域小的清河县相比差距更大。

1978 年，南宫市人均生产总值是威县的 186.5%，到 2007 年，南宫市是威县的 322.1%，高于威县 135.6 个百分点，相差 1 倍多。1978 年，清河县人均生产总值是威县的 142.1%，到 2007 年是威县的 501%，高于威县 358.9 个百分点，相差 3 倍多。南宫市、威县都是农业大县，可是农民人均纯收入，南宫市一直高于威县。1985 年，南宫市农民人均纯收入 529 元，威县农民人均纯收入 306 元，同比高出威县 72.9%。2007 年南宫市农民人均纯收入 3880 元，威县农民人均纯收入 3216 元，同比高出威县 20.7%，差距虽然缩小，但是仍然高于威县，威县是农业大县，粮棉生产总量一直处于全省粮棉产量前列，尤其是棉花生产是威县的支柱产业，无论在总量和人均都处全市乃至全省前列，2007 年、2005 年、1995 年，威县棉花总量在全省的排次分别是第 3 位、第 1 位、第 1 位，而威县的棉花加工属粗放型，产能落后，附加值低，威县基本上成了工业资源产地，形不成对二三产业的拉动，这是差距拉大的重要原因之一。

1978—2007 年部分年份威县同邻近市县经济指标对比表

表 7－4　　　　单位：元、千克

经济指标	人均生产总值			人均粮食产量			人均棉花产量			人均财政收入			人均农民人均纯收入		
	1978 年	1995 年	2007 年	1978 年	1995 年	2007 年	1978 年	1995 年	2007 年	1978 年	1995 年	2007 年	1985 年	1995 年	2007 年
南宫市	235	3183	16084	308	418	356	6.5	30.4	95.8	29	71.7	111	529	1413	3880
清河县	179	5856	25015	138	410	488	3.8	5.5	27.6	26.9	102	297	391	2193	5321
威县	126	2684	4993	244	508	345	4.1	34.7	107.7	16.9	54	132.3	306	1259	3216
南宫市是威县%	186.5	118.6	322.1	126.2	82.2	103.2	158.5	87.6	89.0	171.6	132.8	83.9	172.9	112.2	120.7
清河是威县%	142.1	218.2	501.0	56.6	80.7	141.5	92.7	15.9	25.6	159.2	188.9	224.5	127.8	174.2	165.5

第二章　经济结构

30 年间，威县三次产业结构经历了由“一二三”结构到“二一三”结构再到“一三二”结构的变化过程。威县是农业大县，历经种植结构的调整，但种植业与畜牧业仍在第一产业中占主导地位，第二产业经历了轻、重工业比重互换的变化，而第三产业则一直呈现出稳中趋升的态势。

第一节　三次产业结构

威县是农业大县。1986 年以前一直以农业生产为主，第一产业占据国民经济的主导地位。是年，全县一二三产的结构为 60.30∶26.40∶13.30。1986 年以后，虽然产业结构有轻微变化，但仍以农业生产为主。1991 年始，产业结构出现明显变化。一产趋降，二三产逐渐升温。1995 年底，三次产业结构为 45.4∶38.6∶16.0，二产发展达到高峰。这一结构的突变带来了经济的快速增长，出现了 1996 年至 2000 年连续 5 年的高速度。2000 年，三次产业结构又有了明显变化，二产再次逐渐占据主导地位，一产趋降，三产平稳发展。2004 年，三次产业结构首次由二一三结构变为一三二结构，这是国家产业战略调整的结果，符合世界经济发展规律。2005 年，二产降到 18.5%，三次产业结构为 56.4∶18.5∶25.1。2009 年，三次产业结构为 45.6∶27.0∶27.4，二产和三产所占比例均有不同程度的增多。

单位：%

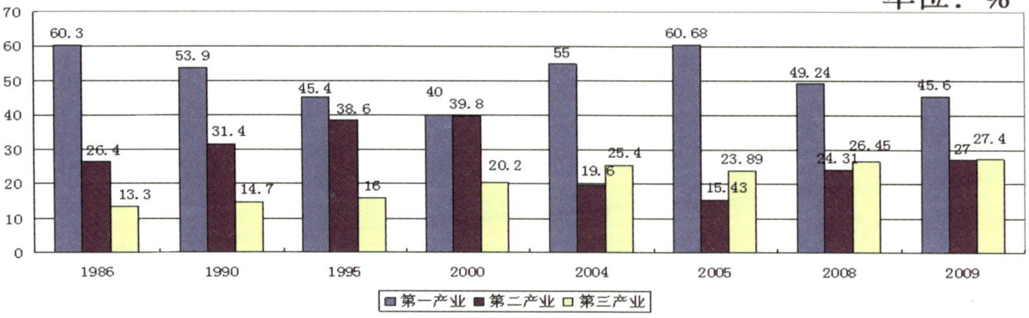

图 7－3　1986—2009 年威县部分年份三次产业结构柱状图

1986—2009 年部分年份威县三次产业结构一览表

表 7－5　　　　　　　　　　　　　　　　　　　　　　　　　　单位：%

年份	生产总值	第一产业	第二产业	第三产业
1986	100	60. 30	26. 40	13. 30
1990	100	53. 90	31. 40	14. 70
1995	100	45. 40	38. 60	16. 00
2000	100	38. 10	41. 10	20. 80
2004	100	50. 80	21. 43	27. 77
2005	100	56. 40	18. 50	25. 10
2008	100	49. 24	24. 30	26. 46
2009	100	45. 60	27. 00	27. 40

第二节　产业内部结构

第一产业

产业结构　威县农业以种植业为主，畜牧业为辅，两个产业之和一直占第一产业的 90% 左右，个别年份超过 99%，支撑着威县农业的平稳增长。随着产业结构的调整，种植业比重有所下降，畜牧业发展有所加快，但仍超不过种植业的主导地位。1991 年以前，种植业比重保持在 80% 以上，畜牧业比重在 10% 左右。1992 年种植业比重下降到 70% 左右，为 69. 7%，畜牧业比重首次突破 15%，达到 17. 9%。直到 1995 年，畜牧业比重达到历史高峰为 28. 38%，第一产业内部结构有效优化。1996 年以后，畜牧业比重一直在 30% 左右，到 2005 年达到 29. 88%。

种植业由吃饭型转入增收型、经济型、效益型。1990 年前后，为优化种植结构，威县部分地区实行棉花小麦间作套种种植技术。90 年代中期，棉麦、棉瓜、棉菜间作套种面积逐年增大，耕地年亩均收入上升到一个新的高度。在种植业内部，粮食播种面积逐年下降。由 1986 年的 60360 公顷减至 2005 年的 24590 公顷，而经济作物播种面积由 1986 年的 33887 公顷增至 2005 年的 48109 公顷。蔬菜播种面积由 1986 年的 1627 公顷增至 2005 年的 5024 公顷。

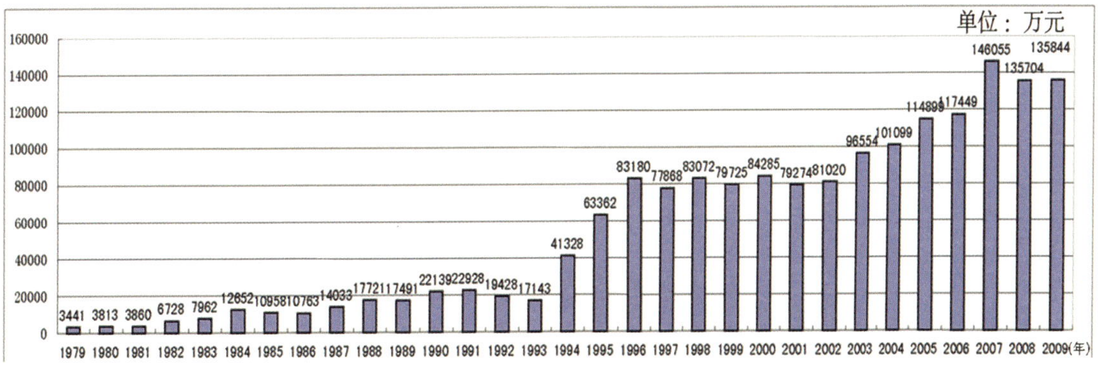

图 7－4　1979—2009 年威县第一产业增加值柱状图

林业以成幼林哺育为主，由于威县属于平原地带，受当地种植习惯的影响，林业发展相对迟缓，林业在大农业中的比重一直在0.5%左右，2005年为0.31%。

渔业的发展，因为多年干旱少雨，境内只有个别村落零点池塘养鱼，没有形成产业。渔业比重一直都在0.1%以下。2009年渔业产值仅176万元，占大农业比重为0.05%。

1986—2009年部分年份威县第一产业结构一览表

表7-6　　单位：%

年份	产值	种植业	林业	畜牧业	渔业	农林牧渔服务业
1986	100	91.37	1.59	7.00	0.04	—
1990	100	87.90	0.57	11.48	0.05	—
1995	100	71.17	0.37	28.38	0.08	—
2000	100	71.57	0.75	27.61	0.07	—
2004	100	43.08	0.19	32.32	0.06	24.35
2005	100	47.66	0.31	29.88	0.06	22.09
2008	100	55.35	0.14	23.65	0.06	20.80
2009	100	58.84	0.40	23.82	0.05	16.89

说明：自2004年农林牧渔服务业由三产二产调整到一产

产业增加值同比增速　1980—1984年第一产业增加值同比增速进入调整期，其中1982年创历史新高。1985—1988年，第一产业增加值同比增速进入稳步增长期。1990—1993年，第一产业增加值同比增速进入回落期。1994年，第一产业增加值同比增速迅速提高。1997—2009年，第一产业增加值同比增速进入稳定期。

第二产业

产业结构　威县第二产业以工业、建筑业为主，1988—2000年，建筑业增加值所占比重每年基本都在20%以下，2000年后增加值比重突破20%，最高年份是2003年和2004年，增加值比重达46.2和54.0，2005—2009年一直徘徊在20%以上，未突破30%。二产结构主要是工业结构。

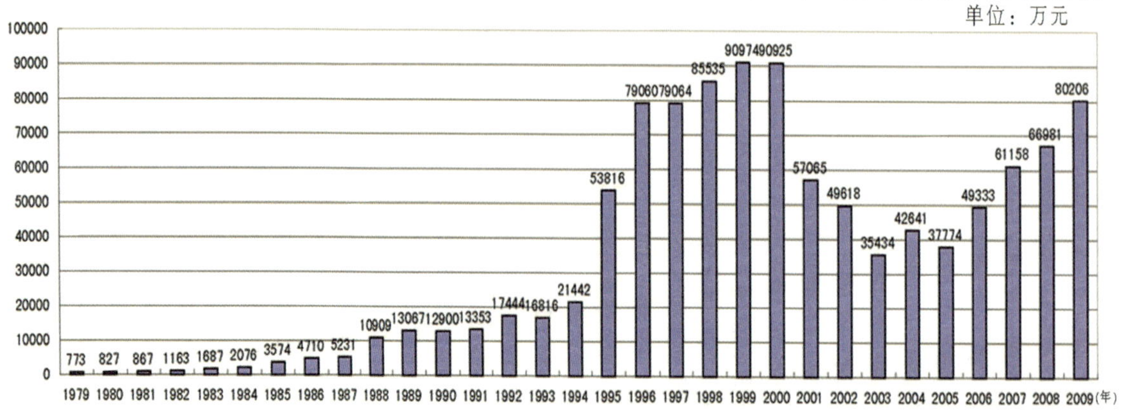

图7-5　1979—2009年威县第二产业增加值柱状图

相对来说，威县是一个有一定工业基础的县。1986 年，全县实现工业总产值 13030 万元，其中乡级及乡以上工业产值 8228 万元。主要以轻工业为主，有针棉织品、造纸、面粉加工等，重工业主要是原料工业和制造工业。以 116 家乡级及乡以上工业企业计算，全县轻、重工业的比重为 84. 35∶15. 65。1986—2005 年，轻工业一直占据主导地位。2005 年以后，轻重工业的比重发生变化，按入统工业企业计算，2005 年其比重则是 41. 6∶58. 4。2009 年比重是 26. 6∶73. 4。

1979—2009 年部分年份威县轻、重工业产值结构一览表

表 7 -7　　单位:%

年份	工业产值	轻工业	重工业
1979	100	53. 76	46. 24
1986	100	84. 35	15. 65
1990	100	81. 76	18. 24
1995	100	67. 10	32. 90
2000	100	95. 90	4. 10
2004	100	57. 09	42. 91
2005	100	41. 56	58. 44
2009	100	26. 60	73. 40

所有制结构　1979—1985 年，威县工业结构基本上是两元化结构，即国有工业和集体工业。1979—1983 年，国有工业占主导地位，国有工业产值所占比重一直保持在 60% ~80% 左右。从 1984 年始，集体工业跃升为主导地位，取代国有经济，集体经济所占比重从 1979—1983 年的 36% ~13%，上升到 1984—1986 年的 80% ~50%。国有工业比重下滑，由于集体工业和村及村以下工业发展迅速，国有工业产值越来越低。随着经济体制的改革，生产力的解放，工业经济发展呈现出多元化，活力不断增强，国有经济无论从绝对值还是比重都呈下降趋势，由 1983 年所占比重最高的 83% 降到 1993 年的最低比重 1. 6%。1987 年始，村及村以下工业成为工业的领头羊。

2002 年国有工业 5 家，占规模以上工业企业的 24%，产值 5884 万元，占规模以上总产值的 20%。2003—2004 年比重有所下降。2005—2009 年，产值占规模以上工业总产值一直在 20% 以上。

2002 年，集体工业企业 11 家，占规模以上工业企业的 52%，产值 19741 万元，占规模以上工业总产值的 67%，自 2003 年至 2008 年，集体工业企业无论从工业企业个数和产值一直呈下降趋势，到 2009 年集体工业企业完全退出工业历史舞台。

规模以上工业企业中的私营工业企业，从无到有发展迅速。2007 年，全县规模以上私营工业企业 13 家，占规模以上工业企业总数的 54%，产值 30441 万元，占规模以上工业企业产值的 48%。2009 年，规模以上私人工业企业 16 家，占规模以上工业企业总数的 70%，产值

56580 万元，占规模以上工业产值的 71%。

产业增加值同比增速 1980—1983 年同比增速稳步增长，1984—1987 年进入调整期，1988 年创历史新高，1989—1994 年同比增速进入稳定期，1995 年同比增速再创新高。1996—1997 年同比增速逐步放缓，1998—2009 年同比增速进入稳定期。

第三产业

产业结构 30 年间，第三产业一直呈现出稳中趋升的态势。1986 年第三产业增加值所占生产总值比重为 13.3%。2005 年，第三产业所占生产总值比重达到 25.10%，平均年增 16.5%。2008 年，第三产业所占生产总值比重 26.5%。2009 年第三产业所占生产总值比重 27.4%。

1986 年，全县公路总长 98.6 千米，2009 年，威县通车里程 1401.9 千米（包括村路），公路基础设施建设助推交通运输的发展，同时也促进了农村发展，改善了居民的生活质量，也拉动了相关产业的快速发展。2009 年，交通运输业增加值达 11572 万元。

信息传输服务业发展迅速。交换机总容量由 1986 年 510 门发展到 2005 年 64226 门，本地电话用户由 1999 年 16435 户发展到 2005 年 44390 户。至 2005 年底，全县 522 个行政村全部开通固定电话，而且随着无线通信和互联网业务的发展，移动用户已达 81588 户。

1986 年，全县有商业机构 2864 个，人员 8263 人，全民所有制商业机构 77 个，人员 961 人，集体所有制商业机构 250 个，人员 2048 人，个体有证商业机构 2537 个，人员 5254 人，实现社会消费品零售总额 5616 万元。2005 年，从事商业、餐饮业的法人单位 441 个，个体商户 2851 户，实现社会消费品零售总额 78174 万元，年均增长 14.5%。2009 年实现社会消费品零售总额 159631 万元。

金融业迅速发展。1986 年全县有金融机构 9 个，从业人员 413 人，各项存款余额和贷款余额分别为 6682.8 万元和 18569.7 万元，到 2009 年底，全县有金融机构 9 个，从业人员 512 人，各项存款余额和贷款余额分别是 402638.6 万元和 91604.8 万元，分别是 1986 年的 60.2 倍和 4.9 倍。

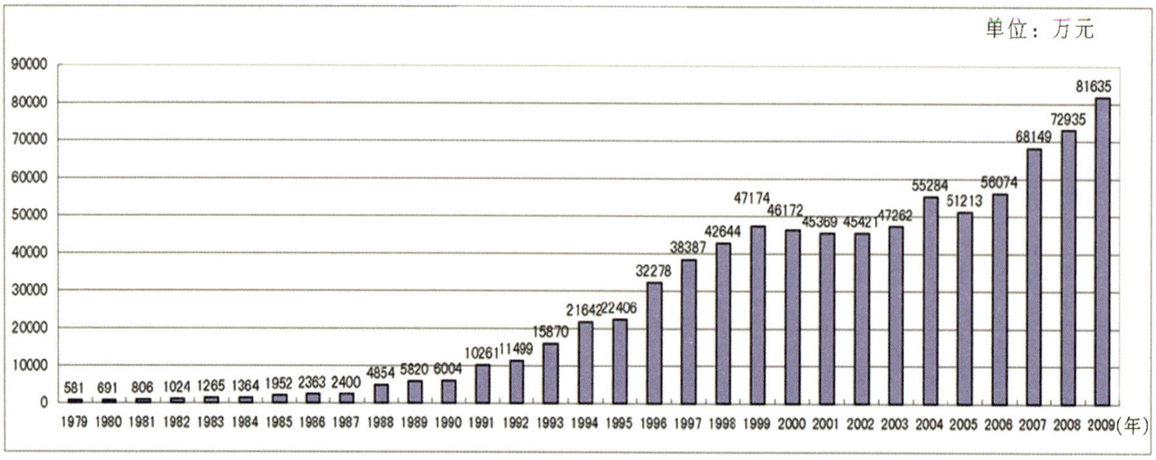

图 7－6 1979—2009 年威县第三产业增加值柱状图

2005—2009 年威县第三产业结构一览表

表 7－8　　单位:%

年份	合计	交通运输仓储邮政业	信息传输、计算机服务 软件业	批发零售业	金融业	房地产业	租赁和商业服务业	居民服务和其他服务业	教育	卫生社会保障和社会福利业	公共管理和社会组织	其他
2005	100	14.4	11.3	12.2	17.2	15.2	0.4	1.2	10.8	3.5	11.5	2.3
2006	100	14.0	10.5	11.0	17.0	15.3	0.4	1.2	11.0	3.8	12.0	3.8
2007	100	13.9	10.7	11.5	15.8	14.6	0.4	1.2	11.0	4.3	12.4	4.2
2008	100	14.1	10.8	11.0	15.2	14.4	0.4	1.2	11.1	4.3	13.3	4.2
2009	100	14.2	10.7	11.5	14.5	13.3	0.3	1.2	11.8	4.6	12.8	4.2

所有制结构　1986 年，全县社会商品零售总额 8549 万元，国有商业零售额 2967 万元，占商品零售额的 34%。1993 年，国有消费品零售额 5508 万元，占社会消费品零售总额的 57%。自 1997 至 2005 年，国营商业消费品零售额比重呈下降态势，从 1997 年的 8210 万元占消费品零售总额的 22%，一直下降到 2005 年国营商业零售额 4080 万元，占消费品零售额的 5%。

1986—1992 年，集体商业与国营商业平分秋色，是承载全县商业经济的主体。自 1993 至 2005 年呈下降态势，到 2005 年，集体商业消费品零售总额 1070 万元，仅占消费品零售总额的 1%。

个体、私营商业发展迅速，1986—1993 年同国营商业、集体商业并驾齐驱，1994 年后快速发展，到 2005 年，个体私营商业已成为消费品零售额的主体，占 93%。个体私营商业的快速发展是经济体制改革的结果，是计划经济向市场经济过渡发展的必然。同工业经济结构一样，经历了国有经济占主导、国有经济向个体私营经济过渡、以私营股份个体经济为主 3 个阶段。

产业增加值同比增速　1980—1981 年同比增速进入稳定期，1982—1984 年同比增速逐年下降，1985 年同比增速显著增长，1986—1987 年逐步下降，1988 年创新高，1989—1990 年同比增速迅速下降，1991 年迅速上升，1992—1996 年同比增速进入稳定期，1997—2000 年同比增速逐年下降，2001—2004 年同比增速进入稳定上升期，2005—2009 年同比增速进入调整期。

第三章　经济质量与效益

30 年间，全县生产力水平日益提高，经济运行基本稳健，社会保障日趋完善，居民生活质量大大改善。

第一节　生产力水平

威县区域面积1012平方千米，总人口在邢台市位居第二。2009年，人口密度570人/平方千米，人均耕地面积1.79亩。全县拥有工业企业305家，其中，500万元以上规模以上工业企业23家；有资质等级的建筑企业4家；有批发、零售、住宿、餐饮业法人单位和产业活动单位34家，其中，限额以上批发零售贸易业3家；有金融机构9个，其中银行6家，保险业3家。

劳动力总量及结构

2009年全县劳动力284188人，与1979年相比，劳动力净增105694人，年均增长3523人。随着经济结构的调整优化，劳动力的产业结构也发生着明显变化。1985年从事一二三产业的劳动力的比重为84.1∶8.2∶7.7，之后，劳动力逐步向二三产业转移。2009年，劳动力的产业结构比重为60.5∶21.3∶18.2。

1986—2009年部分年份威县劳动力状况统计表

表7－9　　单位：人

年份	全社会劳动力	按产业结构分			按文化程度分				从事科技活动人员
		一产	二产	三产	中专及以上	高中	初中	小学及以下	
1986	210988	177385	17376	16227	—	—	—	—	—
1990	223338	173688	25942	23708	2233	8933	64089	148083	—
1995	242289	142970	56506	42813	—	—	—	—	3982
2000	262454	160686	54169	47599	11647	19455	146332	85020	5169
2005	256212	159824	49089	47299	—	—	—	—	5850
2009	284188	172033	60507	51648	—	—	—	—	—

说明：1990年、2000年全社会劳动力为人口普查数据

从1990年和2000年两次人口普查结果对比，威县劳动力的文化结构明显优化。小学以下文化程度劳动力由1990年的148074人减至2000年的81972人，高中以上文化程度劳动力则由1990年的11166人增至2000年的31102人，其中中专以上学历劳动力增长最快，10年净增9414人，年均增长17.9%。

由表7－9可看出，在劳动力文化素质提高的同时，科技是第一生产力的观念越来越深入人心，从事科技活动的人员逐年增加。1995—2005年全县增加科技人员1868人。

主要能源消耗与资本积累

威县全社会用电量由1988年的7172万千瓦时增至2005年的18981万千瓦时，增长164.7%。其中，生产用电增长138.6%，生活用电增长282.7%。尤其是1995年始，随着电视机、电脑、洗衣机、电风扇、微波炉、电磁炉等家用电器进入城乡住户，生活用电迅速增长。2005年比1996年生活用电增长170.1%。2005年，全县人均用电353千瓦时，劳均生产用电550.5千瓦时，其中一产劳均用电422千瓦时，二产劳均用电1500.6千瓦时。全县农业机械总动力由1979年6.6万千瓦增至2005年的96万千瓦，增长13.5倍。2009年，威县全社会用电量为30126万千瓦时，生产用电19160万千瓦时，生活用电10966万千瓦时，分别比2005年增长58.7%、35.8%、127.2%。

1979—2009年部分年份威县电力消耗与工农业生产情况统计表

表7－10

年份	社会用电量（万千瓦时）	生产用电（万千瓦时）	生活用电（万千瓦时）	农业机械总动力（万千瓦）	劳均机械总动力（千瓦）
1979	—	—	—	6.6	0.41
1988	7172	5911	1261	21.0	1.02
1989	7558	6238	1320	21.0	1.01
1990	8510	7021	1489	23.0	1.12
1996	10564	8777	1787	49.0	2.12
2000	15703	12619	3084	69.0	2.80
2005	18981	14105	4826	96.0	3.91
2009	30126	19160	10966	75.0	2.77

主要产品生产水平与能力

1979年威县人均粮食产量273千克，人均棉花产量3千克，人均油料产量3.2千克，人均鲜果产量4.8千克，主要农产品不能满足全县人口消费需求。经过30年的发展提高，2009年度威县人均粮食产量321千克，人均棉花产量100千克，人均蔬菜产量41.9千克。在达到满足自给的基础上，提高农产品的商品化率。工业在产品结构不断调整优化的同时，生产能力也在逐步提高。2005年末，全县纺纱生产能力5894吨，建筑轻型龙骨生产能力464万米，烤化龙骨生产能力339万平方米，钢结构生产能力683吨，轧钢生产能力940吨，人造革汽车内饰62078套，糠醛、增碳剂生产能力分别为1485吨和2480吨。

第二节　经济效益

30年间，威县经济逐步由劳动密集型走向资本密集型，资本投入逐年加大，劳动生产率明显提高。投入产出率、劳动生产率、中间投入率、资产负债率各项综合效益指标趋势良好，经济运行基本稳健。2005 年以后，投资效果参数趋降，可见在固定资产投资高速增长的同时，投资效益有所下降。规模工业劳动生产率平稳，增加值利税率趋减，资产负债率基本平稳，并保持合理区间。农村经济飞速发展，劳均纯收入逐年增高，2005 年比 1980 年增长 31 倍。贸易业利润率偏低，而负债率偏高，2005 年已趋好转。

1980—2009 年部分年份威县经济效益指标统计表

表 7－11

年份	综合经济效益				工业效益			百元经营费用创农村经济纯收入（元）	农村劳均农民纯收入（元/人）	县及以上贸易业成本利润率（%）	县及以上贸易资产负债率（%）
	投入产出率（%）	劳动生产率（元/人）	中间投入率（%）	投资效益系数（%）	劳动生产率（元/人）	增加值利税率（%）	资产负债率（%）				
1980	93.7	294	51.6	—	—	—	—	213	152	—	—
1985	165.5	801	37.7	—	1634	45.4	—	432	705	—	—
1990	79.0	1838	55.9	—	3724	31.1	—	389	1295	—	—
1995	40.1	5737	71.3	16.3	18251	56.1	71.8	278	2759	—	—
2000	65.5	8534	65.5	8.1	52398	26.1	52.4	413	4463	4.9	98.2
2005	56.3	7958	64.0	6.4	50409	18.0	50.2	316	4909	5.9	88.8
2009	56.8	10476	63.8	7.2	106175	21.3	61.0	159	5853	2.7	43.6

说明：劳动生产率、增加值利税率、资产负债率，1985—1995 年均取材县原国有集体工业企业数据，2000—2009 年取材规模以上工业企业数据

第三节　社会保障

2009 年末，全县公路总里程 1401.9 千米（包括村路），每平方千米土地约有公路 1.39 千米，形成贯穿乡村，四通八达的道路网络。通信能力空前提高，基本实现全县所有行政村庄无缝隙网络覆盖。

全县教职工人数由 1979 年的 4007 人发展到 2005 年的 4106 人，中学生由 1979 年的 26347 人发展到 2005 年的 36311 人，每万人教职工数 77 人，每万人中学生数 678 人。每个专任教师负担学生 20 个，比 1979 年降低 6 个。

1979—2009 年部分年份威县社会保障指标统计表

表 7－12

年份	每平方千米土地公路长度（千米）	人均邮电业务总量（元）	局用交换机总量（门）	每万人教职工数（人）	每万人中学生数（人）	每个专任教师负担学生数（人）	每个医疗机构服务面积（平方千米）	每万人拥有病床床位（个）	每万人拥有卫生技术人员（人）	电视综合人口覆盖率（%）	有线电视用户（户）
1979	—	—	—	88	657	23	28.1	8	9	10	—
1980	—	—	—	90	546	24	28.1	8	10	10	—
1985	—	—	—	47	307	30	25.3	—	—	100	—
1990	0.163	1.0	—	69	311	25	23.5	13	25	100	—
1995	0.430	19.2	7200	68	408	29	27.4	9	9	100	1000
2000	0.784	40.7	27872	72	830	30	27.4	9	8	100	2400
2005	0.915	53.6	64226	77	678	20	27.4	15	17	100	5500
2009	1.390	54.5	65000	66	404	17	27.4	22	21	100	7800

1979 年全县有卫生机构 36 个，病床 335 张，卫生技术人员 360 人。到 2009 年末，全县有卫生机构 37 个，病床 1261 张，卫生技术人员 1198 人，每万人拥有卫生技术人员 21 人，病床床位 22 张，分别比 1979 年增长 133.3% 和 175.0%。每个医疗机构服务面积由 1979 年的 28.1 平方千米缩减到 27.4 平方千米，方便居民就医。

全县按人计算的电视覆盖率由 1979 年的 10% 发展到 2009 年的 100%。有线电视于 1995 年起步，2009 年末按户计算的有线电视覆盖率为 4.7%。

保险业蓬勃兴起。2009 年末，全县财产保险与人寿保险保额收入分别为 2045 万元和 9637 万元，保证了国民经济的正常发展。

第四节　居民生活质量

解放生产力，发展生产力，极大地提高了居民的积极性，使社会经济得到空前发展。由贫困到温饱到小康，农村发生翻天覆地的变化，从如银的棉花到手中一沓沓的百元大钞，农民尝到富裕的甜头。在联产承包责任制初期，一户的棉花产量有的高于以前一个生产队的产量，当时流行这样一种说法："双职工不如一头沉（指单职工），一头沉赶不上老农民""万元户不算富，十万元刚起步"，是当时农村农民的真实写照。社会财富的增加，大大改善了农民的生活水平和生活质量。1982 年，全县农民人均纯收入 184 元，是 1979 年 46 元的 4 倍。

到2009年，农民人均纯收入达3383元，是1979年的73.5倍。农民生活消费水平由1986人均299元到2009年增长到3113元，增长近10倍。消费质量出现明显变化，恩格尔系数（食品消费支出占生活消费支出的比重）由1985年的46.5下降到2009年的27.7，居民食品消费比重的下降，势必提高居民精神享受的幸福指数。金融储蓄存款1978年人均3元，到2009年人均金融储蓄存款达5738元。

第五节　社会财富贡献

1979年，全县人均地区生产总值仅116元，到2009年，人均地区生产总值5217元。1979年人均财政收入12.6元，到2009年人均财政收入163.3元。1979年，人均粮食产量273千克，到2009年，人均增加到321千克。1979年，人均棉花产量3千克，到2009年人均增加到100千克。

1979—2009年威县人均社会财富贡献统计表

表7-13

年份	平均人口（万人）	人均财政收入（元）	人均存款（元）	劳均机械总动力（千瓦）	恩格尔系数（%）	人均生产总值（元）	人均粮食产量（千克）	人均棉花产量（千克）
1979	41.40	12.6	4	0.41	—	116	273	3
1980	41.90	9.6	6	0.41	—	127	206	12
1981	42.55	11.3	8	0.41	—	130	206	14
1982	43.35	12.9	11	0.42	—	206	268	38
1983	44.10	14.1	14	0.41	—	247	235	52
1984	44.75	13.9	21	0.53	53.1	360	310	87
1985	45.45	15.6	32	0.61	46.5	362	288	51
1986	46.00	16.7	27	0.62	46.5	388	300	43
1987	46.55	20.2	64	0.60	49.3	465	311	55
1988	47.15	24.2	89	1.02	50.2	710	327	54
1989	47.65	31.1	129	1.01	47.4	763	334	42
1990	48.90	31.9	193	1.12	51.5	839	345	48
1991	50.20	37.3	236	1.10	48.6	927	342	50
1992	50.75	39.2	282	1.14	53.2	953	257	28
1993	51.30	43.6	347	1.16		971	341	15

续表 7－13

年份	平均人口（万人）	人均财政收入（元）	人均存款（元）	劳均机械总动力（千瓦）	恩格尔系数（%）	人均生产总值（元）	人均粮食产量（千克）	人均棉花产量（千克）
1994	51.80	51.7	658	1.24	—	1630	363	25
1995	52.00	74.3	804	2.18	—	2684	483	35
1996	52.00	103.8	1353	2.12	—	3740	549	36
1997	52.05	126.7	1513	2.42	—	3761	550	44
1998	52.04	151.8	1773	2.43	—	4059	561	52
1999	52.31	168.5	1978	2.41	—	4181	554	51
2000	52.80	164.4	2019	2.80	—	4193	572	62
2001	53.22	140.0	2154	2.68	—	3414	469	75
2002	53.38	132.3	2434	3.09	40.3	3298	445	64
2003	53.50	141.8	2728	3.41	42.4	3350	320	77
2004	53.60	124.2	2000	3.56	41.9	3713	99	104
2005	53.70	111.7	3359	3.91	33.9	3797	219	96
2006	54.22	111.9	3700	4.01	25.0	4110	197	106
2007	55.15	132.3	4162	2.98	24.0	4993	345	108
2008	56.04	149.1	4931	2.96	27.2	4918	248	104
2009	57.05	163.3	5738	2.77	27.7	5217	321	100

第四章　固定资产投资

1979—2009 年，全县固定资产投资经历平缓发展和阶梯式增长两个阶段，投资结构不断优化，投资规模不断增长，投资主体向多元化格局发展，第三产业逐渐成为投资热点，融资渠道也发生明显变化。

第一节　投资规模

自 1980 年至 2009 年，威县固定资产投资“六五”“七五”时期呈现平缓发展阶段。“八五”“九五”“十五”“十一五”呈现阶梯式增长阶段。

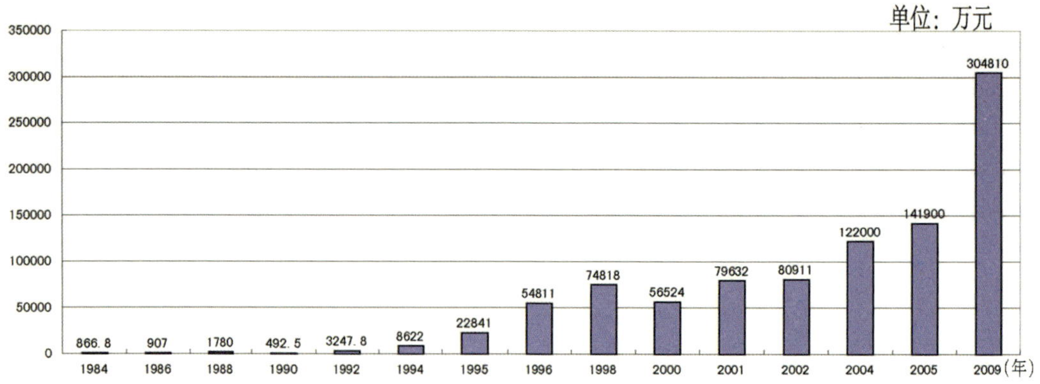

图 7－7 1984—2009 年威县全社会固定资产投资柱状图

“六五”时期，全社会固定资产投资完成 1182.8 万元。1984 年，县化肥厂投资 118 万元进行设备更新改造。1985 年为这一时期投资高峰，县供销社、县电视台、河北威县师范学校相继投资扩建。

“七五”时期，全社会固定资产投资完成 5607.6 万元，比“六五”时期增长 3.7 倍。百万以上投资的有工业项目 4 个，农业项目 2 个，教育、交通、文化项目 3 个。1989 年和 1990 年两年受国务院清理投资项目的影响，严格控制投资规模，完成投资额 1989 年比 1988 年下降 70%，1990 年比 1989 年下降 6.2%。

“八五”时期，全社会固定资产投资完成 46847.8 万元，比“七五”时期增长 7.4 倍。这一时期前三年投资规模较大的项目有河北威县师范音乐楼、2 个办公楼、3 个营业楼和 4 个工业项目共 10 个，共完成投资 1944 万元。后两年投资规模飞速增长，1994 年，仅梨园屯镇陈固万只羊场和邮电局通信设备更新两个项目投资近 2000 万元。1995 年为该时期固定资产投资的高峰，达到 31323 万元。当年在建的各种基建技改项目多达 20 多项。其中，投资 500 万元左右的项目 3 个，1000 万元以上的项目 5 个，8 个项目共投资 7772 万元。

“九五”时期，全社会固定资产投资 343047 万元，比“八五”时期增长 6.3 倍，此时期正值社会需求的旺盛期。农业开发，丰产林项目，绿色长廊工程，农用喷灌工程等投资显著增长。肖侯庄陶瓷壁画业迅猛发展，工业项目方兴未艾，文化、教育、卫生、市场、住宅楼、交通、通信、电力等 36 个基础设施建设项目全面开花，全县投资总量上升到一个新的水平，城乡环境的品位也得到较大提高。

“十五”时期，全社会固定资产投资仍保持较快增长，达到 519568 万元，比“九五”增长 51%。重点项目建设进展顺利，工业园区，洺州苑，华新建材更新改造，城乡电网改造，旧城改造，新城区框架道路，有线电视邮政通信，城乡道路建设，住宅楼、教学楼、办公楼、营业楼等项目迅速发展。2003 年投资突破 10 亿大关，2005 年投资达到 14.2 亿元，是该时期的投资高峰年，华新建材扩建、馨帛集团 6 万纱锭两个市级重点项目完成投资 8900 万元。实施县级重点项目 106 个，其中超千万元的 15 个，完成总投资 4.5 亿元，为经济发展增添后劲，注入了活力。

2008 年，世界金融危机爆发，中国商品出口受阻，经济发展一度受到影响，为保增长，保落实，国家及时采取措施，投入 40000 亿元，加大基础建设，拉动内需，河北省政府出台

《关于加快推动城镇化进程的若干意见》，开展城镇面貌“三年大变样”活动，威县固定资产投入加快加大。2009，年全县固定资产投入达到304810万元。

第二节 投资结构

项目规模

1984年，威县固定资产投资仅有一个百万元以上的项目，即章台化肥厂更新改造118万元。随着经济的发展，大项目不断涌现。1991年出现500万元以上的投资项目，1994年开始出现千万元以上投资项目，2005年出现第一个亿元投资项目。2001年后，全县500万元以上的投资项目不断涌现，其投资额占基建、技改投资总额的比重不断增长。其中：工业园区、中华大街改造、洺州苑、乡村道路、北外环等，其单个项目年投资额高于“七五”时期年投资额，甚至高于其累计投资额。大项目的启动，直接促进了投资规模的扩张升级，也为经济的快速增长奠定了基础。

投资类型

1990年以前，投资偏重于工业生产最前沿的技术改造。“七五”期间，基建技改投资比例为36.1∶63.9。“七五”时期的1989和1990两年，国家曾一度对固定资产投资规模进行清理控制，投资规模下降。“八五”以后，县域经济实力不断增强，经济积累逐年增厚，在注重生产发展的同时，投资领域不断拓展，投资方向逐步转向制约经济长远发展的各个“瓶颈”行业，诸如道路通信建设、农业投资、电网改造、城镇建设、乡村道路及商业楼、办公楼、住宅楼的兴建，直接拉动基本建设投资的快速增长。“九五”期间，基建、技改投资比转化为70∶30。“十五”期间两项投资的比例达到86∶14。2009年，两项投资的比重达到80.1%。

1990—2009年部分年份威县投资结构一览表

表7－14 单位：万元、%

年份	全社会固定资产投资	基建技改投资					
		合计	基本建设		更新改造		占全社会固定资产投资比重
			绝对量	比重	绝对量	比重	
1990	—	140	74	52.9	66	47.1	—
1995	22841	9252	7271	78.6	1981	21.4	40.5
2001	79632	14472	8970	62.0	5502	38.0	18.2
2004	122000	30278	27289	90.1	2989	9.9	24.8
2005	141900	49468	42818	86.5	6650	13.5	34.9
2009	304810	245301	167946	68.5	77355	31.5	80.1

投资产业结构

30年间，威县项目投资结构二三产业比重较大，二产比重最高的2009年达到64.2%，三产比重最高的1995年达到67.6%。而一产比重基本上在百分之十几左右徘徊，这与统计制度和一产的特殊性有关，威县第一产业基本上是分散的，因其分散户多，投资小，故而达不到立项规模。尤其是“八五”“九五”时期，交通运输邮电业投资比重曾高达18.8%和26.4%，拉动三产比重超过二产，第三产业投资已成为投资的热点。

1985—2009年部分年份威县基建技改项目投资结构一览表

表7－15　　单位：万元、%

年份	投资额	一产		二产		三产	
		绝对量	比重	绝对量	比重	绝对量	比重
1985	272	0	0	161	59.2	111	40.8
1990	140	0	0	66	47.1	74	52.9
1995	9252	249	2.7	2745	29.7	6258	67.6
2000	16144	2946	18.2	4789	29.7	8409	52.1
2004	30278	1800	6.0	14530	48.0	13948	46.0
2005	49468	2008	4.1	19747	39.9	27713	56.0
2009	245301	25869	10.6	157461	64.2	61965	25.2

投资所有制结构

1982年，全县社会固定资产投资完成105.5万元，投资主体为国有单位和县属集体单位，因此国有经济和县属集体经济成为整个投资的主体。“七五”期间，企业改制尚未起步，国有经济仍是投资的绝对主体。“九五”期间，集体经济较为活跃，使得国有经济投资比重下降。1999年，全社会固定资产投资完成6.6亿元，国有固定资产投资8678万元，仅占固定资产投资的13.2%。2000—2009年，国企改革逐步深化，其他经济浮出，投资主体呈多元化格局。2009年全社会固定资产投资30.5亿元，国有经济2.0亿元，集体经济1.6亿元，股份制经济9.9亿元，私营经济8.1亿元，其他所有制经济3.3亿元，农村个体经济5.6亿元。分别占6.6%、5.2%、32.5%、26.6%、10.8%和18.3%。

第三节　资金来源

资金来源可分为预算内资金、贷款、利用外资、自筹资金和其他资金五种渠道。80年代，国家无论在预算内资金还是金融贷款方面对企业都给予极大支持，二项资金都占绝对份额，1984年达三分之二强，其余资金不足三分之一。“八五”期间，仍占半数，自筹资金，其他资金等各种融资渠道逐步拓宽，四者平分秋色。“九五”以后，随着市场经济的不断深入，国有企业改革步伐加快，国有资产逐步退出，预算内资金份额逐渐减少。同时，金融部门惜贷、慎贷现象普遍，累计资金比重下降。随之，企业抗风险能力逐步增强，自筹资金和其他资金比重加大，利用外资比重增加，融资渠道发生明显的转移。“十五”期间，预算外资金减少，自筹资金仍是主要融资渠道。金融部门在国家几度降息的情况下，加大对企业的贷款力度，贷款呈现回升趋势。

第五章　消费品市场

1979—2009 年，威县消费品市场发生翻天覆地的变化。国有商业在商品市场“一统天下”的局面已不复存在，代之以多元化经济成分进入商业领域，构成全方位、多层次满足市场需求的新格局。实现由卖方市场向买方市场的历史性转变，市场在经济发展中的作用明显增强。特别是 1985 年以后，改革开放与经济的持续增长带来了市场的繁荣。城乡消费品市场差距逐步缩小，消费者购买力增强，消费档次和总量呈快速提高和增长态势。1979 年到 2009 年，社会消费品零售额由 2544 万元增加到 159631 万元，增长 61.8 倍。

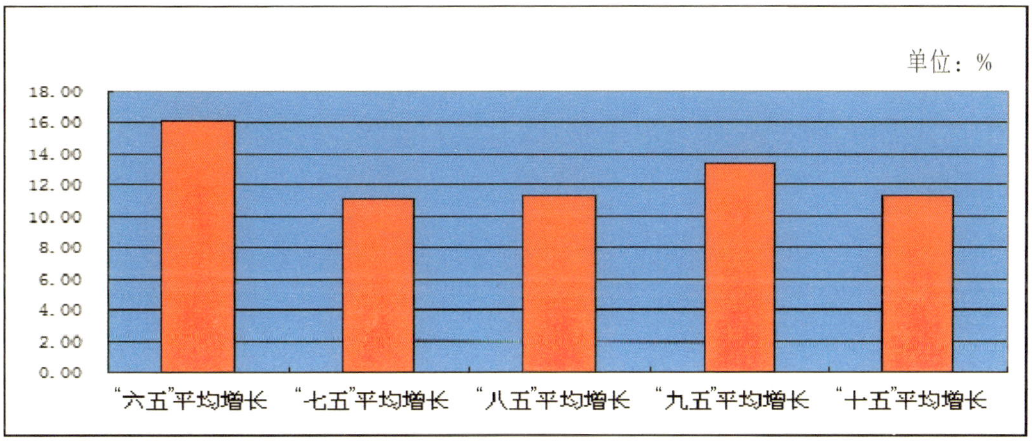

图 7－8　各时期威县社会消费品零售总额增长速度示意图

第一节　零售网点

1979—2009 年，全县商业网点和从业人员逐年增多。到 2005 年底，商业网点发展到 3292 个，贸易人员 9230 人。一批综合性商业机构相继落成。如汇通超市、华盛超市、华联超市、家家福超市、洺水中心商场、新时代广场、大合时装城等一些初具规模的复合型超市相继建成营业。在大型商场发展的同时，随着居民生活质量的上升及需求档次的提高，各种专业店、专卖店、超市也迅速崛起，如福州鞋成、唯帅裤业、鲁宾汉裤业、新郎西服、伟志西服、国人西服、健民大药房、海尔专卖店、三联家电等各式消费品专业店、专卖店以其专业经营的规模效应与品牌效应吸引顾客。一些个体商店、超市、便民店等遍地开花，形成联结产销、遍布城乡、覆盖全县可以满足不同消费层次需求的市场营销网络。

第二节 市场特征

1985年前，威县经济基础比较薄弱，计划经济一统天下，市场机制不健全，供需矛盾比较突出，物资十分匮乏。商品短缺，凭票供应是当时市场的主要特征。1985年始，随着改革开放的逐步深入和国家工作重心的转移，商品供应逐渐丰富，但卖方市场局面仍未彻底改变。1988年的抢购风及物价上涨，其根本原因是社会总供给不足。直到1997年下半年，随着经济的发展及市场经济体制的建立和完善，被长期窒息的生产力充分释放出来，商品生产能力空前提高，绝大部分商品供应充足。之后，消费品市场实现由“卖方市场”向“买方市场”的转变。各商家竞相利用节假日推出多种形式的促销活动，以适应买方市场的新形势。

市场规模

1979年，威县社会消费品零售额仅2544万元。随着居民收入的提高及对市场新产品的强烈消费欲望，到1989年全县社会消费品零售额达到8411万元，比1979年增长2.3倍。1999年，消费品市场再度升温，完成销售额达46295万元，比1979年增长17.20倍。2003年春季在遭受“非典”严重困扰的情况下，全县社会消费品零售额仍达60032万元，2009年达到159631万元，1979—2009年，增长61.8倍。

经济类型

1986年，从各种经济类型消费品零售额的市场份额看，国有经济占34.7%，集体经济占29.8%，私营和个体经济占31.7%，其他经济点3.8%。1989年，国有经济为35.5%，集体为34.7%，私营和个体经济占27.6%。1999年，多种所有制形式并存的局面基本形成，消费品零售额国有经济降为10.4%，集体经济降为2.4%，个体私营及其他经济上升为87.2%。即使在这不足五分之一的公有（国有与集体）份额中，其经济形式也多为承包或租赁。随着市场主体的多元化，消费市场一改过去以国有和集体商业企业单边活跃的局面，形成多渠道、多层次、多种所有制形式的竞销格局。2005年，公有制经济与非公有制经济的比重分别为5.2%和94.8%。与此同时，市场消费档次更高、领域更宽、更加丰富多彩。

营销业态

20世纪90年代中期以前，威县消费品市场多为综合性商场、柜台式经营。进入90年代后期，百货商店、连锁店、便民店、超市、专卖店、仓储店等不同商业业态以各自不同的特色优势抢占市场份额，吸引着广大消费者。家电家具代购代销，各种专业、专卖产品定价提成销售，让利、降价促销活动及花样不断翻新的广告手段、信息战术等，在让百姓得到实惠的同时增加了商家的收入。现代营销方式成为激烈竞争中必不可少的商业行为，新兴业态更是消费品市场上的一道靓丽的风景。

单位：万元

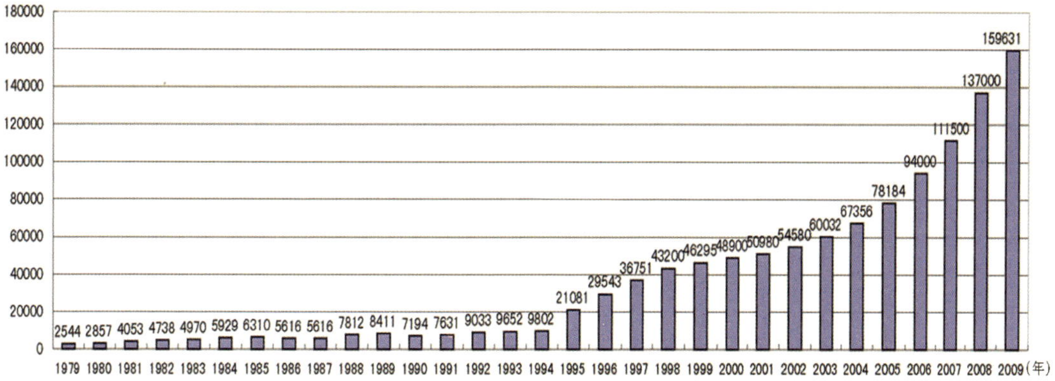

图7－9 1979—2009年威县社会消费品零售额柱状图

1979—2009年威县社会消费品零售总额统计表

表7－16　　单位：万元

项目 年份	社会商品零售总额	社会消费品零售总额	经济类型			
			国有	集体	私营和个体	其他
1979	4184	2544				
1980	4343	2857				
1981	5285	4053				
1982	6304	4738				
1983	7524	4970				
1984	8923	5929				
1985	9516	6310				
1986	8549	5616	2967	2545	2712	325
1987	10300	5616	3494	2998	3466	342
1988	12547	7812	4620	3775	3866	286
1989	14137	8411	5018	4899	3906	314
1990	13045	7194	4256	4808	3692	289
1991	13700	7361	4591	4843	3971	295
1992	14537	9033	4628	4878	4656	375
1993		9652	5508	1100	3044	
1994		9802	3193	1142	5467	
1995		21081	9871	1901	9309	

续表 7－16

年份＼项目	社会商品零售总额	社会消费品零售总额	经济类型			
			国有	集体	私营和个体	其他
1996		29543	9124	1383	19036	
1997		36751	8210	1635	26906	
1998		43200	7276	1465	34459	
1999		46295	4785	1125	40385	
2000		48900	4100	1110	43690	
2001		50980	4170	1110	45700	
2002		54580	4270	1080	49230	
2003		60032	4040	1080	54912	
2004		67356	4120	1080	62156	
2005		78174	4080	1070	73024	
2009		159631				

说明：1993 年统计指标口径变动："社会商品零售总额"改为"社会消费品零售总额"。按经济类型分类中"其他"项划入"私营和个体"当中

第六章　对外开放

第一节　招商活动

组织开展经济技术协作

1986 年 7 月，成立县经济技术协作办公室，组织和开展对外经济技术合作。主要是以内联为主，引进资金、联合生产、合作经营等形式广泛联合与合作。招商形式主要是通过在外工作的威县老乡，帮助寻找合作伙伴，以解决技术难题，购销物资产品为主。从 1986 年至 1990 年，先后引进各类项目 69 个，其中技术项目 17 个，合营项目 5 个，技改项目 46 个，中外（港）合资项目（邢台贤达药材有限公司）1 个，引进资金 3013 万元。同时在全国各省市建立松散型联络网点 13 个，1987 年与浙江省诸暨县结成友好县，1988 年在北京、石家庄、武汉、天津、浙江诸暨设立联络处。

举办金秋艺术节

1991 年 10 月 20 日至 22 日，举办威县金秋艺术节，指导思想是文化搭台，经济唱戏，艺

术为媒，广交朋友，宣传威县，发展经济。参加此次艺术节的各界人士有760余人，其中经济、科技界人士190余人，涉及北京、天津、河南、山东、石家庄、西安和台湾等10多个省市和地区的80余家企业、大专院校、科研单位，此次活动签订合作协议项目12个，达成合作意向项目5个，引进技术42项、人才8人、资金23万元。威县与天津市河东区结成友好区县。同年，县农业开发利用外资项目开始实施，项目总投资4631.7万元，其中，世界银行贷款2352.6万元，国内配套资金2279.1万元。

召开经贸洽谈会

2003年10月，威县举行义和团纪念馆开馆仪式暨河北威县经贸文化洽谈会。这是威县规模最大的一次自办招商活动。县开放办公室汇编印发《威县投资指南》2000余份，就威县基本情况、优惠政策，重点项目、产业、产品进行重点宣传。河北省军区政委张连仁，河北省政府副省长柳宝全，河北省政协副主席王建忠，邢台市委书记董经纬，邢台市政府市长张洪义，石家庄市政协主席李宏英等省市县领导以及包括美国、马来西亚、澳大利亚等国家和中国香港地区的专家、学者、实业家等各界人士700余人，参加这次活动。活动期间，举办大型洽谈活动2次，还先后举办威县书画展和工农业产品展以及“县域经济”和“棉花产业”讲座及论坛，经贸活动签订项目42个，贸易合同56个，合同投资额23.48亿元，合同交易额3.6亿元。

实施招商引资主体战略

1996年，县委、县政府实施招商引资主体战略，每年按乡镇和县直有关部门下达招商引资任务。实行招商引资目标责任制，各单位的招商引资完成情况列为年度考核内容，在招商方式上，主要采取政府组团招商的方式，参加国家、省、市举办的经贸洽谈会。主要活动有河北省（香港）投资贸易洽谈会、邢台（深圳）经贸合作洽谈会、5·18河北省经贸洽谈会、中国吴桥国际杂技节经贸洽谈会等。1998年新上投资2000万元的台商独资企业1家——白杨（邢台）木业有限公司，产品全部外销。2000年注册三资企业2家——邢台俊兴皮业有限公司和威县燕南宾馆有限公司。2001年注册中外合资企业1家——邢台宏成皮毛制品有限公司（县粮食局皮毛厂与澳大利亚客商合资兴建）。2002年县经济信息中心创办招商网站——威县之窗。

2005年5月，县委、县政府出台《关于优化发展环境鼓励招商引资的规定》。9月下旬，县召开“百日百团”招商动员大会，即组建100多个招商团队，利用年前100多天的时间集中主要精力开展大规模的招商活动。活动期间签约项目98个，合同投资30多亿元，其中国能（威县）生物发电项目和洺州纺织项目分别投资5.2亿元和2.4亿元，结束了威县无亿元项目的历史。其中生物发电项目还成为威县首个省重点建设项目。到2005年底，县内中外合作企业3家、从业人员248人、实际利用外资117.5万美元，外资分支机构23家。

2006年，全县认真贯彻招商引资主体战略，确定2006年为“全民招商年”，通过广泛发动，政策推动，优化投资环境等措施，开展招商引资工作。全县新上固定资产投资在300万元以上的招商项目68个，其中工业项目63个，内资签订合同3000万元以上的项目8个，其中亿元以上的项目5个；外资已签约项目3个，总投资3175万元。全年引进外资320万美元，内资共到位5.7亿元，占年任务的200%，同比增长170%，引进技术34项，人才221人。

2009年，全县围绕“跨越发展、升位崛起”的奋斗目标，深入推进两次“百日招商”活动，全县招商引资和对外开放工作取得历史性突破。共组织外出推介招商623次，邀请外地客商到威县考察434次，签约项目174个，固定资产总投资121.5亿元，其中超亿元项目21个，比前六年之和还多82.2亿元。

图7-10　2009年4月，威县召开百日招商活动动员会议

第二节　优惠政策

自1991年至2009年为优化投资环境，发展外商投资企业，充分调动全社会招商引资的积极性，县委、县政府制定一系列对外开放优惠政策。1991年制定《威县鼓励发展外商投资企业的暂行规定》，2005年，制定《关于加快县城新区发展的优惠政策》，2009年，制定《关于进一步扩大对外开放加快招商引资步伐的若干规定》。

用地优惠

1991年规定，对产品出口企业和先进技术企业的场地使用费，在建设期间予以免收，自企业正式投产之日起，开发费和使用费综合计收，按每年每平方米人民币2~10元。开发费一次性计收或上述企业占用荒废土地自行开发场地，使用费按每年每平方米人民币1~2元。

2005年规定，凡不是国家法律法规明令禁止的，固定资产投资达到1000万元（外资按同期汇率折算，下同）以上的项目（非生产性项目除外，下同），均可进入县城新区，并可通过县政府赠用、出让、作价入股等方式获取土地使用权，执行优惠价格。对固定资产投资在1000万~2000万元（不含2000万元）的项目，每亩地价4万元；对固定资产投资2000万~5000万元（不含5000万元）的项目，每亩地价3.5万元；对固定资产投资在5000万~1亿元（不含1亿元）的项目，每亩地价3万元，并以固定资产投资5000万元为起点，每多投入1000万元的固定资产投资，无偿赠用土地5亩；对固定资产投资在1亿元以上大型项目，一事一议，特事特办。

2009年规定，一般生产性项目，固定资产投资（不含土地投入，下同）达到1000万元以上的，项目用地执行工业用地最低出让价每亩6.6万元的标准。固定资产投资2000万~3000万元（含3000万元）的项目，投产后从企业纳税县留成部分，按项目用地每亩奖励技改、环保等配套资金1.6万元；固定资产投资3000万~5000万元（含5000万元）的项目，投产后从企业纳税县留成部分，按项目用地每亩奖励技改、环保等配套资金2.6万元；固定资产投资5000万元至1亿元（含1亿元）的项目，投产后从企业纳税县留成部分，按项目用地每亩奖励技改、环保等配套资金3.6万元；对固定资产投资1亿元以上的项目实行一事一议。对高科技产业项目、棉花深加工项目，按上述标准提高一个档次给予奖励扶持。对固定资产投资超亿元的工业生产性项目，根据投资者实际需要，可在工业区内供给适量综合用地，在县城规划区内批量购置职工住宅时，给予减免城市配套费等照顾。对较大规模的商业、服务业、娱乐业等经营性用地和社会公益事业用地，优惠政策实行“一事一议”。项目用地的投资强度应符合相关规定。项目投资额的认定，以实际投入到位资金为准。

税收优惠

1991年规定，中外合资（合作）经营的产品出口企业和先进技术企业，对外投资额达到注册资本50%以上的，合资（合作）期限10年以上，返销产品50%以上的，按规定予以减免税。在减免税期满后，中方应得利润的15%～20%让给外方，让利期5年，并以外币支付。外商独资经营的产品出口企业和先进技术企业，在法定减免税期满后，经县税务部门批准，在税收方面继续给予照顾。外方利用分得的利润再就地新建或扩建中外合资（合作）经营的产品出口企业和先进技术企业，从企业开始获利的年度起，中方应得利润的15%让给外方，让利期五年。

2005年规定，凡进入新区的新办企业，自投产之日起，前5年所缴增值税、所得税县享部分全部返还，第6～10年按50%返还。外资及合资企业除享受国家税法规定的优惠政策外，同时享受上述优惠政策。对新区内企业增加投资额度，扩大生产规模，（其增资部分的投资费用和生产经营所得是分别设立账册进行单独核算的），前2年其增资部分所产生的所得税县享部分全额返还，第3～5年按50%返还。凡企业年纳税额达100万元（扣除享受优惠政策返还部分，下同）以上的，由县财政按其纳税额的5%注入财政扶持资金，支持企业发展。年纳税额超过300万元的，按纳税额的10%注入财政扶持资金。上述财政资金在企业生产或经营期内，不收息、不分红、不收回，由企业无偿使用。

2009年规定，对新上固定资产投资500万元（不含土地投入，外资按同期汇率折算，下同）以上的工业项目和农业项目、社会公益基础设施类项目，投资1000万元（含1000万元）以上的商贸流通、服务业项目，从项目建成投产或开始经营之日起，3年内企业缴纳的所得税，按县享部分的50%予以奖励。对新上固定资产投资1000万元以上的工业项目和农业项目、社会公益基础设施类项目，投资3000万元以上的商贸流通、服务业项目，从项目建成投产或开始经营之日起，前2年，企业缴纳的所得税，按县享部分等额予以奖励，第3～5年按县享部分的50%予以奖励。对现有企业扩大规模、外来企业兼并县内现有生产性企业，新增固定资产投资超过500万元的，以上年纳税额为基数，3年内，企业缴纳的所得税，超基数部分按县享部分的50%予以奖励；对收购破产、停产生产性企业的，视为新上项目。进入县城新区的固定资产投资达到1000万元以上的新建生产性企业，自投产之日起，除享受上述税收优惠外，固定资产投资1000万～3000万元（含3000万元）的，3年内，按缴纳增值税县享部分的50%予以奖励；固定资产投资3000万～5000万元（含5000万元）的，前2年按缴纳增值税县享部分的50%予以奖励，第3～5年按缴纳增值税县享部分的25%予以奖励；固定资产投资5000万元以上的，前3年按缴纳增值税县享部分的50%予以奖励，第4～6年按缴纳增值税县享部分的25%予以奖励。对新上生产性项目和现有工业企业，县有权处置的行政事业性收费，予以免收或缓收，缓收项目缓收期为3年。对县无权处置的收费项目，全部按最低限收取。对高科技产业项目、棉花深加工项目的税费优惠，实行“一事一议”，进一步提高优惠幅度。

信贷支持

1991年规定，中方股金不足部分，银行认可后，可代企业发行债券、股票。企业生产经营需要借贷的短期周转金，银行审核后，予以优先解决，并按企业贷款最低利率计息。

2005年规定，对入区企业，实行县内各商业银行联系帮扶制度，由各商业银行对口帮助企业积极搞好信用等级评定，营造良好的融资环境。对固定资产投资达2000万元以上的，明确由各商业银行行长分包，积极争取上级信贷投放规模，实行信贷重点倾斜。信用联社要充分发挥好地方金融机构的职能作用，重点对入区企业进行贷款支持。

2009年规定，对重点项目和企业，实行金融部门分包承诺制，帮助企业搞好信用等级评定，扩大贷款抵押范围，创造条件，予以信贷倾斜。对企业办理土地、房产贷款抵押手续，国土、建设、物价等部门要提供优质快捷服务，最大限度放宽抵押手续有效期限，对评估费用实行减、缓、免。对重点企业（固定资产3000万元以上或年纳税100万元以上，下同）需要贷款的，经县政府批准，可由县中小企业信用担保中心提供担保，帮助企业解决“贷款难”问题。对符合产业政策的项目和企业，县有关部门积极帮助申请国债等资金支持。

外商优惠

1991年规定，外商投资企业，有权依照合同、章程制定各自企业的发展规划和经营计划，有权建立适合本企业的经营管理制度，设置内部管理机构。可以根据生产经营需要，由董事会自行确定机构和人员的编制，在当地劳动人事部门的协助下，自行招聘、辞退、解聘职工（含干部）。香港、澳门、台湾同胞的公司、企业及其他组织和个人投资举办的企业，除参照该规定执行外，还可享受更加优惠的待遇。

收费优惠

2005年规定，对县有权处置的行政事业性收费，给以免收、减收或缓收，缓收项目缓收期为3年；对县无权处置的收费项目，全部最低标准减半收取。对免、缓收以外的行政事业性收费项目，实行托口管理，由新区管理组织统一代收代缴。凡市以上部门到县新区企业中收费、罚款的，属于县确定缓收项目的，县直有关部门要先予垫付，待缓收期满后再从相关企业收取。

承办审批优惠

2005年规定，入区企业和建设项目需办理的审批立项、验资审计、领取执照、税务登记等一切手续，均由新区管理组织实行“包揽式”办理，由新区管理组织及时组织相关职能部门集中办公，实行一站式审批。对企业所需的各种证照，一般在3个工作日内办结。需要到省、市审批的，责成有关部门限期办理到位。对固定资产投资5000万元以上的，各种证照和手续由新区管理组织负责代办。进入新区的企业可冠以河北省名称，并允许分期注入注册资金。

投资奖励

2005年规定，对项目业主按固定资产投资额度（以到位资金的审验和资产评估结果为准）予以奖励：投资在1000万元以上的，由县委、县政府评为业主“项目建设先进个人（单位）”称号；投资在5000万元以上的，由县委、县政府授予业主“威县发展功臣”称号；投资在1亿元以上的，由县委、县政府授予“威县发展功勋”称号，并可根据业主要求，在政治上授予名誉职务。同时，固定资产投资每5000万元，奖励业主普通类大中专毕业生财政供养就业指标1个，最多不超过10人。

环境保障

2005年，在基础设施方面，对入区企业无偿帮助实现通路、通供水、通电、通排水、通电话、通宽带、通有线电视信号和场地平整等“七通一平”。在管理服务方面，实行“封闭管理、一口对外”未经新区管理组织批准，任何单位和个人一律不得擅自到区内开展检查、收费等活动，不准到企业进行各种名目的摊派、集资，不准冻结企业资产、封存企业账户、传唤企业法人代表或宣布停工停产，不准以任何理由干扰企业的正常生产经营。

2009年规定，对进入园区的新建项目，无偿提供“七通一平”。对外地客商来威县投资创办企业和建设项目的，一律由县政府颁发客商证，对持证客商在生产经营、生活娱乐、子女就学、人身安全、体检就医、车辆通行等方面，给予优待和保障，在威县境内，不查车、不扣证、不罚款。客商遇到无法排除的困难和干扰的，可直接持证要求县长接见，帮助解决难题。涉及外商投资企业和重点挂牌保护企业的执法检查、收费、罚没行为，由县治理经济环境办公室把关申报，经县长批准，县治理经济环境办公室出具批准通知书后，方可进入企业执法。对不按规定超标准收费和未经县公示的收费，企业有权拒交。任何单位和个人一律不准接受企业宴请和馈赠，更不准向企业索要和借用财物、报销费用、借用车辆。严禁借办证、年检、年审、年验之机，强行向企业搭车收费。严禁干扰、破坏企业正常生产经营秩序，损害经济发展环境。建立经济发展环境评议机制，由企业定期对执法执纪部门的行政效能、服务经济发展等情况进行评议排位。对首次评议企业意见集中、问题突出的部门，在全县进行通报批评，并给予“黄牌警告”。连续两次评议，排位倒数第一名的，对县管部门领导班子予以调整；对垂直部门，由县委、县政府向其上级主管部门如实反映情况，并提出班子调整书面建议。

人才及用工优惠

2009年规定，经县政府批准，固定资产投资5000万元以上或年上缴税金200万元以上的民营企业招录的全日制本科以上学历毕业生，根据投资和贡献情况，经县编制委员会研究批准，可由县人事劳动部门予以办理财政全额事业单位工作关系，保留档案工资。在企业连续工作满4年后，可回原分配事业单位工作。继续留在企业的，经人事劳动部门批准，除在企业领取应得薪酬外，4年内，县财政为其发放档案基本工资。保障企业用工自主权，需协助招工的，县人事劳动部门提供无偿服务。企业新招工人需在县内培训的，由县提供适当培训经费。需到外地进行培训的，对受培训人员给予适当生活补贴。对企业招用的“40、50”失业人员，给予政府补贴，减轻企业负担。

第三节　奖励政策

1992 年始，为鼓励国内外经济和社会组织及个人为威县引进技术、资金、人才，县委、县政府制定引进人才技术资金的奖励办法。

投资奖励

2009 年规定，对项目业主按固定资产投资额度（以实际投入资金的审验和资产评估为准）予以奖励：投资在 1000 万元以上的，由县委、县政府评为业主“项目建设先进个人（单位）”称号。投资在 3000 万元以上的，由县委、县政府授予业主“威县发展功臣”称号，并优先安排项目业主具有大专以上学历的子女就业。

引资奖励

1992 年规定，凡引进国内外资金，在威县兴办合资、合作项目者，威县合作方，按客方在项目中实际出资总额的 1%，给引荐人一次性奖励，并依照招工指标和职工条件，优先录用引荐人亲友 1～3 名为合同制工人；引进国内外独资在县开办企业的，自投产之日起，连续 3 年从独资企业所交纳的税金中提取 3%，由县财政给予引荐人奖励；引进国外来料加工、来件装配、来样定制、补偿贸易项目，受益企业按第一个生产年度纯利的 20%，给予引荐人一次性奖励；引荐劳务输出，可按该合同由县派出单位实行劳务款的 3%，给予引荐人一次性奖励；引进国内外贷款，由县借款方按借款额的 5‰，给予引荐人一次性奖励；引进国内外科技成果，属于新建项目，按项目正式投产后，第一个生产年度税前利润的 5%；属于科技技改项目，按该项目正式投产后第一个生产年度新增利润的 5%，发给引荐人一次性奖励；提供产品配方、工艺、图纸、资料由受益方按当年新增盈利的 20%，发给引荐人一次性奖励；引荐承包国内外工程，可按承包方第一年应得工资性收入的 2%，给予引荐人一次性奖励；引荐国内外、港澳台团体或个人在县兴办科技开发、文化教育、卫生医疗等非经营性项目，按引进价值的 2%，由接收单位给予引荐人一次性奖励；外商投资者经书面授权和办理公证可聘任亲友或项目引荐人 1～2 名为外方代表、代理人。户口迁移、工作调动问题，可按现行规定协助办理；对本县经济发展和社会事业发展做出突出贡献者，无偿资助文教和社会福利事业者，经县政府批准，可以立碑，引荐人可授荣誉证书、荣誉命名；县外科技、管理人员，经县政府同意批准来县开展组织技术攻关、指导产品开发，在县工作期间每月发给不低于 400 元的劳务费；县外科技、管理人员，来县领办、承包、租赁关停或亏损企业，连续三年获利，累计纯利在 50 万～100 万元，可奖励价值 3 万元住宅一套，并给予引荐人 5000 元的一次性奖励，愿调我县的其子女、配偶，可优先办农转非，并安排就业、就读；凡是提供购销信息，促成购销业务，中介人可从受益单位提取该项业务纯利 20% 的服务费。达成常年购销业务，年获利 10 万元以上，引荐人除按规定提取服务费外，给予一定数额的一次性奖励。

2005 年的内容有：对从国家和省、市等上级部门争取的无偿资金，根据数额大小，年底由县政府研究，专门予以奖励。奖励资金从县长基金中列支。单位或个人引进县外有偿资金，由受益单位与引荐者协商奖励金额。奖励资金由受益单位支付。对引进县外固定资产投资达到 500 万元以上项目的，在项目建成投产或开始经营后，属个人引进的，按项目固定资产投资额（不含土地投入）的0.5%一次性奖励个人，属单位引进的，按0.3%一次性奖励单位。奖励资金由县财政列支。对引进固定资产投资在2000万元以上的个人，不要求物质奖励的，可奖励普通大中专类毕业生财政供养就业指标1个。

2009年规定，对从国家和省、市等上级部门争取的体制外无偿资金，根据数额大小，年底由县政府研究，专门予以奖励。奖励资金从县长基金中列支。单位或个人引进县外有偿资金，由受益单位给予奖励，奖励资金由受益单位支付。对引进县外固定资产投资达到1000万元以上的项目，投产或经营后，纳税贡献较大，按项目固定资产投资额的0.3～0.5%一次性奖励引进人。奖励金额最高不超过200万元。奖励资金由县财政列支。对引进项目，既有引进人，又有引荐人的，引资奖励由引进人和引荐人按5∶5比例分配。对引进固定资产投资5000万元以上，不要求物质奖励的，可优先安排具有大专以上学历的子女就业。

纳税奖励

2009年规定，对年度纳税前五名的纳税大户（包括生产性企业和流通企业），且对地方税收贡献较大，符合有关纳税考核规定，给予县长特别奖，并优先安排纳税人具有大专以上学历的子女就业。

第四节　投资软环境建设

为优化经济发展环境，扩大开放，加大招商引资力度，鼓励县内外客商在威县投资兴业，促进威县经济跨越式发展，县委县政府加强投资软环境建设。

政务公开透明

推行政务公开　2002年全县各执法部门推行政务公开，将执法主体、执法依据、执法程序、办事期限、办事结果、承办机构和执法人员法律责任以及行政管理相对人依法享有的权利、对违法行为的投诉方式等，通过政务公开的形式向社会公布，增加透明度，以公开促公正，主动接受监督。2005年，政府各职能部门对凡不涉及党和国家秘密的事项向社会公布，公开办事内容、办事程序、办事权限、办事时限、办事结果及收费标准和依据，接受社会监督。

压减审批项目　凡不符合《中华人民共和国行政许可法》规定的审批事项，一律予以取消。

放宽登记限制　企业设立登记时，凡不是法律法规明令禁止的，应予以登记。除法律法规规定应当前置审批的项目外，全部改为后置审批。对有筹建期的项目，工商部门可先核发有效期一年的营业执照，以方便企业办理其他手续。

简化年检程序　除法律、行政法规有明确规定外，其他年检一律取消。对保留的年检事项，实行统一时间、同一地点集中办理。对连续两年无不良记录和设立不足一年的企业予以免审，直接通过年检。

审批廉洁高效

实行审批限时办结　对具备条件的行政许可事项，属县审批的项目，3个工作日内办结，否则视为行政不作为。对市以上审批项目，县职能部门要积极联系上级对口部门，帮助企业和业主在最短时间内办结各项手续。

试行承诺审批　各职能部门在办证、年检、年审、年验过程中，对企业一时不能提供有关材料的，可在企业承诺限期补齐的情况下，先予办理各种手续，其后再补齐相关资料。

推行“三个一”服务模式　即解答咨询一口清、必要手续一次告知、请办事项一次办结。各职能部门根据部门职能设置，要分别编制办事指南。

执法公平公正

规范收费项目　1997年，落实“一证一书一卡”，即许可证、收费通知书和企业减负登记卡，对涉及企业收费项目进行清理，共取消8项，降低收费标准25个。2005年，对全县行政事业性收费项目和标准进行清查，共清理收费项目870个，取消130个，降低收费标准92个。对不按规定超标准收取和未经县公示的，企业有权拒交。

限制涉企行政执法行为　各行政执法部门涉企的执法检查、收费、罚没行为，一律须先向县治理经济环境办公室申报，经县治理经济环境办公室严格把关，出具批准通知书后，方可进入企业执法。

严禁将问题上交　各执收执罚部门要本着威县事威县办的原则，严禁将矛盾和问题上交省、市主管部门。

严禁吃、拿、卡、要、借、报行为　任何单位和个人一律不准接受企业宴请和馈赠，不准向企业索要、借用财物，报销费用，借用车辆；严禁强制企业接受指定性服务；严禁干扰、破坏企业正常的生产经营秩序；严禁借办证、年检、年审、年验之机，强行向企业搭车收费、征订报刊；严禁执法态度蛮横，对企业故意刁难；严禁为企业发展设置障碍，对企业进行打击报复；严禁审批过程中的推诿扯皮、应办不办、“不作为”“乱作为”现象。

生产经营环境宽松有序

1998年，县委县政府制定出台《保护支持重点项目重点企业建设的意见》，对重点项目实行“封山育林”式保护，排除干扰，营造宽松良好的环境。2005年，设立无干扰生产期，每月1～20日为企业生产经营无干扰期，在此期间，任何单位和个人原则上不得进入企业执法。因上级明确要求或其他特殊原因，确需在企业无干扰生产期内入企执法的，需报县治理经济环境办公室批准后，方可入企执法。

加强企业自我保护　对不能出具县治理经济环境办公室批准通知书的检查、收费和罚没行为，企业有权拒检、拒交。企业认为不合理的检查、收费、罚没事项，可向县治理经济环境办公室举报、投诉，县治理经济环境办公室要在三日内将办理结果向企业反馈。

维护正常的生产经营秩序　对欺行霸市、寻衅滋事等扰乱正常生产经营秩序和影响项目建设的行为，由司法机关依法从重从速查办。涉及县重点企业和重点建设项目的，明确由县主管领导负责，从快处理和解决。

清除公路“三乱”　严禁任何部门擅自上路设卡收费；公安、交通部门的上路人员要严格按规定执法，不得乱查、乱扣、乱罚，不得在县城规划区内、集贸市场附近查车收费；对运送地方产品、农用物资的车辆和当地建设项目、企业生产经营相关的外地车辆，除交通事故以外的违章，只纠正，不罚款，不扣车。

建立严格的行政问责机制

落实环境建设首长责任制 县委书记、县长是威县环境建设的抓总人。各职能部门一把手是本部门政务环境建设的第一责任人。凡对发生的干扰损害经济发展环境的行为漠然失察、纠正不力，并经群众或企业一次举报查实的，在全县范围内予以通报批评；再次举报查实的，给予黄牌警告；第三次举报查实的，对县管部门免去一把手职务，对垂直部门，由县委、县政府向其上级提出调离、调换建议。

完善监督管理机制 县治理经济环境办公室要加大对全县经济发展环境的巡回检查和明察暗访力度，实行月报制度，每月月底将巡查情况和经济环境存在的问题，特别是苗头性、倾向性问题及时向县主要领导反馈。要在不同规模、不同所有制形式的企业中，聘请社会监督员，加强社会监督。

实行“一次查实下岗”制 对各行政执法部门和窗口单位的工作人员有超限额收费、收费不开票、开少收多以及欺负外地客商的，故意刁难、接受宴请、索要财物的，不论数额大小，实行群众举报“一次查实下岗”制；情况特别严重的，追究单位主管领导和主要领导的责任；触犯刑律的，依法追究其法律责任。

兑现奖励政策

自1996年始，县委、县政府每年组织有关部门对各乡镇及县直单位的开放工作进行考核，并根据奖励政策对项目建设、招商引资的先进单位及先进个人兑现奖励。1996年，对开放工作排位前3名的洺州镇、常庄乡、贺营乡予以通报表扬，分别给予20000元、10000元、5000元的奖励，奖金由县财政列支，并奖授“开放工作先进单位”锦旗一面；对县直开放工作成绩突出的开发办、水利局、林业局、教育局、财政局等5个单位予以通报表扬，并颁发奖匾。同时对华威汽车内饰有限公司等10个乡镇企业予以通报表彰，并颁发锦旗和奖金；给予威德汽车有限公司经理田乐亭转县域干部，县财政按其所挂职务发工资，其父母、爱人、子女转为城镇户口；给予威县钢丝绳厂厂长魏立祥享受副乡级待遇奖励。

2006年，奖励固定资产投资超2亿元的国能威县生物发电有限公司法人代表普通类中专毕业生财政供养就业指标4个；奖励固定资产投资超亿元的220千伏输变电项目法人代表普通大中专毕业生财政供养就业指标2个；奖励固定资产投资超5000万元的河北德隆棉业有限公司法人代表普通类大中专毕业生财政供养就业指标1个。授予河北德隆棉业有限公司法人代表王新生“威县发展功臣”荣誉称号，颁发奖牌。对国能威县生物发电有限公司项目的引进单位畜牧办，按项目固定资产投资的0.3%一次性给予奖励64万元，用于单位跑办项目经费支出和引荐人员的奖励，奖励资金由县财政列支；对利晖油脂项目的引进人孙西贵等4人，按项目固定资产投资的0.5%给予一次性奖励9.2万元，奖励资金由县财政列支。

2007年，奖励固定资产投资超5000万元的威县华新建材有限公司法人代表、国能威县生物发电有限公司法人代表普通类大中专毕业生财政供养就业指标各1个，授予项目业主高军旺、王文华威县发展功臣荣誉称号，并颁发奖牌。对国能威县生物发电有限公司项目引进单位畜牧办及引荐人王留占，按项目固定资产投资的0.3%一次性给予奖励15.1万元，邢台康美食品有限公司引进单位常庄乡政府和引荐人张立春，按项目固定资产投资的0.3%一次性给予奖励7.1万元，邢台豪达牧业有限公司项目引进单位商务局和引荐人高玲，按项目固定资产投资的0.3%一次性给予奖励3.6万元，用于引进单位跑办项目经费支出和引荐人员的奖励，奖金由县财政列支。

2009年，对招商引资先进单位和先进个人进行表彰和奖励。授予招商引资考核中排位前十名的乡镇和排名前十名的县直单位2009年度招商引资先进单位荣誉称号，颁发奖牌。授予招商引资中做出突出贡献的董占坤、张香文、林金颖等23名同志2009年度招商引资先进个人荣誉称号，颁发荣誉证书。

搞好对外宣传

2006年编印反映威县六大招商优势的《威县投资指南》和《重点项目简介》2000余份，印制威县招商引资“两个专件”500余份，发给16个乡镇和县直部门及外来客商，并将其在互联网、威县招商网上发布，还向外地客商邮寄招商宣传资料100余份。

2007年又重新修订印刷中英文对照、针对性专业性很强的《威县投资指南》5000套；按照行业分类别精心包装印制《威县招商项目》名录2000册；刻制《威县宣传光碟》100盘。撰写《招商动态》40期、《工作调研》3篇。

2009年针对六大产业，搜集整理世界500强、中国100强企业名录，为各单位开展招商提供对接平台。探索出制定一套优惠政策、完善一个工作流程、制作一部宣传片、印制一本宣传册、整理一本通讯录、包装一批项目、绘制一套地图册、制定一个考核办法、出台一个实施方案的“九个一”招商新机制。

整理《项目在手胜券在握》《项目建设相关知识汇编》《昆山招商引资之路》《招商引资必须做好的八项工作》《发达地区产业转移态势暨经济欠发达地区如何开展招商引资工作》《威县全况》《国家产业政策研究》等七套书面培训资料。为搞好招商工作，聘请昆山中小企业协会秘书长孙建忠教授主讲《昆山之路》，省商务厅谢永法主任主讲县级招商引资的主要做法和成就，苏州大学教授顾建清主讲《优化投资环境、发挥地方特色、提升招商引资水平和地方经济竞争力》，邢台市委党校教授麻晓宏主讲《商务礼仪》。同时，组织观看北京大学金正昆等教授主讲的《商务礼仪》光盘。培训人员包括各乡镇、县直单位一把手、招商小分队成员等600余人。

第五节　重点引资企业

贤达（邢台）中药药材有限公司

邢台贤达中药药材有限公司，建于20世纪80年代末，是威县第一家中外（港）合资企业，由县医药公司与香港哈佛斯特国际贸易公司合资兴办，项目总投资206万元，双方投资比例为3∶7。公司主要进行中药材加工，年加工量308吨，年产值540万元，利税75.21万元，产品75%以上外销，年创汇83万美元，合同期15年。1993年4月企业改制为港商独资企业——贤达（邢台）中药药材有限公司。

邢台俊兴皮业有限公司

邢台俊兴皮业有限公司，是威县东关皮毛厂于2001年与加拿大客商谢仁兴共同投资兴建的中外合资企业。公司地址在县城朝阳东路，下设县城东关、贺营乡小营两个加工分厂，占地3.2公顷，建筑面积14000平方米，职工300余人，其中高技术人员30多人，公司有各种先进生产设备200多台套，注册资金50万美元，其中外商出资17.5万美元。公司主要生产羊剪绒鞋里皮、服装里皮、领子毛、毛革一体服装皮、鞋皮以及装饰用羊羔皮型皮及制品。

公司具有自营进出口权，是国家进出口检验检疫局批准的生产进口羊皮的定点厂家，年加工羊皮80万张。

2005年加工绵羊皮50余万张，其中与法国宝莱纳公司合作生产28万张，产值达5000多万元。产品直接出口法国、俄罗斯等国家，出口额220万美元，国内销往天津、辛集、北京、温州、广州、福建晋江等皮革服装厂家、皮鞋厂家。公司多次被邢台市评为农业产业化龙头企业、特色行业龙头企业、明星企业、AAA级信用企业、信用优良企业等。

邢台橡胶有限公司

邢台橡胶有限公司最初是由河北轮胎厂、威县佳成化工建材有限公司共同出资兴建，注册资本为600万元，其中，河北轮胎厂占股51%，威县佳成化工建材有限公司占股49%。

公司于1995年3月18日奠基，于1996年3月18日正式竣工投产，实现一年建设完工，一次试车成功，当年实现利税超百万的佳绩，书写了威县乃至邢台市经济建设史上的光辉篇章，被誉为“城乡经济结合的典范”“深圳速度、亚运精神”。

2003年6月，公司重新进行股本结构调整，由县水务局、县国有资产管理局和河北轮胎有限责任公司三方股东组成，注册资本为人民币1130万元。经过11年的建设与发展，公司得到上级单位和社会的普遍认可，产品被评为“河北省地产最畅销商品”“邢台市名牌产品”，公司被命名为河北省明星企业、邢台市文明单位、威县纳税大户等省、市、县诸多荣誉。到2005年，累计实现内胎产量824万条，工业增加值7079万元，上缴税金1056万元。

邢台威德汽车摩托车配件有限公司

邢台威德汽车配件有限公司是常庄乡田村汽摩配件厂与台湾兆玉实业股份有限公司共同投资兴办的冀台合资企业，公司成立于1985年7月，项目总投资320万美元，公司不断发展壮大，到2005年，公司拥有资产6600万元，占地面积68800平方米，建筑面积19900平方米，公司有人员188人，其中职工130人，管理人员38人，中高级技术人员28人，业务员19人，生产各种型号汽车配件产品200余万套，2005年产值超亿元。主要产品有各种型号汽车、摩托车用软轴、软管、操纵钢索、胶管、密封条等，省政府授予其“千家骨干企业”称号；省工商局授予其“重合同守信用企业”等荣誉称号，与上汽集团、一汽集团、北汽集团、保定长城、轻骑摩托车集团、钱江摩托车集团等国内重点汽车摩托车制造商长期配套协作。公司产品经国家工商行政管理局商标局注册为“JT”商标。2001年6月公司取得GB/T19002:94标准质量体系认证书。2003年通过QS900：98质量体系认证，现运行ISO/TS16949:2002质量体系。

国能威县生物发电有限公司

国能威县生物发电有限公司是由国家电网直属位于北京的国能生物发电有限公司独资兴

建的。威县人民政府与国能生物发电公司于2005年11月达成合作意向，12月6日签署合作框架协议，确立项目正式落户威县。该项目位于县城北6千米106国道西侧，占地73000平方米，总投资5.2亿元，引进丹麦BWE公司进口设备，采用2×2兆瓦高位变压抽气凝汽式供热发电机组，2×130吨/小时高温高压秸秆燃烧锅炉，年发电量3亿千瓦时，年消耗棉秆30万吨。该项目分两期实施。2005年10月至2006年3月，合作双方完成落实项目有关的厂址选择、土地预审、技术方案、环境影响、水源、热负荷、配套电网、项目核准等手续。2006年3月25日开工建设，12月28日完成一期工程，正式点火发电。该项目在威县创造了投资规模最大、建设速度最快的纪录，同时是威县首家省级重点项目，使威县在省重点项目建设方面实现零的突破。

图7－11　2007年7月13日，河北省省长郭庚茂（中）到威县国能生物发电有限公司考察，与威县委书记孔祥友握手，邢台市委书记董经纬陪同/王韶峰供图

第六节　外经外贸

1987年前，威县无出口商品专门机构，出口商品由各厂家或个体户直接同省、地外贸部门联系出口。1987年始，随着对外开放政策的落实，县内出口商品品种不断扩大，威县出口商品主要有斧头、毛刷、棉花、黄谷、黄豆、大蒜、柳编工艺品等。1988年5月，威县成立对外经济贸易公司，负责出口产品的组织牵头工作。90年代初，县外贸企业迅速发展，对外贸易额逐年增长，1993年1月，威县土畜产品出口公司分设为威县土产品出口公司与威县畜产品出口公司，同时成立威县纺织品出口公司、威县五金化工出口公司，出口产品主要是工业斧头和农产品谷子、黄豆、棉花等。1996年威县出口商品收购总值达7891万元。但由于威县名牌特色产品少，外贸机构和企业一直没有自营进出口权，产品的对外贸易主要是靠进出口公司代理销售。1998年后，随着国家经济和企业体制改革，县外贸企业陆续改制为股份制和个体企业，县对外贸易呈下滑趋势。

2004年7月，新《中华人民共和国对外贸易法》开始实施，放开个人从事外贸的限制，威县一些私营、个体企业陆续获得进出口经营权，2005年，威县有5家拥有进出口经营权的企业，出口额118万美元。之后，对外贸易持续增长，2009年全县出口额289.7万美元。

第七章　扶贫开发

1994—2000年国家实施“八七扶贫攻坚计划”（指对全国农村8000万贫困人口的温饱问

题，力争用7年左右的时间基本解决）期间，威县以扶贫标准的极小差距，未被列入第一批贫困县之列。2001年国家扶贫政策有重大调整，县委、县政府如实向省、国家申报，邢台市委、市政府也把威县作为全市3个贫困县之一向上级申报，并推位第一。2002年3月，国家、省扶贫领导小组通过实地考察，正式确定威县为第二批省级贫困县。贫困县确定后，县委、县政府首先确定51个村为重点帮扶对象，由省计生委等4个单位，市政协、纪委、财政等15个单位及县直有关单位实施对口帮扶，在人力、物力、财力上进行支援。2004年，第一批19个村为帮扶对象，2007年第二批为32个村。2008年后又确定32个村进行对口帮扶。

第一节　申报省级贫困县

省级贫困县的申报

2001年国家扶贫政策有重大调整，同年9月，省扶贫办拿出部分资金，在全省非贫困县筛选确定贫困乡，进行一次性扶持。经县政府研究确定申报贺营、张营、贺钊、第什营、常屯5个乡。在全市只有14个指标的情况下，贺营、张营2个乡被省扶贫办确定为贫困乡。2001年10月省出台政策，规定非贫困县可以有贫困村，并重新评定贫困县，威县县委、县政府抓住机遇如实向省申报。邢台市委、市政府确定向省申报国家或省级贫困县时，按着“大稳定小调整”的原则，把威县列为向省争取的省级三个贫困县之一，并推位第一。2002年3月省扶贫领导小组正式批文确定威县为省级扶贫开发工作重点县。

扶贫村的确定

经向省市争取，确定威县省级扶贫开发工作重点村51个，其中第一批44个（2002—2004年扶持），第二批4个（2005—2007年扶持），第三批3个（2008—2010年扶持）。县委、县政府要求各乡镇申报一定数量的较贫困的村，然后由县政府办公室、民政局组织人员，在对所报200多个村逐村调查的基础上确定51个扶贫开发工作重点村。51个村分布在全县16个乡镇，共有人口51378人，其中贫困人口和低收入人口27700人，2004年底第一阶段扶贫开发工作结束；2005年初省市要求对第一批44个村进行验收标准如期出列，经验收19个村如期脱贫出列，25个村继续延续扶持，经争取又将第三批3个村按第二批对待，提前扶持，使第二阶段扶持的贫困村达到32个，为扶贫资金的争取奠定基础。

第二节　扶贫机构及措施

机构和人员编制

2002年3月，县委、县政府成立扶贫开发工作领导小组，由主管农村工作的县委副书记王少坤任组长，副县长陆秀珍任副组长，县委办、政府办、农工委、计划、财政、农业、林业、畜牧、科技、民政等有关部门主要领导为成员，组织协调扶贫开发工作的重大事项，其具体工作由民政局成立的专门组织负责。7月，正式成立威县扶贫开发领导小组办公室，为威县扶贫开发领导小组的常设办事机构，扶贫开发的全部职能由民政局划入扶贫办公室，编制为5个行政编制，其中主任1人，副主任1人和工作人员3人。

扶贫工作的主要政策措施

2002年威县根据省市要求，在广泛调查研究，多方征求意见的基础上，制定《威县农村扶贫开发规划（2002—2010）》，建设内容涉及人畜饮水和农田水利基本建设、交通、农业结构调整、科技开发、龙头带动、文教卫生与计划生育六个方面，明确全县扶贫开发工作的目标和任务。各重点村也按要求作三年扶贫规划。省委、省政府于2003年6月又召开全省扶贫开发工作会议，扶贫政策做了一定调整，出台《关于加大对扶贫开发工作重点县支持力度意见》，涉及计划、劳动、银行、交通、土地、建设、环保、电力、教育、文化、卫生、税务、工商、物价以及各涉农部门等近30个省直部门，明确要求向扶贫县倾斜。扶贫资金也由过去主要用于九大扶贫项目转向以“周转畜”“周转棚”“劳务输出”“移民搬迁”为重点的四大扶贫项目，其他项目将主要靠部门扶持为主，以推进《威县农村扶贫开发规划（2002—2010）》的顺利实施。

资金投入

2001—2005年，共计投入各类资金1641.4万元，其中，省市财政扶贫资金1407万元，省市县部门帮扶资金234.4万元。对项目资金的落实，坚持严格执行《河北省财政扶贫资金报账制管理办法》和《威县财政扶贫资金报账实施细则》，县财政设立扶贫资金专户，资金规划和安排情况在《邢台日报》县政府公开栏和重点村务公开栏公示，并公布举报电话，接受社会各界监督。资金拨付坚持按照扶贫、财政和有关部门联合验收、乡村确定认可、凭验收合格证、发票、项目预警合同式资金到户花名册拨付，并对资金到位情况跟踪监督。

第三节　项目建设

2001年拨付贺营、张营两个贫困乡一次性扶贫资金50万元，用于11个村的农田水利基本建设和扶持芦笋生产，打深井3眼，修旧井4眼，配套机井12眼，建设防渗管道17000米，扩大浇地面积333.33公顷。安装变压器2台，并架设部分输电线路，在贺营乡红龙集村发展芦笋33.33公顷。

2002年。根据县委、县政府的经济发展思路和工作部署，确定芦笋、大棚蔬菜、苜蓿、葡萄、养羊、打井等二类57个投资小、见效快的扶贫项目。项目安排到第一批44个重点村，共扶持发展芦笋200公顷，苜蓿33.33公顷，葡萄13.33公顷，三白西瓜20公顷，羊6100多只，猪700多头，打机井46眼（浅井45眼，深井1眼），配套机井6套，安装防渗管道4360米，上变压器9台，安装自来水管道5000米，受益人口达18000余人。

2003年，省委、省政府出台文件《关于进一步加大对扶贫开发工作重点县倾斜意见》。2003—2004年财政扶贫发展资金，重点用于发展“周转畜”“周转棚”“劳务输出”三大扶贫工程。主要项目包括贺营乡芦笋基地，贺钊乡枣棉间作示范园区，高公庄大棚蔬菜和“周转羊”“周转棚”“劳务输出”等共计82个项目，涉及44个重点村。建科技示范园区1个，建农业示范园区2万平方米，发展芦笋160公顷，蔬菜大棚、拱棚和食用菌棚839个、葡萄33.33公顷、“周转羊”2680只，建沼气池20个，项目还包括建学校、打井配套、安装防渗管道、道路建设等基础设施项目。全部项目受益贫困人口11922人。

2005年，县委、县政府提出“养猪鸡，扩蔬菜，种优棉，搞间作”的十二字农业产业结构调整思路，县扶贫办按照省市整村推进要求，重点为17个村规划安排“周转猪”和沼气池二位一体，“周转鸡”“周转蔬菜棚”“周转优质棉”，以及劳务输出和科技培训等方面的项目。发展“周转蔬菜棚”76个，“周转优质棉”516.67公顷，“周转猪”1750头，“周转鸡”60000只。

2001—2005年，共实施扶贫开发项目217个，受益人口10万余人。通过扶贫，贫困村经济实力日显增强，贫困状况得到缓解；农业产业结构调整步伐加快，基础设施进一步得到改善。

第四节　社会帮扶

2002年，省委、省政府确定全省开展党政机关定点帮扶工作，省委、省政府安排4个省直单位帮扶威县4个贫困村，15个市直单位帮扶威县15个贫困村，剩余32个贫困村分别安排32个县直单位和副科级后备干部联系帮扶。51个贫困村，村村都有单位帮扶，直至脱贫。2002—2004年，51个帮扶单位共帮扶资金物资130多万元，帮助实施打井、修路、建校、办电等50个项目。还为贫困村送去大量技术、信息、慰问品，为贫困村经济和各项事业发展做出贡献。特别是邢台矿业集团、省民航局、市交警队、市土地局、鲸鱼集团、县供电局等单位对帮扶村给予大力支持和帮助。

2005年，第二批32个扶贫开发重点村启动。省委、省政府对帮扶工作进行调整，实行省直部门、企业事业单位、大专院校、经济强县帮扶扶贫县的“四帮一”扶贫工程，并出台《关于“四帮一”扶贫工程的实施意见》，安排省人口和计划生育委员会、邢台矿业集团、光大银行石家庄分行、邢台学院四个单位组成“四帮一”工作队对威县进行帮扶，分别帮扶1个贫困村，由省计生委发展规划处副处长尹晨茹任队长，按照省安排部署，市委、市政府安排15个单位对威县15个贫困村进行帮扶，实行一帮三年，不脱贫，不脱钩。2005年共协调帮扶资金95万元，帮助贫困村修路，建学校，建两室，解决人畜饮水，打井，植树，安装变压器，提供图书、文化娱乐用品以及特困户过冬用品和大量技术信息。特别是省人口和计划生育委员会、邢台矿业集团、市纪委等6个单位对帮扶村都给予大量支持和帮助。

第五节　科技扶贫

2002—2006年，县扶贫办针对全县贫困人口多且素质低下这一现状，把搞好科技培训，提高贫困群众素质和生产技能作为重点，坚持实际、实效、实用的原则，本着上什么项目培训什么，谁干培训谁，采取集中办班、聘请师资讲授、现场指导、外出学习、发放技术资料等形式，开展实用技术讲座。多次组织贫困乡、贫困村干部群众到石家庄赞皇，山东寿光、诸城、曹县、定陶以及临西县和县内高效农业示范基地、芦笋种植专业村、养

图7－12　蔬菜培训会/2006年摄

羊专业村、食用菌种植规模村，就蔬菜、食用菌、芦笋、枣树种植和牛羊养殖等进行参观学习，开阔视野，开阔思路，还先后聘请省农科院、省农大等省级部门专家和县内科技人员组织开展技术培训260期，培训人员5万余人次，为扶贫项目的顺利实施奠定基础。

第六节　劳动力转移

图7－13　劳动力转移培训/2007年摄

劳动力转移及培训工作始于2003年。2003—2005年，县扶贫办通过直接委托县职教中心和人事劳动局联合开展培训，开展电工电子、电气焊、微机操作等技术和就业引导性培训，共举办培训班90期，培训人员600余人次，向北京、石家庄、天津等地输出劳动力4000余人。

第八章　民营经济

1979年始，随着改革开放和社会主义经济体制的逐步建立和不断完善，威县的民营经济开始起步，发展势头日渐强劲，渗透到国民经济的各个领域，显示出较强的竞争力和生命力，逐渐成为经济社会的重要支柱。

第一节　发展历程

民营经济的主要表现形式是个体工商户和私营企业。30年间，民营经济的发展，大体经历三个阶段。

起步阶段（1980—1984年）

农村实行联产责任制以后，从农业生产中解放出来的农民最早成为个体工商户，他们小本起家，在探索中经营，并以其灵活多样，适应社会需求的行业特点，如雨后春笋般发展起来。其经营的行业主要分布在餐饮业、商业、手工业、运输业和服务业等领域。1984年，全县个体工商户户数、从业人员、注册资金及营业额，分别达到1378户，20678人，1551.2万元和1011.3万元，分别是1980年的30.6倍、30.9倍、145倍和322倍。这一时期经营的特点是规模小、效益低、坐商少、行商多，年度营业额均小于其注册资金总额，个体经营仅是家庭收入的补充。

发展阶段（1985—1995年）

1985年后，为适应开放搞活的经济形势，全县集贸市场逐渐恢复和完善，特别是到1989

年以后，随着县城洺水市场、振威市场、四季春市场、邵固古堤市场及章台镇章台市场的建成和投入使用，全县个体工商户也随之呈现稳定发展的势头，而且规模和效益也有较快发展。与此同时，县委、县政府也先后出台一系列文件和政策，鼓励发展个体私营经济，在从业人员、经营范围、登记办证、税费、占地及贷款等方面给予支持。至1995年，全县个体工商户户数、从业人员、注册资金和营业额分别达到1763户、2644人、7309.2万元、11002.4万元。民营经济的另一种形式——民营企业也从无到有，应运而生，全县有民营企业7家，从业人员87人，注册资金266.4万元。

壮大阶段（1996—2009年）

经过十多年的成长发展，民营资本有效积累、市场份额明显提高，全县的民营经济进入较快的良性发展阶段。县委、县政府因势利导，采取一系列有效措施，大力发展非公有制经济，确定立足县情，广开渠道，招商引资，降低市场准入门槛，简化登记办证手续，减少登记发证前置条件，注册登记实行一条龙服务程序，并在占地、税收等诸多方面给予优惠。同时，支持个体民营企业参与国有集体企业改制，鼓励和支持有一定实力的个体民营企业租赁、兼并、承包、收购国有、集体亏损企业，参与国有、集体企业财产重组，并提供相关的优惠政策等，民营经济在更广阔的空间迅速发展壮大。

第二节　规模与效益

个体工商户增速与效益同步提高。到2009年末，全县共有个体工商户11966户，从业人员4.3万人，营业额54884.3万元，个体经济已成为部分家庭致富的重要来源。

民营企业越做越大，规模效益日益呈现。全县民营企业由1995年的7家发展到2009年的527家，其中工业企业321家、建筑业176家、社会服务业30家。特别是民营企业自然人有限公司迅猛发展，出现了国能生物发电、华威汽车内饰、华新建材，以及三高集团、馨帛纺织、龙腾制衣等一批注册资金超千万元、上亿元并具有威县特色的龙头骨干企业。至2009年底，全县民营企业固定资产原值和营业额分别达到14.7亿元和22.2亿元。

2009年，全县民营经济实现增加值22亿元，占生产总值的74.1%，实现税收6051万元，占全县财政收入的65%。全县民营经济从业人员6万人，占二、三产业从业人员的78%，民营经济已成为县域经济的重要组成部分。

根据1998年以后的国民资产年报，全县民营经济积累快于国有和集体经济。国有与集体经济在许多领域退出，而个体民营资产迅速膨胀，到2009年末，全县个体民营资产26.2亿元，成为威县最具活力的经济增长点。

1980—2009 年部分年份威县个体工商户发展情况一览表

表 7－17 单位：户、人、万元

年份	户数	从业人员	注册资金	营业额
1980	45	67	3.8	3.1
1985	1466	2299	1576.4	1063.8
1990	1699	2548	2962.3	10706.2
1995	1763	2644	7309.2	11103.4
2000	2930	4395	9796.4	13700.1
2005	5155	7732	11234.8	16128.3
2009	11966	43283	—	54884.3

说明：除 2009 年以外，其余数据由县工商局提供

1991—2009 年部分年份威县民营企业发展情况一览表

表 7－18 单位：户、人、万元

年份	户数	从业人员	注册资金	营业额
1991	1	9	13.0	8.2
1995	7	87	266.4	189.0
2000	37	456	1963.0	3769.0
2005	242	2398	31428.0	96418.0
2009	527	17160	—	221600.0

说明：除 2009 年以外，其余数据由县工商局提供。

2005—2009 年威县民营经济发展情况一览表

表 7－19 单位：万元、万人

年份	地区生产总值	增加值	实缴税金	从业人员
2005	203886	71029	2044	5.3
2006	222856	183296	2176	5.4
2007	275362	211659	3341	5.6
2008	275620	218009	4761	5.7
2009	297685	220493	6051	6.0

第九章　小康建设

1994 年 3 月，中共河北省委召开农村小康建设工作会议。同年，县成立小康建设领导小组，负责全县小康建设的领导工作。领导小组下设办公室，办公地点在农工委，具体负责全县小康建设规划的组织实施。1995 年，中共威县县委下发《关于调整充实威县农村小康建设领导小组的通知》，组长、副组长由 5 名副县级领导兼任，成员由 16 个县直单位一把手兼任。

第一节　总体规划

1994 年 3 月，省委农村小康建设工作会议通过《河北省农村小康建设规划纲要》（以下简称《纲要》），提出到 2000 年争取全省 80% 以上的县实现小康的工作目标。《纲要》将威县列入第三批小康县，即 1998—2000 年实现小康。同年，县委、县政府制定《威县小康建设规划》，明确威县小康建设的指导思想、分层次推进的时间要求以及发展措施等。1996 年 7 月，邢台市委、市政府出台《关于小康建设规划的调整意见》，提出威县的洺州镇、梨园屯镇、七级镇、常庄乡、赵村乡 1998 年实现小康，章台镇、贺钊乡、枣园乡、侯贯镇、固献乡、方家营乡、高公庄乡 1999 年实现小康，贺营乡 2000 年实现小康，常屯乡、第什营乡、张营乡 2000 年以后实现小康。

2000 年，河北省委、省政府在进行大量调查研究的基础上，适时调整小康建设规划，调整后威县 2002 年建成小康县。2002 年底，省、市就全面建设小康社会提出新的标准和要求。

2005 年 1 月，市委、市政府出台《邢台市全面建设农村小康社会规划》。威县 2015 年实现全面建设小康社会目标的乡镇有洺州镇、常庄乡、七级镇、高公庄乡、梨园屯镇；2017 年实现全面建设小康社会目标的乡镇有枣园乡、侯贯镇、贺营乡、固献乡、贺钊乡、赵村乡、章台镇；2020 年实现全面建设小康社会目标的乡镇有常屯乡、第什营乡、方家营乡、张营乡。

2005 年 4—6 月，威县相继出台《中共威县县委关于加快全面建设小康社会步伐的意见》和《威县全面建设农村小康社会规划》，提出威县全面建设农村小康社会的指导思想、总体规划和战略举措。指导思想是邓小平理论和“三个代表”重要思想，按照“唱响一个主旋律（在干中解放思想，靠发展凝聚人心），实施两大主体战略（招商引资、城镇化建设），实现三项重点突破（项目建设、环境建设、农业产业化）”的总体部署，全力推进经济跨越发展；切实加强政治文明建设、精神文明建设和党的建设，努力构建“和谐威县”，力争到 2017 年基本建成殷实、民主、文明的小康社会，确保 2020 年全面建成小康社会。总体规划按照 2020 年全面建成小康社会的总体要求，坚持因地制宜、分类推进，全县 522 个行政村分三个批次推进。

第二节　乡村小康建设考核

考核的主要内容

小康建设的年终考核，考核小康建设各项指标完成情况。在全面考核各项指标的基础上，重点考核农民人均纯收入的完成情况，农民物质文化生活水平和居住环境改善情况，健康水平和受教育程度的提高情况，公教人员工资发放情况，农村精神文明建设情况，两个 80% 的完成情况（即 80% 以上的农户人均纯收入达到小康标准，80% 以上的村达到小康标准）。

考核的具体标准

小康村标准　农民人均纯收入 1200 元（1990 年不变价，每年现价标准以省定为准），恩格尔系数（食品支出占生活消费支出的比例）小于 50%。80% 以上的农户农民人均纯收入达到小康标准。集体经济实力不断增强，年人均集体经济收入在 100 元左右。村有达到“一无二有八配套”的小学，适龄儿童入学率 100%，巩固率 99%，完成率 97%。村有办公室、综合文化室、广播站。居民家庭电视机、收音机普及率达到 80% 以上。人均居住面积达到 18 平方米以上。钢筋混凝土砖木结构住房占 80% 以上，住房质量、设施有较大改善。户户通电，用水方便，饮用水水质达到国家标准。村通电话，信息灵通、方便。村通公路，村内主要街道系水泥、柏油或砂石路，雨后能通机动车辆。主要街道达到“三化”（美化、净化、绿化），主要街道两旁达到“三无”（无厕所、无猪圈、无柴草），环境整洁。绿化达标，主要街道两旁绿化，村落林木覆盖率达到 30%。田野绿化率 12% 以上。计划生育率达到 90% 以上。村有集体卫生所或个体医疗点，并有至少一名以上国家认定的合格医生，居民看病方便。“五保户”供养率达到 100%，供养标准不低于当地村民的一般水平。有乡规民约，居民遵纪守法，法律意识显著增强，社会风气良好。

小康乡镇标准　80% 以上的村实现小康。农民人均纯收入 1200 元（1990 年不变价，每年现价标准以省定为准）。乡有成人技校，能正常开展活动。有乡办中学，要配套齐全。初中阶段学龄人口入学率 95%，巩固率 97%，完成率 90%。乡有文化站、图书室、游艺室、篮球场，订有报刊，图书室藏书不少于 1500 册，有活动经费，有专人管理。乡有卫生院或县医院分院、中心卫生院。乡有敬老院，村级“五保户”供养率达到 100%。人均占有钢筋混凝土、砖木结构住房使用面积 18 平方米以上。行政村通电、通公路、通电话，环境整洁。绿化达标，林木覆盖率平原 12%，村落 30%（条件特殊的除外）。乡有计划生育服务站，达到省要求标准，计划生育率达到 90%。社会秩序良好，重大刑事案件发案数控制在每万人 5 件以下。人均乡、村两级集体直接经营收入 100 元左右。公教人员工资能按要求保证发放。

第三节　小康乡（镇）村

县委、县政府命名的小康村

1995 年度 13 个：洺州镇有东街、马庄、东关、北关、李庄 5 个；梨园屯镇有陈固、杏园屯2个；章台镇有鱼堤1个；常庄乡有常庄、田村、孙庄3个；高公庄乡有北高公庄、河岔股2个。

1996年度40个：洺州镇有肖侯庄、李寨、西街、北街、霍冉庄、贾庄、马安陵、十里村、赵霍寨、戚霍寨；方家营乡有宋庄、马塘寨；梨园屯镇有干集东街、干集朱街、西河口、红桃园；枣园乡有东张庄、李店、东台吉、王里固、西台吉；固献乡有前葛寨一、刘河北寨；侯贯镇有东郭固、大潘庄；常庄乡有孟官庄、后店、东小庄、牛家寨、团堤；常屯、章台、张营三个乡镇分别有东辛店、潘固、北马庄；七级镇有七级堡、前尹村；高公庄乡有西鱼台、后张庄；赵村乡有北亭上、前南寺庄、东范家庄。

1997年度109个：洺州镇有东河洼、西夏官、东夏官、桑家庄、莫尔寨、南关、南街、皇神庙、围紫园、北郭庄、张家庄、白伏、郭安陵、管安陵；方家营乡有四马坊、五马坊、南里村、王家陵、北方家营；第什营乡有南韩庄、高家、南草厂；梨园屯镇有梨园屯、小里固、西王曲、南王曲、干集西街、干集东北街、西小庄、干集孙街；枣园乡有枣园、司庄、于化、邵固、罗庄、全礼村、丁家寨、刘家屯；固献乡有沙河王庄、沙河辛庄、白果树三、大寨、前陵头、后陵头、前葛寨二；侯贯镇有后郭固、崔里庄、杨长屯、马桥、刘庄、焦里庄；常庄乡有鸭窝、北仓庄、西安上；常屯乡有苏村、西辛店、枣科；章台镇有南章台、宋庄、北胡帐、东柏悦、东里村、掌史、章刘村、章华堡、南胡帐、三益庄；贺钊乡有郭牛村、陈刘庄、南小城、张陈村；贺营乡有东徐村、沙西、赵庄；张营乡有前花疃、后小辛；七级镇有小里罕、西现庄、后尹村、张庄、代家庄、大里罕、北双庙、高亮、太平庄、西七级、后魏疃、前魏疃、西魏疃、前七级、东七级、中七级、西范庄；高公庄乡有经镇、草楼、前高公庄、后苏庄、宋安村、东赵庄；赵村乡有大张山、田庄、郭田庄、前赵村、中赵村、前寺庄、西寺庄、北寺庄、东寺庄、东赵村。

1998年度120个：洺州镇有王庄、后麻固、西河洼、渭上营、星光、黄街、五里台、东郭庄、时家庄、邱霍寨、张霍寨、胡家屯、香花营、乔家庄；方家营乡有西方家营、油坊、东方家营；第什营乡有第什营、吴家庄、麦子乌营、马厂、苏留寨；梨园屯镇有王世公、小王曲、赵家营、东王曲、南梁庄、祝家屯、大芦、井湖寨、前洼；固献乡有固献一、侯家村；侯贯镇有前王村、后王村、西王村、西董吕庄、东董吕庄、前郭固、西侯贯、南侯贯、北侯贯、南侯伶仕、北侯伶仕；常庄乡有豆坊屯、东安上、桑园、后屯、前屯、东陈庄、南仓庄；常屯乡有高庄、魏寨、南大城、北常屯；章台镇有郝家屯、白小河、北杨庄、西里村、西章华、南章华、东章华、翟庄、西柏悦；贺钊乡有西贺钊、董村、南雪塔、东贺钊、北小城、赵牛村、庄家村、西雪塔、苏家林、东小城；贺营乡有西沙营、西徐村、潘村、祁王庄、胡庄、西草厂、项家营；张营乡有兴隆寨、前小辛、后花疃；七级镇有士通、三元井、飞乌、阎家庄、中古城、银边庄；高公庄乡有小赵庄、北孙家庄、小李庄、大李庄、北蒋家庄、东平、西平、东高公庄、中高公庄、西高公庄、前苏庄、东鱼台、东现庄、李家屯、前张庄；赵村乡有后赵村、北辛庄、中张舠、西张舠、孙尹庄、东贤塔、西贤塔、东徐家庄、中南寺庄、南徐家庄、宏曲、北徐家庄、后南寺庄、西徐家庄。

1999年度92个：洺州镇有前麻固、罗安陵、辛庄、姜霍寨；方家营乡有南方家营、孙家寨、东徐固寨、后里村、第三口、东堂村、西堂村、西徐固寨、庞苏庄、赵里村、张家陵；第什营乡有康家洼、西盖村、东盖村、东古城、芦头、成志庄、第四营、董家庄、佃尚营、头百户、杨家庄、牙水寨；梨园屯镇有干集西北街、翟庄；枣园乡有后辛庄、鸡泽屯、东李庄、东孙庄、太阳庙、魏家寨、潘店、东庄村、西里固、官地、阎里固、董里固、牛寨、寺前；固献乡有白果树二、魏家村；侯贯镇有北中侯、南中侯、梁庄、南狼窝、北狼窝、秦郭固、中潘庄、西潘庄、义和营、赵宋村、李宋村、宫家庄；常屯乡有南辛店、横河、北大城一、北大城二、北大城三、北大城四、东柳疃、后柳疃、史家庄、安庄、褚庄、南常屯、东王目、东郎庄、西郎庄、东马庄、东正店、西正店；章台镇有宋庄；贺钊乡有北刘庄、马家庄、前李陈村、后李陈村；贺营乡有大宁、前高庄、后高庄、魏村；张营乡有张营；七级镇有后古城、前古城；高公庄乡有小张山、大宋庄、大赵庄；赵村乡有东安仁、西安仁。

市委、市政府命名的小康乡（镇）

1998 年度 6 个：梨园屯镇、洺州镇、七级镇、常庄乡、赵村乡、高公庄乡。

1999 年度 3 个：枣园乡、侯贯镇、常屯乡。

第八编　农　业

威县在历史上属古黄河、古漳河长期泛滥淤积而成的平原区，地势平坦，土层深厚，光热资源丰富，垦殖历史悠久，适宜农业发展。主要粮食作物有小麦、谷子、玉米、甘薯、大豆、高粱、黍稷；主要经济作物有棉花、花生、芝麻。棉花种植始于元末明初，民国时期已具相当规模，种植棉花成为威县一大优势。

1949 年后，威县农业的发展受各个时期国家农业方针、政策的影响，发展过程曲折。至 1978 年，农民温饱问题仍未解决。

1979—2009 年，威县农业取得长足发展。农村经济体制改革取得重大成果，即“在大包干等农业生产责任制基础上形成的农村基本经营制度——以家庭承包经营为基础、统分结合的双层经营体制”激发了农业发展的内在活力。棉花、玉米等农业新优品种的大面积推广，对全县农产品产量的提高起到决定性作用。尤其是棉花种植，自 20 世纪 80 年代初，连续 20 年种植面积和总产量位居全省第一。配方施肥、地膜覆盖等旱作农业技术，为全县农业的发展做出积极贡献。设施农业技术的推广，实现了农业高效化种植。蔬菜、西瓜等特色农业应运而生，并为威县农产品商品化和农业经济的可持续发展奠定了坚实的基础。林牧业方面，威县林木良种基地被定为国家级林木良种繁育基地，畜牧业成为农民增收、拉动经济发展的重要产业。

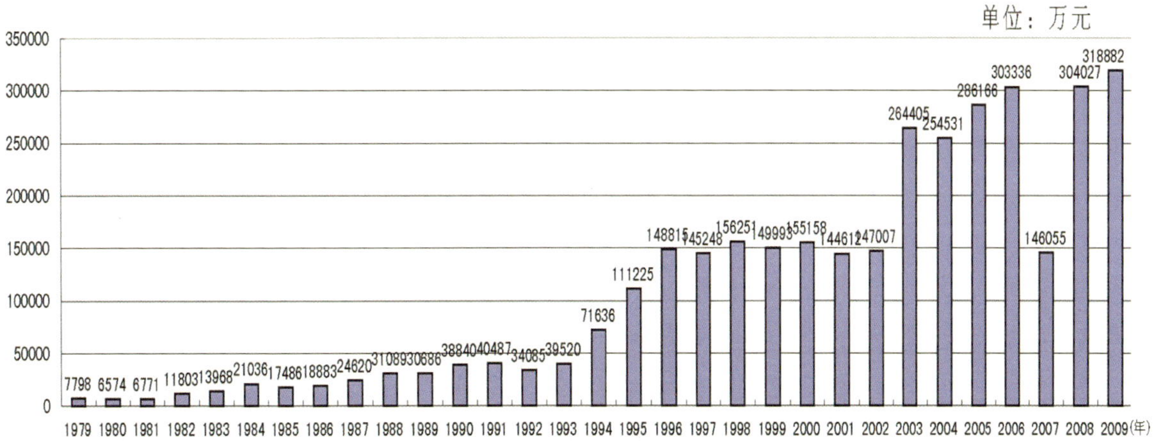

图 8－1　1979—2009 年威县农业总产值柱状图

第一章　综合农业

第一节　农村劳动力

30 年间，全县劳动力随着人口的增多，呈逐年增加之势。劳动力的素质比以前也有明显的提高。2000 年，全县农村劳动力中，文盲半文盲占 11.5%，小学占 41.0%，初中占 41.2%，高中占 4.0%，中专占 1.4%，大专及以上占 0.9%。这些劳动力成为务农、务工、经商等一大资源优势。

1981—2009 年部分年份威县劳动力状况表

表 8－1　　单位：万人、%

年份	乡村实有人口	乡村劳动力		男女劳动力比例	从事第一产业		从事第二产业		从事第三产业	
		男	女		劳动力人口	占总劳动力人口的百分比	劳动力人口	占总劳动力人口的百分比	劳动力人口	占总劳动力人口的百分比
1981	41.67	9.00	8.25	1.09:1	16.71	96.9	0.16	0.9	0.38	2.2
1985	44.30	10.17	9.05	1.12:1	18.06	94.0	0.34	1.8	0.82	4.2
1990	47.79	10.76	9.87	1.09:1	17.33	84.0	1.90	9.2	1.40	6.8
1995	49.29	11.56	10.93	1.06:1	14.27	63.5	5.01	22.3	3.21	14.2
2000	50.00	12.71	12.02	1.06:1	16.00	64.8	5.10	20.6	3.60	14.6
2005	48.07	12.68	11.88	1.07:1	15.92	64.8	4.80	19.5	3.84	15.7
2006	48.87	12.69	11.98	1.06:1	15.78	64.0	5.20	21.1	3.69	14.9
2009	47.07	13.98	13.25	1.06:1	17.18	63.1	5.93	21.8	4.12	15.1

第二节　农机农具

1984 年以前，全县农业机械主要以国有人民公社农机站为主的少量拖拉机，作业方式主要服务于集体形式的生产队。1986 年，中共中央发布 1 号文件《关于当前农村经济政策的若干问题》，文件允许农户或联户购买大中型拖拉机和汽车。农民由此获得自由购买经营使用农业机械的权利。随着全县农村经济快速发展，农业机械以农户自有的方式，农机拥有量有了大幅度的增长，农机装备水平有了质的飞跃，农业生产中农机作业率较 20 世纪 80 年代有长足的发展。2009 年，全县农机总动力已发展到 75 万千瓦，各种配套农机具达到

1.3 万台套。其中：大中型拖拉机 620 台，小型拖拉机 1.3 万辆，排灌机械 3.2 万台套，机动喷雾器 4.4 万台，麦稻联合收获机械 70 台套，农用运输机械 2.9 万辆，农产品加工机械 3000 台套。全县各种配套农机具达到 1.3 万台套，其中：机引犁 4200 台，旋耕机 320 台，深耕机械 300 台，机引耙 2400 台，免耕播种机 50 台，棉花精良播种机 1400 台套，地膜覆盖机 2000 台套，各种农用水泵 4200 台，玉米秸秆还田机 120 台。

农机具

20 世纪 80 年代后期，随着农村经济快速发展，农机具拥有量大幅度增长，农机装备水平不断提高。2005 年，全县农机具大中型拖拉机配套 452 部，小型拖拉机配套 12517 部，农机具平均配套比为 1∶2.1，农业生产机械作业率 85% 以上。

耕播机具　农业生产中推广使用的主要耕播机具有机引犁、机引耙、旋耕机、播种机。1979 年，全县拥有机引犁 227 部，机引耙 6 部，播种机 116 台。2005 年机引犁达到 4243 台，机引耙 2974 部，播种机 1481 台，分别比 1979 年增长 18 倍、497 倍、12 倍。

机引犁　主要型号有 ILJ－5－35 型重型五铧犁，ILXZ－4－35 型重型悬挂四铧犁，S－4－27、LXT（S）25－3－20 等中型悬挂四铧犁、三铧犁，LXT2－2－20 型悬挂二铧犁。

机引耙　是耕后整地的主要农机具，主要型号有 1BQX－0.9 型 10 片悬挂轻耙、1BQX－1.1 型 12 片悬挂轻耙、1BQX－1.5/1.7 型 16－18 片悬挂轻耙。以上几种为中小型机引耙，与上海 50 型拖拉机、泰山－25 型拖拉机，泰山－12 型拖拉机相配使用。

旋耕机　1990 年开始，推广应用旋耕机，该机与大中小型轻式拖拉机配套使用，是对土壤进行耕耙，破碎作业的耕整机具。由于耕耙二道工序一次性完成，减少机车下田次数，提高作业效率，深受农民欢迎。主要有：IGL－70、IGN－90、IGN－150、IGQN－180S 等型号，配套动力为 18 马力以上的拖拉机。

图 8－2　播种铺膜作业/2005 年摄

播种机具　1990 年以前，全县农业生产中使用播种机型号 2BL－9A 型、2BL－9B 型，主要用于播种高粱、大豆、玉米等作物，播幅 1.3 米，其结构相同，开沟器为锄铲式，排种器为小外槽轮式，1990 年，开始推广使用 2BJ－2/3/4 型精密播种机。该机可精播小麦、点播玉米、大豆、高粱、穴播棉花，并可同时深施化肥。排种器为垂直圆盘窝眼式，开沟器为滑刀式，排肥器为小外槽轮式。主要与 12、15、25 型拖拉机配套使用。2000 年始，推广应用 2BX－8 多功能牧草播种机。

排灌机具　境内主要排灌机具为：与电动机配套的 B（BA）型离心泵，鲁 6－12A 型、鲁 4－15 型自吸离心泵，2BPZC2－35 型喷灌自吸离心泵等型号水泵。1979 年，全县拥有 3382 台，2005 年 8374 台，增长 1.48 倍。

运输机具　20世纪80年代初期，全县拥有农用运输机械1100台，1990年以后，机动三轮，四、五、六轮农用运输车开始逐年增加。截至2005年，全县拥有运输车27525辆，三轮26966辆，四轮车533辆，大中型拖拉机375台，小型拖拉机11894台。

收获机具　20世纪80年代，全县收获机多为小型4GL－140型割晒机，联合收割机很少。90年代，联合收割机得到发展，到2005年全县拥有大型联合收割机65台，主要型号为佳联－3060型、新疆－2、中原－2、福田谷神－2等。

农产品加工机具　20世纪80年代，使用小型磨面机进行粮食加工，1990年始，小型磨面机逐步被大型面粉加工成套设备所代替，部分小型机具从事小杂粮及饲料加工。2009年，农副产品加工机具主要为：红旗310型、红旗370型、红旗450型、FFC－45型粉碎机，MF－66型、DM－278型磨面机，N－400型、6NS－20型立式碾米机，6MY－800型皮辊轧花机，Q7－580型动力弹花机，6YS－90型榨油机等成套设备。

农机服务

农机推广　30年间，特别是从2004年国家对农民购买农业机械实行财政补贴以后，以县农机局为主，农机工作人员在全县推广了多种农机新技术及新型农机具，比如：免耕播种技术，化肥深施技术，玉米秸秆还田技术，棉花精少量铺膜播种技术，大棚蔬菜滴灌喷灌技术，农机节油降耗技术，大棚蔬菜二氧化碳增施技术等。这些新技术及新机具的推广应用，大大地提高了全县的农机作业水平。

农机维修　20世纪80年代，全县农业机械维修主要由县农机修造厂承担。随着农村经济的发展，农机行业不断发展壮大，农机维修行业逐渐被个体维修网点所取代。到2009年，全县个体农机维修网点已发展到300余家，维修从业人员已达600余人。

农机供应　1979年，全县农机经营企业只有县农机公司一家。随着农村经济的发展，全县形成以县农机公司为主，个体农机经营网点为辅的经营销售格局。到2009年，全县共有各类农机经营网点40余家，能够满足全县农民购买农业机械的需求。

第三节　耕　地

自1979年至2009年，全县的耕地状况发生很大变化。随着人口的增长，农村产业结构的调整和各项基本建设的发展，全县耕地面积由1979年的69230公顷减少到2009年的68830公顷。农民人均耕地面积1979年为2.53亩，2009年降为2.19亩。

第四节　农业综合开发

威县农业综合开发始于1989年8月，机构名称为海河流域平原农业综合开发办公室，后改名为威县农业综合开发办公室。

1989年10月1日，威县海河流域平原农业综合开发第一期工程被批准实施。1995年被河北省海河平原流域农业综合开发办公室命名为“省级开发红旗县”。1989—2009年全县实施农业综合开发21年间，内资立项实施项目29个，其中：中低产田改造项目22个，改造中低产田16333公顷；开荒项目2个，开荒467公顷；多种经营龙头项目5个。累计完成总投资8931.4万元，其中：国家财政配套3067.8万元，省财政配套1224.9万元，市财政配套661.13万元，县财政配套682.4万元，群众自筹3295.2万元。主要建设内容：打井685眼，铺设地下防渗管道1014.2千米，架设输变电线路79.9千米。外资（农业综合开发利用世行贷款项目）累计完成总投资2822.7万元，其中：世行贷款1323.3万元，省配套188.8万元，市配套17万元，县配套10.8万元，群众自筹1282.7万元。主要建设内容：打井452眼，铺设防渗管道479千米，进口化肥2080吨，农药8.8吨，地膜原料245吨，改建轧花厂1座，新改建县乡农业技术服务中心7座，培训科技人员2.89万人次，扶持牛羊专业户85户。

农业综合开发21年，新增灌溉面积8960公顷，改善灌溉面积15153公顷，改善排涝面积18867公顷，增产棉花6864吨、粮食2.13万吨、油料6400吨、蔬菜2.05万吨，新增总产值1.49亿元。通过农业综合开发，县内生态环境明显改善，项目区农田林网标准较高，林木覆盖率达到甲级绿化标准，土壤肥力显著提高，比开发前相比共节水1347万立方米。

内资开发

内资开发即由中央财政、地方财政、农行贷款和群众自筹共同投资完成的农业综合开发项目。1989年10月1日，威县海河流域平原农业综合开发第一期工程被批准实施，至2009年共实施项目7期，项目区涉及11个乡镇230个村。

第一期农业综合开发项目（1989—1991年）　从改善全县农业生产条件，提高农业综合生产能力出发，坚持靠政策、靠科技、靠投入，合理开发利用农业资源，力求经济、社会、生态三大效益相统一。期间，连片开发治理中低产田2667公顷，项目涉及贺钊、贺营、大宁、雪塔4个乡镇39个村。主要工程量：新打机井77眼，修旧井15眼，铺设防渗管道7.5万米，整修渠道7000米，建苗圃20公顷，植树9.2万株，营造农田防护林网2667公顷，建设种子田133公顷，推广良种2667公顷，推广实用新技术20项，技术培训2万人次。两年共完成总投资336.27万元，其中：省以上财政配套95.2万元，市财政配套7.52万元，县乡财政配套57.39万元，农行贷款53.24万元，群众自筹122.92万元。通过利用水利、农业、林业、科技等措施，对项目区水、土、田、林、路实行综合治理配套建设，项目区基本生产条件得到明显改善，综合抗灾能力增强，新增灌溉面积1333公顷，改善灌溉面积1333公顷，总产增加5140吨（折粮），项目区达到旱涝保收，高产稳产的目标。1991年6月5日，第一期农业综合开发工程顺利通过邢台地区验收。

第二期农业综合开发（1991—1993年）　指导思想以增产粮、棉、油等主要农产品总量，增强农业发展后劲为主要目标，以改造中低产田为重点，以推广科技成果为内容，实行工程技术、生物措施相配套，经济、社会、生态三大效益相统一，连片开发形成规模。重点开发增产潜力大、条件好、效益高、见效快的乡村。对自筹和配套能力强，领导重视，群众积极性高的乡村在项目安排、资金投放上适当倾斜。期间，共完成3000公顷中低产田改造和333公顷开荒项目。项目涉及李寨、洺州、张营、桑园等4个乡镇42个村。主要工程量：整修渠道28.3千米，建涵洞43座，新打机井139眼，修井166眼，铺设地下防渗管道18.7万米，扬水点5座，闸5处，变压器29台，低压线路8.7千米，建种子田173公顷，绿肥400公顷，推广良种3300公顷，购大型农机具4台套，技术培训7235人次，技术推广20项3300

公顷，修路46条146千米，营造农田防护林网153公顷，植树15.8万株，林业育苗6.7公顷。三年共完成总投资653.9万元，其中：省以上财政配套244.3万元，市财政投资30.6万元，县乡配套129.8万元，群众自筹140万元，农行贷款109.2万元。通过项目实施，项目区新增灌溉面积1833公顷，改善灌溉面积1500公顷，新增排涝面积833公顷，改善排涝面积2500公顷，新增农田林网153公顷，新增农田林网保护面积3333公顷。项目区增粮8508吨，增棉470吨，增油料480吨，新增生产能力1.34万吨，新增产值857.7万元，项目区人均纯收入达400.7元，较开发前增加136.3元，比非项目区人均纯收入增72.9元，三年节水240万立方米。

第三期农业综合开发（1994—1996年）　以改造中低产田为重点，加大对优质高效经济作物的扶持力度，实行区域治理，连片开发，规模经营，发展“双高一优”农业，注重农产品的品质和效益。国家开发办开始增设多种经营项目。三年间，全县共立项实施开发项目5个，其中：中低产田改造项目4个，完成中低产田改造4100公顷；多种经营项目1个，建成县腌制菜厂龙头项目。中改项目涉及第什营、高公庄、方家营三个乡46个村的3300公顷和高公庄乡9个村的奖励项目800公顷。共完成主要工程量：新打机井169眼，修井60眼，铺设防渗管道19.2万米，安装变压器30台，架高低压线11.7千米，修桥涵53处，修农田作业通道410处；建种子田246公顷，平整土地、机耕、增施肥料4100公顷，农路平轧258千米，购农机具193台件，林网植树20.4万株；技术培训2.5万人次，技术推广四项4100公顷，建项目标志碑31座。三年累计完成总投资936.2万元，其中：国家327.6万元，省配套130.9万元，市配套99万元，县配套106.7万元，自筹179万元，贷款93万元。通过项目实施，项目区新增灌溉面积1460公顷，改善灌溉面积2640公顷，新增农田林网152公顷，新增农田林网防护面积4100公顷，土壤肥力不断提高，农业生产后劲增强，项目区平均公顷产粮食由3090千克增加到5340千克，公顷产皮棉由495千克增加到945千克，公顷产油料由2055千克增加到3180千克，每年可增产粮食7640吨，增产棉花960吨，增产油料300吨，增加产值2410万元，人均纯收入增加355.6元。

第四期农业综合开发（1997—1999年）　国家在指导思想上明确提出“以开发促产业结构调整，以开发加快农业产业化进程”的要求。全县在项目选择上注重土地连片开发，规模经营。三年间，农业综合开发土地治理项目总规模达4466公顷，其中：2133公顷的一般中低产田改造，334公顷的开荒和连续两年的2000公顷省农业综合开发示范区项目，同时还承担了扩建精制汤粉生产线多种经营项目。土地治理和开荒项目涉及七级镇29个村，高公庄乡11个村和常屯乡11个村。主要建设内容：新打及配套机井101眼，修旧井17眼，地下防渗20.25万米，喷滴灌1687公顷，膜上灌333公顷，全自动节水灌溉20公顷，桥涵25座，作业通道502处，变压器66台，高低压线5.95千米，小白龙塑料管4.83万米，培肥改土4333公顷，种子田387公顷，农用路158.5千米，硬化路面77千米，农机具302台套，五连栋大棚1座，蔬菜中棚220个，一般日光温室100个，食用菌棚500个，优质麦良种133公顷，葡萄优种27公顷，高新技术试验区、甘薯优种、枣油间作各13公顷，林网植树32.9万株，科技培训4.05万人次，技术推广21项4467公顷。三年累计投资3160万元，其中：国家财政配套867万元，省财政配套321万元，市、县财政配套510万元，群众自筹1462万元。项目区新增灌溉面积2333公顷，改善灌溉面积2133公顷，新增农田林网防护面积4467公顷，土壤肥力提高一个等级，每年可增产粮食近万吨，增产棉花746吨，增产油料1405吨，新增产值5739.4万元。示范区项目建设三大效益更加明显，投入产出比、科技普及率、良种普及率、农机作业率都有显著提高，年人均纯收入增加780.4元，达3707.3元，比同类非示范区高484.2元。

1998年，扩建精制汤粉生产线项目总投资364万元，新增设备投资118万元，新增基建投资100万元，新增流动资金146万元，项目建设规模2000吨/年，新增产值1093万元，新增利税279.5万元。

第五期农业综合开发（2000—2002年） 期间，国家在农业综合开发工作中实行“两个转变”，即“在坚持加强农业基础设施建设，改善农业生产基本条件，提高农业综合生产能力的前提下，将农业综合开发的重点从过去以改造中低产田和开垦宜农荒地相结合，转到以改造中低产田为主，尽量少开荒甚至不开荒，把农业综合开发与保护生态环境有机结合起来；从以往追求增加主要农产品产量为主，转到积极调整农业结构，依靠科技进步，推动农业产业化实施上来；实现农业增效，农民增收的目的”。按照这一要求，全县先后完成中低产田改造2400公顷。项目涉及七级镇、侯贯镇、洺州镇3个乡镇37个村。三年累计完成总投资1000万元，其中：国家财政配套332万元，省财政配套128万元，市财政配套89万元，县财政配套120万元，农贷55万元，群众自筹276万元。主要工程量：整修农路180千米，新打机井48眼，修旧井14眼，新上变压器41台，架设高低压线16.8千米，购置深井泵25套，安装地下防渗管道103千米，购半固定式喷灌8台套，安装葡萄滴灌9公顷，新建蔬菜日光温室40个，蔬菜拱棚96个，推广农业生产新技术7项，技术培训36000人次。新增灌溉面积887公顷，改善灌溉面积1113公顷，新增节水灌溉面积1647公顷，年增粮食4030吨，棉花744吨，油料750吨，红薯1900吨，葡萄10吨，蔬菜9500吨，农产品新增折粮18827吨，各种农产品增值1379万元，新增纯收入993万元；生态效益明显改善，项目区农田林网标准较高，林木覆盖率达到甲级绿化标准，与开发前相比节水179万立方米，实现了项目区资源开发与保护并举。

第六期农业综合开发（2003—2005年） 这个时期农业综合开发的内容是以中低产田改造为主的土地治理项目建设和以扶持龙头企业为主的产业化经营项目建设。期间，全县完成中低产田改造1420公顷，项目区涉及侯贯镇、高公庄乡两个乡镇18个村。主要建设内容：整修农路73.5千米，规划方田104块，植树11万株，新打深井14眼，浅井87眼，修井12眼，新上变压器39台，输变电线路38千米，安装地下防渗管道75.6千米，建桥涵11座，作业通道40处，建种子田133公顷，培肥改土840公顷，建库房200平方米，购置种子加工设备1套，购置微机化验设备2台套，购置大中拖3台套，科技培训7000人次。三年累计完成总投资809万元，其中：各级财政资金577万元，群众自筹和投工投劳折资232万元。新增灌溉面积753公顷，改善灌溉面积667公顷，新增节水灌溉面积953公顷，项目区全部实现水利化、节水化，年增产棉花408.5吨，油料100吨，蔬菜4500吨，新增产值1127万元，新增纯收入总额784.4万元；生态环境明显改善，项目区比开发前相比节水49.4万立方米。完善社会化服务体系3个，增强了项目区农机、农技、植保、灌溉等社会化服务体系。项目区蔬菜大棚、优质棉花生产等设施高效农业的发展促进了项目区整体经济工作，为全县农业结构调整和农业产业化、产品标准化起到示范带动作用。

第七期农业综合开发（2006—2008 年） 县“十一五”规划的提出，为全县农业开发工作提供新思路。按照市委、市政府及县委、县政府提出的建设 106 国道“白色长廊”的要求及省、市开发办确定的农业开发“三大战略”原则，即沿路开发，连片开发，效益优先开发，决定继续实行“统一规划，分步实施，规模开发，连片治理”的开发路子，以便形成规模开发的效益，同时也是促进结构调整，打造优势农产品产业带的重要措施。期间，全县完成中低产田改造 1393 公顷，项目区涉及章台、固献 2 个乡镇 13 个村。主要建设内容：整修农路 84.4 千米，规划方田 78 块，植树 9.3 万株，新打深井 10 眼，浅井 17 眼，修井 10 眼，新上变压器 13 台，输变电线路 6.4 千米，安装地下防渗 108.7 千米，建涵 15 座，作业通道 250 座，科技培训 5500 人次。三年累计完成总投资 960 万元，其中各级财政资金 687 万元，群众自筹和投工投劳折资 273 万元。新增灌溉面积 533 公顷，改善灌溉面积 860 公顷，新增节水灌溉面积 1200 公顷，项目区新增产值 1609.4 万元，新增收入总额 1270.6 万元；生态环境明显改善，土壤肥力得到提高，项目区比开发前相比节水 69 万立方米。

图 8－3 地下防渗管道出水口/2006 年摄

2009 年，农业开发土地治理项目在固献乡和第什营乡 6 个村实施，项目区位于县城东 10 千米邢临高速两侧和县城南 10 千米 106 国道两侧，分别与 2008 年、1995 年项目区相连。改造中低产田面积 730 公顷，总投资 667 万元，其中财政资金 500 万元，群众自筹 167 万元。主要建设内容：整修农路 28.7 千米，规划方田 42 块，植树 2.8 万株，新打深井 13 眼，修井 8 眼，新上变压器 14 台，输变电线路 4.2 千米，安装地下防渗管道 65.3 千米，滴灌 13.3 公顷，建涵洞 4 座，作业通道 200 处，科技培训 3000 人次。新增灌溉面积 433 公顷，改善灌溉面积 300 公顷，新增节水灌溉面积 733 公顷，项目区新增产值 541 万元，新增收入总额 346 万元，人均纯收入增加 567 元。项目区比开发前相比年可节水 44 万立方米，节电 22 万千瓦时。

农业综合开发产业化经营项目（2006—2009 年） 威县 3000 头种猪繁育养殖基地扩建项目由威县华威牧业有限公司承建，2008 年 6 月开始建设，2009 年 4 月竣工。项目总投资 619.46 万元，其中财政资金 210 万元，自筹 409.46 万元。土建面积 4282 平方米，主要建筑物为猪舍；道路硬化面积 9900 平方米，新建沼气池 300 立方米，深埋井 100 立方米，场区绿化面积 2000 平方米。主要设备为产床、保育床、热风炉、大型风机、屋顶风机、显微镜、可见分光光度计、冰箱、恒温箱、饲料加工机组共 1857 台件，种猪引进 300 头，其中：大约克 220 头，长白 60 头，杜洛克 20 头。项目效益：年出栏优质种猪 3000 头、商品猪 3000 头，年销售收入 544 万元，年新增增加值 325 万元，年新增利税 267.78 万元，直接受益农户 1500 户，农民年收入增加总额 1200 万元。2009 年，又实施威县 2000 头种猪繁育养殖基地扩建项目，该项目由威县华威牧业有限公司承建，总投资 390 万元，其中各级财政资金 99 万元，企业自筹 291 万元。主要建设内容：租赁土地 1.33 公顷；引进种猪 200 头；土建面积 7350 平方米，购置设备 1289 台件，购饲料加工机组 1 套。项目年产二元种猪 2000 头、商品仔猪 2000 头，销售收入 303 万元，创纯利润 112.2 万元。

威县棉花收购1550万元流动资金贷款贴息项目（2009年）　项目承建单位为河北馨帛纺织集团。该公司从农业发展银行取得贷款1550万元，中央财政贴息资金70万元，全部用于棉花收购，收购籽棉18000吨，加工皮棉6500吨，用于该公司纺纱，保证纺纱正常生产，企业采用“公司+基地+农户”模式，棉花收购涉及棉田4800公顷，带动农户11400户。

利用世界银行贷款一期项目

利用世界银行贷款一期项目始于1991年，1998年顺利通过世行验收，建设地点涉及202个行政村，改造中低产田26666公顷。期间，共完成总投资2822.57万元，其中世行贷款1323.27万元，省财政配套188.77万元，市财政配套17.01万元，县财政配套10.78万元，群众自筹1282.74万元。

水利　完成总投资1570.78万元，建设地点涉及第什营、枣园等乡镇。主要建设内容为建蔡寨闸1座，扬水站10处，河渠清淤41.1千米，田间配套10667公顷，其中斗渠525千米，涵洞1260处，总投资790.59万元；打井452眼，投资384.62万元；铺设防渗管道479千米，投资395.57万元。

农业　完成总投资992.10万元。主要建设内容为进口化肥2080吨，投资204.30万元；农药购买8.8吨，投资290.08万元；购买地膜原料245吨，投资120.35万元；改建轧花厂1座，投资187.12万元；改建县农业技术服务中心1座，投资55.18万元；新建乡农业技术服务中心3座，投资60.26万元；改建乡农业技术服务中心3座，投资41.26万元；培训县、乡、村农民及技术人员28897人次，投资33.55万元。

畜牧　完成总投资259.69万元，主要建设内容为扶持牛羊专业户85户，其中养羊专业户40户，投资119.96万元；养牛专业户45户，投资139.73万元。

第五节　农业管理

农机监理

1981年始，全县农机监理工作由县农业机械局机务股兼管，主要是负责农用拖拉机驾驶员的考核发证。1984年10月，县农机局建立农机监理站，配备干部、技术人员4人。是年始，部分家用运输车同时挂农机和交通监理两套牌照。1985年，省政府办公厅下发文件，对农用和非农用车辆做出明确界定，同时规定：挂农机牌照的农用车辆定量供应平价柴油。1986年年检，要求彻底清除两套牌照，不挂农机牌照的不予年检，对挂双牌照的收回农机原发牌照及供油证。1987年，对小型拖拉机推广安装气刹，并进行功率油耗测试，不合格者不予检验，同时要求加入第三者责任险，不入保险者不予年检。1990年在站挂牌的拖拉机1760台，领拖拉机驾驶员证的有1653人。1993年，落实国务院文件精神，对“上路”拖拉机实行“委托”管理，依据河北省人民政府文件规定，换发全国统一样式的拖拉机牌照。1995年，根据省人大常委会发布的《河北省农业机械管理条例》和《河北省农业机械安全监督管理办法》，农用运输车由县农机监理部门负责管理、监测。1997年，拖拉机换发河北九二式牌照。2004年5月1日开始，实施《中华人民共和国道路交通安全法》，农用运输车和三轮车的管理权划归公安部门。同年，国务院发出清理服装标志的通知，农机监理服装标志全部上缴。2005年，县监理站共考核分类农机操作人员3220人，检审各类农业机械3160台，纠正各类违章620台次。

农药管理

20世纪80年代，农药以生产资料公司为经营主渠道，实行计划经济管理。1992年，县农业局成立植物保护检疫站，农药经营许可证由县农业局植物保护检疫站管理。1997年，实施《农药管理条例》，县农业执法部门除通过广播、电视、科技下乡、发放宣传材料等形式加强宣传外，还定期或不定期对农药经营者进行检查清理。2003年，该站在全县范围内对“毒鼠强”开展地毯式排查，并对流散在农村的违禁杀鼠剂进行没收，农业生态环境得到有效的保护。2004年实施《中华人民共和国行政许可法》后，农药经营许可制度取消。2007年，县农业局成立植物检疫农药监督管理站，负责对全县经营农药的业主进行统一管理，监督检查农药市场，防止假冒伪劣农药进入全县市场。20世纪90年代开始，大力推广高效、低毒、低残留农药。30年间，县内没有发生大的因假农药坑农害家事件发生。

图8-4 农资执法检查/2005年摄

种子管理

1971年，县农林局设种子站，开始种子技术推广和种子监理工作。1982年前后，成立种子公司，与种子站“一套人马，两个牌子”。1995年，种子站与种子经营分开，种子站改称种子监督检验站，履行种子的监督管理职能，负责协调组织工商、技术监督等部门开展联合执法检查，对种子市场进行不定期抽查，规范种子市场。2000年12月1日开始，实施《中华人民共和国种子法》，种子管理工作有法可依。2009年，全县有种子经销网点遍布全县。30年间，通过有效监管，全县没有发生大的因种子问题坑农害农现象发生。

第二章 种植业

第一节 粮食作物

境内粮食作物播种面积，在20世纪80年代占作物播种面积的75%左右。90年代后期，随着种植业结构的调整，种植面积逐年减少。2005年，粮食作物种植面积仅占全县耕地面积的57%。全县主要粮食作物有小麦、玉米、谷子、高粱、红薯及杂粮等。1979年前，粮食作物面积虽大，但产量较低，总产量10万吨左右，丰年略余，歉年不足。2000年全县粮食总产30万吨，创历史最高水平。随着种植业内部结构的调整，粮食总产随着面积的压缩而下降。

图 8－5 科技人员麦田调研/1998 年摄

2005—2009 年，粮食播种面积维持在历史较低水平，但随着生产条件、种植技术和农业机械化水平的提高，粮食单产有大幅度提高。

小麦

小麦是威县的主要粮食作物之一，种植面积居粮食作物之首。20 世纪 80 年代初期，种植面积上下起伏较大，管理粗放，产量低而不稳。80 年代后期种植面积扩大到 30000 公顷左右。2000 年种植面积达到 36400 公顷，创威县小麦播种面积之最。此后，随着种植结构的调整，小麦播种面积逐年减少。2005—2009 年，全县小麦播种面积保持在 14000 公顷左右。威县小麦产量经历了由低产向中产的发展阶段，部分村实现由中产向高产的跨越。1978 年全县小麦平均每公顷产量 1057.5 千克，2009 年平均每公顷 5342 千克，平均每公顷产量增长 7.6%。1990 年后，随着全县农业生产条件的改善，土地肥力的提高，尤其是小麦种子工程的实施和先进栽培技术的推广，小麦生产向着高产优质高效的方向发展。2009 年，全县小麦每公顷产量 6000～7500 千克的地块占总面积 30% 以上。

在小麦良种推广上，经历了由低肥水品种向中肥水品种、中肥水品种向高肥水品种的推广阶段；在品质上经历了由普通品种向优质品种及专用品种的过渡阶段。

在栽培技术上，主要推广四种技术：①机播、套种、精量半精量播种。90 年代中期，普及机械播种，随后又推广麦田套种、小麦半精量播种。麦田套种棉花、花生等作物，年均套种面积在 10000 公顷左右。在肥水较好的麦田还推广半精播技术，每公顷基本苗 195 万～300 万株；精播技术，实现公顷基本苗 120 万～180 万株。②整地与造墒。整地做到精耕细作，由无畦变有畦，由大畦变小畦，由宽畦变窄畦，由长畦变短畦栽培。小麦播种由等雨抢墒播种，变为灌水造墒播种和带茬造墒播种，确保足墒下种。③品种推广。20 世纪 80 年代至 90 年代，推广良种良法配套技术，小麦品种更新步伐加快，大大提高了小麦的产量和品质。④田间科学管理。1979 年前，全县小麦在小麦管理上属于粗放型，产量低而不稳。80 年代开始重视小麦科学管理，从种到收进行全程管理，由冬前的镇压锄划、施肥及浇越冬水，到春季麦田的浇返青水，顶凌锄划、镇压，并随不同的产量水平，采取肥水管理技术，注重后期浇灌浆水、喷叶面肥等技术。2008 年始，推广“一喷三防”技术，即一次用药实现防病、防虫、防干热风的目的，是提高产量和品质的重要措施。

玉米

1980 年前后，玉米是威县人们的主要口粮，种植面积较大。1986 年后，随着农民温饱问题的解决，玉米的主要用途由粮食转为饲料，种植面积大幅度下降。1985—2000 年，全县玉米种植面积一般在 1 万公顷左右。

2005 年栽培面积 4670 公顷，2005—2009 年种植面积维持在历史较低水平。由于肥水条件的改善，栽培技术和优良品种的普及推广，单产和品质不断提高，全县玉米平均每公顷产量由1978年的1110千克提高到2005的每公顷产量5268千克，2009年每公顷产量达到6180千克，每公顷产量7500千克以上的地块也不少见。

主要栽培技术：①适期播种。全县玉米有麦套与直播两种方式，2006年前后小麦、玉米播种以机械直播为主。麦套玉米一般5月下旬播种，玉米与小麦共期7～10天，夏直播期越早越好，麦收后要抢茬早播，一般在6月10日至20日播种。②选用良种。主要推广中早熟高产优质品种，生育期一般为90～110天。③合理密植。推广宽行密植，行距一般为75～80厘米，株距20～25厘米，每公顷密度51000～60000株，个别早熟矮棵密植的密度达75000～90000株。④科学管理。重视基肥的施用，生育期间重视小喇叭口期与大喇叭口期追肥浇水，一般每公顷施尿素300～375千克。

谷子

谷子具有抗旱、耐瘠、适应性强的特性，小米营养价值高，容易消化，深受城乡居民喜爱。谷草营养丰富，适口性好，是大牲畜的优良饲草。20世纪70年代末，全县谷子种植面积一般在10000公顷左右，且以春播谷子为主，品种老化，栽培技术落后，靠天收，产量低而不稳。1979年，全县谷子平均每公顷产量2265千克。80年代始，随着水肥条件的改善，良种良法的普及推广，全县谷子生产发展很快，由原来的春谷为主，改变为夏播谷一统天下，春谷绝迹。产量和品质大幅度提高。2005年，全县谷子播种面积4829公顷，每公顷产量4066千克，2009年谷子播种面积7992公顷，每公顷产量5579千克。谷子杂交种逐步推广，产量大幅度提高。

主要栽培技术：①品种更新，主要推广豫谷1号、豫谷2号、冀谷12号、冀谷13号，随着谷子品种的不断更新，谷子的品质和产量水平不断提高。②适期播种。夏谷一般在麦收后铁茬播种，尽量抢茬早播。③在生产管理上推广四项措施：改农家品种为优良品种；改灭茬播种为铁茬播种；改撮留苗为精量播种合理密植，一般每公顷播种量7.5千克，均匀留苗75万～105万株；改变不浇底墒水的习惯，实现在浇足底墒水的基础上，根据自然降水情况，酌情浇开花、灌浆水。

绿豆

绿豆属杂粮作物，是生产杂面的主要原料，在威县有悠久的栽培历史。绿豆生育期短，主要种植形式是与其他作物间作套种，2009年绿豆与棉花间作，面积在133公顷左右，每公顷产绿豆6000千克左右。

其他杂粮

主要包括高粱、红薯和豆类。2009年，红薯种植面积780公顷，总产5530吨，主要用于鲜食；大豆种植面积1162公顷，总产3210吨。高粱仅为零星种植。

第二节　油料作物

花生

1978年，全县花生栽培面积1427公顷，公顷产量775.5千克，随着农村生产责任制实行，花生种植面积迅速扩大。1990年前后，全县花生播种面积3330公顷左右，平均公顷产量3150千克左右。20世纪90年代后期，随着种植业结构的调整，花生种植面积逐年减少。2005年，全县花生播种面积2484公顷，公顷产量3695千克。2009年花生播种面积1132公顷，公顷产量3498千克，栽培的花生品种主要有冀油4号、冀花2号。

芝麻

芝麻是主要油料作物，其生育期短，根系浅需水肥较少，是与其他作物轮倒茬、间作套种的优势作物。威县多为零星种植或与棉花间作种植。2005—2009年，全县播种面积80公顷左右，每公顷产量一般在750千克左右，每公顷经济效益约6000元。

第三节　蔬　菜

1979年，全县蔬菜多为零星种植，以自产自食为主，上市交易的商品很少。1983年，李寨乡十里村首先种植保护地蔬菜（设施蔬菜），模式为改良阳畦覆盖保温被，种植越冬韭菜，后茬主要种植春提早黄瓜，生产目的是上市出售，由于效益好，到1990年，全县发展到67公顷。1990年后，全县蔬菜面积进一步扩大，蔬菜商品率逐步提高。1994年，县农业局园艺师吴凤华、东赵庄支书王双杰引进微拱琴弦式高效节能日光温室，首先在高公庄乡东赵庄、洺州镇马庄进行试验，栽培越冬茬西红柿，获得成功，填补了县内无日光温室，冬季不能生产喜温蔬菜的空白。之后逐年发展，温室越冬茬西红柿成为威县蔬菜的主导产品，并通过威县瓜蔬批发市场远销北京、天津、山西、内蒙古、辽宁等省、市、区。

图8-6　高公庄蔬菜示范园区/2007年摄

1996年，县委、县政府把瓜菜生产作为主导产业。2005年，县委、具政府又提出“养鸡猪、扩蔬菜、种优棉、搞间作”十二字指导方针。十几年间，全县蔬菜产业得到迅速发展，形成以高公庄乡、章台镇为主线的沿106国道两侧的“白色长廊”设施蔬菜产业带，蔬菜生产成为农民增收的重要途径。

2008年，8个无公害蔬菜生产基地完成产地认定，认定面积5300公顷，并对西红柿、豆角、芦笋、食用菌、葡萄5个主导品种进行无公害申请认证。

2009年初，邢台市委、市政府提出大力发展设施蔬菜生产，增加农民收入，把威县列为重点县。是年，全县新增日光温室、大拱棚3500个，占地面积730公顷。其建设速度之快，新增数量之多，在威县蔬菜发展史上前所未有。设施蔬菜主要分布在高公庄、章台、七级、张营、赵村、贺营等8个乡镇，以种植西红柿为主，主栽品种为金棚一号。食用菌主要分布在七级、洺州、第什营3个乡镇，以栽培平菇为主，主栽品种有大平菇、小平菇、姬菇。芦笋主要分布在贺营、张营、常屯3个乡镇，主栽品种有阿波罗、鲁芦笋1号、冠军等。至年底，全县蔬菜面积5550公顷，各类保护地面积3300公顷，其中日光温室2300公顷，年产量

30万吨；裸地蔬菜2250公顷，其中芦笋660公顷。种植模式多样，种植品种增多，全年上市供应成为现实。

蔬菜生产是劳动密集型产业，用工多，全县蔬菜生产层次较低，没有代表现代蔬菜生产的种菜大户，也没有出现统一种植、统一管理、统一销售及技术设备先进的现代农业园区。

技术推广

改善棚室结构　威县日光温室绝大多数为土墙竹木结构微拱琴弦式高效节能日光温室。最初建棚时温室跨度7.5米，脊高2.8米，长度60～70米，种植畦面比外面自然地面低0.3米。新建温室，跨度9～10米，脊高4～4.5米，长度80～100米。种植畦面比外面自然地面低0.6～0.8米。新建温室比老式温室种植面积大，畦面深，高跨比大，墙体厚，采光、保温性好，蔬菜生长空间大，产量高效益好。

图8－7　54千克"冬瓜王"/2007年摄

新品种推广　随蔬菜生产商品化的进程加快，为适应市场要求，威县不断引进新的蔬菜种类和品种，现有蔬菜种类近百个。主栽蔬菜有西红柿、豆角、黄瓜、韭菜、茄子、辣（甜）椒、大白菜、白萝卜、西葫芦、冬瓜、茴香苗等几十个蔬菜种类。已推广栽培的主要品种有：西红柿有金鹏一号、保罗塔等。黄瓜有津优2号、津优35号、津春2号、津春4号等。茄子有紫光圆茄、茄杂2号等。豆角有白花青、芝豆228等。

无土育苗技术　无土育苗即在育苗工厂或者育苗棚室内利用育苗基质装入营养、育苗穴盘或制成营养块育苗。其特点是育苗时间短、占地少、生产苗量大、秧苗质量高等，适合大批量商品化生产。威县无土育苗主要方式有穴盘育苗、营养钵育苗和营养块育苗，以穴盘育苗面积最大。

节水灌溉技术　威县蔬菜节水技术主要有膜下沟灌技术、膜下滴灌技术和膜下微灌技术，膜下沟灌节水技术已在全县普及，膜下滴灌和膜下微灌技术正在推广中。

无公害蔬菜生产技术　推广节水灌溉技术降温减病；采用黄色黏虫板诱杀害虫；利用防虫网阻隔防虫；引进熊蜂授粉技术；严禁使用高毒、高残留农药如呋喃丹、3911、1605、久效磷、氧化乐果等，选用高效低毒、低残留农药如百菌清、多菌灵、阿克泰、吡虫啉等；引进推广生物菌肥技术，CO_2缓释富氧秸秆发酵技术；推广测土配方肥和根外追肥（叶面肥）技术。无公害蔬菜生产技术的应用与推广提高了蔬菜质量，确保了人民群众身体健康。

政策扶持

2005年，为加快全县蔬菜产业化进程，扩大设施蔬菜面积，进一步促进农民增收，县政府制定如下优惠政策：重点扶持设施蔬菜种植大户和成方连片发展的新增百亩以上设施蔬菜生产基地；整合涉农项目资金，帮助解决公益性基础设施建设问题（电力、水利配套设施、路面硬化、技术培训、农用物资等）；规定每新上一个日光温室给予1万元的小额贷款支持，并由扶贫或财政部门予以部分贴息扶持；对打造蔬菜品牌的龙头企业和合作组织，县财政采取以奖代补的方式，按照注册的50%予以奖励；对打造成省级名牌的奖励2万元，国家级名牌的奖励4万元；加大对新增棚室的奖励力度，除按照年终考核奖励外，根据各乡镇当年新增设施蔬菜棚室个数，按照每个日光温室100元，每个大拱棚50元的标准予以奖励，奖励资金用于乡村公用经费补助和乡村干部奖励。

附：

高公庄大棚蔬菜发展专记

图8-8 大棚西红柿喜获丰收

1994年，威县开始全县范围的农业产业结构调整，号召全县人民起来种棉花。于是，全县上下大种棉花，但高公庄乡依据乡情认为发展大棚菜更符合该乡实际。但在全县火热种棉的形势下，大棚菜是否能发展起来，能否得到人们的共识，没有把握。于是，乡党委、乡政府选择先示范后推广，将东赵庄作为试点村。

东赵庄村有280户，1300人，耕地153公顷。村党支部书记王双杰，1989年开始任支书，他是个有发展意识又有头脑的人，乡里定了东赵庄为试点村后，他马上着手在全村发动，但老百姓谁也不想种，怕赔钱，甚至有人说，县里让种棉花，你们却让种大棚菜，纯粹是胡闹。为改变人们的思想观念，王双杰和村委会决定无偿给试种户启动资金，并选了几个思想观念比较先进的群众去外地参观。在多种激励政策的推动下，人们思想开始产生变化。那一年，也就是1994年，东赵庄发展30个大棚。天有不测风云，第一年种大棚菜，就让东赵庄村栽了个大跟头，种植的黄瓜几乎绝收。这一下，人们议论纷纷，有人编了个顺口溜“要想穷的快，就种大棚菜，早上掀，晚上盖，一天赔个十来块，请了个师傅叫老戴，收了大棚菜，没有地方卖”。一些群众还借机起哄闹事，村情村风一时混乱。对此，乡村两级领导班子冷静分析，沉着应对，在总结经验教训的过程中，认为发展大棚菜没有错，错在种植的品种没选好。于是，他们重新组织人员到外地进行参观考察，回来后又进行认真地分析，认为西红柿较皮实，比黄瓜更适合当地的气候和土壤。接着重新搞起大棚西红柿。这一次的选择非常成功，一季下来，一个大棚的西红柿产量达15吨，产值2万元。如此高的效益，使群众的思想受到很大冲击，群众种大棚的积极性日益高涨，次年大棚菜在东赵庄村迅猛发展起来，当时在群众中又开始流传这样的顺口溜“大棚菜，效益好，十亩棉花比不了；种蔬菜，奔小康，二年盖座新瓦房”。群众也因此从中得到很大实惠。东赵庄村从此摘掉穷帽子，成为闻名全县的蔬菜专业村。

为进一步加快大棚菜的发展，壮大产业规模。1996年，乡党委、乡政府再次出台激励措施，以推动大棚菜发展。同年，前高、东高、经镇等村开始种植大棚菜；1997年又辐射带动大宋庄、河里庄、李家屯等村。2002年大棚菜产业日益壮大，但西红柿购销市场出现混乱，严重影响到蔬菜产业的发展。对此，乡党委、乡政府高度重视，依据民意，由乡党委、乡政府牵头，迅速筹建蔬菜交易市场，以便稳定交易秩序，畅通销售渠道。

2003年春，以股份制形式建成威县瓜菜批发市场，市场总投资120万元，占地8公顷，内设8个交易大厅，固定摊位上千个。该市场自2003年5月运营后，为菜农及菜商提供便捷服务，保证购销之间公平交易。由于市场管理规范，不仅使瓜菜批发市场得到健康发展，而且增加了广大菜农的收入，形成经济发展良性循环。2004年，已有周边县市、北京、内蒙古、石家庄等地20多家客商在此设了常年收购点。市场日交易量250吨，年交易量80000吨，交易额1.1亿元。威县瓜菜批发市场的建立和运营，不仅解决了农民"买菜难""价格低"等问题，还极大地调动了农民蔬菜种植的积极性，成功实现与外地大批发市场的价格对接，仅此一项高公庄乡农民人均增收460元，同时还带动相关运输业、餐饮服务业的发展，拓宽了农民的增收渠道。2005年，经再次融资对市场进行扩建，市场占地达到14公顷。至此，市场已真正发展成为高公庄乡蔬菜产业的龙头，为菜农搭建致富平台。在这个龙头的带动下，大棚菜产业的发展势头更加强劲。2005年，全乡30个行政村，建大棚的村达26个，拥有大棚5450个，占地1307公顷。大棚菜已真正发展成为富民强乡的主导产业。

2005年，县委、县政府将发展大棚菜确定为全县发展农业的主导方向，提出"养猪鸡、扩蔬菜、种优棉、搞间作"的发展口号，并将高公庄乡命名为"威县第一蔬菜专业乡"。

（高公庄乡　2006年4月供稿）

第四节　三白西瓜

无公害绿色食品三白西瓜为域内古老瓜种，为西瓜中的独特品种。因白皮、白瓤、白籽而得名，外观白中泛绿呈椭圆形。皮厚耐运，贮藏期长；瓜瓤爽口、汁液丰富，带有玫瑰蜂蜜幽香。它不仅具有一般西瓜的品质，而且还有清爽、多汁、体大、耐贮的特点，更为独特的是其高硒、低糖，氨基酸极为丰富，据农业部农产品质量安全中心《产品品质检测报告》，每百克瓜瓤含十七种氨基酸总量347.21毫克、总糖4.7%、维生素C9.74毫克、硒0.068毫克、锌0.14毫克、钾93.1毫克、磷82毫克、铁0.22毫克、钙5.52毫克。富含号称生命元素的"硒"，具有一般瓜类所没有的防癌、抗癌、抗衰老之功能，实为罕见的保健、药用之佳品，并在第四、五届（廊坊）北方农副产品暨农业技术交易会上被认定为名优农产品，是国内外绝无仅有的稀世瓜种。

图8-9　瓜农与三白西瓜/2012年摄

2007年《无公害食品三白西瓜》（DB1305/T054-2007）和《无公害食品三白西瓜生产技术规程》（DB1305/T055-2007）等地方性标准正式实施。2010年11月荣获中华人民共和国农产品地理标志。产品销往山东、山西、河南、内蒙古、天津、北京等10余个省、市、自治区，深受广大消费者的青睐。

2009年种植面积约66.67公顷，每公顷产量45吨。

地域范围

三白西瓜适于境内老沙河、西沙河沿岸种植。保护面积共约3200公顷，常年种植规模可保持在1300多公顷。第什营乡、洺州镇、方家营乡种植三白西瓜较多。2009年，全县种植面积约66.67公顷。

栽培技术

前茬选择　三白西瓜应选择在地势高、排灌方便、土层深厚、土质疏松肥沃、通透性良好的沙质壤土，忌用花生、豆类和其他瓜类蔬菜地作三白西瓜的前茬。该品种对轮作要求十分严格，一般需轮作7～8年方可再种三白西瓜。

整地施肥　播种前浇地造墒，施足底肥，耕翻耙平，在中等肥力的土壤条件下，结合整地，每公顷施腐熟的优质有机肥45～60吨或腐熟鸡粪45～60立方米，香油酱1.8吨，草木灰750千克混匀撒施，深翻入土。

播种　选用原生态三白西瓜种子，将种子放入55℃温水中，迅速搅拌10～15分钟，当水温降到40℃左右时停止搅拌，继续浸泡4～6小时，洗净种子表面黏液。10厘米深的土壤温度稳定通过15℃以上，为三白西瓜适宜播种时间。在播种时，选晴天上午，按2米×0.8米行距开穴，穴深3～4厘米，播种2粒～3粒，然后覆土2厘米，播种后随即覆膜保墒增温，公顷植6000株左右。

田间管理　幼苗出土后，要适时破膜放苗，防高温烧苗，用土压严放苗孔。然后需要间苗、定苗。在伸蔓期，需要整枝压蔓。第一次压蔓应在蔓长40～50厘米时进行，以后每间隔4～6节压一次。坐果前，及时抹掉瓜杈。在坐果期，每天上午9时以前用雄花的花粉抹在雌花的柱头上进行人工授粉。待幼果生长到鸡蛋大小，开始褪毛时，一般选主蔓第二或第三雌花坐果，每株只留一个果。同时，进行浇水施肥，在距瓜根30厘米处开环形沟，每株施腐熟芝麻酱0.2千克。在瓜长成个后停止浇水。此后要进行翻瓜，每个瓜翻2次～3次即可。从坐果到成熟需40天左右。

第五节　农田管理

耕作制度

20世纪70年代，随着水利条件的发展，耕作制度为二年三熟。80年代联产承包责任制以后，耕作制度为一年二熟，复种指数达到顶峰。90年代后，随着植棉效益的提高，棉花面积不断扩大，多数实行一年一熟制，即收完棉花第二年谷雨前后再种棉花。二年三熟制的茬口主要是：第一年为春作物、冬小麦，第二年是晚秋作物。一年两熟制的主要方式是：小麦与夏玉米、夏大豆、夏高粱、夏播棉等，以小麦为主体，套种其他夏播作物，收秋后再种小麦。大棚菜实现一年多熟。与此同时，推广轮作、间作、套种等耕作方法。

栽培管理

30年间，随着耕作方式的改进，作物品种的不断改良和农田水利条件的改善以及农业科学技术的普及，各类作物的栽培管理技术亦随之不断改进和提高。

冬小麦　20世纪80年代前后，域内种植小麦采用“三密一稀”（三行密的行距近0.2米，稀的0.33米）和大小垄的种植形式。80年代后期开始，又推广四八（小垅4寸、大垅8寸）大小垅的种植形式，这些种植形式能充分利用光能地力，田间通风透光好，便于操作，同时为间作套种提供方便。小麦播种量比原来“三密一稀”时的十二三千克略有下降，密度趋于合理。

玉米　20世纪70年代末80年代初，一般杂交玉米的种植密度为每公顷37500株。在抓玉米合理密植的同时还推广培土防倒（追肥后用锄或耠进行培土）、喇叭口期撒药除治钻心虫，以及春玉米前轻后重、夏玉米前重后轻的两次施肥法等。70年代后期，隔行去雄和人工授粉技术已不再应用。80年代末，玉米种植密度普遍加大，一般每公顷约45000株。2000年以后，部分农民春季用地膜覆盖种玉米，还有的在塑料大棚内种植玉米，耕地既倒了茬，又提高了农民的经济效益。

谷子　20世纪80年代前，以春谷为主。随着生产条件的改善，春谷播种面积逐年减少。至1990年，春谷基本无人播种。70年代后期，推广谷子沟播防倒技术。沟播夏谷的方法是在浇麦黄水为种谷造好底墒的情况下，麦收后抢整地、抢施肥、抢开沟播种。80年代，改大翻大种为铁茬播种，争取早播，并推广精量播种，减少小苗拥挤，实现苗全苗旺。其方法是将谷种放在55℃至57℃的温水中浸10分钟，再捞到冷水中浸3分钟，漂去秕谷，捞出谷种晾干，每22.5千克谷种兑煮半熟后用药拌的死谷3.75千克播1公顷地，既精量播种又防虫害。同时推广缩垄增行技术，改过去0.42米平均等行距为0.27米等行距或0.5米三脚耧播种留0.33米的大垄背，即“三密一稀”。

蔬菜　露地蔬菜栽培茬口有五种模式：①越冬茬：秋季露地直播，或秋季育苗、冬季定植，来年早春收获上市。主要有菠菜、大蒜、洋葱、小葱等。②早春茬：早春土壤解冻后播种或定植，春末或夏初开始收获。主要有甘蓝、油菜、茴香苗、马铃薯、油麦菜等。③春茬：冬季或早春有苗，晚霜过后定植，入夏后大量收获上市。主要有茄子、西红柿、辣椒、西瓜、甜瓜、菜瓜、豆角、西葫芦等。④夏茬：春末夏初播种或定植，主要供应8—9月蔬菜淡季。主要有豆角、耐热叶菜类等。⑤秋茬：夏末秋初播种或定植，中秋后开始收获，秋末冬初结束。以白菜、萝卜、甘蓝、芹菜、胡萝卜等为主，还有部分茎菜类、绿叶类和少量的果菜类蔬菜。露地蔬菜分布全县，分散不集中，以自种自食为主。

设施蔬菜栽培茬口模式：①塑料拱棚蔬菜栽培茬口实行春提前（冬季温室育苗，3月中旬定植，以西红柿、茄子、黄瓜等为主）、秋延后（夏季播种育苗，初秋定植，中秋后供应市场，以西红柿为主）。②日光温室蔬菜栽培茬口有三种：秋冬茬：一般夏季或秋初育苗（韭菜春季播种不移栽），秋季定植，初冬开始收获至深冬（翌年一月）结束，以西红柿为主。越冬茬：又称越冬一大茬，一般秋季育苗，秋末冬初定植到温室，冬季开始采收，至翌年夏季结束，以西红柿、辣椒、茄子为主。越冬茬为2009年县内日光温室的主要茬口模式。冬春茬：冬至前后育苗，翌年立春前后定植，3月始收至夏季结束。以黄瓜、菜瓜、甜瓜、西红柿为主。③平菇栽培，秋季装袋进行袋栽，冬季开始采收，翌年春季结束。

在土地利用上，以越冬一大茬、一年两茬等茬口模式为主，主要栽培西红柿、黄瓜、韭菜、豆角等。

肥料施用

30 年间，威县农作物按照所施肥料的性质可分为两个时期：

有机肥及化肥并用时期　1979—1984 年是增施化肥时期，在此之前，施肥以有机肥为主，化肥用量很少，而且施用化肥的方法也不科学。开始把硫酸铵在小麦上用作追肥，由于追肥时间太晚，追肥量太小，追肥方法不得当，再加上水利条件限制，化肥的施用效果很不理想。随着水利条件的改善和化肥品种的增加，再加上施肥方法的改进，化肥的施用效果不断提高，化肥的施用量也不断提升。这个时期仍然是盲目施肥时期。

配方施肥时期　1982—1984 年，威县开展第二次土壤普查。通过普查，全县速效磷含量平均只有 3. 1PPM。此后，全县进行有针对性的施肥，通过补磷，特别是普遍施用磷酸二铵，全县小麦产量由原来的每公顷 2250 千克，提高到每公顷 4500 千克，实现翻番。也就是土壤缺什么，施肥就补什么。同时开展因作物施肥，不同的作物不同的需肥规律，不同的土壤有不同的施肥方法，不同的产量有不同的施肥要求。随着科学技术的进步，施肥方法逐渐完善。2000 年始，随着小麦等粮食作物种植面积的减少，造成用农作物秸秆沤制的有机肥大量减少。2009 年，全县耕地施用化肥（折纯）31345 吨。

中耕

威县十年九旱，为保墒、抗旱、除草，促进地下根系发育，农民历来重视中耕。中耕方式有锄、耘之分，锄是人用锄头等工具对农作物周围土地进行锄划，耘一般是用畜力牵引耘锄进行。20 世纪 90 年代后期，化学除草用于大田，减轻了劳动强度，中耕次数明显减少；中耕工具也由传统的用锄、耘锄逐渐被农业机械所取代，实现农忙变农闲。

地膜覆盖

地膜覆盖栽培技术出现在 20 世纪 80 年代。1984 年，潘固村首先进行地膜棉花种植试验，并获得成功，但之后并未继续推广。1991 年，在政府资金扶持下，南里村乡王家陵和庞苏庄试种 14 公顷地膜覆盖棉田，取得成功。由于地膜覆盖具有提高土壤温度，保水保肥改善土壤理化性质，提高土壤肥力，抑制杂草生长，减轻病害等作用，在连续降雨的情况下还有降低湿度的功能，从而促进植株生长发育，提早开花结果，增加产量、减少劳动力成本等。地膜覆盖技术日渐在全县推广，范围扩大到棉花、花生、西瓜等农作物上，面积逐年增长。2000 年后，随农业产业结构的调整，小麦、玉米等粮食作物面积缩小，棉花种植面积扩大，地膜覆盖棉普及。2009 年，全县地膜棉种植 50333 公顷，地膜使用量 2269 吨。

图 8 – 10　地膜覆盖推广现场会/1993 年摄

地膜覆盖栽培中相应产生一些不良影响，如多年覆盖地膜，残膜清除不净，造成土壤污染；由于盖膜后有机质分解快，肥料补充的少，使土地肥力下降，或因覆盖膜的管理不当也会造成早熟不增产，甚至有减产现象。

第六节 农作物保护

病害防治

小麦病害主要有白粉病、纹枯病、赤霉病、黑穗病、根腐病、丛矮病、锈病等。白粉病在高密度、高肥水、高湿度条件下发生，用粉锈宁防治即可。1986 年，新抗锈病育种的应用与推广从根本上控制锈病的发生。赤霉病一般在持续低温多雨年份发生，病粒对人畜危害较大。2003 年 5 月，低温多雨，发生赤霉病，病粒率近 1%。丛矮病主要由灰飞虱传播，需在苗期防治。黑穗病主要通过推广适时播种和使用化学药剂等进行防治。

棉花病害　主要有立枯病、炭疽病、枯萎病、黄萎病、红叶茎病等，积极的防治措施是倒茬和选用抗病品种。20 世纪 80 年代中期开始，由于连作病原菌的积累，春播后常遇到低温期病害——立枯病，同时，炭疽病逐年加重。1998—2008 年，苗期病害十分严重，尤其是地膜棉，苗期病田率达 60%，病株率占 10%，严重地块达到 30%，采取的主要防治措施为在拌种（包衣种子除外）的基础上，出苗期即喷洒代森锰锌、多菌灵等杀菌剂，或在杀菌剂中加入生根剂和微肥，连喷 3 次，防治效果可达 80% 以上。棉花枯、黄萎病俗称棉花“癌症”，1985 年零星发生，20 世纪 90 年代至 2004 年发生面积最大，严重地块病株率超过 20%、枯死率达 2%，采取的主要防治措施是用多菌灵、农抗 120、棉病克、枯黄杀等药剂喷洒、灌根。

玉米病害　主要有玉米大、小斑病和玉米粗缩病，均由灰飞虱传播所致，防治方法主要为选育和推广抗病品种、农业防治、化学药品及生物药品防治等，退菌灵、多菌灵药剂等基本药物被广泛应用，抗病品种有农大 108、郑单 518 等。

其他病害　瓜类的主要病害有枯萎病、白粉病、灰霉病、霜霉病等。叶菜类的主要病害有角斑病、白粉病、黑斑病、锈根软腐病等。果菜类的主要病害有疫病、灰霉病、疮痂病等。防治方法是采用化学药品或生物药品对症下药。1992—1997 年，红薯发生大面积根结线虫病，减产 10%，1998 年，推广“神农丹”农药，病情得到有效控制。

1979—2009 年部分年份威县农药用量（折纯）统计表

表 8－2　　单位：吨

年份	用药量	年份	用药量
1980	145	1990 年	821
1986	534	2009 年	1106

虫害防治

小麦害虫　主要有蚜虫、红蜘蛛、麦叶蜂、麦秆蝇、一代棉铃虫等。其中，发生较为普遍的是蚜虫和红蜘蛛，干旱年份尤为严重，关键期为 5 月中下旬。1993 年前主要用杀虫脒、氧化乐果、乐果马拉硫磷等。1994—2008 年，推广吡虫啉、啶虫脒、阿维菌素等高效、低毒、低残留的农药，蚜虫危害得到有效控制。另外，2002—2004 年周边县发生小麦吸浆虫，威县虽未发现，但存在着潜在危害。

玉米害虫　主要有玉米螟、粟灰螟、棉铃虫、黏虫、玉米耕葵粉蚧等。玉米螟又叫钻心虫、钻茎虫，防治方法是芯叶末期用1605颗粒防治、穗期用1605或吡虫啉喷雾防治。玉米耕葵粉蚧的防治方法是采用50%甲胺磷或久效磷等有机磷农药，每亩150~200毫升，兑水80~100千克，喷玉米根部。1992—1994年，棉铃虫大爆发，虫株率达50%以上，防治方法是在玉米大喇叭口期撒颗粒剂，防治效果在80%以上。

花生害虫　主要有蚜虫、地老虎、蛴螬等。防治花生幼苗期的虫害，通常在花生幼苗期采用98%天达恶霉灵3000倍液、蚜虱速克1500倍液、天达-2116抗旱壮苗专用剂600倍液混合喷雾。防治开花下针期的害虫，如棉铃虫、蚜虫等，通常在开花下针期采用70%代森锰锌、10%吡虫啉粉剂、20%杀铃脲、天达-2116抗旱壮苗专用剂600倍液喷雾。

棉花害虫　主要有蚜虫、红蜘蛛、棉铃虫、盲椿象、棉蓟马等，其中，经常发生的有蚜虫、红蜘蛛，一般用吡虫啉、啶虫脒、有机磷菊酯类、克铃蛑等农药防治。1982年，棉花首次发生棉铃虫。1992—1994年连续爆发，一年发生四代，并且世代重叠，产卵盛期百株落卵量高达800粒，幼虫孵化期百株有虫20~30头。不但危害棉花，而且还危害小麦、玉米、花生、豆类、蔬菜等作物。1993年，县委、县政府多次召开防治棉铃虫调度会和棉铃虫除治紧急动员会，在各乡镇设测报点，每个测报点儿插杨枝把400把、安装黑光灯10盏用来诱蛾。县农业部门还印发虫情快报，准确测报发生盛期，以便确定最佳防治时间。采用的主要药品为有机磷菊酯类、生物杀虫剂BT乳剂等。1997年开始推广抗虫棉，虫害对棉花的危害有所减轻。2001年开始，危害棉花的主要害虫变为棉盲蝽，一年发生5代，第二代危害尤重，时间为6月中下旬，该虫虫体小且隐蔽性强，防治难度较大，一般用克铃蛑防治。

其他虫害　对春播农作物危害较重的有地老虎、蝼蛄、蛴螬等地下害虫，一般采取用毒饵撒放地表诱杀或用毒土随种子施入耕层两种方法防治。对蔬菜危害较严重的害虫有白粉虱、菜虫、红蜘蛛、菜青虫、菜螟等。1995年，美洲斑潜蝇传入县域，该虫寄生范围广、繁殖力强、发育周期短，卵产在叶皮下，幼虫取食叶肉，严重影响叶子的光合作用，成为蔬菜最严重的害虫，一般采用吸渗透性强、低毒高效的阿维菌防治。1983年，春播谷田发生粟灰螟，枯心苗达50%以上，后用"六六粉"和沙土配成毒土撒放于谷田，危害得到基本控制。

草害防治

县内杂草主要有禾本科和阔叶两大类。20世纪80年代初，主要采用锄草、手拔、犁翻等方法除治。1983年始，在麦田施用2.4-DJ酯等化学除草剂。1990年始，推广苯磺隆、麦草畏等。1999年始，在地膜棉田、菜地推广氟乐灵除草剂。2005年始，推广冬前期杂草防治技术，主要防治禾本科杂草，每年11月在麦田施用禾草灵、世玛、3%世玛乳油等进行防治。玉米田则推广阿特拉津、丁草胺、草甘膦等。2006年，化学除草剂施用面积达到80%。2009年，化学除草剂使用面积达到95%。

种子包衣

1997年，引进包衣种子——抗虫棉33B。实践证明，种子包衣能有效地防治农作物苗期的病虫害，还能刺激发育、促进生长，使用包衣种子能减少用药2~3遍，还能增产10%左右。2000年开始，种子包衣技术广泛用于小麦、玉米、棉花等农作物的种植上。2009年，种子包衣玉米90%，小麦95%，棉花则达到100%。

第三章 棉 花

威县是河北省重点植棉县。1986年，经农牧渔业部批准，威县被列为国家优质棉基地县。2003年被河北省命名为棉花特产之乡。常年植棉面积约5万公顷以上，皮棉约7万吨，棉籽约13万吨，短绒6500吨，棉籽油总量2.08万吨。种植面积、总产量多年居河北省第一，素有“冀南棉海”之美誉。自1982年至2009年，威县连续20多年棉花面积和总产量位居全省第一。1989年，威县被评为全国棉花生产百强县。该年棉花总产全国排第36位，至1990年，全国排名达到第29位。1992年，被评为全国棉花收购服务规范化示范县（14个县之一）。1993年，威县被国家和省确定为科技兴棉先进县。2009年，威县棉花面积50298公顷，单产每公顷1.14吨，总产5.73万吨。棉花面积占河北省的7.4%，总产占7.9%。

图8－11 1989年10月3日，省长岳岐峰（右一）到第什营乡东古城村视察夏播棉种植情况

1998年，威县棉花主产品注册“银海”牌商标，“银海”牌棉花以其色泽白、衣份高、品级、长度、强度、马克隆值等物理指标均符合国际标准，一直在市场上享有盛誉。

第一节 种棉优势

棉花喜温、好光，比较耐旱，境内无论是气候条件还是土壤条件，均适于棉花生产，加上威县有充裕的劳动力，棉花种植是威县一大优势。

威县棉花各生育阶段气象条件供需分析表

表8－3

生育阶段		播种—出苗	苗期（出苗—现蕾）	蕾期（现蕾—开花）	花铃期（开花—吐絮）	吐絮期
各生育期日期		4月15日－5月5日	5月6日－6月20日	6月21日－7月21日	7月22日－9月5日	9月6日－10月23日
各生育期经历天数（天）		20	45	30	44	47
气温	要求适宜气温（℃）	5厘米地温≥14	20～25	25～30	25～30	20～25
	威县各阶段平均气（℃）	15.6～20.3	18.6～26.0	26～27.5	27.5～22.8	22.8～12.5

续表 8-3

生育阶段		播种—出苗	苗期（出苗—现蕾）	蕾期（现蕾—开花）	花铃期（开花—吐絮）	吐絮期
积温	棉花全生育期要求≥10℃的积温为 3300～3500℃					
	威县同期多年平均≥10℃的积温为 4302℃（4 月 15 日～10 月 23 日）					
	阶段需要积温（℃）	200	700	600	1400	600
	威县同期积温（℃）	335	1088.5	835.5	1171.5	871.8
日照	全生育期要求日照时数为 1400～1500 小时					
	威县同期多年平均日照时数为 1498.35 小时					
	阶段要求日照时数（小时）		340～370	235～280	380～480	330
	威县同期多年平均日照时数（小时）	153.5	425.4	243.6	336	339.9
水分	全生育期耗水量 550～600mm					
	威县同期降水量 529.4mm					
	阶段耗水量（mm）		40～50	90～95	320～340	150－160
	威县同期降雨量（mm）		28.4	43.2	340.9	116.9

第二节 发展历程

20 世纪八九十年代，棉花一直是威县经济主导产业。1979—1997 年，威县棉花生产尽管有较大发展，但也经历了相当曲折的过程。植棉面积忽多忽少，产量很不稳定，经常出现增产与减产交替，很少保持连续增产。

20 世纪 80 年代，由于“文化大革命”的影响，棉花生产降到 50 年代初期水平。1979 年，种植面积减少到 1.36 万公顷左右，总产仅 1350 吨，每公顷产量仅 99 千克（皮棉，下同）。

1980—1984 年，在经过一系列拨乱反正工作之后，思想得到解放。在棉花生产上本着扬长避短、发挥优势的原则，大胆调整作物布局。农业生产责任制也进一步得到贯彻和完善，大大调动了农民的生产积极性。同时，棉农学科学，用科学技术指导棉花生产，棉花大幅度增产。1980 年，棉花每公顷产量 362 千克，总产 5030 吨，是 1979 年的 3.7 倍，结束了棉花生产多年徘徊不前的局面。1984 年，棉花总产达 38910 吨，比 1966 年至 1979 年 14 年产量的总和还多 4200 吨，单产和总产均创历史最好水平。是年，由于棉花短时间出现供大于需的矛盾，出现卖棉难的现象。1985 年在政策上限制棉花生产，棉农植棉积极性受挫，棉花生产出现滑坡，植棉面积减少，每公顷产量停留在 750 千克左右。到 1989 年棉花每公顷产量下降到 566 千克，总产下降到 20030 吨。1990 年，国家大幅度提高棉花价格，生产形势开始好转。棉花每公顷产量 788 千克，总产 23683 吨，较 1989 年分别提高 39.2% 和 18.2%。

90 年代前期，棉铃虫危害成为影响棉花生产的最大障碍因素，甚至到了“谈虫色变”的境地，严重地影响了棉花产量的提高，也影响到群众植棉积极性，其中在 1992 年，棉花每公顷产量仅 435 千克，降到 1981 年以后的最低水平。1996 年棉花面积降到 22860 公顷，为 1982 年以后的最低水平。

1997 年美国 33B 抗虫棉引入威县，棉花每公顷产量达 905 千克，比 1992 年棉铃虫危害严重时期增加 470 千克。此后几年，转基因抗虫棉逐渐普及，有效降低了棉铃虫危害，降低了劳动强度，群众植棉积极性较高，小麦面积锐减，棉花面积增加。2004 年后棉花面积稳定在 50000 公顷左右，每公顷产量稳定在 1100 千克以上，总产超 50000 吨，棉花面积占到耕地面积的 72% 以上，棉花生产成为威县农村经济支柱产业。

第三节　品种改良

新品种推广是实现棉花增产的重要措施。1979—2009 年，威县共进行 7 次大规模的品种更新，棉花产量和品质均得到大幅度提高。

1980—1983 年，全县大面积推广“鲁棉 1 号”，棉花单产提高近 3 倍，是历次品种更新增产幅度最大的 1 次，打破了棉花单产多年徘徊的局面。该棉种由时任山东临清县政府办公室主任的翁家林（第什营乡头百户村人）通过协调山东农科院棉花研究所（办公地点在临清）引进到威县。

1984—1986 年，推广“冀棉 8 号”，棉花产量和品质都有所提高。

1987—1989 年，推广“冀棉 12 号”。1987 年推广夏播棉种“辽棉 9 号”。1989 年在棉花病区推广“中 375”夏播棉新品种。

1990—1994 年，随着枯、黄萎病的发生蔓延，抗病品种“中棉 12 号”逐渐替代“冀棉 12 号”，成为春播棉主要品种。

1995—1996 年，推广“冀 20”“杂 29”“石远 321”“冀 492”等抗病高产品种。

1997 年引入美国 33B 转基因抗虫棉，可誉为棉花种植史上的一次革命，彻底解决了棉铃虫危害问题，大大降低了植棉劳动强度，提高产量 15% 以上，此后几年 33B 抗虫棉成为春播主要品种。

图 8－12　1997 年，联合国经济开发署博士苏戈（中，英国籍）携夫人（前排左二，印度籍）到威县考察抗虫棉推广与政府县长窦孟朔等合影/翁光耀供图

2000 年，国产抗虫棉 SGK321 开始推广，国产抗虫棉育种步伐加快，逐步取代 33B 抗虫棉，到 2006 年棉花国产抗虫棉占据主导地位，主要有邯 4849、邯 333、冀丰 197、国欣 3 号、鲁棉研 21、冀棉 25 等。自 2005 年以后，每年有十几个甚至三十多个转基因抗虫棉花新品种通过省审或国审，经营品种公司众多，品种同质性严重，在产量、品质上

没有大的突破，品种出现多、乱、杂现象，主导品种不明显。至2009年，产量、质量稳定的种子品牌有邯棉系列、国欣系列、鲁棉研系列、冀丰系列、冀棉系列等。

第四节 种植技术

耕作制度

棉花为一年一熟制作物，谷雨前后播种，9月收获。20世纪70年代初，曾一度推广麦棉套种，但由于受生产条件限制，加上品种和栽培技术不成熟，产量低、效益差，没有得到巩固。随着水、肥等生产条件的改善，生产力水平的提高，短季棉品种的育成，自1986年起，域内有部分群众自发试种夏播棉，摸索麦、棉套播技术，并获得成功。之后几年发展较快，每年增加约2000公顷。1990年，全县夏播棉增至7333公顷，高峰期1992年面积达10000公顷。棉麦套种，不仅实现一年两熟，提高了土地利用率，而且提高了单位面积产量，实现棉麦双丰收。一般每公顷产小麦3750～4500千克，皮棉750千克，虽用工较多，但纯收入高于一熟棉田和粮粮连作田。到90年代后期，随着转基因抗虫棉的推广，小麦面积锐减，夏播棉失去生产基础，同时夏播棉抗虫品种缺乏，纤维品质低，夏播棉基本退出市场。

图8－13 棉瓜间作/2005年摄

20世纪90年代中期，试种、推广棉花与西瓜、棉花与土豆、棉花与洋葱、棉花与绿豆间作等棉花立体高效模式。2000年示范推广小麦与标记杂交棉间作模式，实现三种三收。2008年示范小麦与常规春播棉间套模式，并尝试实行机械化播种、收割。一般每公顷产量可增效益4500元左右。但因费工费时，不易机械化作业，增产效益不大，棉麦间作没能在生产上大面积推广。棉与菜间作模式，公顷增效可达15000元以上，因市场销售因素，只是在县城邻近传统蔬菜种植村零星种植。棉花与西瓜间作模式，规模相对稳定，每公顷增效益在22500元以上。

栽培技术

1979年以后，棉花栽培技术逐渐成熟，普遍推广合理密植，一般每公顷60000株，多采用大小垄种植。随着密植技术的提高，相应的配套技术也有所发展。春播棉播期由4月5日至10日推迟到4月15日至20日。90年代随着抗虫棉的推广，地膜覆盖技术的普及，为防止早衰，春播棉播期推迟到4月18日至25日。播种方法由抢墒播种、起干种湿、水中浸泡等抗旱播种变为浇地造墒播种。铺膜播种一次完成，并全部实现机械化。

20世纪80年代，随着科学技术的发展，威县推广一大批新的植棉成果。化控技术由单纯的控制生长作用逐步成为一项常规调控措施。地膜覆盖技术开始推广，被誉为棉花生长史上的“白色革命”。1990 年化控面积 80% 以上，地膜覆盖面积 70% 。到 2009 年地膜覆盖、硫酸脱绒、种子包衣、药剂菌肥拌种、配方施肥等新技术得到普遍运用和发展。

良种繁育

20 世纪 80 年代，以县原种场为骨干，坚持小量引进，高倍繁殖，面对全县，自力更生以及试验、示范、推广三步走的工作方针，使全县种子工作逐步纳入正轨。1984 年，在贺营筹建县棉花良种加工厂，1986 年投产，威县棉花良种繁育体系基本成龙配套：由原种场种棉花“三圃”田（即株行、株区、原种田），出田后在良繁区繁育，棉花良种加工，统一收购加工。加工厂每年可制良种约 1000 吨，提高全县统一供种水平。1997 年美国 33B 抗虫棉的引进，国产抗虫棉的推广及种子产权制度的实施，基层种子繁育、销售、推广体系随之变革。基层良棉厂、种子公司没有自育抗虫棉品种，只能进行委托代繁工作，由具有资质的公司统一包装后，通过网点销售、推广，棉花种子实现市场化、品牌化。县办种子企业陆续改制，私营种子销售企业逐步壮大，至 2009 年，规模较大的有北方种业、冀实良种（原良棉厂）、种子公司等。

病虫害防治

境内对棉花造成经常性危害的害虫有红铃虫、棉蚜、棉铃虫、造桥虫、红蜘蛛、棉蓟马、地老虎等。随着生产条件的不断改善，耕作制度、栽培管理水平的改进和提高，害虫的种类及其危害程度也在发生变化，20 世纪 90 年代棉铃虫危害严重。在防治方法上，化学防治一直是主要手段。随着防治技术的发展和提高，逐步采用农业、化学、物理、生物相结合的综合防治措施，1997 年抗虫棉在生产上逐步推广，彻底解决了棉铃虫危害问题，蚜虫、红蜘蛛、盲蝽象等害虫成为主要防治对象。

棉花病害主要有立枯病、炭疽病、红斑病等。20 世纪 80 年代初期，出现红叶茎枯病和枯、黄萎病。其中枯、黄萎病对棉花危害最大。防治方法主要有实行轮作倒茬、选用抗病品种、硫酸脱绒、杀菌剂拌种等。

第五节　优质棉基地县建设

1986 年 7 月，威县被农牧渔业部列为国家优质棉基地县。根据农牧渔业部对威县优质棉基地的审定，中央和地方共计投资 251 万元（不包括农技推广中心征地投资）。其中：中央投资 146 万元，省投资 10 万元，地区投资 15 万元，县自筹资金 80 万元。基地建设包括新建农技推广中心、扩建良棉厂和原种场三部分。

2006 年，县良棉厂、原种场改制成为股份制企业。

农技推广中心

农技推广中心位于交通大街路西，占地面积 33350 平方米，其中：基建占地 13350 平方米，试验地 20000 平方米，1986 年底完成征地、资金筹集、图纸设计等项工作。1987 年 3 月破土动工。农技推广中心基建项目有主体培训楼 2003. 6 平方米，生活及配套房屋 754. 3 平方米，新打机井 1 眼，建 50 吨水塔 1 座，围墙 650 米，总基建规模 2757 平方米，投资 88. 12 万元；购仪器和电教设备1部，投资2.29万元，征投资23万元，共计投资113.4万元。基建工程于1988年全部竣工。

良棉厂增建工程

良棉厂的增建工程始于1986年7月。增建项目包括种库、籽棉库、皮棉库、包装库、五金库、修理车间、消防室、棉检室、结算室、配电室、综合车间、榨油库、锅炉房等，总建筑面积3736.4平方米，投资57万元；扎花机械40台，保安设备15件，棉检15件，另有发电、配电设备和消防、榨油设备等，投资94.8万元，总计投资151.8万元。

原种场增建工程

原种场的增建工程始于1987年5月，增建项目有：轧花车间、籽棉库、皮棉室、挂藏室、仪器室、烤种室、资料室、晒场等，建筑面积1300平方米。良棉厂与原种场的增建工程均于1988年初竣工。

2003—2004年，优质棉基地县进行续建，中央和地方投资共计240万元，配置棉花加工设备38台（套），棉纤维检测仪15台（套），网络信息设备14台（套），建棉花及种子加工车间700平方米，提高了棉花种子生产和加工能力，逐步实现棉花种子加工现代化。

第六节　“亿棉”工程建设

“亿棉”工程的制定

1992年，随着棉花市场和棉花价格的放开，为进一步发挥威县棉花优势，县委、县政府制定“亿棉”工程（即全县年产皮棉一亿斤）的目标。是年3月，县成立亿棉工程指挥部办公室，其办公室为常设（不增加机构和编制）棉花生产专门办事机构。

“亿棉”工程实施

为实现“亿棉”工程目标，县委、县政府狠抓科技兴棉发展战略，一手抓大力推广地膜棉的栽培新技术，一手积极推广美国“33B”抗虫棉新品种。由于新技术新品种的推广，植棉投工投药成本降低，广大棉农植棉积极性高涨，全县棉田呈现春季地膜盖地白茫茫、秋季棉株绿油油的喜人景象。棉花产量、经济效益大幅提高，棉花真正成为广大棉农脱贫致富的主导产业。

2004年，全县棉花总产5.56万吨（1.11亿斤），亿棉工程目标实现。

第七节　农业技术推广及成果

技术推广

1987年，经县政府批准，县成立农业技术推广中心，负责全县农业技术的试验、示范、推广和技术培训工作。农技推广中心设有办公室、技术站、植保站、土肥站、棉花研究所、蔬菜站、中央农业广播电视学校威县分校（简称农广校）等机构，2009年单位有技术人员74人，其中推广研究员3人，高级农艺师7人，农艺师30人，助理农艺师33人。自80年代起，

32个乡镇均配有农业技术员，随着乡镇机构改革，乡级技术力量削弱。

为打好棉花优质高产的技术基础，提高棉农的植棉素质，1987年至1990年，利用走出去、请进来的办法和请专家教授讲课等方式，共组织大型培训16次，小型技术8场次，累计培训各级行政干部、技术干部和农民45万人次，印发各种技术资料1.5万份，明白纸11万份。同时积极推行技术承包。期间共有258人次先后参加承包，承包棉花面积51000公顷。

20世纪90年代后期，随着电视传播的普及，电视台专门开辟农业电视栏目，在利用传统技术培训手段进行广泛培训的同时，积极利用电视传媒在农业生产关键季节举行电视讲座，起到了较好的技术普及效果。1993年开始，每年举办电视讲座10期左右，举行大型技术培训会2~3次，现场培训会30~50次，发放报纸2万余份，有力地推动了植棉新技术的普及和推广。进入21世纪，网络逐渐普及，利用电脑网络、手机短信及时指导农民农业生产。

推广成果

1987—2009年，根据省、市（地）安排，结合县情，共落实棉花各项试验、示范项目50项，面积284000公顷，获经济效益1875.83万元。其中：1987年的1133公顷棉花高产示范田获省农业厅科技成果三等奖，1988年1133公顷旱地棉花模式化栽培获省农业厅科技成果三等奖，1989年的17200公顷棉花综合配套技术获省农业厅丰收计划二等奖，1997年棉田立体高效栽培技术获邢台市科技进步二等奖，1998年棉花新良种及配套增产技术获农业部丰收一等奖，2002年棉花新品种推广获农业部丰收二等奖，2003年地膜棉配套技术获农业部丰收三等奖。

1979—2009年威县棉花面积和产量统计表

表8-4　　单位：公顷、千克/公顷、吨

年份	面积	公顷产皮棉	总产
1979	13593.3	99.0	1350
1980	13893.3	362.3	5031
1981	11826.7	484.5	5736
1982	23880.0	697.5	16610
1983	27066.7	840.0	22780
1984	29040.0	1340.0	38910
1985	30800.0	757.5	23330
1986	26840.0	718.4	19282
1987	29986.7	919.4	27570
1988	36946.7	691.4	25543
1989	35400.0	565.8	20030
1990	30073.3	787.5	23683

续表 8-4

年份	面积	公顷产皮棉	总产
1991	30666.7	810.0	24840
1992	33066.7	435.0	14384
1993	27140.0	288.0	7827
1994	26803.0	491.2	13166
1995	26944.4	670.0	18050
1996	22860.0	810.9	18537
1997	25192.0	905.2	22804
1998	26341.0	1029.0	27100
1999	26486.0	1020.0	27033
2000	27734.0	1183.5	32802
2001	36010.0	1114.5	40163
2002	34695.0	985.0	34174
2003	43337.0	950.0	41172
2004	49687.0	1119.0	55610
2005	45625.0	1134.0	51733
2006	50366.0	1144.1	57619
2007	52740.0	1136.0	59907
2008	51048.0	1146.0	58501
2009	50298.0	1144.0	57340

说明：面积乘以单产数总产有细微出入，皆因为面积由百亩变为公顷、单产由亩变公顷计以及四舍五入所致

附：

蒋家庄村民在外包地植棉的调查

固献乡蒋家庄村，是中国义和团首领赵三多首次举行起义的地方。20 世纪 90 年代初，蒋家庄村民又率先到外地承包土地种植棉花，取得巨大效益，成为村民增收致富的重要渠道。2006 年，全村在外包地的 260 多人，植棉面积近 2 万亩，年纯收入 800 多万元。2007 年末，该村外出包地的达 130 户，约占全村的三分之一。

蒋家庄村全村 340 户，1300 人，人均耕地仅 1.5 亩，剩余劳动力较多。90 年代初，该村五六户棉农率先到清河县农场包地植棉，由于当时抗虫棉还未推广，每户只包 1 公顷左右，但收入明显增多。在他们的带动下，村民掀起一股包地热，包地范围也由附近县市扩大到石

家庄、唐山、保定、天津、沧州及山东德州一带。他们选择包地的对象一般是当地企业较多，土地闲置或者是当地的农场。包下来的土地大都成方连片，水利条件较好，适于机械化作业。包地棉农外出一般是夫妻二人一起，有的是单独承包，多是联户承包。包四五公顷地的农活一般由夫妻二人承担，只是在播种和收获季节雇工，包六七公顷的，则以雇工为主，少时雇几十人，多时雇上百人。以该村支部书记杨修江，村民蒋俊魁、蒋景明、蒋景春及蒋振河、蒋振林、蒋振乾、蒋振杰兄弟四人为代表，每户每年包地都在6公顷以上。在棉花管理上，主要依靠机械化作业。尤其是喷洒农药，棉农均用拖拉机运载的三缸泵喷洒，一次喷洒宽度达6米多，既省工又省力。棉农包地植棉的纯收入一般每公顷能达到6000元。

棉农外出包地植棉的路也是很曲折的。在抗虫棉种推广以前，由于棉铃虫虫害非常严重，棉农灭虫任务艰巨，劳动强度非常大，棉农中毒事件时有发生。棉农蒋志君承包4公顷地，尽管种的是抗虫棉，由于盲椿象虫害严重，辛苦一年不但没赚钱，反而赔了17000元。在唐山乐亭包地的一位棉农，由于遭受水灾，单产棉花仅160千克。有时棉花价格也会严重影响棉农收入。2001年，籽棉收购价格每千克仅3元，最多3.4元。尽管路途坎坷，可他们用自己的勤劳和智慧闯出一条致富路。外出包地的棉农致富了，在该村留守的棉农也因承包外出棉农的地，收入有了明显增多，形成良性互动。不仅如此，蒋家庄村外出包地还影响和带动邻村一些棉农。蒋家庄人积极向他们传授经验，牵线搭桥，提供方便，使他们也尝到包地的甜头。蒋家庄村一带形成了一支跨省市、较大规模的外出包地队伍。

蒋家庄村民外出包地致富的经验主要有以下几点：

第一，蒋家庄人有一股创业激情。改革开放的惠农政策给棉农提供了诸多创业机遇，蒋家庄村民有像赵三多一样敢为天下先的闯劲。

第二，蒋家庄人有一套娴熟的植棉技艺，加上自己的勤奋、智慧和汗水，终于获得成功。

第三，抗虫棉种的推广对外出包地植棉的成功提供有利条件。随着近年来棉花市场的看好，种棉致富成为许多棉农的共识。在抗虫棉种推广之前，棉农对棉铃虫用“谈虫色变”毫不夸张。只有推广抗虫棉种，才大大减轻了棉农的劳动强度，使大面积包地由梦想变成现实。蒋家庄村民包地植棉的成功再次证明一个真理：科学技术是生产力。

第四，蒋家庄人的成功离不开惠农政策的支持。没有改革开放，没有联产承包责任制，没有信用社等部门的资金支持，棉农的包地致富愿望也是不可能实现的。

（耿尚斌2008年4月撰稿）

第四章　林果业

1979年，全县实有林地面积7673公顷。其中，用材林3533公顷，经济林3493公顷，灌木林613公顷，桑园33公顷，“四旁”（坑旁、村旁、宅旁、道路旁）植树224万株，实有育苗面积93公顷，分布有一些农桐、枣粮间作，梨、苹果产量740吨。境内森林覆盖率为9.07%，尚有宜林地面积806公顷。

1979—1991年，是林业生产稳步发展时期。期间，县、乡、村三级认真落实林业生产指令性计划，果园面积稳定扩大，林网建设呈现出点、片、面发展格局，全县构建起农田林网

图 8－14 世界银行贷款国家造林项目/1993 年摄

骨架。据 1991 年省林业勘察设计院按部颁“平原县绿化达标”验收时自查结果，全县有林地面积 10020 公顷，其中用材林 3587 公顷，经济林 4866 公顷，防护林 1747 公顷。农田林网 65373 公顷，另外林业育苗 223 公顷，“四旁”植树 165.88 万株，果品产量 12000 吨，全县森林覆盖率为 17.7%。

1992—1999 年，是林业改革开放过渡发展时期。期间利用世界银行贷款营造速生丰产林项目，共投资 840 万元，在县境内老沙河流域发展片林 5800 公顷；依靠县政府指导性计划，实施“亿果工程”，1996 年全县果园面积发展到 9333 公顷，总产量 22750 吨，总产值 2280 万元；依托北京林业大学、河北省林科院（所）业务协作关系，县林业局苗圃场成为省内外知名的“毛白杨、白榆良种基地”。1999 年末，全县有林地面积 8733 公顷，其中用材林 3480 公顷，经济林 4867 公顷，防护林 387 公顷，农田林网 60000 公顷，另外林业育苗 667 公顷，“四旁”植树 120 万株，果品总产量 24000 吨，全县森林覆盖率为 17.4%。

2000—2005 年，是全县林业生产发生质的飞跃时期。不仅林业种植结构得以调整，果树主宰品种已得到优化。期间，县先后出台两个“林业专件”，全面落实上级林业政策；实施国家退耕还林工程、防沙治沙工程、林木良种基地工程，与县外投资企业合作，发展订单林业，初步形成多层次、多主体、多形式造林绿化新格局；以优质葡萄无公害基地建设为重点，果品生产步入产业化发展轨道。2005 年，全县有林地面积 8507 公顷，其中用材林 3794 公顷，经济林 4000 公顷，防护林 713 公顷。另外，林木良种花卉育苗 307 公顷，“四旁”植树 121.2 万株，果品总产量 38000 吨。全县森林覆盖率为 12.4%。

2006—2009 年，是全县林业和谐发展时期。期间，以全县集体林业产权制度改革（简称“林改”）为标志，扎实推进省级森林覆盖率净增量年度考核、以树养路、第 5 期世行贷款造林筹备及林业有害生物防控、森林防火等各项工作，维护林业资源动态平衡，引导发展社会造林的重要作用。

第一节 林木资源

林木种类

威县属暖温带落叶阔叶林区，受气候、土壤等因素的影响，适宜生长的树木种类较少而集中。林木主要有杨（毛白杨雄株）、柳、榆、槐（国槐、刺槐）、椿、柽柳，间有枣、杜、桑、柏等。主要树种为落叶阔叶树种，包括乔木、灌木、藤木共 100 余种，分属 24 科。另有少量草坪、花卉。

主要乔木树种：三倍体毛白杨、旱柳、白榆。另外引进外地部分窄冠杨、黑杨、金丝柳等。

稀有树种：苦楝、泡桐、悬铃木、合欢、皂角、栾树、梧桐、金枝国槐、银芽柳等。

经济树种：苹果、梨、葡萄、枣、桃、杏、核桃、李、石榴、柿等。

观赏树种：大叶黄杨、小叶黄杨、紫荆、紫薇、雪松、千头柏、龙柏、蜀桧、木瑾、月季、垂柳、龙爪槐、水杉、红叶小蘖、木兰、杜仲、黄连木、黄栌、冬青、夹竹桃等。

主要灌木树种：紫穗槐、枸杞等。

主要藤本树种：常春藤、凌霄、五叶地锦、金银花、爬山虎等。

另外引进一些花卉品种，主要有百日红、鸡冠花、菊花、高秆女贞、辛夷等。

林地分布

20世纪90年代初，全县林业用地面积10867公顷（指沙荒地）。以后由于气候、地下水位下降及种植结构调整等诸因素，致使土地沙化面积不断扩大。至2005年，已有沙化土地面积27000公顷，占总土地面积的26.68%。按林木用地类别分为速生丰产用材林4507公顷（含退耕还林地400公顷，防沙治沙地600公顷），占总土地面积的4.45%；经济林4000公顷，占3.95%；林业育苗307公顷，占0.30%；农田林网控制面积40000公顷，折合防护林4800公顷，占4.74%；未综合治理的沙化土地有13333公顷，占13.17%。

活立木蓄积

2005年，全县活立木蓄积量为20万立方米，其中片林蓄积4.0万立方米，占20%；散生木蓄积4000立方米，占2%；林网蓄积6万立方米，占30%；村镇树木蓄积9.6万立方米，占48%。根据标准地蓄积生长率调查，年活立木蓄积生长量为1.5万立方米，按出材率60%计算，年木材生长量为0.9万立方米。2007年，全县木材年消耗量达1.0万立方米，稍大于木材生长量。加之近年营造中幼林较多，不能过分采伐利用，因此全县木材年采伐量不得超过2000立方米，供需差额较大，需从外地购进木材，以弥补缺口。

第二节　林木种苗

引种

20世纪80年代初，县林业局对全县各类树木种子资源进行调查摸底，将采集树木种子纳入林业生产计划，每年根据育苗需要，进行采集或收购。树木种子的采集多以榆钱、紫穗槐、洋槐籽为主，年采集量一般在1000千克左右。杜梨、海棠、桃、杏等种子采集不足，主要从省内其他地市调入，以满足林业育苗需求。

1984—2009年，先后引进、繁育苗木优良品种60个，其中：经济林良种苗木27个，用材林良种苗木22个，防护林良种苗木11个。另外园林花木良种苗木30余个。不仅调整优化全县林果花木结构，而且提高了造林绿化质量。

经济林良种

1985—2007年，先后从石家庄果树研究所、北京林业科学院引进巨峰、京亚、黑红提、克伦生、夏黑等葡萄系列良种；从山西临猗、石家庄市引进梨枣、冬枣、雪桃、赞皇大枣等枣系列良种；从石家庄市、河北昌黎果树所、郑州市等引进京玉、重阳红、早红霞、冬雪蜜、华光、新山东早熟桃系列良种及盖县（盖州市）李、大石早生、黑宝石、澳14等李系列良种；从邢台市新河县引进金太阳、凯特等杏良种；从石家庄市引进黄冠梨、黄金梨等梨良种。还引进辽系核桃及日本甜柿良种。

1986年开始推广种植巨峰葡萄，后引进克伦生、圣诞玫瑰等优良品种达30余个。现有无公害葡萄基地1333公顷，年产量1.3万吨，主要分布在县城周边、邢临线及106国道附近。由于威县独特的地理气候环境，巨峰葡萄产品以“口感好、果粒大、色泽艳、适应性强”等特点，销往山东、山西、湖南、湖北等地，备受广大消费者喜爱。已建威县葡萄研究协会、威县冀峰葡萄专业合作社等4家，中型冷库12个，并形成油坊葡萄、戚霍寨及中七级葡萄销售市场3处，每到采摘旺季，日发车量可达50余车次，日销售量400多吨。

图8－15 葡萄争霸赛/2013年摄

巨峰葡萄 属四倍体中熟品种、欧美杂交种，原产于日本。抗寒、抗病力均较强，8月下旬成熟，二年生见果，果穗大，圆锥形，平均穗重500克，果粒大，短椭圆形，平均粒重11.6克，完熟紫黑色。果粒厚，果皮与果肉易分离，含糖量14.4%，味甜多汁，品质上等。抗病性强，丰产，8月下旬完熟。果品酸甜适宜，着色面大，较耐贮藏，可挂二茬果，备受种植户及消费者青睐，2009年在全县栽培面积最多。

克伦生葡萄 2004年引进。原产于美国，属鲜食大粒无核葡萄晚熟品种。单粒重8克，果实鲜玫瑰红色，果粒圆锥形，平均穗重500克，含糖量20%左右，香甜可口，果粒刀切成片，并含有“白藜芦醇”抗癌物质，是21世纪第一种具有保健作用的葡萄水果。

圣诞玫瑰葡萄 又名秋红，果穗大，长圆锥形，平均穗重700克，果粒平均重7克，果皮中厚，深紫色，果皮硬脆，能刀削成片，味甜爽口，含糖18%，品质极上。

梨枣 属鲜食品种。果大呈梨形，最大果重35～42克，皮薄肉厚，松脆多汁，9月上旬成熟，品质中上，适于密植栽培。

圆铃枣 又称紫玲、圆红、紫枣等。原产于威县及山东聊城等地。树体较大，树姿开张。果实短圆形，平均每果重11克，果肉厚，绿白色，味甜汁少，鲜枣含糖量33%，可食率97%，干枣含糖量73%～76%，酸0.8%～1.4%，品质上等，制干率60%～62%。核小，纺锤形，多无种仁。果实成熟期为9月上中旬。

甜婆枣 树势强健，抗性强，产果稳定。果实长圆形，平均单果重8～11克，鲜枣含糖量32%，干枣含糖量73%，制干率40%，适宜鲜食兼加工，品质好。据测定，每百克鲜枣中维生素C含量可达1000毫克以上，此外，还含有大量的维生素P、环磷酸腺苷（CAMP），对高血压、冠心病患者有一定的疗效。这些独特的医疗价值和保健作用，已引起国内外科学家的重视。

京玉桃 中熟品种。果实圆形稍长，果型大，平均果重150克，最大300克，果皮黄绿色，阳面有红晕，果肉乳白，近核处微红，肉质细密、离核，风味甜，耐贮运，7月下旬至8月初成熟。树势旺盛，半开张，复花芽多，有花粉，坐果率高，丰产，是鲜食及加工兼用品种。

黄冠梨　早熟品种，8月上旬成熟，个大，果形美观，品质优，丰产，抗病，高接第二年结果，三年丰产。

用材林良种

1984年起，先后从北京林业大学、河北省林科所（院）、江苏省林科所等地引进优质杨树无性系种条、种根300余个，经本地测定，选择审（认）定后，主要繁育出三倍体毛白杨品种6个（BJ196、BJ193、BJ173、BJ180、BJ175、BJ166），毛白杨雄株优良无性系5个（1316、1319、1211、1327、1285），白榆优良无性系4个（7909、7704、7616、7618），黑杨优良无性系5个，金丝柳优良无性系2个。

三倍体毛白杨　1997年6个新品种通过部级鉴定，因其染色体数为性细胞染色体基数19根的3倍，即57根而得名。其主要优良特性是：栽培周期短，5年即可轮伐，5年生时蓄积量可达150～300立方米/公顷；前期速生，适于纸浆林建设；当年育苗，当年出圃，缩短育苗周期1年；对叶锈病、褐斑病和煤污病基本免疫，对天牛也有较强抗性；其出浆率高，能满足新闻纸、胶印书刊纸造纸要求，也是制造胶合板的好材料；而且叶片大而浓绿，落叶期晚，增加景观效益。适于黄河中下游地区生长，尤其适于水肥条件较好的沙壤土生长。

毛白杨雄株　1990年通过省级认定，共有5个优良无性系。其中1316、1319分别比易县毛白杨雌株（对照）材积增长45%以上，最高达148%；并且干形好、不飞絮、少飞粉，适于农田林网及城郊绿化美化，属环保杨类型。

欧美杨107　2003年重点推广的项目造林新品种。干型通直、树冠窄、侧枝细、抗风、抗病虫（抗光肩星天牛），速生，无性繁殖能力强，材质好，木质色泽稍黑，造林成活率高，适宜丰产林、农林复合经营（间作林）建设。

防护林良种

1986—2009年，先后引进、繁育推广林木良种11个，主要有窄冠杨、垂柳、泡桐、新疆杨、苦楝等，为全县改善生态环境提供苗木条件。

育苗

境内农民育苗传统为自育苗、自栽树。1978年正式建立国营苗圃（县林业局苗圃场），林业育苗走向正轨。

1979—1991年，林业育苗以政策扶持为主，为农户平价或无偿提供种子、化肥、柴油、农药等，苗木由政府回收，用于当地植树造林。但品种单一、苗木规模小，品种以洋槐、榆树、杨树为主。1979年，全县村办0.2公顷至0.667公顷的小苗圃有60余个，占地80公顷，可产苗木50万株。1990年，全县32个乡镇个体育苗（含联户、专业户）扩大到153公顷，年产合格苗木340万株。

1992—1998年，林业育苗主要以苗圃场育苗53.33公顷为基地，以第什营、苏庄、大宁、姜七里、北胡帐等村为重点，1998年建立起二级育苗基地213.33公顷，由县政府与北京林业大学签订购销协议，实行以销定产、立足当地、辐射全区、影响全省。并在世行贷款造林项目中推广应用，1997 年达到 1500 公顷，良种苗木造林 50 余万株。

1999—2005 年，全县育苗进入快速发展阶段，2001 年，三倍体毛白杨发展成为一大特色产业。以苗圃场为龙头，采取“龙头 + 农户”的办法，实现三倍体毛白杨的总量扩张。即由苗圃场提供繁殖材料（一条鞭、炮捻）、技术、信息，并部分或全部代销苗木产品，育苗户负责种植管理，从而调动起个体育苗户积极性，实现一年育苗，三年三见效（一年出材料、二年出小苗、三年出大苗）。1999—2004 年，全县年均育苗面积 670 公顷，其中 2002 年末，境内育苗总面积达到 1467 公顷，可提供良种繁殖材料 2500 万支，年产合格苗木 500 万株以上，产值 2000 万元，涉及 16 个乡镇 75 个行政村 7000 余户，创历史最高水平。被国家林业局授予“全国种苗特色基地”称号。另外，2000 年，全县名优园林花木 43.33 公顷，主要有小菊系列、金丝柳花木、月季、一串红、一品红等花卉。

2006—2009 年，河北华杨良种苗木有限公司（原苗圃场）与北京林业大学进一步合作，运用张志毅教授“蜘蛛网式”试验林科研规划方法，建设不同品种、不同密度、不同水肥条件的杨树新品系试验林 8 公顷，并通过苗圃地系统规划，2009 年 1 月被列为国家首批重点林木良种基地。

第三节　植树造林

义务植树

1979 年 2 月，第五届全国人大常委会第六次会议决定，每年的 3 月 12 日为中国植树节。自 1979 年起，以每年 3 月 12 日植树节为契机，县、乡（镇）、村三级都组织干部职工开展义务植树活动，大多数群众进行“四旁”植树。1979—1990 年，全县累计“四旁”植树 1010 万株。1991—2009 年，结合农业开发区建设、林业项目造林、重点乡镇绿化、育苗基地美化及县城外环路绿化、贫困村致富等项植树造林工作，组织机关干部带头开展义务植树活动，取得一定效果。平均每年全县参加义务植树人数 26.4 万人次，义务植树 100 万株以上。

防护林

造林树种主要有毛白杨、泡桐、旱柳、白榆、枣、刺槐、紫穗槐等。1979—1991 年，全县大面积营造防护林，主要集中在乡镇（公社）分片推进农田林网建设、农业开发工程实施及河渠堤岸绿化等方面。1977—1986 年，白果树公社全面完成农田林网建设。公社书记徐修业组织乡村干部群众，大搞方田林网建设 3700 公顷。对各村统一规划、统一苗木、统一植树、统一管护，网格大小在 13 ~ 20 公顷之间，路渠两旁各植树 1 ~ 2 行，株距 3 ~ 5 米，共绿化道路 56 条，长 216 千米（其中骨干路 28 条，长 108 千米，田间路 28 条，长 108 千米），大小沟渠 32 条，长 121.5 千米，营造片林 312.76 公顷（其中千亩林场 1 个），植树 5.9 万株。由于白果树公社林网建设规划科学、整体推动力度大，成为全国平原县中开展农田林网大规模建设的一面旗帜，经逐级推荐，徐修业荣获“全国绿化劳动模范”称号。1991 年全县平原绿化达标时，农田林网控制面积达到 6.65 万公顷，占耕地面积的 96%。

1992—2009 年，结合农业开发示范区建设、土地整理项目、文明生态村建设等工程中的植树工作，全县防护林建设处于重点乡（镇）、村发展阶段。1998 年，县内林网控制面积

60000 公顷，占总耕地面积的 87.1%，林网树木 260 多万株。2008 年开始，县推出“以树养路”规定，对境内“村村通”乡村公路实施绿化美化工程。由交通局负责指导挖边沟事项，林业局负责指导在边沟中植树绿化工作，每侧 2～4 行树，株距 3 米，按县、乡、承包户各占 1/3 比例，兑现苗木补助费，形成威县“以树养路”绿化模式。2008 年完成标准化路段 48.9 千米的绿化任务，新植树木 6.3 万株。

用材林

造林树种主要有三倍体毛白杨、普通毛白杨（二倍体）、欧美 107 杨、中林 46 杨、洋槐等。造林投资由本地自筹为主，转向利用外资、内资（国债）、订单林业、股份合作等多种方式，示范带动全县林业跨越式发展。

图 8－16　1997 年 11 月，县委书记王中山陪同林业部副部长李育才（右）到威县考察三倍体毛白杨

1986 年前，境内用材林主要分布在沙荒地上，呈点、片状分布，第什营、方家营、固献、常屯、张营等乡的南郭庄、沙河辛庄、王家陵、柳疃、军寨等地，有刺槐林、榆树林、毛白杨雌株片林生长。1986 年末实有林地面积 5226.67 公顷。

1987—2001 年，老沙河、西沙河流域宜林沙荒地实施两期项目造林，县内速生丰产用材林建设进入快速发展时期。1989—1997 年，在全面勘测设计基础上，第一次利用世界银行贷款造林项目（一期）及国家森林资源发展和保护项目（二期），累计投资 840 多万元，营造速生丰产林 5800 公顷（其中Ⅰ期 4293.33 公顷、Ⅱ期 1506.67 公顷），涉及 16 个乡镇、87 个村。造林模式主要有 1×2×15 米，每公顷 330 株，可以间作农作物，树种主要是毛白杨优良无性系及三倍体毛白杨。丰产林生长中后期，由于管理不一、间作物不等及市场拉动下的农村结构调整等因素，致使树木保存率逐年下降。

2003 年，县林业局争取到国家退耕还林工程 400 公顷（其中退耕还林 200 公顷、匹配造林 200 公顷），植树 30 余万株，总投资 274.32 万元，涉及 9 个乡镇 18 个村 761 个农户。是年 6 月 6 日，县财政局、粮食局、林业局、政府办联合检查验收，确认新植树木平均成活率达到 90% 以上，尤其树立张营乡军寨一村完成退耕还林 164 公顷、植树近 20 万株的先进典型。作为实施国家退耕还林工程县，退耕户每公顷材林可享受国家资金补助 750 元，标准原粮（小麦 75%、玉米 25%）1500 千克，生态林 8 年，经济林 5 年。2004 年，县林业局牵头促成河北中大绿业林产品开发有限公司与七级镇政府签订速生丰产林营林合同书，选择该镇刘庄、韩庄村完成“速生杨集约化造林合作项目”46.67 公顷，投资 49 万元。据测算，平均每年每公顷可收入 37020 元，开创了威县第一个跨地区订单林业项目合作新局面。2005 年依托威县处于黄河故道的地理优势及沙化地资源，又争取到国家防沙治沙工程项目 600 公顷，总投资 189 万元，其中中央财政资金 90 万元。按照《中华人民共和国防沙治沙法》及上级林业部门要求，是年完成工程规划任务，植树 50 万株，涉及 8 个乡镇 33 个村 913 个农户。张营乡南里庄村，完成治沙造林14.67公顷，新植欧美杨107、108共3万余株，行间种植棉花、中药材（托帮秸），形成杨树、棉花、中药材等林农高效间作套种新模式。

2008年，河北省林业局外资办从位于黄河故道区及永定河流域的平原县中，选择出4个市18个县，规划《林业综合发展项目》。第5期利用世行贷款造林项目的准备工作正式开始，威县规划营造多功能防护林667公顷，匡算总投资700万元人民币，其中世行扶贫性贷款48万美元，涉及固献、方家营、第什营等3个乡的14个村，年内完成技术、社会、环境等3项评估工作。2009年国家调整退耕还林政策，将建设内容、补助标准定为：（1）林业产业基地，国家补助标准6000元/公顷；（2）退耕林地补植补造，750元/公顷；（3）退耕农民技能培训，40元/人。共下发威县巩固退耕还林成果专项资金58万元。2008—2009年，省、市分别出台县处级领导班子和领导干部年度工作实绩综合考核评价办法，将森林覆盖率净增量考核列入年度考核的百分制范围，占3.5分。2008年威县新增森林覆盖率0.26%，2009年为0.32%，造林合格率91.8%，位于邢台市前列。

经济林（果树果园）

全县经济林经过30年的发展，初步形成“东苹果、中葡萄枣桃杏、西梨树”的产业发展格局，苹果园、梨园、枣树园、葡萄园已成为广大果农依靠科技致富的主要经济来源之一。

1979—1991年，境内农民在次耕地里种植苹果、梨、桃、杏、葡萄、枣等果树。所需资金先期有政府扶持，例如建立杏基地可用“周转金”贷款等，后期由果农自主解决。1982年，全县共有枣树60万株，其中四旁树29万株，成片枣园275.6公顷，3万余株，总产达1035吨，占果品总产量的35%；枣树分布比较集中的有白果树、成志庄、柳疃、张营、张庄等乡，重点村有蔡寨、冯庄、南郭庄、吴庄、张营、枣科、苏村、西范庄等；主要品种有甜婆枣、大紫枣、扁核枣、串杆枣、无核枣、十月红、脆枣、金丝枣等。1990年，全县梨树947公顷，年产梨9287吨，品种主要有鸭梨、雪花梨、慈梨、蜜梨、糖梨等。同年，全县已栽植苹果673公顷，年产量1748吨。主要栽培品种有祝光、红星、金冠、国光等。是年，境内产杏180吨，主要品种有串枝红、麦黄杏、二红杏、关爷脸等。同时全县已栽种桃树60公顷，年产量95吨，主要品种有大久保、五月鲜、雪桃等。1986年春，从石家庄果研所引进巨峰葡萄新品种及其配套技术，并在县苗圃场进行温室速生葡萄苗塑料袋繁育，共在32个乡镇的300余个村发展巨峰葡萄254公顷、83.12万株。1990年，全县葡萄86.67公顷，年产葡萄854吨，果品深受乡村群众的欢迎。至此，全县果园发展到351个，面积达到2733公顷，总株数134万株，年产干鲜果品1.3万吨，不仅满足了当地人民的需要，而且每年有近1万吨果品外调到县外其他省市。

1992年，县委、县政府印发关于“亿果工程”发展的意见，全县制定出新阶段果树发展目标，即1994年果园面积5866.67公顷，产量13250吨，产值0.13亿元；1995年果园面积8533.33公顷，产量21750吨，产值0.22亿元；到1996年，县内果园发展总面积达到13333公顷，果品产量50500吨（1.01亿斤），产值0.51亿元的目标，实现亿果工程目标。

1999—2005年，以全县农业产业结构调整优化为重点，按照“主攻三倍体，改造苹果梨，发展上葡萄，鼓励上花卉”的总体要求，加快了全县林果产业的发展。2004年末，全县果园面积4566公顷，其中葡萄1000公顷、枣1200公顷，桃533公顷，苹果1200公顷，梨

图 8－17　葡萄产业园/王云 2015 年摄

400 公顷，李 33 公顷，杏 67 公顷，其他 133 公顷，果品总产量 3.8 万吨。葡萄生产先后以葡萄长廊建设、葡萄高科技示范园区建设等两种形式，朝着无公害绿色果品及产业化方向发展。2002 年底，全县优质葡萄（巨峰、京亚）面积已达到 667 公顷，涉及方家营、洺州、贺营、七级、赵村等 10 个乡镇、61 个村，0.2 公顷以上的种植户有 2500 多户。葡萄总产量达到 1.5 万吨，创产值 2000 万元，主要销往山东、山西、湖南、湖北、上海、江苏、北京、天津等地，凭借优良的品质，倍受消费者青睐。方家营乡油坊村葡萄发展面积 140 公顷，人均 0.1 公顷，年产量 3000 吨，创收入 500 万元，是全县葡萄种植专业村之一，又是果品结构调整优化的龙头。先后成立葡萄研究协会、注册“露洁”牌商标、筹建起专业批零市场，并聘请北京农学院副教授刘志民担任技术顾问，推广应用葡萄大果素Ⅰ、Ⅱ号，解决京亚品种大小粒及巨峰葡萄落花落粒问题等。2004 年，在县林业局指导下，该村被省林业局定为省级无公害果品基地，并颁发环境认证证书；还从北京亚丰农业开发有限公司引进“克伦生”无核葡萄新品种、新技术，推广面积达到 200 公顷。建成葡萄设施大棚 5 个，品种有早红提、青提，产值 4.5 万元。

枣树栽培具有传统优势，2000 年前后，引进推广赞皇大枣、临猗梨枣、金丝小枣、沧州冬枣等良种，在苗圃场建成红枣良种繁育圃 2 公顷。栽培面积 273.33 公顷，年产鲜枣 100 万千克，年产值 140 万元，涉及洺州、第什营、常屯、七级、赵村、固献、张营等 7 个乡镇、28 个村（不包括庭院枣树）。七级镇张庄、银边庄、现庄、代家庄等村，有着加工蜜枣的传统习惯，旺季加工人员有 2.25 万人，年加工红枣 1000 吨，年产值 350 万元左右，产品销往广东、广西、湖南、湖北等地。新建桃园作为小杂果品代表，在城郊洺州镇等地，也有持续性发展，京玉品种发展面积 333 公顷，产量 2500 吨。

2002—2005 年，全县果品套袋年达近 1000 万个，其中葡萄套袋（纸袋）5.6 万个。主要树种有红富士苹果、巨峰葡萄、鸭梨等，是预防果品病虫害、提高果品质量的一项重要技术措施。果品贴字（囍、寿、福、禄）、铺反光膜等项技术，在局部乡村（西堂村等）有推广应用。

2006—2009 年，以建立健全农民专业合作社组织为龙头，助推全县林果产业发展。到 2009 年底，已有林果专业合作社 6 个。

花卉种植

县内规模种植花卉主要有位于贺营乡的河北华杨苗木公司（原县苗圃场）和位于县城东关村的绿源苗木公司。2005 年北京林业大学与河北华杨木公司合作，在公司合作建设高级花木基地，主要有园林花木、造型树和优质草坪三大类。花卉种植的主要品种有国庆小菊、百日红、木槿、柴荆、鸡冠花等。常年种植面积约三四十公顷。

第四节 林木管护

1979—1991 年，全县林木管护工作，实行专业队与群众结合管理的办法，村有护林公约，乡镇（公社）有通知、协议、公告，县有规定、布告，以营造浓厚管护氛围为重点，巩固植树造林成果。1991 年威县平原绿化达标时，全县共有护林队 554 个，配备护林员 3500 人，学生护林小分队 2303 个。

1985 年 1 月 1 日，《中华人民共和国森林法》正式颁布实施，县林业行政主管部门建立健全林木管护机构，配齐林政执法队伍，落实多项管护措施，强化林地管理、木材采伐管理、木材运输管理、病虫害防治检疫管理及林木种苗生产经营管理等工作，使全县林木管护整体工作逐步走上规范化、制度化、法治化轨道。

林政执法机构

县林业执法机构主要有林政股和森防站。林政股成立于 1979 年 12 月，为行政编制，主要负责林木采伐、林地管理、木材经营、森林防火、野生动植物保护等项管理和案件查处；森防站成立于 20 世纪 80 年代，为事业编制，主要负责病虫害防治、植物检疫、林木种苗等项管理和案件查处。林政股与森防站共 8 名执法人员，常采取配合办案、联合执法等方式，履行管护职责，巩固和发展造林绿化成果，为全县林业跨越式发展提供保证。

林地管理

2001 年始，严格按照国家林业局《占用征用林地审核审批管理办法》的要求，现场勘察测算，依法保护林地。2002—2009 年，依照《中华人民共和国森林法》与国务院《退耕还林条例》规定，为县内林地使用者、林木所有者登记、公示后，分批颁发全国统一式样的中华人民共和国林权证，累计核发 2100 本，确保植树造林户的权益；2005 年，配合邢临高速公路规划设计工程，收缴森林植被恢复费 28.3 万元。

木材市场管理

对从事木材经营（加工）的单位或个人，根据申请事项，定期开展巡查、清理、整顿及规范秩序工作，为其办理木材经营（加工）许可证，严厉打击违法经营加工木材的行为。2004 年，共为符合经营加工条件的 18 家单位或个人办理许可证 18 份。

林木采伐管理

2001 年始，认真落实《河北省林木采伐更新限额管理办法》，制定出专项制度，明确实行村申请、乡（镇）党政负责人签字及林业局勘察、公示、审批、颁证等一条龙程序，公正执法，文明服务。是年办理林木采伐指标 868.33 立方米（含经济林更新），征收育林基金 4.87 万元。在严格林木采伐手续的同时，严厉打击乱砍滥伐林木违法行为，共处理乱砍滥伐林木案件 9 起，罚款 1.78 万元，教育涉案人员 35 人。2007—2009 年，将林政管理工作公开化，提高工作透明度和工作效率。

林木种苗管理

2000 年 12 月，《中华人民共和国种子法》颁布实施，县林业局安排 3 人负责林木种苗管理工作，以审批发放“两证（林木种苗生产证、经营证）一签（标签）”为重点，规范苗木生产经营及市场秩序，提高种苗质量、品牌信誉度及经济效益。2001—2003 年，先后办理林木种苗生产许可证 7 份、经营许可证 5 份，涉及河北绿奥、绿源、国营苗圃、第什营林业科技示范区等 7 家公司、场圃，育苗面积 84.9 公顷。凡低于 0.5 公顷的育苗户，一律视为零散育苗户，不在依法颁证范围。

病虫害防治检疫

全县病虫害按林种分，杨树主要有桑天牛、白杨透翅蛾、杨扇舟蛾、杨尺蠖、溃疡病等；柳树有柳毒蛾、柳小吉丁虫、柳蓝叶甲等；榆树有榆蓝金花虫；槐树有国槐尺蛾；枣树有枣尺蠖、枣黏虫、枣芽象甲、龟蜡蚧、绿盲蝽象、枣疯病、缩果病等；桃树有桃小食心虫、蚜虫、桃蛀螟、穿孔病、流胶病等；苹果有苹果绵蚜、腐烂病、轮纹病（粗皮病）、山楂红蜘蛛等；梨树有梨小食心虫、梨木虱、黑星病等；葡萄有根癌病、灰霉病、穗轴褐枯病、霜霉病、白粉病、毛毡病、白腐病、叶蝉等。发生面积大、危害重的病虫害主要有以下几种：

白杨透翅蛾　杨树苗木主要虫害之一。一年发生 1 代，以幼虫在虫道内越冬。翌年 4 月越冬幼虫恢复取食，下旬开始化蛹，6 月中旬至 7 月上旬为羽化高峰期。直至 10 月底仍可见到成虫出现。幼虫孵出后，如果危害侧枝或主干，可形成虫瘿，侵入 2 天后可看到粪屑，造成枝干枯萎或折断。

杨扇舟蛾　一年发生 3～4 代，以茧蛹在落叶、墙缝、树洞或表土内越冬，第一代发生在 4 月中旬至 6 月中旬，第二代发生在 6 月上旬至 7 月上旬。最后一代幼虫危害至 9 月底陆续下树，寻找适宜场所结茧化蛹越冬，个别幼虫 10 月上旬化蛹。

苹果绵蚜　属检疫性、危险性病虫害之一。一年发生 17～18 代，若虫在苹果枝干破裂缝、伤口边缘及根瘤、根蘖皱褶内越冬。翌年 3 月下旬开始活动，4 月底开始孤雌胎生后代。

绿盲蝽象　枣树开花期主要虫害之一。以若虫和成虫刺吸危害幼芽、叶片、花蕾和幼果，常造成大量落花落蕾，甚至绝收。以卵在病残枝、芽鳞等处越冬。其成虫和若虫有假死性，当坠落时，可先聚集在杂草和萌蘖上，再沿树干向树上转移危害。

葡萄穗轴褐枯病　主要危害葡萄果穗幼嫩的穗轴组织。可致穗轴变褐枯死，果粒失水萎缩或脱落。一般很少向主穗轴扩展，发病后期干枯的小穗轴易在分枝处风折脱落。病原为真菌类葡萄生链格孢霉。巨峰品种属感病品种。

病虫害测报

病虫害测报采用专业测报与群众测报相结合的方式。2000 年，建设县级监测点 7 个，即第什营乡牙水寨、常庄乡大河、常屯乡马庄、张营乡勿堂村、贺营乡苗圃、固献乡白果树、方家营乡南里村。是年，共监测桑天牛、春尺蠖、榆蓝金花虫、杨扇舟蛾 4 种虫害，发生面积 660 公顷，发生率为 9.5%，监测覆盖率为 95%。2006—2009 年，重点监测“春尺蠖，美国白蛾”两大虫种的发生，采用涂抹“黏虫胶”方法，每日监测成虫上树情况，总结出春尺蠖成虫发生规律；对美国白蛾的监测，采用悬挂杀虫灯方法，设置村级监测点，配备查防员，县给予每天 5～8 元补助费，落实日报告制度，到 2009 年底，未发现美国白蛾。

病虫害防治

按照“预防为主，综合防治”加工程治理的要求，从保护生态环境的前提出发，以生物

（仿生）制剂，新型农药为主，综合运用物理、化学和生物措施进行防治。

营林防治　包括选育抗病品种、培育良种壮苗、营造混交林、加强抚育管理等各个环节，从而增强林木本身抗病虫害的自控能力。1985年前，树种主要有榆树、柳树；之后，陆续引进、培育毛白杨三倍体及雄株、抗虫杨、黑杨、抗虫榆、金丝垂柳、四倍体刺槐、黄金槐等树种。通过调节株行距（宽窄行、带状）、间作农作物等营林措施的落实，基本达到有虫不成灾的成效。

生物防治　2000年前后，利用啄木鸟类防治桑天牛，施用昆虫激素类农药如20%灭幼脲III号、3%高渗苯氧威（保幼激素类）等防治鳞翅目害虫等。

化学防治　葡萄主要用甲基托布津、扑海因、波尔多液、石硫合剂等；枣树主要用菊酯类、西维因、粉锈宁等；杨树主要用40%氧化乐果、20%吡虫啉、4.5%氯氰菊酯、80%敌敌畏乳油、毒签等化学药剂进行病虫害关键期防治；还利用高压喷雾器（含动力型）、汽车高喷头运输型等器械，以多种防治手段，提高防治效果。

病虫害检疫　1987年11月，依据《植物检疫条例（林业部分）》等林业法规，县林业局森防站正式建立并开展林业植物检疫工作，逐步将病虫害检疫纳入法制化管理轨道。1986—1990年，林业检疫人员与交通、公安、卫生、畜牧等部分执法人员一道，上路检查过往车辆及其运输品；1991—2005年，由上路检疫改为产地与调运相结合的检疫方法。2000年，威县林业局苗圃场，首批申报成功“全国无检疫对象苗圃”；是年，县森防检疫站共实施产地检疫苗木3180万株，果品150吨，调运检疫苗木20万株，果品600吨，收取检疫费0.4万元。2007年，检疫签证由笔填写转为微机打证，并实现全国性“林业植物检疫证书”联网。

第五节　林业规模化经营

1979—1999年，全县林业规模化经营呈点状分布，主要集中在苗圃场、乡村林场及果园。2000年后，境内陆续形成规模化基地、个体林场、农林复合经营、订单林业、合作经营等非公有制林业，并且呈片状及产业化发展。2005年，全县已有26.67公顷以上的大户造林（个体林场）11个，3公顷以上的大户26个，树种主要为杨树。

大李庄李志恩林场

2003年，高公庄乡大李庄村经营汽车配件的李志恩，弃商从林，回乡承包沙丘地30.67公顷，先后投资近20万元，平整土地、整修道路及改善生产条件，新植毛白杨4.5万株，拉电线500米，上变压器1台，养羊108只，取得明显的经济效益和社会生态效益。

南草厂治沙基地

2005年，第什营乡南草厂村，统一规划，集中发展，一季完成治沙造林109.27公顷，树种为欧美杨107、108。

高级花木基地

高级花木基地系北京林业大学与河北华杨良种苗木公司合作项目。2005年，该公司投资300万元，在河北华杨良种苗木公司（原县苗圃场）合作建设高级花木基地26.67公顷。主要有园林花木、造型树及优质草坪等三大类，40余个品种，38万余株。其产品主打北京“绿色奥运（2008）”品牌，并规划建设集休闲、餐饮为一体的威县生态园。

第六节　苗圃场

威县国营苗圃场隶属于县林业局，为股级事业单位（主要自收自支）。1978年，县农林局将位于县城东南1.33公顷苗圃与在桑园公社南仓庄4公顷苗圃等两处苗圃合并，迁到大宁、贺营两公社交界地带，即项营村西，总土地面积近66.67公顷。1998年，有干部职工38人，其中林业高级工程师2人，中级1人，助工1人，技术工人29人；房屋120间，深机井3眼，50千瓦、60千瓦发电机组各一台，6英寸地下输水管道3150米，简易温室三座850平方米，12马力拖拉机1台，213吉普车1辆，小型地下冷藏室1座210平方米，全光喷雾设备两套，节水喷灌设备2套，悬耕犁1台等，固定资产200余万元。2003年6月，苗圃场及其65名职工改制成河北华杨良种苗木有限公司。

良种繁育

苗圃场一直走科研与生产相结合的路子，筹建部省联营林木良种基地，实现由一般性育苗向良种育苗的转变。1991年，被林业部授予“全国先进苗圃”称号；1993年，又被评为“全国先进良种基地”。

一般性育苗　1978年育苗40公顷，有北京杨、大官杨、毛白杨、刺槐、苹果、梨等品种；1979—1986年，先后引进毛白杨雌株（沙河林场）、泡桐（河南）、山楂（泰安）、法桐、龙爪槐、江南槐、垂柳、杂交毛白杨及雪松、黄杨、桧柏、月季等优良树种及花卉。1990年产苗60万株。

良种育苗　1984年起，筹建部省联营林木良种繁育基地，收集全国10省（市）300余种当地表现最优良的树根、芽，经对比试验，建起白榆基因库231个，毛白杨基因库273个，并相继选育出4个白榆优良无性系，1989年获省科技进步三等奖；11个毛白杨优良无性系，1990年通过省级鉴定；白榆抗虫品种“速抗一号”良种选育成果，1991年获省林业厅科技进步二等奖。1986年，正式引进繁育三倍体毛白杨。先后与北京林业大学、河北省林科院等科研单位、大专院校，建立长期稳固的技术协作关系，聘请朱之悌、林惠彬（女）、张志毅、赵保明、林新福、曹子安、支恩波、贾章存等十几位国内专家、教授作技术顾问，先后无偿提供试验用地29.33公顷。1986年至1993年10月，开展三倍体毛白杨多点测定工作，1993年10月，三倍体毛白杨6个新品种，正式通过国家林业部组织的专家鉴定。1997年11月，林业部副部长李育材专程到苗圃场视察三倍体毛白杨生长发育情况，认为可以在长江以北、长城以南广大地区大面积推广种植；1999年1月，国务院研究室主任杨雍哲到威县视察后，向温家宝副总理呈报大力推广三倍体毛白杨的报告。是年，威县在全国率先获得植物新品种保护权，成为全国三倍体毛白杨新品种发源地。2001年，全场育苗66.67公顷，其中毛白杨良种苗木53.33公顷（含三倍体毛白杨43.33公顷），其他树种有金丝柳、国槐、玉兰、合欢及小杂果良种苗木等13.33公顷，同时嫁接三倍体毛白杨“一条鞭”插穗700万支、炮捻插穗120万支，销售苗木20余万株，总产值达到150万元。

繁育技术

三倍体毛白杨新品种鉴定问世后，首要问题是与良种苗木快速繁育技术相配套。在研究总结40多年来各种毛白杨繁殖方法的基础上，北京林业大学教授朱之悌在苗圃场实践完成毛白杨多圃配套系列育苗技术，并在1997年荣获国家科技进步二等奖（全国农林系统最高奖），被誉为毛白杨种植史上的一次革命。这种方法把组培程序中的外植体接种、人工培养基、继代繁殖、分化培养、生根培养等环节，移植于常规育苗技术中的芽接、袋接、劈接、砧木圃、采穗圃、根繁圃、繁殖圃之多圃配套技术之中，使苗圃成为落实在地上的田间组培室，成为具有中国特色的白杨育苗技术，实现从一原株出发，三年繁殖达100万株，平均每年33万株，接近组培水平，并且新颖简便，质高量多的良繁技术。

良种推广

针对境内育苗特色产业发展实际，结合外地市场需要，采取建二级育苗基地及走出去发展等方法，把三倍体毛白杨良种繁育推广到包括新疆、西藏、陕西、内蒙古、北京、天津、江苏、山东、山西、辽宁、河南、湖北、湖南、广东、广西、云南等在内的21个省、市、自治区，并取得显著的经济效益、社会效益及生态效益。1999—2000年，帮助东赵庄、后尹村、香花营、东中营、项家营、北台吉、白果树、尚家寨、南仓庄、横河、安庄、张舠、东梨园等十几个村，发展三倍体毛白杨不同系号纯品种育苗133.33公顷，嫁接“一条鞭”420万支，产品由苗圃场统一包销，每公顷纯收入达到45000元。中央实施西部大开发战略提出后，苗圃场解放思想，变等市场为开拓市场，走出去发展，扩大林木良种推广规模。2000—2001年，采取工程育苗、售后服务、联合办场等三种新途径，开拓市场，创新机制，增加效益。工程育苗就是由双方签订合同，明确责任义务，全部费用由外方包干的一种育苗方法。首先与国家乡镇企业开发投资公司签订合同，在唐山古冶区工程育苗53.33公顷，提供良种繁殖材料240万支；其次与山东兖州太阳纸业集团（全国三大造纸企业之一）签订合同100公顷，提供繁殖材料400余万支；售后服务就是育苗材料售出后，再行跟踪服务一段时间的方法。先后与西安某部队华山花木基地售后服务育苗20公顷，新疆和田地区嘉宇林业开发有限公司繁育33.3公顷等。联合办场就是双方合作，明确投资比例和提成办法的一种育苗方法。与大连市某部队农场合作育苗20顷，提供“一条鞭”良种90万支。共在县外协助育苗226.67公顷，提供繁殖材料1500万支。2001年5月，市级科研课题“三倍体毛白杨良种繁育及技术推广”，荣获邢台市科技进步一等奖；同时获得威县科教兴县一等奖。2003年，对县义和团纪念馆场地，独立规划设计，完成一期绿化工程任务，共栽植各种园林花木11万株，草坪1.1万平方米。

体制改革

2003年1月，在县政府统一安排下，根据《中华人民共和国公司法》，县林业局对苗圃场进行改制。首先聘请邢台金华资产评估有限责任公司清产核资，资产评估值306万元，负债评估值282万元，净资产评估值24万元。其次处置资产、安置职工、组建股份制公司。就是用处置资产（包括房屋、水电设施、农机具、苗木等）所得，置换职工身份，职工用置换身份金加上现金入股，按照《中华人民共和国公司法》重组为河北华杨良种苗木有限公司，新公司租赁原苗圃土地，承担原苗圃的一切债权债务，依法经营，照章纳税。第三制定章程：共有14章75条，有25名原苗圃职工入股60股，成为新公司股东，股东出资总额120万元。6月26日召开股东大会，选举李金忠为新公司董事长兼总经理，后由林业高工宋连君出任总经理。2003年7月，河北林业信息第175期刊发典型经验。苗圃场改制不改行，仍为国家保留唯一的毛白杨基地。“三倍体毛白杨新品种选育”课题，2004年1月20日，荣获国家科技进步二等奖，国务院颁发证书。2003—2007年，河北华杨良种苗木有限公司承担“改扩建北方阔叶良种基地”项目。总规模73.33公顷，总投资225.9万元，其中利用国债资金135万元，省配套资金30万元。2005年7月24日，该项目顺利通过省级检查验收。是年，实施国家毛白杨基因库建设任务，在北京林业大学博士生导师张志毅、康向阳主持下，开始收集全国白杨基因资源，总数量1680个，投资22万元。

2005年底，县政府开始征用河北华杨良种苗木有限公司租赁的土地6.67公顷，筹建超亿元国能生物发电项目。

2007—2009年，北京林业大学与河北华杨良种苗木有限公司（原苗圃场）合作，采用国际最新一代设计方法“蜘蛛网式”，建设不同品种（系号），不同密度，不同水肥条件下的试验林6.67公顷，探索杨树良种的种植管理模式，不仅对本县有重要作用，而且对黄河中下游绿化，同样具有指导意义。

2009年1月，河北华杨良种苗木有限公司被列为国家首批重点林木良种基地。

第五章　养殖业

威县饲草饲料品种多、质量高，非常适合养殖业发展。畜牧养殖业在威县有着悠久的历史，群众素有饲喂牲畜的习惯，并在长期的生产实践过程中积累了比较丰富的养殖经验，畜禽养殖业已经成为农民收入的重要组成部分。

图8-18　1995年度威县畜牧养殖表彰会/1995年12月摄

1979年以后，随着农村经济体制改革，威县因地制宜，发挥优势，调整畜牧业结构，全县自上而下建立健全各级管理服务组织。县委、县政府相继出台一系列扶持政策和优惠措施，畜牧业得到较快发展。2009年，全县各类专业养殖场户4700个，注册企业2家，畜牧养殖小区8个，有省级农业产业化龙头企业3家，市级农业产业化龙头企业4家。全县年肉类产量达22732吨，禽蛋产量达到40356吨，牛奶产量达到13600吨，畜牧业总产值提高到8.8亿元，占农业总产值的35%，畜牧业成为农民增收、拉动经济发展的重要产业。

第一节　畜禽种类

家畜

牛　牛，可以使役，可以繁殖后代，其粪便又可以提高耕地的肥力，在20世纪八九十年代，发挥了无可替代的重要作用。随着农业机械化水平的提高，牛作为役畜逐步成为历史。

肉牛代替耕牛。威县肉牛主要品种是冀南黄牛、鲁西黄牛、南阳黄牛，以及其与西门塔尔、梨木赞、夏洛莱等肉牛品种的杂交改良牛等，奶牛主要是黑白花奶牛。2000 年左右，县内养牛达到高峰，年存栏在 16.4 万头以上。后因县内大面积种植棉花，饲草来源不足，肉牛养殖呈逐年下降趋势，2005 年全县存栏 9.52 万头，其中奶牛存栏 5000 余头。2009 年底，全县存栏已不足 1.8 万头、奶牛存栏也不到 1500 头。

马　主要是使役，以蒙古马为基础群，随着农业生产机械化程度的不断提高，使役马逐渐退出历史舞台。2005 年全县存栏 100 匹，2009 年，几乎不见踪迹。

驴　主要品种有毛驴、渤海驴、关中驴等。驴在历史上同马一样以使役为主，2000 年始，随着驴肉、驴皮（阿胶的主要原料）的畅销，肉驴养殖有所抬头，2005 年，全县存栏驴 1.33 万头。2009 年存栏 3000 头。

骡　马、驴杂交后代，比马、驴力气大，适应性强，以使役为主，因不繁殖，饲养和经济利用价值不高，存栏量锐减。2009 年，全县存栏已不足 50 头。

猪　当地黑猪历史悠久，现全县存栏量极少。从 20 世纪 80 年代起，先后引进大约克夏、杜洛克等品种，90 年代中期以后引进长白、皮特兰、汉普夏等瘦肉型品种。2006 年后，国家相继出台一系列生猪生产扶持政策，生猪养殖出现快速发展形势。至 2009 年，全县生猪主要以杜长大三元或土三元为主。2009 年存栏 16 万头。

羊　主要有大尾寒羊、小尾寒羊、白山羊、青山羊、波尔山羊及其杂交后代等。大尾寒羊为本地传统品种。20 世纪 80 年代后期，作为县域传统保留品种，虽经积极保护，因种种原因效果不明显，县内存栏量已不足 1000 只，面临绝迹。2009 年，全县羊存栏量 16.21 万只。

图 8－19　大尾寒羊/2007 年摄

兔　主要品种有太行山兔、塞北兔、青紫兰兔、长毛兔、比利时兔、大耳白兔、獭兔、加利福尼亚兔等。2009 年，全县存栏 6.75 万只。

家禽

鸡　主要品种有本地柴鸡、海兰、尼克、罗曼、农大 3 号、京白等蛋鸡品种和艾维因、AA 等肉鸡品种。当地柴鸡因其产蛋量低，随着专业化、集约化高产蛋鸡养殖逐渐发展而日趋减少。2005 年当地柴鸡饲养量已不足 10 万只，各类鸡存栏达到 524.68 万只。2005 年，县委、县政府提出“养猪鸡、扩蔬菜、种优棉、搞间作”农业产业化指导方针，全县蛋鸡、肉鸡养殖得到很大发展。2009 年，全县各类专业养殖场发展到 1500 个，鸡存栏 360.58 万只。

鸭　主要品种是中型麻鸭，2000 年前后，张营乡个别乡村养鸭有所发展，2005 年，全县存栏鸭 10.33 万只，养殖大户 2 家。近年来，肉鸭养殖发展较快，固献乡前凌头村逐渐形成肉鸭养殖小区，存栏在 5 万只以上。2009 年，全县肉鸭存栏达到 14 万只。

鸽　2005 年鸽存栏 4.5 万只。2009 年存栏 5.2 万只。

鹅　2009 年存栏 3000 只。

第二节　畜禽饲养

饲养方式

20 世纪 80 年代，随着农村经济体制改革的不断深入，畜牧养殖专业户不断涌现，散养、放牧已很少见，以舍饲为主的规模饲养全面兴起。1989 年，全县畜牧养殖专业户 1500 户，随着规模养殖不断增加，县、乡、村相继出台优惠政策，一大批养殖大户走出庭院，上规模，建小区，推动全县畜牧业快速发展。畜禽饲养已逐步摆脱传统的家庭饲养方式，走向集约化、规模化养殖道路。

饲养规模

1979 年，全县存栏大牲畜 2.49 万头（匹），其中牛 1.24 万头，马 0.32 万匹，驴 0.81 万头，骡 0.12 万匹；生猪存栏 8.47 万头，羊 4.91 万只，禽类 25.64 万只。2005 年，大牲畜存栏发展到 10.86 万头（匹），其中牛 9.52 万头，马 0.01 万匹，驴 1.33 万头，骡 50 头；生猪存栏 23.65 万头，羊 32.63 万只，禽类 535.01 万只，兔 26.21 万只。2009 年，大牲畜存栏 2.1 万，猪存栏 16 万头，禽存栏 374.88 万只，除牛马驴骡大牲畜以外，猪鸡存栏数量均比以前有大幅度增加。

1979—2009 年威县畜禽年末存栏量统计表

表 8－5　　单位：万头、万匹、万只、箱

年份	大牲畜存栏					猪存栏	羊存栏			禽存栏				兔存栏	养蜂
	合计	牛	马	驴	骡		合计	山羊	绵羊	合计	鸡	鸭	鹅		
1979	2.49	1.24	0.32	0.81	0.12	8.47	4.91	—	—	25.64	25.64	—	—	—	—
1980	2.88	1.08	0.30	1.36	0.14	8.09	6.99	—	—	27.40	27.40	—	—	—	—
1981	2.95	0.76	0.23	1.77	0.19	6.93	7.13	—	—	27.85	27.85	—	—	—	—
1982	3.68	0.70	0.25	2.44	0.29	6.63	6.29	—	—	30.46	30.46	—	—	—	—
1983	4.01	0.75	0.23	2.68	0.35	5.58	4.43	—	—	35.23	35.23	—	—	—	—
1984	4.26	0.84	0.20	2.96	0.26	5.24	3.43	—	—	37.25	37.25	—	—	—	—
1985	4.84	1.04	0.19	3.23	0.38	6.13	8.79	—	—	56.74	56.74	—	—	—	—
1986	5.18	1.34	0.17	3.31	0.36	6.43	6.04	—	—	59.03	59.03	—	—	—	—
1987	5.13	1.45	0.12	3.24	0.32	5.03	6.08	—	—	51.40	51.40	—	—	—	—
1988	5.86	1.81	0.14	3.59	0.32	6.06	7.55	—	—	70.00	70.00	—	—	—	—
1989	5.92	1.89	0.11	3.58	0.34	6.24	7.61	—	—	59.65	59.65	—	—	—	—
1990	5.98	1.99	0.1	3.61	0.28	6.27	7.36	—	—	59.94	59.94	—	—	—	—
1991	6.21	2.42	0.13	3.33	0.33	6.86	7.68	3.92	3.76	—	—	—	—	—	430
1992	6.28	2.53	0.14	3.32	0.3	6.96	7.68	3.94	3.74	—	—	—	—	—	228
1993	9.14	4.63	0.15	4.11	0.25	7.22	8.28	4.91	3.37	—	—	—	—	—	—

续表 8－5

年份	大牲畜存栏					猪存栏	羊存栏			禽存栏				兔存栏	养蜂
	合计	牛	马	驴	骡		合计	山羊	绵羊	合计	鸡	鸭	鹅		
1994	12.84	9.52	0.07	2.94	0.31	10.40	18.29	9.87	8.42	113.57	—	—	—	12.26	460
1995	15.69	12.63	0.05	2.79	0.22	14.77	31.99	17.64	14.35	269.71	—	—	—	37.31	604
1996	19.70	15.71	0.11	3.73	0.15	19.21	36.07	20.05	16.02	408.96	—	—	—	33.04	78
1997	18.49	14.71	0.08	3.53	0.17	20.49	34.59	20.50	14.09	423.83	—	—	—	32.88	600
1998	18.07	15.07	0.06	2.75	0.19	21.00	36.42	19.41	17.01	437.73	380.00	28	29.73	35.45	—
1999	19.08	16.04	0.05	2.8	0.19	21.63	37.87	20.17	17.70	459.61	427.43	16.05	16.13	38.64	—
2000	20.56	16.36	0.01	4.01	0.18	21.63	39.00	19.17	19.83	473.93	455.53	3.8	14.6	38.64	—
2001	18.35	15.44	0.10	2.16	0.65	19.99	28.29	14.58	13.71	460.74	436.52	24.22	0.00	64.95	—
2002	16.36	14.51	0.09	1.68	0.08	21.5	28.87	13.83	15.04	483.27	445.17	14.33	23.77	53.39	200
2003	12.62	10.57	0.01	1.96	0.08	22.09	30.76	14.68	16.08	503.36	439.89	13.47	50.00	20.63	500
2004	11.12	9.03	0.5	1.52	0.07	22.64	32.13	15.36	16.77	533.35	519.00	14.35	0.00	22.27	200
2005	10.86	9.52	0.01	1.33	0.00	23.65	32.63	15.15	17.48	535.01	524.68	10.33	0.00	26.21	200
2006	7.20	6.00	0.00	1.20	0.00	22.15	33.60	14.73	18.87	550.00	540.48	8.12	1.40	12.14	200
2007	7.10	6.00	0.00	1.10	0.00	26.00	35.00	15.34	19.66	608.09	600.00	8.09	0.00	12.13	200
2008	3.68	3.06	0.00	0.62	0.00	14.11	14.22	8.61	5.61	328.84	322.56	6.14	0.14	6.8	200
2009	2.10	1.80	0.00	0.30	0.00	16.00	16.21	9.81	6.40	374.88	360.58	14.00	0.30	6.75	200

图 8－20 养牛场/2006 年摄

牛 20 世纪 80 年代初中期，牛主要以使役农耕为主，80 年代中后期，随着农业机械化发展以及市场对肉牛需求的增加，单纯使役牛饲养减少，肉牛、乳用牛迅速发展。1979 年牛存栏 1.24 万头，1989 年存栏 1.89 头。1997 年引进实施国家秸秆养牛示范县项目，后又引进其续建项目，6 年内引进并投入养牛资金 550 多万元，1999 年，全县新建百头牛场 54 家，存栏牛创历史最高，一度达到年存栏 16.04 万头以上，2000 年列为全省十大养牛县市之一。2005 年，全县存栏牛 9.52 万头，其中奶牛存栏 6800 头。2005 年后，因县内大面积种植棉花，饲草来源不足，肉牛养殖呈逐年降低趋势，2008 年奶牛因三聚氰胺奶粉事件的影响，国家对小规模饲养加以限制，加大对奶站的管理，奶牛存栏大幅下降。2009 年底，全县肉牛存栏已不足 2 万头，奶牛存栏约 1500 头。

图 8－21 京威养猪场/2008 年摄

猪 1979—1993 年，猪存栏量 5 万～8 万头，以户养为主。1990 年以后，养猪成为农民致富的重要途径，专业户迅速发展，生猪除满足当地需求外，很大一部分外销，带动养殖业的发展。1990 年存栏 6.27 万头，1999 年存栏 21.63 万头，2005 年存栏 23.65 万头，全县养猪专业场户 1200 家，出现华威、隆丰等千头以上规模养猪场 10 家。2006 年后，国家相继出台一系列扶持政策，生猪养殖出现快速发展形势。2009 年存栏 16 万头，呈现出规模化、标准化生产方式。

羊 随着农业产业结构调整步伐的加快，全县养羊业迅速发展。20 世纪 80 年代中期，洺州镇王庄建清真冷库一座，常年收购、贮藏、外销牛羊肉，以洺州镇黄街回民聚居村为代表的牛羊屠宰加工集散地逐渐形成，带动全县养羊大发展。1979 年羊存栏 4.91 万只，1996 年全县羊存栏达 36.07 万只。2008 年，因县内植棉面积扩大，草地资源减少，放养受限制，羊存栏有所下降。2009 年羊存栏 16.21 万只。

图 8－22 第什营桂凤养鸡场/2007 年摄

鸡 同养猪一样，饲养蛋鸡成为农民增收致富的重要渠道，规模养鸡成为一个产业，逐渐取代农户散养。1979 年，全县存栏量 25.64 万只，1989 年存栏 59.65 万只，2005 年存栏已达 524.68 万只，养殖专业户达到 650 家。1990 年县畜牧局在城郊建种鸡场一座，1996 年下马。2005 年第什营乡圣佛堂村成立桂凤种禽有限公司。是年，县委、县政府提出“养猪鸡、扩蔬菜、种优棉、搞间作”农业产业化指导方针，全县蛋鸡、肉鸡养殖得到很大发展。2009 年，全县各类专业养殖场发展到 1500 个，鸡存栏 360.58 万只。

特种养殖 20 世纪 90 年代后期，境内出现少量特种经济动物养殖。主要有獭兔、狐狸、海狸鼠、鹿、肉鸽、肉犬、蜗牛、石鸡、荷兰鼠、火鸡、珍珠鸡、七彩山鸡、麝香鼠等，但因市场供应不稳定及营销方式不健全，饲养量不稳定，大多不成功。20 世纪 90 年代到 2001 年，特种养殖市场一度火爆，獭兔、蜗牛、肉狗、蚂蚁等，此起彼伏，但多属“炒种”，不少群众受到损失。2005 年后，特种养殖大大减少，居民特种养殖趋于理性。

第三节 畜禽品种改良

畜禽品种改良主要有两种，一是自然交配，选用体型健壮的种畜禽直接交配；二是人工授精。1983 年，县农业局成立黄牛改良站，1986 年始改称畜禽改良站，负责全县畜禽改良工作。2000 年左右业务发展达到顶峰，全县改良点一度达到 16 个，后因县内牛存栏逐年减少，黄牛改良工作有所削弱，2005 年，县内冷配点仅余 6 个。2008 年，改良点机构撤销，县内仅有个体技术人员开展猪、鸡的人工授精业务。

牛

威县黄牛改良站工作始于 1983 年，同年 5 月，在城关兽医院设第一个冷配输精点，当年配 210 头，准胎 120 头。1986 年，黄牛改良工作由点到面铺开，输精点扩展到城关、章台、贺钊、贺营、寺庄、邵梁庄、方家营 7 个乡镇，年配种 1170 头，准胎 896 头。1990 年，全县举办黄牛改良技术培训班 15 期，培训 250 人次。同年，增设苏村、南里村、赵村、西潘庄、小里罕、白伏、梨园屯、大张山、枣园等改良站点。到 1999 年，全县黄牛改良输精点达到 16 个。

主要引进西门塔尔、梨木赞、南阳牛、黑白花等优种肉牛、奶牛冷冻精液颗粒改良本地黄牛及奶牛。为支持牛改良工作，省、市、县多次拨专款，先后购买液氮车一部、液氮罐 30 个、显微镜 20 台、小型器械 100 余套。1987 年威县被列为省黄牛改良重点县。1990 年全县年累计改良配种牛 3.15 万头次，其中冷配 1.79 万头次。2000 年改良配种 3.5 万头，其中冷配 2 万头，良种牛覆盖率达 70% 以上。

羊

大尾寒羊是域内优良品种。1986 年，省畜牧局把威县作为大尾寒羊保护重点县，先后拨付保护专款 1.55 万元，建若干个核心母羊群，进行提纯复壮，收到良好效果。1994 年引进“万只羊场”项目，投资建种羊场一座，引进小尾寒羊种羊 2000 多只，改良本地大尾寒羊。此后，大尾寒羊逐渐减少，至 2005 年全县不足千只。2000 年后，杜泊、无角陶赛特、夏洛莱等国外优种肉用绵羊品种也被农户少量引进与当地绵羊进行杂交改良。部分农户引进波尔山羊进行山羊杂交改良，2005 年，县内存栏绵羊 90% 以上是小尾寒羊的杂交后代。波尔杂交羊已占到全县山羊存栏的 65% 以上。

猪

20 世纪 80 年代中期，引进大约克夏种猪与当地母猪进行杂交改良，效果明显。1997 年，县油棉一厂建京威良种猪繁育中心，引进台系和丹系长白、大约克、皮特兰、杜洛克等良种种猪，培育杜长大等三元杂交瘦肉型猪，大大推动了当地黑猪的更新换代。2006 年，县内相继成立华威牧业、隆丰养殖等若干大中型种猪企业，到 2009 年，全县良种猪覆盖率达 95% 以上，当地黑猪基本消失。

鸡

20 世纪 80 年代中期，开始引进并推广蛋鸡品种莱航、京白、星杂 288、海兰等，90 年代又先后引进尼克、罗曼、农大 3 号等品种。2005 年以后，全县 95% 以上为优种鸡，而且是规模饲养，当地传统的华北柴鸡仅在部分农村散养户和个别专业户中少量存在。

第四节　疫病防治

畜禽防疫

20 世纪 80 年代，全县实行推广科学免疫程序，对猪瘟、猪丹毒、鸡新城疫等传染病进行定期防疫注射，80年代末实行防疫费统筹，90年代初又实行防疫承包。之后，贯彻“预防为主、防检结合、全面控制、重点扑灭”方针，建立健全防检机构，培训兽医人员，普及防疫知识。1997年，国家出台《中华人民共和国动物防疫法》，对动物防疫实行依法治疫，对口蹄疫等疫病开展强制免疫。

1986年以前，全县设32个乡镇兽医站，共有集体兽医73人，1987年乡镇兽医站人事、财务、业务三权归县。1995年县畜牧局举办兽医培训班培训30人，兽医队伍得以壮大，由兽医自治组织兽医联合会负责全县兽医队伍的组织管理。2004年3月，根据省市统一要求，成立七级、章台、常屯、城关及县直6个乡级动物防疫监督分站，统一招录40名基层防疫人员，纳入县财政统一预算，分区负责全县动物防疫和检疫监督工作。2005年，引进实施国家动物防疫基础设施工程，投资120万元，完善全县基层防检站软硬件建设。同年，实施省级动物疫情测报站建设项目，投资55万元建成威县省级动物疫情测报站，装备全套的兽医化验仪器设备。2008年，实施省级乡镇兽医站基础设施建设项目，新建9个，扩建7个，实现全县乡乡建站。

图8－23　秋季动物防疫培训会/2006年摄

1995年，县政府成立防治牲畜“五号病”指挥部，2004年，改称防治重大动物疫病指挥部，指挥部办公室设在县畜牧局，统一指导全县牲畜口蹄疫和高致病性禽流感等重大动物疫病的强制免疫和综合防控工作。2005年制订《重大动物疫情应急处置预案》。至2006年，全县已初步形成体制健全、队伍整齐的县、乡、村三位一体的动物疫病防控网络体系。

图8－24　章台镇兽医站/2009年摄

1995年以前，畜禽散养占主导，县内畜禽防疫主要由乡镇防疫人员走村串户逐头逐只注射，工作量很大且防疫密度没有保证，后随着规模生产的逐步发展，面对养殖场户的防疫工作比重逐年加大。2004年，工作重心面向规模养殖，工作重点移向重点疫病，牲畜口蹄疫、高致病性禽流感、猪蓝耳病、猪瘟、鸡新城病等。

畜禽传染病

猪瘟　病源是猪瘟病毒，只对猪致病，四季皆可发生，以春季发病最多，不分猪龄、不分性别品种均易感染，死亡率达80%以上。县内常有小范围发生，成为危害猪业的主要疫病。

猪丹毒　病源是丹毒杆菌，主要通过消化道传染，在夏季和晚秋发生较多，以4～6月龄猪发病最多。2005 年后，随着免疫密度提高，该病逐年减少。

口蹄疫　病源是口蹄疫病毒，是偶蹄动物的一种急性、热性、高度接触性传染病，传染快、流行广、发病率高，1979 年境内发生该病，到 1985 年，共 20 个村发生猪口蹄疫。1994 年冬，原潘固乡柏悦村发生猪口蹄疫，扑杀 53 头。1998 年侯贯镇东董吕庄村发生牛口蹄疫，发病牛 60 余头。2000 年以后被列为重点动物疫病，要求依法强制免疫，疫情再无发生。

鸡新城疫　俗称鸡瘟，此病流行传播快、死亡率高。20 世纪 80 年代在农村散养鸡群多有发生。该病成为历年间动物防疫工作中的重点内容。2000 年以后随着规模养殖的提高扩大，免疫程序的完善到位，鸡新城疫很少发生。

巴氏杆菌病　县内主要发生猪肺疫和禽霍乱，呈地方性、散发性流行，病程急、死亡率高，成为多年来防疫的主要内容。2000 年以后已少有发生。

鸡马立克氏病　县内 1987 年开始发生，主要危害 2 月龄的雏鸡，发病率 60% 左右，死亡率达 80%。由于防疫到位，近年来发病很少。

鸡传染性法氏囊　鸡是唯一发生自然感染的禽类，柴鸡尚未发现感染，境内 1990 年发生该病，发病突然，发病率 90% 以上。

痘　由痘病毒引起的一种急性、热性、触性的传染病，县内主要有绵羊痘、鸡痘，其他畜禽尚未发现感染。

禽流感　是禽流行性感冒的简称，根据致病性不同可分为高致病性禽流感、低致病性禽流感和无致病性禽流感。2002 年，国内外相继发生由 H5N1 亚型引起的禽流感称高致病性禽流感，在很多国家和地区都有疫情发生。禽流感的感染致病发病率、死亡率很高，对地方畜牧养殖危害巨大，对人身安全也造成严重威胁。2003 年，高致病性禽流感被列为强制免疫的重大动物疫病之一。县政府防治重大动物疫病指挥部下设高致病性禽流感防治指挥部，制订应急防控预案，加大投入和工作力度，县畜牧局每年组织大规模强制免疫活动。威县于 2003 年和 2005 年发生低致病性禽流感。

寄生虫病　县内主要有球虫病、蛔虫病、猪囊虫病、疥螨。以鸡、兔的球虫病，猪的囊虫病最为常见，囊虫病俗称“米猪肉”，虫体埋在肌肉纤维之间，像米粒。该病在农村散养猪中，历年来均有零星发生。

传染性鼻炎　是由鸡嗜血杆菌引起的一种急性上呼吸道疾病，死亡率较低，约为 10% ~ 20%，境内常有零星发生，多因舍内环境差，空气不良引起。

传染性支气管炎　仅发生于鸡，是由鸡传染性支气管炎病毒引起的一种急性高度接触性传染病。发病率、死亡率均很高。威县自 1990 年后开始出现此病，多发生于冬春两季，由空气不良引起为主。

传染性喉气管炎　是由鸡传染性喉气管炎病毒引起的一种急性呼吸道传染病。多发生于秋末冬初，气温骤变，发病率高达 80% 以上。威县 1995 年以后开始出现此病。

附红细胞体　猪、羊都有发生，仅见于家养猪，以母猪和仔猪多见，多发生于温暖季节，由于营养不良、猪舍饲养密度高等应激因素可能诱发此病，境内于 2002 年发现此病，一般是与其他病混合感染出现。可用土霉素、贝尼尔等预防治疗。

动物检疫

1987 年威县成立动物检疫站，开始动物检疫工作，由县站和 32 个乡镇兽医站全面负责畜禽产地检疫、运输检疫、市场检疫、肉类检验及各种兽医卫生证照的发放、使用和管理。1988 年，40 名乡镇兽医检验人员全部持证上岗。1996 年，实行生猪定点屠宰、集中检疫，全县共设点 30 个，实行到点检疫。2001 年，经省政府批准，设立威县贺营省级公路动物防疫监督检疫站，负责过往运载畜禽及畜产品车辆的查证、验证、消毒工作，2004 年撤销。2004 年成立章台、固献、七级、常屯、洺州、县直 6 个乡级动物防疫分站，招录 40 人专职防检人员，在辖区内开展防疫、检疫工作。2006 年全县招录村级动物防疫协助员 300 人，开展村级动物防疫与检疫。

2008 年后，县内畜禽产地检疫、市场肉品检验基本实现应检尽检。至 2009 年，县内未出现大范围的食用病害肉品中毒事件。

畜禽普通病及治疗

境内常见畜禽普通病有中毒、结症、冷热痛、脱肛、难产、骨折等。20 世纪 80 年代，乡镇兽医人员较熟练地掌握掏结术、剖腹产、石膏绷带治疗骨折等较大的手术。随着役用大牲畜存栏逐年减少，规模化饲养的发展和饲养管理的逐步完善，畜禽普通病发病率很低，乡镇兽医治疗业务锐减。2000 年以后，仅在宠物治疗方面还稍有业务。

执法监督

畜牧兽医行政执法，主要是开展动物及动物产品的检疫检验与生产环节的监督管理，包括动物检疫、重点动物疫病的强制免疫、兽医兽药饲料产品的生产经营监督、畜产品安全生产监督、动物用生物制品的生产经营监督及畜牧生产的防疫条件审核等。执法科室在 1987 年畜牧局成立之初主要有动物检疫站、兽医防疫站，业务工作仅在动物检疫与防疫方面。1997 年《中华人民共和国动物防疫法》及 1999 年的《中华人民共和国畜牧法》《兽药管理条例》《饲料与饲料添加剂管理条例》等一系列法律法规陆续出台，畜牧兽医行政执法机构也不断完善：1998 年成立饲料工业办公室、2003 年在动物检疫站基础上成立动物防疫监督站，2005 年，在兽医站基础上成立动物疫病防控中心、2008 年成立畜产品安全生产监督管理办公室。2007 年，县畜牧局又整合各执法机构成立动物卫生执法大队。1987 年，全县畜牧执法人员仅有县动物检疫站 5 人，2005 年后，畜牧兽医行政执法人员达到 50 人，统一配发制服、执法证件、办案取证工具、专用车辆等，畜牧行政执法体系逐渐趋于规范。2008 年后，执法工作重点侧重在养殖安全生产和畜产品质量安全监督方面。

第五节　饲草饲料

饲草饲料资源

饲草　分野生杂草及人工种植牧草。野生杂草生长于沟渠道旁、河滩坡地、沙荒村地以及农作物间。每年雨季杂草丛生，可年产青干草 30000 吨，可载畜 12 万个羊单位。人工牧草主要有紫花苜蓿、黑麦草、墨西哥玉米、甜高粱、俄罗斯饲料菜等品种，全县约有 667 公顷，可载畜 10 万个羊单位。

农作物秸秆　主要有麦秸、玉米秸、谷草、山药秧、花生秧、豆秧等。1999 年以前，年产量约 20 万吨，可载畜 40 万个羊单位，2000 年后，植棉面积逐年扩大，粮食作物面积锐减，秸秆量大幅减低，年产量约 12 万吨。

饲料　粮食类：20 世纪 70 年代末，主要以高粱、山药为主。80 年代中后期，粮食产量大幅提高，以玉米为主。

代精料：主要是麦麸、谷糠、渣类，1990 年前年总产约 25000 吨，随着棉花种植面积的增多，代精料有所下降，2005 年约年产 15000 吨。

饼类饲料：主要有棉仁饼、芝麻饼、花生饼、豆饼等。1990 年，各类油饼年产约 35000 吨，2005 年年产 45000 吨。2009 年年产 40000 吨。

饲草饲料种植

县内主要种植牧草品种有紫花苜蓿、黑麦草等。1991 年，张营乡西沙河河滩种植苜蓿 200 公顷，1999 年在贺营乡沙营、贺钊乡天竺庄等村种植苜蓿 67 公顷，黑麦草种植 67 公顷。主要用于牛、羊、兔等草食动物的舍饲。2005 年全县人工种草面积达 733 公顷。2006 年后，国家取消农业税，农业耕地日渐紧缺，原有牧草播种逐渐复耕。

第六节　畜牧科技

科研机构

2009 年以前，威县没有独立畜牧兽医科研机构，新技术、新产品的实验推广由县畜牧局畜牧站、兽医站承担。一是积极引进推广先进实用技术，推广牛羊饲养管理技术，牧草种植疫病监测等；二是提高良种率，引进推广畜禽良种，推行牛羊品种改良；三是加强技术培训，提高技术人员和群众的技术水平与科学意识。2009 年，成立县畜牧技术推广站和水产技术推广站，设置在县畜牧办公室，新成立洺州、固献、梨园屯、常屯、贺营、章台、侯贯、高公庄 8 个乡镇区域畜牧兽医站。县畜牧技术推广体系共核定编制 50 人，其中县级机构 10 人（畜牧站 5 人、水产站 5 人），乡级机构 40 人，每站各 5 人，原有编制不变。

科研队伍

1990 年，全县专业人员仅 18 人，2000 年 35 人，2005 年达到 63 人。2009 年 65 人，其中高级职称 1 人，中级 25 人。

科研活动及成果

1983—1986 年，县黄牛改良站开展黄牛改良冷配技术推广，建县内输精点 7 个，培训黄牛改良技术人员 250 人，引进西门塔尔、南阳牛等优种牛精液。改良当地黄牛、牛改工作连续 5 年名列邢台地区前茅。1987 年威县列为河北省黄牛改良重点县。

1986 年，县畜牧局畜牧站承担省畜牧局大尾寒羊保种工作，建核心用羊群 500 只。1988 年县畜牧站承担的农牧渔业部肉牛快速育肥项目获得农林牧渔业部一等奖。1987—1990 年，县畜牧站承担麦秸氨化试验推广项目，取得成功，威县被列为河北省秸秆氨化重点县。

1999 年，县畜牧站承担秸秆养牛技术推广项目，荣获“科技兴县”一等奖，获奖金 3 万元。县畜牧站承担推广“康尔壮”发酵饲料技术，推广人工种草，品种主要是黑麦草、紫花苜蓿等。2000 年，县畜牧站承担棉秆发酵喂牛技术推广。

第七节　畜牧产业化

1979 年前，全县畜牧生产商品率很低，大牲畜作为农业生产力，不能随意宰杀交易，其他牲畜一般为群众自宰自食，畜产品的流通主要由外贸、食品公司、供销社等国营或集体单位经营。80 年代中期，畜产品的商品化程度越来越高，群众饲养的畜禽，作为商品直接参与市场交换，饲养方式以专业场户、饲养场为主。

1995 年始，县委、县政府加大农业产业结构调整力度，出台《关于大力发展畜牧业的意见》一系列的文件规划，制订多项优惠政策，鼓励群众大力发展畜牧养殖，注意对畜牧专业村、专业户的培养，引导和带动畜牧业向区域化、专业化、集约化方向发展。

2005 年以后，威县大力推广规模化、标准化养殖。全县畜牧养殖规模化、专业化程度已达到 90% 以上。2009 年底，全县生猪存栏达 16 万头，出栏达 17 万头；鸡存栏 374.88 万只，出栏 390.22 万只；全县各类规模养殖场户共计达到 4700 余户，其中规模猪场户 910 个，规模养鸡场户 1510 个，养牛场户 220 个，养羊场户 1650 个以及其他养殖场户 410 余个。全县养殖小区达到 8 个。全县有省级农业产业化龙头企业 3 家，市级农业产业化龙头企业 4 家；河北省无公害畜产品产地认定企业 18 家，国家无公害畜产品产地认证企业 1 家，河北省标准化示范区 1 个，种畜禽场 9 家。县内现有各类养殖协会 4 个，畜牧养殖合作社 18 个，养殖方式方逐渐向“农户 + 基地 + 龙头”方向转变，畜牧业逐步成为推动经济发展的重要产业。

第八节　渔　业

水域资源

境内河渠、坑塘多无水，或时有时无，不利于发展渔业生产，坑塘遍布全县，有大小坑塘 1715 个，面积 1260 公顷。现有可利用坑塘 300 个，占总数的 17.5% 左右，可利用水面 146.67 公顷。90 年代，有水面 70 公顷，放养鱼 50.67 公顷，年打捞 41 吨，2005 年，有水面 106.67 公顷。2008 年后，地表水源逐年减少，坑塘缩减严重，自然水面利用率不足，水产养殖量也逐年降低，仅有部分个人人工养殖。2009 年，打捞水产品 120 吨左右。

水产资源

鱼　主要有草鱼、花白鲢、鲤鱼、鲫鱼、鲶鱼、黄鳝、小白条、泥鳅等，现饲养鱼仍以草鱼、鲤鱼、花白鲢等为主。

软体动物　有螺、蚌等。

两栖动物　青蛙、蟾蜍、龟等。

水生植物

莲藕　属人工栽培，面积不大。

芦苇　多是自然繁殖，1990 年约 133 公顷，2005 年后因水面锐减及坑塘的人为被毁。2009 年不足 33 公顷。

香蒲　多是自然繁殖，根茎可以吃，叶长而尖可以编席等。1990 年约 33 公顷，2005 年约 10 公顷。

水草　俗称“苲草”，有宽叶和窄叶之分，可以喂猪、鸭等，80%以上坑塘有苲草。

渔业生产

境内渔业生产主要是养鱼，1987年后，大力推行坑塘承包责任制，不断改造中低产坑塘，实行科学饲养，部分水面得到有效利用，人工放养各类鱼苗。1990年，全县放养鱼50.67公顷，年产41吨，2005年，放养106.67公顷，年产180吨。2009年，放养40公顷，年产120吨。

第六章　土特产品

第一节　棉　花

威县是河北省重点植棉县，1986年威县被列为国家第二批优质棉基地县。2003年被河北省列为棉花特产之乡。常年植棉面积约5万公顷以上，皮棉约5万吨，棉籽约13万吨，短绒6500吨，棉籽油总量2.08万吨。1982—2009年，威县连续20多年棉花面积和总产位置全省第一，素有“冀南棉海”之美誉。

“银海”是威县1998年注册的棉花商标，“银海”棉花以其色泽白、衣份高、品级、长度、强度、马克隆值等物理指标均在国标以上，一直在市场上享有盛誉。

第二节　三白西瓜

无公害绿色食品三白西瓜为域内古老瓜种。因白皮、白瓤、白籽而得名，外观白中泛绿呈椭圆形。皮厚耐运，贮藏期长；瓜瓤爽口、汁液丰富，带有玫瑰蜂蜜幽香。它不仅具有一般西瓜的品质，而且还有清爽、多汁、体大、耐贮的特点，更为独特的是其高硒、低糖，氨基酸极为丰富，据农业部农产品质量安全中心《产品品质检测报告》，每百克瓜瓤含17种氨基酸，总量347.21毫克，总糖占4.7%。其中，维生素C 9.74毫克、硒0.068毫克、锌0.14毫克、钾93.1毫克、磷82毫克、铁0.22毫克、钙5.52毫克。富含号称生命元素的硒，具有一般瓜类所没有的防癌、抗癌、抗衰老之功能，实为罕见的保健、药用之佳品，在第四、五届（廊坊）北方农副产品暨农业技术交易会上被认定为名优农产品，是国内外绝无仅有的稀世瓜种。

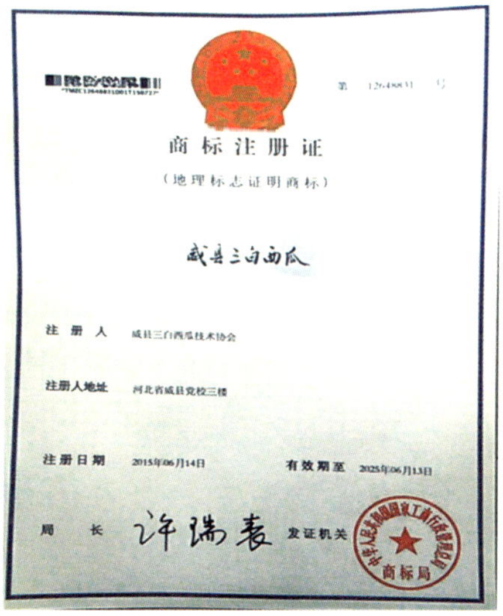
商标注册证
（地理标志证明商标）
威县三白西瓜
注册人　威县三白西瓜技术协会
注册人地址　河北省威县党校三楼
注册日期　2015年06月14日　有效期至　2025年06月13日
局　长　许瑞表　发证机关　商标局

图8－25　威县三白西瓜地理标志商标注册证

2007年，《无公害食品三白西瓜》（DB1305/T054－2007）和《无公害食品三白西瓜生产技术规程》（DB1305/T055－2007）等地方性标准正式实施。2010年11月荣获中华人民共和国农产品地理标志。产品销往山东、山西、河南、内蒙古、天津、北京等十余个省、市、自治区，深受广大消费者的青睐。

第三节　三倍体毛白杨

威县是中国毛白杨繁育基地。三倍体毛白杨是20世纪90年代国家大力推广的速生树种之一，是中国工程院院士、北京林业大学教授朱之悌率领的科研团队，采用细胞染色体部分替换和染色体加倍等技术，经过多年艰苦攻关所取得的新品种。因其染色体数为性细胞染色体基数19根的3倍即57根而得名，具有速生、优质、高效等特点。该品种1年成树，3年成林，5年成材。5年生单株胸径可达20厘米，单株材积0.1～0.2立方米，每亩蓄积量可达10～20立方米。繁殖速度快，抗病性强，干形通直，可作为丰产用材林、农田防护林网、公路绿化首选树种，更是纸浆材建设不可多得的原材料。

威县苗圃场与北京林业大学建立以试验、推广三倍体毛白杨为主的业务协作关系，成为三倍体毛白杨专业生产地。1999年，在全国率先获得植物新品种保护权，成为全国三倍体毛白杨新品种发源地。产品销往全国20多个省市，供不应求。

第四节　葡　萄

威县葡萄栽培历史悠久，1986年开始推广种植巨峰葡萄，后引进克伦生、圣诞玫瑰等优良品种达30余个。现有无公害葡萄基地2万余亩，年产量1300万千克，主要分布在县城周边、邢临线及106国道附近。巨峰葡萄产品以“口感好、果粒大、色泽艳、适应性强”等特点，销往山东、山西、湖南、湖北等地，备受广大消费者喜爱。已建威县葡萄研究协会、威县冀峰葡萄专业合作社等4家，中型冷库12个，并形成油坊葡萄、戚霍寨及中七级葡萄销售市场3处，每到采摘旺季，日发车量可达50余车次，日销售量40余万千克。

巨峰葡萄

原产于日本、欧美。二年生见果，果穗大，圆锥形，平均穗重500g，果粒大，短椭圆形，平均粒重11．6g，完熟紫黑色。果粒厚，果皮与果肉易分离，含粒量14．4%，味甜多汁，品质上等。抗病性强，丰产，8月下旬完熟，是全县栽培面积最多的中熟产品。

克伦生葡萄

2004年引种。原产于美国，属鲜食大粒无核葡萄晚熟品种。单粒重8克，果实鲜玫瑰红色，果粒圆锥形，平均穗重500克，含糖量20%左右，香甜可口，果粒刀切成片，并含有“白藜芦醇”抗癌物质，是21世纪第一种具有保健作用的葡萄水果。

圣诞玫瑰

又名秋红，果穗大，长圆锥形，平均穗重700g，果粒平均重7g，果皮中厚，深紫色，果皮硬脆，能刀削成片，味甜爽口，含糖18%，品质极上。

威县葡萄得益于威县特殊的气候土壤条件。深层淡水甘洌，辅以有机肥料，并按照无公害优质葡萄生产管理标准，进行科学管理，其生产的葡萄粒大饱满、着色鲜艳、味甜多汁、含糖量高，富含多种氨基酸和维生素，有香味且耐运输。2002年，油坊优质葡萄生产基地获得省级无公害果品基地环境质量认证，认定为绿色无公害果品基地。威县葡萄多次在省市农产品干鲜果展销会上被评为优质产品，产品畅销湖南、湖北、山东、内蒙古等地。

第九编 工 业

明清时期，县内仅有零星分散的小型作坊和手工业摊点，主要有土纸、土布、土丝制造和砖瓦烧制、木器加工等，后出现食品加工（豆腐、豆粉、红薯粉、糕点）、纺织。民国初期，小型作坊及手工业门类逐渐增多。手工业门类主要有食品加工、油料加工、印染、轧花、制鞋、制革、皮毛加工、铁器修配、木器制作、烧制砖瓦、土布纺织、土木建筑、柳编、绳索、服装剪裁及加工等，当时作坊规模都很小，人员少则1~2人，多则3~5人。抗日战争时期，日军侵入威县，手工业作坊绝大多数倒闭。1945年威县解放后，手工业渐又复苏。至1949年，县城有各种手工作坊20余家，分布于乡村的手工业作坊450余家，从业人员2000余人。1953年，对个体手工业进行社会主义改造，走合作化道路，个体经济逐步发展为集体经济。威县国营工业起步较晚，1949年成立威县酿酒厂，1957年建立威县机械厂，1971年兴建磷肥厂，1973年建成威县橡胶厂。1976年县化肥厂、棉织厂、农机修造厂又相继建成投产。产品主要有白酒、合成氨、胶管、轧花机、传动带、磷肥等。

威县工业起步较晚，基础相对薄弱。20世纪80年代，县内企业多为手工作坊式，数量少、规模小、工艺落后，主要有食品、皮毛及农副产品加工，机械、化工业只有县属的几家企业。1984年始，县属企业经营自主权不断扩大，乡镇企业异军突起，实施“国营、集体、联合体、个体”四个轮子一起转的方针，工业企业迅速发展。1997年，全县工业总产值达37亿元。2000年后，全县基本完成对企业改制，绝大部分工业企业变为民营企业，民营工业成为全县工业的主要经济支撑。2004年，随着县工业园区及工业园的建立，为威县工业发展搭建良好的发展平台，逐步形成毛毡、汽摩配件、建材、皮毛加工、机械制造、化工、农副产品加工等多种行业。2009年，全县工业企业305家，规模以上企业23家，全部工业总产值28.94亿元。

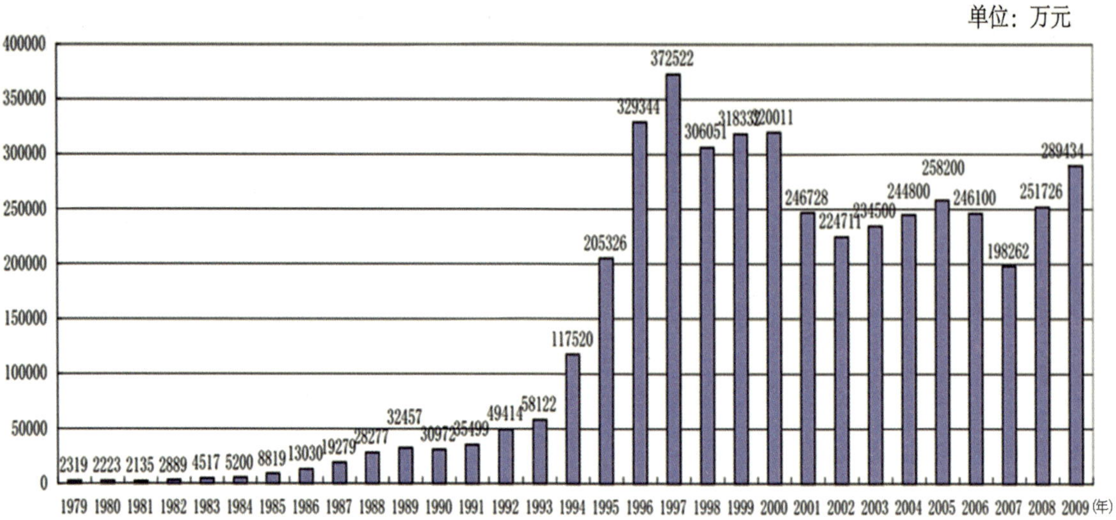

图 9－1　1979—2009 年威县工业总产值柱状图

第一章　工业生产力

第一节　工业劳动力

员工数量

1979 年后，随着国家优惠政策的出台，威县工业企业开始逐渐壮大。1985 年全县有从业人员 5128 人，其中县属国有企业 1377 人，县属集体企业 2315 人。在企业员工中，90% 是生产第一线职工，主要从事橡胶制品、皮革加工、金属制品、塑料制品、化工、纺织、农副产品加工等行业生产。随乡镇企业的迅猛发展，全县第二产业职工队伍迅速壮大。到 1995 年，全部工业从业人数达到 19564 人，比 1985 年增加万余人，其中乡镇工业企业职工增加最多，达到 16829 人，处于鼎盛时期。而县属国有、集体企业则由于体制、市场等诸多原因逐渐萎缩，经营困难，人员相应减少。1996 年后，县属企业实施产权制度改革，对部分企业竞标拍卖，一部分企业相继破产，这些企业的职工被迫下岗，自谋生路。这一时期，乡镇企业显现区域特色，棉花加工、皮毛加工、汽摩配件、建材装饰、电缆电器等行业实现扩张升级，全县职工队伍保持稳中有升。到 2009 年，全县工业从业人员达到 42000 人，占全县劳动力的 14.8%。

员工素质

1979 年后，威县工业企业经济得到蓬勃发展，由于县劳动力的资源优势，企业大部分员工是当地农民。1979—1990 年，全县员工的整体文化素质还处于较低水平，以初中及以下文化程度为主，全县企业专业技术人员数量很少。随着初、高中毕业回乡人员增多，以及大、中专毕业分配，全县企业员工文化程度和技能素质也明显提高。到2000年，全县企业员工中初中和高中（含中专）学历占75%，大学生所占比重也开始上升。到2009年，随着九年义务教育的普及，全县员工素质水平不断提升，初高中员工所占比例提高到85%，大专以上学历的员工占9%。

第二节　设备与技术

棉花加工

原材料　威县棉花生产独具优势，常年植棉面积约占全国棉花种植面积的1%；棉花总产量稳定在5万吨左右，占全省总产量的15%左右，是全国棉花生产百强县前5名，全县棉籽、棉秆年均产量分别为12万吨和45万吨。以威县为中心，方圆100千米范围内为冀南植棉集中区，常年植棉26.7万公顷，皮棉总量约40万吨，整个冀南植棉区的棉籽和棉秆总量足有40万吨和180万吨，棉花资源极为丰富。威县所产棉花主要品种为邯棉802、鲁棉研28、国欣棉3号等，由于独特的自然地理环境，造就了棉花的独特品质。威县皮棉上半部纤维平均长度29.7毫米，长度整齐度指数83.6%，断裂比强度29.1cN. tex－1，断裂伸长率6.4%，马克隆值4.6，反射率74.6%，黄度7.6，纺纱均匀性指数138，各项指标均优于全国平均水平。威县是华北最大的棉花资源基地，是华北地区与甘肃、新疆棉花最好的棉纺原料配比基地。

图9－2　棉花打包车间/2006年摄

设备与加工工艺　2000年前籽棉的加工主要由县供销合作社系统的棉花加工厂承担，其生产模式大多是轧花—打包。2000年后，加工设备更新换代，轧花机有两种类型，一是锯齿轧花机，二是皮辊轧花机，全县规模生产的棉花加工厂多为锯齿轧花机。工艺流程为三个阶段：准备阶段、加工阶段、成包阶段。其中加工阶段包括轧花、剥绒两个工序。轧花就是利用轧花机将长纤维与棉籽分离的工艺过程。剥绒就是利用剥绒机将生着在棉籽上的短纤维与棉籽分离的工艺过程。威县普遍使用锯齿剥绒机，锯齿剥绒工艺实行分道剥绒，连续生产，即先剥头道绒，再剥二道绒，最后剥三道绒。

皮毛加工

皮毛加工为威县传统加工业。主要分布在侯贯、贺钊、洺州、贺营等乡镇。产品从过去低端的羊剪绒开始向羊绒衫、皮毛服装等高端产品拓展。主要产品有汽车靠背、皮领、皮帽、鞋里、羊毛衫、羊剪绒、毛毡等。规模企业有俊兴皮业、仕友皮毛制衣、洲达皮业、佳威皮业、穆斯林革绒厂等30多家，年营业收入9.5亿元。毛皮加工中一般采用大液比、小机械进行操作加工。生产中常采用划槽设备。2000年后许多毛皮加工厂对设备进行更换和改造，在皮毛加工过程中逐步采用转鼓进行加工，准备和鞣制工序采用倾斜转鼓，染色等工序则采用普通转鼓。

浸水　浸水中加入的化工材料有防腐剂、盐及表面活性剂。

脱脂　毛皮脱脂工序常使用乳化剂和萃取剂、碱式盐等。脱脂过程中不仅要脱掉大量的皮板表面及内部的油脂，也要脱掉毛被上的油脂。

软化、浸酸　工序常使用盐、酶制剂、表面活性剂等。

鞣制与复鞣　此工序常使用盐、各种鞣剂、填充剂、表面活性剂等。

染色与漂色　染色过程主要使用染料、盐及表面活性剂。漂色主要使用氧化剂、还原剂、无机媒介物质等。

加脂　此工序主要使用各种加脂剂。

毛被的美化、整理　此工序主要使用拔色剂、固色剂、拔染剂、染料、甲酸、甲醛、干洗剂等。

橡塑制品

主要分布在常庄、常屯、七级、梨园屯、洺州等乡镇，主要产品有汽车及自行车轮胎、三元乙丙密封条、拉线软管、塑革制品、门窗胶条、钢衬胶条、鞋底、地膜塑料袋、塑料冷缩膜等，年营业收入5.8亿元。

设备　挤出机、橡胶挤出机、门窗密封条生产线、汽车胶条生产设备、硅胶挤出机、硅胶条（胶管）挤出硫化生产线、冷喂料五复合橡套电缆自动硫化生产线、冷喂料橡胶挤出机、密封胶条自动硫化生产线、PVC密封条生产线等。

原材料　原料以橡胶、硅橡胶、氯丁胶、聚氯乙烯、三元乙丙、热塑弹性体为主。

第二章　工业类型

第一节　全民所有制工业

国有工业

1979年，威县有化肥厂、橡胶厂、第二农机修造厂、棉纺厂、棉织厂、酿酒厂等18家工业企业，固定资产原值1230万元，产值1530.4万元。1985年，威县相继建立一批工业企业，全县工业产值比重增加。1989年，县贯彻“改革、调整、整顿、提高”的工业方针，推行各种形式的生产责任制，工厂由生产型向生产经营型转化，县磷肥厂等企业由于经营不善，企业亏损而相继停产。1990年，全县有国有企业15家，年总产值2143万元。1993年起，县属企业以产权制度改革为突破口，转化经营机制，实行股份制和股份合作制。1994 年，首先在县酒厂、县机械厂等企业作为股份制试点，在全县实行股份制改造。1998 年，实施县属企业产权制度改革，对机械厂、搬运站、福利化工厂实施破产。县橡胶厂与河北鲸鱼集团共同组建华威橡胶有限公司；洺水酒业与河北枣花佳集团联合组建河北枣花佳酿酒有限公司。年底，全县国有入统企业 26 家，工业总产值 29246 万元。2001 年，全县实施产权制度改革的县属企业占总数的 50% 以上，有 3 家企业建立起比较规范的法人治理机构。2004 年后，大部分企业实施整体转制。2009 年，县属国有企业 2 家，工业总产值（现价）1891 万元。

部门工业

主要包括县农机局、粮食局、物资局、交通局等县直部门所办的工业企业。（详见各有关编章）

第二节　集体所有制工业

1979 年，威县集体工业为县属集体工业和乡镇集体工业以及村办集体工业。

县属集体工业

县属集体工业是县二轻系统的工业企业和县供销社系统棉花加工厂。

二轻系统工业企业　20 世纪 80 年代初，二轻系统工业企业达 13 家，年总产值 400 余万元。1990 年，县属工业 16 家，总产值 4807 万元。主要行业为建筑材料构件、化工机械、金属制品、皮毛、服装鞋帽、印刷等行业，主要产品有斧头、地毯、钢窗、塑料制品、高档裘皮等。1992 年后，随着改革的深入和市场经济的逐步建立，企业转换经营机制的步伐加快，集体所有制工业企业的比重逐步下降，一些县属集体工业企业转为股份制企业。到 1995 年，县属集体企业 12 家，总产值 6483 万元。1996 年，县集体工业管理部门二轻局改为二轻工业总公司。1998 年 2 月，县二轻工业总公司撤销，其所辖企业或倒闭或转制。2009 年全县县属集体企业只有 2 家，年销售收入 980 万元。

县供销社系统棉花加工企业　1979 年，全县供销社系统有 5 个油棉加工厂，13 个加工站，职工上千人，加工设备集籽棉加工、脱绒、榨油于一体现代化的一条龙生产线。1989 年，厂站占地面积 80 公顷，职工 1400 多人，拥有棉检设施 250 台（件），加工设备 231 台（套），年加工能力 140 万担，全县形成了较为完善的棉花收购、加工、储存体系。1990 年，工业加工产值 3010. 2 万元，实现利润 159. 2 万元，固定资产由 1980 年的 288. 4 万元增加到 1990 年的 729 万元。2002 年底，县社系统进行体制改革，收棉厂站改为股份制（民营）企业，不再隶属县社。县社系统改制后，威县棉花经营企业发展迅速，截至 2006 年，经省发改委颁发棉花收购加工资格证书的单位有 82 家。

1985 年供销社提倡搞多种经营，原固献供销社在保定涞源开设铁矿石加工业务，这是威县供销社第一个驻外工业项目。

乡镇集体工业

乡镇集体工业在 20 世纪 80 年代发展较快。1980 年，全县 32 个公社有社办工业企业 47

家，主要行业有农具制造、化工、农产品加工、棉织等，年产值500余万元。1984年各乡成立商品生产办公室，1986年成立乡镇经济委员会，全县乡镇工业企业90家，实现产值1323万元。1983—1985年，方家营乡相继建起造纸厂（从天津引进生产线）、油毡厂、面粉厂和榨油厂，年盈利15万元。邢台地区行署多次在该乡召开现场会，推广方家营的经验。1987年后，有些乡镇办工业企业由于产品不对路，不适应市场的需求，不得不转产或停产。到1990年，全县有乡镇办工业78家，主要有化工、棉织、标准件加工等。1995年，县委、县政府把发展乡镇企业作为发展县域经济的主要手段，号召广大干部群众积极创业，大力发展乡镇企业。年末，全县乡镇工业企业发展到98家。1998年后，随着经济体制改革的深入，加之经营、管理、经费等方面的问题，乡镇集体企业采取出售、转让、租赁、股份制等形式进行改制。至2000年，全县乡镇集体企业逐渐转变为民营企业，民营经济成为全县经济的增长点。

村办集体工业

20世纪80年代初期，村办集体工业开始逐步兴起，除一些传统的加工项目外，逐渐发展起一些较大的工业项目，主要有橡胶制品、皮革加工、金属制品、塑料制品等。1986年全县村办集体工业73家。1990年村办集体工业45家，年产值918万元。1998年后，随着市场经济的建立，村办集体工业企业逐步转制为个体工业。2005年村办工业仅有2家，产值790万元。

第三节　民营工业

威县民营工业起源于农村个体手工业和农副业加工生产。20世纪80年代前处于农业的附属地位。80年代始，随着农村改革和市场经济的发展，民营工业有较快发展，但项目仍以传统加工业为主，规模小，投入少，技术含量低，产品档次低，相对于县属及乡镇企业发展速度较慢。1990年后，社会主义市场经济逐步建立，民营工业发展空间扩大，通过不断上规模、上档次、增效益，走投入少、产出多、质量好、效益高的发展路子，民营工业获得较大的发展，逐渐成为全县工业生产的主力军。1998年后，全县国有集体工业陆续进行产权制度改革，工业结构调整逐步加快。澳威皮毛制品有限公司、七级镇汽车附件厂、邵固标准件厂、顺达汽车附件厂等一批乡村集体工业顺利实现企业改制，转变为民营工业。2005年全县工业改制基本完成，民营工业得以空前壮大，同时区域特色日趋显现。棉花加工、皮毛加工、汽摩配件、建材装饰、线缆电器件等行业实现扩张升级，产业布局日趋集中。贺钊、侯贯的皮毛加工，洺州、第什营的陶瓷壁画，常庄、常屯的橡塑制品、汽摩配件，七级的建材，枣园的小米加工，贺营、固献的棉花加工等区域特色产业格局已经形成。规模工业也不断壮大，2009年全县入统规模以上民营工业企业16家，占全部入统规模工业企业的一半以上，工业总产值达到5.66亿元。

1979—1997 年威县工业企业统计表

表 9－1　　　　单位：万元、%

年份	国有经济			集体经济			村及村以下			外商三资	其他	
	单位个数	产值	比重	单位个数	产值	比重	单位个数	产值	比重	单位个数	产值	比值
1979	18	1371	63.3	68	794	36.7						
1980	18	1429	68.8	68	647	31.2						
1981	15	1536	71.9	64	599	28.1						
1982	14	2338	80.9	45	551	19.1						
1983	15	3922	86.8	45	595	13.2						
1984	10	952	18.3	83	4248	81.7						
1985	12	866	10.7	86	7214	89.3						
1986	11	1147	9.4	105	6154	50.4	4654	4911	40.2			
1987	11	1697	9.4	126	6815	37.7	9079	9584	52.9			
1988	11	2065	8.1	131	8174	31.9	14596	15349	60.0			
1989	13	2271	8.1	113	8194	29.2	11829	17550	62.7			
1990	15	2143	8.5	94	7106	28.0	10071	16116	63.5			
1991	17	3195	9.5	94	11416	34.0		18965	56.5			
1992	17	2843	5.9	101	11912	24.6	11087	33528	69.5			
1993	17	2277	3.9	104	12161	21.0	14693	43085	74.5	5	340	0.6
1994	18	2508	2.3	133	18161	16.8	11824	91534	80.1	5	1000	0.8
1995	18	3162	1.6	112	51694	26.1	9305	141731	71.7	5	1185	0.6
1996	14	7142	2.3	114	76490	24.5	8048	228220	73.2			
1997	9	7433	2.3	107	76611	21.8	8350	265910	75.9	1	300	

2002—2009 年威县入统企业统计表

表 9－2　　　　单位：万元、%

年份	国有企业			集体企业			股份制企业			外资企业			私营企业			其他企业		
	单位个数	产值	比重	单位个数	产值	比重	单位个数	产值	比重	单位个数	产值	比重	单位个数	产值	比重	单位个数	产值	比重
2002	24	5884	20	11	19741	67	1	840	3							4	3048	10
2003	19	1554	10	2	1341	6	8	16946	75							3	2638	12
2004	17	1782	7	2	2716	11	9	15302	61	1	1510	6				3	3876	15
2005	11	8107	23	2	791	3	13	24286	70							1	1466	4
2006	16	10487	25	1	521	1	13	29330	69							1	1942	5
2008	10	13331	21	0			6	19490	32				13	29905	47	0		
2009	9	1891	24	0			5	3946	5				16	56580	71	0		

第三章 生产门类

第一节 棉花加工

威县具有丰富的棉花资源，为棉织棉纺业的发展奠定了基础。1979 年有 6 家国营棉花加工企业。到 1985 年，全县除 5 个县属大型棉油加工厂外，还建立 17 个规模棉花油料加工厂，从业人员 1723 人，固定资产 547.9 万元，工业总产值 6139 万元，主要产品有皮棉、棉短绒和棉籽油。2001 年，仅供销系统有棉花加工企业 16 家，年榨油 3000 吨，脱绒 9000 吨。2002 年后，县属 5 个棉油加工厂及棉麻公司实施改制，分别建立金大地、亿棉、银星、中天、银海等多家股份制私营企业，新上私营棉花加工企业 33 家，成为个体私营经济的一个重点。除此以外，各乡镇也相继建起一批小型的棉花收购站，由几家几户自发集资筹建，主要从事棉花收购与皮棉加工。2005 年，小型棉站已形成规模，每个乡镇平均达 2 至 3 个。1990 年全县有全民所有制棉织棉纺工业企业 3 家，即威县棉纺厂、威县棉织厂、威县毛纺厂，年产值均在 100 万元以上。1995 年后，随着经济体制改革的深入和完善，棉织棉纺业逐步转制为私营股份制企业。2000 年后，棉织棉纺业全部转为私营企业。2003 年 9 月，河北馨帛纺织集团成立，属民营股份制企业。总投资 4500 万元，初建规模 1.5 万纱锭，二期工程 5 万纱锭，主要产品 10～60 支纯棉纱，年产量 6000 吨。该集团是县域内最大的一家集棉花收购、加工、纺纱于一体的集团企业，拥有控股子公司 3 个：河北雨林棉业有限责任公司、威县鹏程棉业有限公司、威县新星物资有限公司。企业设备均为国内一流，产品畅销国内十余省市，在江浙一带有良好声誉，并有 3 家大型纺织厂包销该公司产品。2000—2009 年间河北德隆棉业公司、威县洺晋纺织有限公司、洺州纺织、河北德宏棉业有限公司相继建立，均为县内较大的棉纺企业，投资均在 2000 万元以上，年产值均在 3000 万元以上。到 2009 年，全县有各类棉花企业 100 余家，主要产品为皮棉、棉纱、包皮布、服装、食用油等。400 型皮棉加工企业 23 家，200 型企业 37 家，年皮棉加工能力 20 余万吨。棉纺企业两家，总生产能力 6 万纱锭，年产 10～42 支棉纱 7000 吨。小型棉籽榨油企业 3 家，年加工棉籽 2 万吨。建成以棉花秸秆为主要原料国能生物发电厂一座，年消耗棉花秸秆 20 万吨，年发电量 1.5 亿千瓦时。棉业的发展，也带动了传统手工纺织业的发展，2000 年后威县的土布纺织业迅速崛起，现有巧媳妇、老纺车、大染坊等粗布制品企业和加工作坊 20 余家，主要产品有床上用品、睡衣、衬衣等，年产量 2 万套。

图 9－3 固献宏祥棉业公司车间/2009 年摄

2009年底威县资产百万元以上工业企业基本情况一览表

表9－3 单位：万元、人

企业名称	总资产	职工人数	年产值	年税金
河北春天纺织有限公司	32000	30	2000	2.0
河北馨帛纺织集团有限公司	13000	240	7000	98.3
河北德隆棉业有限公司	11800	130	1277	39.2
威县天翔纺织有限公司	4000	115	1000	10.0
河北德宏棉业有限公司	1900	34	5000	19.8
河北冀实良种棉业有限公司	1200	56	10000	45.0
威县裕华棉业有限公司	980	35	3000	42.6
威县全财棉业有限公司	1100	45	2500	23.8
威县强达棉业有限公司	750	30	4000	47.1
河北宏祥棉业有限公司	900	35	3000	20.0
威县冀丰棉业有限公司	1000	59	6993	57.0
威县世纪棉业有限公司	580	20	1800	10.0
威县华鑫棉毛有限公司	600	24	2900	15.0
威县干集棉业有限公司	1200	13	1155	22.4
威县聚力棉业有限公司	590	56	2300	15.0
威县华鑫棉毛有限公司	500	30	1400	10.0
威县河岔股棉业有限公司	1200	20	1200	20.0
威县固献棉业有限公司	550	18	2400	20.0
威县安陵顺达棉业有限公司	400	45	5100	51.3
威县国顺棉业有限公司	380	12	1000	12.1
威县里固棉业有限公司	530	45	1300	33.3
威县荣友棉业有限公司	800	25	1300	16.0
威县龙洲棉业有限公司	600	26	1500	15.0
威县鸿信棉业有限公司	300	50	4500	16.6
威县金田棉业有限公司	500	50	2500	12.0
威县海亮棉籽购销有限公司	380	25	1500	22.2
威县国龙棉业有限公司	725	36	2440	14.1
威县亮明棉业有限公司	260	30	1100	20.0
威县金土地棉业有限公司	300	30	1000	10.0
威县腾达棉业有限公司	400	30	670	10.0
威县衡威棉业有限公司	500	50	1000	10.0
威县军勇棉业有限公司	300	30	650	10.0
威县鑫泰棉业有限公司	300	30	800	10.0

第二节 汽摩配件

威县汽摩配件产业开始于20世纪80年代初期，有着深厚的产业基础。经过近30年的发展，已初步形成以汽车摩托车配件生产、销售为主的产业链。河北省汽摩配件产业总体规模处于全国第八位，威县在全省汽摩配件产能方面处于第三位，仅次于河间市与清河县。2008年全县拥有汽车摩托车配件企业163家，其中规模以上企业15家，从业人员2182人，资产总额35154万元。在外常年经销汽摩配件人员1170人，遍布全国所有的省会城市及地级市。主要产品有各种汽车摩托车密封件、橡胶件、转向盘、空气悬挂座椅、进气道、滤清器、内饰件、拉索、底盘件、冲压件、锻压件、铝件、管件等100余种，年产各类汽摩配件产品431万件（套），产量在全省位于前列，在全国处于中等水平。其中全县汽车密封件产量3600万米，居全省第二位，仅次于相邻的清河县。年产内饰件64万件（套），位居全省第一位。年产进气道、滤清器等注塑件32.5万件，拉索223万件，位居全省前列。汽车密封件、内饰件、注塑件、橡胶件等类产品，其产量、性能、价格等方面具有较强的市场竞争力，在整个行业中处于领先水平。2008年，全行业实现销售收入5.44亿元，工业增加值1.54亿元，上缴税金746万元，利润6086万元，其中规模以上企业实现销售收入3.2亿元。2008年末，全县工业企业年销售产值在5000万元以上的企业共有8家，其中汽摩配件企业有2家；年产值1000万～5000万元汽摩配件企业有7家。主要企业有邢台华威汽车内饰有限公司、邢台威力汽车零部件有限公司、威县盛达密封件有限公司、邢台威德汽摩配件有限公司等。

图9－4 盛达汽配车间/范林锁2015年摄

2009年威县资产百万元以上企业基本情况一览表

表9－4　　单位：万元、人

企业名称	总资产	职工人数	年产值	年税金
邢台华威汽车内饰有限公司	6370	300	10020	188.8
邢台威力汽车零部件有限公司	5000	50	4500	163.0
河北实达集团福耀汽车零部件有限公司	3000	20	3000	60.0
威县盛达密封件有限公司	3650	190	3520	87.6
威县永盛汽车配件制造有限公司	3100	160	2960	58.6
邢台德华橡胶有限公司	3100	200	910	39.1
邢台威德汽摩配件有限公司	2200	45	2400	103.5
凤祥汽车拉线加工厂	750	46	1100	21.0

续表 9-4

企业名称	总资产	职工人数	年产值	年税金
威县天帮橡塑厂	750	34	1100	11.0
威县昌达塑胶密封件有限公司	640	30	2600	18.6
河北夏华机车零部件有限公司	470	30	423	10.0
威县帅捷橡塑制品厂	650	30	1200	12.0
威县亚泰密封件有限公司	500	27	95	10.0
威县科达密封件有限公司	550	40	1050	11.9
威县光华橡塑制品厂	400	27	2000	11.0
威县天润耐火材料橡塑制品有限公司	580	30	1100	11.0
轻型汽车配件有限公司	380	34	550	10.0
国顺橡胶密封件有限公司	270	27	430	17.0
威县力源橡胶制品厂	500	68	300	10.0
河北科奥塑胶有限公司	380	20	370	36.9
威县宏远橡塑厂	380	10	260	13.0
威县胜亚塑业有限公司	200	30	490	16.0
威县红光橡塑制品有限公司	200	70	450	20.0
威县大宝透明胶条厂	200	18	450	15.0
善同油管加工厂	170	10	280	10.0

第三节 医药化工

威县化学工业在 1979 年只有威县磷肥厂和威县化肥厂 2 个单位。由于当时实行计划经济，资源和生产条件不足，化学工业发展缓慢。到 1985 年化学工业实现产值 452 万元。1986 年由于市场原因，威县磷肥厂停产。1989 年后，威县化肥厂因原材料、资金、管理等方面问题，造成严重亏损，工厂被迫停产。2000 年后，项目建设力度加大，新建和扩建一批化工工业企业项目，化工企业主要产品有铝银浆、清漆、调和漆、嫩黄染料、复混肥、缓释肥、生物肥、BB 肥、糠醛、油酸、硬脂酸系列产品。2008 年，全县化工业年销售收入 41750 万元，实现利税 3492 万元。其中规模企业年销售收入

图 9-5 三高集团董事长陈安增（右）与丹麦肥料专家合影/2005 年摄

36185 万元，实现利税2814 万元。2009 年，全县有医药企业1 家，即威县众开药辅有限公司，总资产1700 万元，主要产品丁烯二醇（维生素 B6 的中间体），上半年实现年销售收入500 万元。年底，全县有化工业企业10 家，其中入统规模以上工业企业4 家，按企业总资产划分，亿元以上企业1 家，即河北三高集团农业开发有限公司；3000 万元以上企业3 家，即恒威糠醛有限公司、利晖油脂有限公司和河北天润地沃肥业有限公司；500 万元以上3000 万元以下企业6 家，即天宇化工有限公司、中业辰威铝业有限公司、中威金属颜料有限公司、华光化工有限公司、威县油漆厂、河北国际远大化肥有限公司。

第四节　轻钢机械产品加工

起源于1996 年，主要分布在七级、章台、梨园屯3 个镇7 个村，有企业9 家，从业人员400 余人，总投资3600 多万元，年产值4900 万元，年利税450 万元。主要产品为轻钢龙骨、塑钢钢衬、烤漆龙骨、轻钢结构、彩涂板、复合板等，畅销全国各大中城市，并出口国际市场。该行业中最具代表性的龙头企业是威县华新建材有限公司，该公司在上海和天津注册公司，在泰国注册外籍公司，在国内为 AAA 级公司。2005 年后，产业结构进一步优化，一批重点企业得到扶持发展，逐渐涌现出电线电缆、机车轴承、模具生产、钢结构制造、农机具制造等装备制造业企业。已形成涉及多行业、多门类、集群化发展态势，成为县域经济的一个重要新兴产业。其中规模较大的企业有华新钢结构、正新阳光轴承、洺光电线电缆、双达橡塑机械、盛威金属、赢达炉业、顺风农机等。到2009 年，全县有百万元以上装备制造企业41 家（其中300 万元以上企业31 家），涉及金属制品企业6 家，通用设备制造企业6 家，专用设备制造企业4 家，交通运输设备制造企业21 家，电器机械及器材制造企业4 家。且在建装备制造企业25 家，其中超亿元企业4 家。涉及印制电路板制造、锅炉制造、水纯净设备制造和医疗仪器设备制造等。

图 9－6　华新建材车间（七级镇）/2006 年摄

2009 年底威县固定资产百万元以上企业基本情况一览表

表 9－5　　单位：万元、人

企业名称	总资产	职工人数	年产值	年税金
威县华新建材有限公司	12851	150	16590	165. 0
河北盛威金属制品有限公司	3500	86	1100	20. 0
义超新型密封材料有限公司	1600	45	620	42. 0
威县中亚太阳能有限公司	1100	34	1100	3. 0

续表 9－5

企业名称	总资产	职工人数	年产值	年税金
邢台亚华机车附件有限公司	600	13	300	10.0
河北华洲电动车有限公司	500	20	350	0.7
邢台市三鑫线缆有限公司	720	32	820	8.0
邢台洺光电线电缆厂	945	50	2551	142.5
威县杰鑫金属有限公司	450	85	860	6.0
威县凯达挂车制造有限公司	400	10	400	4.0
威县英明挤出机械制造厂	520	18	300	3.0
威县顺风农机具加工厂	390	11	360	2.0
威县亭上暖气片厂	270	8	400	2.0
威县先锋金属制品厂	250	12	450	2.8
威县腾龙轻钢龙骨有限公司	500	32	4000	13.0
威县鑫源冲压件加工有限公司	300	25	480	10.6
威县正汽阳光汽车轴承有限公司	300	15	350	2.0
河北赢达工业炉工程材料有限公司	520	18	200	17.1

第五节　皮毛皮革加工

主要分布在贺钊、侯贯、贺营、常屯、七级、洺州、章台等十几个乡镇80多个村，企业摊点3500多个，从业人员8500余人，1999年营业收入7.6亿元，年利税6000万元，其中，年营业收入超百万元企业50家，超500万元企业4家。该行业主要产品有羊剪绒、皮夹克、皮筒、皮袄、毛毡、坐垫、羊绒、滚筒刷、工艺玩具等。主要销往全国各大军用劳保鞋厂、皮革服装厂及东北三省、内蒙古、河南等地服装加工企业，并出口澳洲、韩国等地。该行业起源于20世纪70代末，发展于80年代，成熟发展于90年代，其生产工艺从原来的以玉米面为主要原料的“面板”发展成“化学板”。由一家一户的手工熟皮逐渐向专业化、工厂化发展，形成洗皮、熟皮、剪烫到半成品专业化协作生产。通过外出参观学习无极县等外地先进经验，建立侯贯皮毛加工区，实行统一规划，集中供热，工贸一体。涌现出澳威皮业有限公司，俊兴皮业有限公司等投资大、效益好、带动力强的龙头企业。截至2002年底，全县皮毛加工专业村达到16个，加工专业户3000个，从业人员3万余人，有较大规模的加工企业20家。全县加工皮560万张，营业收入8.8亿元，上缴税金580万元。2009年，全县有皮毛加工企业及个体户1000余户，从业人员5000余人，主要产品有羊皮胆、皮领、汽车靠背、鞋胆、羊剪绒、毛毡、家具坐垫、皮鞋皮帽、羊毛衫等。全行业年产值约4.5亿元，利税4000多万元。其中固定资产投资50万元以上规模加工企业14家，年产值1.2亿元，利税1150万元。

2009 年底威县固定资产百万元以上企业基本情况一览表

表 9 -6 单位：万元、人

企业名称	总资产	职工人数	年产值	年税金
威县洲达皮业有限公司	1900	80	1350	58.0
威县穆斯林革绒厂	800	65	810	14.0
邢台仕友皮业制衣有限公司	900	110	2200	61.5
威县广茂皮业制品有限责任公司	730	25	560	12.8
邢台俊兴皮毛有限公司	1290	160	440	2.0
威县顺通皮业有限公司	610	20	660	17.0
威县盛翔皮业有限公司	450	20	520	11.0
威县龙威皮业有限公司	340	10	200	10.3
威县赵牛村皮毛厂	310	7	220	2.0
威县鹏栩皮毛制品厂	239	7	180	1.5
河北飞龙皮业有限公司	340	12	350	3.0
威县佳威皮业有限公司	300	20	650	14.6
威县顾磊皮毛厂	220	12	220	3.0
侯贯镇孙家庄福勇皮毛厂	190	8	260	2.0
威县隆昌源皮业有限公司	160	20	180	5.0
威县盛奥毡业有限公司	120	12	220	2.0

第六节 建材工业

建筑门窗密封条加工业

起源于 1986 年，经过十多年的发展，形成以威县同兴橡塑厂为龙头的生产加工基地，主要分布在常庄、常屯、梨园屯等 4 个乡镇 14 个村 113 家企业，从业人员 1600 多人。2009 年，该加工业总投资达 4500 万元，年产量 9.7 万吨，年营业收入近 2 亿元，年利税 1500 万元。主要产品有铝合金门窗密封胶条、塑钢密封胶条固定胶片、胶管等近 100 个规格，产品畅销全国各地。

陶瓷壁画加工业

起源于 1987 年，经过多年的发展，形成以威县福利陶瓷厂为龙头，洺州镇肖侯庄为中心的陶瓷壁画生产加工基地。主要分布在洺州镇、第什营、贺营 3 个乡镇 7 个村，从业人员达 1600 余人，企业 26 家，总投资 1700 万元，年产值 3500 万元，年利税 320 余万元。产品主要有唐三彩、平面壁画、浮雕水晶釉、仿镀金、彩瓦、彩砖等300多个规格品种，销往除东北三省、海南省、西藏之外的全国所有省、市、自治区。

2009年底威县固定资产百万元以上建材工业基本情况一览表

表9-7　　单位：万元、人

企业名称	总资产	职工人数	年产值	年税金
义超新型密封材料有限公司	1600	45	620	27
河北洺州陶瓷壁画厂	1000	80	800	24
威县东庄砖厂	500	37	400	5
威县闫里固砖厂	350	39	410	7
威县邵固窑厂	370	40	420	8
威县西里固砖厂	350	38	450	8
威县李店砖厂	330	36	410	5
威县于化砖厂	330	38	450	8
威县士通铝塑门窗配件有限公司	250	17	700	5
威县大通铝塑门窗配件有限公司	280	37	240	3
威县东威水暖建材厂	190	10	150	2
威县中伟水暖建材厂	230	28	200	2

第七节　酿造业

主要以威县酿酒厂为主，个别乡镇有几家白酒作坊，如常庄乡孟官庄酒坊、方家营乡酒坊等。20世纪80年代威县酿酒厂生产的“洺水”牌系列酒，曾畅销全国各大中城市。1985年，威县酿酒厂研制的低度（38°）洺水特曲获轻工业部铜杯奖，被定为人民大会堂专用酒；同年，时建华主持的“降低薯类白酒甲醇含量的研究”课题，获河北省科技进步奖；1984年获邢台市科技进步二等奖；1986年，时建华主持的“降低优质白酒固形物品研究”课题，获河北省科技进步奖。20世纪90年代中期，随着国有企业的改制，威县酿酒厂由县办国营企业改制为股份制企业。由于经营管理和市场环境的影响，威县酿酒厂和其他几家小酒坊经济效益呈逐年下滑之势。2000年后，几家酒厂相继关闭。

第八节　建筑业

1979年，威县有县办建筑单位4个，分别为威县第一建筑安装公司（属县计划委员会，1987年改属县建设委员会）、第二建筑安装公司（属县二轻局）、第四建筑安装公司（属县计划委员会，1987年改属县建设委员会）、第六建筑安装公司（原为第二建筑安装公司的一个施工队，1986年“独立”出来，称为“六建”），1982年又建立起第三建筑安装公司。至此，县建筑施工单位共5个，主要从事县内大型的厂房建筑、水利工程、交通工程及家庭民用建筑等。在农村，也分布着100多个农民自发组织起来的建筑队或建筑班，主要从事农村农民住房的建筑，有相当一部分劳动力利用农闲时间交替从事建筑活动，用来增加家庭收入。1983年，一些社队为增加收益，也纷纷成立建筑队伍，把农村分散的泥瓦匠和木工能手组织起来，形成较大规模的建筑队伍，建筑设备也从单一的靠人力发展到利用一些简易的机械设备。1990年，随着城乡建设发展，全县逐渐形成一个较大建筑群体，乡镇集体建筑队24个（较大的有邵固乡、李寨乡、侯贯镇、洺州镇建筑队等），村办建筑队13个，联户建筑队270多个，从业人员达15000多人，工程技术人员570余人，年收入1500余万元。

1995年，随着经济体制改革的深入，对县办建筑业逐步实行改制，采用承包和股份制等形式，由于经营机制等原因，5个建筑公司先后倒闭或完全改为私营。与此同时，乡村民营建筑队得到极大的发展，从业人员大幅增加，建筑业的收入成为当时农民主要的家庭副业性收入之一。2000年后，社会经济全面发展，人民生活水平大幅提高，居住条件全面改善，给建筑业的发展提供了较大空间，相继出现一大批农村建筑队伍和商业性建筑公司，规模较大、设备完善，承建能力日趋增强。除从事威县内的建筑外，有部分实力较强的建筑公司还进入邢台、石家庄、天津等一些大中城市承包工程，解决了大批农村剩余劳动力的就业。威县第一建筑安装公司、威县第四建筑安装有限公司、威县顺达市政建筑有限公司、威县永生建筑安装公司等一批县内较大的公司，均有较高的承建能力。2005年后，随着城乡居民居住结构的改变和建筑业飞快发展，又派生出大批的建筑装修人员从业，使建筑业向多元化发展。2009年，全县建筑公司20多个，农村建筑队约计300多个，农村70%青壮年劳动力从事建筑装修行业，建筑业收入占整个农民家庭经济收入的50%左右。

第九节　农产品加工

小米加工

20世纪70年代后期，小米加工当数枣园乡一带小米加工户。他们为了生计，用自种的谷子碾成小米，靠身背车驮去山东临清贩米。1980年后，从事这一行业农户日渐增多，但只是利用自种的谷子加工，贩运外销，没有形成规模。1990年后，枣园乡小米加工进入快速发展时期，1995年、1996年两年达到高峰，其时枣园乡小米加工机组达到260余台（套）。

图9－7　黄金苗小米/2018年摄

涉及全乡13个村，日出动运输三轮车500余辆，每天外销小米100吨左右，形成了小规模、大群体的经济特色。1997年后，因受宏观经济环境特别是谷子、小麦、米糠价格的低迷，小米加工业效益下降，加之一些业户由于规模小，产品包装简单，抵御市场风险的能力不强，经济效益不佳而退出，致使小米加工业出现衰落。1999年初，因不允许个体工商户买卖谷子、小米，导致小米加工摊点关停，仅剩个别大户维持生产。是年5月后，因政策环境放松，该行业呈现稳定发展的势头。到2000年，小米加工业摊点达230个，从业人员近1300人，拥有加工机组230余台（套），年实际加工能力20.7万吨，年营业收入3.5亿元，创利税952万元。

小米加工业主要分布在枣园、固献、洺州镇3个乡镇的16个村。主要注册产品有“黄金小米”“泰丰园”等。其中，“黄金小米”畅销北京、天津、山东、山西、河南等省、市的16个大中城市，并通过山东胶州小包装后出口韩国，成为全省最大的小米加工基地。2002年后，随着农业种植结构的调整，威县与周边县市的棉花、大棚蔬菜的种植面积大幅度增加，当地谷源十分紧缺，绝大多数加工户不得不从内蒙古、东北等地购进。加之加工行业竞争加剧，品牌意识不强，产品包装落后，受管理不规范、外部发展环境的影响，小米加工市场日渐疲软，规模迅速减小，到2009年，年加工能力只有2万吨，年产值9000万元。

面粉加工

20世纪70年代，县粮食局在县城建成占地0.93公顷的中型面粉加工厂，年加工能力3000吨，同时包括粗粮加工、碾米等，所加工成品粮主要供应非农业人口。80年代，面粉加工业发展达到高峰，全县投资50万元以上的面粉加工企业近40家，粮食局面粉厂也进行更新改造，建三层楼加工车间，有进料、洗麦、脱皮、烘干等工序，实现产成品一体化，可生产特一、特二级面粉，日生产能力20吨。20世纪90年代，市场竞争越来越强，个体面粉加工逐渐占领市场，1995年，粮食局面粉厂停产。2000年后，随农业种植结构调整，全县小麦种植面积减少，面粉加工业受到很大冲击，加工企业相继关停。2009年全县面粉加工企业已所剩无几，城内只有2家个体小型面粉加工企业，日生产能力2600千克，且主要生产标粉。面粉供应主要来自临西县和邯郸市大名县等地。

面条加工

1992年建立威县粮食局挂面厂，有大型面条加工设备，日加工能力5000千克，当年获利1.2万元，后由于经营管理不善，1995年停产。2000年，个体面条加工逐渐增多。2004年7月，威县鸿源挂面加工厂成立，注册资金1100万元，年销售额3000余万元，所产挂面远销十几

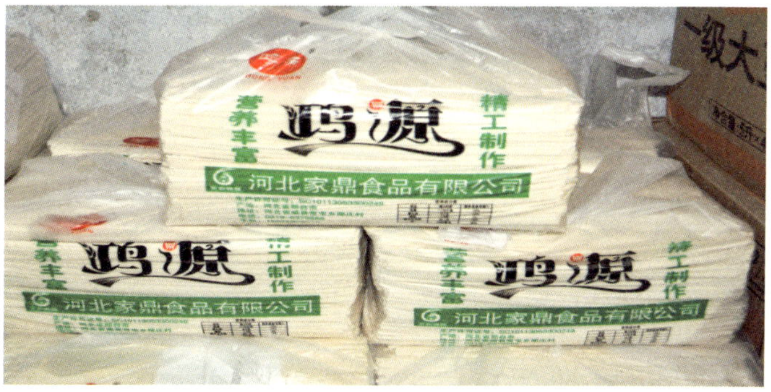

图9-8 鸿源面条/2018年摄

个大中城市。2009 年，全县面条加工主要聚集在常屯、梨园屯、方家营三个乡镇，主要产品有手工挂面、手工空心挂面等，随人们对绿色食品的崇尚，手工挂面成为广大商场、超市的热销产品。

粉条加工

威县素有种红薯、绿豆的习俗，利用红薯、绿豆加工成粉条、粉皮是当地群众的传统工艺。20 世纪 80 年代后，粉条、粉皮在全县不少村庄有加工摊点，多数农户用自家红薯、绿豆加工成粉条或粉皮，后逐渐形成产业化。较为集中的专业村有常屯乡东正店、西正店，贺营乡陈庄、陶营，高公庄乡后张庄村等。其中，后张庄村 106 国道附近形成粉条交易市场。90 年代后，粉条、粉皮的销售由当地向外地扩散，由散装向小包装转变，并走向大城市的超市货架，主要代表企业是高公庄乡威县汤粉厂，该企业产品畅销北京、天津及东北的大中城市，深受用户青睐。到 2009 年，加工户主要集中在贺营乡的陶庄、陈庄，常屯乡的柳疃，章台镇的西小河等，全年加工绿豆 580 吨，生产粉皮 175 吨，年产值 480 万元。

饲草饲料加工

秸秆氨化　1987 年，在郝家屯、东街、白伏等村进行氨化麦秸试点，共氨化 80 吨。1990 年，氨化技术普及到 160 个村，秸秆氨化处理 4600 吨，被列为省秸秆氨化重点县，省、地、县三级拨款 4 万元建氨化站。1987 年采用堆垛用液氮，后改用塑料袋、用尿素。1989 年，南小城用水泥氨化池实验成功，省工、省料、使用方便，可永久使用。1996 年全县建氨化池 310 个，1997—1999 年实施国家秸秆养牛示范县项目，新建氨化池 1500 个，并氨化麦秸 6 万吨。2006—2009 年，全县共实现秸秆综合利用 56 万吨。

青贮　青贮能长时间保存青绿饲料营养价值。县内青贮主要指玉米秸秆青贮。每年秋季，县畜牧局都组织技术人员到养殖场户现场指导青贮。1999 年，新建百头牛场 54 家，全年完成青贮 15 万吨。青贮已成为县内各牛羊养殖大户全年草料贮存的主要手段。1997—2003 年，全县建青贮池 2 万个，容积 15 万立方米。

微贮　20 世纪 80 年代全县有少量牛场制作秸秆微贮，1997—2003 年实施国家秸秆养牛项目期间，共制作微贮 8 万吨。

混配饲料生产经营　1985 年县农业局建实验饲料厂，开始生产混合饲料和配合饲料，年产 500 吨，1996 年下马。1986 年，威县粮食局建饲料加工厂，设有配合饲料加工车间，生产配合饲料、混合饲料，年加工饲料 200 吨，1991 年停产。1990 年后，随着规模养殖的发展，科学饲喂逐渐为群众所接受。正大、希望等品牌猪鸡全价饲料进入威县。2004 年，县龙邦集团建饲料加工企业，年产浓缩料 1000 吨。2005 年，全县各类饲料经营户 15 家，年销售猪鸡预混料 1 万吨，全价料 5 万吨。2006 年，威县龙邦饲料畜牧有限公司成立，2008 年邢台兴邦饲料有限公司成立，2009 年建北京正大饲料加工厂。至 2009 年底，全县共有各类饲料加工厂（点）30 家，年生产加工、销售猪鸡预混料 2 万吨，猪浓缩料 2 万吨，全价料 40 万吨。

2009 年底威县固定资产百万元以上农产品加工企业基本情况一览表

表 9-8　　单位：万元、人

企业名称	总资产	职工人数	年产值	年税金
国能生物发电公司	33000	200	10800	50.5
威县华威牧业有限公司	2100	40	2500	
威县隆丰养殖有限公司	2000	24	2200	
邢台鑫宝肉牛养殖屠宰基地	440	20	300	4.0
威县宏达饲料有限公司	350	10	300	3.0
威县景营纸箱厂	420	20	220	3.0
威县鸿源挂面加工厂	220	37	200	2.0
前南寺庄面粉加工厂	180	6	150	2.0
前南寺庄面粉加工厂	180	5	150	2.0
前南寺庄油料加工厂	180	7	150	2.0
威县王村兴旗面粉厂	180	5	480	2.0
章台民众面粉厂	300	8	400	4.0
王英俊小米加工厂	170	9	120	1.0
威县华威面粉厂	220	12	100	1.0
威县新华小米加工厂	180	10	120	0.6
邢台兴邦饲料有限公司	180	8	300	3.0
威县小米加工厂	250	6	90	2.0
威县景海小米加工厂	160	9	100	0.6
龙邦畜牧	240	15	280	2.0
邢台豪达牧业有限公司	15800			

第四章　工业园区建设

威县的工业园区建设起步较晚，工业布局较为分散。2003 年，县委、县政府提出“以工业园区建设为突破口，推进工业经济整合提升”的战略思路。2008 年，县委、县政府提出重点打造“一区五园”，即县城新区、常庄汽摩工业园、七级建材工业园、侯贯皮毛工业园、梨园屯威清工业园和第什营工业园。

第一节　县城工业园

2003 年，县委、县政府审时度势，提出“以工业园区建设为突破口，推进工业经济整合提升”的战略思路，通过抓园区建设，推动工业快速发展。是年，在县城东北部、106 国道以东，规划了首期占地 73 公顷的县城工业园区。

2005 年，县城工业区改为县城新区，出台《加快县城新区发展的优惠政策》。到 2006 年底，县城新区实现“七通一平”，入区企业达到 12 家。

图 9－9　工业园区一景/2011 年 3 月摄

2008 年，县城新区完成总体规划和控制性详细规划，实施 110 千伏变电站、污水处理厂、银海路、晨光大街等基础设施建设。

2009 年，工业园区建设步伐加快。县城工业园区规划面积由 4.02 平方千米扩大到 21 平方千米，改建、扩建晨光大街、燕山路等 8 条道路，动工建设 110 千伏变电站，园区功能日趋完善。

第二节　乡镇工业园

1998 年，经过多年发展，逐步形成七级毛毡、常庄橡塑制品和汽摩配件、贺钊皮毛加工、枣园小米加工和洺州建筑陶瓷壁画等特色区带。2003 年，县委、县政府把“五园”建设提到议事日程。

常庄汽摩工业园

常庄汽摩工业园位于常庄乡牛家寨村西。2008 年，占地 2.34 平方千米的汽摩配件工业园区开始规划实施。到 2009 年底，占地 73 公顷的一期工程及园区内“三横两纵”的公路网建设完成。2009 年，入驻企业 19 家，园区企业年创利税 178.3 万元。同年，邢台市在常庄乡建立邢台市中小企业创业辅导基地。

七级建材工业园

七级建材工业园位于七级镇政府东侧，106 国道以西。七级镇建材工业园，规划面积 4 平方千米。2009 年入驻企业有华新建材、华威汽车内饰等 12 家，年入驻企业上缴税金 600 余万元。

侯贯皮毛工业园

侯贯皮毛工业园位于郭固村东。2003 年镇政府投资 220 万元在郭固村东建成侯贯镇皮毛加工小区，占地 20 公顷，入驻企业 24 家。

梨园屯威清工业园

梨园屯威清工业园位于王世公村东，常庄乡以南，东邻清河县。2003 年开始兴建，规划占地 130 公顷。至 2009 年底，先后有河北伟源橡塑设备有限公司等 4 家企业上千万元企业入驻。

第什营工业园

第什营工业园占地 4.79 平方千米，已通过省环评，园区道路、电力、水利、通信等基础设施正在建设。该园区位于乡北部大广高速和 106 国道之间地域，一横两纵的邢临高速公路、大广高速和 106 国道与乡村公路构成网络状格局，交通便利。

第五章　经营管理

第一节　企业管理

承包经营

1986 年，威县开始推行以所有权和经营权适当分离为重点的企业承包经营责任制，先在机械厂、橡胶厂两个国营企业开展试点。县经济委员会代表县政府，分别与县化肥厂、农机修造厂、毛纺厂、棉织厂、棉纺厂、医药公司等企业签订第一轮承包合同。1988 年，化肥厂在承包中实行全员风险抵押，机械厂、修造厂实行二级核算制，设立厂内银行。医药公司采用层层签订承包合同的形式，变经理的责任为全体职工的责任，变经营者承包为全体职工承包。全县有 27 家企业（含乡镇工业企业）实行工资总额与经济效益挂钩。1989 年，在巩固配套、完善的基础上，分别采取上缴利润定额包干、上缴利润递增包干、超收分成、投标承包等形式，继续推行承包经营责任制。1990 年，开展承包经营审计，兑现承包经营合同。1991 年在做好新一轮企业承包前审计、企业班子考察、基数测算、综合考核指标认定等基础工作的前提下，本着“大稳定、小调整”的原则，与机械厂、橡胶厂、医药公司、农机修造厂、棉纺厂、棉织厂 6 家企业签订承包合同，合同主要内容有主要经济技术指标、技术进步、管理等。第二轮承包形式主要有五种：（1）包上缴利润、包技术改造、工资总额同经济效益挂钩；（2）超收全留给企业；（3）利润基数包干，超收分成，即超收按比例分成，一般是倒四六或倒三七；（4）微利亏损企业盈利全留，亏损不补；（5）对政策性亏损企业核定亏损补贴数额，减亏留用，超亏不补。

三项制度改革

1992 年，威县贯彻《全民所有制工业企业转换经营机制条例》，以加快转变政府职能，转换企业经营机制步伐，推动企业进入市场。机械厂在人事、劳动、工资三项制度方面大胆改革，推行全员劳动合同制和岗位技能工资制，优化劳动组合，克服工资“旱涝保收”“奖金人人有份”的弊端。在用工制度上，打破干部与工人、固定工与合同工、合同工与临时工的界限，实行岗位竞争制、厂内待业制；在厂内中层干部实行聘任制，对销售人员实行特殊政策、奖金上不封顶，下不保底。是年，机械厂聘用中层以上干部42人，其中工人身份干部34人；行政管理人员27人，其中工人身份20人，并在全县率先实行全员劳动合同制，全厂288名职工全部与厂长签订合同。1993年，全县绝大多数企业均按照《全民所有制工业企业转换经营机制条例》规定，进行三项制度改革。

企业破产

1995年起，对长期经营管理不善造成亏损，严重资不抵债的企业实施破产，化肥厂属1976年建厂的地方国有企业，主要生产合成氨，1995年5月，企业依法进入破产程序。1996年9月，县棉纺厂、棉织厂实施破产。至2005年底，县医药公司、酒厂、机械厂等40多家企业实施破产重组，改为股份制企业。

第二节　生产管理

20世纪80年代初，由于乡镇企业人才缺乏，规章制度不健全，标准计量手续不完备，基础管理非常薄弱。当时乡镇企业管理的主要内容是建立制度，依法规范、强化企业内部管理，逐步解决企业内部管理薄弱、粗放等问题。1986年，乡镇企业广泛开展“抓管理、上等级、全面提高企业素质”活动。至1991年，全县乡镇企业有省级先进企业1家，市级先进企业2家。1991年，国务院指令停止企业升级活动，乡镇企业管理工作重点转向加强基础管理和现场管理。全县乡镇企业从管理的标准化、计量、定额、信息、班组建设、规章制度和基础教育等七个方面，围绕优质、低耗、高效、安全、文明等方面强化基础管理、现场管理和设备管理。2002年，全县18家乡镇企业全面质量管理达标，16家企业基础管理达标，16家企业现场管理达标，16家企业设备管理达标。

产品销售

20世纪80年代初，全县工业企业实行计划生产，由企业主管部门下达生产计划，企业组织生产。1986年始，企业生产经营自主权不断扩大，自主选择经营方式，安排产、供、销，并在政策允许的范围内确定产品的销售价格和销售方式。1987年，全县工业企业全部实行厂长负责制，并先后推行两轮承包经营。县主管部门以契约方式向企业下放人、财、物和产、供、销经营管理权，企业根据产品销售情况，自主决定生产，实行以销定产。1988年后，各企业据其自身特点，制订销售额、资金回收额与工资奖金挂钩等激励政策，探索新的经营方式，不断开发适应市场的新产品。20世纪末，坚持把产品销售工作作为促进全县工业发展的中心工作来抓。一方面，以建立市场部、营销网络和营销队伍建设为重点，认真研究国内外市场和社会需求，找准市场定位和突破口，抢占市场空间，促进企业营销水平；另一方面，“政府搭台，企业唱戏”，积极组织企业参加各种形式的产品展销活动，多形式拓宽省外市场及国际市场，产品的市场占有率稳定提高。出口产品有地毯、斧头、洺水特曲酒等。

企业达标升级

1986年，按照国务院《关于国营工业企业进行全面整顿的决定》要求，结合围绕“一上”（质量），“三下”（消耗、费用、成本），“两保”（效益、速度），抓企业基础管理工作，开展企业进档升级工作。以县酒厂、修造厂为试点单位，搞业务培训，全面加强定额、质量、物资、计量、财务、安全管理、职工队伍建设及技术进步等各项基础管理工作，提高企业整体素质。

1987 年，在全县工业企业中，推行满负荷工作法。1989 年始，威县工业企业先后开展企业标准化、计量、质量管理、设备管理，档案管理、会计管理等达标升级活动。县钳厂、修造厂、酒厂、机械厂四家企业通过二级计量验收，县化肥厂、构件厂、棉纺厂、棉织厂、橡胶厂、毛纺厂、地毯厂通过三级计量验收，县酒厂、医药公司、修造厂通过档案管理省级先进单位验收，县机械厂、医药公司、钳厂、修造厂、构件厂、印刷厂通过会计工作达标，县修造厂、钳厂、酒厂相继晋升地级先进企业。1991 年下半年，国务院下令停止企业达标升级活动。

第三节　质量管理

20 世纪 80 年代，乡镇企业开始重视产品质量，并逐步建立管理机构，配备专职人员，负责企业产品质量管理工作。1986 年后，县工业主管部门为全面提高企业的生产技术水平，除帮助企业引进技术人才外，大力倡导群众性技术革新活动，组织各企业与周边地区大型企业、科研单位、高新技术产业区建立协作关系，接受新型技术转让，开展横向经济技术联合。企业内部大都设立技术管理科室，配备专职技术副厂长，负责企业内部的技术鉴定和管理。许多企业在车间班组成立“QC”小组（负责全面质量管理的组织），进行课题研究攻关活动，提高产品质量，降低成本。各企业加强质量管理培训，强化企业标准、计量、全面质量管理等基础工作，积极参加产品创优活动，促进了产品质量的提高。多数厂家在努力提高职工素质的同时，不惜重金聘请高科技人才，以适应企业开发研制新产品，上规模、上档次、创名牌，求发展之需。“九五”期间，较大规模的企业开展 ISO9000 质量体系认证工作，促进产品质量换代升级，至 2002 年，威德汽摩配件有限公司、华威汽车内饰有限公司、华跃汽车密封件、华新建材有限公司等企业通过 ISO9000 质量体系认证。

第四节　财务管理

1986 年起，按财政部门的规定，对财务报表审查、汇总编报，及时帮助解决财务管理中出现的问题；搞好财务分析及成本核算，加强对企业财务人员的业务指导，定期培训、考核，提高财会人员的业务水平；同时负责企业资产和财务的审计，考核企业财务制度执行情况，审查企业财产的盈亏和报损处理；收缴企业管理费；督促企业配齐会计、出纳，完善企业的财务管理制度。1991 年，各乡镇、村集体和具有一定规模的个体私营企业均按照要求配备主管会计和现金出纳。1992 年始，开展乡镇企业会计达标升级工作。1993 年 7 月，财政部颁发全国所有企业统一执行的《企业财务通则》《企业会计准则》和分行业的财务制度、会计制度（简称“两则”“两制”）。到 1993 年底，各乡村办企业基本上按照“两则”“两制”要求，设置会计科目，更新会计账簿，按照新的格式编制会计报表，顺利实现新旧财会制度接轨，新的企业会计核算体系基本形成。1994年，乡镇企业总公司认真执行省乡镇企业局与省财政厅联合制订的《河北省乡村工业会计工作规范化办法》，对企业会计机构设置、人员配置、会计核算、财务人员职业道德等提出具体标准和要求。2001年，结合评定技术职称实施重点考核，使乡镇企业的财务管理工作逐步纳入规范化、正规化轨道。

企业内部财务管理，在工资总额同经济效益挂钩的原则下，为激发劳动者的生产积极性，企业大都采用计件工资、计时工资、效益工资、聘任工资、浮动工资、岗位工资计酬，把职工的利益与企业效益挂钩。1988年后，随着各种经营承包责任制的施行，国有企业的财务管理大都集中在承包者身上，实行“一支笔”签批制度。

第五节　产销管理

1986—2002年，乡镇企业以其自身灵活的经营机制，自主选择经营方式，安排产、供、销。运营方式大都实行以销定产或来料加工，特别注重成本核算；对自行研制开发的产品，采取试销、代销、推销的办法开拓市场。企业内部职工和企业外人员为其采购原料、推销库存产品，大都按所定比例付给“劳务费”。联户及个体企业的产销管理，其灵活性更加突出，在政策允许范围内，形式多种多样。对企业提供产销途径的职工或外部人员，大都给予优厚待遇或利润分成。

第六章　重点企业及产品

第一节　重点企业选介

威县酿酒厂

威县酿酒厂1949年建立，1961年由县工业局管理，1980年归属县经济委员会，占地面积4万平方米，时有干部职工180人，年生产能力1200吨白酒。20世纪90年代中期改为股份制企业，2000年后破产。（详见酿造业）

洺州碳素厂

该厂1987年建立，总投资181万元，干部职工112人。洺州碳素厂时为洺州镇集体企业，所生产的碳素系列产品销往全国20多个省、市。1998年后，随着经济体制改革，企业改为股份制。由于市场疲软下滑，厂子不够景气，逐步倒闭。

邢台橡胶有限公司

邢台橡胶有限公司由县属企业佳诚公司与河北轮胎厂共同出资组建邢台橡胶有限公司，成为河北鲸鱼集团控股子公司。1995年3月破土动工，1996年3月正式投产，总投资额3000万元，职工300余人。公司初期年设计生产能力25万条内胎，次年达到100万条，1998年生产能力达到300万条，年产值3000万元。

图 9－10 邢台橡胶有限公司/2003 年摄

2000 年，邢台橡胶有限公司发展达到高峰时期，成为河北省最大的内胎生产专业厂，拥有先进的内胎生产线，工艺装备精良，主要生产“鲸鱼”牌、“路友”牌内胎，产品包括工程机械、载重汽车、轻卡汽车、农用车、摩托车等五大系列，百余种规格。公司研发的丁基胶内胎通过省级鉴定，“鲸鱼”牌商标被评为省级著名商标，产品被省命名为最畅销产品，企业通过 ISO9001 质量体系认证、国家产品安全认证、美国 DOT 认证和中东国家 GCC 认证。产品畅销国内 20 多个省、市、自治区，与多家专业厂配套，并出口美国、中非等 20 多个国家和地区，自 1996 年至 2005 年，累计上缴税金 1056 万元。2006 年，公司改制，整体出售转让。

威达机械冶金有限公司

威达机械冶金有限公司其前身为威县修造厂，该厂建于 20 世纪 60 年代，属县办集体企业，厂址位于县城北外街路西，建厂初期主要业务为农机修理，后生产把斧与斧头。80 年代中期，企业抓住发展机遇，所产产品打入国际市场，成为初具规模的出口创汇企业。1986 年，与河北工学院展开技术合作，引进可控硅中频电炉，由原来锻打斧头改为铸造斧头，不仅降低了成本，而且还提高了产品的产量和质量，为企业增加了效益。该产品于 1987 年通过省级鉴定。是年，威县修造厂被国家轻工业部评为全国轻工业出口创汇先进企业，并授予金龙腾飞奖（铜牌）。1988 年，“钻石”牌两种型号（613、601）出口把斧被国家轻工业部评为轻工业优秀出口产品铜质奖。随后，又与河北工学院联合开发高铬铸铁磨球、合金衬板两个新产品，全部通过省级鉴定。1989 年，企业生产的高铬铸铁磨球荣获河北省优秀新产品称号。同年，威县修造厂成为河北省外贸机械进出口公司定点生产厂家，邢台地区先进企业。1993 年，企业发展进入黄金时期，产品出口十几个国家，年产值上千万元，税金上百万元。1994 年，威县修造厂率先进行股份制试点改造，成立威达机械冶金有限公司。1996 年公司实行承包，1999 年实行股份制改造。2005 年公司被依法拍卖。

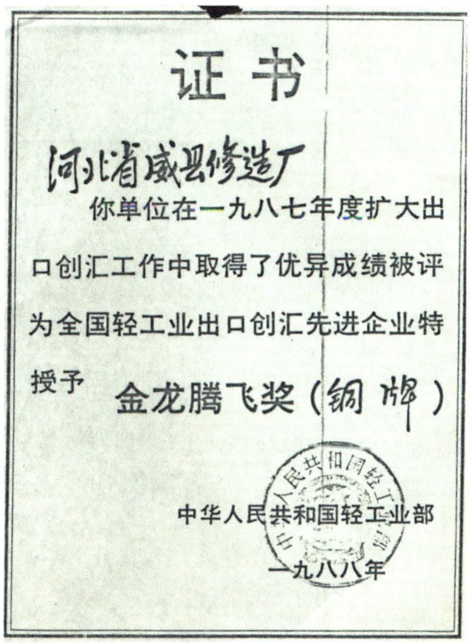
证书

河北省威县修造厂

你单位在一九八七年度扩大出口创汇工作中取得了优异成绩被评为全国轻工业出口创汇先进企业特授予 金龙腾飞奖（铜牌）

中华人民共和国轻工业部

一九八八年

图 9－11 县修造厂获得的金龙腾飞奖证书

河北三高农业开发集团有限公司

公司成立于 1992 年 2 月，是一家新型肥料定点生产的国家级大型民营企业，注册资金 2655 万元。法人代表陈安增（省政协常委，威县工商联主席）。公司拥有总资产 1.27 亿元，

图 9－12　三高集团/2006 年 8 月摄

其中，固定资产 2169 万元，占地面积 20000 平方米，有年生产能力 10 万吨复合肥、复混肥生产线 4 条，仓储能力 8 万吨。有员工 400 余人，其中拥有高级职称的 18 人，中级职称的 19 人，聘请中国农业科学院肥料方面的博士生导师林葆、李厚忠教授，及农业部门的高级农艺师、专家为技术顾问，并与全国十几家科研单位建立协作关系，技术研发力量雄厚，是一家集科研开发、生产加工、产品推广、销售农资为一体的大型农字号企业。在河北衡水、邢台、清河和山东聊城、德州设有 5 个办事处，年销售各种化肥 30 万吨。2009 年实现销售收入近 3 亿元，利税 1200 多万元。2005 年，公司通过 ISO9001－2000 国际质量管理体系认证，同时建立一套完整的质量保证体系，形成在市场、技术和管理上与国际接轨的体制。可靠的产品质量和完善的农化服务使公司赢得市场，“三高”牌、“安增”牌复合肥、复混肥系列产品深受广大农民喜爱，得到权威部门的肯定，2009 年被评为河北省优质产品，河北省著名商标。

威县华新建材有限公司

该公司位于威县七级工业园区，毗邻 106 国道，是一个以生产、加工、销售建筑用钢制品为主的非公有制企业。公司创立于 2002 年 1 月，占地面积 51258 平方米，建筑面积 32500 平方米，从业人员 240 人，专业技术人员 80 人。总资产 14545 万元，其中固定资产 7588 万元，流动资金 6957 万元，年加工能力 5 万吨，2009 年实现销售 16579 万元，利润 1300 万元，上缴税金 165 万元。公司主要生产轻钢烤漆龙骨、冷轧钢带、热镀锌钢带、彩涂板，承揽钢结构制作与安装。公司于 2002 年在吊顶行业首家通过 ISO9001 国际质量体系认证。经过几年的创新和发展，公司已形成自主开发、批量制造、质量控制、市场策划的管理体系。在上海和天津注册两个贸易公司，在晋州和新疆设立两个生产矿棉吸音板的配套厂，已成为国内最大规模的轻钢吊顶材料生产企业之一。冷轧钢带和热镀锌钢带是公司的主打产品，广泛应用于建筑、建材、家电、装饰、装修、电力、轻工、玩具等行业，产品已出口东南亚和欧盟等地区。公司是河北省最早生产轻钢龙骨的厂家，轻钢烤漆龙骨是公司生产的传统产品，也是河北省优质产品。公司“太威”牌商标连续两届被评为河北省著名商标，轻钢烤漆龙骨蝉联河北省优质产品称号，质量、服务、信誉连续五年获省行业评比第一名。

威县恒威糠醛有限责任公司

该公司是一家以糠醛生产为主的化工企业，法人代表周国防。公司成立于 2001 年 3 月，位于威县七级镇南，106 国道西侧，毗邻 308 国道、青银高速，交通十分便利。公司占地面积 33500 平方米，建筑面积 6000 平方米，有员工 160 余人，其中高、中级技术人员 36 人，技术力量雄厚、设备先进。总投资 5500 万元，其中固定资产 3700 万元，流动资金 1800 万元，年加工能力40000吨。该公司2000年3月筹建，2001年3月正式投产运营。2002年被河北省科学技术厅、邢台市科学技术管理委员会命名为河北省科技企业，被邢台市委、市政府命名为农业产业化重点龙头企业。2009年加工35000吨，实现销售收入3200万元，实现利润总额450万元，上缴税金78万元。主要产品糠醛是一种用途广泛的化工产品，是制造糠醇、四氢糠醇和药物的原料，广泛用于合成树脂、医药、染料、石油化工、食品香料等行业，还可以做润滑油精制溶剂、合成助剂等。主要销往河北、山西、山东、江苏、湖北、天津等省市，并出口美国、日本、韩国等国家和地区。

邢台威力汽车零部件有限公司

公司始建于1998年，是一家从事汽车零配件生产的专业厂家，法人代表田立树。公司位于河北省威县常庄乡汽摩配件工业区，邢清公路南侧，占地面积2.4万平方米，建筑面积1.6万平方米，有职工260人，其中管理人员12人，各类技术人员26人，高级工程师4人，中级工程师9人，外聘加工技术专家3人。主要生产和经销各种车型转向盘、扬声器罩、空气出口罩、排气口罩、门拉手、暖风管、连接管、头枕支架、变速手柄、各种拉线、软PVC、各种吹塑件及各种防雨膜、进气管、油滤器、座椅、塑料壳空气滤清器总成和各种冲压件、内饰件等汽车零部件。产品均通过一汽技术中心和重汽技术中心检测，质量符合标准要求。经过十多年的自我积累，滚动发展，该企业已形成自主研发、批量制造、质量控制、市场策划等体系，并通过ISO/TS16949国际质量管理体系认证，建立起现代企业制度。截至2009年底，企业拥有总资产5613万元，其中固定资产2423万元，流动资产3190万元。2009年实现销售收入5536万元，净利润988万元，上缴税金163万元。

邢台威德汽摩配件有限公司

公司成立于1995年，是一家以汽车密封件为主要产品的有限责任公司，法人代表田欣廷。位于河北省威县常庄乡，占地5.67万平方米，建筑面积19900平方米。有工人130人，其中专业技术人员32人。总投资9000万元，其中固定资产投资6600万元，流动资金1720万元，年生产汽车密封件280万件。该公司2009生产汽车密封件210万件，实现销售收入4280万元，实现利润总额580万元，上缴税金103.5万元。主要生产各种型号汽车、摩托车用软轴、软管、操纵钢索、胶管、密封条等。产品主要销往上汽集团、一汽集团、北汽集团、保定长城、轻骑摩托车集团、钱江摩托车公司等国内重点汽车摩托车制造企业。

威县华威汽车内饰有限公司

公司始建于1988年，系股份制企业，是汽车内饰件的专业生产厂家。1995年扩建成一座具有综合性生产能力的花园式企业。位于106国道（345千米处）西侧，交通便利，占地4万平方米，建筑面积1.2万平方米，1995年8月注册资本110万元，2004年注册资本增至1008万元，固定资产2029万元，企业总人数300人，其中管理人员46人，技术人员15人。2009年，年产值10020万元，实现利润1102万元，上缴税金188.8万元。公司经营有SUV车用地毯、护板、顶棚门立柱、隔热垫、毡制品、橡胶制品。拥有三条全自动真空吸塑生产线和一条热压及高频热合生产线，年生产能力达30万台套，具有年开发30种新车型内饰件的能力，是轻型车和轿车内饰件的专业生产厂家。先后为长春一汽、北京轻汽、江铃五十铃汽车有限公司、江铃汽车股份有限公司、安徽江淮汽车股份有限公司、北汽福田汽车股份有限公司、保定长城华北汽车有限责任公司、安徽中银扬子汽车工业有限公司和柳州五菱汽车有限责任公司、沈阳华晨金杯汽车有限公司、沈阳奥克斯汽车有限公司、上海万丰客车制造有限公司、湖南湘潭联众汽车有限公司等十几个汽车生产厂家提供配套产品，在汽车内饰行业久负盛名。连续多年被邢台市授予明星企业、被河北省工商局授予重合同守信用的单位、被中国农业银行河北省分行授予AAA级信用企业、被河北省政府授予河北省百强民营企业等，2000年度，“兆达”牌系列汽车内饰件被评为省优名牌产品。公司1998年通过ISO9002国际标准质量体系认证，2001年10月通过QS9000国际标准质量体系认证，2002年7月通过汽车产品认证，2006年12月通过ISO/TS16949质量体系认证。

威县盛达密封件有限公司

公司成立于2001年5月，是一家专业生产各种型号汽车用密封件的企业，法人代表朱世红。位于威县常庄乡鸭窝村，占地2.7万平方米，建筑面积1.3万平方米，有职工190人，其中专业技术人员42人。该公司总投资3900万元，其中固定资产投资2200万元，流动资金1700万元，年生产密封件1300多吨。公司于2001年初筹建，2001年10月正式投产，2009年实现销售收入3850万元，实现利润总额461万元，上缴税金87.6万元。主要生产各种型号的橡塑胶条、三元乙丙胶条，产品主要销往郑州、西安、天津、沈阳等大中城市。

威县金源棉业有限公司

公司成立于2003年11月，是一家从事棉花加工销售为一体的企业，法人代表张孟增。位于106国道与大广高速交会处，河北威县第什营工业园区内。占地2万余平方米，建筑面积3000余平方米，员工135人，其中管理技术人员15人，收购、加工人员110人。公司连续5年被邢台市政府和威县政府有关部门授予重合同守信用单位、安全生产先进单位、质量信得过单位荣誉称号。资产总值2000万元，其中固定资产1022万元，流动资金900余万元，主要产品是皮棉。2009年400型项目投产后，年加工皮棉7000吨，销售收入1.2亿元，利税总额450万元，上缴税金80万元。公司有200型双箱液压打包机3台，400型双箱液压打包机1台，机器设备达到国内一流水平。产品主要销往山东、湖北、江苏等地。

河北宏祥棉业有限责任公司

公司成立于2002年12月，是一家集棉花收购、加工、销售为一体的规模性企业，法人代表任怀雨，位于威县固献乡沙柳寨村东，占地17000平方米，建筑面积3100平方米。有职工120人，其中专业技术人员5人。总投资900万元，其中固定资产投资680万元，流动资金220万元，年加工能力8000吨。2009年加工5000吨，实现销售收入7500万元，实现利润总额200万元。主要产品皮棉、棉籽，销往江苏省江阴、张家港、连云港等地。

河北天润地沃肥业有限公司

公司成立于2005年12月，是一家专业生产复混肥的化肥生产企业，法人代表张桂珍，位于河北省威县工业新区（威县贺营乡魏村），建筑面积7630平方米。员工130余人，其中专业技术人员18人。总投资3324万元，其中固定资产2124万元，流动资金1200万元，年生产复混肥料5万吨，该公司2005年10月筹建，2007年6月正式投产运营。2009年生产复混肥料1.6万吨，实现销售收入3200万元，实现利润416万元。主要产品有46%高氮高钾棉花底肥；40%棉花追施肥；40%、42%小麦肥；45%、51%大众肥等，广泛用于各种农作物。产品主要销往吉林省、山东省、广东省及县域周边各县市。

威县洲达皮业有限公司

公司成立于2003年7月，是一家皮毛加工企业，法人代表张大广。位于威县侯贯镇郭固村，占地47000平方米，建筑面积5000平方米。有职工200人，专业技术人员6人。总投资1631万元，其中固定资产投资630万元，流动资金1001万元，主要生产“洲达”牌羊皮系列产品，年加工能力60万张。2009年加工各类羊皮制品48万张，32万平方米，实现销售收入3621万元，实现利润总额254万元，上缴税金58万元。主要产品有羊皮汽车靠背、家居毛制品、各种剪绒皮、服装毛革皮、鞋面毛革皮、鞋里毛革皮、春羔皮、毛领等产品，用于各类服装和劳保用品，产品销往全国各地和军工服装生产企业。

威县第一建筑安装有限责任公司

公司成立于1979年1月，时隶属于县计划委员会领导。1987年改属县建设委员会。1990年，有干部、职工639人，固定资产净值138.8万元。2002年4月，改制重组为股份制建筑企业。2009年，公司具有房屋建筑工程总承包贰级、市政公用工程施工总承包叁级、建筑装修装饰工程专业承包贰级、金属门窗工程专业承包叁级、起重设备安装工程专业承包叁级资质。企业注册资金4000万元，拥有固定资产802万元，流动资金4296万元。企业有职工610人，专业技术人员137人。主要施工设备103台套，其中：塔吊21台，龙门架19套，搅拌机21台。

企业自2002年改制后，着眼于建设现代企业制度，优化资源要素配置，狠抓企业的质量管理、安全管理，大胆创新，敢于竞争，发展壮大成为威县第一家房屋建筑工程总承包贰级施工企业，公司业绩逐年上升。所承建的威县人民医院门诊楼工程获评省级样板文明工地；威县人民医院病房楼工程获评河北省建筑工程安济杯奖（省优质工程）；威县审计局住宅楼工程获评省级安全文明工地。公司连年获得“重合同守信誉单位”称号。

威县鑫源冲压件加工有限公司

公司成立于2002年7月，是一家以研发生产汽车密封条骨架为主的专业型企业，法人代表梁全学，位于河北省威县梨园屯镇小里固村，有职工40人，其中本科以上学历2人、大中专毕业3人，专业技术人员12人。公司于2004年通过ISO9001质量体系认证，公司投入生产的轿车用铝制涂层骨架和正在研发的镜面涂层不锈钢骨架项目，是国家“十一五”规划汽车配件行业国家重点推荐项目，现已成功开发北京奔驰、克莱斯勒300C、福建奔驰SV3、长城系列汽车、长安系列汽车、华晨中华、上海大众等车型密封条骨架，成为各汽车厂家的合格二级配套商，在国内同行业中名列前茅。总投资1500万元，其中固定资产投资900万元，流动资金600万元，年加工各种密封条骨架3500万米。2009年生产各种密封条骨架1500万米，实现销售收入1600万元，实现利润230万元。主要产品有冲切钢带、剪切拉伸钢带、涂层铝骨架、不锈钢镜面涂层骨架，此产品是汽车密封性能的关键原材料。主要销往法国哈金森汽车配件有限公司武汉分公司、美国库博标准配件有限公司芜湖及韩国分公司、德国美德橡塑制品有限公司青岛分公司及重庆、河北保定、辽宁铁岭等。

邢台义超新型密封材料有限公司

公司成立于2006年4月，是一家生产现代化高科技含量PVC密封材料企业，法人代表尹加安。位于威县梨园屯镇干集工业区，占地13000平方米，建筑面积6000平方米，有职工66人，其中技术人员12人。公司曾获得中国知名品牌、河北省第八届消费者信得过产品、中国中轻产品质量信誉双保障示范单位、2007年科技进步二等奖等荣誉称号。总投资800万元，其中固定资产投资450万元，流动资金350万元，年生产新型密封材料4000吨。2009年生产新型密封材料1500吨，实现销售收入1300万元，实现利润总额120万元，上缴税金42万元。主要产品为PVC橡塑颗粒，广泛应用于橡塑密封条生产，产品主要销往山西、辽宁、山东、广东、四川等地。

威县华威牧业有限公司

公司成立于2002年6月，是一家集种猪、商品猪养殖、饲料加工为一体的大型农业产业化龙头企业，法人代表徐步青。位于河北省威县梨园屯镇杏园屯村，占地12万平方米，建筑面积2.5万平方米。有职工40人，其中高级兽医师、畜牧师3人。公司曾获省级农业产业化龙头企业、省级扶贫龙头企业、邢台市龙头企业等荣誉称号。总投资2100万元，其中固定资产投资1200万元，流动资金900万元。2009年共出栏种猪5000头，商品猪15000头，实现销售收入2500万元，利润300万元。主要产品为种猪、商品猪和猪用饲料。该公司是省、市产业化龙头企业、省级无公害生猪生产认定单位，也是河北省商务厅重点联系企业。

邢台洺光电线电缆厂

1993年建立，是一家专业生产电线电缆的大型企业，法人代表胡景志。厂址位于106国道威县马庄工业区，交通便利，占地面积7800平方米，建筑面积5200平方米，有职工265人，其中工程师8人，各级技术人员53人。总资产3200万元，其中固定资产800万元，流动资金2400万元，年销售收入3800万元。该厂主要生产“洺光”牌10～600平方铝绞线及钢芯铝绞线、0.6/1千伏电力电缆、0.6/1千伏交联电缆、高压电缆、10千伏以下绝缘架空电缆、钢绞线、塑铜线、橡皮线、控制电缆等18个型号500多个规格，有生产设备和检测设备38台套。2002年建立ISO9001:2000质量管理体系，并通过CQC质量认证中心的认证，2003年通过CCC电线电缆产品强制性认证。2000年被河北省经贸委确定为城乡电网建设改造推荐企业，在一、二期城乡电网改造物资招标中，为多省份电力系统提供8500余吨导线及各种型号电力电缆产品，该厂生产的铝绞线及钢芯铝绞线、电力电缆已出口到非洲多个国家。2009年，产品畅销山西、山东、内蒙古、甘肃、贵州、黑龙江、陕西、河北省及周边县市，企业连续多年获评河北省重合同守信用单位、河北省产品质量监督检验院定点检验企业。

威县穆斯林革绒厂

该厂成立于2002年12月，是一家个人独资企业，法人代表王利民，位于威县洺州镇王庄村，占地13000平方米，建筑面积3000平方米，有职工60人，专业技术人员7人。资本金171.2万元，总资产860万元，年生产加工羊皮50万张，年产值1300万元。2009年实现销售收入1200万元，实现利润总额100万元，上缴税金14万元。主要生产加工“威羊”牌汽车用品及床上用品、军工帽、鞋里、皮筒、毛领等。由于小汽车普及到家庭，汽车装具用品急骤上升，该厂的汽车坐垫靠背（五件套）及系列产品销售旺盛，完全是订单生产。

河北德隆棉业有限公司

成立于2005年4月，是一家以棉纺为主的棉花加工企业，法人代表王新生。公司位于威县工业园区内，占地8万平方米，职工350人，其中专业技术人员25人，是邢台市农业产业化龙头企业。公司注册资金2100万元，固定资产4300万元，流动资金1470万元，年加工能力4000余吨。公司有成套棉花收购加工设备及固定棉花收购培育基地，2009年因资金短缺，效益低下，仅实现销售收入6800万元，利税487万元。主要产品有棉纱、皮棉、棉籽等。由于实力不足，2009年成为县春天纺织公司合作配纺企业，已签供销合同，年配纺棉纱4000吨。

河北馨帛纺织集团有限公司

2003年7月成立，9月注册更名为河北馨帛纺织集团有限公司，法定代表人冯新伟。该公司注册资本2228万元，位于威县工业园区内，占地面积8万平方米，有职工350人，其中专业技术人员50人，是邢台市重点产业化龙头企业。总资产达1.1亿元，其中固定资产7131万元，流动资产达3861万元。拥有400型棉花加工设备一套，棉纱生产规模达3.2万纱锭，年加工皮棉8000吨，生产棉纱5000吨。2009年实现主营业务收入7256万元，实现利润总额553万元。主要产品为32支、40支、60支纯棉纱，主要销往江苏、河北等省市，销售网络比较稳定。公司棉纱生产以订单生产为主，分散销售为辅。

威县蓝天皮棉加工公司

成立于2001年12月，是一家棉花收购、加工、销售和蔬菜储存为一体的企业，法人代表郭之贵。位于威县章台镇中章台村东（106国道东侧），占地27000平方米，建筑面积8600平方米。有职工40人，专业技术人员8人。总投资2302万元，其中固定资产投资750万元，流动资金1200万元，年加工籽棉能力8000吨，储存蔬菜3000吨。2009年加工籽棉5291吨，储存蔬菜250吨，实现销售收入3278万元，实现利润总额193万元，上缴税金12万元。主要产品有皮棉、棉籽和蔬菜，产品销往全国各地纺织企业和服装生产企业及蔬菜市场。

威县利晖油脂有限公司

成立于2005年9月，是一家资源综合利用的油脂加工企业，法人代表戴利明，位于章台镇工贸园区，占地27000平方米，建筑面积9000平方米。有职工50人，其中专业技术人员17人。公司曾获得河北省信用优良企业、邢台市农业产业化重点龙头企业荣誉称号。总投资2000万元，其中固定资产投资1500万元，流动资金500万元，年加工处理油泥2万吨。2009年加工酸化油11000吨，实现销售收入3550万元，实现利润总额274万元，上缴税金46万元。主要产品有油酸、硬脂酸、黑脚。该厂生产的油酸是一种重要的化工原料，广泛用于聚酰胺树脂、油漆、纺织助剂等，主要销往江苏阜宁瀚森化工有限公司、上海江桥化工有限公司、浙江黄岩树脂有限公司、山东汇金化工有限公司、镇江丹宝树脂有限公司、永济市宏远化工有限公司。硬脂酸是加工肥皂、橡胶、塑料等行业的主要材料，主要销往天津中原化工有限公司、河北省建业电缆有限公司等地。黑脚是用于高速公路路基建设的一种添加剂，主要销往北京、天津、石家庄和一些南方客户。

威县众开药辅有限公司

公司成立于2008年4月，是一家以生产维生素B6中间体，1.4－丁烯二醇、二氧七环为主的企业，法人代表郭成麟。位于章台镇工业园区，占地17000平方米，建筑面积4000平方米，有职工50人。企业总投资2200万元，其中固定资产1600万元，流动资金600万元。1.4－丁烯二醇年生产能力1000吨，二氧七环年生产能力800吨，经济和社会效益显著。主要产品1.4－丁烯二醇、二氧七环都是生产维生素B6的原料，其中1.4－丁烯二醇还可用于制取硫丹。产品主要销往上海、浙江、江苏、江西等地。

第二节　名优产品

“洺水”特曲酒及系列产品

“洺水”特曲酒及系列产品为威县酿酒厂所酿造。1982年，县酿酒厂根据市场需求，改进工艺，进行科技攻关，于1983年研制成功低度“洺水”特曲酒及系列产品，填补了河北省白酒行业一大空白。产品投放市场后，深受广大消费者的欢迎，产品供不应求，远销北京、天津、东北等地。1984—1986年，38°低度洺水特曲酒连续三年被轻工部评为优质产品，并获铜杯奖。1985年，高度洺水特曲酒和老窖酒双双获部、省优质产品奖，并首次打入国际市场。特别是38°洺水特曲酒远销中国香港及日本、东南亚各地，深受外商的青睐。1985年后，销售市场进一步扩大，主要销往四川、东北、北京、天津、山东等地。1992年后，由于市场、资金、经营等诸多方面的原因，酿酒厂经营逐渐走向下坡路，虽经改制重组，但最终以破产告终，“洺水”酒的辉煌与醇香只能留在人们的记忆之中。

“太威牌”轻钢建材系列产品

“太威牌”轻钢结构、复合彩板、彩涂板、轻钢龙骨、烤漆龙骨是威县华新建材有限公司产品。产品通过ISO9001质量体系认证，并获“国家质量稳定合格产品”“国家合格建材绿色环保产品”“河北省用户满意产品”“中国市场知名品牌”“中国建材工程建设推荐产品”等多项荣誉。公司年产轻钢结构制品上万吨，产品畅销国内30多个省、市、自治区。产品曾进入北京亚运村、长春移动电信公司、吉林建筑专科学院、哈尔滨远大购物广场、大连富丽华酒店、河北阳光大厦、昆明瑞丽海关大楼、郑州国贸大厦、广州国际贸易中心、银川国际饭店、成都高科技园、济南人民商场、新疆伊利特大酒店等高级工程设施。

“三高”牌复混肥

“三高”牌复合肥、复混肥系河北三高农业开发集团有限公司产品。该公司成立于1992年2月，是一家新型肥料定点生产的国家级大型民营企业，有年生产能力10万吨的复合肥、复混肥生产线四条，8万吨的仓储能力。公司集科研开发、生产加工、产品推广、销售农资为一体，是一家大型农字号企业。2005年，公司通过ISO9001:2000国际质量管理体系认证，同时建立一套完整的质量保证体系，形成了在市场、技术和管理上与国际接轨的体制。2009年实现销售收入近3亿元，利税1200多万元，“三高”牌复混肥料、掺混肥料分别被评为“河北省优质产品”。

“兆达”牌系列汽车内饰件

“兆达”牌系列汽车内饰件系威县华威汽车内饰有限公司产品。公司经营产品有SUV车用地毯、护板、顶棚门立柱、隔热垫、毡制品、橡胶制品，2003年被评为省优名牌产品。2009年，产值10020万元。公司产品1998年通过ISO9002国际标准质量体系认证，2001年10月通过QS9000国际标准质量体系认证，2002年7月通过汽车产品认证，2006年12月通过ISO/TS16949质量体系认证。先后为长春一汽、北京轻汽、江铃五十铃汽车有限公司、江铃汽车股份有限公司、安徽江淮汽车股份有限公司、北汽福田汽车股份有限公司、保定长城华北汽车有限责任公司、柳州五菱汽车有限责任公司、沈阳华晨金杯汽车有限公司、沈阳奥克斯汽车有限公司、上海万丰客车制造有限公司等十几个汽车生产厂家提供配套产品。

“洺光”牌电线电缆

“洺光”牌电线电缆是邢台洺光电线电缆厂生产的产品。该厂2002年建立ISO9001∶2000质量管理体系，并通过CQC质量认证中心的认证，2003年通过CCC电线电缆产品强制性认证。“洺光”牌产品系列有10～600平方铝绞线及钢芯铝绞线、0.6/1千伏电力电缆、0.6/1千伏交联电缆、高压电缆、10千伏以下绝缘架空电缆、钢绞线、塑铜线、橡皮线、控制电缆等18个型号500多个规格。2000年被河北省经贸委确定为城乡电网建设改造推荐企业，在一、二期城乡电网改造物资招标中，为邯郸、邢台、内蒙古、山西、甘肃、贵州、陕西等地提供8500余吨导线及各种型号的“洺光”牌电力电缆产品，“洺光”牌铝绞线及钢芯铝绞线、电力电缆已出口到非洲多个国家。产品畅销山西、山东、内蒙古、甘肃、贵州、黑龙江、陕西等省市。

第十编　商贸服务业

明清时期，县城及邵固、经镇、七级、陈村等地集市贸易活跃。但由于境内经济落后，商品经营渠道窄，多为小本店铺，微利经营。民国初期，全县商号约250家，经销商品主要有饮食类、服饰类、器具类等日用必需品，也有化妆类、烟草类等奢侈品。1920年始，由于土匪四起，战乱不止，后日军侵占威县城，大量日货充斥市场，国货滞销，加之苛捐杂税繁多，导致县内商品市场萧条，贸易不振。

1949年新中国成立后，县政府积极发展国营商业，提倡供销合作商业，同时支持和保护私营商业的合法经营，促进了全县商业发展。1949年6月，威县成立供销合作社，1950年初，基层社发展到11个。同年，建威县百货公司。1952年成立土产公司，1954年成立食品公司。1956年，全县完成对手工业、资本主义工商业的社会主义改造，商品市场逐步形成以国营与供销合作商业为主。1961年建饮食服务公司。“文化大革命”期间，国营商业一家独大。

1979—2009年，随着威县农工业生产的发展，消费需求日趋高涨，从而刺激了商业的发展与改革。计划分配、统购统销、定量供应的计划经济模式被打破，大部分物资和商品实现市场调节，放开经营。特别是粮食经营，取消定量供应和价格限制，实现历史性跨越；国营商业取消以行政管理为特征的三级批发站，实现管理权和经营权的分离，建立以行业为特征的专业批发市场和覆盖一定区域的零售市场。商业、供销、物资、烟草等商业管理机构陆续退出政府序列，商业企业逐步发展成为自主经营、自负盈亏的经营实体。经营体制由过去单一的国营、集体模式，发展为国家、集体、个人多种模式，且民营资本逐步成为经营主体。同时，对少量事关国计民生和人民生命财产安全的商品由政府指定的经营企业实行专营。商品供应充足，全县商贸业实现由卖方市场向买方市场的转变。2009年，全县社会消费品零售总额达159631.1万元，是1979年的62.75倍。

第一章　商业结构

第一节　国有商业

20世纪70年代末，威县国有商业（时称国营商业）稳居全县商业的主导地位。80年

图 10－1　县城西街工农兵百货商店旧址/耿尚斌 2015 年摄

代后期，国有商业企业为提高市场竞争力，多数改制重组为股份制企业或承包私人经营。这一时期，民营商业在全县迅速崛起，国有商业在激烈的市场竞争中逐渐丧失市场主导地位，数量急剧减少。2009 年末，全县国有商业仅存新华书店、县烟草公司等几家。

第二节　集体商业

20 世纪 80 年代，随着商品市场的开放，全县村办集体代销店在市场竞争中不断进行经营体制改革，逐渐转为个体经营。与此同时，在县城和集镇，仍然有个体商户、城镇待业青年、社会闲散人员，按照自愿结合、民主管理、按劳分配的原则，不断兴办多种形式的集体商业摊点。县供销社本来是群众性集体经济组织，后来由于长期受“左”的影响，供销合作商业与国营商业合并，由集体所有制变为全民所有制。从 1984 年 4 月至 1985 年底，县供销社进行体制改革，下属企业全部改为集体所有制企业，全系统 32 个基层社、5 个加工厂、4 个公司共 245 个班组分别推行利润大包干、超利分成、计件工资、离店承包、工作岗位责任制等五种形式的承包责任制。1990 年底，县供销社已发展成为一个由多级法人组成的集团性、网络性、开放式、多功能的经济联合实体，下设棉麻公司、生产公司、副食品公司、联购联销公司、运输公司，1 个宾馆，5 个棉油加工厂，21 个基层社，123 个生产经营服务网点，干部职工 1858 人，自有资金 2670 万元，固定资产 1473 万元，已形成从县城到乡村，从批发到零售，从服务到加工成龙配套的服务体系，担负着全县生产、生活资料供应和农村产品收购任务，是农村商品流通的主渠道。90 年代，县供销系统经营受到私营商业的冲击，业务量有所下降。2002 年 8 月县委、县政府成立改制领导小组，县供销社进行改制，11 月底县供销社改制完成。县供销社只保留兴合土产有限责任公司、兴社盐业有限责任公司和棉麻公司三个直属控股企业。

第三节　民营商业

20 世纪 80 年代，国家实行开放搞活商业政策，放开市场管制，威县民营商业获得迅速发展。全县民营商业经营商品包括日用工业品、副食品、土特产品等，涉及行业包括商品零售、商品批发、饮食、生活服务等各个商贸服务领域。截至 1995 年，全县个体工商户的户数、从业人员、注册资金和营业额分别达到 1763 户、2644 人、7309.2 万元、11002.4 万元。到 2009 年末，全县共有个体工商户 11966 户，从业人员 4.3 万人，营业额 54884.3 万元。

第二章 商业分布

第一节 专业市场

2009年，全县有大型商品交易市场6个，其中消费品市场4个，分别是威县瓜菜批发市场（高公庄）、四季春市场（县城北关）、古堤市场（邵固）和振威市场（县城）；生产资料市场2个，威远农资市场和牛寨建材市场（常庄乡）。到2009年末，全县大小集贸市场56个，年交易额约4.6亿元。

瓜菜批发市场

图10-2 蔬菜交易现场/2007年摄

威县冀南瓜菜有限公司所属的威县瓜菜批发市场，位于106国道352千米处东侧，地处城北20千米高效农业中心。市场2003年底建成并投入运营，占地13.33公顷，共设8个交易大厅，占地9600平方米，总建筑面积16000平方米，固定资产2700万元，2100个固定摊位，是集交易、餐饮、住宿、运输、检测为一体的冀南瓜菜集散地。市场实行司磅、结算、服务、管理四统一的市场信息网络化运营模式。该市场是国家农业部定点市场，年蔬菜交易量10万吨，年交易额2亿多元。

洺水市场

洺水市场建于1985年4月，总投资500余万元，当年11月22日剪彩开业，河北省副省长洪毅和省、地区有关领导及省地工商局负责人参加剪彩仪式。洺水市场位于县城北关洺水中路，全长494米，宽46米，占地面积2.3万平方米。街道两侧为二、三层楼房，建筑面积1.58万平方米，中心路面宽18米，路中建有棚台式售货棚，市场内配有高、低压输电线路，安装修建电话线路、路灯、自来水管道和排水管道，并在市场增建真假商品展览亭1个。市场西头建有一个大型花池，东头挂有“洺水市场”大型牌匾。市场内设门市114户，固定摊位400余个，流动摊位150余个，从业人员1500余人，包括商业、饮食业、服务业、手工业、五金交电等，各门市都设有新颖的广告式牌匾。市场客流量日均万余人，1990年成交额达1200万元。1986—1995年均被河北省工商行政管理局命名为“全省文明集贸市场”。1995年12月，根据县城建设总体规划，将洺水市场撤销，拆除路中建筑，只保留街道两边坐商门市，洺水路“洺水市场”完成其应有的历史使命。

振威市场

振威市场位于洺水市场北侧，交通北大街西侧。1994 年开工兴建，1995 年 11 月开业，并于 1997 年 4 月进行扩建。振威市场占地面积 46667 平方米，建筑面积 24795 平方米，硬化路面 33991 平方米，总投资 1200 万元，市场内有门市 832 间，从业人员 3600 余人，主要以经营服装、鞋帽、食品批发为主，日均客流量 18000 余人。共有摊位 1860 个，年成交额 1.5 亿元，该市场投入使用后取消洺水市场。

古堤市场

古堤位于邵固村北，1986 年 5 月破土兴建，12 月建成营业。市场建有两条南北大街，中间有一条东西大街贯通其间。市场南北长 585 米，东西宽 100 米，占地面积 5.85 万平方米，建筑面积 3.74 万平方米。街心设有输电线路，装有照明电灯，并备有货物托运处等服务设施，总投资 561 万元，市场两侧营业室对称，中间有流动商贩，是一个以标准件为主，集布匹、五金交电、百货日杂、饮食服务、服装等行业为一体的大型综合集贸市场。市场可容纳摊位 800 余个，从业人员 1900 余人，辐射周围山东、河南、陕西、内蒙古、辽宁、北京、天津等省市、自治区，集日客流量达 5 万余人次，1987—2005 年连续被评为邢台地区（市）文明集贸市场，2005 年成交额 2700 万元。

四季春市场

四季春市场位于城内北外街东侧，于 1996 年 6 月动工兴建，1997 年 9 月投入使用。总投资 64.8 万元，建筑面积 1675 平方米，该市场内新鲜蔬菜品种齐全，有少部分干鲜果品、生熟肉制品、调味品。该市场的落成解决了城内居民的买菜难和乱占街道摆摊卖菜阻塞交通问题，丰富了居民的菜篮子。

章台市场

章台市场位于县城北 20 千米的章台镇，建于 1985 年，市场长 560 米，宽 28 米，占地总面积 2.24 万平方米，建筑面积 1.92 万平方米，市场内建有顶棚式售货棚，总投资 466 万元，可容纳摊位 500 余个，从业人员 1100 余人。集日客流量 1.2 万人。该市场于 1993 年进行改建和扩建，自 1987 年至 2005 年连续被评为邢台地区（市）文明集贸市场。

图 10－3　章台镇商贸街/2009 年摄

1991 年以后，还陆续投资建设了城内东关燕南市场、常庄木材市场、七级集贸市场、贺钊皮毛市场、寺庄农贸市场等。这些市场的落成，吸引了周边省、市、县的众多客商到境内交易。

第二节　乡村商业店铺

20 世纪 70 年代后期，全县中等以上的村庄普遍建有代销店，开展日用品、副食等零售业务。进入 80 年代后期，个体商业发展迅速，原来集体性质的村代销店转为个体商店，其经营位置也逐渐迁移到临街或沿公路两侧等交通便利的地方。2009 年，全县各村都建有个体商店，人口较多的村还建有超市，村民购买吃、穿、用等所需的多数消费用品，一般不用出村即可采购齐全。

第三节　集　市

1979 年，全县大、中、小集市只有 25 个。1979 年后，各个传统集市相继恢复，同时恢复物资交流会。20 世纪 80 年代，国家对商品的管理政策进行重大调整和改革，威县商品政策逐步放宽，允许长途贩运，允许农村社队或集体进入城镇从事工业、商业、饮食、服务、运输等行业，全县集市多数恢复传统集期，商品交易十分活跃。县城农历逢一、三、五、七、九为集，集期多为上午半日，每至集期，周围乡村的民众或骑车或步行来赶早集，各取所需，交易非常红火。集市管理上，工商部门管理人员负责维护集市秩序，禁止迷信品、金银、文物、废旧有色金属、黄色书刊和音像制品、腐烂变质和有毒食品上市，对短尺少秤、以次充好、出售假冒商品等不法行为进行检查处理，以维护市场秩序和消费者利益。90 年代后，商品越来越丰富，购物越来越便捷，集市出现萎缩，县城集市逐渐消失，集期也在人们生活中渐渐淡掉，乡村集市也悄然发生变化，商品种类更集中，集期更短，交易也失去了往日的红火，只是在春节前才能见到往日集市的活跃场面。到 2009 年，全县大中集市有 113 处，集市规模最大的首属邵固，其中每年腊月是赶集的高潮期，遇集人数约 5 万人，除猪羊市、牲口市、自行车市、家电市外，还有 4000 个摊点，集市商品在万种以上，日成交额达 100 余万元。

图 10－4　白伏村集市/2018 年摄

2009年威县集贸市场一览表

表10－1

地址		集期（农历）	地址		集期（农历）
乡镇	村名		乡镇	村名	
洺州镇	县城	一、三、五、七、九	常屯乡	南常屯	五、十
洺州镇	莫尔寨	九	常屯乡	高庄	五
固献乡	固献一	四、九	常屯乡	西正店	二、七
固献乡	蒋家庄	三、八	常屯乡	东正店	三、八
固献乡	前葛寨一	一、六	常屯乡	魏寨	四、九
固献乡	沙柳寨	五、十	常屯乡	东王目	二、七
固献乡	孙河北寨	四、九	常屯乡	横河	一、六
固献乡	刘河北寨	四、九	常屯乡	东辛店	四、九
固献乡	富兴庄	四、九	常屯乡	西辛店	四、九
固献乡	沙河辛庄	三、八	常屯乡	南辛店	四、九
固献乡	大寨	一、六	常屯乡	北常屯	五、十
固献乡	冯庄	一、六	常屯乡	东柳疃	三、八
枣园乡	枣园	一、六	常屯乡	北大城一	一、六
枣园乡	东张庄	三、八	常屯乡	北大城二	一、六
枣园乡	东台吉	三、八	常屯乡	北大城三	一、六
枣园乡	井湖寨	三、八	常屯乡	北大城四	一、六
枣园乡	李店	五、十	常屯乡	苏村	五、十
枣园乡	潘店	二、七	常屯乡	夏家庄	三、八
枣园乡	邵固	四、九	常屯乡	西郝庄	五、十
章台镇	章台	二、七	常庄乡	常庄	三、八
章台镇	章华堡	一、六	常庄乡	鸭窝	五、十
章台镇	章华	三、八	常庄乡	孙庄	一、六
章台镇	南胡帐	六	常庄乡	田村	五、十
张营乡	北马庄	一、六	常庄乡	孟官庄	二、七
高公庄乡	河岔股	五、十	常庄乡	桑园	四、九
高公庄乡	经镇	三、八	常庄乡	团堤	一、六
贺钊乡	贺钊	二、四、七、九	常庄乡	尚家寨	二、七
贺钊乡	雪塔	五、十	常庄乡	东安上	五、十

续表 10－1

地址		集期（农历）	地址		集期（农历）
乡镇	村名		乡镇	村名	
贺钊乡	北陈村	三、八	常庄乡	牛家寨	三、八
贺钊乡	郭牛村	二、七	常庄乡	北仓庄	三、八
贺钊乡	郑河	一、三、六、八	第什营乡	第什营	十四、二十七
七级镇	七级堡	四、九	第什营乡	南草厂	三
七级镇	马军寨	五、十	第什营乡	北草厂	八
七级镇	张庄	一、六	第什营乡	芦头	五
梨园屯镇	梨园屯	三、八	赵村乡	赵村	一、六
梨园屯镇	小里固	一、六	赵村乡	寺庄	二、七
梨园屯镇	东赵村	四、九	方家营乡	宋庄	十、四
梨园屯镇	西王曲	五、十	方家营乡	东方家营	二、五、八
梨园屯镇	南王曲	五、十	方家营乡	西方家营	二、五、八
梨园屯镇	祝家屯	五、十	方家营乡	南方家营	二、五、八
梨园屯镇	赵家营	二、七	方家营乡	北方家营	二、五、八
梨园屯镇	东王曲	二、七	方家营乡	南里村	一、四、七
梨园屯镇	翟庄	二、七	方家营乡	第三口	二、五、八
梨园屯镇	王世公	五、十	方家营乡	东堂村	三、六、十
梨园屯镇	小王曲	三、八	方家营乡	王家陵	九
梨园屯镇	陈固	一、六	侯贯镇	南侯贯	二、七
梨园屯镇	红桃园	二、七	侯贯镇	北侯贯	四、九
梨园屯镇	干集西街	二、七	侯贯镇	南侯伶仕	一、六
梨园屯镇	西河口	五、十	侯贯镇	大潘庄	一、六
梨园屯镇	杏园屯	四、九	侯贯镇	北中侯	三、八
梨园屯镇	南梁庄	一、六	侯贯镇	北狼窝	五、十
梨园屯镇	西小庄	四、九	侯贯镇	后王村	三、八
侯贯镇	马桥	五、十	侯贯镇	西王村	一、六
侯贯镇	东郭固	四、九	侯贯镇	西董吕庄	四、九
侯贯镇	后郭固	四、九	侯贯镇	义和营	五、十
侯贯镇	前郭固	二、七	侯贯镇	魏宋村	三、八
侯贯镇	秦郭固	四、九			

第四节 物资交流会

物资交流会的前身是庙会。威县庙会历史久远，多在春季或秋后进行，名为酬神，实为物资交换，主要有粮食、布匹、牲畜、农具、木材、荆编等，且各有市场。新中国成立后演变为商品物资交流会。20世纪80年代初，物资交流会得到恢复和发展，商品交易以布匹、牲畜、农副产品为主。90年代，城镇庙会发展迅速，商品种类日益增多，随人们的生活质量提高，服装、日用品交易所占比重大大增加。到2009年，全县商品交流会243处，年成交额近亿元。活动规模首居县城的腊月十五大会，每至会期，几条长街市场内货如云屯，人似蜂聚，赶会人涉及周围县市，多达十几万人，日成交额约400万元。

2009年威县物资交流会一览表

表10－2

地址		会期（农历）	地址		会期（农历）
乡镇	村名		乡（镇）	村名	
洺州镇	县城	一月十六日、二月十一日、三月二十一日、四月十八日、五月二十七日、六月二十四日、七月十九日、八月十三日、九月十五日、十月初一、十一月初七、十二月十五日	贺营乡	贺营	每月初二、十六
洺州镇	莫尔寨	九月十九日	贺营乡	曹王营	八月初八
洺州镇	西河洼	十一月二十六日	贺营乡	西沙营	八月初六
洺州镇	东河洼	十一月二十六日	贺营乡	红龙集	每月二十二日、九月二十二日、十二月初八
洺州镇	罗安陵	四月初十	贺营乡	许官营	每月十二日、二十六日
洺州镇	马安陵	四月初十	贺营乡	陈庄	每月二十日
洺州镇	郭安陵	四月初十	贺营乡	小营	二月十八日、二月十九日
洺州镇	管安陵	四月初十	贺营乡	魏村	每月二十三日
洺州镇	辛庄	四月初一	贺营乡	仁里集	七月初二
洺州镇	五里台	二月十三日	贺营乡	潘村	每月二十八日、三月二十九日
洺州镇	十里村	四月初六	贺营乡	西徐村	正月初八
洺州镇	白伏	十一月十二日	贺营乡	东徐村	每月二十二日。正月初九
洺州镇	胡家屯	十月二十四日	贺营乡	西草厂	二月十九日
洺州镇	戚霍寨	三月二十日	贺营乡	北台吉	每月十四日
洺州镇	张霍寨	三月二十日	贺营乡	赵七里	三月十六日
洺州镇	赵霍寨	三月二十日	赵村乡	赵村	三月十九日

续表 10－2

地址		会期（农历）	地址		会期（农历）
乡镇	村名		乡（镇）	村名	
洺州镇	邱霍寨	三月二十日	赵村乡	寺庄	三月二十二日、十一月初二、十一月初三
洺州镇	姜霍寨	三月二十日	赵村乡	大张山	三月十七日
洺州镇	八里庄	十月二十一日	赵村乡	安仁	五月十三日
洺州镇	马庄	二月初二	方家营乡	东堂村	每月初十
洺州镇	乔家庄	四月初八	方家营乡	王家陵	每月二十日、三十日
固献乡	固献一	每月十四日、二十九日	方家营乡	薛高寨	十月十二日
固献乡	蒋家庄	每月初五	方家营乡	张官寨	七月十三日
固献乡	后葛寨	每月二十八日	方家营乡	第三口	每月十六日。四月初六、九月初十、十二月初七
固献乡	西孙家庄	每月二十五日	方家营乡	宋庄	二月十九日
固献乡	前葛寨一	每月十一日	方家营乡	南方家营	每月十三日，二十六日。二月初八、四月初八
固献乡	侯家村	每月十七日	方家营乡	南里村	每月初六。七月十七日、十月十八日
固献乡	魏家村	每月十九日	方家营乡	东徐固寨	每月二十四日。二月十九日、九月初十、十二月初七
固献乡	沙柳寨	每月二十日	方家营乡	西徐固寨	每月二十四日。二月十九、九月初十、十二月初七
固献乡	白果树一	每月十八日	方家营乡	马塘寨	五月二十三日
固献乡	马河北寨	二月二十三日、十月二十三日	方家营乡	宋庄	二月十九日
固献乡	孙河北寨	每月二十九日、九月初五	方家营乡	庞苏庄	十月二十五日
固献乡	刘河北寨	每月初三	方家营乡	孙家寨	二月十九日
固献乡	富兴庄	九月初五	梨园屯镇	梨园屯	每月初八
固献乡	大寨	三月十五日、八月十一日	梨园屯镇	小里固	每月二十一日
固献乡	沙河辛庄	十二月初十	梨园屯镇	东赵村	每月十九日
固献乡	蔡寨	十一月二十五日	梨园屯镇	西王曲	每月十五日
固献乡	冯庄	九月十六日	梨园屯镇	南王曲	每月十五日
固献乡	沙河王庄	每月初七	梨园屯镇	祝家屯	每月十五日
固献乡	张村	十一月二十一日	梨园屯镇	赵家营	每月初七
枣园乡	枣园	每月初一、十六日	梨园屯镇	东王曲	每月初七
枣园乡	东张庄	每月初三	梨园屯镇	翟庄	每月初七

续表 10－2

地址		会期（农历）	地址		会期（农历）
乡镇	村名		乡（镇）	村名	
枣园乡	东台吉	每月十三日	梨园屯镇	王世公	每月初十
枣园乡	井湖寨	每月二十八日	梨园屯镇	小王曲	每月十八日
枣园乡	李店	每月初五	梨园屯镇	陈固	每月初一
枣园乡	鸡泽屯	每月初六	梨园屯镇	红桃园	每月初二
枣园乡	潘店	每月二十二日	梨园屯镇	千集西街	每月十二日、二十七日
枣园乡	邵固	三月二十四日、九月二十四日	梨园屯镇	西河口	每月二十三日
章台镇	郝家屯	九月二十七日	梨园屯镇	杏园屯	每月初四
章台镇	鱼堤	二月初一	梨园屯镇	南梁庄	每月初六
章台镇	北章台	三月二十八日	梨园屯镇	西小庄	每月初九
章台镇	南章台	三月初六、九月二十一日	张营乡	张营	六月初三
章台镇	三益庄	二月二十五日	张营乡	后花疃	三月二十五日
章台镇	北胡帐	六月初七、七月十五日	张营乡	北马庄	四月初一
章台镇	西小河	八月初七	张营乡	邵梁庄	六月初四
章台镇	潘固	三月二十一日	张营乡	陆台	九月二十一日
章台镇	西里村	四月初六	张营乡	从容	十月初七
章台镇	掌史	三月十七日	张营乡	前小辛	三月初八、八月初十
章台镇	章刘村	六月十三日	张营乡	后小辛	九月十九日
章台镇	南胡帐	每月初六	高公庄乡	前苏庄	二月十九日
章台镇	章华	每月初三、三月初三	高公庄乡	宋安村	三月初三
章台镇	章华堡	每月十一	高公庄乡	经镇	三月十三日、九月二十八日、十一月初八
常屯乡	南常屯	每月初五、初十、二十日、三十日	高公庄乡	高公庄	三月二十一日、六月二十一日
常屯乡	高庄	每月初五、初十、二十日、三十日	高公庄乡	李家屯	六月十五日
常屯乡	西正店	每月初二	高公庄乡	鱼台	六月二十四日
常屯乡	东正店	每月初八	高公庄乡	大李庄	六月二十四日
常屯乡	魏寨	每月十九日	高公庄乡	后苏庄	六月二十六日
常屯乡	东王目	每月二十二日	高公庄乡	河岔股	六月初一
常屯乡	横河	每月十一日	高公庄乡	小张山	四月十八日

续表 10－2

地址		会期（农历）	地址		会期（农历）
乡镇	村名		乡（镇）	村名	
常屯乡	西辛店	每月二十四日	高公庄乡	大宋庄	六月三十日
常屯乡	南辛店	每月二十四日	贺钊乡	贺钊	每月初九、十九日、二十九日、正月二十四日、二月二十九日、四月初四、四月十八日、八月初四
常屯乡	东辛店	每月二十四日	贺钊乡	雪塔	二月十九日、九月二十五日、十一月初五
常屯乡	北常屯	每月初五、初十、二十日、三十日	贺钊乡	余官营	二月十八日
常屯乡	东柳疃	每月初三、十八日	贺钊乡	北陈村	每月二十二日
常屯乡	北大城三	每月二十一日。三月初六、七月十六日、十二月十一日	贺钊乡	后李陈村	每月初四
常屯乡	苏村	每月二十五日	贺钊乡	陈刘庄	每月初三
常屯乡	夏家庄	每月初三、十八日	贺钊乡	黄台	九月初九
常屯乡	枣科	每月初七	贺钊乡	董村	六月十五日、九月十五日
常屯乡	西邴庄	每月初十	贺钊乡	集小河	三月十五日
第什营乡	第什营	每月十四日、二十七日、三月十八日、十月十一日	贺钊乡	张牛村	三月初三
第什营乡	谭家庄	十月二十二日	贺钊乡	郭牛村	二月初九
第什营乡	西梨园	十一月十八日	贺钊乡	郑河	每月二十三日、二月十三日、十月十五日
第什营乡	东梨园	十一月十八日	七级镇	中七级	十月初九
第什营乡	芦头	二月初二	七级镇	前七级	十月初九
第什营乡	高家	三月初三	七级镇	东七级	十月初九
第什营乡	南韩庄	四月初二	七级镇	七级堡	十月初九
第什营乡	南林庄	十一月十八日	七级镇	西七级	十月初九
第什营乡	西盖村	八月初九	七级镇	太平庄	二月十九日
第什营乡	东盖村	四月初六	七级镇	北双庙	二月十九日
第什营乡	南古城	三月初八、十二月初八	七级镇	小里罕	三月二十六日
第什营乡	管王街	二月二十五日、九月初五	七级镇	阎家庄	四月初八
第什营乡	胡杨街	二月二十五日、九月初五	七级镇	前尹村	三月初三、三月二十八日
第什营乡	良善庄	十月二十三日	七级镇	后尹村	二月十九日
第什营乡	苏庄	九月二十六日	七级镇	马军寨	四月初八
第什营乡	北刘村	三月初八	七级镇	中古城	三月初五

续表 10－2

地址		会期（农历）	地址		会期（农历）
乡镇	村名		乡（镇）	村名	
第什营乡	司家庄	十月十八日	七级镇	后古城	六月十三日
第什营乡	圣佛堂	二月二十二日、八月十六日	七级镇	韩家庄	三月二十六日
第什营乡	康家洼	九月初三	七级镇	大刘庄	四月初六
第什营乡	北草厂	十月初三	七级镇	银边庄	三月十二日
第什营乡	南草厂	二月十三日	七级镇	西现庄	六月二十四日
第什营乡	成志庄	每月二十八日	常庄乡	常庄	每月初三
第什营乡	杨家庄	三月初十	常庄乡	鸭窝	每月二十日、二月十九日
第什营乡	王王目	四月初一	常庄乡	田村	每月十五日
第什营乡	九马坊	三月初一	常庄乡	孟官庄	每月初七
第什营乡	张王目	八月初八	常庄乡	桑园	每月初九
第什营乡	吴王目	八月初二	常庄乡	团堤	每月十六日
第什营乡	马厂	每月二十日	常庄乡	东安上	二月二十五日、九月十九日
第什营乡	苏留寨	三月十三日	常庄乡	北仓庄	每月十三日
第什营乡	吴家庄	二月初六、六月初六	侯贯镇	南侯贯	每月初二
第什营乡	第四营	二月二十日	侯贯镇	西侯贯	每月十七日
第什营乡	佃尚营	十二月初八	侯贯镇	北侯贯	每月初二
第什营乡	牙水寨	十二月初二	侯贯镇	南侯怜仕	每月初六
第什营乡	董家庄	十月十六日	侯贯镇	大潘庄	每月十一日
第什营乡	秦李庄	十月十六日	侯贯镇	北中侯	每月二十八日
第什营乡	井王庄	九月二十日	侯贯镇	北狼窝	每月二十五日
第什营乡	头百户	每月十七日(九月为十九日)	侯贯镇	后王村	每月初六、十六日、二十六日
第什营乡	南郭庄	十月十六日	侯贯镇	西王村	三月二十六日
第什营乡	麦子乌营	每月二十一日	侯贯镇	大里庄	三月十六日
侯贯镇	焦里庄	三月十八日	侯贯镇	崔里庄	三月十八日
侯贯镇	西董吕庄	每月十五日	侯贯镇	东郭固	每月十四日、二月初六、四月初一、九月初一
侯贯镇	义和营	每月二十四日	侯贯镇	马桥	每月二十五日
侯贯镇	魏宋村	每月十八日	侯贯镇	后郭固	每月十四日、二月初六、四月初一、九月初一

第五节 驻外商务

20 世纪 80 年代，个别县属企业开始在境外设立分支（办事）机构，承揽外地购销业务。80 年代中后期，皮毛加工、汽车摩托车零部件等县内主要私营经济工业门类，逐渐发展成为县地方特色工业产业。这些企业有一个共同特点，就是所需原材料均从外地购进，其产品的主销售市场也均在外地。由此，驻外商业应运而生。尤其是常庄、梨园屯两个乡镇，汽车摩托车零部件经销商遍布全国所有的省会城市及地级市。他们开设门店或专卖店，或由生产汽车摩托车零部件企业在汽车摩托车整车制造厂附近建零部件厂或专业销售市场，以期方便与之配套送货。

第六节 电子商务

随着科技的高速发展，电子商务从 20 世纪 90 年代的刚刚萌芽一跃成为城乡居民的生活习惯，无论是在商业、企业，还是在教育、行政领域等，电子商务都发挥着越来越重要的作用。

20 世纪 90 年代末，县内少数棉花、皮毛企业开始介入电子商务，企业通过河北新闻网等知名网站发布企业及产品信息，通过在网站上的广告宣传，吸引消费者咨询。然后通过网站进行相互信息沟通，最后通过电话和传真进行业务洽谈，大大加强了企业向外拓展。在整个过程中企业之间利用电子商务、物流和信息流就能简单的实现订单的签订，极大地减少了企业的成本。但是，由于当时电子商务使用并不是特别广泛，人们对于这种方式的信任度还很低，仅有屈指可数的几家企业通过互联网进行商务活动。

2000 年，县内部分龙头企业开始制作企业网站，发布企业信息，介绍企业规模，发布企业产品，甚至有些企业还注册企业域名、注册企业邮箱。至 2003 年底，县内企业电子商务用户有大幅的增加。

2004 年始，县内一些意识超前的人开始新的尝试，他们在淘宝网、拍拍网、阿里巴巴、当当网等一些国内知名网站网络交易平台开始“BtoC、CtoC”（电子商务的两种模式）的电子交易，他们在网上销售电子用品、化妆品、书籍等物品，获得人生的第一桶金。

2006 年，商务部网站——威县“商务之窗”网站应运而生，站内聚集了各种县内商品的交易信息，威县四通棉业有限公司、威县五金化工出口有限公司、河北三高农业开发集团有限公司、威县银海棉业有限责任公司等企业都通过“商务之窗”推销产品，更快、更便捷地增加了公司的收入，扩大了公司的知名度。

2008 年，电子商务在居民生活中已经相当普及，人们在网上进行购物、学习、搜索信息，十分方便。同年，洺州镇青年李智凯在网上销售威县特产三白西瓜籽，迅速在网上走红，零成本带来高收益。

第三章　商品购销

第一节　生产资料经营

非农生产资料

20世纪80年代初，非农生产资料供应主要由县物资局（物资总公司）承担，负责编制物资供需计划，调拨和调剂物资供应工作，主要经营金属材料、木材、化工轻工产品、水泥、燃料等。1986年始，国家改变物资分配和流通办法，物资流通体制实行计划分配与议购议销并存的“双轨制”。如钢材、木材等，有一部分由国家分配并统一定价，另一部分则按市场行情自行定价。国家分配定价部分由物资部门负责采购，落实分配到各相关企业。1985年，统配物资购进额303万元，占总购进额的44%。1994年始，物资流通市场全面放开，统配物资取消，物资企业全部推向市场。经营业主根据市场行情组织进货，经营网点遍布城镇乡村，物资供应充足。消费者一个电话就可以把所需物资运送到指定地点。至2009年，在威县形成稳定销量的非农生产资料主要有燃料、木材、水泥、砖块、沙子、钢材等。1984年以前，煤炭为计划供应商品。1984年，计划指标减少，缺口部分采取议价购进、平价供应、地方财政补贴的办法解决，与此同时，县内个体煤炭经营摊点大量出现。1990年，全县销售煤炭50231吨。2009年，县城经营煤炭的商户多集中在县医院东北原燃料公司及东街附近。肖氏煤业经营的大砟块和蜂窝煤在全县小有名气，2000年前后能销售二三千吨，随着电磁炉、电压力锅等电器的普及，2009年，仅销售1000多吨。经营建筑材料的多集中在交通大街的振威市场以北至开放路一带。随着楼、房结构的变化，梁檩及门窗用料多已被水泥预制件和铝塑制品代替。水泥为建筑必需品，用量逐年增多，较受欢迎的有奎山水泥等。砖块多由外地运入，销售地点集中在中华大街南头。

1986—1993年威县物资购销总值统计表

表10－3　　单位：万元

年份	合计		燃料		金属材料		化工轻工产品		建材材料		木材		机电产品	
	购	销	购	销	购	销	购	销	购	销	购	销	购	销
1986	699	790	136	181	179	157	30	25	27	34	142	200	185	193
1987	1153	1326	209	264	295	271	45	32	65	61	234	308	305	390
1988	1499	1623	343	442	277	279	20	28	38	39	161	169	660	666
1989	1620	1854	360	501	201	207	22	32	41	45	174	194	822	875
1990	1737	1947	438	520	482	515	37	34	116	124	338	372	326	382
1991	1882	2132	381	521	461	518	24	33	204	208	253	275	559	577
1992	1958	2499	535	536	217	672	61	50	167	168	234	214	744	859
1993	3128	3283	346	482	980	1003	51	50	228	210	292	336	1231	1202

农业生产资料

农业生产资料是县供销社传统的经营项目，主要经营品种有化肥、农药、药械、农用薄膜及中小农具和耕畜等。化肥经营，主要是对农产品收购实行奖售，由供销社调拨分配；农药经营，主要是根据农业生产部门的虫情预测制订计划，进行分配。药械、中小农具、耕畜、地膜的经营主要是供销社根据农业生产的需要，组织采购，供应农民。1990 年，全县供销社系统拥有生产资料经营网点 56 个，从事生产资料经营的职工 300 多人；生产资料纯销售 3280 万元，其中，销售化肥 1757 吨，是 1977 年的 3.2 倍，农药 428.6 吨。1990 年以后，县供销社的农资经营受到个体私营商贩的冲击，业务量有所下降。1995 年，供销社经营化肥 3.7 万自然吨，农药 847 吨，经营额 9594 万元，创历史最高。2002 年，销售各类化肥 10 万多吨，农药 1000 多吨，农膜 1000 多吨。2002 年以后，农资全部由个体商贩经营。经营网点遍布全县农村，有的商贩还开展赊销，而且还送货上门，极大地方便了农民。

第二节　生活用品经营

随着经济的发展，生活用品市场品种和数量越来越丰富，更新换代日益加快。其经营先以国营、集体为主，随着改革的不断深化，个体私营商业成为生活资料经营的主体。自 2006 年始，按照国家商务部的统一部署，全县组织实施“万村千乡”市场建设工程。当年建成配送中心 1 处，面积 3000 平方米，建设标准化农家店 90 家，2007 年达 160 家，基本覆盖全县广大农村。配送物品为日用消费品和农资用品，配送率达 90%，方便农民消费。

副食品

畜禽产品交易　威县没有专门畜禽交易市场，主要是随从当地的农村集贸市场进行交易，主要是以仔猪、羊和大牲畜及兔、鸽、狗等小型动物的民间交易，全县以邵固、贺钊、经镇、县城等几个大的传统集市贸易为主，交易形式依靠一部分专业商贩和半专业的牲畜经纪人。20 世纪 80 年代中期，县内相继建成县冷冻厂和清真肉联厂以及县商业食品公司冷库，开展大规模活畜收购和屠宰加工，外销到全国各地，畜禽加工和交易量由 1980 年的 2 万头只，增加到 1988 年的近 20 万头只，农村专业养殖户开始兴起。1995 年前后，随着企业改制，冷冻厂、清真肉联厂、食品厂相继倒闭或下马。以后几年一直到 2000 年左右，县内畜牧贸易主要依靠自产自销和县外畜产企业收购及部分畜禽商贩的长途贩运。2004 年后，随着市场经济和养殖业的规模扩张，产业化经营方式得到一定发展，县内成立华威牧业、隆丰养殖、宏达种禽、豪达牧业等一些大的养殖企业，并相继成立若干个养殖合作社和养殖协会，组织县内畜禽收购外销，畜禽贸易逐步走向市场经济。畜禽商品化程度达到生产总量的 80% 以上。

图 10－5　李寨生猪定点屠宰厂/2018 年摄

生猪生产与销售　20 世纪 80 年代，全县猪存栏量一直在 2 万头左右，以户养为主。90 年代，随着生猪收购价格的提高，粮食价格的下降，养猪成为农民致富的重要渠道。养猪专业户迅速发展，除满足本地需求外，很大一部分外销。1990 年存栏 6.27 万头，销售 2.72 万头。至 2009 年，全县共有定点屠宰场（厂）10 家，定点屠宰肉覆盖率 100%。

头百户定点屠宰厂是经县政府批准的全县最大的定点屠宰厂，占地面积 2000 平方米，担负着第什营乡及周边 2 个乡镇的生猪产品供应任务。因其质量有保证、价格合理，吸引县城的许多用肉大户前去购买，淡季每天屠宰约 20 头，旺季 80 余头。

禽蛋销售　威县居民在禽蛋消费上以鸡蛋为主，经营靠养殖户自产自销和个体经营者零售。20 世纪 80 年代，绝大部分农户以自养鸡为主，以满足生活所需。90 年代末，随着规模养鸡场的发展及居民生活水平的提高，农户自养鸡逐年减少。至 2005 年，城乡居民食用鸡蛋基本靠市场供应。

酒类销售　威县居民素有饮白酒的习惯。随着人们生活水平的提高，除白酒外，啤酒、红酒销量也在不断增加。尤其是夏季，啤酒销量远远多于白酒，销售量逐年增多。威县洺水系列白酒在 20 世纪 80 年代曾极为热销。21 世纪初，受大众欢迎的系列白酒有沱牌、枝江、北京二锅头、宁晋泥坑、衡水老白干、承德山庄等。

1980—1995 年部分年份威县国营商业酒类商品销售量统计表

表 10 - 4　　　　单位：千克

品名	1980 年	1985 年	1990 年	1995 年
白酒	225776	176633	176454	73243
啤酒	10795	21939	22636	15000

乳制品　随着城乡居民生活水平的提高，鲜奶及其制品的销售量呈逐年上升趋势。奶粉替代传统的炼乳，几种名牌奶粉大曹庄、雅士利等均有销售，供应充足。鲜奶包括当地产的散装奶和各种品牌的成箱奶。成箱奶成为人们走亲访友的首选。2000 年以后，完达山鲜奶是继伊利、蒙牛之后境内销售量较大的品牌，2009 年销售量可达 2000 吨，约占全县销售量的 50%。

在大宗副食品销量剧增的同时，山珍、海鲜、面包、糕点、调料等充盈市场。2000 年以后，鲜果、净菜等即食食品也进入威县超市。

日用工业品

日用工业品原由国营商业统一经营。部分紧俏商品如自行车缝纫机等需凭票供应。随着市场的放开，逐渐由卖方市场变为买方市场。

棉布　20 世纪 80 年代前后，居民所用棉布一是靠家庭纺织，二是靠凭布票限量供应。1983 年底，棉布敞开供应。1985 年以后，随着纺织业的不断发展，国家大幅度降低尼龙、涤纶等化纤布料的价格，适当提高棉织品价格，棉布的销售也呈现出波动和下降的趋势。2000 年前后，随着人们崇尚自然、返璞归真意识的不断提高，威县的土布纺织业迅速崛起，它以绿色天然、冬暖夏凉、透气吸汗、防螨止痒、抗静电等优点得到市场认可。现有“巧媳妇”“老纺车”等粗布制品企业和加工作坊20余家，主要有床上用品、睡衣、衬衣等，产品销往北京、石家庄、上海以及周边省市。

缝纫机　20世纪80年代，缝纫机曾是年轻人结婚大件之一。随着城乡居民生活水平的提高，由于成衣的普及和缝纫专业户的出现，缝纫机的销售，基本呈逐年减少的趋势。1983年销售量为4029架，创历史最高水平。1990年销售1361架。

钟表　手表、缝纫机、自行车是20世纪80年代初期县内青年男女结婚彩礼三大件，主要由国营百货批发零售商店经营。90年代前后，电子手表占据普通手表的主流。手表销售的特点是由普通手表向精品、高档装饰手表发展，销售额呈逐年下降趋势。1990年销售4900块。随着城镇居民住房条件的改善，石英钟、电子万年历作为客厅装饰，受到广大消费者的喜爱。

洗涤用品　1979—2009年，洗涤用品市场品种不断增多，洗衣膏、洗衣粉、洗洁精等以其方便性和高去污能力逐步占据市场主流，肥皂仍为城乡居民不可或缺的洗涤用品。洗衣粉的销售随着全县洗衣机拥有量的不断增加而上升。2009年，在市场上受欢迎的洗衣粉品牌有雕牌、洁能等。

炉具　20世纪80年代前后，城镇居民多用蜂窝煤炉子做饭。农村居民多用植物秸秆做饭，间或用煤油炉子做饭的。随着城镇化水平的提高和居住环境的改善，城乡居民开始追求方便、快捷、卫生的生活方式，因而液化气炉具的销量逐年增长。90年代中期以后，液化气炉具开始向农村发展，更提高了这种商品的销量。2000年以后，电磁炉以其节能、环保、方便，深受消费者喜爱，迅速在全县普及。另外，电压力锅、电饼铛、微波炉等也已进入城镇居民家中。

化妆品　随着居民生活水平的不断提高，人们对美的追求和对美容商品的需求不断提高，美容商品已不满足于零售商店的专柜销售而独立门户，各种品牌的美容商品专卖店、专营店不断设立。化妆品品种繁多，高、中、低档齐全。威县规模较大的化妆品专卖店有丽源日化、永芳日化等。

针织内衣　背心汗衫、秋衣秋裤是城乡居民喜爱的传统针织商品，国营、集体、个体均有销售，销售量也比较大。随着城乡居民生活水平的提高，保暖内衣很受人们的喜爱。

五金交电化工

20世纪90年代中期以前，各种所有制企业和门店均有经营，以国营、集体为主。随着个体私营经济的发展，个体私营经济的比重逐年加大，五金交电油漆品种不断增加，销售量不断上升。五金交电门市，交电经营额占比重较大。油漆，域内经销的油漆有醇酸漆、硝基漆、氨基漆、聚胺酯漆、聚酯漆，颜色品种比以前明显增多，多用于门窗、木器加工等，工业用油漆很少。晨虹油漆专卖店常年销售量为100余吨。

自行车　自行车是大众化交通工具。1985年前仍然是凭票供应商品。20世纪80年代初，县内购进一批燕山、龙凤牌非名牌自行车，缓解了供求矛盾。1985年取消票证，敞开供应，但型号比较单调，只有轻便和加重两种。90年代以后，各种品牌、各种型号、各种档次的自行车不断进入威县市场，主要有凤凰、捷安特等，经营者也由国营、集体转向个体商户。至

2009年，自行车仍然是城乡居民的主要代步工具。

摩托车　2000年前后，随着城乡居民生活水平的提高，摩托车成为城乡居民的出行的主要交通工具。主要经营方式以品牌代理为主，高、中、低档齐全。县顺城路中段成为摩托车销售的中心。2005年以后，随着电动车的普及，摩托车的销售量逐年减少。

电动车　2005年以后，电动车以其节能、环保，在全县迅速普及。其销售以品牌代理为主，有电动自行车和电动三轮车两种。主要品牌有捷安特、爱玛、小鸟、阿米尼等品牌。摩托车、电动车的销售地点大多集中在顺城路中段两侧。

家用电器

电视机　20世纪90年代以前，以黑白电视机销售为主，环宇牌电视机占相当大的比重。随着人们收入水平的提高和电视的更新换代，彩电成为大众消费品而销量不断增长。主要品牌有西湖、长虹、康佳、TCL、海尔等。2000年以后，液晶电视、等离子电视迅速普及，成为城镇青年结婚之必备。

收录机　20世纪80年代，收录机是城乡居民喜爱的电子产品，销售量较大。90年代以后，各种质优价廉的电子产品如VCD、复读机等逐步占领市场，因此收录机的销售呈下降趋势。

VCD机　威县20世纪90年代开始经营VCD机。2000年前后，它和彩电一样，成为许多城乡青年婚嫁的必备用品。2000年以后又出现DVD、EVD，其功能比VCD更先进。

洗衣机　威县经营的洗衣机从单缸、双缸到全自动，品种较多，高、中、低档齐全，销售比较平稳，成为家庭必备用品。

电冰箱　电冰箱属高档消费品，已进入寻常百姓家。其销售量一直呈平稳上升趋势。当地受欢迎的品牌有海尔、新飞等。

电风扇　电风扇品种较多，有落地扇、台扇、壁扇、换气扇、微风扇等，销售平稳，销售量呈上升趋势。较受欢迎的品牌有：蝙蝠、钻石、华星、艾美特等品牌。

空调　空调属高档消费品。随着城乡居民生活水平的提高，销售量呈上升趋势。当地受欢迎的品牌有海尔、格力、志高等。

图10－6　家电下乡电脑销售启动仪式/2008年9月摄

电脑　电脑在域内普及较晚。1992年前后，威县出现第一家电脑打字复印门市，地址在公安局楼下。1995年前后，县城电脑打字复印门市仅五六家。威县第一家电脑经营门市是威县计算机服务中心。2000年以后，电脑开始在全县普及，进入城镇寻常百姓家，并成为机关单位办公必备用品。2005年县城有十几家电脑经营门户，2009年不下50家。

2009年3月起，为战胜金融危机，拉动国内消费，按照国家政策，又组织实施家电下乡活动。全县有65个家电销售网点成为家电下乡指定销售网点。是年，全县家电行业电视机、洗衣机、电冰箱、电脑等销售大幅上升，全年销售额达1700万元。同年，又增加了汽车摩托车下乡，全年销售额比上年明显增长。

百货日杂

20世纪80年代初，百货日杂一直由百货公司经营。1980年前后，有北街村张家路等人在北京经商，从东四信托公司购进剪刀、衣扣、皮带、大衣领子等物在威县销售。1985年前后，经营政策放开，才允许个体经营。威县第一家个体经营百货日杂的是苏九文，即威县老苏百货门市的创建人，时间是1983年。经营品种由原来的日杂百货、学生日用品，发展到大百货，数量多，品种全。经营方式，各百货门市多为三级批发商，由到外地进货变为外地直接送货，各零售商也由原来的到县城进货变为各批发门市送货。至2009年，县城百货批发门市约30家。老苏百货门市在县城就有4个。

医　药

1979—1985年，在计划经济体制约束下，医药销售、采购主要依靠邢台地区医药公司（二级批发站）分配供应，然后由县医药公司（三级批发站）销售到县各级医疗部门和农村诊所。1985年后，随着医药政策的改革，放宽医药经销渠道，公司业务人员改变经营观念，拓宽经营思路，实行自行采购、销售，公司先后与华北制药厂，石家庄制药厂、山东新华制药厂、广州白云山制药厂等全国多家知名药厂建立业务关系，同时公司加大销售力度、保证药品质量，实行工资与效益挂钩，调动了全体职工的积极性，积极送货上门，并与邻县和山东的临清、聊城、德州，河北的邯郸、衡水等多家医疗机构建立药品销售合作关系。公司中、西药销售额逐年增加，医药经营得到良好发展。2002年，县城开办第一家个体零售药房——裕德堂，地址在北外街路东。至2009年，全县药品经营企业发展到39家，医疗器械经营企业1家，年销售额达4300万元。规模较大的药房有天元大药房、健民药房、天德大药房（均在北外街路东）等。

其他产品

土畜产品收购是县供销社生活资料传统经营项目。1984年以前，各种皮张、羊毛等畜产品是国家派购物资，由供销社专营，并制定各种奖励办法。1984年，取消各种皮张派购，允许个体经营。1988年，县土产公司畜产品收购额55万元。1990年，县土产公司完成商品纯购进88万元，纯销售113万元。

废旧物资回收也是供销社传统经营项目，主要回收废钢铁、废有色金属、废造纸原料、杂骨、废橡胶、估棉、旧鞋等。1986年以前，废钢铁由国家计划管理，1986年末，改为市场调节。1990年全县供销社废旧物资购进41万元。20世纪90年代以后，县供销社的废旧物资回收业务逐渐由个体户取代。

第三节　商业企业选介

汇通超市

汇通超市是威县第一家超市，成立于2002年4月8日，位于城内北关街路东，建筑面积

600 平方米。因为超市经营品种齐全，货真价实，顾客可亲自从货架上选购自己中意的商品，一时吸引了众多消费者前去购物。

联华购物广场

威县联华购物广场，原名华联超市，是威县规模最大的超市，成立于 2004 年 10 月 18 日，位于城内交通大街路东，建筑面积 3000 平方米。经营品种有食品、百货、日杂、服装、小电器等 3 万多种。业主还专门置备桌椅，供消费者休憩。日客流量 3000 人，年经营额 800 万元。

图 10－7　华联超市/2008 年 12 月摄

新华超市

新华超市的前身是县城十字街全县小有名气的新华食品店，建于 2004 年 8 月 8 日，位于洺水东路路北，县邮政局对过。建筑面积 300 平方米，日客流量 1200 人，年经营额 500 万元。

六合福超市

六合福超市位于县城北外大街路西县一中附近，建于 2006 年 10 月 18 日，建筑面积 2000 平方米，经营品种 2100 多种。超市内有鲜菜，并设有儿童乐园。年经营额 550 万元，日客流量 1300 人。

医药药材公司

医药药材公司始建于 1950 年，地址在南街南头路东，时称药材部，属县供销社领导。1956 年，实行公私合营，将药材部与三家私人药房合营，成立威县医药公司，地址迁至西街路南，1968 年迁至现北外街路东。1976 年，公司属县商业局领导。1979 年，公司下属办公室、会计室、业务科、质检科、稽查科、中药批发部、西药批发部，中药材收购站、章台医药批发部、侯贯医药批发部、梨园屯医药批发部、南街零售药房、北关零售药房。经营中药材 400 余种、西药 100 余种，全体干部职工 50 余人。1982 年，公司实行垂直领导，隶属于地区医药公司领导。1984 年，属县经济贸易局领导，直至公司改制。1989 年，公司迁至县医院路南。1992 年，公司在全地区率先实行承包经营，优化组合，实行效益挂钩，拓宽进货渠道。年销售额由承包前的 240 万元升至 2000 多万元，在邢台地区名列前茅。到 2002 年 6 月底企业改制前，公司已发展到 20 余个零售药房，干部职工 200 余人，销售额增加到 3000 余万元。

天元大药房

天元大药房成立于 2003 年 11 月，位于北外街路东。主要经营化学药品、生物药品、抗生素、中成药、中药饮片（中草药）、保健品、医疗器械七大类 2000 余种药品，是全市唯一一家经营同仁堂中药饮片的药房，年销售额280万元。

第四章 运输业

1979年，威县客运与货物运输以国营为主。1984年后国营运输逐渐转为个体承包，个体客运自1985年开始运营。2009年，全县客运量320余万人，货运量645万吨。

第一节 客 运

汽车站

邢台交通运输有限公司威县分公司俗称威县汽车站，原为国营运输企业，2003年改制为民营运输企业。

1979年全站共有干部职工23人，始发车次5个（发往北京、天津、石家庄、邢台），过路车班次12个，年客运量20万人，年营运收入23万元。1990年10月，106国道改线东移，汽车站搬迁至交通大街中段路东，全站干部职工增至42人，下设客运组、货运组、维修组、财务组、办公室，始发车次75个，过路车班次350个，年客运量31.1万人，年营运收入达70万元。1992年2月汽车站对外开放，所有客车实行统一进站、统一售票、统一班次、统一结算，实现“车进站，人归点”。

图10－8 威县客运中心/2011年摄

2003年汽车站企业改制，由国营企业改为民营企业，成立客运车队，加盟个体客车50辆。始发车次达到148个，主要营运线路为：威县—邢台、威县—邯郸、威县—石家庄、威县—北京、威县—张家口、威县—太原、威县—聊城。日过路车班次达到500个，年客运量39.5万人，年营运收入329.4万元。

2008年9月，威县汽车站进行股份制改革，成立邢台交通运输集团有限公司控股的威县交通运输有限公司，完成由分公司向子公司的转变。2009年，威县始发车次达到155个，增添了威县—保定、威县—大同等长途客运班线。日过路班次达到430个，年客运量34万人。

1979—2009 年威县汽车站营运情况统计表

表 10－5

年份	始发车次（个）	年客运量（万人）	日过路车班次（个）	年营运收入（万元）	年份	始发车次（个）	年客运量（万人）	日过路车班次（个）	年营运收入（万元）
1979	5	20	12	23	1995	80	29	380	260
1980	7	21	13	22	1996	90	33	400	280
1981	7	20	13	24	1997	95	30	380	270
1982	7	21	13	25	1998	90	31	390	270
1983	7	24	15	28	1999	88	35	400	280
1984	7	26	15	36.2	2000	110	30	440	280
1985	7	24	16	35.3	2001	110	32	450	280
1986	7	27	18	40	2002	110	33	460	288.3
1987	7	30	22	49.2	2003	100	35	440	264.5
1988	9	22	22	44.1	2004	120	39	450	297.9
1989	10	23	20	55.2	2005	148	39.5	500	329.4
1990	75	31.1	350	70	2006	145	31	510	240.3
1991	80	34	390	100	2007	153	29	500	255.7
1992	80	32	380	150.9	2008	150	39	480	318.4
1993	80	33	400	260	2009	155	34	430	275.4
1994	80	27	400	250					

个体客运

威县个体客运始于 1985 年。是年 2 月，洺州镇李寨村张俊科购进河北大客一辆，年底个体客车发展到 10 辆，座位 418 个，客运班线 6 条，其中县内 1 条，跨县 4 条，跨市 1 条，年客运量 16.7 万人，客运周转量 1949 万人/千米。随着农村经济的快速发展，道路运输条件不断改善，个体客运取得飞速发展，成为客运市场中的主要力量。2001 年 8 月成立威县通达客运有限责任公司，先后购置 47 辆客车从事规模经营。2002 年 6 月对从事跨市、跨省的长途客车进行整合，全部纳入邢台交通运输有限责任公司

图 10－9　城乡班车开通/2001 年摄

和威县分公司经营。

2003 年 11 月成立平安出租汽车有限责任公司，加强对出租车统一管理，并先后购置小型面包车 15 辆，从业人员 20 人，年客运量 43.2 万人。

至 2009 年，个体客运车辆 169 辆，座位 2818 个，营运线路 88 条，其中县内 53 条，跨县 18 条，跨市 15 条，跨省 2 条，年客运量 298.4 万人，客运周转量 13080.2 万人/千米，全县 522 个行政村实现村村通客车。

1985—2009 年威县个体客运情况统计表

表 10－6

年份	客车（辆）	座位（个）	客运量（万人）	客运周转量（万人/千米）	年份	客车（辆）	座位（个）	客运量（万人）	客运周转量（万人/千米）
1985	10	418	16.7	1949	1998	84	1430	51.4	5405
1986	30	886	25.1	2888	1999	68	1232	44.3	4656
1987	37	973	34.5	3445	2000	70	1256	45.2	4747
1988	27	806	26.8	1951	2001	83	1560	56	5896
1989	28	741	27.2	2102	2002	75	1677	60.3	6640
1990	31	692	25.1	1996	2003	73	1526	54.9	6317
1991	34	641	28.4	2375	2004	94	1935	69.6	8359
1992	40	755	32.5	2781	2005	125	2239	80.6	10075
1993	76	1101	33.4	2683	2006	135	2401	158.5	10302.5
1994	75	1372	49.4	4692	2007	162	2789	184.1	11046
1995	89	1608	57.8	5499	2008	168	2811	282	12581
1996	93	1625	58.5	5850	2009	169	2818	298.4	13080.2
1997	76	1399	50.3	5036					

第二节　货物运输

1979 年，承担货运任务的主要是国营汽车运输公司。1980 年国营汽车有 27 辆，货运量 9.88 万吨。1984 年后国营运输逐渐转为个体承包，1990 年有汽车 30 辆，货运量 10.03 万吨，周转量 764.3 万吨千米。

1981 年个体货运开始起步，是年 3 月，洺州镇黄街村石双雪购进解放 141 货车 1 辆。年底，全县货车发展到 11 辆。到 1995 年增加到 770 辆，主要运输煤炭、沙石料、棉包。至 2009 年，货运车辆发展到 2883 辆，载重量 51846 吨，年货运量 645 万吨，货运周转量 165147

万吨千米，主要运输棉包、玉米、玻璃、钢材、成品油、日用品、沙石料等。

威县是车辆运输大县，在货源不足的情况下，凭借车辆新、吨位大、运价合理等优势，积极占领周边县、市货源市场，并在天津、浙江诸暨等地开辟运输市场，取得较好的经济效益，个体货运业已成为全县的一大经济支柱。

1981—2009 年部分年份威县货运情况一览表

表 10－7

年份	车辆（辆）	吨位	车型	货运量（万吨）	货运周转量（万吨千米）
1981	11	55	解放、石家庄、东风、跃进	4	440
1985	333	1575	石家庄、东风、青岛、解放、跃进	27.8	2015
1990	486	2158	解放、石家庄、东风、跃进	33	2994
1995	770	2635	东风、解放拖挂	86.8	7562
2000	820	3593	东风、解放拖挂	118.2	10311
2004	916	8858	解放半挂、斯太尔半挂、欧曼、福田	291.4	26574
2007	1909	32462	解放、东风、斯太尔、欧曼、福田、时代	535.6	107120
2009	2883	51846	解放、东风、斯太尔、欧曼、福田、时代、奥铃、凯马、陕汽	645	165147.3

第五章　生活服务业

30 年间，随着威县农业、工业经济的发展和人民生活水平的提高，加上城乡居民思想观念的变化，生活服务业日趋繁荣，以国有、集体所有制为主的局面不复存在，个体私营成分在这一领域的投资与经营占到 80% 以上。饭店、旅店、理发、照相等服务业无论在质量、服务，还是经营理念、规模、档次等方面，都发生了巨大变化。

第一节　餐饮业

30 年间，威县餐饮业得到长足发展，主、副食品种繁多，质量不断提高，营业时间灵活多变，极大地方便了消费者就餐。20 世纪 90 年代中期，威县建成一些档次较高的饭店，都设有单间、雅座，备有带轮座椅、转盘桌、卡拉 OK 等设施。威县中高档酒店多集中在中华大街两侧。2009 年，县城较有名的有楚味情酒楼、大胖涮锅、澳威餐厅、卓越斋、夕照门旗舰店等。

威县回族“勤行”业历史悠久。中共十一届三中全会后，回族群众充分利用改革开放搞活经济的大好机遇，屠宰、食品制作、餐饮等“勤行”业得到迅速发展，城内黄街尤为突出。1985年回民经营的有4类80余种，经营者达2400余人，占总户数的80%，增加了收入。90年代后，涌现出一批经营大户，其经济效益显著，如黄街和王庄运输业、王庄冷库、黄街屠宰业、熟皮业、前南寺庄屠宰业、皮革业都已初具规模。进入21世纪，回民经营范围逐步扩大，已成为商品经济中不可缺少的重要组成部分，尤以餐饮住宿业最为突出，如澳威饭店、国威宾馆、卓越斋在全县有较高的知名度。

第二节　特色美食

威县火烧

威县火烧是流行于中国北方地区的一种特色食品，以其独特的工艺和香酥的口感而远近闻名。明末清初，威县被称为冀南重镇，工商业有了一定发展。在此情况下，原有的传统面食难调众口，精明的威县人别出心裁，融合北方的油饼与胡饼制作工艺，用冀南的精面粉与小磨香油为原料，佐以细盐、花椒粉，用吊炉烘烤，打成风味独特的火烧。因其状如牛舌，俗称“牛舌火烧”，又因其发源于邢台市威县，且威县人在外地制作火烧者很多，消费者又称其为“威县火烧”。

图10－10　威县火烧和传承人李柱

烧鸡

烧鸡，又名熏鸡，是一道中华传统风味菜肴，是用多种名贵中药，辅之陈年老汤制作而成。成品烧鸡具有色泽鲜艳、香味浓郁、酥香软烂、咸淡适口、熟烂离骨、肥而不腻等特点。在威县烧鸡中，曹连武制作的烧鸡最为出名，尤其是20世纪八九十年代，是城乡居民宴请宾朋之首选美食。

饼卷肉

饼卷肉是威县特色名小吃之一，以面粉、剔骨肉和植物油等为主要原料，遵循家传配方和特殊工艺精制而成。剔骨肉肉质酥烂、色佳味美。面饼的烙制也秉承古法，从面粉的选择到用水的温度、和面的力道再到醒面的时间也均有严格限制。面饼烙成后，薄如纸张，色泽爽净。二者合成，浑然一体，饼借肉香，肉借饼味，绵软非凡，使人过齿难忘。由于其物美价廉、营养丰富、经济实惠，有“河北第一饼”之美誉，被河北省烹饪协会授予“河北名吃”称号。随着群众需求的多样化，威县饼卷肉已发展出牛肉饼卷、驴肉饼卷、猪头肉饼卷等多个品种。20世纪90年代，随外出务工人员的增多，威县饼卷肉也随之走出威县，知名度日益提升。

小拐磨

小拐磨是威县传统特色粥品，也称甜沫子、拐磨子、菜豆腐等，主要原料是黄豆和小米等。在威县农村，尤其是老沙河以东村庄相当普遍。

小拐磨就是用小石磨磨一些黄豆、小杂粮等，把小拐磨架在木架上，用左手转动拐，右手往磨眼里放入原料。小拐磨一般分旱磨和水磨两种，即旱磨用来磨干料，水磨用来磨浆，县民多用水磨。做小拐磨用的黄豆要提前拣净，用清水泡6个小时以上，而后磨浆，再将磨好的浆加上小米一起熬制，即为小拐磨，口味香甜，营养丰富，老少咸宜。由于各家各户的口味、爱好差异，又发展出各种吃法，如原料增加黑豆、青豆、红豆等。口味上加入红薯叶、油菜叶、萝卜叶等绿叶蔬菜；出锅前加入葱油、八角粉、盐、粉丝、海带丝、花生碎（或炒芝麻）等。

进入21世纪，豆浆机开始出现，由于其放入干豆就可直接做豆浆、杂粮糊等，省时省力，小拐磨受到冲击。但其口味却跟不上正宗小拐磨。随人们对食品营养和保健作用的日益看重，小拐磨又重新走上人们的餐桌。

酥鱼

历史上，威县河渠如网似织，水产也非常丰富。人们在日常生活中总结出许多鱼的做法，其中酥鱼便是一种具有地方特色的美食。威县酥鱼以小鲫鱼、小白鲢等小鱼为主，先去内脏洗净，置于大砂锅内，辅以葱、姜、蒜、醋、白糖、大料、香叶、丁香、桂皮等数十味佐料，慢火煨之4～6小时，酥鱼便加工而成。此时鱼形完整如初，食之骨酥刺烂，味鲜肉嫩，营养丰富。进入21世纪，威县酥鱼进一步发展，各家在佐料上不断改进创新，形成自己独特的风格，在鱼的选择上种类更加丰富，也不再局限于小鱼了。名气稍大的有县城西街孙家酥鱼。

点心

点心在威县也称为“细果子”。原料以面、糖、食用油为主。做法以油炸为主，花样种类有到口酥、芝麻饼、大丰糕、千层酥和江米条等。制作点心的商家多以“斋”来命名，知名的有新月斋、源兴斋等。点心一般都用红绿黄纸包成，一斤一封，上面压上本斋号的封口纸，用纸捻绳子捆成四角形，是老百姓走亲访友和人情礼往携带的礼物。

第三节 旅店业

威县地处平原，交通便利，旅店业主要集中在县城、乡镇驻地，106国道、邢清公路两侧也有部分规格较低的旅馆。20世纪80年代中后期，旅店业发展迅速，有的设有大小餐厅、会议室、接待室、客房内设有沙发、写字台、空调、卫生间及电话、闭路电视等。县内规模较大的有威县宾馆、燕南宾馆、国威宾馆、老郑宾馆等。

县政府招待所　是县内唯一的一家国营宾馆，位于县城东街路北，1985年1月东街路南迁至现址。位置优越，环境优雅，设施齐全，服务上乘，为全县主要接待窗口，市级卫生宾馆，是广大宾朋理想的食宿之处。

院内树木花草繁茂，建筑新颖，拥有宽阔的停车场，贵宾楼设有客房85间，其中总统套间1个，高级套间17个，标准间53个，普通客房14个，可容纳183人。房间内设有空调、

图 10－11 县政府招待所旧址/2008 年摄

国际国内直拨电话、卫星转播闭路电视等设施。政府宾馆还有大中小各种会议室 4 个，另有 300 平方米集宴会、歌舞为一体的多功能厅 1 个。

县政府招待所拥有技艺精湛的厨师队伍，饭菜南北风味俱全，花样众多，能承办不同风格的筵席、宴会，满足零散宾客的饮食需要，并随时提供客房送餐服务。宴会厅、中餐厅雅间可容纳 300 人同时就餐。

配套服务项目还有：洗车、美容、歌舞厅、汽车出租、商务、小件寄存等。2006 年 7 月，因市场竞争激烈资不抵债，破产。

燕南宾馆　位于北外大街路西，1988 年开业。南临顺城路，北临繁华的洺水路，东距汽车站 500 米，地理位置优越，交通便利。

燕南宾馆拥有 3690 平方米的宽阔广场，客房设有 268 张床位，并设有豪华套间、标准间、单人间。餐饮部设有宴会厅、KO 歌舞厅和大小餐厅 19 个，同时可容纳 900 人就餐，并能提供各种档次的中西餐。拥有宽阔明亮的会议室 6 个，可揽 30～480 人的各类会议，是全县规模最大、视听效果一流的会务场所。

燕南宾馆是威县对外联系的窗口，也是县内政治活动的中心，十几年间，县党政重要会议均在此召开，为威县政治活动和经济发展做出了贡献。

2009 年，因市场竞争激烈，经营逐步萎缩，宾馆停止营业。

第四节　其他服务业

理发

20 世纪 80 年代中期以前，理发户使用手推轧剪。80 年代后期，电动推剪普及并增添电烫、化学烫等烫发工具。国营小型企业放开经营，逐步承包或租赁给个人经营。90 年代后，个体、私营美容美发业发展迅速，理发业遍布城镇和村庄。2009 年，县城内有理发店、美容店等 60 余家。

照相

1980 年以前，照相业主要以拍摄黑白照片为主，兼营放大、着色业务。20 世纪 80 年代初，照相馆开始拍摄彩色照片，照相馆多由个体户经营，90 年代后期，出现录像和婚庆公司，单位和个人重大活动多聘请专业人员到现场录像。

2005 年后，数码摄影技术逐渐普及，传统胶片摄影退出市场。业务种类日渐增多，档次越来越高。2009 年，全县有摄影照相户 20 余家。

洗浴

20 世纪 80 年代，威县洗浴业仅仅停留在大众洗浴水平，且浴池数量少、水平低、设备陈旧。1985 年，国营浴池因经营管理不善等原因，停止营业。80 年代后期，旅馆中高级房间内增设浴池。1996 年 9 月，威县开设第一家私营浴池——振北浴池，地址在北街和顺城路交叉口东南隅。2000 年前后，随着城乡居民生活水平的提高，洗浴业开始向高水平发展，出现桑拿洗浴等新兴业态。

修理修配

随着威县经济和各项社会事业的快速发展，修理修配业从原来的自行车修理、镶牙铺、修表铺的基础上发展到家电、手机、空调、电脑、摩托、货车、轿车等维修。县城较有名的电器修理门市有惠威、春立等。惠威家电维修门市较早开展管接管送上门服务业务，极大地方便了消费者。

水暖安装

20 世纪 90 年代初期，县城居民多用自制的带水套的土炉子，与暖气片相接取暖。1998 年，光磊牌采暖炉较早进入威县市场。至 2009 年，威县城内规模较大的有：春意水暖、亚泰水暖、金铎水暖等。2005 年以后，随着单元楼的普及，水暖安装多选择采用地暖。

太阳能热水器安装

20 世纪 80 年代末，城镇居民多用简易太阳能热水袋，后逐渐被真空管式太阳能所代替。主要品牌有太阳雨、四季沐歌、光源等。

开锁

2000 年，何保国在县公安局注册第一家开锁公司。地址在县城北外街路东。消费者给开锁公司打一个电话就可实现上门服务。

中介

中介在县内发展历史较为久远。1929 年版《威县志》称中介为“牙行”。随着由计划经济到市场经济的转变，中介得到快速发展。20 世纪 80 年代初，中介多出现在城乡商品物资交流会上。比如，促成牲口买卖的民间称“牲口经纪”。20 世纪 90 年代中期，刘瑞堂在县城开办第一家中介所。20 世纪末，王东平开办的中介所在全县名气较大，并且在天津设有办事处，主要服务是职业介绍，即把县内的富余劳动力输送到外地务工。后随着互联网的普及，实体中介受到冲击。中介的业务范围多是职业介绍、房产买卖等。中介的赢利方式，在 90 年代末，均由求职者支付介绍费；进入 21 世纪，逐渐转变为用工企业付费。

建筑装饰

威县已知较早的建材装饰门市是位于顺城中路路南王金国的国威装饰洁具门市，建于 20 世纪 90 年代中期，瓷砖仅为装饰品，贴于房梁的下面。随着居民生活水平的提高及房地产的兴起，催生了建筑装饰业的发展壮大。全县规模较大的建材装饰门市有刘永祥经营的小桥装饰建材等。到 2009 年全县建材装饰门市有 20 余家，主要集中于中华大街北段。

此外，家政服务、旅行社、午托班等均已普及，极大地方便了居民的工作和生活。

第六章　粮油购销

第一节　粮油收购

粮食定购

20 世纪 80 年代初，威县仍执行国家粮食统购政策。1985 年 4 月 1 日，国家取消粮食统购改为合同定购，定购以外的粮食自由购销，同时，相应缩小定购品种。威县定购品种为小麦、玉米，是年，定购粮食 3 万吨。

1986 年，国家调整合同定购任务，增加国家委托代购任务，并对合同定购粮油奖励政策适当调整，即每收购 100 元钱粮食奖售平价化肥 40 千克，其中保证兑现平价优质标准化肥（指尿素、过磷酸钙、复合肥），奖售平价柴油 1 千克，并全面推行户交粮户结算，不为任何单位代扣代缴任何款项的政策。是年，全县完成合同定购粮食 2 万多吨，委托收购 300 多吨。1987 年，威县减少粮食合同定购任务，取消九折包干（即 90% 按“倒三七”比例结算，10% 按议转平价结算）和国家委托代购任务，增加粮食议转平任务。定购粮食奖售化肥和柴油，预付定金按定购任务 20% 兑现农民，完成合同定购外的粮食随行就市议价收购，让农民从中得到实惠。是年，上级分配合同定购任务 3 万多吨，议转平任务 300 多吨，全部完成任务。

1988 年起，实行合同定购任务一包 3 年不变，继续实行供应化肥、柴油和发放预购定金的奖励政策，并对粮食定购价格逐年提高，小麦价格提高为 50 千克 24.18 元。1989 年，在此基础上每 50 千克小麦增加 1.6 元。1991 年，将合同定购改为国家定购，5 月 1 日起调整定购价格，小麦每 500 克提高 1 角钱，实行购销同价。1994 年秋粮上市起，粮食销售价格全面放开，议价转平价随之取消。

1993 年，继续执行粮食奖售“三挂钩”政策，并认真执行价外加价的政策，即在粮食收购价之外，将平议价差付给农民，至 1997 年，全县粮食国家定购任务未变，但由于粮食定购价与市场价差价太大，夏粮收购出现困难，粮食部门积极开拓粮食收购渠道，实行按保护价敞开收购，以质论价、不限收、不停收、不打“白条”、不代扣各项提留款，由于措施得力，提前一季完成全年定购任务。

1998 年，粮食收储企业收购农民余粮严格做到“四不准”，即常年、常时挂牌收购，不准限收停收；按质论价、优质优价，不准压级压价；对质量差的粮食，可以按规定扣水扣杂，拉开质量价差，但不准拒收；除按国家有关规定代缴农业税外一律不准代扣代缴“乡提留、村统筹”以及其他税费，乡（镇）村干部一律不准在收粮现场坐收统筹款项。采取以上措施，夏季收购一季完成当年定购任务。2000 年，因玉米种植面积减少，收购减少，玉米退出保护价收购，按议价收购。2001 年威县小麦保护价定购退出。至此，粮食收购全面放开，开始按市场随行就市收购。

2001—2009 年，威县小麦保护价合同定购任务退出后，继续执行按保护价收购小麦政策，常年挂牌收购、敞开收购，不压级压价、不拒收限收、不向农民打白条、不代扣代缴任何税费，收购农民余粮。

粮油议价收购

1986 年，为充实库存增加农民收入，在减少粮食合同定购任务后，委托收购一部分纳入平价库存。1987 年，粮食定购任务调减后平价粮油收支缺口增大，为保证粮油供应，国家对粮食实行“议转平”政策，通过县粮油收购企业，以略低于市场价议购，再以平价供应。1990 年夏季小麦收购，一季完成全年收购任务。1993 年取消议转平任务，1994—1996 年农业生产连年丰收，全县粮食部门按照粮油收购政策常年挂牌敞开收购，不压级压价、不拒收限收、不打“白条”，按市场价格进行收购。1997 年对农民完成国家定购任务，留足口粮、种子粮和必要的储备粮外的余粮，实行按保护价敞开收购。1998 年粮食收购实行“四不准”政策，当年按保护价收购小麦 15265 吨。2000—2002 年除小麦按收购执行保护价外，议购粮油施行随行就市常年收购政策。

2003 年 4 月 1 日起，小麦退出保护价收购。2004 年 5 月 26 日，开始实施《粮食流通管理条例》。

2003 年起，域内粮食需求 90% 是个体商贩从山东省临清、邯郸市邱县等周围县市（区）贩运至境内，以满足粮食市场需求。

第二节　粮油销售

定量供应

城镇粮油供应　1979 年城镇非农业人口，粮油仍然按工种分级实行凭证、凭票、定量、平价供应，按 1973 年调整后的标准执行，即：特重体力劳动者每人每月定量供应 24.5～28 千克，重体力劳动者定量供应 19.5～23 千克，轻体力劳动者定量供应 16～18 千克，脑力劳动者定量供应 15 千克，大中专学生 15～17.5 千克，一般居民十周岁以上定量供应 13.5 千克，不满周岁至九岁儿童定量供应 3.5～18 千克，供应的粮食一律是成品粮，食油供应每人每月 0.25 千克，每年国庆节、春节分别补助 0.5 千克，该标准一直执行到 1992 年。1992 年全县城镇非农业人口 2.43 万人，年供粮食为 1180 吨，食油 36.5 吨。

1993 年，受外地粮价上涨风的影响，威县出现粮食抢购风，粮价急剧上涨，特一粉每千克最高价达 2.20 元。县粮局采取紧急措施外采外购，积极筹措粮源，并号召各粮油供应点挂牌经营，对城镇非农业人口实行凭证限量限价供应，由于措施得力，很快抑制住市场粮价，平息了粮食抢购风。

1994 年，全县除军队粮油平价供应外，价格先后放开，取消定量和平价粮油供应，大都进入市场，不足部分按议价供应。1995 年，全县放开粮油价格，取消全国、全省粮票流通。

1999 年根据国家粮食局通知精神，城镇居民粮油供应彻底取消，全县各粮油经营网点只开展议价粮油和食品购销业务。

工商行业用粮　1979 年，工业用粮一律平价供应，对工商业抑制平价粮油供应，扩大议价供应范围，对饮食、糕点、酿造、副食用粮，继续执行计划供应。对酿造酱油、食醋、面酱等用粮，粮食部门可在省核定各地的粮食销售计划内予以安排，不低于1978年度实销水平。如果饮食糕点用粮指标不足，粮食部门可酌情增拨。同年，全县行业用粮500多吨，工商事业单位用粮600多吨。

1988年，根据省粮食局“坚持计划用粮节约用粮抑制平价销售”的精神，对过去饮食糕点业借用的辅底粮，进行清理收回，以后重新开业单位不再借给平价辅底粮。1987—1990年全县糕点、酿造等工商业用粮销售累计1000多吨，1991年起对饮食糕点酿造所用粮一律改为议价供应。1992年始，工商行业用粮供应全部进入市场。

农村粮油供应　1979年，对常年缺粮的农村实行定量凭证统销，对不按国家计划种植或因浪费粮食造成缺粮的，国家给予议销，因受灾暂时缺粮的，国家给予借销。

1985年，国家将供应农村粮食销售价格在调整到“倒三七”比例收购价后，实行购销同价。价格调整后，供应农村的粮食仍按计划凭证供应，1986年农村销售2500多吨，1993年销售3885吨，其余年份在2000吨左右。1992年根据国务院“压缩平价粮油销售”的指示精神，粮食部门对全县缺粮人口进行细致全面的调查，在核准供应人口的基础上积极组织粮油货源，保证粮油调价前的标准。

1993年，粮油价格放开后，造成全县市场价格猛涨，粮油货源紧缺，为稳定粮价稳定市场，稳定人心，县粮食部门积极组织货源，保证足够供应，完成销售3885吨。1999年，进一步深化粮食流通体制改革，要求粮食按国家规定的保护价敞开收购，顺价销售，收购资金封闭运行、专项管理的三项政策，但由于国家制定的保护价高于市场价，导致粮食严重滞销和库储存超量，粮食部门采取扩大营销队伍，加大促销力度，降低成本，压库促销超销奖励等措施，使库存超量得到解决。2000—2002年在销售过程中，由于市场粮油价格连年下滑，市场价格大大低于国家统销价格，因此，国家拨给农村的统销粮指标很少有人购买。

议价销售

1980—1993年，粮油销售每年在1000吨左右，1994年全年销售14565吨。1995年由于受国家粮食政策调整的影响，粮食市场受到一定阻碍，全县粮食系统积极开展大购大销活动，当年议价销售粮食7365吨。2000年，市场形势发生变化，粮价下滑，当年销售75吨，为历年来销售最低点。2001年，国家出台的新粮价比上年较低，种粮经济效益降低，购销矛盾突出，粮食系统干部职工积极开展粮食购销工作，销售小麦47155吨。同年，县粮食部门对超期储存的粮油，特别是高价位粮进行全部销售。

个体粮油经营

威县第一家个体粮油经营店是刘家粮油店，位于洺水中路路北，开设于1988年，业主是刘福荣。该店是金沙河面业的威县代理商。因店主经营有方，规模不断扩大。2009年，域内粮油经营店遍布城乡各地，货源充足，完全能满足居民消费，仅刘家粮油店在县城就开设5家粮油分店。

第三节　经营网点

县属各粮油经营网点的经营范围，包括城镇居民，农村非农业人口和部分缺粮的农业人口的平价、议价粮油，食品加工产品的购销。城镇居民、农村非农业人口实行成品粮供应，农村人口一律供应原粮。

1979年，全县粮油经营网点6个，即城关中心粮站、章台中心粮站、七级中心粮站、侯贯中心粮站、梨园屯中心粮站、直属库。其中5个镇所在地经营网点，分别下辖17个购销站，城关中心粮站管辖芦头粮站、大宁粮站、方家营粮站；七级中心粮站管辖张庄粮站、赵村粮站、寺庄粮站、吴宋庄粮站；侯贯中心粮站管辖安上粮站、常屯粮站、王村粮站、苏村粮站；梨园屯中心粮站管辖枣园粮站、沙柳寨粮站、邵固粮站；章台中心粮站管辖小辛粮站、贺钊粮站、雪塔粮站。

1998年3月，梨园屯中心粮站撤销，改为梨园屯粮站、枣园粮站、固献粮站，分别独立核算，成为独立法人。

1999年3月，成立粮油集团总公司。同年，章台中心粮站撤销，分为章台粮站、张营粮站、贺钊粮站（原雪塔粮站归贺钊粮站管理）；城关中心粮站撤销，分为洺州粮站、贺营粮站、第什营粮站、方营粮站；侯贯中心粮站撤销，分为侯贯粮站（兼管王村粮站）、常屯粮站（兼管苏村粮站）、常庄粮站；七级中心粮站撤销，分为七级粮站（兼管张庄粮站）、赵村粮站（兼管寺庄粮站）、高公庄粮站。同年在枣园成立第二粮库。

2000年6月，新建储备库，2003年撤销粮油集团总公司，2004年成立军队粮油供应中心。

2004年，枣园粮站兼并第二粮库、梨园屯粮站；常屯粮站兼并常庄粮站；储备库兼并第什营粮站、方家营粮站；粮库兼并洺州镇粮站、贺营粮站；七级粮站兼并高公庄粮站；章台粮站兼并张营粮站、贺钊粮站。

至2005年底，全县粮食系统粮油经营网点有9个，1个军队粮油供应中心，负责供应南宫、新河、清河、临西、威县5县市驻军粮油供应。

2006—2009年粮食系统在原经营网点的基础上组建10家股份制公司，分布在全县10个乡镇。另外，全县个体粮油门店3000多个，遍布城乡各地，担负着威县粮油购销任务，满足县内粮油需求。

第四节　粮油储存调拨

粮油储存

1979年全县粮仓大多数为50～60年代的老式建筑，年久失修，上漏下潮，墙皮脱落，总库容量3.3万吨，给粮食仓储带来很大困难，为扭转上述局面，缓解储粮压力，1991年在章台粮站建仓两座，库容量1000吨。1995—1997年，在枣园粮站建9座简易仓，库容量1650吨。1998年在章台粮站建仓两座，房式结构，库容量800吨，七级粮站建仓4座，房式结构，库容量3250吨。2000年，储备库建成8座仓库，房式结构，库容量6500吨。2001年二库建仓2座，房式结构，库容量1000吨。至2005年，新增仓容14200吨，全县仓容量4.73万吨，基本满足了全县收购仓储需求。

2006年始，连续几年没有储存粮食，加之大部分为五六十年代的老式建筑，年久失修，半数以上的仓库已达不到储存粮油的要求。2009 年已无库存。

1979—2009 年威县新建仓容情况一览表

表 10－8　　单位：吨

单位	仓位	建仓时间	仓库类型	总容量
章台粮库	11～12	1991		1000
枣园粮站	1～9	1995—1997	简易	1650
章台粮站	13～14	1998	房式	800
七级粮站	1～4	1998	房式	3250
储备库	9～16	2000—2001	房式	6500
二库储备库	11～12	2001	房式	1000
合计				1420

粮油储备

1979 年，粮食部门以“低氧、低温、低药”密闭的方式仓储粮食，达到“无虫、无霉、无鼠雀、无事故”的“三低四无”标准。油脂储存达到无酸败、无渗漏、无油垢、无事故的“四无”要求。1990 年，建立健全各项保粮措施及规章制度，贯彻“以防为主、防治并举”的保粮方针，严格按照省、市两级的考核标准实行“八账一卡”分仓到人。同时添置大批保粮器材，如测温仪、电子遥控装置，科学保粮储油水平大幅度提高。1991 年经市、县普查，全县“四无”粮仓达到 100%，储备粮食管理全县达到“一符三专四落实”（一符：即账实相符；三专：即对所存储粮油（料）做到专人、专账、专仓管理；四落实：即品种、地点、数量、质量确保落实）。

2000 年，全县甲字粮储备 3000 吨退出储备粮管理，2001 年国家储备粮 8820 吨退出，2002 年省级储备粮 2264 吨退出，2003 年市级储备粮 300 吨退出。至此，国家、省、市、甲字粮四级储备退出完毕。

威县四级粮食储备退出后，威县成为国家粮食储备管理总公司北京分公司邢台市直属管辖范围，在威县设立托市粮收储网点，李寨粮油购销责任公司承担粮食托市粮收储任务。2006—2009 年累计收储小麦 30000 吨。

粮油调拨

1979—2002 年，粮油调拨的原则、方式不变，调拨数量和品种按上级下达任务执行，粮油调拨中，县粮食主管部门本着“先中央后地方”“保证重点，照顾一般”的原则，严格执行国家下达的任务（包括品种、数量、质量、时间），以保证国家各方面对粮油的需要。调拨一直实行先由县粮食局业务计调股，根据全县库存统一安排，向各基层库站下达调拨计划调拨通知书，不经批准，基层库站无权进行计划外调运。

1986 年前实行有统一调拨计划、购销差额管理和调拨包干的办法，调拨包干一定 3 年不变，歉年可增可减，调出总数必须完成，不得突破调入总数。1986 年，粮食调拨包干改为一年一定，1988 年为利于粮食综合平衡，粮食调拨又实行一定 3 年，食油一年一定。1998 年始，由于全县连年丰收，人均占有粮油数量增多，加之议转平和定购粮食增加，故不再调入调出粮食，自求供需平衡。

1979—2002年全县累计调入粮食1000吨，调出粮食800吨，净调入200吨。

2003年后，威县境内粮食需求完全依靠市场调控，由个体工商户贩运满足县内粮食需求，保持供需平衡。

附：

威县粮食局关于全县粮食安全的调查报告

威县地处河北省南部，黑龙港流域、平原、土地肥沃，春夏秋冬四季分明，总面积1012平方千米。2009年，总人口57万人，其中非农业人口11万人，现有耕地面积68830公顷，曾是夏粮和秋粮的主产区，近年来，由于农业产业化结构的大幅度调整，由原来的粮食大县逐步转变为棉花种植大县，再加上近年来发展大棚蔬菜等原因，粮食种植面积逐年减少，而粮食消耗量逐年上升，县内粮食安全已成为急需研究解决的问题，为此，县粮食局为确保县内粮食安全，为领导的决策提供可靠的依据，对全县粮食生产、消费、存储等情况进行调查，下面就县粮食局对全县粮食安全调查情况报告如下：

图10－12　西河洼村被随处丢弃的粮食瓮/2009年摄

一、威县粮食生产、消费、储存情况

1. 粮食生产情况。威县在1980年以前一直以夏粮小麦生产为主，秋粮以玉米、谷子生产为主，其他为辅的种植格局。近些年随着国家农业产业政策的调整，农民种植经济作物的意识明显增强，以种植棉花为主。并在县委、县政府的大力倡导下，大力发展大棚蔬菜，提高土地利用率，使农民达到增收的目的，粮食作物面积进一步减少，使粮食总产量连续下降。2000年全县粮食总产量30.2万吨，2003年17.1万吨，2005年11.8万吨。截至2009年，全县很难找到整片的粮食作物，基本上都是成方连片的棉花田和蔬菜大棚。

2. 粮食消费情况。威县现有人口57万人，按人均日用口粮0.5千克计算，全县年需口粮10.4万吨。加之近几年威县大力发展畜牧养殖业，据初步统计全县牛、猪等牲畜的饲料用粮量年达1000吨，加上养鸡等畜禽饲料用量500吨；饮食、糕点、酿造、副食、酱油、面酱等全县工商行业用粮年均1200吨，这样全县年消费总量约10.7万吨。2005年前靠国家粮食政策由当地粮食部门宏观调控粮食市场；2005年始，完全靠市场化调控，县内粮食需求有90%要靠民间小商小贩从山东临清、邯郸邱县等周围县市贩运。至此，威县已由历史上的粮食产、需平衡县变为缺粮县，粮食供应存在极大的隐患。

3. 粮食储存情况，威县粮食系统通过一系列的改革，全县10个购销企业，594名干部职工全员办理解除（终止）劳动关系手续，以股份制形式组建10家粮油购销有限责任公司，从业人员锐减到13人。1990年总库容量3.3万吨，库存爆满，另有露天存粮2万吨。2005年全县仓容量增加到4.7万吨。2009年，全县28个站库全部闲置，没有一粒存粮，农民也和城镇居民一样，吃一点买一点，社会存粮几乎为零。

二、威县粮食安全存在的主要问题

近几年，随着农业种植结构的调整，粮食安全的潜在风险已经显露，主要表现在以下几个方面：一是由于经济作物的种植面积大幅提升，粮食种植面积急剧减少，粮食产量大幅度下降，发展畜牧业饲料用粮快速增长，工业用粮逐年增加，使人均占存量急剧下降。二是随着小城镇建设步伐加快，非农业人口显著增加，吃商品粮的人多了，城镇居民和农村居民基本上不存粮食，为节约资金随吃随买。三是随着粮食作物种植面积减少，威县居民用粮基本全靠外调粮食市场调节，职能部门的调控力度减小，因为没有储备粮，没有能力调节全县的粮食供应。

三、保证威县粮食安全的几点建议

威县人口众多，工业发展迅速，是粮食消费大县，县内的粮食安全与否对全县的经济发展和社会稳定至关重要。从长远来看，要保证县域内粮食安全需做好以下几个方面的工作：第一必须加强粮食生产，不断提高粮食综合生产能力，把粮食安全问题列入各级政府的议事日程，引导农民依托粮食生产开展多种经营，增加农民收入。第二，充分发挥粮食部门的优势，利用现有的仓储资源在县内建立一定规模的粮食储备体系，储存一定的储备粮，至少储存15天的全县所需口粮（4280吨）及饲料粮（720吨）大约5000吨，以确保用粮急需。第三，要加强粮食宏观调控，建立粮食预警机制，以相对完善的机制来确保粮食市场和价格基本稳定，确保粮食安全。第四，应加强粮食部门的社会作用，以使国家粮食安全通过粮食部门的主渠道作用得到真正的保障。

（2010年5月6日县粮食局供稿）

第七章　专卖品经营

第一节　烟　草

1982年，国家实行烟草专卖制度，国营、集体或个体经销户经营卷烟零售业务必须取得烟草专卖零售许可证。1988年10月，县烟草专卖局（公司）成立，负责全县的卷烟市场管理。1991年1月，县烟草专卖局（公司）划归河北省烟草公司管理，烟草实行计划调拨，统一进货渠道。公司业务人员根据市场需要，以销定购，定期到烟厂进行采购。卷烟购进实行准购证、准运证制度。与此同时，县烟草专卖局依据《烟草专卖条例》和《中华人民共和国烟草专卖法》，严厉打击非法生产经营，保护合法生产经营，维护国家和消费者的利益。1997年建立烟草批发部，将全县分成6个辖区，每个批发部负责几个乡镇的供货任务。1999年，专卖局配备专用车辆，在全县不间断地进行市场检查。

2002年2月，县级公司卷烟购进实施“大物流、大配送”，县公司根据需要向市公司提报计划，由市公司统一配送到县公司，周转环节减少。在销售上成立配送中心，先由访销员划分好线路，电访零售户，登记好零售户所需的品种、数量，再由送货员送货上门。同年又

图 10－13　县烟草专卖局（北外街路西）/2008 年摄

设洺州、章台、七级、侯贯、梨园屯五个市场管理所，每所配备车辆，并与公安、检察、工商、法院等部门建立联合办案长效机制，县公安局经常抽调警力协助烟草稽查，在端窝点、路查、路堵等方面发挥了积极作用。县烟草专卖局在开展市场检查的同时，利用“3·15”消费者权益日、“6·29”《中华人民共和国烟草专卖法》颁布纪念日等进行形式多样的烟草法律、法规宣传活动，提高消费者识别假冒伪劣卷烟的能力。

2004 年 4 月，市烟草公司实行“一级访销、二级配送”，由市公司统一电访，全县零售户全部入网，实行信息化管理，卷烟销售施行电子结算，全县实行送货上门服务。是年，依据省市局要求，公司取消法人代表，威县烟草公司改为河北省烟草公司邢台市公司威县卷烟营销部，河北省威县烟草专卖局原名称不变。根据市局（公司）要求县局人员实行“四定”即定编、定岗、定员、定薪，编制科室有办公室、专卖科、市场部、配送部。

2006 年 12 月至 2008 年 5 月，县烟草专卖局稽查人员在全县范围内查获非法卷烟 14773.2 条，水烟丝 13188 包。被查获卷烟及烟丝于 2008 年 7 月公开销毁。

2009 年，全年完成销售卷烟 69995 件，其中一类卷烟 1106 件、二类卷烟 2557 件、低档卷烟 35594 件，实现毛利 2554 万元。

第二节　盐　业

1979 年，食盐由县副食品公司负责购进、批发，各种所有制副食商店、组负责零售。20 世纪 80 年代，食盐仍是计划供应商品，但一直保持供需平衡。1990 年，国务院发布《盐业管理条例》，威县开始实行食盐专营。规定碘盐的零售单位必须由县供销社和工商行政管理部门批准方可经营，所销售的食盐统一用“海晶”注册商标，并统一塑料膜小包装。2000 年，将每年的 5 月 15 日定为全国“防治碘缺乏病日”。

2001 年 2 月，县盐业专营公司采取措施整顿盐业执法队伍，净化盐业市场。建立健全食盐管理制度，从内部管理入手堵塞漏洞。组织盐业、工商、公安等部门 20 余人，对县城盐业市场进行清理、整顿，共查处私盐 4.5 吨，处理教育人员 24 人。

2002 年后，食盐供应由以前的公司自己分装改为生产厂家直接配送，由小单膜塑料改为双膜包装，而且逐渐改成更加环保的纸型包装。经营方式也灵活多样，并长期不间断地开展打击走私贩私活动，全县居民碘盐使用率不断提高。

第三节　烟花爆竹

1997 年省供销社和省公安厅联合下发《关于对烟花爆竹实行统一经营，归口管理的通知》，烟花爆竹专营权始归县供销社。2002 年县社土产公司改制更名为兴和土产有限责任公司，公司实行县社控股下的烟花爆竹专营工作，改制后大大提高了企业职工的劳动积极性，业务经营十分活跃，经营额自 2003 年逐年递增，2009 年达到 600 万元，是改制时的 3 倍。公司严格控制专营权，开展新网工程建设，到 2009 年全县已设立 500 多个专营点。

第八章　棉花经营

第一节　经营机构

棉麻公司

县供销社建立以前，棉花由建华公司经营，后合并给裕泰站。1949 年县供销社成立后，棉花归县社棉粮部经营管理。1953 年，县社棉粮部改为棉麻烟经理部。1956 年初，棉花、麻的经营划归县农产品采购局管理。1957 年 2 月，棉花经营权划归县社，成立棉麻经理部。1975 年，棉麻经理部改为棉麻公司。公司地址在县城南街路东。1989 年，公司管辖 5 个棉花加工厂，13 个棉花加工站，12 个籽棉转运站的棉花收购加工、储存、调销等业务，厂站占地面积 80 公顷，职工 1400 多人，拥有棉检设施 250 台（件），加工设备 231 台（套），年加工能力 140 万担，全县形成较为完善的棉花收购、加工、储存体系。1990 年，棉麻公司购进额 15485.1 万元，销售额 10307.8 元，利润 139.7 万元。1992 年 6 月，棉麻公司迁至县城北桑庄村西，占地 7.2 公顷。2002 年底，县供销社系统机构改革，公司下属的厂、站改为股份制（民营）企业。公司的经营职能不复存在。

图 10－14　县棉麻公司获得的荣誉

银海棉业有限公司

2001 年 8 月成立银海棉业有限公司，属股份制企业，股东为公司职工。2002 年 11 月 29 日，银海棉业有限公司与棉麻公司彻底脱钩。改制后，银海棉业有限公司 2005 年成立德宏棉业，为个体经营。

第二节　经营网点

中共十一届三中全会以后，随着国家大幅度提高棉花收购价格，棉花产量、收购量大幅度提高。县供销社棉花经营企业不断发展壮大。1984 年，县农业局在贺营筹建棉花良种加工厂，1986 年开始投产，加工厂每年制种约 1000 吨。

1986 年，国家拨款和棉麻公司自筹按 1∶1 比例，在城北桑庄村西征地 7.2 公顷，建棉花仓库 3 栋、办公楼 1 座（三层），并配备比较先进的棉花检验设施。

1989 年，棉麻公司管辖 5 个棉花加工厂，13 个棉花加工站，12 个籽棉转运站的棉花收购加工、储存、调销等业务，厂站占地面积 80 公顷，职工 1400 多人，拥有棉检设施 250 台（件），加工设备 231 台（套），年加工能力 7 万吨，全县形成较为完善的棉花收购、加工、储存体系。

2001 年 8 月，成立银海棉业有限公司，属股份制企业，股东为公司职工。

2002 年底，县社系统进行体制改革，收棉厂站改为股份制（民营）企业，不再隶属于县社。县社所属机构为棉麻公司、土产公司、盐业公司。棉麻公司所属棉站为南里村棉站、常屯棉站、贺钊棉站。

2003 年 3 月 12 日，由棉麻公司牵头，组织成立威县棉花协会，会员单位 42 家。

县社系统改制后，威县棉花经营企业发展迅速，截至 2006 年，全县经省发改委颁发棉花收购加工资格证书的单位有 82 家，而无证经营的企业有上百家之多。2009 年，全县经省发改委颁发棉花收购加工资格证书的单位有 59 家，其中 400 型企业有 24 家，200 型企业有 35 家。规模及效益较好的有聚力棉业（县城工业区）、裕华棉业（葛寨）、冀丰棉业（干集）等。

第三节　经营状况

1979—1981 年，连续三年大幅度提高棉花收购价格，并出台一系优惠政策，广大棉农的植棉积极性空前高涨，棉花生产、收购量大幅度提高。1984 年，全县植棉面积近 29040 公顷，总产 38910 万吨，收购量达到 3.86 万吨，创历史最高水平。

1985 年，棉花实行合同定购制度，以引导农民按市场需要进行生产。这期间，国家还实行奖售政策和超定购加价政策鼓励棉农多生产、多交售棉花。

1998 年度棉花收购实行指导价、放开棉花供应价格，具体价格水平由供需双方根据市场情况协商确定。

1999 年 11 月，国务院发布深化棉花流通体制改革的决定，棉花的收购价格、销售价格主要由市场形成。供销社及其棉花企业、良种棉加工厂和国营农场，经资格认定的纺织企业均可以直接收购、加工和经营棉花。

2002 年，县社系统改制后，威县棉花经营企业发展迅速。由于无证经营企业的参与，加上周围县市棉花经营企业的渗透，威县棉花市场质量不保，市场信誉度每况愈下，税源丢掉 80%，涉棉管理部门以罚代管，各部门互不协调，各行其是，威县植棉大县的优势大打折扣，有待整顿和下大力度管理。2009 年，全县植棉 5 万公顷，总产 5.73 万吨，而收购量仅为1.72万吨。

1980—2009年威县棉花收购量统计表

表10－9　　　　单位：吨

年份	收购	年份	收购
1980	5170	1995	10300
1981	5570	1996	6000
1982	16440	1997	10000
1983	23385	1998	18000
1984	38565	1999	18400
1985	20365	2000	23500
1986	17150	2001	37500
1987	25615	2002	40000
1988	23020	2003	50000
1989	17840	2004	50000
1990	20380	2005	50000
1991	25780	2006	7900
1992	12560	2007	8800
1993	4300	2008	15650
1994	10750	2009	17150

第九章　石油产品经营

第一节　经营网络

1979年，汽油、柴油、煤油和润滑油由县石油公司经营。1985年，县石油公司划归河北省石油公司。1986年始，指令性平价油计划逐年减少，市场调节的议价油数量不断增加，自购业务逐年加大，1990年汽油销售1840吨、柴油销售5789吨，润滑油销售54吨。1992年，石油供应取消计划，实行国家计划与市场调节相结合的经营体制，购销渠道拓宽，购销量逐渐增大，经营网点迅速增多，遍布县内城镇乡村及主要交通干线两侧，但同时也隐藏着巨大的安全隐患。1999年、2001年两次对加油站点进行清理整顿，县组织建设、工商、公安、消防等有关部门进行联合执法检查，对未经任何部门批准私自储油经营的个体工商户，根据不同情况分别采取相应的处罚，取缔一些有安全隐患的城内油品经销点，油品市场秩序有所好转。至2005年，石油系统建有59个零售加油站，主要分布在106国道、邢临公路和邢清公路

图 10－15　威县石油公司旧址/2008 年摄

两侧，以及较大的村庄和乡镇，初步形成城乡结合的石油零售网络。2005 年销售汽油 18264 吨、柴油 51976 吨。2009 年，全县共有加油站 40 家。其中民营加油站 30 家（均为三级站），中石油 5 家，中石化 5 家。

中石化 1 站在贺营 106 路东，2 站在洺州镇前麻固 106 路西，3 站在章台南 106 路东，4 站在顺城西路路南，5 站在固献乡沙柳寨。中石油 24 站在顺城西路路北，27 站在顺城东路路南，119 站在固献乡前葛寨，121 站在邢清公路与 106 国道交叉路口，131 站中华北大街路东。油储容量均为 80 吨。

第二节　经营状况

煤油

煤油历来为城乡居民照明用油。20 世纪 70 年代开始使用网电。至 80 年代初，用煤油照明的用户已逐年减少，但还有部分居民用煤油炉烧水做饭。1980 年，销售量为 309 吨，1990 年仅为 15 吨。1995 年后已不再使用煤油进行照明和做饭，煤油退出经营市场。

柴油

30 年间，随着工农业生产的发展，柴油在各行各业广泛应用，需求量逐年上升。1980 年销售量为 3643 吨。1984 年始，为支援抗旱，减少农民对农业的投入，国家下达指令性计划，专项分配粮、棉挂钩和抗旱专用平价柴油。1990 年，销售平价柴油 3757 吨，议价柴油 2032 吨。90 年代后，随着农业、交通运输业的发展，柴油的需求量增多，许多个体业主亲自到外地购买柴油，以满足自己的需求。2000 年后，柴油机动车逐年增加，2005 年后柴油机动车急增，柴油销售成倍增加。2009 年全县柴油销售 125883 吨。

汽油

20 世纪 80 年代中后期，汽油机动车开始增多，汽油销量逐年增大，1990 年汽油销售量为 1840 吨。90 年代末，交通运输业的发展以及家用汽油机动车的普及，相应带动了汽油的消费，汽油销售量猛增，2005 年汽油销售量为 18264 吨，是年底，威县开始推广乙醇汽油。2009 年，全县汽油销售 52794 吨，县内各加油站点基本能满足用油需求。

第十一编　金融业

古代，域内先以流通黄金、铜币和银两。之后，除流通银两外，流通各种铜钱，多为皇帝年号制钱。元代主要流通纸币。明代中期，白银成为主要货币，制钱沦为辅币。清末，域内市场上流通制钱、铜圆、银圆、银两。1928 年，中央银行成立，发行纸币，与金属币同时流通。1935 年，民国政府废止银本位制，以中央银行、中国银行、交通银行所发行的纸币为法定货币。1938 年，日伪华北临时政府在北平成立中国联合准备银行，发行伪币，威县流通联银券。1939 年 10 月 15 日，冀南银行路东行成立，发行冀南币（俗称冀南票），以对抗伪钞。1945 年，伪币禁用。1948 年 12 月，中国人民银行成立，同时发行人民币，冀南币停止发行，人民币成为唯一合法货币。之后，县内先后流通第一、第二和第三套人民币。

清光绪三十四年（1908），清政府颁发《银行通行则例》。之后，钱庄盛行。1937 年县城内有大小银号 8 家。大银号主要办理存款、放款、折零换整；小银号主要从事兑换业务，俗称“钱庄”。1949 年 12 月，中国人民银行威县支行成立。1953 年 7 月，威县在郭固建立第一个信用社。次年底，全县各乡成立信用合作社。1956 年成立中国农业银行威县支行，但不办理现金收付业务，不单独设下层机构，只负责办理对农村互助合作组织和个体农民的贷款，领导农村信用合作社。1957 年，中国农业银行威县支行撤销，业务并入中国人民银行威县支行。1964 年 3 月，中国农业银行威县支行再次分设。1966 年 9 月，县农业银行再次并入中国人民银行威县支行。

20 世纪 80 年代始，随着全县经济的快速发展，县内金融业服务范围逐年扩大，工作质量和服务水平不断提高，各项存款、贷款及保费收入逐年增长，在满足城乡居民经济生活需求的同时，极大促进了县域经济的快速发展。30 年间，全县金融机构由单一的独家人民银行，逐步形成由中国人民银行威县支行、中国工商银行威县支行、中国农业发展银行威县支行、中国建设银行威县支行、中国农业银行威县支行、农村信用合作联社、邮政储蓄银行威县支行、中国人民财产保险威县支公司、中国人寿保险威县支公司等组成 9 家金融机构体系。城区内银行网点 11 个。2009 年底，全县从业人员 477 人。全县金融机构存款余额从 1979 年的 845. 2 万元增长到 402638. 6 万元，各项贷款余额从 2985. 7 万元增长到 91604. 8 万元。县人民财产保险公司的保险金额 2009 年达 1949799 万元。

第一章　银行业

第一节　中国人民银行威县支行

人民银行机构

1979 年，中国人民银行威县支行办公地址在威县老城北街（门牌 8 号），1989 年搬迁到洺水西路路北。1980 年 12 月在老县城南街设立城内储蓄所。此为全县办理城乡居民储蓄业务的第一家金融机构，缓解了由于个人收入大幅增加，原有的金融机构出现存款难的现象。

图 11－1　人民银行威县支行办公楼/2009 年摄

1979 年，县人民银行集中央银行和商业银行职能于一身，既领导和管理金融机构，又提供商业性金融服务。1986 年 5 月，县人民银行专门行使中央银行职能，领导和管理辖区内金融机构的业务，将原有的商业银行职能和业务划分给工商银行。威县人民银行的主要职能是依据有关规定，在上级行的授权下，贯彻执行国家货币政策、发行人民币和管理人民币流通；按照规定，监督管理金融机构和金融市场；代理国库，维护辖区内支付和清算系统的正常运行；负责辖区金融业的统计、调查、分析和预测；履行上级授权的其他职能。

1993 年以后经济金融迅速发展，为防范金融风险，人民银行工作中心以“监管为重中之重”，随着金融体制的改革，1992 年 10 月中国证监会成立，将监督证券市场业务从人民银行分离；1998 年 11 月中国保监会成立，监督保险业务从人民银行分离；2003 年 4 月中国银监会成立，12 月，威县人民银行将银行业金融机构大部分监管业务分离；《中华人民共和国人民银行法》仍赋予人民银行 9 项监督检查职责。2004 年初，威县人民银行职能转换，由以监管工作为中心向宏观调控和金融服务转换，即执行货币信贷政策、维护金融稳定、提供金融服务三大职责。

1996 年 10 月，人民银行对部分内设机构进行调整，人秘股调整为办公室、人事科，综合计划股调整为计划金管科，金管稽核股调整为稽核科。1997 年 12 月，成立农村金融管理科。2000 年 2 月，内设机构调整为综合办公室、综合金融机构监管股、综合业务股、货币金银股、合作金融机构监管股、监察室、保卫股 7 个职能股室。2003 年 12 月 31 日，中国人民银行威县支行与中国银行业监督管理委员会威县办事处分设。2004 年 1 月人民银行职能转换，根据“三定”方案，10月，内设机构调整为办公室、金融管理股、调查统计股、国库会计股、货币金银股、保卫股6个职能股室。2008年11月，威县人民银行实行部室整合，内设机构调整为综合办公室、纪检监察审计室、金融管理部、综合业务部4个部（室），全行人员34人。

货币流通

人民币　1979年，威县流通的货币是1962年4月20日开始发行的第三套人民币，共7种券别，13种版别。具体是10元券1种、5元券1种、2元券1种、1元券（币）2种、5角券（币）2种、2角券（币）2种、1角券（币）4种。

1987年4月27日起开始发行第四套人民币，共发行9种券别，17种版别，分别是纸币1角1种、2角1种、5角1种、1元3种、2元2种、5元1种、10元1种、50元2种、100元2种，硬币1角1种、5角1种、1元1种。1992年6月1日，又新发行1角、5角、1元3种金属硬币。第四套人民币与第三套人民币在威县同时等值流通。1999年10月1日起陆续发行第五套人民币，分别是纸币100元、50元、20元、10元、5元、1元券，金属硬币1元、5角、1角币9个券别。

纪念币　1979年，中国人民银行开始发行金银纪念币。1984年10月1日，为纪念中华人民共和国成立35周年，全国首次发行流通纪念币。2004年10月23日，中国人民银行发行2005年中国乙酉（鸡）年金银纪念币一套。该套纪念币共12枚，金币、银币各6枚。其中，一枚金币和一枚银币的背面图案采用威县画家冯英杰的绘画作品“雄鸡图”。其金币为梅花形，含纯金1000克，外接圆直径100毫米，面额10000元，成色99.9%，发行量15枚；银币为圆形，含纯银1000克，直径100毫米，面额300元，成色99.9%，发行量3800枚。（引自中国人民银行公告〔2004〕第14号）

金币背面　金币正面　银币背面　银币正面

图11－2　2004年中国人民银行发行的金银纪念币

现金投放与回笼

威县现金投放渠道主要有：农副产品收购支出、职工工资支出、行政管理费支出及农村信用支出等；回笼渠道主要有商品销售收入、财税收入、服务事业收入、城镇储蓄收入及农村信用收入等。威县是农业大县，因此收购农副产品的现金量需求大，尤其棉花收购资金逐年增加，而商品销售等现金回笼缓慢，致使现金投放大于回笼，现金流通总量不断增加，净回笼趋势明显滞后，2005年现金净投放达到最高峰148737.8万元。之后，受国家宏观调控影响，贷款增速减慢，现金回笼加速。2009年，全县现金流量出现转折，由上年的净投放转为净回笼1538万元。

1979—2009 年威县现金投放回笼情况统计表

表 11－1　　　　单位：万元

年份	现金收入	现金支出	差额	年份	现金收入	现金支出	差额
1979	1918.7	2286.4	+367.7	1995	14356.5	21289.7	+6933.2
1980	2861.6	3921.6	+1060.0	1996	15834.7	18803.2	+2968.5
1981	3823.1	4786.4	+963.3	1997	18603.2	30593.8	+11990.6
1982	5586.0	8883.8	+3297.8	1998	26498.0	59975.9	+33477.9
1983	7972.9	13257.4	+5284.5	1999	28347.0	58573.0	+30226.0
1984	8888.0	15125.9	+6237.9	2000	23003.4	64816.7	+41813.3
1985	10152.3	20164.1	+10011.8	2001	24816.7	51619.8	+26803.1
1986	11183.0	17904.8	+6721.8	2002	23020.1	71511.3	+48491.2
1987	16763.2	27978	+11214.8	2003	22580.9	120157.9	+97577.0
1988	23137.0	37319.3	+14182.3	2004	26350.6	165377.4	+139026.8
1989	26477.4	39138.1	+12660.7	2005	17305.8	166043.6	+148737.8
1990	32107.0	46075.1	+13968.1	2006	731929.0	823183.0	+91254.0
1991	1834.8	16386.0	+14551.2	2007	828050.0	886182.0	+58132.0
1992	2190.6	15642.7	+13452.1	2008	622598.0	662620.0	+40022.0
1993	4078.6	25138.7	+21060.1	2009	849076.0	847538.0	－1538.0
1994	8900.7	19138.0	+10237.3				

说明："差额"栏中的"+"表示现金投放，"－"表示现金回笼

存　款

威县银行存款主要来自企业、财政、机关团体、农业和城乡居民储蓄存款。1979 年，全县各项存款余额为 845.2 万元，其中企业存款余额 235 万元，城乡居民储蓄存款余额 157.3 万

封面

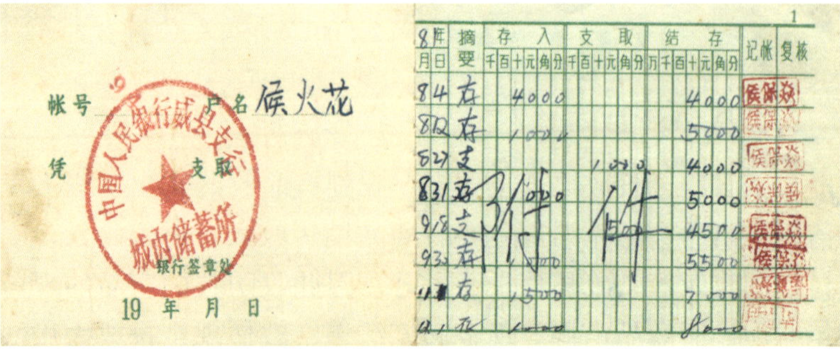

内部

图 11－3　1981 年使用的中国人民银行活期储蓄存折

元。随着农村家庭联产承包责任制的实施，城乡经济出现繁荣局面。居民储蓄存款：通过提高储蓄利率，增加储蓄种类，增设储蓄网点广泛开展储蓄宣传，调整营业时间，改善服务工作，实行多种形式的储蓄承包，业务处理逐渐实现电子化；机关团体企事业存款：于1980年实行“统一计划，分级管理，存款挂钩，差额控制”的信贷计划管理办法，1981年起，实行“统一计划，分级管理，存贷挂钩，差额包干”管理办法，调动吸收存款的积极性，相续建立银行内部职能部门分工负责制度，存款大户联系制度等措施，使全县各项存款余额快速增加，到1989年末突破亿元大关，达到10579.9万元。1990年后，全县经济稳步发展，居民收入不断增长，银行存款余额也逐年增加，1998年末存款余额突破10亿元关口，达到104442万元，其中，居民储蓄存款余额92250万元。进入21世纪，随着改革的深入，全县农村开始调整产业结构，城乡居民收入渠道增多，致使全县居民储蓄存款余额年年攀升，至2009年末，全县银行存款余额达到402638.6万元，其中，居民储蓄存款余额327364万元。

1979—2009年威县金融机构年末各项存款统计表

表11－2　　单位：万元

年份	总额	企业存款	财政存款	机关团体存款	储蓄存款	农业存款	其他存款
1979	845	235	95	51	157	285	22
1980	1339	270	158	98	246	521	46
1981	1188	188	188	129	322	345	17
1982	1931	437	252	119	459	652	13
1983	2377	384	340	186	612	846	9
1984	2975	922	156	180	923	793	2
1985	4540	1399	433	145	1431	1096	35
1986	6719	2848	133		1231	1495	1011
1987	7181	1512	127	128	2999	1939	475
1988	8750	2585	120	203	4197	1400	245
1989	10580	1774	255	201	6144	1768	437
1990	14728	2328	369	258	9412	2047	315
1991	15100	2004	362	230	11831	295	378
1992	20318	1779	372	147	14322	3095	603
1993	24130	2410	759		17798	2850	313
1994	49454	3616	870		34058	10902	9
1995	62864	6178	1314		41786	13427	159

续表 11－2

年份	总额	企业存款	财政存款	机关团体存款	储蓄存款	农业存款	其他存款
1996	79968	7647	1024	314	70341	437	205
1997	90574	9755	1179	219	78715	508	198
1998	104442	9030	1129	1802	92250	9	222
1999	117658	10121	1057	2187	103452	336	505
2000	120050	11019	1494	1129	105904	499	5
2001	133455	13929	2707	1432	114637	746	4
2002	149467	8849	1812	6863	129917	798	1228
2003	165954	12980	890	5493	145966	621	4
2004	190092	13614	999	7649	164001	2086	1743
2005	214394	19890	3002	8833	180372	1976	321
2006	236539	16384	4548	9386	200654	3773	1794
2007	278943	25610	8835	13858	229527	40	1073
2008	331573	23873	3423	25577	276327	89	2284
2009	402639	36434	6950	27676	327364	1917	2298

贷　款

1979 年始，为满足威县经济建设迅速发展和商品流通不断扩大对资金的需要，银行适时地发放工商流动资金贷款、农业贷款，促进了县域经济建设和生产力的发展。在改革开放过程中，银行贷款业务也积累了很多问题，资金周转慢，效益差，造成很多不良贷款。至 2009 年，威县贷款余额从 1979 年的 2985.7 万元增长到 2009 年的 91604.8 万元，增长 29.7 倍。

1994 年前，主要有工业贷款、农业贷款和商业贷款三大类，1994 年后，对贷款种类进行调整，贷款业务对各类贷款根据期限的长短，分为短期贷款、中长期贷款和其他类贷款。

1979 年全县贷款余额 2985.7 万元，其中工商业贷款余额 2131.4 万元，农业贷款余额 734.5 万元。是年 4 月，国务院批转中国人民银行全国分行行长会议纪要。根据文件精神，贷款执行“区别对待、择优扶持、以销定贷”的方针，对收购农副产品的资金，计划内满足供应。随着县域经济建设的发展，各项贷款逐年增加。1984 年信贷出现管理偏松和贷款失控现象，贷款权限下放，贷款手续简化，致使全县贷款余额猛增到 11954.1 万元，是 1983 年 5013.1 万元的 2 倍多，1985 年贷款余额又翻一番，达到 22422.4 万元。其后，治理整顿经济秩序，全县贷款余额开始下降，1987 年降至 13776.1 万元。1988 年下半年，国家出现经济过热和通货膨胀，从第四季度开始进行治理整顿。1989 年，信贷资金治理启用直接控制手段，采取“限额管理”的办法，实行资金与规模双控，通过贷款总量控制迫使经济降温，这一管理体制一直延续到 1993 年，期间，全县贷款余额保持在 2.5 亿元左右。1994 年始，第二次治理整顿经济秩序，各金融机构按照“总量控制、调整结构、强化管理、搞活存量、提高效益”信贷方针，正确处理自身改革与支持经济发展的关系，实现贷款稳定、持续增长。1996 年，《中华人民共和国商业银行法》颁布实施，金融机构转变经营观念，以效益性、周转性、安全性为信贷三原则，逐步由规模经营转变为集约化经营。同年银行贷款余额增幅比 1995 年回落 2.58 个百分点。1998 年始，各金融机构执行稳健的货币政策，信贷权限逐步上收，贷款增速持续减缓，全县贷款余额一直徘徊在 10 亿元左右。2009 年，全县贷款余额 91604.8 万元，其中短期贷款余额 79537.3 万元，中长期贷款余额 8203.6 万元，其他贷款余额 3863.9 万元。

1979—2009 年威县金融机构各项贷款统计表

表 11－3　　单位：万元

年份	合计余额	短期贷款				长期贷款		
		工业贷款	商业贷款	农业贷款	其他	基本建设贷款	技改贷款	其他中长期贷款
1979	2986	464	1667	735	120			
1980	3596	493	2033	821	249			
1981	4149	557	2558	877	157			
1982	4524	615	2926	852	131			
1983	5013	651	3402	852	108			
1984	11954	741	10015	953	244			
1985	22422	1250	20006	117	1050			
1986	18570	1096	15028	1670	776			
1987	13776	1634	1688	2613	7842			
1988	19583	2246	2279	1924	13135			
1989	19772	2535	13038	2216	1984			
1990	23951	3086	2919	2491	15456			
1991	24328	3401	16277	2641	2010			
1992	26496	3393	17957	2962	2184			
1993	24451	3371	16295	2299	2486			
1994	44943	3250	25240	6927	9000	140	129	257
1995	60484	8784	29973	11475	9254	140	129	729
1996	64546	6791	31516	4287	9801	260		11891
1997	79023	7227	42632	5025	10033	260		13846
1998	99446	4671	49825	10299	18274	70	800	15507

续表 11－3

年份	合计余额	短期贷款				长期贷款		
		工业贷款	商业贷款	农业贷款	其他	基本建设贷款	技改贷款	其他中长期贷款
1999	99612	2404	48320	21943	16886	70	800	9189
2000	98906	3090	52123	22519	13774	70		7330
2001	99192	4110	55954	22635	8563	281		7649
2002	104196	3193	58852	24814	9782	290		7265
2003	96820	2669	51177	26980	10728	220		5046
2004	101985	2171	51517	26171	7722	204		14200
2005	113461	727	59492	39554	8797	204		4687
2006	106483	12730	39052	42951	7045			4705
2007	105166	13388	32241	50333	3973			4231
2008	109713	13674	16692	56564	15659			7124
2009	91605	1300	12488	59228	10385			8204

第二节　中国工商银行股份有限公司威县支行

1985 年 1 月，中国工商银行威县支行成立，办公地点在县老城北街路西，承袭原人民银行办公地址和对公存款结算、城镇储蓄、信贷等业务，人们俗称为“老银行”，工商银行威县支行占据天时、地利之优势。2001 年 9 月 1 日搬迁到顺城东路路北。

工商银行威县支行成立之初，内设 7 个股室，下辖 3 个营业网点，工作人员 90 人。到 1991 年威县工商银行内设股室增至 9 个，领导干部由邢台分行人事处考察调整。1996 年 10 月，实行人员分流，制定奖励提前退休优惠政策，当年支行有 8 名员工申请办理提前退休手续。1997 年 8 月，工商银行内设机构进行改革，精简为 2 个部 1 个室。次年 8 月，实行人事制度改革，根据工作年限、本人自愿，实行内部退养制度，此次改革，先后两批有 28 名员工申请办理内退手续。2000 年始，工商银行本着“能者上、庸者下”的原则，建立竞争激励机制，推行末位淘汰制度，到 2005 年共推行 5 次，有 4 名员工离岗自谋职业。2005 年 12 月，经邢台银监局批准，中国工商银行威

图 11－4　工行北外街营业室内景/2018 年摄

县支行变更为中国工商银行股份有限公司威县支行，所属网点名称也同时以予变更。2006 年 7 月，中国工商银行股份有限公司威县工商银行城内分理处撤销，业务及人员并入城北储蓄所。至 2009 年底，威县工商银行内设机构为 2 个部 1 个室，下辖 2 个营业网点，员工 40 人。

贷款业务

工商银行作为国家专业银行，是解决工商企业流动资金的主渠道，按国家信贷政策控制信贷规模向县域企业及个人发放贷款，有力地支持了县域经济发展，促进了城乡物资交流，满足了生产与人民生活的物质需要。1985 年县工商银行贷款余额 2245 万元，其中：工业企业贷款 676 万元，商业企业贷款 1316 万元，个体工商贷款 197 万元。1991 年贷款余额首次突破 5000 万元。1998 年贷款余额突破 8000 万元，达到 8014 万元，为县工商银行成立以来历史最高。1998 年后，由于国家紧缩银根，贷款发放减少，加之大力清收处置不良贷款，贷款余额逐年下降，2005 年末贷款余额下降到 2153 万元，2009 年末贷款余额 4460 万元，增长余额主要是个人住房及个人消费贷款。

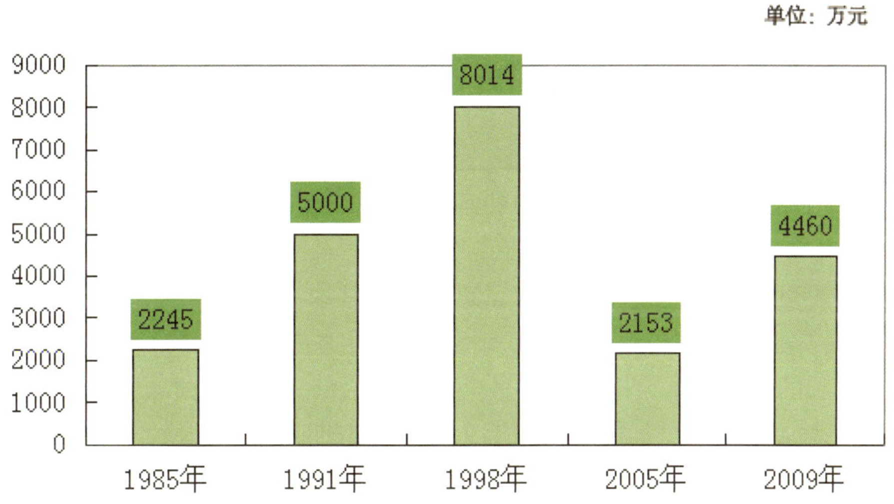

图 11－5　1985—2009 年部分年份贷款余额柱状图

自 1985 年工商银行成立到 2009 年，工商银行按照国家信贷政策，积极采取多种融资渠道和融资方式向企业及个人发放贷款。贷款种类有工商企业流动资金贷款、技术改造贷款、粮油收购贷款、个人住房贷款、个人消费贷款等，同时办理银行承兑汇票及贴现业务。2000 年 4 月 24 日，工商银行威县支行开始办理个人住房贷款第一笔业务（柴凤雪，贷款金额 38000 元，期限 10 年。所购住房是由威县经济适用住房发展中心开发建设的威县政府职工住宅楼）。当年办理个人住房贷款 82 笔，余额 370 万元。至 2009 年末，工商银行累计发放个人住房贷款 839 户，金额 6529 万元。个人住房贷款业务已成为县工商银行信贷业务新的增长点。2009 年 2 月，工商银行威县支行开始办理个人综合消费贷款（个人房屋抵押贷款），临街门市可以用来进行抵押办理贷款，当月发放 2 笔，150 万元。到 2009 年末个人综合消费贷款累计发放 7 笔，385 万元，余额为 349 万元。2009 年 6 月，县工商银行开办个人商用房贷款，当月办理 3 笔，金额 60 万元。年末个人商用房贷款余额 198 万元。

储蓄业务

1985年中国工商银行威县支行与中国人民银行威县支行分离，储蓄存款余额931万元，至1995年，余额达到11231万元，首次突破亿元大关。1999年2月人民币储蓄余额突破2亿元，达到20206万元，2005年末31104万元，2008年末45505万元，到2009年末储蓄存款余额52566万元。1994年7月，县工商银行率先使用微机处理储蓄业务。之后，计算机、自动取款机等现代化设备在金融业广泛应用。

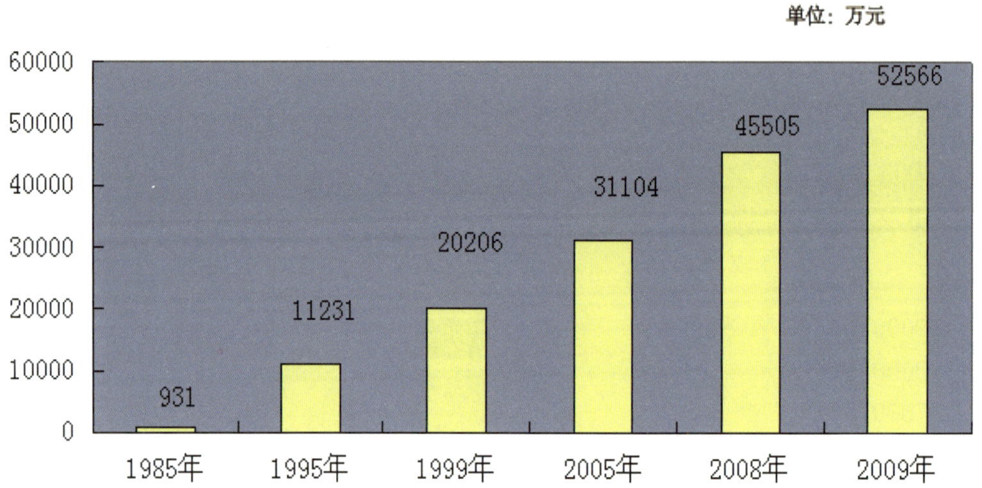

图11－6　1985—2009年部分年份存款余额柱状图

储蓄种类　1985年开办定期整存整取、定期零存整取、通知存款和活期储蓄4个储蓄品种，1987年增加“定活两便”储蓄种类。1988年8月举办一期抽奖储蓄，同年9月开办一年、三年两种期限的贴水储蓄，把到期利息全部预付给储户，经成本核算后，1989年3月停办。1988年6月增加定期三个月档次，同年9月增加定期六个月档次，同时还实行三百和五百两种面额的定期存单，比同档次定期存款利率上浮10%。1989年9月10日，根据国务院统一部署对三年以上定期储蓄存款实行保值，按存款到期时的物价上涨指数给予保值补贴。1997年停止保值储蓄。

1999年9月正式开办教育储蓄存款，是专门为学生支付非义务教育之外所需教育资金的专项储蓄，存期分三年和六年，后又增加一年期限。该储种免收利息税，每笔最高金额20000元。同年11月，对人民币个人储蓄存款利息收入征收利息税，税率20%。工商银行城内储蓄所还办理华侨（人民币）储蓄业务。

代理业务

2000年6月，中国工商银行威县支行与威县电信部门签订协议，代收固定电话费，同年8月与移动公司签订协议代收移动电话费。随着代发工资业务的发展，至2009年末工商银行共为包括财政统发工资在内的十几个单位代发工资，免收一切代理费用。

结算手段

1998年11月，实行小型机通兑业务。1999年实现大机联网全省通存通兑。2002年实现CB2000储蓄整合版，全国联网储蓄通存通兑。

牡丹信用卡

1993年9月28日，威县工商银行牡丹信用卡部正式开业，在县境内率先发行信用卡。信用卡具有存取现金、转账、消费、透支、信贷等功能。至2009年底，牡丹卡持有量共2386张。

图11－7 工行牡丹卡业务部开业/1993年摄

电子银行

工商银行电子银行分为电话银行、网上银行和手机银行。2000年电话银行开通，标志着电子银行开始为客户提供更加方便快捷的金融服务。2001年，企业电话银行、企业网上银行、个人网上银行相继开通，工商银行电子银行业务进入全面发展期。尤其是工商银行推出的“95588”电话银行“足不出户，轻松理财”服务，使客户能够安坐家中，通过电话办理查询、转账、购买基金、买卖外汇等业务。使用工商银行个人网上银行登录工行网站 www. icbc. com. cn，即可享受24小时账户查询、账户转账、对外汇款、批量转账、B2C网上购物、外汇买卖、基金业务、网上保险、网上贷款、在线交费等全方位自助金融服务。

对公业务

工商银行威县支行承担着一半以上县城企业的资金结算业务。1985年，各项存款仅有1174万元；2002，实现结算手段的现代化、电子化和全国联网，2009年，对公存款余额达18815万元。

图11－8 省档案局颁发的档案工作合格证

档案工作

1991年1月30日，河北省档案局颁发威县工商银行“档案工作合格证”。

第三节 中国建设银行股份有限公司威县支行

图11－9 建设银行威县支行营业厅（中华大街路西）/2006年摄

中国建设银行威县支行成立于1979年9月1日，办公地点在县城东街路南，1997年，搬迁到中国中华大街中段路西。主要业务是承担办理基本建设预算拨款和企业自筹资金拨付，监督资金合理使用，对施工企业发放短期贷款，办理基本业务结算，负责实施财政和信贷监督。1980年，建设银行逐步从财政部门的附属地位中分离出来，国家专业银行的地位得以确立，开始在特定经营范围内提供专门性银行服务。1993 年，建设银行的信贷收支全额纳入国家信贷计划体系，金融业务开始全面开拓，银行功能日臻完善，实现由事业单位向企业化经营的转变。1994 年，建设银行根据国务院《关于金融体制改革的决定》，在分离政策性业务，移交财政职能后，开始由国有专业银行向国有商业银行转轨。2003 年，根据国务院统一部署，建设银行率先实行股份制改造，次年 12 月，威县建设银行名称变更为中国建设银行股份有限公司威县支行，开始进一步改革管理体制，创新经营模式，逐步建立完善的现代化股份制商业银行运作机制。至 2009 年底，威县建设银行，内设办公室、个贷中心、营业室、储蓄所，在职员工 29 人。

经营机制

1989 年，全行实行“筹资兴行”战略，推行储蓄承包责任制，促进了储蓄存款业务的发展。同时认真贯彻实行国家宏观经济政策和产业政策，发挥自身筹资融资功能，支持了县内一批基建项目的建设，为地方经济发展做出了贡献。

1996 年，建设银行威县支行抓住国内企业转型发展的时机，瞄准“大企业、大行业”，实行“双大”战略，大力倡导“存款兴行”的经营发展观。90 年代末，金融业竞争激烈，建行及时更新经营观念，坚持质量与效益并重，不断推行新的金融品种，同时推进各项改革，精简冗员，提高职工素质，撤并低效网点，稳定发展负债业务。

1998 年，威县境内第一台自动取款机（ATM）在建设银行东街营业网点启用。ATM 又称自动柜员机，是一种高度精密的机电一体化装置，营业时间延长至 24 小时。安装使用后，给人们的生活带来诸多的便捷。

存款

1987 年 7 月，建设银行威县支行正式开办居民个人储蓄业务，是年底，存款余额达 15 万元。1988 年，成立十字街储蓄所、东关储蓄所、二中路储蓄所、京大路储蓄所和北关街储蓄所。同年，设立储蓄股，负责管理、发展个人储蓄存款业务。1989 年推行储蓄承包责任制，储蓄业务加速发展，年末储蓄存款余额达 377 万元。1996 年，以更名为契机，在全行开始推

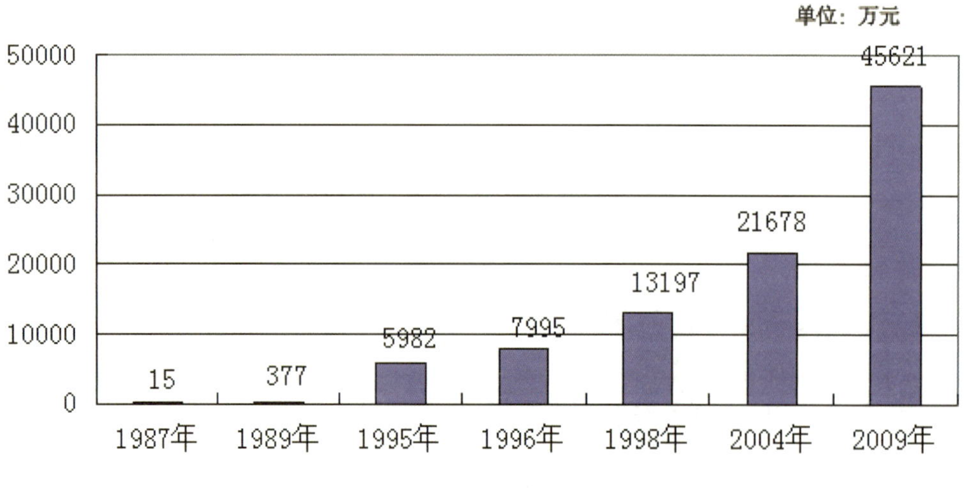

图 11－10　1987—2009 年部分年份存款余额柱状图

行 CIS 企业形象战略，在社会和群众中反响强烈，促进了储蓄存款业务的发展。1995 年、1996 年储蓄存款大幅度增长，存款余额分别达 5982 万元和 7995 万元。1999 年，在全县第一家实行通存通兑的全国联网，异地款项一日到账，满足了群众需求。1998 年末储蓄存款突破亿元大关，余额达 13197 万元。2004 年，建设银行完成股份制改革，确立“以客户为中心，以市场为导向”的经营理念，逐步提高集约化经营水平，年末储蓄余额达 21678 万元。2008 年 7 月建设银行威县支行营业室网点转型，进行前后台分离、高低柜分离，以全国建设银行统一的经营模式，进行规范的业务经营。2009 年，个人存款余额达 45621 万元。

贷款

建设银行威县支行成立之初，主要承担基本建设投资拨款的管理和监督，先后支持了威县赵庄师范学校、气象站、水利局、农业局、植保公司、县酒厂、县社棉库、棉麻公司、李寨油棉厂、修造厂、一中、广播电视塔、文化馆等一批基建项目的建设。

建设银行个人贷款以小额质押贷款为主，自 1996 年，开始办理，至 2009 年累计发放 2500 余万元，支持个体私营经济的快速发展，受到广大群众的普遍欢迎。2001 年，建设银行在全县金融同行业中率先开办个人汽车消费贷款业务，当年发放汽车消费贷款 4738 万元，至 2003 年末累计发放汽车贷款 6500 万元，支持全县运输业的发展。

2000 年，发放交通局贷款 500 万元，支持 106 国道拓宽改造工程；2000—2002 年对电力局累计发放贷款 1500 万元，支持全县电网改造。2002 年，投放县医院贷款 300 万元，用于购买医疗设备；投放华新建材有限公司、三高农业开发有限公司贷款累计 700 万元，解决企业流动资金问题。2003 年，投放华新建材有限公司贷款 400 万元，支持该公司重点项目彩涂板生产线的顺利投产。2006 年各项贷款余额 246. 4 万元，实现贷款利息收入 11. 5 万元。其中不良贷款 59. 6 万元，不良贷款率 24. 19%，与年初不良贷款率 71% 相比下降 46. 81 个百分点，不良资产现金回收 10 万元，不良率控制在分行计划之内。各项贷款新增 344 万元，在全县三家商业银行中占比 59. 62%，居第一位。2009 年各项贷款余额 1993 万元，其中发放个人消费贷款余额 346 万元，个人住房贷款 547 万元，企业贷款 1100 万元，实现贷款利息收入 103. 94 万元，不良贷款率为零。

第四节　中国农业发展银行威县支行

存款

1996 年，中国农业发展银行威县支行成立后，根据国务院粮改政策，加强对粮棉企业的监管，办理粮棉企业存款业务，其主要职责是按照国家法律、法规和方针、政策，以国家信用为基础筹集资金，承担国家规定的农业政策性金融业务，代理财政支农资金的拨付，为农业和农村经济发展服务。其经营范围：由国务院确定，中国人民银行安排资金并由财政予以贴息的粮食、棉花、油料等国家专项储备贷款。不办理个人存贷款业务，当年存款余额 1552 万元。1998 年 5 月，为配合粮棉流通体制改革，防止收购资金被挤占挪用，对粮棉企业开设三个专用存款账户，即应付利息存款账户、收购资金存款账户、企业财务资金存款账户。1999 年 3 月，根据财政部规定，对威县财政局开设粮食风险基地存款专户，并进行监管。

2001 年 12 月，根据国家政策，对财政局、粮食局开设国家储备粮油补贴和退耕还林补贴专用存款户，用于管理专项补贴的拨付划转。2004 年，国家对农民种粮实行直接补贴，农业发展银行对财政局开设农民种粮直补专用存款，并监督拨付使用。2009 年，经银监会批复，威县农业发展银行可在县域内吸收除居民储蓄存款之外的公众存款业务。

贷款

农业发展银行成立初期，主要负责办理粮棉收购、储备、加工及农业开发贷款，1997 年全年发放贷款 25290 万元，其中粮食收购及调销贷款 4563 万元，支持企业收购及调入粮食 33245 吨；发放棉花贷款 19500 万元，收购皮棉 1.33 万吨；农业开发性贷款 1028 万元，林业治沙贷款 200 万元，并重点支持节水灌溉工程的实施。1998 年，农业发展银行执行粮改政策，将农业开发性贷款 616 万元、节水贷款 690 万元、林业治沙贷款 200 万元及附营业务贷款 8341 万元，共计 9847 万元移交至农业银行威县支行；将 13.5 万元老少边贷款移交人民银行。至此，农业发展银行完成了职能转换，不再负责办理农业开发性贷款及附营贷款业务，集中精力做好国有粮食企业收购资金供应、棉花收购资金供应和管理工作。1998—2000 年，累计发放收购贷款 80858 万元，支持企业收购粮食 12.5 万吨、棉花 5.3 万吨。2001 年，随着粮食体制改革深化，粮食购销逐步走向市场化，玉米退出保护价收购，由此农业发展银行将贷款重点全部转向支持棉花购销，当年向棉花企业发放收购贷款 19300 万元，支持收购棉花 1.95 万吨。2002 年，农业发展银行全年共发放棉花收购贷款 6641 万元，收购棉花 6150 吨。2003 年，威县小麦退出保护价收购，农业发展银行收购资金供应政策由“收一斤粮棉，贷一斤粮棉款”变为“以销定贷，以效定贷”，既要控制贷款风险，又要防止农民“卖粮棉难”，同时，受棉花市场影响，当年贷款投放锐减，仅为 3365 万元。2004 年累计发放收购贷款 7773 万元。2005 年后，由于县内开户企业不具备发放贷款的条件，贷款停止发放。

1996—2009 年农业发展银行威县支行存贷款情况统计表

表 11－4　　　　单位：万元

年份	1996	1997	1998	1999	2000	2001	2002	2003	2004	2005	2006	2007	2008	2009
存款余额	1552	680	262	199	282	142	454	458	691	1898	758	448	200	680
累计贷款	32643	19637	24062	22679	34116	26024	9164	6111	7773	22219				
贷款余额	27697	43843	46948	43134	49537	47312	50459	43021	42938	51482	36504	31737	14977	14078
不良贷款	11663	11341	9863	10081	18992	18752	18680	18580	18623	13100	13059	12579	4510	4600

1996 年，根据中国人民银行支付结算办法，农业发展银行办理支票、银行汇票、汇总、委托收款和托收承付等结算，县内票据交换为每日一次，市内票据交换由农业银行代理。2002 年 4 月开通电子联行系统，实现系统内资金汇划即时到账。2004 年 11 月开通大额资金支付系统，实现全国银行间资金汇划即时到账，加快资金周转速度，为客户提供方便快捷的金融服务。2006 年，开通小额支付系统，实现对小额银行业务进行实时清算，并可跨行办理各种银行业务。

第五节　中国农业银行股份有限公司威县支行

中国农业银行威县支行1980年1月正式恢复建立，办公地址在县城东关，2000年搬迁到顺城东路路北。1980年内设7个股室，下辖5个营业所和32个信用社，共有干部职工218人，干部实行任命调配制。之后，干部职工以及机构设置大幅增加，到1990年，县农业银行内设14个股室，下辖5个营业所和32个乡镇信用社，干部职工达374人。1993年起，干部实行聘任、聘用制。1996年4月，增设信用农发行办公室，10月，威县农村信用联合社与威县农业银行脱离隶属关系，12月，威县农业发展银行从中国农业银行中分设出去，人员财产进行划分。至此，中国农业银行威县支行从国家专业银行转化为国有商业银行。1998年，全面实行劳动合同制，不再有干部、职工的区分，统称员工。2000年，加快机构撤并与分流富余人员的步伐，先后撤并13个储蓄所、1个营业所，同时推行“三定两聘”制度，即定岗、定编、定人员，行长聘任中层干部，员工实行双向选择，优化组合，由中层干部聘任。中层干部实行竞聘上岗，经过自荐、演讲、群众评议、党委讨论等程序，然后经过公示再聘任，2000年有124名干部员工竞聘上岗。2004年，进行第二轮“三定两聘”，19名人员竞聘为中层干部，59名员工竞聘上岗，46人自谋职业。2007年，进行第三轮“三定两聘”，经过“两推一考”（领导班子推荐打分、全体员工推荐打分和员工考试），竞聘上岗员工51人，网点专职客户经理3人，竞聘上岗中层干部13人。至2009年底，下辖5个营业网点，全行员工70人，其中储蓄合同工17人，银行长期合同工53人。2009年1月15日，经邢台银监局批准，中国农业银行威县支行变更为中国农业银行股份有限公司威县支行。

图11－11　农业银行威县支行（顺城路）/2018年摄

会计制度改革

2000年，威县农业银行由原来的手写记账改为微机操作记账，微机的普遍使用提高了农行工作效率。2004年，由“双人临柜、交叉复核”改为“综合柜员制”，一人临柜操作微机办理记账和现金收付业务，再次提高了工作效率。2009年，农业银行的会计结算网络迅速发展和完善，银行卡的使用更方便客户，客户可持银行卡在全国各地农业银行任何网点办理现金收付业务，电话银行、网上银行发展迅速，客户在家中就可以办理资金划拨和其他金融业务，农业银行现代化结算方式极大地方便了客户。

贷款

1980年，威县农业银行积极帮助农村发展商品经济，合理调整信贷资金的供求关系，扶持各项农业生产，农业经济效益显著提高，各项贷款达1284万元。1984年，信贷管理出现管理偏松和贷款失控现象，贷款权限下放，贷款手续简化。1988年后按照“控制总量、调整信贷结构”的方针，加强专项贷款的管理。

1989年后，根据贷款性质的不同，将商业贷款分为商品流转贷款和农副产品采购贷款；乡镇企业贷款中增设设备贷款；农业贷款中增设农业综合开发性贷款；1994年对农副产品收购贷款（包括粮食收购和其他农副产品收购贷款）、农业综合开发性贷款、棉花赊销贷款等政策性贷款纳入专项贷款管理，并发放粮棉大县项目贷款。到1998年共计发放粮棉大县项目贷款3638万元。

1995年，成立贷款审批委员会，实行审贷分离制度，并按贷款的占用形态实行四级分类，即正常、逾期、呆滞、呆账四大类。2000年，农业银行向长城资产管理公司剥离不良贷款3268万元。之后贷款管理逐步同国际惯例接轨，由四级分类管理改变为五级分类管理，即正常、关注、次级、可疑、损失五大类。四级分类与五级分类进行双项管理。2004年，取消四级分类，各项贷款按照五级分类进行管理。2005年末，各项贷款余额22210万元，其中正常贷款2400万元，不良贷款19810万元。

2006—2008年，农业银行着手为股份制改革做准备工作，2008年顺利完成股份制改革。向财政部剥离贷款4531笔，4095户，19779.56万元。

农业银行改制后的宗旨是“面向三农”，2009年下半年，开始办理“三农”业务，主要开办“两卡一户”业务，即惠农信用卡、惠农卡和农户小额贷款。同时开办个人生产经营贷款和个人住房贷款。2009年，为240户农民个体经商户办理惠农信用卡，为5037户农民办理惠农卡，为940户农民办理小额贷款，贷款金额1792.94万元。

存款

1980年，农业银行各项存款656.3万元，其中储蓄存款47.8万元，农业企业存款30.5万元，社队企业存款22.9万元，机关团体存款29.5万元，信用社存款467.8万元。1985年，各项存款2459万元，其中储蓄存款501万元。到1990年，各项存款余额达到7488万元，是1980年的11倍，其中储蓄存款3954万元，是1980年的82.7倍。1995年，各项存款19474

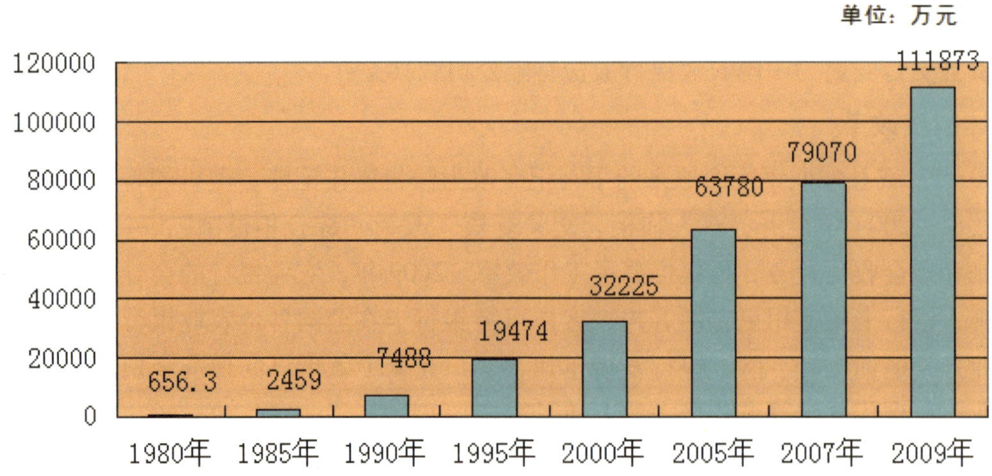

图11－12　1980—2009年部分年份储蓄存款余额柱状图

万元，其中储蓄存款 11877 万元。2000 年，各项存款突破 3 亿元，余额达 32225 万元，是 1980 的 49 倍，其中储蓄存款突破 2 亿元，余额达 26639 万元。2005 年，各项存款余额达 63780 万元，其中储蓄存款突破 5 亿元，余额 51236 万元。到 2007 年，各项存款余额达 79070 万元，其中储蓄存款余额 66012 万元，对公存款余额 13058 万元，在县域三家商业银行中，农业银行的各项存款市场份额占比为 36%，列第二位，增量占比为 45%，列第一位。

2008 年，各项存款存量市场份额占比 45.22%，增量市场份额占比 36.23%。2009 年各项存款连续三年存款增长超亿元，存款余额达 111873 万元，其中储蓄存款余额 93148 万元，对公存款余额 18724 万元。

中间业务

威县农业银行从 1996 年开始拓展中间业务，办理银行金穗卡，当年发卡 860 张。2000 年发卡 3034 张，卡存款余额 178 万元。同时利用农业银行的网点和网络优势，积极开发新的业务品种，开办代发工资、代收费业务。2001 年以后，随着农业银行改革深入，开展代理保险、代销基金、代售国债、电话银行、网上银行等中间业务，实现中间业务新的突破，2002—2004 年，中间业务收入分别为 12.7 万元、46.7 万元、94 万元。2005 年中间业务收入 99 万元，累计发卡 15140 张，卡存款余额达 6542 万元，发展网上银行客户 115 户，电话银行客户 22619 户。

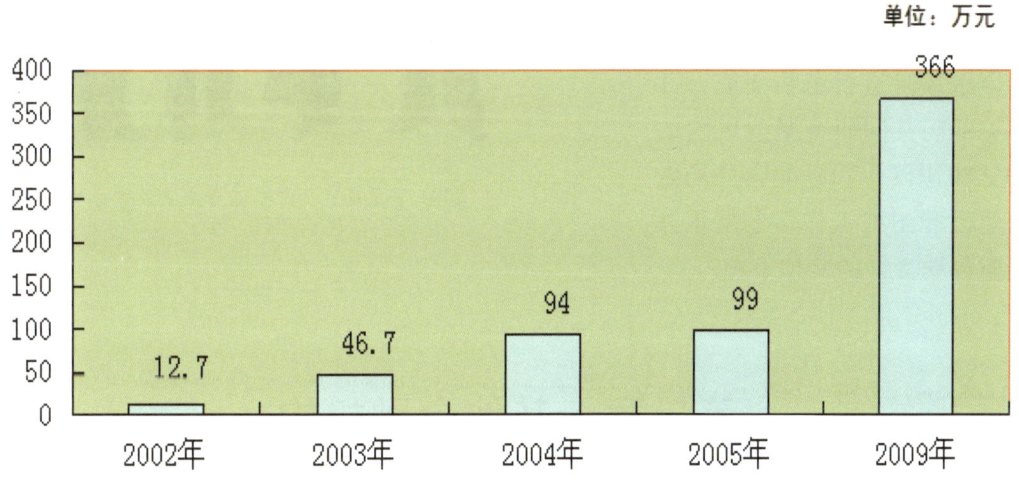

图 11-13 2002—2009 年部分年份中间业务收入柱状图

2006 年，开始办理全额质押银行承兑汇票和贴现业务，网上银行交易 1.37 亿元，国际业务结算量 35 万美元。

2007 年始，中间业务收入增加迅速，借记卡发卡量每年以万张的速度递增，发卡量及客户群体迅速增加，以卡业务收入和代理保险为主体的中间业务收入增加迅猛，2009 年中间业务收入 366 万元，其中银行卡手续收入 160 万元，代理保险手续收入 95 万元，电子银行收入 57 万元，办理贴现 4539 万元，办理银行承兑汇票业务金额 496.8 万元。发行借记卡 17423 张、贷记卡 853 张，发放惠农信用卡 240 张、惠农卡 5037 张，实际授信 1213 户。网上银行个人注册客户完成 4117 户，企业注册客户 119 户。

第六节　金融监管

2004年前，金融监管由中国人民银行威县支行负责，2004年5月9日，根据国务院和上级有关部门文件，银行业监管工作划归中国银行业监督管理委员会邢台监管分局威县办事处。威县监管办事处为邢台银监分局的一个派出机构，负责对县辖工行、农行、建行、农发行、邮储、农联社及农村信用社共43个银行业金融机构的监督管理工作。

依据《中国银行业监督管理法》所赋予的职责和邢台银监分局的授权，威县监管办事处的基本职责：一是认真贯彻执行银行业金融机构监管的法律、法规和制度办法，负责对威县银行业金融机构业务活动的监督管理；二是审查批准银行业金融机构及其分支机构的设立、变更、终止及其业务范围；三是负责对银行业金融机构现场和非现场监管，依法对金融违法、违规行为进行查处；四是审查批准银行业金融机构高级管理人员的任职资格；五是负责统计威县有关经济金融数据和信息，对威县金融风险进行分析研究，并会同有关部门共同研究紧急风险的处置意见和建议；六是配合分局做好党的建设和纪检工作；七是承办邢台银监分局交办的其他事项。

图11－14　2004年5月9日，银监会威县监管办事处成立

第二章　其他金融机构

第一节　农村信用合作联社

农村信用全作联社简称农村信用社。1980年，农村信用社为县农业银行的基层机构，按银行管理办法管理信用社。1983年后，对信用社的管理体制进行改革，明确信用社的性质为集体所有制的合作金融组织，任务是大力组织农村闲散资金，引导农村自由借贷，发挥民间借贷作用。1984年，威县建立信用合作联社，既是县农业银行的内部机构，又是信用合作社的联合组织。1996年6月，威县农村信用联社与农行脱离隶属关系，信用社实行自主经营、独立核算、自负盈亏，信用联社开始规范各项管理，信贷管理转向“三农”，支持农业增产增效。2004年9月，深化全国农村信用社改革工作全面展开，威县农村信用社申报两级法人社。

机构

图 11－15　威县农村信用合作联社（中华大街）/2018 年摄

1980 年 1 月，威县农业银行恢复后，同时设立信用合作管理股，为县农业银行的内部机构。1984 年，威县建立信用合作联社，是信用合作社的联合组织。同年在城关、梨园屯、侯贯、七级、章台设立 5 个中心社。1996 年 5 月，成立威县联社营业部，6 月底，县农村信用联社与农业银行脱离隶属关系，成为科（局）级单位，办公地址在县城中华大街中段路东，信用合作联社挂靠威县人民银行，管理全县 32 个农村信用社及营业部。1999 年，将 13 个撤并乡镇所在地农村信用社降为信用分社，同时撤并邵梁庄、白果树及柳疃信用社。1998 年 9 月接管城市信用社，1999 年 10 月接收 13 个农村基金会，2000 年信用联社托管环城城市信用社。2005 年 6 月，达到央行专项票据兑付条件，并顺利申请到 9438 万元的票据资金，完成票据置换工作。

服务“三农”

1983 年后，威县信用社管理体制进行改革，其任务是大力组织农村闲散资金，帮助社员和农户解决生产、生活上的困难，支持农户和集体经营单位发展商品生产所需要的合理资金，引导农村信用社自由借贷，发挥民间借贷作用。之后，县信用社以支持“三农”为发展主线，从农村实际和农民需要出发，改进工作方式，制定优惠政策，简化信贷手续，加大支农贷款的发放力度，以支持全县农业、农村的发展。1990 年，县信用社存贷款余额分别达到 7966 万元与 5321 万元。1996 年，经营上开始转变观念，改进支农服务，先后开展送贷上门；设立支农专柜，开辟信贷支农“绿色通道”；开展“信用户”评定和信用村创建等活动。

2005 年，县农村信用联社增强支农力度，投放农业贷款 7850 万元，其中农户小额信用及联保贷款 1817 万元，较上年同期增加 15%。2005 年后，利用农村产业结构调整的有利时机，重点支持高公庄及其他乡镇大棚蔬菜，贺营乡苜蓿、方家营乡葡萄种植等特色种植及其他养殖企业和小型养殖业户。对当地的种养能手、农副产品生产加工典型、粮棉购销大户等的贷款放宽限额、突破贷款期限，做到“真支农、真扶持”。同时，继续落实和完善农户信用等级评定和信用村组创建工程，大力推行小额农户信用贷款的发放，减少审批环节，方便广大农户。至 2009 年，全县小额农贷覆盖面 100%，累计评定信用户 33600 户，并为信用户发放小额信用贷款证，同时采取“一次核定、随用随贷、余额控制、周转使用”的管理办法，农户凭信用贷款证办理贷款，随到随办，改善农村信用环境，实现农民增收，信用社增效。

2009 年，县信用联社各项存款余额 117294 万元，各项贷款余额 65335 万元。

1993—2009 年威县农村信用联社存贷款及贷款投放情况统计表

表 11 －5　　单位：万元

年份	存款余额	贷款余额	年度贷款投放
1993	10414	7162	2258
1994	14281	8167	9402
1995	18818	10272	7863
1996	22973	13233	11714
1997	26393	13741	12127
1998	30774	15157	10298
1999	36262	18746	14647
2000	36570	20091	6623
2001	38650	20097	3410
2002	43965	22631	10588
2003	50503	25404	15336
2004	58707	32829	39286
2005	63840	37514	53425
2006	72975	45135	37172
2007	84534	49586	60334
2008	100747	68539	58579
2009	117294	65335	84071
总计	827700	473639	437133

第二节　中国邮政储蓄银行威县支行

1987 年 5 月 1 日，威县邮政局正式开办邮政储蓄业务。邮政储蓄的业务范围：（1）办理城乡居民储蓄存取款业务；（2）办理经人民银行批准的代理业务；（3）办理经人民银行批准的其他业务。邮政储蓄不办理支票、结算、投资等业务，当年邮政储蓄余额为 15 万元。威县邮政局储蓄网点共两处，即交通大街中段路东邮政储蓄所和洺水东路邮政储蓄所。1989 年 12 月 31 日前，邮政储蓄的利润来源于人民银行按缴存储蓄存款，每月累计日平均余额的 2.2‰ 给付手续费，月结季付。1990 年 1 月 1 日起，其利润来源于储蓄利率与转存款利率的利差。1993 年实现微机化管理。1998 年，实现邢台市邮政储蓄网点联网。2001 年 1 月，全国邮政储

图 11－16　邮政储蓄银行威县支行成立/2008 年摄

蓄网点联网，同时开办绿卡业务，实现邮政储蓄在全国范围内的通存通兑。2005 年 7 月 28 日，成立威县邮政局洺水东路邮政储蓄所。是年，威县邮政储蓄年末余额达到 1.277 亿元。2008 年 6 月，经中国银监会、中国邮政集团批准，成立中国邮政储蓄银行河北威县支行。2009 年 5 月，中国邮储银行率先开办“小额扶贫贴息贷款”，中国邮政储蓄银行威县支行找准市场定位，简化操作流程，把业务发展和支持“三农”融合起来，凭借“扶贫贴息”的竞争优势，在调查的基础上发放“小额扶贫贴息贷款”。至 2009 年 12 月末，累计受理贷款 1100 万元，完成贷款发放 720 户，金额 903 万元，取得经济效益和社会效益的“双赢”。

第三节　典当行

威县典当行于 1993 年 4 月 23 日，经原中国人民银行邢台市分行批准成立。办公地址在交通大街中段路西，主营实物与有价证券典当业务。由于经营管理不善，经河北省政府同意，中国人民银行天津分行批准，于 2000 年 11 月 1 日停业整顿。

停业整顿期间，根据《邢台市 17 家典当行停业整顿方案》等文件和邢台市停业整顿工作领导小组制定的工作步骤、要求和时间，对原典当行储蓄存款进行甄别、确认和兑付，组织力量对资产进行清收处置，妥善保管原始会计核算资料及业务资料。截至 2000 年 11 月 1 日，威县典当行停业时报表反映的资产总额 28810046.50 元，负债总额 31127443.03 元。

2006 年 9 月 18 日，按河北省停业整顿城市信用社退市工作会议精神和《邢台市防范化解金融风险领导小组关于印发〈邢台市停业整顿典当行市场退出实施方案〉的通知》要求，成立威县典当行撤销清算工作组，具体实施典当行市场退出前的清理核算工作。

2006 年 10 月 13 日，清算工作组聘请北京中审会计师事务所对账面资产、负债进行评估。并在典当行最大债权人中国人民银行邢台中心支行的推动下，对典当行的账面资产向社会相关企业进行推介，配合其进行尽职调查，最后按照公开、公正、公平的原则，于 2007 年 12 月 17 日，长城国际拍卖有限公司对包括威县典当行在内的 13 家典当行的资产进行整体打包拍卖，邢台市商业银行竞拍成功，资产交接工作完成。

2007 年 12 月对债权人的债权进行申报、登记、甄别确认。申报内容包括截止到 2007 年 12 月 31 日债权及合法利息。

2008 年 3 月，委托河北新世纪会计师事务所对典当行自停业整顿至完成账面债权转让期间的会计核算资料进行审核。6 月，根据债权登记情况，经债权人同意，确定了对典当行资产分配的方案。

第四节　洺水城市信用社及环城信用社

中共十一届三中全会以后，威县多种经济并存发展，随着个体、集体经济快速发展的需要，为之服务的城市信用社相继成立，其性质为群众性的金融合作组织。威县城内先后组建了环城信用社和洺水城市信用社。

洺水城市信用社

威县洺水城市信用社由威县财政局拨资10万元作为自由资金，于1988年5月8日经中国人民银行邢台分行批准组建成立，办公地址先在北关大街，后迁至顺城东路。

1994年9月，根据中国人民银行河北省分行文件《转发省政府〈关于组建城市信用社联合社的通知〉的通知》和河北省人民政府《河北省城市信用社合作社脱钩办法》，洺水城市信用社与威县政府脱钩，由邢台市城市信用社联社接管。2000年12月6日，该社由于资不抵债，发生支付风险，经天津分行批准停业整顿。

停业整顿时工作组建账反映资产总额3502.5万元，负债总额4784.7万元，所有者权益合计－1282.2万元，停业整顿期间，工作组收回贷款350.51万元。2006年6月，对债权人的债权进行申报、登记、甄别确认。2006年9月19日，成立撤销清算工作组，进入清算阶段，2007年9月20日，将该机构业务终止情况进行公告，并托管给威县农村信用社联合社。但不良贷款清收无望，资产无法变现。

环城信用社

1986年8月，工商银行威县支行在洺水中路设立了一家金融服务所，后改名环城信用社，1988年1月，河北省人民政府《关于进一步发展城市信用社的通知》，明确对城市信用社本着谁办谁管的原则，实施业务指导和行业管理。

环城信用社的资金来源主要靠吸收存款，实行“以存养贷，多存多贷，少存少贷，自求平衡”的资金管理体制。业务上独立核对，自主经营，自负盈亏，照章纳税。

环城信用社服务对象及经营范围：1. 办理城镇集体企业和个体工商及实行承包的小型企业的存款、贷款、结算业务；2. 办理城镇个人储蓄存款业务；3. 办理经中国人民银行批准的其他金融业务。1994年，因经营亏损合并到农村信用合作联社。

第三章　保险业

1982年威县保险业务恢复经营。1982—2009年，全县保险业由一家保险机构，发展成财产、人寿为主的多家保险公司，保费收入1985年为22万元。2009年底，人民财产保险公司和人寿保险公司（全年保费收入）分别增加到1894.6万元和9636万元。20多年间，保险公司充分发挥经济补偿和经济给付的主要职能，保障威县经济活动的顺畅运行，分担个别单位和个人所不能承担的风险，从而形成经济互助关系，可以使企业及时恢复生产，对个人可因此使家庭生活得到保障，有力地支持了工农业生产，安定人民生活，为威县经济建设真正起到“助推器”和“稳定器”的作用。

第一节　中国人民财产保险股份有限公司威县支公司

1982 年 1 月，中国人民银行威县支行成立保险代理处，有工作人员 3 人，同时中国农业银行威县支行也成立保险代理处，工作人员 3 人。农行代理处业务范围限于在农业银行开户的企业、粮食系统、供销社系统、农机系统和水利系统。其他保险业务归县人民银行保险代理处办理。1985 年 6 月 1 日，经中国人民保险公司河北省分公司批准，成立中国人民保险公司威县支公司，同时撤销县人民银行、县农业银行两个保险代理处，办公地址在顺城路，1996 年，完成机构改革，分为中国人民财产保险公司和中国人寿保险公司。2003 年 7 月 19 日，中国人民财产保险公司威县支公司更名为中国人民财产保险股份有限公司威县支公司。

图 11－17　财产保险公司营业室（顺城路）/2007 年摄

保险种类及保险费

公司从 1985 年成立后，开办的保险险种逐年增多，主要险种有机动车保险、企业财产保险、家庭财产保险、人身意外伤害保险、雇主责任保险、学生平安保险和校园方责任保险等二十多个险种。保费收入从 1985 年的 22 万元增加到 2009 年的 1894.6 万元，保险金额达到 1949798.7 万元。

图 11－18　家庭财产长效还本保险证

保险赔偿

保险理赔工作主要以案件的事实为依据，以理赔政策条款为准绳，坚持主动、迅速、准确、合理的原则，为人民生活财产起到保驾护航的作用。

棉花保险

1988 年，保险公司河北省分公司，确定威县为棉田雹灾保险重点试办县。保险金额分为每亩 100 元、70 元和 50 元三个档次供保户选择投保，保险费按照保险金额 3% ~5% 的保险费率计算①。2008 年、2009 年，棉花保险承保金额分别为 816 万元、164 万元。

① 河北省地方志编纂委员会《河北省志（第 43 卷）·金融志》中国书籍出版社，1997 年，第 558 页

1985—2009 年威县人民财产保险公司保费、理赔情况统计表

表 11－6　　　　　　　　　　　　　　　　　　　　　　单位：万元

年份	保险费	保险金额	赔款支出
1985	22.0	7012.4	21.5
1986	42.3	14223.5	25.7
1987	100.0	23317.0	64.6
1988	87.8	13643.0	44.7
1989	121.2	15976.0	73.1
1990	212.6	33861.0	96.9
1991	240.3	60901.7	280.9
1992	231.4	53672.8	130.6
1993	246.4	40081.2	347.5
1994	340.9	34013.8	287.3
1995	428.6	45586.3	283.2
1996	409.8	38461.9	188.8
1997	379.5	38553.5	317.7
1998	410.4	42224.3	272.3
1999	460.0	57338.7	223.4
2000	434.3	6647.0	280.9
2001	600.1	64412.5	309.4
2002	618.8	50339.7	327.9
2003	559.0	567964.0	340.7
2004	1014.6	114745.6	662.0
2005	737.2	33652.1	396.4
2006	815.0	46816.4	492.3
2007	1033.7	53679.3	388.7
2008	2083.7	59604.2	722.2
2009	1894.6	1949798.7	1579.0

第二节　中国人寿保险股份有限公司威县支公司

人寿保险业务开办于 1984 年，当时，寿险业务只是县人民银行保险代理处的附属产品，险种只有人身意外伤害保险和简易人身保险，保险对象只限于机关、团体、企事业单位中身体健康能正常工作或正常劳动的在职人员。到 1990 年人身意外伤害保险投保 45896 人，保险金额 13095.5 元，简易人身保险投保 12585 人，保险费收入 30.2 万元。1987 年开办学生平安保险，1990 年开办农村干部养老金保险，人身险种有所增加，但险种承保范围只有养老类和

图 11－19 中国人寿保险公司威县支公司（顺城路）/2018 年摄

意外伤害类保险。1996 年 6 月，财险、寿险分业经营，成立专营人身保险业务的中国人寿保险有限公司威县营业部，险种、人员、承保客户、保费收入才有较大的发展。2003 年 7 月，公司更名为中国人寿保险股份有限公司威县支公司，成为威县境内经营人身保险业务的龙头企业。

承保

1996 年 6 月，财险、寿险分业经营，成立中国人寿保险有限公司威县营业部，业务得以快速发展，开办的险种逐年增多，有长期传统寿险、分结型保险、意外伤害保险、健康保险等几个大类，主要险种有康宁终身保险、国寿美满一生保险、国寿英才少儿保险、国寿母婴安康保险、国寿学生平安保险、人身意外综合保险等 200 余种，涵盖一生中的生、老、病、死各个阶段。

1997 年，人身保险险种增至 10 种，分养老类、健康类、意外伤害类；当年保费收入达到 265.2 万元，其中：期交保费 32 万元，趸交保费 150 万元，短险保费 83.2 万元。2000 年，寿险业务首次突破千万元大关，保费收入达 1240.1 万元，成为威县寿险市场最大的公司，影响力也逐年扩大。2001 年，人身保险险种增加到 50 种，全年保费总收入达到 1820.2 万元。2003 年，公司完成股份制改革，更名为中国人寿保险股份有限公司威县支公司，公司在原险种的基础上，逐步增加分红险产品，业务重点转入分红保险。是年，公司开办银行兼业代理保险业务，主要是国寿鸿泰保险（分红型），代理银行包括建设银行、农业银行、工商银行、邮政储蓄银行，当年代收保费 1100 万元，全年保费收入达到 2737.6 万元。2006 年，研发并推出分红险种国寿美满一生两全保险，开创国内寿险市场即交即领的先河，当年个险增收保费 100 余万元。2007 年开办既有重疾保障又兼具分红的“国寿瑞鑫”保险。至 2009 年底，公司全年保费收入 9636 万元，其中银行代理业务保费收入 6254 万元。

1996—2004 年中国人寿威县支公司承保情况统计表

表 11－7

年份	承保（人次）	保费（万元）	年份	承保（人次）	保费（万元）
1996	25212	156.0	2003	36673	2737.6
1997	30312	265.2	2004	32456	3132.3
1998	44376	423.5	2005	53258	3853.7
1999	31642	471.1	2006	59879	4344.2
2000	42241	1240.1	2007	66435	5125.5
2001	33230	1820.2	2008	72354	6760.1
2002	35467	1936.6	2009	78941	9636.9

理赔

1984—1996年，由于人身保险业务发展缓慢，客户出险率较低，每年赔付金额也较少，到1996年，公司赔付金额达到59万元，赔付比率99.5%。2003年，公司理赔案件1614件，理赔金额134.2万元；2006年12月，第什营乡及方家营乡发生两起交通事故，公司共赔付25万元。2009年，公司赔付金额达到228.05万元，赔付比率94.8%。

1996—2004年中国人寿威县支公司理赔情况统计表

表11-8

年份＼项目	出险人次	赔付人次	赔付金额（万元）	拒赔人次	拒赔金额（万元）	赔付率（%）
1996	598	595	59.0	3	423	99.5
1997	734	710	69.9	24	1971	96.8
1998	782	743	76.1	39	8464	95.0
1999	886	863	80.9	23	4499	97.4
2000	1290	1264	107.9	26	3864	97.9
2001	1213	1167	104.0	46	10918	96.2
2002	1405	1383	125.4	22	4708	98.5
2003	1614	1590	134.2	24	14296	98.5
2004	1308	1283	109.7	25	14514	98.1
2005	1201	1176	178.3	25	37421	97.9
2006	986	967	176.4	19	28672	98.1
2007	1021	983	210.1	38	57430	96.3
2008	921	913	201.2	8	40372	99.1
2009	865	820	228.1	45	106820	94.8

第三节　其他保险公司

中华联合财产保险股份有限公司威县支公司

中华联合财产保险股份有限公司威县支公司，是中华联合财产保险股份有限公司在威县的分支机构，公司成立于2005年3月，坐落于威县世纪大街，有员工20人，公司下设承保部、理赔部、综合部、农险部、车险部等科室。

公司围绕人民的保险需求，不断丰富保险产品，拥有1000余款全类别、广覆盖的财产保险产品。公司为更好的服务客户，不断优化理赔服务：推行24小时*365天理赔服务；1000元以下，一个工作日内赔付；万元以下案件，手续齐全，一个工作日内赔付；异地出险，全国通赔。自公司成立至2009年，保费收入逐年增多，2005年保费收入288.9万元，至2009年达到836.9万元，是2005年的2.9倍。

中国平安财产保险股份有限公司威县支公司

中国平安财产保险股份有限公司威县支公司成立于2002年9月23日，公司位于顺城东路路南。公司经营范围：企业财产损失保险、家庭财产损失保险、短期健康保险、意外伤害保险、建筑工程保险、安装工程保险、货物运输保险、机动车辆保险、种植保险等业务。威县支公司经过8年的大力发展，2009年保费收入近千万元。

此外，域内还有中国太平洋人寿保险股份有限公司威县支公司，位于威县洺州镇东环路东，成立于2008年4月；河北华圣保险销售服务有限公司位于中华大街北段圣丰华庭11号门市，成立时间2004年6月。

第四章 国债证券

1981年始，威县境内开始发行国债，1999年始，河北证券在威县开展股票经营业务。股票、基金在威县起步较晚，发展缓慢。

第一节 国 债

国债

1981年开始发行中华人民共和国国库券，至1988年发行8期。国库券的发行和还本事宜，由县人民银行机构办理。当初发行的都是实物券，面额有1元、5元、10元、100元等，这时期发行主要采用分配发行的方式，由干部、职工、国营企业、集体所有制企业、机关、团体、部队等认购。后几年，城乡居民个人购买部分逐年增多。1990年，威县境内发行国债127万元，其中企事业单位认购23万元，个人认购109万元。1994年，开始发行凭证式国债，其票面利率高于同期储蓄存款利率，具有类似储蓄又优于储蓄的特点，由银行柜台代理发行，深受个人投资者的欢迎。当时由财政部门委托，先由县工商银行代理发行，随后其他商业银行均代理发行。1997年，国债发行品种由单一的凭证式，增加电子记账式，即记账式国债，实现国债无纸化网上发行。1997—2009年，威县境内国债则通过各金融网点购买。

保值公债

1989年，威县发行保值公债193.2万元，保值期3年。

特种国债

1989年，县人民银行根据《中华人民共和国特种国债条例》，向经济条件较好的全民所有制企业、集体所有制企业、私营企业、金融机构等单位发行特种国债25.13万元。1990年，发行特种国债23.3万元。

第二节　证　券

威县人购买股票较早的是20世纪90年代在外地经商、打工的一些人，其中，薛林普于1994年到天津做生意，曾在天津南方证券营业所开办证券交易账户。当时由于条件所限，购买股票采取柜台填单原始方式。1999年，河北证券威县服务部在威县正式设立，代理人为王云敏，地点在顺城路县工商局东侧，装有几十台计算机，供股民购买股票，了解股市行情。2000年，股民达到200人左右。2004年，成立银河证券服务部，地点在建设银行二楼。2004年以后，随着计算机、互联网的普及，股民们在家中购买股票已成主流。

第三节　基　金

1999年始，河北证券威县服务部办理封闭式基金业务。2002年，县内各商业银行代理购买开放式基金业务。由于人们对开放式基金业务认识有限，购买者很少，直到2006年，股票市场走红，先买者收益成倍增长，吸引大量客户跟风购买基金，基金市场空前活跃。但由于人们对基金理解不深，急功近利，大多数购买了风险性较高的股票型基金，随着2007年下半年股票市场的回落，县内大批跟风的基民被套牢。

2008年后，威县基民逐渐成熟，开始选择不同对象的基金，如债券型、混合型、货币型等基金，基金投资方法则采取基金定投、波段买卖等方式，以获得不同的投资收益。

附：

冀南银行在威县

1937年7月7日，日本帝国主义向中国发动全面侵略战争。为抵抗侵略，中国共产党领导的国民革命军第八路军决定挺进晋冀鲁豫创建根据地。1938年春，八路军第129师进入冀南，与中共地方组织发动群众，开展游击战争。8月，冀南行政主任公署在南宫成立，以南宫威县为中心的冀南平原抗日根据地大致形成。此时，冀南地区流通货币十分混乱，除国民党政府所属中央银行、中国银行、交通银行、农民银行发行的“法币”外，山西、河北、山东、河南各省银行和一些商业银行发行的货币，还有民国时期河北地方私票，甚至还使用银圆等。上述纷杂的货币流通，如果不进行整

图11-20　1947年10月冀南区行干部在威县合影。左起前排为：董渡峰、杨焕文、张皓天、李超英、郭文楷、崔宝锷、杜华甫，中排为：张振义、肖祝勋、王学军、张保树、张志等，后排为：张兴海、赵广田等

理，不建立独立自主的统一货币市场，不利于根据地经济建设和保护人民利益，难于对敌进行经济斗争和货币斗争。1938 年冬，冀南行政主任公署在威县创办冀南财经学校（抗战时期，学校跟随行政公署经常转移，不固定，解放战争时期，在方家营乡南里村），第一期学员由冀南干部学校、冀中抗战学院及抗日武装部队中选调，共 100 多人。1939 年 6 月第一期学员结业，为冀南银行成立奠定了人才基础。1939 年 9 月 16 日，冀南行政主任公署颁布成立冀南银行并发行冀南钞票。10 月 15 日，冀南银行路东行成立，工作人员大部分为冀南财经学校第一期学员，后成为冀南银行干部主力。银行对外活动使用的番号为“国民革命军第八路军东进纵队第一支队”，跟随中共冀南区党委、冀南军区、冀南行政公署活动。1939—1941 年，驻地经常转移，威县广宗交界一带为主要立足点。1940 年 3 月，威县在冀南区第一个成立县支行，冀南银行路东行印刷所也在威县成立并投产，印刷所设在草楼村村民于法成家中，对外称工作队。由于战时保密，印刷所番号为冀南军区独立大队。第一批印制的钞票为二角券，陆续又印出一元、二元券。随着战争和冀南抗日根据地建设的发展，冀南钞票的印刷和发行日益增多，两三个月时间，印刷机从一台增加到四五台，铅印机取代手打机。为确立冀南钞票为本位货币，统一冀南货币市场，当时依靠行政力量、经济力量和各项工作的配合，市场交易一律使用冀南银行钞票，不准使用中央银行、中国银行、交通银行和农民银行的钞票，如有，须先到银行兑换后才能买卖货物。当时县支行的首要任务是统一货币流通，只要日伪军不出来“扫荡”，县行的同志都到集市上宣传和兑换钞票。1940 年秋，日伪军“扫荡”增多，为躲避敌人的“扫荡”，我工作人员秘密转移到敌人据点附近村庄，敌人“扫荡”结束后再回原工作地区。日伪军得知这一情况后，提出“肃清灯下黑”的办法来对付我地方工作人员，给工作造成很大困难。县行当时决定把统一市场货币推向游击区和敌人统治区的集市，占据敌人统治区的金融市场。县行每到敌统治区集市都事先与区政府或民兵联系，民兵放哨监视敌人，银行宣传兑换钞票，可见当时工作之困难，危险之大。这项工作开展后，冀南钞在敌占区流量逐渐增多。到 1940 年底，敌人据点内，冀南钞也在秘密流通，伪军外出“扫荡”抢到的冀南钞也不销毁了，秘密地购买物品。1942 年，日军在威县境内，推行“第四次强化治安”，“扫荡”十分频繁。加之威县先闹旱灾，后发水灾、蝗灾，群众生活异常困难。由于情势所迫，印刷所实行精简，采取分散的办法，并多次转移驻地，10 月先迁到邱县，后转到鲁西北一带。1943 年春，冀南银行总行报请边区政府批准，路东行改为冀南区行。冀南区行成立后，为阻止日伪掠夺中国金银，对金银和硬币采取保护措施，以挫败日军的经济侵略。通过发放低利息贷款，建立冀钞在群众中的信用基础，扩大抗日政府及八路军的政治影响。废除高利贷剥削，摧毁旧的金融体系。解放战争初期，冀南百废待兴，为发展工商业，冀南银行发放工业、商业贷款，逐步恢复繁荣经济。从而形成一套新的货币金融体系调剂市场，融通资金，充裕财政，为革命战争提供重要保障。

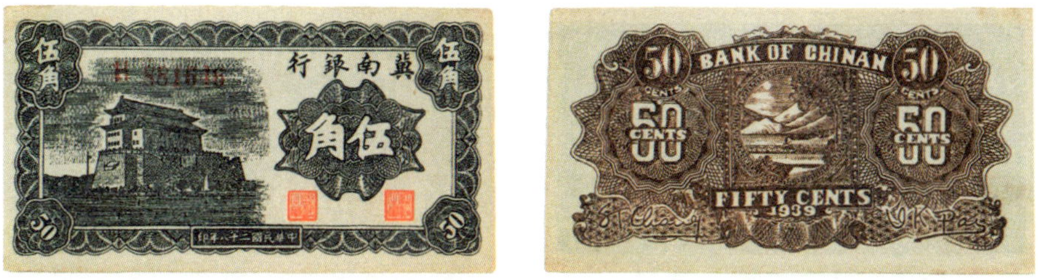

面额：伍角 图案：前门　　背面：火车桥

图 11－21 1939 年冀南银行发行的冀南币/规格：101mm×52mm

在战争环境中，资金周转缓慢，存款与放款受到很大的局限性，冀南银行开展实物经营（仓库经营）业务，既是调剂资金周转的一种方法，同时又能稳定市场物价。冀南银行正确掌握货币发行方针，币值稳定，近九年时间里货币发行增加7000倍，而物价只上涨近600倍。1942年至1943年期间，冀南遭遇五十年未遇灾荒，大部分地区农业收成只有二至三成，有些地方颗粒未收。组织群众恢复农业生产成为冀南军区行署的主要任务。1943年6月，冀南区工商局、银行进行合并，经济力量得以进一步集中，资金全部用到经营和贷款，帮助“生产救灾”。时任冀南工商管理局局长林海云，从救灾急需大量资金的实际情况出发，向冀南区党委提出发行“本票”建议，冀南区党委批准后，由郭献瑞副局长书写票面“200元本票”，由冀南区行印制发行，为紧急救灾发挥了积极作用。1943年夏，冀南普遍遭遇天旱，秋苗种不上，当时结合组织纺织、运输、打井点苗、籽种发放贷款，其中打井贷款200万元，籽种贷款共计345万元；灾荒中牲口缺乏严重，全村一两个牲口或无牲口的现象很多，因此，发放耕牛贷款160多万元，增加畜力，帮助农业生产。1944年春，灾荒尚未过去，又进行支持生产的耕地、籽种等贷款，扶助群众度过春荒。1945年6月，威县解放，冀南区党委、行署、冀南军区以及冀南区行进驻威县城。1946年4月至1947夏由于军事形势，冀南区行迁至城北农村。1945年10月威县政府由雪塔迁往潘村，冀南银行威县支行一部分在潘村，一部分在县城和家街。1948年6月，冀南区路东行改为华北银行冀南区行，后改为人民银行冀南分行。1949年7月，冀南行署迁至保定，威县政府机构搬进县城，县银行两处和在一起，行址先设在北街路东一处老式四合院内。年底，县行搬到县城东街路北。

冀南区行历经抗日战争和解放战争，锻炼培养了一大批银行人才。如胡景沄，山西文水人，曾筹建冀南银行路东行，任副经理。1949年后，历任中国农业银行行长、中国人民银行副行长等职。董渡峰，张营乡后小辛村人，曾参与路东行印刷厂筹建工作，任路东行印刷所队长。1949年后，历任中国人民银行总行发行局、会发局副局长。李隐秋，威县侯贯镇大里庄人，曾任威县支行出纳、会计。1949年后，历任第四军医大学政治部主任、总后基地指挥部主任（副军级）等职。张济民，张营乡前花疃村人，曾为冀南路东行会计负责人，冀南银行总行会计科科长。1949年后，任中国人民银行总行会计司司长、发行局局长。1947年10月，随解放区的快速扩大，刘邓大军挺进中原，冀南区行抽调张浩天、赵德盛、王玉昆、林一等十多名同志随军南下，后成为各级银行领导和业务骨干。如张浩天，章台镇南镇村人，曾任冀南区行副经理。1949年后，历任中国人民银行河南省分行行长，省财委副主任，省计划委员会副主任等职。1949年初，冀南区党委和政府从全区抽调4000人，南下到解放区进行接管工作。据湖南省委所编《南下入湘干部名录》记载，冀南区银行有128人，其中威县籍有19人。其中如孙玉玺，陆台村人，曾在冀南银行工作。1949年南下，历任湖南省津市银行秘书，慈利县银行行长，湘潭中心支行行长等职。1959年调任西藏自治区甘孜地区银行行长，西藏公路勘察设计院副院长等职。李芳圃，北章台村人，曾任冀南区行第四分行经理。1949年随军南下后，历任湖南省人民银行常德中心支行副经理、湖南省人民银行检查科长、湖南省保险公司经理等职。李立堂，章台镇中章台村人。曾任冀南银行威县支行出纳员。1949年后，历任中国人民银行常德中心支行副行长、中国农业银行常德中心支行行长等职。

（侯保焱）

第十二编　财政税务

明代，县财政收入主要来自田赋。田赋按地亩和人丁征收实物和银两，初实行两税制。明万历四年（1576）威县实行一条鞭法，改实物税为货币税。所征大部上解，少部分用于县财政支出。至清代县财政收入主要来自田赋和杂税，田赋按地亩数和壮丁数征收银两。民国初期，县财政收入来源主要有田赋、官产、杂税和盐法。抗日战争时期，根据地成立县抗日民主政府，政府机关和军队所需经费主要靠庙产、祠产、田赋等。解放战争时期，县人民政府制定农业税、土地税、营业税等税的征收办法，财政收入主要来自各项税款。同时，为保证战争需要，有时派征实物，支援前线。

中华人民共和国成立后，财政管理体制实行统收统支，高度集中。1953年，实行“统收统支，分级管理”体制，县财政纳入省财政预算，县成为一级财政管理单位，开始执行财政预决算制度。1958年人民公社化以后，个体私营经济日趋消失，税收主要靠集体缴纳。1959—1967年，实行“总额分成”办法，县财政收入由省、县比例分成。1978年，实行“收支挂钩，总额分成”的财政体制。1978年，全县财政收入696.26万元，财政支出783.96万元，税收576.93万元。

1979—2009年，威县经济快速发展，促进了财政收入大幅度增长。1979年，财政收入520.3万元，2009年，达到9316万元，增长16.9倍。1979年，财政支出980万元，2009年，支出76180万元，相当于1979年的77.74倍。随着改革的深入，财政收入来源发生巨大变化，源于国有成分比例在总收入中明显下降，而集体、私营、个体及其他经济成分的比例明显提高，尤其是第三产业收入在总收入中的比例逐步上升。30年间，县财政逐步由“吃饭型”财政过渡到“公共型”“民生型”财政。进入21世纪，部门预算、政府集中支付、政府采购、农村税费和收支两条线等多项改革不断深入，财政预算管理体制走向科学化、规范化、精细化。2003年后，县财政公共服务职能进一步拓宽，财政支出更多地投向与人民群众直接相关的民生领域。2009年，全县总财力达到69887万元，其中上级转移支付资金34711万元，专项转移支付收入25235万元。

1979—1993年，威县税务局负责全县的工商税收工作，财政局负责征收农业税及农业税附加。1994年实行分税制，威县税务局分设为国家税务局和地方税务局，国家税务局负责征收和管理中央税，地方税务局征收和管理地方税及共享税。2009年，威县国税收入3792万元，地税收入6569万元。

第一章 财 政

第一节 财政收入

威县财政收入主要来自工商各税、农业税、企业收入等。其中，工商税收入是财政收入的主体，占财政总收入的一半以上。1980—1985 年，国营企业实行利润留成制度，使财政收入逐年增长。1983 年实行企业第一步利改税，1984 年实行第二步利改税。1985 年财政收入 709.7 万元。1988 年，威县财政收入突破千万元大关，完成收入 1141.6 万元。1990 年财政收入增加到 1559 万元。1993 年，威县财政收入突破 2000 万元大关，达到 2236 万元。1995 年财政收入达到 3863 万元，比 1994 年的 2680 万元增长 1183 万元。1996 年，在上一年的基础上收入增速仍保持较快增长，达到 5398 万元。2000 年，财政收入达到近年的一个峰值，当年共完成财政收入 8678 万元，2009 年，全县财政收入实现新的突破，达到 9316 万元。

图 12－1 财政局办公楼（中华大街）/2006 年摄

工商各税

主要包括工商税、工商所得税、产品税、增值税、营业税、建筑税、城建税等。2005 年以后，随着经济社会发展，工商税收在财政收入中所占的比重越来越大，实现连年增长。2004 年全县完成工商税收 3994 万元，占全部财政收入的 60%；2005 年全县完成工商税收 4292 万元，占财政收入的 71.5%，同比增长 7.4%。2009 年，全县完成工商税收 8303 万元，占财政收入的 89%。

农业税

1985 年以前，农业税以征收实物为主，征收粮食占农业税任务的 90%。一般分两季征收，也可秋季一次征收，遇有灾害，报上级据实予以减免。1985 年，农业税征收改为折征代金的办法，上级要求改夏、秋两季征收为常年征收。威县分夏、秋两季征收，夏季 6 月底完成，秋季 9 月底完成，同时完成全年任务。1994 年，河北省财政厅下发《关于以县（市）为单位平衡农业税负担的通知》，威县结合县情，在全县农业税总额不变的情况下，根据 1991—1993 年各乡镇农作物实际产量、产值、平均年产值，确定各乡镇农业税负担。2000 年，县政府根据国务院及省、市有关农村税费改革的指示精神取消乡统筹、村提留、屠宰税、统一规定的劳动积累工和义务工，把对农民的一切收费，统一用农业税收的方式规范起来，农民应缴纳的农业税额以承包的土地面积和常年产量为依据测定核算，任何单位和个人不得以任何理由再向农民收取其他款项，从根本上减轻农民负担。2001 年，在上一年农村税费改革的基础上，进一步完善农业税的各项配套改革，使农村乱收费、乱集资及乱摊派进一步得到遏制，农民负担明显减轻，同时合理利用农村税费改革转移支付资金。2004 年，中央提出五年内免除农业税，农业税征收率和征收额逐年降低。2004 年、2005 年，威县农业税税征收率分别比上年降低 3 个百分点和 2 个百分点，降至 1.98%。2006 年全县取消农业税。

耕地占用税

1987 年 4 月 1 日，国务院发布《中华人民共和国耕地占用税暂行条例》，规定凡是占用耕地建房或者从事其他非农业建设的单位和个人依其实际占用耕地面积征收耕地占用税。以县为单位，按人均耕地面积的多少，将税额分为四个档次。威县按 2.5 元/平方米征收，税额 50% 列入地方预算，作为农业发展专项基金，50% 列入中央预算，上缴中央财政，由国家统一安排使用。1988 年，改为从税额中首先提取 5% 的征收经费，其后再按上述分成比例分别缴入中央和地方金库。1989 年 1 月，耕地占用税改为中央 30%，地方 70% 分成比例，同时，按照中央规定，所征耕地占用税不准截留。凡实际占用耕地而完不成中央占用税任务的，年终要由地方财政补足。1988—2005 年，威县累计征收耕地占用税共 1323.6 万元。

企业税收

主要包括工业、商业、物资、医药、粮食等预算内企业上缴利润、基本折旧基金、固定资产变价收入及其他应交财政收入。1980 年，对财政管理体制进行改革，国营企业实行利润留成办法，全年收入 576 万元。1983 年，国营企业推行利改税，把企业上缴国家的利润用税收的形式予以固定，企业税收有所增长。1988 年，商业、粮食、供销等流通领域的部分企业成功地实行第一轮承包经营责任制后，企业收入以承包费形式上缴，企业上缴利润稳步增长。1998 年后，县内国有企业相继进行产权制度改革，一些民营企业随之发展，企业所得税亦不断增长。2009 年，企业税收已经成为全县的主要税源。

农业特产税

1983 年 11 月 12 日，国务院发出《关于农林特产收入征收农业税的若干规定》。1989 年 5 月 16 日，河北省人民政府颁发《农林特产收入农业税征收实施办法》，自此，威县始征农业特产税，苹果、梨、葡萄、桃等水果收入税率为 15%，枣、柿子、杏、李子等收入税率为 10%；西瓜、甜瓜及其他鲜瓜收入税率为 10%；树苗、果苗及其他苗木收入税率为 5%；鱼、虾等收入税率为 10%；林木、原木收入税率为 8%；花卉、药材、芦苇等收入税率为 5%。1978 年后占用耕地发展的农林特产生产（不包括果用瓜），其税收在上述税率基础上加征 20%。从 1988 年到 1999 年，全县累计征收农业特产税 3217.48 万元。2000 年，农村税费改革时，国家取消除烟叶以外的农业特产税，威县也随之取消此税的征收。

契税

1979 年始，国家和企业投资兴建大批居民住宅，契税税额大量增加，1984 年威县恢复 6% 的契税征收税率，按买价向买方征收。1997 年 10 月 1 日至 1999 年 7 月 31 日，国务院颁布新的《中华人民共和国契税暂行条例》，税率为3%～5%。1999年8月1日至2005年5月31日，河北省财政厅规定按4%的税率减半征收。2005年6月1日起，按3%的税率减半征收。2006年，威县农业税全部取消，契税征收力度加大，实行国土、建设部门协助配合，财政直征契税的征管机制，契税征收明显增长。2005年，共完成契税48万元；2009，年完成契税239万元，比2005年增长近4倍。

其他收入

其他收入主要有行政性收费收入、事业费收入、规费收入、罚没收入、排污费收入、教育费附加收入和国有土地出让收入。1982年该类收入中增加征收水资源收费、排污费收费；1985年，全县实现收入11.4万元。1997年实行“收支两条线”管理后，该类收入迅速增长，2005年全县其他收入达到664万元，2009年为1013万元。

1979—2009年威县财政收入统计表

表12－1　　单位：万元

年份	收入总额	县级一般预算收入总额			上划中央、省收入总额
		工商税收	农业税收	其他收入	
1979	520	382	133	5	—
1980	402	241	127	34	—
1981	482	310	170	2	—
1982	560	341	216	4	—
1983	624	400	208	16	—
1984	624	394	214	16	—
1985	709	421	277	11	—
1986	768	504	245	19	—
1987	943	687	254	2	—
1988	1142	829	293	20	—
1989	1480	1002	331	147	—
1990	1559	1100	393	66	—
1991	1876	1266	478	132	—
1992	1988	1364	496	128	—
1993	2236	1672	457	107	—
1994	2680	992	695	111	—
1995	3863	1645	889	138	1191
1996	5398	2679	1286	174	1259

续表 12－1

年份	收入总额	县级一般预算收入总额			上划中央、省收入总额
		工商税收	农业税收	其他收入	
1997	6580	3354	1488	284	1454
1998	7902	4033	1328	526	2015
1999	8813	4282	1426	387	2718
2000	8678	3038	3710	402	1528
2001	7449	2259	3238	1084	868
2002	7064	769	2909	725	2661
2003	7588	849	2847	1096	2796
2004	6659	1482	1714	950	2513
2005	5999	1549	1040	664	2746
2006	6068	1912	55	962	3139
2007	7298	2150	102	1020	4017
2008	8358	2612	362	1010	4374
2009	9316	4281	239	1013	3783
合计	125626	48799	27620	11255	37062

第二节 财政支出

支出项目

威县财政支出基本项目有文教科学卫生事业费和社会保障费、行政管理费、农林水气事业费、支援农业经费、经济建设费等。30 年间，全县财政基本保持收支平衡略有结余局面，行政管理、文化教育卫生费用支出比较大，人员经费支出占大头。县财政在财务紧缺的情况下精心运筹，基本做到收支平衡略有结余，保证公教人员工资发放的同时，确保重点建设项目的资金需求。财政直接或间接投资建设义和团爱国主义教育基地（赵三多纪念馆）、县第一中学、第二中学教学楼，建设县职教中心、县人民医院、县中医院病房楼，改建扩建乡镇卫生院、光荣院等公益事业场所，以及电力、交通城镇基础设施和商贸基础设施建设，优化人文历史资源配置，增强城市功

图 12－2 省财政厅厅长齐守印（左二）到威县调研/2009 年摄

能，使威县更具有活力和吸引力，更适宜人居和投资。

威县是农业大县，工业基础薄弱，第三产业落后，农业税是县财政的主要收入来源，财政人头支出所占比重较大，人称“吃饭财政”。经过30年的经济发展，在职职工工资总额占财政支出比重呈逐年减少趋势。2009年，全县财政支出76180万元，在职职工工资总额占支出比重38.80%，比2000年下降23.7个百分点。工资比重的降低，标志着全县财政基本实现由“吃饭财政”向“建设财政”的转变。

1979—2009年威县财政支出情况统计表

表12－2 单位：万元

年份	支出总额	经济建设支出	文化教育卫生支出	农林水气支出	行政管理费支出	社会保障福利退休支出	专项支出	其他费用支出	基金	政策性补贴
1979	980	17	261	434	95	55		118		
1980	753	26	312	172	103	77		63		
1981	740	1	316	139	112	100		72		
1982	833	1	375	146	164	68		79		
1983	851	35	433	75	197	62		49		
1984	953	126	409	88	236	82		12		
1985	937	32	505	69	172	89		70		
1986	1206	50	552	111	238	102	7	146		
1987	1303	45	606	103	257	127	4	161		
1988	1500	13	743	75	345	121	19	184		
1989	1837	24	813	120	345	149	12	374		
1990	1995	8	920	163	439	154	10	301		
1991	2421	4	963	278	565	201	8	338		64
1992	2621	17	1226	217	687	183	6	285		
1993	3146	76	1426	231	734	227	112	340		
1994	3369	57	1690	285	765	201	61	310		
1995	4598	179	1904	445	954	291	145	680		
1996	6367	226	2597	706	1489	307	23	1019		
1997	7265	220	2673	828	1369	1138		1037		
1998	8474	650	3085	1024	1548	1406	26	735		

续表 12-2

年份	支出总额	经济建设支出	文化教育卫生支出	农林水气支出	行政管理费支出	社会保障福利退休支出	专项支出	其他费用支出	基金	政策性补贴
1999	8822	291	3469	765	1685	1655	31	926		
2000	10327	256	4019	647	1965	1863	12	1565		
2001	14239	121	4776	581	2570	2222	56	3913		
2002	14722	459	5753	739	3340	2395	60	1429	547	
2003	16693	601	6063	557	3275	2746	49	2552	850	
2004	19446	786	5999	812	4078	3030	75	3327	1313	26
2005	24656	1187	7675	1056	4283	4402	76	4027	1924	26
2006	42323	493	8170	1142	5240	4411	132	7397	2455	12883
2007	48332		13412	5662	7801	5004		7969	8484	
2008	60303		17851	7249	9726	7885		9412	8180	
2009	76180		25238	12554	12610	10526		6825	8427	

支出管理

行政事业财务管理 1980—1990 年，全县行政事业单位的财务管理实行“经费包干、超支不补、节余留用”的办法，各单位定期向财政部门报告情况。县政府每年都根据实际情况，相应地做出适当调整。1990 年，全县行政事业管理费共 439.3 万元。1991 年，实行“双包干”，节编有奖、超编受罚，在经费预算上基本采用基数加增长的办法。1993 年，制定出台《关于加强行政事业单位经费管理的有关规定》，实行定点开会，严格控制车辆增加，对大额专项资金进行跟踪问效等措施。1995 年，全县开展“勤俭节约，增收节支”管理效益年活动，并且随着《中华人民共和国预算法》的颁布实施，改革预算编制模式，实行零基预算法，对新增人员进行严格控制，增人增资必须经县长签批后方可增加。这一制度一直实施到 2009 年。

1997 年，县政府下发《关于在全县大力开展增收节支的通知》。其中，对水电费、燃修费、招待费等实行定额管理，重新制定电话费报销标准和办法，对事业单位会计制度由传统的“收付”记账方法改为“借贷”记账方法。同时，调整收支科目，将事业单位的各项收入全部纳入单位预算，实行统一核算，统一管理的模式。1999 年，对全县行政事业单位的财务管理实行“总量控制、一包到底、超支自负”的办法。

2000 年 8 月，实施财政改革，在县直行政事业单位实行工资银行化发放。2002 年，建立健全个人工资数据库，设立工资基金专户，将乡镇教师和离退人员工资上划县管并全面实行银行代发，确保工资正常发放。2004 年，争取上级各类转移支付资金达 11583 万元，较上年增长 2858 万元，相继出台三项增资政策，全县公教人员当年人均增资 190 元以上，工资发放水平人均达到935元/月，2005年，统一全县公教人员工资发放渠道，建立工资发放新机制。县财政将乡镇机关干部工资全部上划县财政统一管理，按照人员性质不变、工资标准不变、列支级次不变的原则，实行银行化统一代发放，实现全县个人工资按时发放无拖欠。

政府集中支付管理　2000年11月7日，县政府印发《威县集中支付制度实施方案》。12月，成立威县政府集中支付中心，对县本级所有预算拨款的行政事业单位实行会计统管，零户管理，单一账户，集中支付制度。全面清理并取消纳入单位开设的预算内、外资金账户，对单位实行零户管理，对单位的所有资金（财政供给的行政经费、事业费及专项经费、专项拨款、预算外资金、其他收入等）全部纳入单一账户管理，由支付中心集中管理，行政单位内部不再设立财务机构，一般不再配备专职财会人员，只需指定一名报账员办理报账业务。成立会计管理机构，隶属于财政局，代县政府行使会计管理职能，为全额事业编制。

图12-3　政府集中支付中心（中华大街）/2018年摄

支农周转金管理　财政支农周转金是国家支援农业的一种专项资金，县级支农周转金主要借出对象为乡财政、县直农口事业单位和农村合作生产组织。威县支农周转金发放形式是将周转金直接发放各主管部门，然后再由主管部门通过合同形式发放到使用单位。至1985年，共投放支农周转金178.85万元。其中，乡镇企业周转金34万元，林业32.35万元，畜牧业1.5万元，水产业0.4万元，水利86万元，劳动服务6万元，其他18.6万元。1988年，县政府批转县财政局《关于抓紧回收财政支农周转金的报告》。1993年，为管好财政支农周转金，提高支农使用效益，适应新形势下农村商品经济发展的需要，财政局制定《关于支农周转金使用管理办法》，对按借款合同规定到期应归还的周转金，按照谁发放、谁收回的原则回收，从1993年8月1日起一律收取逾期占用费。财政支农周转金必须单独设账，单独核算，建立健全严格的会计制度。1998年以后财政支农周转金只收不放。

公费医疗管理　2002年以前，威县公费医疗管理一直采用两种方式：一是对特殊人群，包括离休干部（含离休职工）、原二等乙级以上伤残军人、军队离退休人员、省级以上劳模以及县级干部（含离职、退休）、县级待遇人员等，实行每年两次集中凭据审核报销制度；二是对财政供给在职和退休人员，实行公费医疗包干制度，即每人每年30元。

2002年10月，威县推行公费医疗改革，实行医保制度，将全县行政人员纳入医疗保险，事业人员享受人均30元的“公费医疗包干”。2005年，深化公费医疗改革。将全县事业人员全部纳入医保范围，实现医保扩面，普惠医保制度。同时，取消县级干部的特殊医保政策，将其全部纳入全县基本医疗保险和大病医疗保险。对离休干部和伤残军人的医药费实行包干制度改革，年节支50多万元。

2009年10月，县出台《威县城镇居民基本医疗保险实施方案（试行）》，把全县城镇居民纳入到医保范围，使城镇人口医保覆盖面达到100%。

政府采购管理　1999年4月，财政部颁发《政府采购管理暂行办法》。2000年4月，县政府印发《关于实行政府采购制度》的通知，要求在全县推行政府采购，成立政府采购领导小组，设立政府采购中心，明确政府采购的原则、范围和标准。2005年首次将工程类项目纳入采购范围，年内完成采购预算2423万元，实际支付资金2250万元，节约资金173万元。2009年，成立财政投资评审中心，并在评审的基础上，将城建、绿化、新区和乡村道路纳入政府采购，采购的质量和效益明显提升。全年共组织政府采购26批次，采购预算6631万元，采购金额6091万元，节约财政资金540万元，节约率8.2%。

控购管理与监督　1980年4月，根据国务院修订的《社会集团购买专项控购商品》规定，专项控购商品有32种。1984年8月始，根据国务院《关于改革控制社会集团购买力管理办法》，控购范围适当放宽，原来32种控购商品缩减为14种。1985年2月，按照国务院《关于严格控制社会集团购买力的紧急通知》，专项控购商品为17种。

1988年，国务院发出《关于从严控制社会集团购买力的决定》，扩大专项控制商品、控制品种的范围，实行定点购买、定点供应和专用发票制度。对国家专项控制的29种商品，必须指定专店、专柜供应，被指定的专店、专柜都要挂上“社会集团专控商品供应点”的标志。1989年1月1日起，在河北省范围内征收社会集团购买专项控制商品附加费。凡经控购机关批准购买29种专控商品，都要按实际购买金额征收10%～20%的附加费。威县严格执行规定。到2001年，专控商品已减少到1种，即公务用小汽车，最终审批权由省控办所有，随之也不再下达年度控购指标。

第三节　预算外资金管理

预算外资金，是指国家机关（即国家权力机关、国家行政机关、审判机关和检察机关）、事业单位、社会团体、具有行政管理职能的企业主管部门和政府委托的其他机构，为履行和代行政府职能，依据国家法律法规收取、提取、募集和安排使用，未纳入财政预算管理的各种财政性资金。预算外资金属于财政资金，资金的所有权属于财政。

1983年，威县按照财政部颁发《预算外资金管理试行办法》进行预算外资金管理。1986年4月，威县执行河北省人民政府颁发《河北省预算外资金管理具体实施办法》，对企业的预算外资金采取计划管理、政策引导的方式，对行政事业单位的预算外资金实行财政专户储存、计划管理、财政审批。1990年，威县转发省财政厅《关于行政事业单位建立1990年预算外资金账簿的通知》，对有预算外资金的行政事业单位，严格按修订后的会计科目建立总账，对预算拨款实行抵顶列支的办法。1992年，县政府印发《关于加强预算外资金管理的暂行规定》。财政局在有关银行开立“预算外资金代管专户”。财政部门对非经营单位的预算外资金在资金所有权不变和保证单位用款的前提下，一律实行全额管理，收支两条线的办法。要求各单位必须每月5日前将上月的收入或经营结余，以转账支票划转交入财政代管专户。1993年，加强对预算外资金的管理，做到财政代管资金全部由财政代管，并实行专户储存。1997年6月试行综合预算，重新界定财政预算外资金范围，实行预算内外资金统管，县财政设立收费管理局，专门负责各种罚没收入、行政性收费以及各种预算外基金的管理工作。1998年，成立以县长为组长，以财政、收费管理、审计、监察、物价等部门主要负责人为成员的综合财政预算领导小组，具体负责全县预算外资金管理工作的开展。2001 年，县政府印发《威县综合财政预算管理实施办法》。2005 年，对各预算单位采取“零基预算法”，重新核定单位的标准收入、标准支出，强化政府管控作用。

第四节　国有资产管理

资产统计

资产统计主要是通过清产核资完成。1992 年始，先后进行行政事业单位、国有投资企业、城镇集体企业清产核资及年度国有资产报表汇总分析等项工作。

行政事业单位清产核资　1992 年，县财政局、县国有资产管理局制定《关于一九九二年行政事业单位资产清查和建账建制工作的安排意见》。县政府成立威县国有资产清查和建账建制工作领导小组，对 173 户行政事业单位进行清产核资，核实资产总额为 613 万元。同时，建立健全各种基础管理制度，颁发国有资产使用证书；建立国有资产明细账及台账；健全国有资产管理制度。1997—1998 年，县财政局、县国有资产管理局根据部分单位在国有资产管理方面出现的一些新问题，重新修订《行政事业单位国有资产管理制度》，并对全县行政事业单位固定资产分类及存量变动情况进行大检查。2007 年 2 月，按照河北省财政厅《关于开展全省行政事业单位资产清查工作的通知》，县国有资产管理部门对全县行政事业单位资产进行清查，此次共清查 119 户，行政单位 51 户，事业单位 68 户。行政单位固定资产 6451 万元，事业单位固定资产 25188 万元。2008 年起，县财政局国有资产管理局对全县 133 个行政事业单位实行每年一次的国有资产年审登记，把各项固定资产情况分部门分门类录入到国有资产管理信息系统中。

国有企业清产核资　1994 年，开始对 4 家国有企业进行清产核资试点工作。1995 年，国有企业清产核资工作全面展开。1998 年，对县属国有企业进行清产核资，并在此基础上相继进行产权制度改革。

行政事业单位资产处置　2009 年，县对行政事业单位处置审批 9 项，通过竞价出售和拍卖形式处置闲置国有资产收入 9.71 万元，杜绝资产处置环节造成的国有资产流失；资产调剂划拨 7 项，调剂转换资产 397 万元。2009 年代管资产处置收入 9.71 万元，支出 80.05 万元，年末结余 215.36 万元。

出租、出借、担保和对外投资管理　2009 年，县政府下发《关于进一步加强行政事业单位房屋土地等国有资产管理的通知》，对全县行政事业单位房屋土地产权管理、购置处置、出租出借和担保投资等行为提供政策依据。

资产评估和产权登记

1992 年 9 月至 10 月，县财政局根据国家国有资产管理局、财政部、国家工商行政管理局印发的《国有资产产权登记管理试行办法》规定，首次对全县国有企业及企业管理的事业单位进行产权登记。国有资产产权登记分为开办登记、变动登记、注销登记。国有资产产权登记，实行年度检查制度，在以后的每年第一季度对上年的国有资产进行一次年检。1996 年，县财政局制定关于《行政事业单位国有资产产权登记实施办法》。1997—2009 年，连年对行政事业单位国有资产进行产权登记，确保行政事业单位国有资产的安全完整。

第五节 财政预决算管理

预算管理

1980 年 5 月，恢复人民代表大会制度，威县财政局每年向县人代会报告上年度财政决算情况和当年财政预算执行情况，接受人大代表的审议和监督。1988 年，县对乡镇实行收入按上级分配的收入剔出上解部分，支出重点确保个人部分，确保党政机关的正常运转，确保社会稳定，根据财力状况和办公的基本需要适量安排。1993 年，建立乡级财政后，乡级支出预算由乡级编报，并逐步实施一级政府一级决算。1994 年，中央实行分税制财政体制后，威县制定适应分税制财政体制改革的县乡财政体制，预算编制采用“零基预算”进行编制。

1998 年后，威县对各种财政资金实行“国家所有、政府支配、财政管理”，按计划办事，“一支笔”审批，统一管理，统筹安排，从严控制，合理使用。财政预算采用“零基预算法”，编制预算草案，由县财政审核汇总，报县政府审定后，提交县人大审查批准后执行。2003 年，威县实行财政预算编制、资金管理、预算执行、财政监督三分离一监督“四位一体”的管理模式，提高财政资金的使用效益。2004 年，推行部门预算改革。2005—2009 年，威县部门预算管理严格落实“两上两下”预算编制程序和“零基预算”的编制原则。期间，成立预算编制中心，并实行预算编制、执行与监督“三分离”。成立财政投资评审中心、政府采购中心、集中支付中心，通过完善财政管理体系，强化财政管理职能，也提高了资金的使用效益。

决算管理

1983 年实行利改税，年终核实后，与中央财政结算。1984 年，对第二步利改税转移和其他需要单独结算的，年终如实结算。1985 年，对“肉价补贴款”列入预算支出，不得冲减国家收入。

1980 年，行政、事业单位年终包干结余，采取预算结转办法。1984 年以后，财政决算报表一般都是根据地（市）财政部门的具体上报要求，部门（单位）上报各业务主管股室形成部门决算，预算股（执行股）根据当年财政收支情况及部门决算、编制财政总决算，次年 1 月份报上级财政部门（1 月 15 日至 30 日）。

第六节 财政监督

1981 年，县财政局正式设立监察股，配备专职检查员，对内实施监察职能，对外实施税收、财务、物价和财经检查的职能。1983 年，县财政局成立税收财务物价大检查（简称“三大查”）办公室，与监察股合署办公。1987 年，财务检查自查单位 300 个左右，抽查 90 个。1990 年，共查出违纪资金 388.1 万元。2000 年，撤销“三大查”办公室，成立威县财政监督稽查大队，隶属财政局，负责对全县党政机关、社会团体和企事业单位进行财政监督稽查，并制定《威县财政局监督稽查管理暂行办法》。2004 年 7 月，成立专项清理检查领导小组，对全县 66 个县直单位及基层所站进行“收支两条线”专项检查，查纠违纪资金 109.37 万元。2004 年，针对威县部门单位死亡或调离人员继续领取工资、遗属过期领取补助等“吃空饷”问题，建立“吃空饷”长效防范机制，并以文件在全县范围内下发通知。2005 年 4 月至 6 月，对县直 33 个单位（含下属）的 38 个专项资金项目拨付、管理和使用情况的合规性、合法性、完整性和真实性进行专项审查。是年，县政府出台《威县财政专项资金监督管理暂行规定》，在保障项目建设经费和强化跟踪监督管理两方面“双管齐下”，保证专项资金的专款专用和效益发挥。年内集中开展八项专项资金的清理检查，共查出问题资金 300 余万元。2009 年，组织开展会计信息质量检查和“小金库”专项检查，共检查纠正各类违规违纪资金 400 万元。

第七节　其他管理与服务

住房公积金管理

2007 年 9 月 18 日，威县成立邢台市住房公积金管理中心威县管理部，负责办理县内所有用工单位从业人员住房公积金的缴存、支取和住房贷款业务。住房公积金是单位在职职工缴存的长期住房储金，属于职工个人所有，具有保障性、互助性、普遍性、强制性、返还性特性。2008 年，在全县发放首批住房公积金个人贷款。2009 年，全县归集总人数 7736 人，归集公积金 2095 万元，发放贷款 4485.5 万元。

企业财务管理

1980 年，威县开展清产核资工作，对全县国营企业进行清查。之后，对企业使用的财政资金实行资金占用费制度。同年，工业企业实行企业利润超计划部分按 20% ~35% 提取留成。同年，盈利企业实行第一步利改税，企业上缴利润改为征收所得税，较大企业上缴 55% 的固定所得税，小企业采用八级超额累进税率交纳所得税，商业企业增加 10% 的利润留成。1983 年 7 月，国营企业的流动资金全部划归中国人民银行。1985 年后，实行第二步利改税，完全以税代利。同时，规定凡是国家预算安排的基本建设投资，由国家拨款改为银行贷款。1988 年，在第二步利改税的基础上，进一步强调确保上缴任务，采取“超收多留，歉收自补”的办法。1993 年 7 月 1 日，财政部颁发《企业财务通则》《企业会计准则》，威县依此对企业财务制度进行重大改革。从 1994 年起，县逐步对国有企业进行产权制度改革，截至 2005 年，已完成除电力局以外的所有企业的改制工作，已完成改制的企业财务管理均按内部规章制度管理。

会计管理

县财政局负责对各党政机关、事业单位和企业单位会计的管理工作，主要采取教育、培训、整顿、检查等方法。1984 年，全县共有会计人员 890 人，持有财政局颁发的会计证，会计管理工作由企业股负责。1988 年 9 月，财政局增设会计事务股，以日常管理工作为主。1989 年，经河北省教委、河北省财政厅批准，威县建立“中华会计函授学校威县函授站”。对全县在职财会人员进行普及中专教育。1997 年，对会计证管理办法进行重大改革，由培训合格结业证领取会计证改为全省统一考试合格颁发会计证，威县财政局根据《河北省会计证管理办法》，对全县国家机关、社会团体、企业事业单位、私营企业、个体工商户和其他经济组织，以及市直部门委托发放会计证的驻威单位进行会计证年检注册工作，共年检会计证1100个。对未参加年检的会计证一律作废。1998年，对全县机关、企事业单位实行建账监督管理，并核发“建账监督管理登记证书”。2000年对全县会计人员进行《中华人民共和国会计法》培训。全年举办培训班2期，培训财会人员564人。2003年，根据《中华人民共和国会计法》及相关法律的规定，会计证换为会计从业资格证书，并实行网络化管理。2009年，财政局对全县522行政村会计、部分村的村委主任及16个乡镇财政所全体人员共计900余人，举办7期培训班，就财政支农、惠农政策进行集中培训。

图12-4 会计继续教育培训班/2009年摄

第二章 税 务

第一节 分税制前税务

税种税收

1979年，全县只征收工商税和工商所得税，全年完成税收288.7万元。1983年开征屠宰税和牲畜交易税。1984年工商税制全面改革，工商税分解为产品税、增值税和营业税，同时开征建筑税。1985年，工商所得税分解，开征集体企业所得税、个体工商业户所得税与城市维护建设税、奖金税（国营企业奖金税、事业单位奖金税和集体企业奖金税），随着税种增加，全县税收增长为509.7万元，增加近一倍。1986年开征房产税、国营企业所得税、车船使用牌照税。1988年印花税恢复，独立征收，同时开征个人收入调节税，全年税收完成867万元。1989年，随税制改革的逐步完善，税种税收日趋规范，同年，开征土地使用税。1990年对盐业经营单位和用盐单位将减税盐改为食用盐的，征收应补交的盐税。1990年，全县税收突破千万元大关，完成1195.8万元。

税率

产品税 征收产品税的商品包括粮食、酒、鞭炮烟火、焚化品、橡塑制品、无机盐、化肥、毛绒、生猪、菜牛菜羊、液体饮料、食品、皮革制品、家具、毡制品、其他工业品、建

筑材料、耐火砖及耐火材料制品等税目，税率为3%～50%，大部分税目的税率为10%～20%。

增值税　征收增值税的商品包括纺织品、服装、地毯、药品、机器机械零部件、鞋帽、卫生纸、包装纸板、其他纸、印刷品、日用陶瓷、其他陶瓷、糖果糕点计13个税目，税率为12%～20%。

营业税　征收营业税的商业门类有商品零售、商品批发、交通运输、建筑安装、金融、保险、邮政、电信、娱乐业、代购代销、旅社招待所、饭店、客店、浴池、理发、缝纫、照相、美术、复印服务、临时经营等。税率为3%～10%，大部分为3%～5%。

工商所得税　城乡个体工商业户所得税税率为7%～60%，全年所得税超过5万元的加成，加成比例为10%～40%。

国营企业所得税　国营企业所得税1984年开始征收，大中型企业税率为55%，小型企业、饮食服务企业和营业性宾馆、招待所、饭店，为八级超额累计进税率，全年所得在1000元以下的征最低税率10%，超过20万元的超额部分征最高税率55%。1994年1月，国务院改革税制，颁布《中华人民共和国企业所得税暂行条例》，将国营企业所得税并入企业所得税，征收税率为33%，年应纳税所得额在3万元以下的税率为10%，3万～10万元的税率为27%。

集体企业所得税　集体企业所得税按八级超额累计进税率10%～55%征收。1994年1月，集体企业所得税并入企业所得税，原有征管办法同时废止。

私营企业所得税　私营企业所得税税率为35%。准予减免税照顾的，应先由企业提出申请，经县、市税务部门批准，报省税务部门备案，然后予以减免。

个人收入调节税　个人收入调节税1988年威县开始征收，税率为超倍累进税率20%～60%。

建筑税　1983年10月开始征收建筑税，征收范围是党政群机关、部队、国营企事业单位在国家计划内安排的自筹基本建设投资和技术改造项目中的建筑工程，自筹基本建设投资额超过国家计划的部分，未列入计划的招待所、剧院、礼堂、会堂、办公楼等以维修为名新建、扩建楼、堂、馆、所提高建筑标准项目。税率分别为10%、20%、30%。1991年4月废止。

城市维护建设税　1985年，全县开始征收城市维护建设税，税目有两项，县城、县属镇税率为5%，县属镇以下税率为1%。

房产税　1986年10月开始征收，按房产价值计算缴纳的税率为1.2%，按房产租金计费交纳税率为12%。

车船使用税　1986年开始征收车船使用税，载人汽车按乘坐计收，年度税额110～180元，载货汽车按吨位计收，年度税额每吨42元，摩托车按辆计收，年度税额24～36元。

印花税　1988年开始征收印花税，税目有购销合同、加工承揽合同、建设工程勘察设计合同、建设工程承包合同、货物运输合同、技术合同、产权转移书据、营业账簿计8个税目，税率均为3‰～5‰的贴花，财产租赁合同、财产保险合同两税税目的税率为1‰的贴花，另有权利许可证照、其他账簿按件贴花5元。

土地使用税　1989年开始征收土地使用税，根据不同地区的耕地情况，收取不同的土地使用税。1989 年共征收税款 30.5 万元。1990 年征收土地使用税 30.9 万元。

屠宰税　1985 年 7 月征收屠宰税，对屠宰猪、牛、羊按头分别征收 4 元、6 元、0.8 元。1988 年提高标准，涉及屠宰猪、羊其他牲畜分别按头征收 6 元、0.8 元、8 元。1995 年 1 月 10 日，省政府规定税率为牲畜收购金额的 3%。

牲畜交易税　1983 年 1 月恢复，对牛、马、驴、骡、骆驼五种牲畜买卖成交时，按交易额 5% 征收。1994 年 1 月 1 日停止征收。

国营企业工资调节税　按照工资的 5 个级次，工资增长总额占核定工资总额的 7% 以上征收工资调节税，税率为 20% ~200%。

奖金税　1985 年 1 月，开始征收国营、集体企业和事业单位奖金税，按照全年发放奖金的级次，税率为 20% ~200%，1994 年停止征收。

税务登记

1982 年 9 月，财政部、税务总局发布《关于办理税务登记的通告》，之后，县税务局对全县工商业户进行税务登记。登记内容包括：开业登记、注册登记、变更登记、重新登记、注销登记。1990 年 8 月，换发新版税务登记证，全县共换发新证的企业 2295 个，其中国营企业 76 个，县办集体企业 113 个，私营企业 6 个，个体工商业户 2100 个。1993 年 9 月，换发全国统一税务登记证，并实行统一的编码制度，年底，全县共签发新证 2387 个，其中国营企业 76 个，县办集体企业 113 个，私营企业 13 个，个体工商业 2185 个。

发票管理

1986 年 8 月，财政部制定《全国发票管理暂行办法》，威县开始施行统一发票制度，发票由税务机关统一管理，管理内容主要包括发票的印制和发放，发票的购领和使用，发票的监督检查和违章处理。

1992 年，开始使用全国统一的印制发票，同时清理销毁旧发票监制章，销毁旧发票，至 1993 年 11 月，旧版发票停用，统一使用新版发票。12 月，财政部、税务总局又分别制定发布《中华人民共和国发票管理办法》及其实施细则、《增值税专用发票使用规定》，威县依法执行发票管理，发票管理制度进一步完善。

纳税申报

国营企业、集体企业、联合体企业按照税法规定应承担的税负，按期向税务部门填报纳税申报表，经核定后，确定适用税目、税率和税款。1990 年，纳税申报表有产品税申报表、私营企业所得税申报表、个体工商业户所得税申报表、建筑税申报表、国营企业奖金税申报表、集体企业所得税申报表、事业单位奖金申报表、土地使用税申报表、房产税申报表、车船使用牌照税申报表、印花税申报表、城市维护建设税申报表、盐税申报表、国家预算调节基金申报表。1993 年，全县共有 2583 户企业和个人纳税申报。

税务检查

1988 年，县税务局成立税务稽查大队，各分局设立稽查分队，县稽查大队负责重点稽查，各稽查分队负责本辖区企业的全面经常检查，建立完整全面的税务检查体系。1993 年，共检查工商户 2667 个，查补税款 19 万元。

第二节　国家税务

税种税率

1994年8月，威县国家税务局和威县地方税务局分设后，县国税局负责征收的主要税种有：增值税、消费税、营业税、集体企业所得税、国有企业所得税、外资企业所得税、城市维护建设税、车船使用税。税率增值税适用17%、13%和零税率；消费税共设置11个税目，14档税率，税率分比例税率和定额税率。粮食白酒税率25%，薯类白酒税率15%，其他白酒税率10%；汽油税率为0.2元/升，柴油税率为0.1元/升；金银首饰（自1995年1月1日起改为在销售环节征收）税率为5%；鞭炮税率为15%；企业所得税税率为33%，另有两档优惠税率：年应缴纳所得税额在3万～10万元的，按27%征收；3万元以下的，按18%征收。金融保险企业缴纳的营业税，提高税率后，由国税部门按3%征收，其他5%归地税部门征收。外商投资企业和外国企业所得税，按24%征收，另外收3%的地方企业所得税。国家能源交通重点建设基金按税后利润的7%征收，国家预算调节基金按税源利润的10%征收。

征收管理

纳税申报　1996年，进行征管机构改革，建立纳税人自行申报纳税制度，开展税务代理，建设专业稽查体系。1997—1998年，加快计算机应用和税银联合进程，完善纳税人自行申报制度，并建成与市国税局连接的县局、基层分局三级主干网，计算机初步应用于税收征管的各主要环节。2002年，推行电子报税，一般纳税人实行网上报税，小规模纳税人实行电话报税，是年，全县实行网上报税系统的一般纳税人92户，实行电话报税的小规模纳税人47户，简易报税99户。2005年，推行中国税收征管信息系统（CTAIS），全面改革征收核算方式，一切业务全部通过计算机进行，实现现代化的集中征收核算。随后，又相继完善CTAIS的各项功能，推进电子报税，推行基于CTAIS的纳税评估、个体双定户定额管理系统，加强对税源和税收执法的动态监控和管理，全县使用电话申报、网上申报达到总纳税户数的99%。2009推行“一窗通办”服务模式，对业务流程进行整合，使纳税人在一个窗口就可办理所有涉税业务。

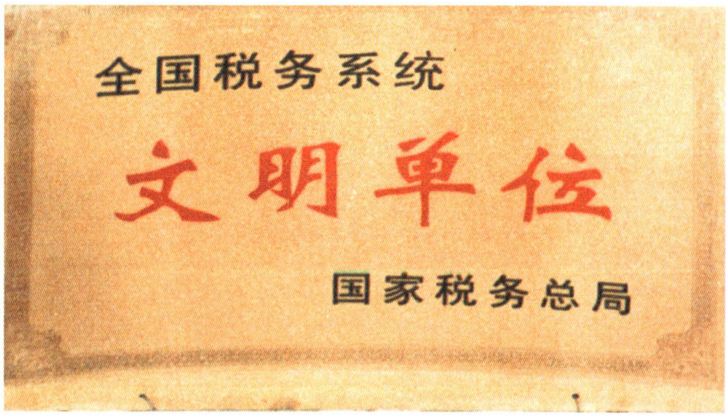

图12－5　县国税局获得的荣誉（1999年度）

税务登记管理　1994年，将1112户企业、个体业户纳入征收管理。1995年，强化集贸市场和个体纳税管理，把日常管理和分行业、分片、定点、定收入结合起来，个体组织收入1327万元，加收滞纳金17.43万元。1999年，推行“三色申报”，对不同纳税人的申报纳税情况分出优劣，分别用红、黄、绿三种不同颜色申报表进行申报纳税。经严格评定，全县实行绿色申报纳税人15户，实行黄色申报有61户，实行红色申报21户。2000年，推行增值税防伪税控系统，全县新上防伪税控企业80余户。2004年加强“四小票”（海关完税凭证、运输发票、废旧物资发票、农产品收购凭证）管理，将全县104户使用“四小票”的企业纳入严格管理的范围。2005年推行中国税收征管信息系统，全县1201户纳税人全部纳入微机登记，实现现代化的集中征收管理。2009年底，纳税人合计2332户，其中国有企业19户，股份有限公司14户，股份合作企业1户，个体工商户1840户。

1994—2009年威县国税局所辖纳税户一览表

表12-3　　　　单位：户

年份	国有经济	集体经济	有限责任公司	私营企业	外资企业	个体企业	其他企业
1994	22	18	32	16	1	1023	
1995	22	19	35	18	1	1056	
1996	23	19	38	18	1	1089	
1997	23	20	48	29	1	1112	
1998	25	23	48	36	2	1158	
1999	25	23	56	36	2	1203	
2000	28	20	62	37	2	1267	
2001	29	20	66	38	3	1288	
2002	29	21	67	38	3	1299	
2003	29	29	67	39	4	1336	
2004	18	23	87	30	4	1039	
2005	22	24	25	105	4	1053	21
2006	16	25	28	179	5	1384	6
2007	17	25	31	229	6	1603	15
2008	19	25	32	280	6	1655	23
2009	19	25	47	351	4	1810	29

依法治税

税法宣传　1994年，新税制全面启动。县国税局开展“学习新税制知识，做诚信纳税人”宣传活动，在纳税人中间开展新税制知识竞赛，深入企业和纳税户中开展宣传。2000年开展以“依法诚信纳税，共建小康社会”为主题的宣传活动，发放宣传资料2000余份，为群众答疑300人次。2003年开办《威县国税信息》，将有关税收政策、局内动态及时通报给纳税人。2004年与移动通信公司联合开通“企信通”，利用群发手机短信息的形式，定期为纳税人发送税法知识、税收政策。2005年税收宣传月期间，发放《威县国税局长致纳税人的一封信》2000份，信中将有关税收政策对纳税人予以告知，并请纳税人对国税干部执法情况进

行监督。2009 年在县城繁华街道举行以“税收·发展·民生”为主题的宣传活动。

增值税管理　1994 年，根据省国税局《增值税一般纳税申请认定办法》，将增值税纳税人划分为一般纳税人和小规模纳税人进行管理。年底，税收票证填写差错率由机构分设时的 57% 下降到 27%，完成工商税收 1169.5 万元。1996 年，实行增值税一般纳税人年检制度和分类管理制度。按增值税一般纳税人的生产经营规模、财务管理水平、纳税意识以及增值税专用发票管理使用等情况，将增值税一般纳税人划分为 A、B、C 三类，采取不同的办法进行管理。共确定 A 类 15 户，B 类 61 户，C 类 21 户。1999 年，完善增值税一般纳税人纳税申报办法，开展增值税一般纳税人年审，共检查 63 户，查补税款、滞纳金、罚款 37.2 万元，取消 5 户企业一般纳税人资格，新认定 18 户。

2002 年，为基层税务所搭建新的信息网络。县国税局成为全省第一家全部以防伪税控系统开具增值税专用发票的县级试点单位，全县 81 户增值税一般纳税人告别手工开具发票。先后对经营废旧物资、粮食、金融等行业共 58 户企业进行检查，查补入库税款 38.7 万元，罚款 15.8 万元。税务警察大队共侦破刑事案件 3 起，刑事拘留 5 人，追缴税款 16 万余元。重新成立一般纳税人认定小组，对全县 80 户一般纳税人进行重新认定，对 11 户不符合条件的取消一般纳税人资格。2006 年 9 月，推行“增值税防伪税控一机多票”系统，在一台计算机上可以开具不同种类的发票。2008 年，推行个体税收定额核定系统，个体税收实现“电脑说了算”；推行税收管理员平台，税收管理任务由平台下达和完成，减少管理入户，减轻了纳税人负担。

消费税管理　1994 年，开展消费税纳税人的认定及税收征收管理工作，并做好税法宣传和培训。1995 年对全县酒类产品生产企业销售酒类产品收取的包装物押金，均并入酒类产品销售额中，依酒类产品的适用税率征收消费税。1998 年，启用新的消费税纳税申报表，对达到汽油、柴油消费税规定标准的标号及非标号油一律征收消费税。1999 年，对威县酒厂及邢台橡胶有限公司征收消费税 37.2 万元。2000 年，开展税源变化的调查测算，对外购酒及酒精产品纳入消费税进行清理。

营业税管理　1997 年 1 月 1 日，国家调整金融保险企业营业税政策，税率由原来的 5% 提高到 8%，提高的 3% 部分由国税机关负责征收管理。自 2001 年 1 月 1 日起，税率分三年由 8% 降低至 5%，每年下降 1 个百分点。

个人所得税管理　1999 年 11 月 1 日起，对全县从储蓄机构取得人民币、外币储蓄存款利息所得的个人，一律对取得的利息按 20% 的比例税率征收个人所得税，纳入征收管理，2002 年 1 月 1 日，个人所得税收入实行中央与地方按比例分享。2006 年 1 月 1 日起征点提至 1600 元，2007 年 8 月税率由 20% 降至 5%，2008 年 3 月 1 日个人所得税起征点由 1600 元提高到 2000 元。2008 年 10 月 9 日起暂免征收利息税。

企业所得税管理　1994 年，开展企业所得税纳税人的认定工作，正确划分国、地税征收管理范围，明确管理对象。1995 年，按照《国家税务局关于企业所得税征收管理范围的通知》，对所辖企业所得税纳税人进行重新核定。按照规定的程序和权限，进行企业所得税税前扣除项目的审核审批工作。1997 年，对企业所得税汇算清缴办法进行改革，由以前的汇算清缴检查改为由企业自行核缴，税务机关进行汇算清缴的办法。1999 年，使用新的企业所得税纳税申报表，报送一表九附表。实施企业所得税汇算清缴工作和汇总纳税企业所得税的检查工作，查处违纪金额169.06万元，查补所得税款、罚款41.88万元。2001年，启用新的企业所得税纳税申报表，对金融企业应收未收利息进行核定。实施企业所得税汇算清缴和汇总纳税企业所得税的检查，检查企业11户，查补所得税10.82万元，罚款8.43万元。2002年，所得税收入分享体制改革，自1月1日起，在工商管理部门或监察行政管理部门办理登记，由国税部门负责其所得税的征收管理，当年，全县纳入管理的企业59户。

增值税专用发票管理　1994年，增值税专用发票开始启用。1996年，取消百万元版手写专用发票，推行防伪税控开票子系统。1997年，作废1994年版增值税专用发票，并扩大推行防伪税控系统范围，62户增值税一般纳税人纳入增值税防伪税控开票子系统，建立健全增值税专用发票管理制度。1998年，新版专用发票启用，扩大推行防伪税控开票子系统范围，全县96户增值税一般纳税人实行防伪税控开票子系统管理，建立异地交叉稽核制度。

金税工程管理　2001年1月，金税工程成功运行，全县235户增值税一般纳税人纳入防伪税控系统。建立“四级催报制”，确保无漏采、无错采数据现象的发生，使全年存根采集率达到100%。利用金税工程累计协查发票案件16起，涉案税款60多万元。

1994—2009年威县国家税务局各分税种收入情况统计表

表12－4　　　　单位：万元

年份	总收入	增值税	消费税	营业税	集体企业所得税	外资企业所得税	个人所得税	城市维护建设税	车船使用税	国有企业所得税
1994	1205	1150	19	26	0.1		9	0.3	0.1	
1995	1890	1376	21	305	8.0		150	3.6	27.3	
1996	1693	1666	17		10.0					
1997	1993	1934	11	35	11.0	1				
1998	2366	2289	13	52	11.0					1
1999	2520	2402	11	93	13.0		1			
2000	2376	2050	13	95	8.0		210			
2001	1629	1169	12	34		7	405			2
2002	1771	1219	12	24			476			40
2003	1832	1300	10	1			448			73
2004	1986	1382	10				484			110
2005	2226	1546	10				550			120
2006	2536	1913	8		32.0		583			
2007	3324	2610	2		38.0	4	670			
2008	3920	3297	5		107.0		511			
2009	3792	3471	6		68.0		247			

第三节　地方税务

税种税率

税种　1994年，地税负责征收的税种有营业税、个人所得税、土地使用税、企业所得税、城市建设维护税、车船使用税、房产税、屠宰税、城镇土地使用税、印花税、固定资产投资方向调节税、企业所得税以及教育费附加、义务教育费、乡镇企业管理费、地方教育费附加。2001年停征屠宰税，2001年1月停征固定资产投资方向调节税，2006年停征义务教育费与乡镇企业管理费。2002年3月1日代征养老保险费与失业保险费。2006年11月1日代征工会经费。另征文化事业建设费和残疾人就业保障金。

税率　营业税是对提供应税劳务，转让无形资产或销售不动产的单位和个人就其取得的营业收入或收益额征收的税。税目为9个，税率为三档。交通运输业、建筑业、邮电通信业、文化体育业税率为3%；金融保险业、服务业、转让无形资产、销售不动产税率为5%；娱乐业为5%～20%。

个人所得税是对个人取得的各项应税所得征收的一种税。工资薪金所得实行5%～45%的九级累进税率；个体工商生产经营所得和对企事业单位承包经营所得、承租所得，适用5%～35%的五级超额累进税率；劳务报酬所得，适用20%税率，稿酬所得适用20%的税率；特许权使用费所得、利息、股息、红利所得、财产租赁所得、财产转让所得、偶然所得和其他所得适用20%的税率。

土地使用税每平方米的年税额为2角至10元，县人民政府规定县城所在地每平方米为3角，其他镇所在地每平方米为2角。

城市维护建设税税率为1%、5%、7%。其中纳税人在县城、建制镇的税率为5%，纳税人在农村的税率为1%。

车船使用税按座位和吨位计税（详见分税制前税务）。

房产税以房屋余值为计税依据的年税率为1.2%；以房屋租金收入为计税依据的税率为12%。

企业所得税税率为33%，另有两档优惠税率为18%和27%。

教育费附加以消费税、增值税、营业税、应缴税额为计税依据，以3.5%的附征率征收。

印花税（详见分税制前税务）。

税收

1994年，全县地方税收778万元。2009年地方税收6569万元，是1994年的8.4倍，16年累计税收46806万元。

1994—2009 年威县地方税务局各分税种收入统计表

表 12－5　　　　　　　　　　　　　　　　　　　　　　单位：万元

年份	总收入	小计	税收收入分税种											
			营业税	个人所得税	土地增值税	城建税	车船税	房产税	屠宰税	土地使用税	印花税	固定资产投资调节税	工商税收滞纳罚款	企业所得税
1994	778	774	393	50	—	20	16	29.3	0.1	31.5	3.1	25.3	1.2	205
1995	1019	1014	306	36	—	27	15	35.2	6.8	28.7	2.9	44.0	5.5	506
1996	2223	2204	682	307	3	33	28	37.6	16.5	27.2	10.8	35.5	0.1	1024
1997	2958	2945	637	421	5	37	45	47.7	65.0	27.4	15.1	41.1	—	1604
1998	3564	3551	1001	567	—	56	70	46.4	64.3	34.8	19.6	13.2	—	1679
1999	3820	3804	1027	629	6	49	64	77.8	54.6	28.8	24.8	16.9	—	1826
2000	2673	2652	733	567	—	67	54	80.3	29.3	36.1	18.8	0.6	—	1066
2001	2126	2107	448	570	—	45	60	60.0	—	20.0	9.0	—	—	895
2002	1795	1770	207	570	—	—	52	36.0	—	7.0	4.0	—	—	894
2003	1941	1903	353	597	10	17	65	30.0	—	20.0	8.0	—	—	803
2004	2135	2070	1035	499	2	92	44	85.0	—	58.0	19.0	—	—	236
2005	2160	2088	1163	371	19	85	22	76.0	—	50.0	33.0	—	—	269
2006	3435	2457	1513	289	0.5	131	38	75.0	—	47.0	60.0	—	0.1	303
2007	4874	2828	1496	322	97	123	200	72.0	—	51.0	55.0	—	0.3	412
2008	4735	3060	1546	337	52	138	424	65.0	—	71.0	59.0	—	0.1	368
2009	6569	3980	2337	365	119	204	252	60.0	—	96.0	91.0	—	0.3	456

征收管理

税务登记　纳税人自领取营业执照30日内办理税务登记，停业、歇业及变更经营项目要向税务机关申报。到2005年底在地税机关办理税务登记的纳税户2217户，其中企业2009户，个体工商户208户。2007年4月，实施漏征漏管清理工作，共清理漏征漏管户280户，查补税款2.3万元，新增税务登记户280户，新增税银联网户126户。2008年，县地方税务局辖各类纳税户2682户，其中国有企业

图 12－6　税法宣传/2006 年摄

30 户，集体企业 10 户，私营企业 20 户，其他企业及有限责任公司 470 户，内资个人 2152 户。

发票管理　县地税局主要管理三种发票：饮食业发票、运输业发票和建筑业发票。对用票业户实行资格审验、领票登记、交旧换新制度。自 2006 年 1 月 1 日起，用票单位和个人领用发票一律凭河北地税发票领购卡领购发票（停用发票领购簿并告知纳税人按规定保管 5 年以上），所有领用发票的单位和个人一律按规定缴纳税款。2009 年 8 月，县地方税务局办税服务厅开展新版服务业、餐饮业有奖发票兑换福利彩票工作，发票换彩票提高了消费者的索票意识，发票发售量与上年同期相比增长 20%。

纳税申报　1994 年，按照上级要求进行征管模式改革，改变过去上门催税的管理办法，推行自行申报、自行缴纳制度。各税务所建立办税服务厅，纳税人到服务厅可办理申报、缴税等事宜。同时推行多元化的纳税申报方式。2003 年经纳税人、地税局、农业银行三家签订委托代征（代交）税款协议，全县共有 1400 户个体工商户实行委托银行代交税款。2007 年 6 月 1 日，县地税局在办税服务厅、县交警地税征收办事处、各税所按照新的征收标准开征车船税，当日征收税款 3380 元。2009 年 7 月，“财税库银横向联网”工作顺利开展，成功整体迁移 451 户，已签约 180 户，签约生效 83 户。县地税局作为个人所得税代扣代缴单位也成功签订“三方协议”。

税收信息化　2000 年，实现与省局广域网的连接。2003 年 7 月 20 日至 8 月 31 日将全县 2180 户纳税人全部录入税收征管系统，11 月，新税收征管系统在全县正式运行。2005 年对网络进行拓宽，计算机配备率 100%。

第十三编　综合经济管理

抗日战争时期，威县抗日民主政府为打击日伪军对抗日根据地的经济封锁、掠夺和破坏，实行对根据地内贸易、运输自由和免税的鼓励政策，对敌占区贸易则实行统制。解放战争时期，在市场管理上取消统制贸易，在国家政策允许的情况下实行自由贸易。

中华人民共和国成立后，国民经济实行计划管理体制。1952年，首次开展全县工商企业的基本情况普查。1953年底，国家开始对粮、棉、油实行统购统销政策。1953—1957年，威县制订国民经济和社会发展第一个五年计划，期间完成对农业、手工业和资本主义工商业的社会主义改造。1958年人民公社化以后，在流通体制上实行独家经营，致使集市贸易萎缩。“文化大革命”期间，集市贸易逐步被取消。1978年，集市贸易开始恢复，各个传统集市也相继恢复，物资交流日渐活跃。

1979—2009年，随着经济体制改革的深入和社会主义市场经济的确立，威县的经济管理工作发生了深刻变化。20世纪80年代初，全县的国土资源、统计、建设、外贸等均为县计委会兼管。随着经济管理的需要，统计局、工商行政管理局、国土资源管理局等部门先后成立，各部门的独立，有利于对新的经济体制进行管理。1985年后，各经济管理职能部门根据市场经济的特点创造性地开展工作，加大宏观调控力度，不断地调整和规范经济行为，确保社会稳定发展和市场经济的正常运行。

第一章　计划管理

第一节　计划编制与实施

短期计划

短期计划是指一年一次的年度计划。1979—2001年，每年由县计划部门根据上一级计划部门提出的发展目标编制国民经济和社会发展的年度计划。其主要计划指标为社会总产值、农业总产值、工业总产值、粮食总产量、固定资产投资、社会商品零售总额、财政收入、物资分配、劳动工资以及文化教育、卫生、环境、人口发展等。年度计划的制定，一般从上年的秋季开始酝酿，提出草案，经县政府常务会、县委常委会讨论并与市下达计划衔接后，于第二年初提交县人民代表大会审议，通过后下达执行。

2002年始，随社会主义市场经济体制的建立，县计划部门不再向下分解下达各类生产计划，每年只编制国民经济和社会发展主要指标计划，提交县政府作为全县经济和社会发展指标考核体系，由县人大会议审议通过后公布执行。主要计划指标有：地区生产总值（GDP）、财政收入、农民人均纯收入、固定资产投资、招商引资、人口、环境保护等。

中期计划

1979—2009年，威县共制定六个“五年计划”。

“六五”计划（1981—1985年）　农村实行家庭联产承包责任制，农业迅速发展，农民收入逐渐增加，人民生活得到显著改善，科技、教育、文化事业全面发展进步。“六五”时期全社会固定资产投资完成1182.8万元。1984年，威县化肥厂投资118万元进行设备更新改造。1985年为这一时期投资高峰，县社、县电视台、威县师范相继投资扩建。

“七五”计划（1986—1990年）　社会生产持续发展，经济实力进一步增强。农业生产获得连年好收成，1990年，粮食总产创历史最高水平，达到168676吨，比1985年增长29%，年平均增长5.2%。工业生产由于受“三难一软”（资金、能源、原材料紧缺和市场疲软）大气候的影响，一些主要产品产量下降，但棉花加工业已成为全县工业发展的一个优势。乡镇企业异军突起，成为全县经济的重要支柱。全社会固定资产投资完成5607.6万元，比“六五”时期增长3.7倍。百万元以上投资的有工业企业4个，农业项目2个，教育交通文化项目3个。1989年和1990年，严格控制投资规模，完成投资额分别比上一年下降70%和6.2%。“七五”期间，国拨教育经费2856.2万元，比“六五”时期的1514.13万元增长88.6%，年平均增长13.5%。全县卫生机构43个，农村基层卫生机构562个，医疗卫生条件改善。

“八五”计划（1991—1995年）　深化各个领域的配套改革，加大对外开放力度，促进了商品经济的发展。强化农业基础，工业企业加快技术改造，调整产业结构；加强交通、邮电、电力基础设施建设，提高综合运输能力，提高邮电通信技术水平和服务水平，加快全县供电体系建设，搞活流通，发展外向型经济；发展科教事业，完善科技服务体系和教育体系，依靠科技进步，提高劳动者素质。完成北外街拓宽工程，建成顺城路大街。全县实现乡乡通公路，建方家营110千伏变电站和赵村35千伏变电站，用电环境得到改善。制定“三亿工程”实施方案，推广种植地膜棉，发展畜牧养殖，加强农业开发。工业改革进一步推进，因厂而宜，推行多种经营形式，企业活力增强。建振威市场，扩建邵固古堤市场，商品交易日益繁荣。完成改造乡镇卫生院31所，中小学办学条件进一步提高，普及六年制义务教育顺利通过省教委验收。

“九五”计划（1996—2000年）　围绕“两个转变”和“富民强县升位”目标，推进经济市场化、结构合理化、农村城镇化、工业现代化，加大投入力度，加快产业结构调整，提高经济效益。实施全国节水增产重点县、全国秸秆养牛示范县、河北省农业开发示范区等一批农业项目，采取兼并、租赁、抵贷返租、股份制、破产、拍卖等多种形式，对县属工商企业进行改革，粮食流通、财税、金融等各项改革加快。个体私营经济发展较快，从业人员不断增加。全社会固定资产投资逐年增多。基础设施得到明显改善，县城相继创建为省级卫生城、文明城。五年累计引进外资1834.6万美元。全县各类技术人才达到7000余人，开发新技术18项，引进新技术35项，新品种41个。普及九年义务教育，医疗条件改善，文化、体育、广播电视、民政、民族宗教、环保、气象、档案等各项社会事业都有了新的进步。

“十五”计划（2001—2005年）　全县棉花播种面积稳定在4.7万公顷左右，面积和总产连续二十余年居全省第一，间作套种新模式得到广泛推广，蔬菜产业发展壮大，新建瓜菜批发市场，设施蔬菜已发展成为一大新兴产业。畜禽养殖规模场户不断增加。全社会固定资产投资增加。编制完善《威县2000—2010年县城总体规划》，实施交通大街改建。洺水东路改建等旧城改造项目，新建义和路（开放路）、中华大街、三多大街等，规划10平方千米的县城新区。完成国道106线改建、邢清线改造等13个县以上干线公路建设项目。实施农网、城网改造。开通宽带上网业务，初步形成现代化的信息网络。推进中小学布局结构调整，撤并中小学校近260所，新建项目学校82所，县医院门诊楼和病房楼投入使用，医疗条件显著改善。新建县医院传染病区、疾病预防控制中心，应对突发性公共卫生事件能力明显提高。积极稳步推进社会保险制度改革。

“十一五”规划（2006—2010年）　2006—2009年，提出工业立县理念，实施开放招商、园区带动、全民创业三大战略。农业结构调整成效明显，实施土地整理、农田咸淡混浇、中低产田改造等农业综合开发产业化扶贫项目，启动“万名劳动力输出工程”。开展“全民招商年”“百日招商”等系列招商活动。园区建设卓有成效，建设“一区四园”，常庄汽配园区主体框架基本形成，创业辅导基地列入省级建设项目库。县城工业园区规划面积由4.02平方千米扩大到21平方千米。重新修编县城总体规划，实际控制面积拓展到35平方千米。完成中华大街北延、友谊街和三多街北延等一大批县城道路建设改造重点工程。106国道西半幅、邢临高速公路、县城北环路改造竣工通车。道路绿化亮化美化。新型农村合作医疗参合率达到81%，城镇登记失业率控制在3.5%左右，县行政服务中心正式运转。

长期规划

1984年9月，制订《威县关于实现工农业总产值翻番的总体规划及其措施》，该规划以1980年实际水平为起点，制订出到2000年的规划目标，即到2000年工农业总产值达到10.529亿元。1989年7月，制订《威县1989年至2000年国民经济和社会发展规划》，该规划指出到2000年全县工农业总产值要达到11.42亿元。

第二节　项目管理

项目审批

1979年，县基建计划的审批由上级主管部门负责。1986年开始，对基建项目实行以县计委为主，包括县财政、审计、建设银行的联审制度。1988年始，县乡办集体企业的基建项目投资在5万元以上的由县计委审批，5万元以下的由企业主管部门审批。1990年始，项目投资在5万元以上，500万元以下的，由县计划部门审批，超500万元的由上级主管部门审批。1988—1999年，固定资产投资项目由县计划部门代征固定资产投资方向调节税，税率根据项目类型、投资方向、投资业主不同，按0.15%、0.3%、0.5%调节控制。

2004年11月，国家实行投资体制改革，县管权限为投资在3000万元以下的项目，超3000万元不足亿元的由市一级审批，投资亿元以上的由省审批；并根据投资业主身份、投资行业不同，实行备案、核准、审批制，凡政府投资的项目及涉及社会公共事业的项目，一律实行审批制；在国家核准目录内的项目，实行核准制；其他项目实行备案制。

属地管理

2008年，进一步精简审批事项，备案类项目除国家明确由省级管理以及跨市域、跨流域的项目外，一律按属地原则，由项目所在地县（市、设区市城市规划区外的独立区）或省级以上开发区投资主管部门备案。此次投资体制改革，转变过去所有项目均实行行政审批的形式，手续得到简化，项目业主投资自主权进一步扩大。

“八五”期间，累计建成投产的基建和技改项目20余个。“九五”期间，投资100万元以上的项目68个，总投资12000万元。“十五”期间，投资100万元以上的项目286个。

重点项目建设

20世纪90年代，县委、县政府加大重点项目建设管理力度，自1998年开始分配重点项目建设计划，由于考核力度小，项目建设进展缓慢。2003年，分配下达16个乡镇、县直较大系统部门项目建设计划共114个，要求单体项目固定资产投资必须达到50万元以上，并将建设结果纳入年终考核范围，并专门制定《项目建设考核办法》，项目建设在县年终乡镇千分考核中占400分，并单独表彰。当年建成工业、农业、基础设施等各类项目120余个，投资达到1亿多元。

2004年，县级项目建设标准提高到固定资产投资100万元，全年新上固定资产投资100万元以上的重点项目88个，其中投资1000万元以上的项目8个。列入市级重点的项目3个，分别是县城工业园区续建项目、华新建材公司冷轧钢项目、国家定点农产品市场基地项目，年度计划总投资1.85亿元，完成总投资2.1亿元。

2005年，全年新上固定资产投资100万元以上的各类重点项目106个，其中投资1000万元以上的项目9个。列入市级重点的项目2个，分别是华新建材公司冷轧钢带项目、馨帛纺织集团棉纺项目。年度计划总投资8000万元，完成总投资8900万元。

2006年，新上固定资产投资100万元以上重点项目186个，总投资19.6亿元，年度计划投资11.8亿元，实际完成12.3亿元，其中投资300万元以上项目76个。实施市级以上重点项目7个，分别是国能秸秆生物发电厂、洺州纺织棉纺项目、利晖油脂公司油酸硬脂酸项目、龙腾制衣公司服装项目、华新建材公司扩建项目、德隆棉业公司棉纺项目和洺州大酒店项目，完成投资6.19亿元。尤其是省级重点项目——国能发电一期工程的建设，结束了县内没有省级重点项目，没有单体投资超亿元生产性建设项目的历史，并实现当年引进、当年建设、当年投产。

2007年，新上固定资产投资300万元以上项目136个，其中投资超千万元项目38个，项目总投资18.6亿元，年度计划投资11.8亿元。省级重点项目1个：邢台豪达牧业公司肉鸡产业化项目。市级重点项目6个：洺州纺织棉纺项目、圣保伦公司羊绒制品项目、威德汽摩配件公司汽配项目、河北馨帛纺织集团棉纺项目、康美公司杂粮食品项目、威力公司空气悬挂座椅项目。7个省、市重点项目年度计划投资3.68亿元，完成投资3.94亿元，占全年任务的107%。

2008年新上固定资产投资300万元以上各类重点项目82个，其中1000万元以上项目23个。项目固定资产总投资12.6亿元，年度计划投资8.05亿元，完成投资8.69亿元。列入市级重点项目5个：康美杂粮食品项目、威力空气悬挂座椅项目、肉鸡产业化项目、三高生物肥项目、正大鸿福兽药项目，5个项目年度计划总投资2.18亿元，完成投资2.21亿元。

2009年全年新上固定资产投资300万元以上的各类重点项目114个，项目固定资产总投资35.9亿元，年度计划投资12.4亿元，完成投资12.6亿元，占年度计划的102%。列入省级重点项目3个：三高有机肥项目、豪达肉鸡产业化项目、春天纺织项目，年度计划总投资3.5亿元，完成投资3.58亿元。列入市级重点项目8个：三高有机肥项目、正大鸿福兽药项目、污水处理厂项目、春天纺织项目、泰达新闻纸项目、华富塑钢项目、福源生物项目、久兴电动车项目，计划总投资4.17亿元，完成投资4.39亿元。

第二章　统计管理

图13-1　1988年县统计局出资3.7万元购买的电脑

1979年始，县统计局在搞好定期报表的同时，从全县的实际出发，运用抽样调查、重点调查和典型调查三种调查方法实行全面统计、报表与抽样调查同时进行，相互印证，相互补充。1984年5月，国家统计局确定威县为国家农村经济抽样调查县，依托县统计局建立威县农村经济抽样调查队，按照前3年人均纯收入排队随机抽选15个调查村。其中：10个农村住户调查村，100户经常记账户，开展农产量、农经和住户三大调查。1988年，威县统计局3.7万元（省局和县局各付一半）购买一台电脑（微机），型号为IBMXT-PC，储存介质是：5英寸大软盘（容量为360KB），主要用于统计各专业的数据汇总处理工作。在邢台地区范围内，率先使统计工作进入电算化时代。

第一节　统计调查

随着社会主义市场体制的建立和完善，统计内容由单纯经济统计向全面反映经济和社会发展的统计上转变。调查方式从全面调查为主逐步向以周期性普查为基础，以经常性抽样调查为主体，以必要的统计报表、重点调查、综合分析为补充，搜集整理基本统计资料的方式转变，并扩大统计领域。1987—1993年，先后增加建筑业、科技、对外贸易、人口调查、地区生产总值、服务业、运输邮电业等方面的统计。

调查项目

截至2009年底，县统计局经常性统计调查有农村统计、农业综合统计、县乡卡、农业方法改革、农业产业化、农村基本建设统计、工业财务、工业产品产量、能源统计、工业直报、增速改革、投资统计、房地产统计、社会投资统计、建筑业统计、统计执法、普法统计、统计法规宣传统计、个体工业抽样调查统计、企业调查、专项调查统计、人口和劳动力调查、基本单位调查、服务业统计、综合统计、城镇监测统计、地区生产总值核算、资产负债统计、县域经济核算统计、贸易统计、贸易抽样调查、三资企业经营调查、利用外资统计、劳动工资统计、社会发展统计、科技统计、工业品价格调查。农调队开展农产量调查、农村住户调查、棉花抽样调查、扶贫监测、劳动力调查、畜牧调查、固定资产投资调查、价格调查、中间消耗调查、网上调查。普查中心开展逢“零”年的人口普查，逢“六”年的农业普查，逢“三”“八”年的经济普查。城调队开展城镇居民经济调查。

住户调查

1984年5月，成立威县农村经济调查队，由省农调队按照国家制定的方案，采取有关标志等距抽选10个住户调查村和十个农产量调查点（其中五个村是双点），共轮换样本点五期，每期五年。其中，第五期（2005年）抽选的十个住户调查村是渭上营、香花营、赵家营、东台吉、后张庄、草楼、东里村、东古城、翟庄（章台镇）、王王目。

第二节　县情普查

人口普查

1982年7月1日零时，进行第三次全国人口普查。普查包括年龄、职业、文化程度、婚姻生育等19项指标。普查结果为全县总人口428713人，其中，男性213569人、女性215144人。民族构成：汉族425312人，占99.21%，少数民族3401人，占0.79%。文化程度构成：大学328人、高中17366人、初中52752人、小学115334人，12周岁以上文盲、半文盲人数126818人。

1990年7月1日零时，全县进行第四次全国人口普查，计21项指标。按人填报的项目15项：姓名、与户主关系、性别、年龄、民族、户口状况和性质、五年前常住地、迁来本地的原因、文化程度、在业人口的行业、职业、不在业人口状况、婚姻状况、妇女生育、存活子女数、一年半以来的生育状况。按户填报的项目有6项：本户编号、户别、本户人数、本户出生人数、本户死亡人数、本户户籍中离开威县一年以上人数。

普查结果为全县总人口495175人，其中，男性250183人、女性244992人。民族构成：汉族491039人，占99.16%，少数民族4136人，占0.84%，其中回族占少数民族总数的98.2%；文化程度构成：全县小学文化程度的有190019人，初中文化程度的有95954人，高中文化程度的有14456人，中专文化程度的有4227人，大学专科文化程度的有755人，大学本科文化程度的有211人。

2000年11月1日零时，按照国务院统一部署开展全国第五次人口普查工作。经过宣传发动、普查登记、复查补漏、手工汇总、数据处理各阶段检查验收。于2001年9月完成普查任务。普查结果为全县总人口530259人，其中，男性268630人，女性261629人。民族构成，汉族525760人，占99.15%，少数民族4499人，占0.85%，文化程度构成：大学（含大专）4558人，高中（含中专）27076人，初中204781人，小学203543人。

工业普查

1985年进行第二次工业普查，普查包括乡镇企业和县以上生产、供应、销售、人员、财务、物资6个方面的300个指标。

1995年，按照国务院统一部署，进行第三次工业普查。普查内容主要是全县工业企业生产、销售、库存和成本费用、价格、盈利，以及生产能力、技术装备等情况。

首次全国农业普查试点

1991年1月至4月，国家统计局在威县进行首次全国农业普查试点工作，普查内容主要包括：农业生产经营单位的形式类别、人口及劳动力的素质和分布、土地面积和利用状况，固定资产的拥有量和构成等计130项指标。普查结果：全县农业生产经营单位总数101664个，其中农户100982个，联户155个，村513个，乡3个，国营单位11个。土地经营面积71687公顷，其中耕地面积67754.6公顷，园地面积1654公顷，林地1732.3公顷。农作物播种面积93946.8公顷，粮食作物55833.7公顷，其中小麦28884公顷，玉米3902.5公顷，谷子38463.4公顷；经济作物35787.2公顷，其中棉花31141.6公顷，油料4577公顷；其他农作物2356.3公顷。农业机械设备，大中类拖拉机76台，小型拖拉机3766台，大中型机制农具11台。农村生产单位人口469824人，男234905人，女234919人。

第三产业普查

1993年，按照国家统一部署，在全县开展第一次第三产业普查。这次普查的主要范围是1991—1992年第三产业的所有单位（包括个体）。普查内容：反映第三产业的指标，如单位数量、从业人员。反映第三产业生产（经营）活动的成果指标，如营业收入、成本费用、销售税金、经营利润等。反映第三产业实物资产情况的指标，如固定资产原值。反映第三产业重点行业的业务活动指标等。

2003年6月18日，县人民政府发出《关于认真搞好第二次第三产业普查的通知》，全县进行第三产业普查。普查结果：全县第三产业法人单位847个，产业活动单位1273个，个体户7807户，专业市场143个。

第一次全国农业普查

1996年，按照国务院统一部署，全县开展第一次全国农业普查。普查的主要内容有农业生产经营单位的数量、规模和结构；农业用地的分布和使用情况等38个项目、678个指标。农业普查结果：全县人口477695人，男241229人，女236466人。农村住户107136户。全部播种面积96415.5公顷，粮食67027.2公顷，其中：小麦33470.6公顷，玉米11598.8公顷，棉花19288.2公顷。农用机械中，大中型拖拉机53台，配套农具177部，小型拖拉机8269台，配套农具6388部，机井11436眼。

基本单位普查

1996年，按国务院统一部署，开展第一次基本单位普查，普查范围是辖区内的法人单位及所属的产业活动单位。2001 年，按照国务院统一部署，开展第二次基本单位普查，普查范围是辖区内的法人单位及法人单位所属的产业活动单位和个体工商户。普查结果：2001 年底，全县有各类法人单位 1493 个。其中：企业法人 287 个，事业法人 569 个，社会团体法人 10 个，机关法人 104 个，其他法人 523 个。全县共有产业活动单位 1617 个。多产业法人所属的产业活动单位 160 个。

经济普查

2004 年，按照国务院统一安排进行全国第一次经济普查。普查内容主要包括从事第二产业、第三产业的所有法人单位、产业活动单位和个体工商户，从全县生产总值计算，普查范围涵盖整个国民经济总量的 45%。普查结果所反映的经济总量基本上代表了地方经济的总体水平。经济普查涉及国民经济行业分类中除农业以外的 19 个行业门类、90 个行业大类、378 个行业中类、875 个行业小类的所有经济活动，占整个国民经济行业分类的 95% 以上。普查结果：2004 年末，全县有全部法人单位 973 个，其中：企业法人 243 个，事业法人 106 个，机关法人 71 个，社团法人 14 个，其他法人 539 个。产业活动单位 1245 个，全县共普查登记个体工商户 20162 个。

2008 年，按照国务院统一部署，全县开展第二次经济普查，普查时点为 2008 年 12 月 31 日 24 时，普查时期为 2008 年 1 月 1 日至 12 月 31 日，普查对象是全县区域内从事第二产业和第三产业的全部法人单位、产业活动单位和个体经营户。普查的主要内容包括单位基本属性、从业人员、财务状况、生产经营情况、生产能力、科技活动。普查结果：2008 年，全县共有从事二、三产业的法人单位 1061 个，产业活动单位 1495 个，从业人员 71536 人，法人单位资产总额为 261037 万元。

第三节　监督与服务

统计监督

1984 年 1 月，《中华人民共和国统计法》颁布实施。《中华人民共和国统计法》明确了统计的监督职能。依据《中华人民共和国统计法》，县统计局每年根据统计报表对上半年工业、商业、投资等计划完成情况进行监督，并组织专业人员到基层核查；每年 10 月对全年主要经济指标完成情况进行分析预测、监督计划执行情况，为县领导进行科学决策和有关部门制定计划、规划提供依据。同时根据国务院、国家统计局、省市统计局统一安排，每年都进行 1 ~ 2 次统计专项执法大检查。

1989 年，威县第八届人民代表大会常务委员会第十七次会议通过《威县统计检查监督暂行规定》，对统计检查监督范围、各级统计报表的管理、统计检查监督权、统计违法案件查处等都做了明确规定。同年，威县统计局改为威县统计委员会，内设威县统计检查室（副科级），依法行使统计监察职能，并将每年 4 月、11 月定为统计执法检查月。从 1989 年至 2002 年共查处统计违法案件 26 起，立案 12 件，罚款 4. 6 万元。

1998 年 4 月，中共中央办公厅、国务院下发《关于坚决反对和制止在统计上弄虚作假的通知》，县统计局及时召开乡镇和县直单位主管统计的负责人和统计员共计 160 人的会议，进行传达贯彻。

2003年12月，县统计局下发《威县统计局关于充实加强统计数据评估小组的通知》，对乡镇和县直有关国民经济和社会发展的统计指标进行评估和认定。

2005年10月17日，县政府印发《威县人民政府批转县统计局关于加强基层统计工作的意见》，为各乡镇、各单位、各部门开展统计工作提出了具体要求。

统计资料

1985年始，县统计局每年发布国民经济和社会发展统计快报、统计公报，编印年度统计资料，并利用《调查统计》《统计内参资料》开展统计分析，为领导提供决策依据。自1985年至2003年撰写了《威县农民增百元调查》《看历史、拓思路、求发展》《探索威县农民工输出之路》《困难与压力同在，机遇与挑战并存》等16篇统计分析，受到县委、县政府的肯定。在统计信息咨询服务工作中，每年对《政府工作报告》《国民经济和社会发展计划完成情况》中的统计数字进行审核，并定期发布《威县国民经济和社会发展统计公报》；及时提供各部门需要的统计资料及来人来函的统计知识查询；按月编印国民经济主要指标完成情况的月度资料；按时整理威县的历史资料和有关横向对比资料。

附：

中国农业普查的开端

——威县农业普查试点纪实

1990年11月—1991年6月，国家统计局在威县进行第一次全国农业普查试点，取得圆满成功，开创了农业普查的先河，为全国农业普查提供了样板和经验。

确定威县试点

1985年，国务院决定，要在全国进行第一次农业普查。我国是农业大国，地域差别很大，国家统计局为取得经验，普查前要在一个县搞试点。省农调队队长王从善得知消息后即刻通知我，我立即和王从善队长一同去国家统计局，向国家统计局粮农中心主任朱向东（后任国家统计局副局长）、农村司司长于民汇报了我们的想法和申办条件，争取在威县进行试点工作。

经过国家统计局农业司司长于民等各级领导的推荐和争取，国家统计局领导在选试点时首先考察威县，最后确定在威县试点。

之所以在威县进行农业普查试点，主要有以下几个方面的原因：

第一，县政府对统计工作，尤其是对威县农调工作的高度重视，显示了威县政府较强的行政决策力、号召力、调控力。1984年新建立国家直属的农调队，并选配较高素质同志到统计局农调队工作，除我四十多岁外，多是“文化大革命”后第一期大学毕业生，钻劲、干劲、创新劲头很大。利用统计局占有大量统计信息资料的优势，通过分析研究，进行加工整理，写了不少分析调查报告。及时向县领导反馈情况，如“对农村形势的调查分析”“人均收入增百的研究”“关于县产业结构调整意见”“群众卖棉难”等，有的分析报告以政府文件转发，有的被省市报刊采用，有的以统计内部简报转载。特别是对农村形势的调查分析，《邢台日报》社还加了《正确认识农村形势》的评论。农调队组建后李岚锁县长将抽选的十村百户聘请为政府的信息联系户，以县长的名誉发了致农调户的一封信，要求及时向政府反映真实的农村、农业、农民的要求和意见，有事可直接找县长。县政府连续三年将十村农调户代表请到县开座谈会听取意见。李县长说："这些来自农民的意见，在会议上是听不到的最真实的意见。"《邢台日报》《河北经济日报》《农民日报》均对此事做了报道。国家统计局简报，将威县政府领导重视与支持统计、农调工作情况介绍到全国，有的省、市转载威县情况时加了按语，要求各县要涌现出一批像河北威县李岚锁这样支持统计工作的县长。随后，有二十多个省市县到威学习交流。1985 年 10 月份在北京召开全国农调会议，特邀李岚锁县长参加会议。李县长介绍了政府支持统计农调工作情况，受到很高评价。1986 年 2 月《统计》月刊以《农调是个宝》全文发表，影响到全国。

第二，威县统计体制改革步入全国先进行列。1984 年 5 月，威县就被国家统计局确定为农村经济抽样调查县。1988 年，县统计局投资 3.7 万元购买电脑，在邢台地区范围内，率先使统计工作进入电算化时代。

1989 年 1 月，县统计局改为县统计委员会，下设检查室、商业调查队、工业调查队、计算站和综合研究室。乡镇设统计所。全县形成上下贯通、呼唤灵敏的县乡村三级统计网络，具备进行农业普查试点的技术队伍和技术力量。

第三，县农调队业绩突出。1984 年 5 月，威县组建农村社会经济调查队，是国家统计局直属事业单位，实行县统计局和国家统计局双重管理。1986 年 2 月 22 日，县统计局应邀参加由一市一县参加的国家年度统计工作会议，会上，县统计局作题为《从实际出发，努力实现优质服务化》汇报，介绍威县统计工作服务经济建设的做法和体会。发言收录在《全国统计工作会议汇编》中，并在 1986 年《统计》月刊第五期发表，还加了"威县经验值得借鉴"的短评。自 1986 年至 1990 年连续 5 年获全国先进单位前十名，提升了威县统计工作的知名度。

圆满完成全国农业普查试点任务

1990 年 11 月 2 日国家统计局向河北省发文件，"拟于 1991 年在你省威县进行一次农业普查试点，并望取得当地政府的支持和协助"。河北省政府办公厅于 11 月 26 日向威县政府发《关于做好农业普查试点的通知》，要求按国家统计局的要求部署、开展工作，确保任务完成。

试点是联合国粮农组织和意大利政府统计局援助项目。试点确定后，朱向东主任、于民司长和王从善队长为搞好试点去美国、法国、意大利等六个国家考察学习。特别是向联合国粮农组织报告之后，引起重视，获得粮农组织的支持与援助，并传来信息，联合国粮农组织要派专家到威县视察。要求我们一定要做好工作，为国争光。

威县政府在 1990 年 12 月下达《关于认真做好农业普查试点工作的通知》，成立农业普查试点组织，1991 年初，县召开三级干部动员大会，农业普查试点工作正式展开。

试点工作是系统工程，工作量很大，为确保试点的成功，县统计局、农调队全体同志全力以赴投入试点工作。首先完善试点方案。试点方案是国家统计局研究了很多国家的农普方案，吸取精华，同时调研了国内不同地区、不同类型的情况制定的。但是在试点中具体执行起来也出现了一些问题，如生活和生产资料的划分标准、大牲口三层楼统计指标的设计、林业指标的范围和标准划分等。我们会同有关局进行专题研究，进一步完善试点方案。二是国家局方案中没有农普试点过程分阶段目标与要求，试点前刚完成全国第四次人口普查，普查方法步骤有相同之处，不过内容不一样。我建议于民司长试点方案中，借鉴人口普查中的部分做法。建议被采纳后，我组织局、队全体人员对各阶段细则标准进行研究，并将不同的课题分配到人。同志们的工作热情很高，按期完成农业普查试点方案，分阶段的9个实施细则，被国家方案采纳并全部署名，印载《威县农业普查试点手册》中。

县委县政府非常支持试点工作，把试点工作列为1991年十大工作重点之一，并规定3月1日至3月10日入户登记阶段为试点旬，一切工作为试点入户登记工作让路，各级干部“包乡包队”，确保按时完成任务。

为确保工作高标准完成，少走弯路，我们聘请省市领导当顾问（省统计局郭书政局长来过9次，省农业调查总队王从善队长来过11次，地区领导也经常听取汇报提出建议）。多次向国家局领导申请支援，将试点预算报国家局审定。在入户登记最紧张阶段，国家局副局长邵宗明、国家统计局办公室朱向东主任来调研，对工作量之大深有体会，对我们困难也很理解。朱主任向顾自忠县长表示，为确保试点圆满成功，确定支援威县经费20万元人民币、10台计算机、1台激光打印机和1辆日产巡洋舰越野车。

由于国家统计局要在5月1日之后，向世界宣布威县农普试点成功，拿出普查数据，争取更多的国际支持和援助。国家局要求威县5月1日前完成五千万字符的录入工作。朱向东主任再三要求我向他保证按时完成，完不成要挨批评，按时完成受奖。为确保任务按期完成，我们克服困难，想了不少办法，因经常停电，我们机随电走，人随机走，三班倒，人休机不休。经过同志们的共同努力，终于在4月30日按时完成任务，夜送省队，向朱向东主任报喜，兑现奖励，受到了表扬。

在普查试点过程中，国家局30多名司处级领导和工作人员到威县指导，于民司长从开始到结束共在威县住了37天。入户登记时，联合国粮农组织官员贝克（美国）、夏洛夷（法国）到威县，去枣园乡张庄考查登记情况。他们对我们的工作非常满意，评价很高，3月底又有意大利音像专家二人对试点录了像，后制成中国农业普查教育宣传片，在全面普查时放映。1992年春，法国两位统计专家从山东专程到威县查看原始登记表和资料开发利用情况。威县试点的成功，影响很大，效果很好。

总结表彰

为总结试点经验，国家统计局于1991年6月在北戴河召开了威县农业普查试点总结表彰会。国家局张塞局长，郑家亨、邵宗明副局长和朱向东主任、于民司长20等多位领导参加会议，省郭书政局长、王从善队长、地区周局长、威县顾自忠县长和统计局农调队大部分人员参加会议。会议由朱向东主任主持，三位局长都讲话祝贺试点成功。于民司长总结了试点全过程和取得的基本经验，顾自忠县长和我汇报试点情况。会后，国家统计局向省统计局、威县人民政府发了感谢信。试点的情况和经验有农业大学出版社出版两部专著，一是由邵宗明副局长主编的《中国农业普查的开端——威县农业普查试点》，二是《威县农业普查资料汇编》。朱向东主任说“威县试点成功将写入中国统计史。”

1991年10月5日联合国粮农组织在北京召开威县农业普查试点研讨会，有美、意、印、法、越、泰等16个国家参加，顾自忠县长、王玉山和我作为中方代表参加，并在会上宣读《我们是如何搞好农业普查试点的》经验，受到与会人员很高评价，并翻译成外文，既为国家争了光，也争取了外援。

作者：郭振庄（威县统计局原局长兼农业调查队队长）

第三章　市场监督管理

第一节　工商行政管理

企业登记

1979年，县工商部门先后对工业、商业、饮食业和交通运输业进行普查和登记。1981年底，全县共有国营和供销合作企业94户，分支机构557户，从业人员4988人，注册资金2160.18万元，按所有制划分，全民企业65户，集体企业29户。1984年，随着改革开放政策逐步深入，集体企业有了较快发展。到1984年底全县的工商企业发展到650户，注册资金达到6210万元，从业人员12820人，其中，全民企业160户，集体企业490户。

图13－2　县工商局办公楼（顺城路）/2009年摄

1986年、1990年，根据中共中央、国务院关于清理整顿公司精神，先后两次对全县各类公司进行清理整顿。对党政机关开办的公司一律取缔，对企事业单位开办的不具备条件的予以取消，仅1990年，对不符合条件的67家公司进行变更登记，收缴18家不符合条件的营业执照，变更10家政、企不分的公司名称，重新核定5家超范围经营的经营项目，办理3家公司的歇业手续，吊销1家无场地、无资金、无人员的“三无”公司的营业执照。1993年，企业实行股份制改造试点，部分企业由公有制改为民营制。1995年，依据《中华人民共和国公司法》，全面推行企业产权改革，依法对43家企业进行变更登记。1995年，全县有登记注册的工商企业547户，从业人员15232人。其中国有企业225户，集体企业316户，联营企业1户，外商投资企业5户。2000年，企业登记管理工作，逐步实现省、市联网，建立机读档案，实现网上查询，并完成计算机登记管理，年底共有登记注册企业298家，注册资金9674万元。其中法人企业197家，集体企业138家，股份合作企业1家，有限责任公司20家。2005年，随招商引资工作的深入，外商企业逐步增多，企业发展加快。年底，全县有登记注册企业196家，注册资金13616万元，其中国有企业86家，注册资金1245万元；集体企业27家，注册资金1967万元；股份合作企业3家，注册资金87万元；公司30家，注册资金10317万元。另有中外合作企业3家，从业人员284人，实际利用外资117.5万美元；外资分支机构23家。2007年，按照上级有关文件精神，开始发展农民合作组织，至2009年底，发展农民专业合作社143户，全县登记注册企业944户，是2005年底的4.8倍。

个体私营经济管理

20世纪80年代初，贯彻执行以国营经济为主导，多种经济成分和多种经营方式并存的方针，全县个体工商业开始得到恢复和发展。但大多从事零售服务业、商业和饮食业，一般规模较小，档次偏低。到1990年，全县个体工商户发展到1875户，从业人员4866人，按行业划分：工业135户，商业1074户，交通运输业145户，饮食业344户，修理业120户，服务业57户。1990年，县委、县政府制定鼓励、支持个体私营经济发展的方针政策，个体私营经济发展迅速。到1995年，全县个体工商业达到2425户，从业人员8103人；私营企业达到18户，从业人员156人。2000年，鼓励扶持个体私营经济发展，县工商局采取超常规的“扶、帮、带”措施，深入全县16个乡镇，300多个重点村庄和10余个市场现场办公，核发营业执照。同时，积极帮助个体工商户、私营企业解决经营中的困难，主动协调金融部门扶持，利用个体劳动者协会，组织民间闲散资金进行资金互助，并搞好资金引进，利用地域、行业优势开办合资合作企业。是年底，全年个体工商户达到2647户，从业人员9248人；私营企业达到39户，从业人员406人，注册资金2849万元。2005年后，进一步放宽市场准入条件，个体经济得到发展，到2009年底，全县有登记注册个体工商户6402户，经营行业门类增多，经济发展进一步活跃。

图13－3　工商宣传/2005年摄

广告管理

1982年5月1日，国家《广告管理暂行条例》公布实施后，威县的广告管理工作纳入正规。1983年，在全县设置9处11块广告牌，清理广告乱刷、乱贴现象。1988年确定县广播局广播站为威县广告兼营单位。同时，在县城顺城路建起东西长600米的广告一条街，设置大型广告牌59块，面积354平方米，大型墙体广告5块，面积60平方米。全县有原县印刷厂和洺州纸箱厂2家广告印刷经营单位。1990年，统一制作广告或门市牌匾640块，基本实现门市牌匾广告化。

1991年后，县工商局对未经审查备案的户外广告进行清理整顿，查出有问题的非法小广告16条，并依据广告管理条例，责令有关人员，清除非法广告，消除影响。

1997年，威县创建省级卫生文明城，县工商部门对县城各市场，街道门市牌匾进行统一的充实完善，先后共充实更新门市牌匾1800余块，成为县城一大亮点，得到省卫生文明城验收人员的一致好评。同时，根据卫生文明城创建条件的要求，县工商局结合全县有关生产经营企业，在县城北106国道岔路口，设置大型广告牌24块，其中，24平方米的22块，60平方米的2块。2002年，广告管理结合“3·15”国际消费者权益保护日，宣传广告管理方面的法律法规，现场解答群众关心的热点、疑点、难点问题，先后发放宣传材料6000余份。在企业发布广告备案的同时，要求各企业所做广告内容，必须真实可靠，诚实守信，不作虚假广告，不作夸大宣传。同时，对广告经营单位定期或不定期进行监督检查，要求不得违法承揽非法广告。2005年，登记注册县邮政局为威县文字、图片广告经营单位，使全县形成以电视台广告为主，以印刷品广告、条幅广告、墙体广告、车体广告为辅，加之门市牌匾为补充的“大广告”发布格局，先后出动执法人员296人次，检查各类广告54个，检查广告经营单位10次，查处违法广告20起，立案20起，责令停播广告16条，罚没款4.5万元，没收虚假小广告4.7万余张。

2006年后，广告管理以深入整顿规范广告市场秩序为目的，把关系人民群众身心健康的药品、医疗、保健食品和与农民切身利益有关的化肥、农药、种子广告作为整治重点，强化广告备案制度和对广告发布环节的监管，有效遏制和查处损害消费者权益的违法广告，维护人民群众的利益。

经济合同管理

20世纪80年代初，威县无经济合同管理机构，1982年6月《中华人民共和国经济合同法》正式颁布，县工商局设置经济合同管理股，配备合同管理人员。县工商局举办经济合同培训班，开展合同咨询服务。自1985年，开展“重合同、守信用”企业培育评选活动，到1991年，全县先后共评选“重合同、守信用”企业26家，监督检查企业258家，鉴证经济合同851份，金额432.5万元。

1996—2005年，县工商局在逐步建立健全合同管理机制，使之走上科学化、规范化轨道的同时，根据全县经济发展的实际情况，先后8次在各工商分局分片举办经济合同培训班，培训企业经济合同管理人员1847人次，发放经济合同法律法规小册子2000余份，并对5个分局重新调整配备经济合同管理人员10人，定期或不定期地对各类工商企业的经济合同签订和履行情况，开展监督检查，从而使一家企业一次就避免经济损失150余万元，并在通过年度审查的同时，对全县“重合同、守信用”企业进行重新评选命名，对有不良记录的“重合同、守信用”企业，根据情况摘牌或降级，而对诚实守信、合同履约的良好的企业，积极向上级推荐。到2005年，全县累计评选“重合同、守信用”企业58家，发放“重合同、守信用”牌匾134块，其中，全县有省级“重合同、守信用”企业9家，市级16家。

合同鉴证

威县的合同鉴证始于1981年，当时，鉴证经济合同3份，金额234万元，均由威县税务局市场管理委员会出具经济合同鉴证书。

1982年后，依据《中华人民共和国经济合同法》有关条款，对经济合同鉴证采取自愿的原则，由企业自行决定对自己所签订的经济合同是否通过鉴证程序，以确保合同履行，到1990年底，由签约双方当事人，提交工商行政部门鉴证的经济合同共1164份，合同标的675.4万元，由于监督到位，企业诚实守信，履约率达到100%。2005年后，随着经济合同履行方式逐步由原来的签约—发货—付款，向签约—付款—发货转变，解除企业对合同履行中可能上当受骗的后顾之忧。因此，全县的经济合同鉴证也由原来最多年份的200余份，逐步锐减到年不足10份。

合同仲裁

1986年，县工商局根据上级文件精神，增设经济合同仲裁委员会。1986—1995年的10年间，威县经济合同仲裁委员会共受理经济合同纠纷案例462件，争议标的1246.47万元，全部通过调解得到解决，结案率100%。1996年后，合同纠纷案件逐年减少，合同仲裁工作基本处于停止状态。1999年，成立邢台市经济合同仲裁委员会，县工商局仅保留由工商、县政府法制办、司法等有关部门参加的威县仲裁庭，合同仲裁工作主要是结合日常经济合同管理，进行法制宣传，参与业务培训。2006—2009年，合同监管的重心转移到拍卖监管。第一，对拍卖企业严格审查证件；第二，对拍卖内容全部备案。并定期举办企业合同培训，加大受训辐射面，最大限度减少违法合同的发生。同时对农副产品购销等其他合同进行有效监管，最大限度保护农民利益。

商标管理

1982年，全县仅有县酿酒厂的“机耕”牌白酒和机械厂的“工农”牌汽缸套2件注册商标。1982年，《中华人民共和国商标法》正式颁布实施，到1990年全县的注册商标达到38件。

1990年后，县工商部门在对注册商标和未注册商标逐步纳入科学化、规范化管理，建立健全注册商标档案和商标使用档案、台账，加强商标专用权保护工作。到2000年末，全县的注册商标突破百件大关，达到102件。

2005年，商标管理工作实现微机化管理，共办理注册商标8件，登记备案使用未注册商标19件，年终全县共有注册商标132件。其中，威县华新建材有限公司的“太威”牌注册商标和河北三高集团安增肥业有限公司的“安增”牌注册商标，先后被评选命名为“河北省著名商标”。2006年后，人们普遍对无形资产的认识提高，一些企业和个体户对产品的保护意识增强，加快了商标培育和注册的步伐。到2009年末，全县共有注册商标330件，其中河北省著名商标3件，除原来的两件外，新增威县冀龙汽车配件有限公司的“冀龙”牌商标一件。2009年，加大对涉农商标的培育力度，西红柿、葡萄、鸡蛋、化肥等农产品商标的注册增多，东科农工贸有限公司注册“春咏”商标后，其产品价格上涨30%，从业人员增加44%，人均收入增长32%，产品覆盖率广，带动了农业产业化的发展。

市场管理

1980年2月，工商、税务分设办公后，对企业及个体工商业的监督检查也趋于正规。1982年，国家颁布《市场管理暂行条例》，集中打击哄抬物价、以次充好、掺杂使假、短尺少两、制售假冒伪劣商品等违法活动。1985年后，又以打击倒买倒卖重要生产资料和紧俏耐用消费品以及假冒自行车为重点，倒卖物资主要有钢材、水泥、彩电、名牌烟酒、劣质农药、汽油、无碘盐等。1986年，根据国务院《关于加强市场管理，严厉打击投机倒把和走私活动的指示》，县工商局继续加大对社会上某些扰乱市场秩序的投机倒把分子进行严肃查处。1990年，查处各类经济违法案件50起，罚没款8.6万元，查处非法经营的物资有煤炭655.15吨，棉花246吨，汽油、柴油、机油共计75吨，化肥60吨，农药4吨，黄豆10吨，掺假羊毛8.5吨，变质食品405千克，罐头1550瓶，假冒卷烟94条，假“四特”酒24箱，收缴迷信品

图 13－4　县工商局工作人员市场监督检查/2006 年摄

160 件。1992 年，开展大规模的打击制售假冒伪劣商品专项斗争，全县共立案查处制售假冒伪劣案件 107 起，没收假酒 1410 瓶，假烟 120 条，法律制裁磷肥 13 吨，农药 200 余千克，冒牌自行车 122 辆，劣质饮料 438 瓶，总价值 21 万元，另外，在县道路检查站的配合下，依法查扣无“准运证”手续的过路货车 143 辆，并依法进行处理。1994 年，县政府组织工商局、质量技术监督局联合行动开展打击非法经营、假冒伪劣农业生产资料专项活动，先后查获非法经营棉种 21.5 吨，玉米种 600 千克，过期农药 15 吨，价值共 15 余万元；同时对制售假烟假酒行为进行查处，共查处销售假烟假酒案 35 起。1996 年 4 月，成立公平交易局，专门负责县城内的查假打假工作。1997—2003 年，主要对涉农物资，烟酒食品的假冒伪劣进行专项打击，维护市场经济秩序。

2004 年，公平交易局更名为经济检查大队，加大了打假力度。2008 年，“三鹿”事件发生后，县工商局迅速开展清查含三聚氰胺乳制品的专项整治行动。共查处问题奶粉 24808.9 千克，分别于 9 月 25 日、10 月 1 日、10 月 3 日分三次由工商局执法人员亲自押送，将问题奶粉全部退回厂家。同时，按照国家工商总局等六部局《关于立即全面清理检查市场乳制品的紧急通知》要求，对 9 月 14 日前的乳制品进行全面清查，下架封存乳制品 2846.58 千克。同时加大对乳制品销售的监管力度，从严审查相关手续。

2009 年，全年查处不合格复混肥共计 370 吨，收缴罚没款 23 万元，其中，万元以上大案 11 件。同时全面开展无照经营专项清理行动，共清理出无照经营 1596 户，对符合办照条件的补办营业执照 1191 户，取缔高危行业 96 户，取缔其他行业无照经营 309 户，保护合法经营，维护了正常的市场经济秩序。

第二节　质量技术监督管理

计量管理

1986 年前，县标准计量所主要从事对木杆秤、案秤、地衡等衡器的检定和维修。同年 7 月 1 日，《中华人民共和国计量法》（以下简称《计量法》）颁布实施，县标准计量所加强量值检测体系建设，开展计量检定工作。全年检定台案秤 346 台，新制杆秤 98 支，修理台案秤 256 台；检定、安装、修理地中衡（地秤）32 台。组织企业开展计量定级和商业系统“物价、计量双信活动”。1987 年，成立标准计量局，贯彻《国务院关于在我国统一实行法定计量单位的命令》，开始抓计量器具的改制工作，对新制木杆秤和定量砣，一律实行公斤制，改制更换市杂计量器具5种（台案秤、液体量提、压力表盘等），计1500台（件）；对《中华人民共和国强制检定的计量器具目录》中规定的计量器具，进行调查、登记、建档立卡，逐步依法进行强制检定，全年共检定计量器具1632台（件）。1990年，全县共改制衡器615台；对全县属于强检目录的111种各类计量器具作详细摸底和建档工作。全年共检定计量器具1957余台（件）。

1995年，发放强检计量器具许可证，全年共检定各种计量器具2549台（件），安装并检定40吨、50吨电子衡2台，并对商贸流通领域里的定量包装商品进行检查。对违犯《计量法》的行为实施处罚，没收不合格计量器具50余台（件）。

2000—2002年，按照强检目录共检定各类计量器具5898台次，血压计42台次，台案秤、弹簧度盘秤2494台次，地衡、电子汽车衡192台次；安装地衡8台，新上30吨、40吨、80吨电子汽车衡各1台。在计量检查工作中，生产企业、流通企业受检面36%；医疗、卫生、环保、安全等有关事业单位受检面58%；加油站计量认证复查、换证率100%；定量包装商品生产领域的计量监督抽查率89%；合格企业取证率100%；强检计量器具受检率98%。

2006年，加强对全县35个加油站、100多个棉站的衡器检定，同时对各类生产厂家及各类门市进行计量监管。2009年，通过摸底排查，对全县374个计量器具实行目标管理，提高了检定效率，检定通过率86%。

标准化管理

1979年颁布《中华人民共和国标准化管理条例》，县组织企业依据产品标准进行生产。1988年，对全县各企业执行产品标准进行摸底调查，并建立产品标准台账，县属企业摸底调查率100%，标准覆盖率80%。1989年4月1日，《中华人民共和国标准化法》颁布实施后，依法对企业执行产品标准的情况进行监督检查，并负责为企业查询和推荐产品标准。1994年，审查备案企业标准95个，制定、修订产品标准25个，收集标准35个。县属企业重点产品标准覆盖率100%，乡镇企业80%以上。2000年先后举办标准化基础知识培训班2期，培训有关人员566人次，并加入省标准情报所信息网，为企业搞好标准化生产及时提供优质服务。全年为76家企业86种产品登记备案，为企业查找和提供产品标准102份，提供试验方法、零部件及其他相关标准530份，接待咨询服务263人次。2007年，县质量技术监督局以推进“十一五”农业标准化发展规划为目标，增强农业标准化服务为重点的工作机制。在市局指导下，完成三白西瓜地方标准起草。提请政府组织农业、科技等部门对张王目三白瓜、高公庄西红柿、第什营蛋鸡养殖等农副产品集中区域，实施建设标准化示范区，推行农业标准化。联合农业、企业等部门推行棉花标准化工作，开展棉花标准化种植指导工作，引导棉农按标准种植管理。

2008—2009年，结合重点产品专项整治行动，组织开展标准执法活动，检查企业32家，确保产品执行标准率达到100%。采取送标准进企业的方式推行企业标准体系建设。继续推行农业标准化建设，认真培育高公庄西红柿等3个农业标准化示范区。

统一代码标识管理

1993年，国家颁布《全国企业事业和社会团体代码管理办法（试行）》，当年为企、事业单位和社会团体办事代码证书96个。1994年，县技术监督局建立统一代码数据库，为企、事业单位，社会团体和党政机关办理并发放代码证书265份，占应办任务的95%。1995年，行政、企事业单位代码证书的申报工作全部结束，共办理代码证书282个；统一代码工作和微机室顺利通过市技术监督局主管部门的检查验收。1996—1998年，共办理代码132个，并逐步完成代码换证工作。1999年，集中办理年检换证76个，实现全省联网并配备IC卡。2002年，累计办理代码证书72个。其中，为招商引资企业办证12个，办理代码年检80个，为4家企业办理产品条形码。2003年，为机关、团体、企事业单位办理代码证书96个，换证96个，代码证年检130个，变更8个，废止455个。2005年，为各团体企业事业初次办理组织机构代码证书84个，年检243个，换证30个，变更33个，废置5个，迁出外省5个，根据修改2个，增补证卡7个。

2006—2009年，共办理代码证书750多个，并完成电子档案扫描录入和数据清理工作，电子档案率达100%。

质量监督

1989年，县标准计量局按照国务院《工业产品质量责任条例》文件要求，对全县的化肥、面粉、卫生油、糕点等抽查3批、15次；对15家、28个商店销售的低压电器产品进行检查，共查处假冒伪劣及不合格产品18种，价值21万元；对全县商业、供销、粮食等系统及劳动服务公司食品生产企业的食品标签进行检查，共检查各种食品65种，合格率60%。1990年3月，根据国务院和国家技术监督局《关于开展严厉惩处经销伪劣商品责任者意见的通知》，协同县工商局，对全县所有生产厂家和流通领域进行全面检查。查出劣质麦乳精276瓶，各种变质啤酒、果酒240瓶，糖类25千克，罐头120瓶，总价值2余万元，罚款2377.40元。根据省、市文件要求，对全县117种涉及生产许可证的产品进行检查。1993年，《产品质量法》颁布实施。1996年，增加对农药、酱油、食醋等10类、100个品种的化验项目；1997年，抓涉及人体健康、人身财产安全的6大类、45种产品的质量问题。全年未发生一起质量问题或消费者投诉案件。2006年，按照省市局的要求，开展企业质量档案刷新统计工作，刷新企业质量档案102卷，新调入统企业17家，累计入档企业119家。为更好地提高企业管理质量，编制上报《威县“十一五”期间质量兴县计划》，确定“十一五”期间质量工作目标。全年完成对52家企业55个产品103个检验批次的监督抽查。组织企业开展中国产品质量电子监管网的入网和赋码加标工作。2007年，大力推进名牌战略，鼓励、引导河北三高、华新建材等效益企业走以质取胜的发展道路。2008年，对四川灾区援建物资驻厂监管，确保抗震救灾物质产品质量。按照辖区监管责任制要求，对涉及生产许可证、3C认证和进京涉奥、抗震救灾的32家生产企业开展摸底排查，为21家企业建立企业质量档案。以农资、建材为重点，将86家企业133个检验批次纳入定检计划，定检完成率100%，合格率达到100%。2009年，按照国家、省、市局的统一部署，开展“质量和安全年”活动，举办2次大型宣传活动，发放宣传资料1500份，悬挂宣传条幅15条。制定《重点产品整治方案》，编制《2008年质量状况分析报告》，对涉及生产许可证、3C认证和后8类重点产品生产企业开展摸底排查，100%建立企业质量档案。加强对辖区内2家实验室的监督管理，对其信息录入上网并及时更新工作进行指导。

行政执法

1993 年 10 月，县标准计量局成立稽查股。执行巡回检查任务，每年集中进行 3～4 次较大的打假治劣活动。1993—1996 年，共查处假冒伪劣商品总值 60 多万元，销毁假冒伪劣商品货值 30 余万元，现场处罚 139 起，罚款 2 余万元，立案 13 起，为消费者挽回经济损失 20 多万元。1996 年 10 月 1 日，颁布实施《中华人民共和国行政处罚法》，行政处罚程序逐步走向规范化。1999 年，共查处有问题商店 28 家，查获伪劣商品标准 18 万元；检查农资经营户 56 家，查出有问题的 16 家，不合格商品标值 8 万元，对其中无照经营的 16 家进行关停，对涉嫌有质量问题和超范围经营的 22 户进行查封，扣留农资 25 吨；先后对全县 8 家建筑施工单位、25 家建材销售市场进行检查，查出不合格水泥 8 吨，钢材 3.5 吨，总价值 3.5 万元。2000 年 4 月，贯彻落实国务院《关于进一步加强产品质量工作若干问题的决定》和全国打假联合行动电视电话会议精神，威县调整县质量工作和打假治劣活动领导小组，以重点产品、重点市场、重点区域和大案要案为重点，加大执法监督力度，严厉打击各类制假售假和市场欺诈行为。至 2002 年，累计检查商店（网点）529 个（次）抽样 135 个批次；查处不合格商（产）品价值近 24.32 万元，假冒伪劣商（产）品标值 42 万元；立案 47 起，罚款 6.59 万元，销毁假冒伪劣商品货值 13 万元，没收假冒伪劣商品标值 4.5 万元；受理投诉 19 起，处结率为 19%，为企业和消费者挽回经济损失 29.6 万元。2004—2008 年，针对人民群众反映强烈的焦点、热点问题，深入开展以食品、农资、建材和高耗能产品为重点的专项产品整治。发挥政府打假办的职能，联合公安等部门依法查处售假窝点 2 个，没收假冒伪劣化肥 26 吨，受理举报投诉案件 2 起，涉案标值 7.5 万元，为消费者挽回损失 5 万元。2009 年，进一步修订和完善打假工作长效机制，促进规范执法、阳光执法。确定每月抽取 20% 的行政执法案件进行回访，保障行政相对人的合法权益，维护了良好的行业形象。

特种设备管理

2001 年 3 月，原来由县劳动部门承担的锅炉压力容器特种设备安全监察职能划转到县质量技术监督局。同年，县质量技术监督局按照省市要求开展特种设备的普查整治工作，澄清全县的设备数量。组织 4 次安全专项检查，共检查有关单位、企业 160 余家，查出事故隐患 180 处，下达指令书 80 余份，提出整改意见 212 条。配合市锅检所检验在用锅炉 32 台，压力容器 48 台；配合市劳动保护检测站检测特种设备 32 台，举办司炉工培训班一期 16 人，经考核合格颁发操作证。2003 年，对全县在用的 142 台锅炉、压力容器、特种设备进行普查登记，对 110 台特种设备进行年检。为 2 家液化气充装站进行充装资格审报。与市局合作举办 1 期司炉工培训班，培训操作人员 43 人；办理特种设备新证 22 个，换证 55 个。2005 年，对在用的 63 台特种设备进行年检。对 46 个单位特种设备进行普查，新登记设备 7 台，查出事故隐患 3 处，整改 3 处，下达安全监察通知书 59 份，对 2 家非法液化气站，14 个液化充装点进行取缔，对 1 家非法安装自制土导热油锅炉进行拆除，帮 4 家液化气站充装资质进行验收，已发证。举办特种设备作业人员培训班二期 52 人。2007 年，安装特种设备信息管理系统，对辖区内 139 台设备重新审核并建立台账，加大对在用设备监管力度，在用设备发证率、年审率、定检率分别达到 90%、60% 和 90%。2009 年，按照《特种设备安全监察条例》规定，对在用特种设备安全状况进行监督检查，现场监督检查在用设备 56 台，督促整改事故隐患10起，下达《特种设备安全监察指令书》30份，向政府提交报告和建议各1次。编制《威县特种设备安全状况报告书》，设专人负责数据库的管理，确保数据库的正确使用和信息的可靠性。

第三节　食品药品监督管理

2006年4月，成立威县食品药品监督管理局，负责县内药品、食品、保健品、化妆品的安全管理，依法组织开展对重大食品安全事故的查处。2009年6月1日《中华人民共和国食品安全法》实施，增加对食品餐饮服务活动的监督管理。

图13－5　县食品药品监督管理局揭牌典礼仪式/2006年摄

图13－6　焚烧假劣药品/2006年摄

2009年，县内30家药品经营企业全部通过省、市《药品经营质量管理规范》（GSP）认证检查验收小组的现场检查，20家县直、乡镇医疗机构达到《河北省医疗机构药品质量管理办法（暂行）》标准要求，有效地规范了药品经营、使用行为。同时推进农村药品监督网和药品供应网络（简称“两网”）建设。选聘551名热心药监事业、责任心强的农村药品质量监督协管员、信息员，98%以上行政村建成药品质量监督网络，保证了药品质量。以两家药品批发企业为龙头，39家药品零售企业为依托，建立农村药品供应网络，乡镇药品配送率100%，村级90%以上，保障了农村药品供应。12月，开展“严厉打击非药品冒充药品”宣传活动，以实物对比讲解、发放宣传资料、制作展牌等多种方法，对市场上名称与药品名称相同或相似；包装与药品包装相似；在标签、说明书或者广告上宣称具有功能主治或药用疗效；随意添加药物成分等四种典型的“非药品冒充药品”的形式，向群众进行详细的讲解，共发放药品常识、保健品常识及合理用药常识宣传单3500余份，接受群众咨询200余人次。

第四章　国土资源管理

第一节　建章立制

从1984年开始，县制定一系列的规章制度，强化对土地工作的管理，使土地管理工作逐步走上制度化、规范化、法治化轨道。1985年县政府出台《关于农村宅基地清理发证工作若干规定》，对全县的农村宅基地进行清理确权发证。

图13－7　县国土局办公楼（中华大街）/2003年摄

1991年3月，县政府印发《关于严格执行农村宅基地审批制度的若干规定》，明确对农村宅基地用地标准、申请条件及违法用地行为处理意见。1993年5月，县政府出台《关于统一征地的暂行规定》，规定凡城区内的所有土地实行统一规划、统一征地、统一开发、统一出让、统一管理，为落实城乡地政统管提供了可靠保证。

2000年12月，县政府印发《关于城区征地补偿安置及分摊公共用地暂行办法》，对征用县城控制区内的土地补偿及安置工作做了明确规定。2001年5月，县政府制定下发《威县城区土地储备供应管理暂行办法》，对土地储备做出明确规定。

2004年11月，县政府公布《威县农村宅基地管理实施细则》，对农村宅基地审批管理工作做了进一步的细化。2005年5月，经县政府研究、制定并印发《威县征地补偿安置和被征地农民基本生活保障试行办法》，进一步加强对征地补偿安置工作的管理。

2009年5月，经县政府研究同意，制定印发《威县县城规划控制区集体土地征收暂行办法》，对征收县城规划控制区集体土地征收标准、程序、补偿等工作做了具体规定。

第二节　土地使用制度改革

土地使用制度改革，就是要把计划经济时期实行的城市国有土地由行政划拨，无偿、无限期使用的办法，改变为采取市场经济手段分配，实行有偿、有限期使用土地，促进土地生产力的发展，实现土地资源的优化配置。

城镇国有土地使用制度改革

城镇国有土地使用制度改革主要为国有土地使用权出让。国有土地使用权出让是指国家以土地所有者的身份将土地使用权在一定年限出让与土地使用者，并由土地使用者向国家支

图 13－8　2003 年 11 月 1 日，威县国有土地使用权公开拍卖现场会现场

付土地使用权出让金的行为。按照有关规定，土地使用权出让的方式通常有四种：协议、招标、拍卖、挂牌。

1992 年，县政府依据《中华人民共和国城镇国有土地使用权出让和转让暂行条例》规定，成功对农贸街 47 宗、4.13 公顷土地实行对外公开出让，收取土地出让金 120 万元，这是威县首次对外公开出让土地使用权，标志着威县的土地市场建设开始启动。同年 8 月 15 日，县政府与香港哈斯特国际贸易公司董事长陈贤瑶成功签署第一项向外资企业出让国有土地使用权出让合同，出让面积 6899.31 平方米，收取土地出让金 20.5 万元，出让年限为 50 年。同年，又成功向玻利维亚 GOLDKEY 实业有限公司出让一宗国有土地使用权，面积 3340 平方米。此举在邢台地区首开有偿有期限出让土地使用权的先例。

2003 年 8 月，根据土地市场发展所需，县政府依据国土资源部、监察部《招标拍卖挂牌出让国有土地使用权规定》，制定印发《威县挂牌出让国有土地使用权规定》，对挂牌出让的条件、程序、提供资料、赔偿责任等作了明确规定。同年 11 月 1 日，县国土资源局成功挂牌出让第一宗国有土地使用权。该宗土地面积为 3575.48 平方米，位于县城顺城路路北劳动保险所东侧。该地块地理位置优越，规划用途为商业和住宅用地，使用期限为 70 年。经过 5 家竞买人 17 次挂牌竞价，由起始价 117 万元，最终以 125.9 万元成交，高出底价 8.9 万元。土地使用者有权按规定对土地进行转让、出租和抵押。2006 年，依法收回县粮食局、县种子公司等四宗闲置土地，面积 2.36 公顷，同年 12 月 15 日向社会公开拍卖，最终以 1510 万元的价格由邢台恒德房地产开发有限公司竞得，高出起始价 642 万元，创下威县土地公开出让史上的新高。2003—2009 年，通过公开出让土地方式收取土地出让金 22866.55 万元。

农村集体土地使用制度改革

1989 年前，农村宅基地一律为无偿使用。1990 年，县土地管理局在李寨乡辛庄村进行宅基地有偿使用试点，取得成功。1991 年 12 月，县成立农村宅基地有偿使用工作指挥部，由县委书记任政委，县长任指挥长，县土管局、农工部、监察局、农教办、宣传部等 20 余个单位主要领导为成员，并专门成立办公室、法律法规咨询组、宣传资料组、治安秩序组及各乡镇分指挥部。县人民政府颁发《关于实行农村宅基地有偿使用的布告》，并召开全县三级干部大会，进行布置和安排，要求从 1992 年 1 月 1 日开始，正式启动农村宅基地有偿使用工作，共分宣传发动、清理丈量、登记收费、检查验收四个阶段进行。在“尊重历史、正视现实、宽严适度、收费合理”的思想指导下，采取“三等四级”收费办法，具体的收费标准是对《河北省土地管理条例》颁发前的宅基地，均按每平方米 0.05 元的标准收费；对《河北省土地管理条例》颁发后的宅基地，实行按面积分档收费法，面积在 166.7 平方米以内的，每平方米收费 0.05 元，大于规定面积的每平方米收费 0.1～0.15 元。通过开展农村宅基地有偿使用工作，全县共退出多占宅基地1928处，面积45万平方米，有344户主动收回建房申请，节约土地5.73公顷，收取宅基地有偿使用费300万元。按照规定收取费用比例第一年村留40%，交乡镇30%，交县财政30%。以后每年村留70%，用于村内公共设施修建，旧村改造和荒废土地的开发；交乡镇25%，其中的70%由乡镇人民政府管理使用，主要用于土地管理和开发及奖励在土地管理工作中的先进单位和个人；交县5%，用于土地管理事业的管理经费以及奖励在土地管理和开发中做出突出成绩的先进单位和个人。1992年，全县直接留村集体费用120万元，打机井130眼，增加水浇地面积400公顷，开发沙荒地100公顷，种植果树64000棵。1993年，根据上级文件规定，中止对农村宅基地有偿使用工作。从此，农村宅基地又恢复无偿使用。2004年11月，为更好的贯彻落实上级文件精神，加强农村宅基地管理，县政府出台《威县农村宅基地管理实施细则》，对农村宅基地审批程序、申请条件等做了明确规定。

第三节　土地利用与保护

1985年5月—1987年4月，全县开展第一次威县土地现状详查。2004年5月—2005年5月，开展第二次土地利用现状更新调查，2007年9月—2009年6月，在全县范围内开展第二次土地调查，确立全县土地面积、权属、分类等详细信息，并建立数据库，此项工作为威县确权发证、建设用地审批、土地执法检查等各项工作提供可靠依据。至2009年底，第二次全国土地调查工作正在国土资源部验收中。

土地利用概况

2009年底，全县土地总面积为101151公顷。农业用地80997.9公顷，占土地总面积的80.08%。其中，耕地面积68830公顷，占68.05%，土地利用的主导方向重点安排粮、棉、油、菜生产用地；园地面积8296公顷，占8.2%，主要用于种植园业及其服务设施使用；林地2673.6公顷，占2.64%，主要供林业生产和生态环境保护及其服务设施使用；水面1176.3公顷，占1.16%。建设用地13219.3公顷，占13.07%，主要用于城镇建设，严格执行城镇总体规划；其中城镇居民点及工矿用地9021.9公顷，占8.9%，主要用于村镇居民点住宅、乡镇村企业、乡镇公共设施和公益事业等建设；交通用地2252.2公顷，占2.23%；水利设施1945.2公顷，占1.92%。未利用土地6933.8公顷，占6.85%。

基本农田保护

1991年，根据省合理利用土地切实保护耕地的文件精神，在全县确定基本农田一级保护块759块，面积49864.8公顷；二级保护块467块，面积5047.1公顷；果园保护块105块，面积2554.4公顷。整个基本农田保护面积为57466.3公顷，占耕地面积83.49%，分别分布在全县32个乡镇。基本农田保护区划定后，呈现出如下几个特点：一是保护率较高，保护规模较大；二是以棉粮保护占绝对优势；三是类型、级别的结构简明。基本农田保护区建立之后，采取一系列的保护措施，在基本农田保护区内严禁任何单位和个人建房、建厂、葬坟等，不准毁田造林、栽种果树、取土挖沙，违反规定严肃处理。对必须征用保护区耕地的建设项目，原则上征多少开发多少。并鼓励农民增加投入，培肥地力，改善保护区的生产条件。

1996 年，根据《河北省基本农田保护条例》和威县的实际情况，划定基本农田保护面积 61298.3 公顷，保护率 89%。

其保护措施：贯彻落实“十分珍惜、合理利用土地和切实保护耕地”的基本国策，利用一切宣传手段，宣传保护耕地的重要意义和基本国情；全县自上而下建立基本农田保护领导组织，政府主要领导负责逐级落实，责任到人，建立岗位责任制；县、乡、村逐级建立基本农田保护区、块，制定保护公约，落实到地块，责任到人，逐级建立台账、登记卡，地块标出标牌；对非法占用基本农田的行为要追究刑事责任。

第四节　地籍管理

2001 年 6 月 15 日至 2002 年 6 月威县对城区地籍进行调查。为此，成立以主管县长为组长的领导小组，县政府专门下发《关于开展县城建成区地籍调查的通知》，此项工作经历工作准备、权属调查、控制测量、地籍勘丈、资料整理等过程，形成地籍图件、数据表格、工作报告、技术报告等资料。根据最终统计数据表明：威县全区地籍调查面积共 8.71 平方千米，27 个街道，116 个街坊，9196 宗地。以土地权属性质统计：国有土地面积为 6.05 平方千米，占 68%；集体土地面积 2.85 平方千米，占 32%。以土地类别统计：商业金融用地 0.52 平方千米，工业仓储用地 0.56 平方千米，市政公用设施用地 0.05 平方千米，公共建筑用地 0.71 平方千米，住宅用地 2.04 平方千米，交通用地 1.78 平方千米，特殊用地 0.03 平方千米，水域用地 0.3 平方千米，农用地 1.83 平方千米，其他用地 0.9 平方千米。

根据《河北省土地利用现状更新调查暂行规定（试行）》，威县于 2004 年 8 月—2005 年 11 月开展土地利用现状更新调查工作，利用航空影像资料和 GIS 技术，对县域土地利用现状数据、图件进行全面更新，达到图、数、实地一致，实现对土地利用现状数据和图件的存储、管理、检索、查询、统计、分析、变更和维护的数字化和自动化。根据调查数据显示，2005 年底，全县土地总面积为 1011.5 平方千米。

第五节　建设用地管理

国家建设用地管理

征地审批权限　1987 年前，威县按照 1953 年国务院颁布的《国家建设使用土地办法》征用土地。1987 年，《中华人民共和国土地管理法》和《河北省土地管理条例》相继施行，后几经修改，一直沿用至 2005 年。

审批程序　用地单位持国务院主管部门或县级以上地方人民政府批准的设计任务书或其他批准文件，向县国土资源管理部门提出书面申请。建设项目的初步设计经批准后，用地单位持有关批准文件和总平面布置图或建设用地图，向土地管理部门申请建设用地面积，由县人民政府核定。国土资源部门与被征地村协商签订征地补偿、安置协议。国土资源部门组卷逐级上报审批。收到征用土地批复后，填写《征用土地公告》。国土资源部门与被征地村进行征地补偿登记工作，与被征地村拟订征地补偿、安置方案并予以公告。国土资源部门拟定供地方案，按照县政府批准的供地方案供地。

土地补偿安置　2002年后，按照《河北省土地管理条例》第三十九条规定：征用耕地的土地补偿费，为该耕地被征用前三年平均年产值的6倍至10倍。按照威县棉花产值计算，征用耕地的土地补偿为每500平方米6000元至10000元。征用耕地以外的其他农用地和建设用地的土地补偿费，为该土地所在乡镇耕地前三年平均年产值的5倍至8倍。按照威县棉花产值计算，征用耕地以外的其他农用地和建设用地的土地补偿费为5000元至8000元。征用未利用地的土地补偿费，为该土地所在乡镇耕地前三年平均年产值的3倍至5倍。按照威县棉花产值计算，征用未利用地的土地补偿费为3000元至5000元。按照《河北省土地管理条例》第四十条规定：征用耕地的安置补偿费，为该耕地被征用前三年平均年产值的5倍至6倍。按照威县棉花产值计算，征用耕地的安置补偿费为5000元至6000元。征用耕地以外的其他农用地和建设用地的安置补助费，为该土地所在乡镇耕地前三年平均年产值的4倍至6倍。按照威县棉花产值计算，征用耕地以外的其他农用地和建设用地的安置补助费为4000元至6000元。征用未利用地，不支付安置补助费。征用土地的青苗补偿费按当季作物的产值计算。地上附着物的补偿标准由市人民政府制定。2005年，全县开展统一年产值补偿标准工作。统一年产值补偿标准的测算范围是：威县行政区域内，扣除征地区片价测算范围以外其余的所有区域内的耕地、园地、林地、牧草地、水产养殖地等农用地和宜农未利用地。全县征地统一年产值补偿标准共分为4个区域，区域一包括：贺营乡、高公庄乡、七级镇等6个乡镇，补偿标准为18000元/亩；区域二包括：第什营乡、方家营乡等4个乡镇，补偿标准为17460元/亩；区域三包括：枣园乡、常庄乡、梨园屯镇3个乡镇，补偿标准为17055元/亩；区域四包括：赵村乡、侯贯镇、常屯乡3个乡，补偿标准为16620元/亩。自此，全县征用土地补偿标准实行征地区片综合地价和统一年产值标准。2008年，根据河北省国土资源厅《关于开展征地区片综合地价调整工作的通知》要求，全县开展征地区片综合地价调整工作，调整范围包括全县16个乡镇，522个行政村，调整后的补偿标准有三个等级，分别为36000元/亩、32000元/亩、28000元/亩。此次征地统一年产值标准对应的基准时点为2009年1月1日，有效期为3年。

乡镇企业用地管理

1979年，村和村以下建设占地纳入管理范围，生产大队和生产队建仓库、饲养棚和社员建房等，应尽量在原有村落宅基地解决，必须占用耕地时，要从严掌握，由县审批。1986年，根据中央《关于加强土地管理，制止乱占耕地的通知》精神，县政府组织专门班子，抽调骨干队伍，对全县1982—1986年非农业建设用地进行清查。乡办企业、事业及公共设施建设占用生产队的土地，大部分补办用地手续，确定为乡（镇）集体所有。1987年，《中华人民共和国土地管理法》和《河北省土地管理条例》开始实施。威县乡镇企业用地管理依据该规定执行。其中，申请、审核、占地补偿、违法处罚等，严格按国家建设用地的规定执行。该规定一直沿用至2009年。

农村宅基地管理

1982年，《中华人民共和国宪法》规定：宅基地属集体所有，任何组织或个人不得侵占、买卖、出租或者其他形式非法转让宅基地。1987年后，根据《中华人民共和国土地管理法》

和《河北省土地管理条例》，结合县内实际情况，县政府、县土地管理局对农村住宅用地的标准、报批作出规定。

农村住宅用地标准　1985 年县政府制定下发《关于农村宅基地清理发证工作若干规定》，明确提出建房用地原则及标准：村镇建房必须统一规划，节约用地。凡能利用荒地、薄地的，不得占用耕地。要积极改造旧村镇，充分利用原有的宅基地和村镇空闲地；不准把自留地、承包地转作宅基地，在自留地、承包地上建房是违法行为；根据省政府规定，县政府决定对居民建房用地实行限额，其标准每处控制在 167 平方米以内。居民确需宅基地，要按照政策规定办理申请、审查、批准手续。未经县土地管理机关批准，一律视为非法占地。1991 年，县政府制定《关于严格执行农村宅基地审批制度的若干规定》，对农村宅基地的用地限额确定为 167 平方米以内。2004 年，根据《中华人民共和国土地管理法》《河北省土地管理条例》《河北省农村宅基地管理实施办法》，结合威县实际，每处宅基地用地标准不得超过 233 平方米。

审批程序　1991 年，县政府制定《关于严格执行农村宅基地审批制度的若干规定》，规定农村规划宅基地，必须由乡镇人民政府审核，经县土地管理部门审查后，报县人民政府批准。2004 年 11 月，县政府公布《威县农村宅基地管理实施细则》，对农村居民宅基地报批程序做出规定：农村村民需要使用宅基地的，应当向村民委员会提出申请，由村民委员会公布并提交村民会议或者村民代表会议讨论。经讨论同意并公布后，逐级报乡（镇）土地管理机构、县土地行政主管部门审核和县人民政府审批。县人民政府批准后，村民委员会公布批准使用的宅基地。

申请宅基地条件　1987 年，《河北省土地管理条例》公布后，符合下列条件之一的，允许申请宅基地：农村居民户，除身边留一子女外，其他子女男到女方落户或女到男方落户，确需另立门户的；农村居民户人口超过本村居民户人口平均数一倍确属缺少宅基地的；集体经济组织招聘的技术人员要求在当地落户的；回乡落户的离休、退休、退职、退伍的干部、职工、军人，确实无房屋居住的；回乡定居的华侨、港澳台同胞。

1999 年，《河北省土地管理条例》修改后，符合下列条件之一的，可以申请宅基地：农村村民子女结婚等原因确需分户，缺少宅基地的；外来人口落户该村，没有宅基地的；因自然灾害或者因实施村庄和集镇规划需要搬迁的。

第六节　土地监察

1987 年 11 月，县土地管理局设立监督监察股，设股长、副股长各 1 人。是年，根据《中华人民共和国土地管理法》对全县耕地、宅基地进行执法监察，重点对违法占地、违法耕地起土、违法小砖窑进行治理。至 1990 年，共查处违法占地案件 2441 件（包括清理农村宅基地），违法占地面积 4327 公顷；拆除非法建筑物 1927 平方米；退回土地 32 公顷；制止乱放宅基地 1875 处；依法取缔私烧小土窑 985 个。1992 年 8 月，全县 32 个乡镇成立土地管理所，形成县、乡（镇）二级土地管理体制。1996 年，清查非农业建设用地状况，抽查农村宅基地发放情况，查处未经批准占用土地案件 435 宗，涉及耕地 23.4 公顷。1999 年，实行群众来访接待日制度，接受社会群众对破坏土地、违法占地案件的举报和监督。2002 年，重点对公路两侧违章占用土地、农村村民私自抢占土地行为进行检查，查处53起，涉及土地4.7公顷。2005年9月，成立土地执法监察大队，执法人员通过受理、立案、调查、处理、告知、送达、执行、结案等程序，依法做出处理，土地监察走上法制化轨道。2009年，对全县各类土地违法案件进行全面清查，加大巡逻检查力度，对未经审批私自占用耕地的行为，坚决予以制止，责令其拆除违法建筑，恢复地貌，全年共查处违法占地案件126件，涉及土地面积7.6公顷。同年，接访37起82人次，其中立案5起，结案5起。

第五章　物价管理

第一节　物价监督管理

1984年，县成立物价检查所，定编4人。1996年增到8人，负责域内商品价格和相关收费的监督检查。

市场检查

1984—1987年，对集市商品零售价格进行监督检查，主要是控制物价指数，打击暴利，稳定市场。1988—1989年，市场出现涨价风，检查人员分组进行全天监督检查，稳定市场物价。1990—1991年对计划外彩色电视机、自行车、电风扇等20多个品种工业品价格和农业生产资料价格进行监督检查。1992年，随着煤炭和日用品等市场价格逐步放开，物价部门由监督检查改为以监督服务为主。1993—2000年，县物价检查所工作逐步由检查市场物价转移到以“清费治乱减负”为重点上来。同时，逐步加大重要节日期间和异常波动期间的市场商品价格监督检查。2001年1月1日，国家对市场商品和服务实行新的明码标价制度。县物价部门每年对市场明码标价情况进行市场监督检查。根据上级部门的安排，2000年，威县开通全国统一的“12358”价格举报电话，并设有专人值守。至2009年，共接待来人、来电、来信举报案件近300起，查处违纪金额近100万元，其中退还消费者近80万元，收缴财政近20万元。

图13－9　县物价局工作人员国庆节市场调研/2006年摄

专项检查

1985年始，根据上级精神，县物价局每年都对农资价格进行专项检查。1986年第一次检查电价，划拨县电力局违纪款4.7万元。1987—1988年，主要是对化肥、农药、柴油价格进行专项检查。1989 年对县棉麻公司收购、销售棉花价格进行专项检查，收缴违纪款 116.5 万元。1990 年开展粮食价格检查，依法处理违价案件。1991—2001 年，主要开展对行政事业性收费、粮食统购统销价格、预算外资金、教育、卫生、计生等专项检查 30 余次，先后受县政府表彰。2004—2005 年对化肥价格进行提醒告诫，开展涉农收费专项检查，涉及畜牧、商业、农机、计生、民政、建设、交通、交警、土地等部门，同时对医疗卫生和教育收费及成品油价格进行专项检查。根据市物价局统一安排，完成对县工商、公安、技术监督局的专项检查。至 2005 年，共查处各种价格违纪行为和案件近 2000 起，其中退还消费者近 600 万元，上缴罚没收入近 400 万元。2006—2007 年根据市局转发省发改委《关于开展涉农收费专项检查的通知》要求，对全县涉农收费单位进行专项检查，查处单位 20 余个，退还用户 300 余万元，收缴财政 38 万元，有效控制涉农收费，减轻农民负担 500 余万元。2008—2009 年，按照市物价局《关于开展全市农资价格和涉农收费专项检查的通知》精神，县价格检查所对全县农资市场价格和涉农收费有关单位进行专项监督检查，其中涉及农资经营户（店）130 余家，查处虚高定价欺骗农民消费者案件 20 余起，退还农民用户 30 余万元，行政处罚 13 余万元，涉农收费专项检查涉及 20 余个单位，查处违纪金额 280 余万元，其中退还群众 250 余万元，收缴财政 30 余万元。

第二节　价格管理与调整

1983—1984 年，威县先后 3 批放开 1128 种三类小商品价格。1984 年放开肉蛋价格，对城镇非农业居民实行粮食补贴（每个职工每月补贴 5 元）。1985 年 1 月由原国家定价的产品（如钢材等），超产部分实行国家指导价，对二类工业品如铁钉、铁丝、农膜、服装、鞋帽等 85 种商品实行浮动价格管理。1986 年县物价局结合全县实际，编制“商品价格分类目录”，对百货、文化、副食、针纺等 13 类商品按国家定购、国家指导价、企业自主价 3 种价格形式归类说明。调整棉花、砖瓦、邮电资费及部分药品价格。1987 年初，对县化肥厂生产的碳氨实行限价销售，对企业计划外采购的优质化肥可在进价基础上加合理费用和微利（以 1% ~ 3% 为宜）自行定价出售。下半年，加强对民用煤、种子、石油产品、食糖的价格管理，调整啤酒、棉花、农药和部分药品等价格。

1988 年，实行物价控制目标制度，严格控制物价上涨。调整肉、蛋、菜、食糖及部分烟酒价格，对彩电实行价格浮动，对黑白电视机、电冰箱、洗衣机、自行车实行提价申报制，对粮油实行最高限价。1989 年按照省政府的意见，对县内 15 个系统 200 余个行政事业单位，400 余个经营性收费集团进行清理整顿。同年，根据中央有关文件精神，县政府制发《威县物价局关于强化市场管理进一步稳定市场物价的通知》，对计划外采购的电冰箱、电视机等 8 种工业品实行提价申报制度，严格控制进货费用和进销差率，全年各种差率综合比上年低 3 ~ 5个百分点；对重要生产资料和紧俏耐用品价格实行审批制。1991—1993 年，国家调整棉花供应价格、工业用盐价格。为加强行政事业性收费工作，物价部门对执收单位的财务人员进行岗位培训和考试。因部分原油平价转议价，上调成品油销售价格，取消涉农收费 38 项。1995 年，全县食品和农业生产资料出现物价涨幅过高现象。县物价局为抑制通货膨胀，加强对粮食、肉、蛋、菜和粮食制品的管理，对地产化肥经营实行严格的报审制度；建立完整风

图 13－10　市县物价部门征求意见座谈会/2006 年摄

险基金和重要商品储备制度，发挥调控作用，平抑市场物价。1997—1998 年，为整顿价格秩序，对已经放开但市场价格比较混乱的商品，在适当情况下予以协调指导，实行差率或其他形式控制；对 80 余种农副产品、消费品、服务项目收费价格实行监测；对居民生活必需品实行提价申报备案制度。1999 年，对市场粮、棉、油的销货价格继续监控；对行政事业性收费工作加强年审管理，全年审核《收费许可证》185 个，新办 19 个，变更 15 个，注销收费项目 38 个，收费单位自制公示牌，接受群众监督。2002 年，落实城乡居民用电同网同价政策，居民生活用电价格统一调整为 0.49 元/千瓦时；对自来水价格进行调整；建立价格监测、报告制度和县、乡、村三级信息网络，聘请监督检查员和信息员。2004 年，按照省市部署，调整上网电价价格和销售价格，调整柴油价格和汽油价格，省管优质化肥价格，调整落实食盐销售价格，改变小工业用盐作价办法，降低 27 种抗感染类药品价格。2009 年，全县价格监测点有 39 个，价格监测员 39 人。

第三节　价格水平

1979—1985 年，国家仍以计划经济为主，同时逐渐加大价格改革的力度和速度，适当提高粮、棉、油价格和化肥价格，放开一些小商品价格，价格总水平呈上升趋势。1986 年，县级物价部门增设物价统计和物价指数测算工作，对 400 多个品种商品价格采价测算。是年，全县社会商品零售指数 102.6%，低于上级要求。1987 年，由于价格改革，一大部分商品价格放开，物价上涨压力增大，为确保物价稳定，威县采取从严控制差率、最高限价等措施，加强对放开商品价格的管理。是年，社会商品零售价格指数 104.2%，比计划低 0.3 个百分点。1988 年，市场出现“抢购风”和“上涨风”，物价涨幅较大，发生通货膨胀，全年零售物价指数达 118%。1989 年，国家采取“择源、减环、控差、明价、惩霸”的方针，严格控制物价上涨，并把控价目标任务层层分解，市场物价涨幅开始回落，零售物价指数回落到 113.3%，低于 113.7% 的控价目标。1990 年，继续对市场物价综合治理与调控，市场物价出现低增长。全年零售物价指数 97.7%，实

图 13－11　庆祝《中华人民共和国价格法》实施五周年/2003 年摄

现邢台地区下达的物价总水平控制目标。1991 年全县零售物价指数 100.25%，低于 105.5% 控价指标，物价总水平呈平稳发展态势。1992—1993 年，国家价格改革进程加快，力度加大，放开的商品价格较多，且对放开的商品价格没有进行有效管理，物价总水平上升较大。1992 年，零售物价指数 104.6%。1993 年零售物价指数达到 111.4%，突破 10% 控价目标。1994—1995 年，市场物价上涨迅猛，发生价格改革以后第二次较为严重的通货膨胀。1994 年零售物价指数高达 119.1%。1995 年加大控价力度，狠抓各项控价措施落实，全县物价指数下降到 114%，完成了把零售物价指数控制在 115% 以内的目标。1998—2000 年，市场商品供大于求，市场出现疲软现象，国家采取措施扩大内需，刺激消费，市场物价总水平和居民消费指数出现负增长。从这时起国家把居民物价消费指数作为衡量物价总水平的主要标尺。2001 年后，全县物价呈低增长，价格水平趋于稳定。2001 年为 100.6%，2005 年为 101.8%。

第四节　商品价格

威县价格监测工作始于 20 世纪 80 年代，随着国家对价格体制的改革，大部分农产品价格逐步放开，实行市场调节，国家不再直接管理价格。为及时了解市场价格的变化，确保市场物价的稳定，重点对一些与人民生活密切的粮、油、肉、蛋、菜价格进行监测。县物价部门逐步增加监测品种，扩大监测范围。比如生产资料、种子、成品油、棉花、涉农收费等等与农民生产生活有关的价格和收费。及时掌握市场物价的变动，提出调控对策，确保市场物价稳定和人民生活安定。

1985 年的商品价格行情旬报，包括粮食、肉、蛋、菜、水果、钢材、木材、农资等 32 种与生活相关的商品。1990 年县物价局成立价格信息股，负责对商品价格进行汇总分析上报。1994 年对上报的商品价格增加家用电器、农膜等上报品种，增加到 64 种。1996 年，又增加农产品价格周报，棉花和生猪价格的上报，品种增加到 66 种。1999 年配备电脑、打印机等现代传输设备，提高上报速度。市物价局对上报品种增加节日报表，减少家用电器、钢材、副食品、水果等 35 种上报价格，上报品种为 36 种。

2003 年 4 月，“非典”（非典型性肺炎）期间，人们对个别药品和商品进行大量的采购，造成部分商品价格上涨和货源短缺。县物价部门进行 24 小时巡回监测，并派两名监测人员专门对县城内的商品和“非典”药品价格进行采集、汇总、分析，每天向市物价局和县政府上报非典时期重要商品价格表，为政府决策提供可靠依据。是年，威县被定为国家棉花监测和省涉农监测直报县。同年，国家发展改革委员会颁布《价格监测规定》，监测品种为 79 种。2004 年，县物价局新增加特色农产品价格上报，监测品种增为 80 种。2005 年 8 月县物价局单设价格监测股。11 月，禽流感在全国蔓延，市物价局增加集贸市场粮油及肉禽等相关商品价格监测表。是年，监测品种近 100 种。

2006 年，威县由棉花省级直报点升为国家级监测单位，增加农资农药、成品油、粮食等直报品种。县物价部门选定部分单位为国家监测定点单位。对县特色农作物三白西瓜、大棚西红柿和生猪养殖等进行专题调研，并撰写调研报告。是年，增加月市场价格涨降分析，并将分析和调研刊登在县物价部门创建的《物价动态》上。9—12 月，“328”（是棉花的等级，3 为品级，28 是纤维长度）籽棉收购价格呈下降趋势，每千克在 5.7 ~ 5.0 元之间波动。12

月，粮油和肉蛋价格上涨迅速，小麦价格 1.64 元/千克，普通面粉 2.04 元/千克，散装卫生油 7.0 元/千克，花生油 12.0 元/千克，大豆油 8.6 元/千克。猪肉 16.0 元/千克，鸡蛋价格在 6.0～6.60 元/千克波动。

2007 年 5 月，全国性的猪肉和鸡蛋价格再次出现上涨现象，猪肉价格 20 元/千克，鸡蛋 7.2 元/千克。为此市局从 5—12 月临时新增肉禽蛋价格监测日报表，7 月上旬猪肉涨到 22.0 元/千克，中旬涨到 24.0 元/千克，12 月中旬最高涨至 26.0 元/千克。鸡蛋波动于 6.0～7.2 元/千克。牛肉 22.0～26.0 元/千克，羊肉 24.0～28.0 元/千克。9～12 月，328 籽棉收购价格从 5.4 稳步上涨至 6.6 元/千克。

2008 年初，国务院提出严格控制政府定价和政府指导价的调整、对部分重要的居民基本生活必需品及服务实行临时价格干预措施、对未列入申报和备案范围的其他居民基本生活必需品也要进行必要的监管、严厉打击价格违法违规行为等四项市场价格监管措施，保障春节和“两会”期间的市场供应。市局临时新增部分居民基本生活必需品市场价格干预日报表。上半年，肉蛋价格在高价位运行，猪肉价格 24.0～30.0 元/千克，鸡蛋价格为 6.0～7.0 元/千克，牛肉价格 26.0～29.0 元/千克，羊肉价格 28.0～31.0 元/千克。9 月中旬，猪肉价格稳步回落到 20.0 元/千克。“5·12”汶川地震后，市局临时新增彩钢夹芯板轻体装配式过渡安置房生产用原材料价格专项监测报表。8 月 8 日始，县物价局临时新增奥运期间市场价格日监测报表，确保奥运期间威县市场物价基本稳定。9 月，“三鹿”事件发生后，县物价局立即派监测人员到各大超市商场调查乳品和鲜奶价格及销售情况，加强乳品市场价格监管、保持婴幼儿奶粉价格基本稳定。9—12 月，临时新增乳品鲜奶价格日监测报表，328 籽棉收购价格从 5.7 元/千克降至 4.6 元/千克。2009 年 6 月农资价格上涨迅猛，市临时新增“三夏”期间农资价格监测表。9 月，为加强甲型 H1N1 流感疫情防控工作，及时掌握有关药品及防护用品市场供求和价格变化，市局临时新增流感药品市场监测日报表。9—12 月，328 籽棉收购价格从 5.7 元/千克涨至 7.1 元/千克。

第五节　收　费

1979—1984 年，县内大部分收费项目与标准仍由国务院、省（部）级主管，国家对中小学只收极低的学杂费：小学每人每学期 1 元，初中 2 元，高中 2.5 元。1985 年始，由于农副产品价格的几次提高、工业品价格调整，各种低收费已明显收不抵支。1987 年始，根据上级文件精神，威县对收费进行全面清理整顿和小范围调整。1988 年，对邮资收费、学杂费进行调整，平信邮资由每封 0.08 元调整为 0.2 元。中小学收费依照省有关文件，农村小学每人每学期收取 25 元，初中 40 元。是年 5 月，省政府颁发《河北省收费许可证暂行条例》。1989 年，县物价局对县内 15 个系统 200 余个行政事业性收费单位的收费项目标准和 400 多个经营服务收费单位清理整顿，发放收费许可证 627 个。是年 10 月《河北省收费管理暂行办法》发布实施。1990 年，根据中央治理“三乱”（乱收费、乱罚款、乱摊派）的文件精神，县成立治理“三乱”领导小组，对全县收费情况开展全面清理整顿。7 月，结合省物价局公布的非商品收费标准，清理整顿 21 个系统 52 个单位的收费项目。1992 年，为加强行政事业性收费管理，县物价部门对执收单位的财务人员和主管领导进行岗前培训和考试。核发由河北省物价局监制的收费许可证335个，取缔不合理收费20多项。

1993年，取消涉农收费28项，对335个收费单位进行年审，年审率100%。1996年，重点对中小学收费进行审查。1997年，为整顿收费秩序，全县监测网点由9个，增加到16个。2001年，根据上级有关规定，对行政事业性、经营性收费项目和收费标准进行严格审核，对上级明令取消的收费项目和标准，一律取消。2002年，全年审验收费许可证185个，新办226个，取消收费项目14项，减负7万元。农村中小学收费实行“一费制”。农村小学每学年160元，农村中学每学年260元，并把收费许可证发放到全县243所农村中小学校手中，为切实减轻学生负担提供法律保证。2003年，建立县、乡、村三级涉农价费监督网络，审验收费许可证330个，调整降低收费标准60个，取消收费项目12项，年可减轻企业负担60多万元。

2007年，对全县具有行政事业性收费部门发放收费许可证范围扩大到基层学校和卫生院，实行一点一证管理制度。全县共发放收费许可证300个，取消收费项目45个，降低17项，调整变更9项，并在全市率先实行收费许可证微机化管理。是年春季新学期开始，在全省范围内免除农村义务教育杂费，只允许学校按“一费制”标准向学生收取课本费、作业本费和住宿费。作业本费，1~2年级每生每学年12元，3~6年级每生每学年17元，7~9年级每生每学年28元。公办高中招收择校生要严格执行“三限”（限人数、限钱数、限分数）政策，省定择校生收费标准是最高限价标准，同时严格教育收费许可证制度和收费公示制度。

2008年，全县共审验发放收费许可证297个，取消和停止征收108项行政事业性收费，其中收费许可证工本费和审验费取消，降低收费标准9项。对中小学课本费收费定出最后限价。

2008年威县中小学课本费最高限价一览表

表12-1　　　　　　单位：元

年级	1年级	2年级	3年级	4年级	5年级	6年级	7年级	8年级	9年级
最高限价	45	55	75	85	90	90	145	150	115

2009年，随着部分收费项目标准的取消，全县共发放收费许可证126个，取消涉及房地产开发收费项目标准41项，涉及部门9个，其中费用标准管理权限下放县政府项目4个，2009年12月22日全省取消、取缔、停止征收以及需要规范管理的281项行政事业性收费和经营服务性收费，涉及威县共32项，调整降低收费标准5项。

第六节　价格认证

威县价格认证工作始于1997年。主要涉及贷款人向银行不动产抵押评估及执法部门扣押、没收物品的评估。2000年1月，县物价局价格事务所更名为价格鉴证中心。价格鉴证中心为物价局下属股级事业法人机构，编制5人。2000—2005年，鉴证中心共办理刑事、民事、行政、道路交通事故、认证评估案件共计2755起，标的额3.5亿元。其中：鉴证案件2663

起，标的额5000万元；认证92起，标的额3亿元。参与洺水城市信用社、典当行破产、县社系统20余家的企业改制，粮食系统19家的清产核资，商业局、物资局改制，累计减免评估费20多万元。2005年初受县政府委托对县城义和路东延一期、二期、西环、北环路建设所涉及十多个村的地上附着物的价格进行认证。2006—2008年，主要完成涉案物品价格鉴证、交通事故车辆定损、认证评估业务等认证工作，标的额近亿元。2009年，全年共完涉案鉴证251起，鉴证金额534.27万元。其中：涉案物品价格鉴证46起，标的额515.27万元；交通事故车辆定损205起，标的额19万元。完成认证业务59起，认证标的额7119.65万元。完成征地地上附着物评估业务57起，涉及土地435公顷，标的额8231万元。

附：

农产品成本调查

1982年，威县对部分农村的农产品生产成本进行调查，确定城关公社后麻固大队为调查对象，选取小麦、谷子、高粱、玉米、红薯、黄豆、棉花、花生、芝麻等九种农作物为被调查对象。共调查面积3.8公顷，它们的产量分别为：74.3千克、217.9千克、112.9千克、174.3千克、933.4千克、54.7千克、50.5千克、97.8千克、45.9千克。它们的平均每亩主产品产值和价格分别为小麦：25.74元、0.36元/千克；谷子：53.62元、0.24元/千克；高粱：24.84元、0.22元/千克；玉米：42.52元、0.24元/千克；红薯：42.96元、0.046元/千克；黄豆：37.85元、0.69元/千克；棉花：169.9元、4.52元/千克；花生：67.06元、0.68元/千克；芝麻：54.1元、1.18元/千克。每亩减税纯收益为小麦-7.42元、谷子44.04元、高粱14.64元、玉米为10.40元、红薯为10.48元、黄豆为13.95元、棉花为104.74元、花生为15.31元、芝麻为29.52元。

1983年为保持资料的连续性与可比性，仍对后麻固大队进行调查。是年，选中3户作为调查对象，调查面积共3.84公顷，棉花1.71公顷，粮食2.13公顷，棉花单产每亩64.1千克比1982年高27.1%。棉花亩产值246.98元比集体耕种1980年增加158.91元，物质费用为64.28元，每亩净产值182.70元，每亩纯收益149元比1982年增加44.3元。产量、产值、净产值纯收益逐年增加。由于产量高，单位成本下降，社员的收益逐年增长。该年小麦单产136千克比1982年多收61.5千克，亩生产总值52.22元，比1982年增加23.51元。物质费用也相应有了增长，由于产量增高，小麦的产量、生产总值、净产值、纯收益也相应有所提高。

1984年，仍就后麻固村进行调查，共调查4户，调查面积5.69公顷。其中，粮食作物2.87公顷，棉花2.71公顷，油料0.11公顷。调查品种：粮食类5种分别是小麦、谷子、玉米、薯干、黍子等；油料类为芝麻和黄豆，还有棉花及活兔等。由于养殖技术、条件较差，所以养兔的经济效益不高。1984年粮食作物及棉花等在管理及投入上有所改善，收入相比前几年有所增长。

1985年将已往的调查点增加了一个，确定将七级镇士通村作为调查对象。士通大队和后麻固大队4户共调查耕地面积4.52公顷，小麦播种面积为1.31公顷，平均亩产147千克比1984年169千克略有下降，每亩总产值75.5元，比1984年增加10元，每亩净产值38.40元比1984年增加17.36元，纯收益21.01元，比1984年增加21.29元，物质费用37.16元比1984年减少69元，从1982年以来，小麦的总产值、净产值、纯收益，基本上逐年增加。小麦增收原因：1. 劳动率提高；2. 小麦价格上涨。

1987 年，国家发出《关于提高棉花加价比例及购价的通知》提高了棉花价格，种植棉花的优势逐步显现出来，农民种植棉花的积极性也大大提高，全县 32 个乡镇，522 个大队有耕地 6.92 万公顷，棉花播种面积达 3 万公顷，占全县耕地面积的 44%，棉花种植呈现出 3 大特点：1. 面积大，根据对后麻固大队 3 个农户调查，种棉计划 1.2 公顷，实播 2.2 公顷，达到人均 0.13 公顷；2. 施肥大，投入大；3. 科学种植，药剂拌种，防止早期病虫害；4. 选择优质品种。

1989 年在县粮食局、县供销社等部门的配合下对威县具有代表性的 8 个农村的 13 户农副产品成本进行调查，共调查有 13 个品种：小麦、谷子、玉米、薯干、黍子、棉花、黄豆、绿豆、芝麻、葡萄、猪、牛、蛋等。粮食作物从固献乡固一村，洺州镇的后麻固，贺营乡小营村共计 9 户 10.12 公顷；葡萄、猪、牛、蛋等从七级镇三户，成志庄乡一户作的调查。从调查情况看：粮食亩产量比 1988 年增长 21.3%，亩产值提高 30.2%；皮棉亩产量比 1988 年下降 13.2%，亩产值下降 4.7%；花生亩产量比 1988 年下降 7.5%，亩产值下降 1.4%；棉花产量下降主要原因是：1. 1988 年暖冬，虫卵密度大；2. 市场上农药质量低劣。粮食作物产量，产值比 1988 年有大幅提高，但社会效益欠佳，成本费用提高，皮棉产量下降，是近几年下降幅度最大的一年。

1990 年调查的品种是棉花、黄豆、花生、谷子、玉米、小麦、红薯、绿豆、黍子、西瓜、葡萄、生猪、鸡，调查地点是固献一村、后麻固村、小营村、香花营、成志庄、七级等村。1990 年粮食亩产量比 1989 年下降 16.9%。亩产值比 1989 年下降 2%，皮棉亩产 59 千克比 1989 年增长 55.1%，亩产值 550.81 元比 1989 年增长 104.9%，花生亩产量 115.3 千克比 1989 年增长 68.5%，亩产值 131.43 元比 1989 年增长 118.3%。棉花产量增长的原因：1. 县各级领导重视，给棉农解决一些实际问题；2. 自然条件好，风调雨顺，光照足；3. 棉农对田间管理有了一定的经验；4. 加大了对棉花种植的投入。

1991 年，全县共播种小麦 30893 公顷，总产量 9.36 万吨，亩产 202 千克，比 1990 年减产 3 千克，基本持平。根据对固献一村、后麻固、小营 3 个村 9 户的调查，共种植小麦 3.1 公顷，平均亩产 262.6 千克比 1990 年下降 19.3%，亩均产值 166.48 元，比 1990 年下降 22.3%，平均亩净产值 48.38 元比 1990 年下降 49.5%，减税纯收益 26.94 元，比 1990 年下降 54.5%。小麦减产主要原因：1. 小麦生长后期雨、雪多，气温低，影响小麦后期生长；2. 天气连阴造成自然灾害。

1992 年，威县共种植小麦 27333 公顷，总产 7.42 万吨，亩产 181 千克，7 月对固献乡固献一村、洺州镇后麻固、贺营乡小营的 3 点 9 户进行调查，共播种小麦 2.76 公顷，亩产 200 千克，总产 8280 千克。比 1991 年产量下降 23.8%，平均亩产值 139.80 元比 1991 年下降 16%，每亩净产值 3.98 元比 1991 年下降 91.8%，亩减税纯收益 -36.84 元，比 1991 年下降 173.1% 元。产量、产值下降原因：1. 1991 年冬天播种到小麦收获，没有下过大雨雪，气候干燥，水源不足；2. 小麦生产后期天气造成虫灾严重，1992 年虫灾是几十年前所未有的，用药难以控制；3. 成本增加，平均亩生产成本比 1991 年增加 27.03 元。

1996 年，县物价局对洺州镇后麻固村、固献乡固献一村、贺钊乡西贺钊村 3 点 9 户进行调查，共调查面积 9.3 公顷，其中棉花 2.8 公顷，黄豆 0.3 公顷，谷子 1.3 公顷，花生 0.7 公顷，玉米0.9公顷等。1996年棉花、黄豆、谷子、花生产量、产值比1995年有所增加，谷子增长最多，谷子1996年产量是209千克，比1995年增加73千克，花生产值是568.5元，比1995年增加200.6元，玉米产量是340千克比1995年增加28千克，但由于市场价格下滑导致产值下降。

1997年，仍就对固献乡固献一村、贺钊乡西贺钊、洺州镇后麻固村的3点9户的棉花、豆子、谷子、玉米、花生和小麦进行调查，调查面积共计8.25公顷，共种棉花2.18公顷，黄豆0.41公顷，谷子1.17公顷，花生0.97公顷，玉米0.43公顷等，除皮棉产量、产值增加外，其他产量、产值均有所下降。主要原因是长期干旱，没有下一场透雨。

2002年，根据要求，对威县的农作物小麦、玉米、棉花、大豆以及生猪的种植养殖情况进行调查。生猪共调查一般户3户，专业养猪户1户，3户农户共养猪3头，每头猪的主产品产量平均105千克，平均每头猪产值是481元，专业户共养猪600头，平均主产品产量100千克，平均每头产值600元。饲养户养猪耗粮数量一般户为240千克，专业户为230千克，减税纯收益一般户为－38元，专业户为86.6元。主要原因是专业户养猪的产品属瘦肉型猪，主要销往大城市，价格较高，所以收益大。2002年小麦调查户共9户调查面积为2公顷，主产品产量330千克，产值为401.28元，每亩净产值161.78元，减税纯收益25.38元；玉米共调查9户，调查面积0.93公顷，主产品产量290千克，亩均产值272.6元，每亩净产值221.94元，减税纯收益为115.34元；大豆共调查9户，调查面积0.33公顷，每亩主产品产量为110千克；产值为220元，亩净产值为166.58元，减税纯收益为64.48元；棉花共调查9户，调查面积为3.73公顷，平均每亩产品产量76.5千克，主产品产值为787.95元，每亩净产值752.05元，减税纯收益为464.05元。

2003年，对威县3点9户调查户进行调整，新的调查点为固献乡固献一村3户，方家营乡王家陵村3户，高公庄乡前高村3户和养猪专业户京威养猪场。调查品种为：小麦、玉米、谷子、大豆、芝麻、生猪。同年6月对小麦进行调查，种植面积大幅下降，由2002年2公顷降为0.23公顷，主要原因是棉花经济效益比小麦好，并且将地质差的地块种成小麦，从而导致产量下降，2002年产量为330千克，2003年为305.57千克，下降6.5%，棉花的种植面积比2002年上涨33.9%，由2002年的3.73公顷上升到2003年的5公顷，棉花在生长期连天阴雨，造成减产，亩产量为69.12千克，下降9.6%，由于皮棉价格每千克高出往年3.35元，并没有使棉花产值的增加。2003年生猪存栏少，外地猪运不进来，导致生猪价格上扬，由6.2元/千克上升到8.6元/千克，涨幅达39%，养猪的经济效益有明显改善。

2004年，年初对农村农民的存粮、购买、负担情况进行调查。农民手中几乎没有存粮，吃点买点。主要是由于棉花经济效益好，将土地几乎全部种成棉花。在搞好调查的同时，还对棉花、小麦、玉米进行成本预测。威县京威养猪场全年生猪存栏共2800头，属瘦肉型猪。上半年生猪价格为8.9元/千克，下半年为9.6元/千克，每头猪的收益有所上升，养猪利润空间大。小麦产量比2003年略有下降，小麦2003年亩产308.5千克，2004年为296.67千克。玉米种植面积比2003年有所下降，但产量略有增长，产量为410千克，2003年为395千克；每亩产值为581.70元，2003年为448.72元，增长29.60%，每亩净利润为371.4元，2003年294.22元，增长26%，产值增长的原因是玉米价格的上涨和产量增加，2003年价格为1.04元/千克，2004年为1.34元/千克。棉花种植面积与2003年基本持平，但产量有所下降，

2003 年 69.12 千克，2004 年为 64.80 千克，下降 6.3%。籽棉价格与 2003 年同期相比下降近 1 元左右，按当时价格 4.7 元/千克计算，棉农每亩纯收益减少近 700 元。

2005 年，调查点和户数没变，年初对威县 3 点 9 户农民的存粮、农资购买及种植意向进行调查，同时对小麦、玉米、棉花进行成本预测。由于 2004 年棉花价格低，粮食价格上扬，农民种棉积极性受到冲击，减少了棉花播种面积。小麦产量比 2004 年有所增长，平均增长 16.8%，物质费用增长 23.58%，主要由于机械作业费，化肥费增加所致。玉米产量比 2004 年有所下降，2004 年亩产为 418.7 千克，2005 年为 360.1 千克，下降 14%；玉米价格下降，2004 年为 1.34 元/千克，2005 年为 1.08 元/千克，下降 19.41%，以上种植原因导致玉米亩产值下降，2004 年为 593.66 元，2005 年为 388.87 元，下降达 34%。农民棉花加大了投入是产量增加的一个客观原因。2005 年亩产皮棉平均 70.40 千克，2004 年为 64.80 千克，涨幅为 8.6%，2005 年皮棉价格高于 2004 年，2005 年调查价格为 14.2 元/千克，2004 年平均 11.3 元/千克，上涨 25.77%。棉花价格的上涨，产量的增加使每亩产值有了大幅提高，产值达 1173.11 元，2004 年为 886.72 元，涨幅达 32.3%，每亩净利润 2004 年为 188.19 元，2005 年为 571.36 元，涨幅为 203.61%。

（资料提供：王旭之）

第六章　审计管理

1982 年，全国人大五届五次会议通过的新宪法规定，在全国实行审计制度。1983 年 11 月，县审计局成立。县审计局通过对地方各级人民政府的财政收支、财政金融机构、企事业组织以及其他与国家财政有关单位的财务收支及其经济效益进行审计监督。审计项目主要根据上级审计机关下达的指令性任务和县政府的安排有计划地进行。自定项目需列入年度计划并报县政府主要领导批准。审计范围由财政、税收、金融部门逐年扩大到农业、水利、电力、物资、卫生、粮食等各个部门及组织，涉及印刷、服装、农资、农机、棉油、煤炭、医药等领域。至 2009 年底，共完成各类审计项目 520 个，审计单位 840 个，查出各类违纪违规资金 51249 万元，上缴财政 1193 万元，为县委、县政府宏观调控提供了大量基础资料，发挥了审计机关高层次监督作用。

图 13－12　审计局（中华南大街路西）/2009 年摄

第一节　国家审计

1984—2009 年，县审计局先后开展财政、金融保险、基本建设项目、行政事业、经济责任、企业、农业资金等审计工作。

财政审计

县审计局对本级财政预算执行情况和乡镇财政决算进行审计，向本级人民政府和上一级审计机关提供审计结果报告。1996 年始，每年都重点对全县财政预算执行和其他财政收支情况、地方税务征管情况、县级国库办理预算资金的收缴拨付情况进行审计。每年审计预算资金占县级本级预算的 53% 以上。1996—2009 年，共审计 225 个单位，查出违规金额 30490 万元。

图 13－13　审计局组织审计人员上街宣传《审计法》/2009 年 5 月摄

金融保险审计

1987—2000 年，分别对县工行、农行、建行、人行和农村信用社联合社及中国人民财产保险公司、中国人寿保险公司进行审计，共查出问题资金 1620 万元，其中应缴财政 33 万元。

粮食行业财政挂账审计

1998 年，按照国家审计署统一部署，对全国粮食系统进行财务挂账审计。2001 年，按照市政府的统一部署，在市审计局的组织下，开展全市粮食行业资产负债损益审计。县审计局负责对县内粮食行业进行审计。历时 60 天，先后对全县 19 个粮食单位进行审计，经核实，挂账 1959 万元，亏损 1477 万元。

行政事业审计

县审计局对行政事业单位的审计始于 1985 年，审计重点是对预算外收入多、事业费多、罚没收入多的行政事业单位进行审计。1989 年后，审计范围逐步扩大，对行政机关一级预算单位和重点事业单位实行定期审计制度，审计单位逐年增加。20 世纪 90 年代末，重点加强对预算外收入多、事业费多、罚没收入多的事业单位和执法部门的审计，特别对教育经费、抚恤救济、社会保险、环境保护、农村合作医疗、罚没收入等各类专项资金进行审计。至 2009 年底，累计审计单位 281 个，查处各类违纪金额 9063 万元。

政府投资项目审计

县审计局要求所有国债资金政府投资项目，基建工程开工前必须经过审计部门验资审定后方可实施，竣工后，报审计部门进行竣工决算审计，依据审计结果进行决算并记入固定资产，否则财政不予拨付资金，不能进行决算。2006—2009 年，累计审计项目 12 个，为国家节约建设资金310万元。

经济责任审计

县审计局受县组织部委托，对县直单位和乡镇主要负责人因任期届满或者任期内调任、转任、晋升、辞职、退休，或者被免职、辞退和开除等原因离开所任职岗位时进行审计，2006—2009年，累计对18个乡镇和20个县直单位负责人实施经济责任审计，为县委组织部门正确使用和评价干部提供了依据。

企业审计

威县对企业审计始于1984年。1986年后，对企业审计个数逐年增多。1984—2005年，累计审计企业77个，查出违规违纪金额3831万元，应缴财政金额168万元，实缴130万元。起初，重点是查处截留收入、乱挤乱摊成本费用、乱开支、偷税漏税等问题。同时，针对企业管理中存在的问题，帮助完善制度，提高管理水平。之后，对承包经营企业进行经营承包审计。1994年始，对企业资产、负债、损益的真实性、合法性和效益性进行审计。尔后，逐步开展厂长（经理）离任经济责任审计、内控制度评价、审计调查等多项工作。

农业资金审计

县审计局对农业资金审计，重点是对农田水利资金、农业综合开发资金、农业发展基金、粮棉基地资金、土地开发治理等项目进行审计。至2009年底，累计审计单位13个，查出挤占挪用、虚列支出、损失浪费、资金不到位等违规问题，总计金额463.3万元，并按照有关法规予以处理。

第二节　社会审计

1988年7月，成立威县审计事务所，面向社会提供服务。在县直10个主管部门设立内审机构，把影响财政收支较大的工商企业列入定期审计对象，对农业、林业、水利、畜牧、民政、教育、卫生等8个行政事业单位开展定期审计，确保专项资金的落实。在对工商企业的承包监督方面，承包前参加资产评估，期中对履行合同情况进行检查，期终全面审计，维护了国家和企业承包人正当合法权益。1994年，经国家审计署批准，县审计事务所具有省级企业查账验证资格。1995年，经国家国有资产管理局批准，具有资产评估资格；1996年，县审计事务所由原来的定编5人，增编到12人，内设办公室、基建审计部和综合业务部。

1999年10月，按照上级有关事务所改制规定，撤销威县审计事务所，与会计师事务所合并为威县兴盛会计师事务所，为自收自支副科级事业单位，独立履行《中华人民共和国注册会计师法》职责。同时，履行社会中介机构职责。具有从事股份制改造企业查证资格，可承担企业验资、经济案件鉴定、企业建账建制、核实资产、清理债权债务、经济责任、效益审计查证、资产评估、纳税代理、培训财会审计人员、建筑工程预（概）决算审计鉴证等多项业务。2000—2005年，累计完成委托项目578个，审计金额3.2亿元，查出违纪金额1550.8万元，挽回经济损失684万元。

第七章　安全生产监督管理

1988年，县成立安全委员会，下设安全办公室，设在县劳动人事局。2003年1月，县安全委员会办公室设在县经贸局。2003年10月，在县安委办增挂“威县安全生产监督管理局”牌子，与安委办一套人马，两块牌子。2004年11月，县安全生产监督管理局与县经贸局一套人马两块牌子。2005年11月，成立县安全生产监督管理局，县经贸局撤销，各乡镇在经济发展办公室加挂乡镇安全生产监督管理办公室的牌子，并配备1～2名专职安监员。各企业成立安全生产领导小组，配备专（兼）职安全人员，300人以上的规范企业设立安全生产管理机构或配备专职安全生产管理人员。至此，全县建立健全了安全生产管理体系。

第一节　安全生产管理

安监局成立前，县安全委员会每年都组织召开全县会议，对全县安全生产工作进行安排部署，与重点部门、单位、企业和乡镇签订安全生产责任状，依靠各单位、部门、企业做好安全生产管理工作。1988—2005年，先后52次开展“安全生产周”活动，充分利用广播、电视、黑板报、发放宣传材料、张贴和悬挂标语、出动宣传车等形式进行安全生产知识的宣传，增强人们的安全生产意识。2003年，县安监局成立后，定期召开安委会成员（扩大）会议，研究布置全县安全生产工作，强化安全生产宣传教育，举办法律法规培训班，组织开展每年6月份的“安全生产月”活动，建立健全监管制度，出台《关于转发市经贸委〈关于在防治“非典”期间加强安全生产监管和监察工作的通知〉的通知》《关于开展安全生产大检查的通知》《关于明确乡镇和县直有关部门安全生产管理职责的通知》《关于加强“十一”黄金周期间安全生产工作的通知》《关于开展安全生产专项整治活动的通知》等法规文件，建立分行业、分等级危险源档案和重大事故隐患档案。全面落实安全生产责任制和责任追究制，年初县政府与各单位签订责任状，各级各有关部门主要领导和企业法人代表为第一责任人，分管领导为直接责任人的安全生产责任制。对经营企业实行许可证制度，对生产、储存企业实行审批制度；对运输使用企业实行严格的监管制度，确保危险化学品的安全管理。加强对特种作业人员的培训和持证上岗管理力度，对危化经营单位负责人以及电工、电气焊工、涉药工等特种作业人员进行培训发证。培训各类人员2005年207人、2006年242人、2007年336人、2008年556人、2009年743人，全县特种作业培训和发证工作走上规范化道路。

第二节　安全生产监督检查

1988年后，每年在全县范围内进行安全生产检查3～6次，查找事故隐患，督促整改。2002年7月始，对查出的事故隐患拒不整改的，按照《中华人民共和国安全生产法》的规定进行处罚。2003年安监局成立后，在每次检查前，县安全委员会制定详细的实施方案，划分任务、职责，确定检查重点，提出检查要求，县政府召开专题会议进行部署。按照“全、细、实、严”的要求，采取“听、看、查、议”的方式，认真查找问题，逐一填写安全生产检查表，检查组负责人和企业一把手分别签字。对查出的事故隐患督促隐患所在单位制定整改措施，限期进行整改。至2009年底，共组织各类检查100余次，取缔非法生产、销售烟花爆竹7家，取缔无证或证照不全加油（气）点15家，取缔关闭非法危化生产企业3家，查出事故隐患400多余条，下达各类执法文书万余份，安全生产环境得到净化。

第三节　安全事故调查处理

县安监局成立后，事故统计和调查处理工作已建立起规范化管理体系，如发生重大事故，必须在规定的时间内逐级上报，对发生事故的单位不仅调查处理，而且还根据事故大小和责任情况对单位、单位负责人和事故责任人进行处理，依法追究有关人员的党纪、政纪和法律责任。